江苏高校"青蓝工程"青年骨干教师培养计划

江苏省"十三五"重点建设学科资助项目

江苏省高校哲学社会科学优秀创新团队
"江苏区域文学与文化交叉研究"项目（批准号：2017ZSTO009）成果

江苏第二师范学院学术著作出版资助项目

A LIBRARY OF
DOCTORAL
DISSERTATIONS
IN SOCIAL SCIENCES IN CHINA

中国
社会科学
博士论文
文库

罗泌《路史》
文献学及神话学研究

A Study of the Philology and Mythology of Luo Mi's *Lu Shi*

朱仙林　著

导师　曹书杰

中国社会科学出版社

图书在版编目(CIP)数据

罗泌《路史》文献学及神话学研究/朱仙林著.—北京：中国社会科学出版社，
2021.7
（中国社会科学博士论文文库）
ISBN 978 - 7 - 5203 - 8564 - 0

Ⅰ.①罗… Ⅱ.①朱… Ⅲ.①中国历史—古代史—通俗读物②《路史》—
研究 Ⅳ.①K220.9

中国版本图书馆 CIP 数据核字（2021）第 110035 号

出 版 人　赵剑英
责任编辑　刘志兵
责任校对　杨　林
责任印制　李寡寡

出　　　版　中国社会科学出版社
社　　　址　北京鼓楼西大街甲 158 号
邮　　　编　100720
网　　　址　http://www.csspw.cn
发 行 部　010 - 84083685
门 市 部　010 - 84029450
经　　　销　新华书店及其他书店

印　　　刷　北京明恒达印务有限公司
装　　　订　廊坊市广阳区广增装订厂
版　　　次　2021 年 7 月第 1 版
印　　　次　2021 年 7 月第 1 次印刷

开　　　本　710×1000　1/16
印　　　张　33.25
插　　　页　2
字　　　数　560 千字
定　　　价　168.00 元

总　序

在胡绳同志倡导和主持下，中国社会科学院组成编委会，从全国每年毕业并通过答辩的社会科学博士论文中遴选优秀者纳入《中国社会科学博士论文文库》，由中国社会科学出版社正式出版，这项工作已持续了12年。这12年所出版的论文，代表了这一时期中国社会科学各学科博士学位论文水平，较好地实现了本文库编辑出版的初衷。

编辑出版博士文库，既是培养社会科学各学科学术带头人的有效举措，又是一种重要的文化积累，很有意义。在到中国社会科学院之前，我就曾饶有兴趣地看过文库中的部分论文，到社科院以后，也一直关注和支持文库的出版。新旧世纪之交，原编委会主任胡绳同志仙逝，社科院希望我主持文库编委会的工作，我同意了。社会科学博士都是青年社会科学研究人员，青年是国家的未来，青年社科学者是我们社会科学的未来，我们有责任支持他们更快地成长。

每一个时代总有属于它们自己的问题，"问题就是时代的声音"（马克思语）。坚持理论联系实际，注意研究带全局性的战略问题，是我们党的优良传统。我希望包括博士在内的青年社会科学工作者继承和发扬这一优良传统，密切关注、深入研究21世纪初中国面临的重大时代问题。离开了时代性，脱离了社会潮流，社会科学研究的价值就要受到影响。我是鼓励青年人成名成家的，这是党的需要，国家的需要，人民的需要。但问题在于，什么是名呢？名，就是他的价值得到了社会的承认。如果没有得到社会、人民的承认，他的价值又表现在哪里呢？所以说，价值就在于对社会重大问题的回答和解决。一旦回答了时代性的重大问题，就必然会对社会产生巨大而深刻的影响，你也因此而实现了你的价值。在这方面年轻的博士有很大的优势：精力旺盛，思想敏捷，勤于学习，勇于创新。但青年学者要多向老一辈学者学习，博士尤其要很好地向导师学习，在导师的指导下，发挥自己的优势，研究重大问题，就有可能出好的成果，实现自己的价值。过去12年入选文库的论文，也说明了这一点。

什么是当前时代的重大问题呢？纵观当今世界，无外乎两种社会制度，一种是资本主义制度，一种是社会主义制度。所有的世界观问题、政治问题、理论问题都离不开对这两大制度的基本看法。对于社会主义，马克思主义者和资本主义世界的学者都有很多的研究和论述；对于资本主义，马克思主义者和资本主义世界的学者也有过很多研究和论述。面对这些众说纷纭的思潮和学说，我们应该如何认识？从基本倾向看，资本主义国家的学者、政治家论证的是资本主义的合理性和长期存在的"必然性"；中国的马克思主义者，中国的社会科学工作者，当然要向世界、向社会讲清楚，中国坚持走自己的路一定能实现现代化，中华民族一定能通过社会主义来实现全面的振兴。中国的问题只能由中国人用自己的理论来解决，让外国人来解决中国的问题，是行不通的。也许有的同志会说，马克思主义也是外来的。但是，要知道，马克思主义只是在中国化了以后才解决中国的问题的。如果没有马克思主义的普遍原理与中国革命和建设的实际相结合而形成的毛泽东思想、邓小平理论，马克思主义同样不能解决中国的问题。教条主义是不行的，东教条不行，西教条也不行，什么教条都不行。把学问、理论当教条，本身就是反科学的。

在21世纪，人类所面对的最重大的问题仍然是两大制度问题：这两大制度的前途、命运如何？资本主义会如何变化？社会主义怎么发展？中国特色的社会主义怎么发展？中国学者无论是研究资本主义，还是研究社会主义，最终总是要落脚到解决中国的现实与未来问题。我看中国的未来就是如何保持长期的稳定和发展。只要能长期稳定，就能长期发展；只要能长期发展，中国的社会主义现代化就能实现。

什么是21世纪的重大理论问题？我看还是马克思主义的发展问

题。我们的理论是为中国的发展服务的，绝不是相反。解决中国问题的关键，取决于我们能否更好地坚持和发展马克思主义，特别是发展马克思主义。不能发展马克思主义也就不能坚持马克思主义。一切不发展的、僵化的东西都是坚持不住的，也不可能坚持住。坚持马克思主义，就是要随着实践，随着社会、经济各方面的发展，不断地发展马克思主义。马克思主义没有穷尽真理，也没有包揽一切答案。它所提供给我们的，更多的是认识世界、改造世界的世界观、方法论、价值观，是立场，是方法。我们必须学会运用科学的世界观来认识社会的发展，在实践中不断地丰富和发展马克思主义，只有发展马克思主义才能真正坚持马克思主义。我们年轻的社会科学博士们要以坚持和发展马克思主义为己任，在这方面多出精品力作。我们将优先出版这种成果。

2001 年 8 月 8 日于北戴河

凌铄今古　综览百代（代序）

中华悠远，古史旷阙，后世贤名，久怅恨焉。世传燧人氏、有巢氏、神农氏之类，虽时隔遥邈，实为原始社会之信史。至商周古文字渐熟之后，上古传说间有整理记录，遂有《尧典》（含古文《舜典》）《皋陶》《禹贡》之文传世。至春秋战国，国史多方，早期史家或如《竹书纪年》考辑黄帝以来，或如《世本》梳理古传杂说，或如《帝系》整合人王世系，方法虽未尽科学，但史学自觉时代肇始。战国文士日多，文网渐疏，百家兴起，民间散在传说多得诸子而面世。自秦汉以来，先有《吕氏春秋》《淮南子》等多加梳理，尤可道者，太史公《五帝本纪》《夏本纪》《殷本纪》《三代世表》等稽古成一家之言，访四至载田野之说，然取舍严苛，非儒家之说多有不载，信虽足道，缺略也多。从而诱发后世辑古之幽情，举其要者，如三国谯周《古史考》二十五篇，"皆凭旧典以纠（司马）迁之谬误"；西晋皇甫谧《帝王世纪》，于三皇五帝以来之旧闻要事深加辑考，二书于后世影响甚巨。故唐司马贞有《三皇本纪》之补，马总有《通历》之编，刘轲有《帝王镜略》之纂，宋司马光有《稽古录》之作，刘恕有《通鉴外纪》之考，苏辙有《古史》之撰，唐宋诸家所著各有行止，俱为不能废之书。然若以资料搜罗丰赡论之，当以罗泌《路史》最可称道。有关上古三代之旧事，《路史》上自洪荒，下至虞夏殷周，然"太古尚已，《易》《书》所不载者，缙绅先生难言之，何者？无征故也。然其轶事，时时见于他说，会而通之，亦足以论其世而存其略"（明张鼎思《豫章刻〈路史·前纪〉〈后纪〉序》）。诚如明朱之蕃《重刻宋罗长源先生〈路史〉序》所言："士生今之世，而欲笼罩古初，博涉万代，舍往牒，奚适矣？顾搜奇眩异，莫与广大之观；因陋守旧，无当会通之适矣。自非宗工巨儒，抱卓越之宏识，振斧藻之菁华，孰与洞贯载籍之未兴，折衷规制于既弊，勒成一家之言，永贻来兹之鉴者哉？有宋庐陵长源罗氏，慨诸史之未备，薄文士而弗居，殚精极思，撮举兼收，作《前》《后》二纪，起自邃古，迄于有夏。世代之渊源，良为绵邈；递兴之轨辙，毕著指陈。溯《国名》而得受姓之始，重《封建》而存治古之遗。至于《发挥》《余论》两编，则尤称辩博雅驯，精详典要，殆若入武库而骇目，游山阴以赏心者矣。且其文辞根本于经传，意见迥绝于百家。"《路史》引书达918种（朱仙林研究统计），所载上古三代之资料，虽不足尽信，但也别具意义，尤以载录上古神话、保存古佚书最为得意。故我在撰写《中国古籍辑佚学论稿》《后稷传说与稷祀文化》时曾参阅《路史》，对《路史》的价值及存在问题也有所认识，疑惑也多，特别是此书长久以来无人整理，没有一个好的版本，更无新标点本，至于研究更鲜有人涉足。我原本也想为此书做点什么，却又无法分心倾力。

　　自2006年9月以来，朱仙林博士从我求学六年——硕士两年、博士四年（校规：两年制硕士，博士必须四年）。硕士主修中国古典文献学，博士主修中国古代文学。硕士入学之初即商定以《路史》引书研究为题。此书卷帙大，所引文献极为丰富，但内容颇为冗杂，若要在两年时间里将其初步整理并形成论文难度不小。然而仙林凭着坚定的信心和顽强的毅力，在短短的两年内，整理标点出了《路史》的电子版，并对其中的资料进行了初步整理，也顺利完成了七万多字的《罗泌〈路史〉引书研究——以先秦诸子为主》的硕士学位论文，此论文被答辩组成员一致认为非常优秀。

　　2008年，仙林继续跟我攻读古代文学的博士学位。开学之初，仙林就提出要继续从事罗泌《路史》研究。考虑到此书的价值及仙林此前为此书付出的努力，我同意了他的提议。但古代文学博士论文若仍循着硕士论文的文献学思路显然不符合要求，需要在文献学之外寻求一个与文学研究相关的角度。最后，决定将神话学的研究视角纳入进来，于是就有了"罗泌《路史》文献学及神话学研究"这个博士学位论文的选题。神话学对仙林而言又是一个全新的领域，如何在短时间内积累较为丰富的神话学知识，并将其运用到分析罗泌《路史》的课题中？为此，我们一起制定了周密的读书计划，选定了数量不小的必读书目，包括先秦史、神话学、人类学、民俗学、考古学等学科的代表性著作。仙林再次凭借自己的聪明和勤奋，较好地构建起了论文的知识框架，也出色地撰写了近40万字的博士学位论文，同时还公开发表了6篇高级别的学术论文。

　　"罗泌《路史》文献学及神话学研究"是一个文献学与神话学相结合的题目，全书凡上下两编共七章，上编三章为《路史》文献学考察，下编四章为《路史》所载上古神话传说考究。对此类题目的研究，若非对两者均有足够的认知和理解，极易流于形式，而形成"两张皮"的现象。但作者在论述时，很好地处理了两者的关系。如作者在进行《路史》文献学考察时，对罗泌家世情况的梳理不仅纠正了前人对罗泌家世的一些错误看法，而且揭示出罗泌与萧子荆、胡铨、周必大等人有着较为特殊的关系。（第一章）而这种特殊关系的存在，据作者考察，正是推动罗泌义无反顾地进行《路史》神话创作的内在动力。因为罗泌虽然既未进入过统治集团的权力核心，也并非南宋理学家集团的核心人物，但因为他与上述诸人的特殊关系，故仍极有可能与其他理学家一样抱有强烈地改变现状、"重建一个理想的人间秩序"的愿望，并且试图通过自己在《路史》中对上古神话传说的研究，进而推动这一愿望尽早实现。（第四章）又如作者对《路史》引用文献来源进行的细致考察，不仅清晰地揭示出《路史》引用文献的方式、特点、范围及缺陷（第二章），更为后文讨论《路史》引用神话传说资料提供了坚实的文献支撑（第五章）。再如作者对《路史》引用谶纬资料进行的考论，明确提出了《路史》之所以引用数量众多的谶纬资料（总计引用73类369条），有其特殊的时代背景和思想渊源。（第二章）这也为下文讨论罗泌在编撰《路史》时何以大量利用谶纬神话资料提供了资料准备。作者通过分析指出，《路史》之所以大量征引谶纬神话资料，是因为谶纬神话非常集中的体现出帝王世系及其受命的思想，而这个思想与罗泌编撰《路史》的内在动力，即回向"三代""重建一个理想的人间秩序"的思想一致。可以说，罗泌的《路史》编撰，正是要通过强化上古帝王的神圣性，进而为回向"三代"提供更合理的理由。（第五章）

　　当然，作者在书稿中除了将文献研究与神话解读密切呼应外，还试图提出对解读《路史》类著作具有普遍意义的方法。比如作者曾以对《路史》辑佚学价值的探讨为例（第三章）指出，任何形式的辑佚工作开始前，对用以辑佚的相关书籍进行细致梳理，是避免出现严重漏辑情况，保障辑佚成绩的重要方法。此说看似平常，但若非对辑佚工作有最直接的接触和最深刻的反思，恐怕很难体会到。作者能将其总结出来，正是建立在他对《路史》文本进行过极为详尽地考察，对《路史》中包含的大量佚文给予过全面观照后的心得之言。又比如作者指出，罗泌编撰《路史》时，之所以将数量巨大的神话传说人物构拟到他的神话谱系中而少加别择（第六章），是因为罗泌如此坚定的认为神话传说人物都是曾经真实存在过的历史人物，且都曾创造过辉煌的远古文明。因此《路史》呈现给我们的，在选材方面不够严谨，甚至自相矛盾处，实际有其内在的逻辑必然。这种内在的逻辑必然并非罗泌一人独有，而是与他生活在同一时空下的人们的普遍反应，亦即与罗泌生活在同一思维模式中的人们，他们坚信发生在远古时期的那些神话故事，不仅是真实可信的，而且"具有最重大和最高尚的意义"。这样具有"范式"意义的思考，显然对相关研究具有启发意义，是值得加以鼓励的。

《罗泌〈路史〉文献学及神话学研究》的立论以极为丰富的文献资料为基础，同时又能逐渐自觉地上升到理论的高度，纵横捭阖，却不凿空以立说，这是细读过书稿的人均会有的深刻印象。仙林出身寒门，不善言辞，待人谦和，但令人感动的是他读书的勤奋，每天埋首苦读，早出晚归，乐此不疲；读书每有所得，研究每有所获，则喜不自禁。正是拥有了这份怡然自得的心态，方能遨游学海，潜心研究，最终获得一份厚重的学术成果，其博士学位论文不仅获得答辩委员会专家的一致好评，而且被评为东北师范大学优秀博士学位论文，又被评为吉林省优秀博士学位论文。

犹记答辩前，仙林将装订好的博士论文放在我的面前，说惟愿不负老师对他的培养。那份真情让人动容。如今，书稿又入选了在学界有重要影响的《中国社会科学博士论文文库》，这应该算是对他曾经埋头努力最好的回报。书稿出版在即，征序于予，作为其指导教师，责无旁贷。然近年心绪烦乱，仅略述如上，是为序。

曹书杰

2021 年 4 月 27 日

书于长春净月居舍

摘　　要

　　罗泌《路史》是一部保存有大量神话传说内容的著作，以其全面丰富的资料涵盖和数量巨大的佚文保存，为广大学者所重视。然而，这样一部难得的著作，却几乎没有学者进行深入细致的整理研究。书稿的展开，首先从文献学角度对《路史》进行全面考察，其次在文献研究的基础上，挖掘《路史》所蕴含的神话学价值。据此，论文可分为三个部分。

　　第一部分为绪论，主要总结了学术界研究罗泌及其《路史》的现状，可知，对罗泌及其《路史》的研究虽然经历了一个逐渐深入的过程，但至今尚未有深入细致的整理研究论著面世，亟待研究者全面展开。

　　第二部分为主体部分，共七章，分为上、下编。

　　上编包括三章，首先对罗泌家世进行详细考察，揭示出罗泌的家学渊源对他进行《路史》编撰影响甚大；同时也对《路史》的撰修、注释、版本、流传等方面的情况进行全面探析，这对考察《路史》的文献学价值有关键性作用（第一章）。以此为基础，进一步指出《路史》具有文献构成丰富的特点，并从《路史》引用文献考察（第二章），以及辑佚学价值考究（第三章）等方面入手进行充分论证。

　　下编包括四章，在对《路史》文献学价值考察基础上，对《路史》所载上古神话传说进行深入剖析。笔者将探讨的重点落到对《路史》所载上古神话传说的具体分析中，在分析之初，首先对罗泌《路史》的编撰背景及前期准备工作进行了详细考察，然后对《路史》所引神话传说资料的来源及罗泌在《路史》中整合神话传说人物的方式给予重点关注（第四、第五章）。其次，笔者着重考察罗泌在《路史》中构拟的上古帝王谱系，通过分析指出，由于罗泌对待上古帝王的态度是信仰和崇敬，故他在构拟上古帝王谱系时，对内容庞杂的材料往往不加区分，但凡记载的内容与上古帝王有关，他都绝不放弃，取用无疑（第六章）。最后，对神话学界长期争论的焦点，即神话、传说与历史之间的关系，进行简要的梳理；并结合罗泌《路史》的实际情况，指出在罗泌的意识里，不仅不存在神话与传说间的差异，更主要的是，也将神话与历史混淆不分（第七章）。

第三部分为结论，此部分将全文的重点进行了简要的总结和梳理，指出罗泌《路史》一书具有重要的价值，值得认真探讨。同时指出，书稿的撰写虽然已经较为详细地探讨了罗泌《路史》在文献学与神话学方面的价值与不足，但关于本课题尚有需要进一步展开，限于篇幅，未能全面涉及者，就只能留待以后。比如，宋代人何以会热衷上古史研究？我们如何定位《路史》与整个江西文化，乃至整个宋代文化发展的关系？

关键词：罗泌；《路史》；文献学；神话学；神话历史

Abstract

Lu Shi, literature of myths and legends, was compiled by Luo Mi. Although scholars have been attracted by its rich data and numerous anonymous articles, there are almost none of them who have done any research in detail and depth regarding this valuable work. My dissertation, first of all, in a perspective of philology, reviews *Lu Shi* comprehensively. Furthermore, it explores the value of *Lu Shi* on mythology. There are three sections included in my dissertation.

The first section is Introduction, which summarizes the status quo of academic research on Luo Mi and *Lu Shi*. It discloses that its related research has been in process gradually in history; however, there has never been any monograph that has studied Luo and *Lu Shi* specifically and deeply. Therefore, it is meaningful to do this research thoroughly.

The second section is the main body of my dissertation, composed of seven chapters, which can be divided into two parts.

Part One includes three chapters. First of all, by tracing Luo Mi's family history, it discovers that his family background has a significant influence on his work. In the meantime, it explores *Lu Shi*'s composition, annotation, edition, and circulation, which are critical to review *Lu Shi*'s value on philology. On this basis, it further discusses the contribution of *Lu Shi* on philology. Moreover, through examining its bibliographic citations and collections of ancient works, Part One gives a convincing conclusion.

Part Two is composed of four chapters. On the basis of a study of *Lu Shi*'s philological value, it interprets its ancient myths and legends profoundly. Chapter Four and Five explores the filiations of ancient kings in *Lu Shi*. It investigates the background and preparation of *Lu Shi*'s compilation; further pays more attention to the source of those myths and legends, including Luo's integration of diverse figures in *Lu Shi*. Chapter Six finds that because of his respect and reverence of the ancient kings, when he compiles the filiations, Luo Mi does not distinguish the complex materials he has. Thus records that are related to ancient kings are all included into his work. Chapter Seven reviews related theories of mythology, and also concentrates on the analysis of ancient myths and legends recorded in *Lu Shi*. Not only does it explain briefly the relation of myths, legends, and history, but also points out that in the perspective of Luo Mi, besides the differences between myths and legends, there is a mixture of myths and history.

The third section is the conclusion of my dissertation. Based on its summarization of the contents in the whole dissertation, it believes that *Lu Shi* has an important value. In addition, regarding its significances to philology and mythology, although my dissertation has many explorations, there are still more interesting topics we can further dig out. For instance, why is it popular to study primitive history during the Song dynasty? How can we orientate the relation of *Lu Shi* and Jiang Xi culture, *Lu Shi* and cultural development during the Song dynasty?

Key Words: Luo Mi; *Lu Shi*; Philology; Mythology; Myth History

目　　录

上编　《路史》的文献学考察

下编　《路史》所载上古神话传说考究

Contents

Volume Ⅰ   The Philological Survey of *Lu Shi*

Volume Ⅱ   The Study on Ancient Myths and Legends of *Lu Shi*

绪 论

自从 1923 年顾颉刚在《努力周刊》上发表《与钱玄同先生论古史书》，提出了中国古史"层累地造成"说以来①，疑古思潮一度成为学界的主流；20 世纪 90 年代以后，伴随着李学勤提出"走出疑古时代"的口号②，走出疑古又成为一种潮流，对学界产生了广泛而深刻的影响。直到今天，"疑古""走出疑古"作为两种思潮仍然萦绕在研究者心中，这是作为一种大的学术背景存在的。

众所周知，上古神话传说与上古史之间有着密切关联，尤其是神话传说人物那"神""人"两分的性格，注定了其与"疑古""走出疑古"思潮之间有着千丝万缕的纠葛。因传世文献对神话传说人物记载的相对缺乏，即便是那些存留下来的材料，也往往因真伪难分，用起来很棘手，故必须经过认真的爬梳整理才能加以合理利用，因此"古史辨"派的基本训练——注意史料的可靠性、时代性，便成为我们研究过程中必须掌握的。但某些神话传说经过历代口耳相传又得以较为完整保存，再加上出土文献中也有相关记载能够与传世文献相印证，故"走出疑古"所要求的，只要有新的资料，我们就应不再受"疑古"学派某些不正确的具体看法束缚的提议，也值得我们认真汲取。所以研究上古神话传说，我很赞同裘锡圭的看法，即："关于古史传说……基本倾向于'古史辨'派的观点，承认有夏代，夏代以上是传说时代，三皇五帝的系统不是历史实际。"③

神话传说产生至今，不论是以文献方式记载下来的，以口头形式流传

---

① 顾颉刚等编：《古史辨》，海南出版社 2005 年版，第 1 册，第 75—76 页。
② 李学勤：《走出疑古时代》，长春出版社 2007 年版，第 10 页。
③ 裘锡圭、曹峰：《"古史辨"派、"二重证据法"及其相关问题——裘锡圭先生访谈录》，《文史哲》2007 年第 4 期。

于民间的，还是以文物形式出土于地下的，都曾经历过不同程度的"层累"变化，这种变化体现出不同时代的人对于神话传说的不同理解。罗泌《路史》就是这样一部保存大量神话传说内容的著作，以其全面丰富的资料涵盖和数量巨大的佚文保存，为广大研究者所重视。① 然而，这样一部难得的著作，却几乎没有研究者进行深入细致的整理研究，这不免有些遗憾。

本书即是对《路史》进行的一次较为系统的梳理和研究，主要从两方面入手，先从文献学角度对《路史》进行全面考察，在此基础上深入挖掘《路史》所蕴含的神话学价值。

第一节　研究目的和意义

一　"问题意识"：《路史》研究的新尝试

以往对罗泌及其《路史》的研究，通常注重利用《路史》中保存的丰富资料，注重挖掘这些资料所蕴含的价值，这是此前研究者的优势所在。但随着研究的深入，逐渐发现这些优势所具有的闪光点渐渐淡去，它们已经不能满足日益多元化的研究需要。亦即不论是从研究的深度还是广度上来看，此前的研究均面临极大挑战。因为一种学术研究是否能够取得实质性的进展，并不能仅凭研究成果的多寡决定，单有表层的推进和扩展是远远不够的。如果仅按此前的研究模式，通过叠床架屋式的推进和展开，固然可以在前人研究成果的基础上，填补一些"空白"，但这样毕竟不能有多少实质性突破，也无法从深度和广度两方面对该课题的进一步展开提供多少有益的启发，这将会造成学术史意义上的停滞不前。

那么，我们所面临的巨大挑战是，如何既能充分利用现有研究成果，又能在此基础上有所创新，实现认识论意义上的进步？回应这一挑战的最好方式是，突出"问题意识"，将该课题从深度和广度两方面进行一次勇敢尝试。所谓"问题意识"，就是指研究者通过缜密思考后提出问题、把握问题，最后对问题给予合理回应。"'问题'决定于眼光和视野，体现出切入角度和研究导向，寓含着创新点。突出'问题意识'，就要以直指

---

① 《尔雅·释诂》："路、淫、甫、景、废……大也。"（《尔雅注疏》卷1）则"路"之训"大"，"路史"即"大史"。罗泌取其书名作"路史"，正预示其书中材料包罗万象。

中心的一系列问题来引导并且组织自己的研究过程。……对于'问题'的关怀，作为研究中的导向，使得各个研究领域的切分界线不再清楚，有利于调动诸多学术门类的研究力，实现多学科的交叉和结合。"① 只有在此思路的指引下，把研究课题进行全方位、多层次的展开，方能在研究中取得实质性突破。

就罗泌及其《路史》研究而言，此前研究者曾就罗泌家世、《路史》撰修、《〈路史〉注》的归属以及《路史》的辑佚学、史学、神话学等方面的价值进行过简要的探讨。仔细阅读这些研究论著，不难发现，尚未有研究者从罗泌生活的南宋这个时代大背景入手，深入探讨罗泌是在一种怎样的情况下编撰《路史》，更没有任何研究者将上述各方面进行综合研究。要知道，任何历史事件的发生都有其前因后果，并不存在那么多偶然，而作为历史产物的文学或历史作品，自然也应该是自成系统的整体；对它们进行的研究，也自然不应该为了研究的专门和方便，简单甚至武断地进行人为拆分，因为这样拆分研究的结果往往会造成理解上的阻隔和偏差，不利于对作品进行全面解析。

罗泌《路史》研究要想有所突破，就必须首先提出具有牵动性的议题。如何突破以往单一研究的叙述框架，将罗泌的家世研究与对《路史》的文献整理、文本解读，寓于整个南宋的时代大背景下，把貌似抽离于作者、时代的作品，还原到一个鲜活的话语场域里，赋予罗泌及其《路史》研究应有的生命力，我们需要新的问题、新的视角，或者更重要的是，需要在提问与回应之间寻求更为合理的切入点。

当然，任何一种具有解释力的研究模式，都必须建立在大量翔实可靠的论证基础上，都需要追求问题设计的层次化、细密化。就罗泌及其《路史》研究而言，既要特别注意对《路史》文本的生成方式、内容解读等方面的分析，也要注意将罗泌编撰《路史》的背景及其动因悉数加以探讨。也就是说，既要深刻挖掘文本的内在结构及深层价值，又要努力探寻文本生成的外在因素，将两者融合在同一主题下，注意彼与此之间的衔接，将问题的探讨明确化、深入化。同时，在对这些问题进行探讨时，我们所持的态度，并非追求非此即彼的一锤定音，而是多元化、多层次的解

① 邓小南：《祖宗之法——北宋前期政治述略》，生活·读书·新知三联书店2006年版，第3页。

决方案，这样才能让研究更深入、让问题的解决更富于张力。

二　研究的目的和意义

《路史》由南宋罗泌编撰，因此该书记载的内容自然无法超越时代，所以它既是罗泌个人的上古史观、上古神话观的客观反映，同时也是南宋这个特定时代条件下对上古史、上古神话整体意识的反映。《路史》作为一部承前启后的记载上古神话传说的重要著作，既具有同类作品的共性，也具有自身独特的价值。因此，对《路史》的分析解读，不仅是个案研究，也是将来对与《路史》同类作品解读的示范。

因《路史》所载内容的特殊性，故历来受到文献学、神话学、历史学等学科研究者的重视；但囿于时代限制，罗泌编撰的《路史》，在选材标准、材料处理等方面也存在诸多不如意之处，故在后世，特别是进入20世纪以来，遭到研究者的广泛批评。但真正对罗泌及其《路史》进行全面系统分析、深入透辟解读的专著，至今尚未看到；研究论文也屈指可数。出现研究失衡的原因有很多，如《路史》征引的资料过于庞杂，多数都散见于各种古注和类书中，研究者利用起来头绪太过繁杂，所以望而止步；受"《路史》内有不少妄说，未必有所本"（徐旭生语）等传统观念的束缚，不敢也不愿意涉及；《路史》版本很多，而通行的《四部备要》本虽已做过一些考证，但仍有不少问题存在，以至于研究者利用该书时，首先得考虑材料的可信度问题，从而使研究者的研究负担加大，阻碍了研究的深入，等等。此外，更主要的原因还在于以下两方面：（1）到目前为止尚无一本详校详注的现代标点本《路史》面世，十分不利于研究者利用《路史》。众所周知，知识的获得除口耳相传外，更多的是靠阅读文本来获得，而古代文本在这一点上体现得更明显。因此亟须一个好的《路史》校注本面世，以方便一般读者增长知识，也有利于研究者参考利用。（2）《路史》成书以来，已有大量研究者关注此书，但对该书研究真正有突破性进展，还是在进入20世纪以后，伴随着新的研究理论、研究方法的广泛利用，《路史》研究才进入了全新领域。但到目前为止，对《路史》所蕴含价值的挖掘还十分不足，或者说，虽有研究者在研究中涉及《路史》，但系统研究者却没有。这既不利于深入挖掘罗泌《路史》的价值，也不利于全面正确认识南宋及其以前人对待上古神话传说的态度。

由于存在以上不足，方才坚定了笔者全面系统研究罗泌及其《路史》的信念，本书将从《路史》的文献学与神话学两方面入手研究，既对此前《路史》研究进行全面总结，也对以后《路史》研究开启方便之门。故在研究中无论面对怎样的难题，都将义无反顾地进行下去，因为研究过程中面临难题、解决难题，也是学术研究的价值和意义所在。至于在研究过程中，问题的提出是否恰当，回应的方式是否合理，整体的布局是否得体，则是需要在研究中反复斟酌、反复思量的。

第二节　研究思路与方法

一　研究的基本思路

顾颉刚曾对古史研究的基本思路有一总体把握，他指出：

> 我们对于从前人的说话，信仰是一种态度，研究又是一种态度。前代学者所以不能把历史学建设得好，就是因为他们的学问的基础建筑在信仰上，必须好的才肯信，不好的便不肯信。至于我们现在的学问的基础则建筑在研究上，好的要研究，不好的也要研究，在研究的时候无论什么材料都是平等的。况且这种材料在历史上也自有它的地位。①

这一研究思路，虽针对历史学的发展而言，但其实对《路史》研究有同等参考价值。梁启超也说：

> 中国人对于神话有二种态度：一种把神话与历史合在一起，以致历史很不正确；一种因为神话扰乱历史真相，便加以排斥。前者不足责；后者若从历史着眼是对的，但不能完全排斥，应另换一方面，专门研究。②

此种看法，对研究《路史》也有直接帮助。罗泌编撰《路史》是建

---

① 顾颉刚：《中国上古史研究讲义》，中华书局 2002 年版，第 30 页。
② 梁启超：《中国历史研究法》，上海古籍出版社 2003 年版，第 280 页。

立在信仰上古神话传说的基础上，他认为上古神话传说里那些兼具"神"
"人"二重属性的人物，不仅曾在历史上真实存在过，且创造过辉煌历
史，故他撰修《路史》时，在材料的搜集、编排以及组织上，尽量将能
反映上古帝王历史功绩的内容搜罗殆尽，这正是《路史》内容丰富但资
料庞杂的重要原因。因此，近现代学者研究《路史》，往往偏重从历史角
度来探讨，对《路史》的价值加以"排斥"。这显然有失偏颇，应该"另
换一方面，专门研究"。亦即将对《路史》的文献整理与文本解读密切结
合，先从文献学角度深入剖析《路史》的文本构成情形，再以此为基础
详细考察《路史》的神话学价值。

　　在文献整理时，首先对罗泌家世进行详细考察，揭示出罗泌的家学渊
源对他进行《路史》编撰影响甚大；同时也对《路史》的撰修、注释、
版本、流传等情况进行探析，这对考察《路史》的文献学价值有关键性
作用（第一章）。以此为基础，进一步指出《路史》具有文献构成丰富的
特点，并从《路史》引用文献考察（第二章），以及辑佚学价值考究（第
三章）等入手进行充分论证。

　　以《路史》文献学价值考察为基础，对《路史》所载上古神话传说
进行深入剖析，探讨时主要涉及如下几方面的问题：（1）具体分析《路
史》所载上古神话传说，分析之初先对罗泌《路史》的编撰背景及前期
准备工作进行详细考察，然后对罗泌在《路史》中整合神话传说人物的
方式及《路史》所引神话传说资料的来源给予重点关注（第四、五章）。
（2）着重考察罗泌在《路史》中构拟的上古帝王谱系，指出，由于罗泌
对待上古帝王的态度是信仰和崇敬，故他在构拟上古帝王谱系时，对内容
庞杂的材料往往不加区分，但凡记载的内容与上古帝王有关，他都绝不放
弃，取用无疑，所以才会出现明张鼎思所说的"其采典籍，则五纬百家，
山经道书，一言一事，靡不摭拾，几于驳杂而无伦"①的状况（第六章）。
（3）对神话学界长期争论的焦点，即神话、传说与历史之间的关系进行
简要的梳理，并结合罗泌《路史》的实际情况，指出在罗泌的意识里不
仅不存在神话与传说间的差异，更主要的是也将神话与历史混淆不分。但
这种将神话与历史不加区分的表述方式并非罗泌刻意为之，而是他内心深

---

① （明）张鼎思：《豫章刻〈路史·前纪、后纪〉序》，载（宋）罗泌《路史》，《四部备
要》，中华书局1936年排印本，第3页。

处的真实看法。因为在罗泌生活的时代，神话与历史的学科分界并不存在。以顾颉刚为首的"古史辨派"的古史神话观，在探讨神话与历史关系时，曾指出人类社会早期神话与历史往往彼此交融、不易区分，这对认清罗泌的神话观有重要启发；而"神话历史"理论在"古史辨派"的基础上，对神话与历史关系的辨析，更符合罗泌《路史》中体现出的神话观（第七章）。

　　总之，如果说有一条贯穿书稿文献研究与神话研究的思路或线索，那就是尽量将探讨的背景设置在罗泌生活的南宋，从而实事求是地展现罗泌《路史》所含的价值及存在的问题，这不仅是文章写作过程中应该极力把握的核心，更是利用《路史》进行相关研究时必须认真贯彻的原则。当然，以上所说乃是撰写本书过程中要努力遵循的思路和实现的目标。但实际操作起来，难免会有论述不周或者考察不到位之处，那都是囿于闻见造成的。

二　研究的基本方法

　　本书是对《路史》研究的一次崭新尝试，这正是本书的价值所在。梁启超曾说："历史所以要常常去研究，历史所以值得研究，就是因为要不断的予以新意义及新价值以供吾人活动的借鉴。"[①]此次研究正欲赋予《路史》以全新的意义和价值。

　　本书是典型的文献整理与文本解读相结合研究的实例。文献整理不仅是一个还原过程，即极力恢复文本原貌，使文本忠实反映作者的创作目的和创作意图；同时也是对文本进行疏通扩展的过程，将相关资料汇集起来，为进一步研究打下基础。而文本解读则是在文献整理的基础上，对文本所体现出的作者的创作思想和意图进行深入挖掘与阐释，以便更好理解文本中反映出的作者的思想以及文本本身的价值。

　　对《路史》进行文献整理时，需要排比史料，其方法有三。（1）孔子所说的"君子于其所不知，盖阙如也"之法。因罗泌撰修《路史》时，曾参阅过数量巨大的文献资料，并将其中与《路史》创作主旨相关部分征引到《路史》中；而为了便于行文，罗泌在征引资料时，又不能将所引资料完整无缺地照原文移录，故而造成许多资料与原始资料间存在诸多

[①]　梁启超：《中国历史研究法》，上海古籍出版社2003年版，第148页。

变相；复因罗泌征引的资料，有很大一部分在南宋以后已逐渐散佚，故整理《路史》时，虽也据相关文献尽量全面地找出《路史》所引资料的来源，但限于学识，有一部分内容暂时无法找到出处，于是在处理这部分内容时，就只能阙而不论，以俟来哲。（2）"考镜源流"之法。整理《路史》，面临一个重要难题，即书中所引材料的来源如何；而在研讨《路史》所载上古神话传说时，亦面临同样的问题。这些问题要得到圆满解答，必然要结合现有材料（包括文献所载、考古所得、民间流传），尽量找出来源，为深入研究打下基础。（3）"去伪存真"之法。罗泌《路史》所载内容，虽绝大部分都能在古书中找到来源，但罗泌在运用这些材料时，却并不完全忠实反映原材料的面貌，其中一部分内容固然因得到罗泌批判的吸收而有了新价值，但另一部分内容却因罗泌有意曲解而与真相不符。在处理这些内容时，就必须通过精密的考证以得到最接近真相的答案。

在此基础上，通过资料长编，同时运用归纳法处理史料，让庞杂的史料具有系统和条理，从而实现梁启超予史料"新意义及新价值"的展望，也才能更加准确、真实、客观地完成本书所拟需要解决的问题。同时，为搞清罗泌的生平、学术道路及撰修《路史》的具体情况，在资料搜集时要做到"勤于抄录""练习注意""逐类搜求"①，让整个研究条理清楚，层次分明。同时，计量法也是本书尝试使用的方法，且占据大量的篇幅。因统计数据和图表都可直观地说明问题，故为充分体现《路史》文献学及神话学价值，在特定章节格外倚重此法。

《路史》除含有丰富的文献资料外，保存的神话传说资料也极其丰富，为了对这些资料进行周详的考察，首先得对这些资料产生的时代先后与在实际生活中的流变情况有较为清晰的了解。因此，除利用上述文献整理方法来处理这些资料外，应该综合利用神话学、民俗学、考古学等学科的方法，即在王国维《古史新证·总论》中所说的"纸上之材料"与"地下之新材料"组成的"二重证据法"基础上逐渐形成的"三重证据法"，亦即采用"综合的"研究法来探讨《路史》所载上古神话传说的相关问题。这正如孙作云在《盘瓠考》中所说：

---

①　梁启超：《中国历史研究法》，上海古籍出版社 2003 年版，第 161—163 页。

就是从社会制度的研究来判断古史的真伪，用考古学上的实物来证明制度的有无，用文字学音韵学的方法来考证一个名词的得名之故，用民间的俗说、迷信以补文献的不足。我所用的方法不是限于一隅的，是综合的。我的态度，是"疑"了之后再"释"，"释"了之后再"信"。我不是徒然地疑古，也不是盲目的信古，我的方法是二者之合。再用具体的话来说，就是我以为古史的事实，大致可信，古书并非尽伪。我们要在神话之中求"人话"，疑古之中找"信史"。①

笔者虽不具备此等丰富的知识，也不能娴熟地利用如此多样的研究方法来解读《路史》所载神话传说资料，但亦将充分利用包括"三重证据法"、古史辨派的神话研究方法以及"神话历史"理论在内的众多研究方法，给予《路史》研究更为广阔的视野。

第三节　研究回顾与展望

一　罗泌及其《路史》研究回顾

罗泌《路史》成书以来，颇受学界重视，其论点多为后世学者沿用，保存的大量佚文也多为后世文献学与神话学研究者所取资；但据实而论，此类重视又多为表面的、浅层次的。就目前了解的情况来看，学界对罗泌《路史》虽有所研究，但多零散不成系统，真正对该书系统研究者尚未之见，实属遗憾。综观学者对《路史》的研究实践，主要从以下三个方面展开。

一是文献研究层面。此前研究者也曾涉及《路史》成书时间与《〈路史〉注》的归属以及《路史》的辑佚学、校勘学价值的探讨，并取得了不俗的成绩，为此后的研究提供了宝贵的借鉴。如关于《路史》成书时间问题的探讨，李裕民认为《路史》的成书时间在乾道六年（1170）之后，并正确指出《路史》并非成书于一时，乃分阶段完成。② 虽然李氏的考证尚有缺漏（详见第一章），但毕竟为深入研究打下了基础。又如关于《〈路史〉注》的归属问题，历来有两种不同的意见：一种认为是罗泌自

---

① 《孙作云文集》第 3 卷，河南大学出版社 2003 年版，第 421 页。
② 李裕民：《四库提要订误》（增订本），中华书局 2005 年版，第 65—67 页。

注，一种认为是罗苹注。实际两种意见均不确切，《路史》正文乃罗泌所作，而注文乃罗苹"承父命"作。但此"承父命"并非指罗苹作注在罗泌去世之后，而是指罗苹在其父创作过程中就已经开始作注，所以在罗泌去世（约1203年）之前，能够对《路史》的正文和注文的部分内容进行反复修改增订（详见第一章）。又如关于《路史》辑佚学价值的挖掘工作，自明代以来，曾有无数研究者宗行其事，使《路史》在辑佚学史上占有一席之地。但尚未有研究者从文本整理角度入手仔细梳理《路史》所载佚文，因此，此前的辑佚家虽曾大量利用《路史》来从事辑佚工作，却仍出现巨大漏辑现象（详见第三章）。

二是历史研究层面。《路史》书中保留了大量的古史资料，是研究古史不可多得的文本。虽然其中有些结论显得牵强，但"由于罗泌引据浩博，且以周代史料为大宗，包括了比较丰富的宋以后已经失传的古史资料，因而书中有些内容往往可以与现在的研究成果相合"。① 故研究者利用《路史》所载古史资料进行的研究取得了不俗的成绩，如徐旭生在《中国古史的传说时代》第六章"所谓炎黄以前古史系统考"中就曾大量批判地吸收了《路史》书中的记载。② 又如王献唐《炎黄氏族文化考》，"从考古学、古音韵古文字学、古地理古民俗学等各个角度，对我国古代炎黄氏族文化的发展变迁作了全面的探讨，其观点之新颖，方法之特出，引用材料之广泛，均可称一家之言"。③ 王氏此书曾大量参考《路史》，指出，"迩以撰述炎黄氏族考，时时检阅"。④

此外，还有学者将《路史》与考古相结合。如杨成槛就将考古发现与传世文献资料相比勘，特别采用《路史·前纪》卷五《有巢氏》条关于有巢氏的记载，把河姆渡文化与有巢氏结合在一起。⑤ 侯毅结合《路史》的记载，认为唐尧和陶寺墓葬的大基墓主有共同的图腾信仰。⑥ 陈立基结合《路史·后纪》关于蜀山氏"王瞿上"的记载，考证出瞿上之地即今三星堆，并认为"这些文献记载和传说，和现在发现的考古资料情

① 朱林宝：《中华文化典籍指要》，山东人民出版社1994年版，第105页。
② 徐旭生：《中国古史的传说时代》，广西师范大学出版社2003年版，第253—305页。
③ 方厚枢：《中国出版年鉴》，中国书籍出版社1987年版，第354页。
④ 王献唐：《王献唐遗书：双行精舍书跋辑存》，齐鲁书社1983年版，第81页。
⑤ 杨成槛：《河姆渡遗址文化与越族先民》，《宁波大学学报》（人文科学版）1994年第2期。
⑥ 侯毅：《论我国古代的氏族部落联盟》，载山西省考古学会等合编《山西省考古学会论文集（一）》，山西人民出版社1992年版，第100页。

况基本上吻合"。① 李先登结合考古材料与《路史》记载，认为蜀王鳖灵
灭亡杜宇约在春秋初、中期之时，约为公元前 7 世纪初："这与我们上述
研究认为三星堆器物坑掩埋的时间，即三星堆遗址四期结束之时约相当于
春秋初、中期之时也是相符合的。"② 又有学者将《路史》与图腾文化研
究相结合。如刘尧汉认为："《路史·后纪·太昊下》注引《道藏·洞神
八帝妙精经》说：'伏羲姓风，女娲姓云。'这也表明，伏羲是以母虎为
图腾的原始氏族部落的名号。"③ 卫惠林认为："《纬书》及《路史》所传
古代氏族名号中，大部具有显著的图腾色彩。最显明者如《循蜚
纪》……《固提纪》……《禅通纪》内之女娲氏、大庭氏、柏皇氏、祝
融氏、混沌氏、朱襄氏，此等古代氏族名号当皆为图腾动物、植物及自然
现象之名号经过若干讹变之结果。"④ 何星亮结合罗泌《路史·发挥二》
关于盘瓠的记载，认为"两蛮以狗为始祖，其石室前之狗像雕石与图腾
柱相似"。⑤ 又有学者将《路史》与夏史研究相结合。如程平山《夏代纪
年考》对《路史》与夏代纪年的关系进行了深入的探讨，指出："夏代纪
年的数据主要有三个系统：儒家体系、《竹书纪年》体系和《路史》体
系。其中，前两个体系价值大些，《路史》体系由于明显的错误，个别数
据仅能够作为参考。"并且说："《路史》记载的数据是区别于儒家体系和
《竹书纪年》体系的一套体系。因此，《路史》的记载是不可信的，它是
罗泌整理先秦史料的成果，但是在引文与考证等方面都存在严重的错
误。"⑥ 而董琦《虞夏时期的中原》对《路史》与禹都的关系进行了探
讨，否定了《路史》提出的禹都在"泽之阳城"的说法。书中指出："泽
州（今山西晋城县），指汉代濩泽县，唐以后改名阳城县，现在仍叫做阳
城。泽之阳城系唐代后起之名，与夏禹相距数千年，毫无关联，不足为
信。"⑦ 又有学者将《路史》与殷商史研究相结合。如蔡运章利用《路

① 陈立基：《趣说三星堆——古蜀文化探秘》，四川文艺出版社 2000 年版，第 148 页。

② 李先登：《夏商周青铜文明探研》，科学出版社 2001 年版，第 245 页。

③ 刘尧汉：《中国文明源头新探——道家与彝族虎宇宙观》，云南人民出版社 1993 年版，
第 89 页。

④ 卫惠林：《中国古代图腾制度论证》，《民族学研究集刊》1943 年第 3 辑。

⑤ 何星亮：《中国图腾文化》，中国社会科学出版社 1992 年版，第 128 页。

⑥ 程平山：《夏代纪年考》，《中原文物》2004 年第 3 期。

⑦ 董琦：《虞夏时期的中原》，科学出版社 2000 年版，第 278 页。

史》的记载论证了汤都"郼薄"即西亳。①《路史·国名纪丙》载："郼，上甲微居，即桐也。……今汤阴有司马泊，司马村，或云太甲，盖以郼西桐有离宫商之墓地，而缪以上甲为太甲尔。"陈梦家认为："郼上司马，《路史》以为上甲居，今河南汤阴境。但所谓上司马和商之墓地似乎即今安阳小屯。今小屯对岸有大小司马村。"② 邹衡认为："《世本》太甲徙郼之说，皇甫谧即已存疑。罗泌改太甲为上甲，于理为顺。陈梦家且举今安阳小屯村对岸有大小司空村为证，更疑罗氏汤阴之说，或为安阳之误。今安阳殷墟地区，已发现了先商文化漳河型遗址（见本书第叁篇页109），直接为罗、陈二氏之说提供了物证。"③ 关于盘庚迁殷原因，朱彦民总结说："盘庚迁殷的原因之水患说：这是一个传统的观点……宋罗泌《路史·国名记（丁）》：'盘庚之迁，本于洪水，都国垫溺为之，岂得已而不已哉。'……当今不少学者也都认为，上古时期黄河流域经常发生水灾，为了躲避水灾的威胁，殷人才不得不多次迁都。"④ 又有学者将《路史》与古蜀国研究相结合。（1）"巴人世系"研究。学者多引用《路史》文中的记载，因为"古代巴人之世系，见于记载者惟《山海经》与《路史》"。⑤（2）巴人来源问题。彭官章认为："学术界普遍认为：巴人发源于湖北长阳武落钟离山，廪君是巴人的始祖，巴人是廪君的后裔。……廪君是'氏之子'，因出于武落钟离山赤穴，故称之为'赤氏'。此可从《路史·后记》中得到佐证：'赤狄巴氏服四姓为廪君，有巴务相'。……罗泌将廪君放入氏羌系统是很有见地的。"⑥（3）古蜀王研究。有学者指出："蚕丛氏，相传即蜀山氏。《路史·前纪·蜀山氏》云：'蜀山氏，其始祖蚕丛。'又云：'蜀之为国，肇自人皇，其始蚕丛、柏濩、鱼凫，各数百岁，号蜀山氏，盖作于蜀。'不仅将蚕丛氏与蜀山氏联系起来，而且还视其为蜀山氏的始祖。蜀山氏与蚕丛氏两者有关联，学界殆无疑义。"⑦ 又如蜀山氏与黄帝关系。蒙文通指出："《路史·国名纪》说：'蜀山（依

① 蔡运章：《甲骨金文与古史研究》，中州古籍出版社1993年版，第254页。

② 陈梦家：《殷虚卜辞综述》，中华书局2008年版，第250页。

③ 邹衡：《论汤都郑亳及其前后的迁徙》，《夏商周考古学论文集》，文物出版社1980年第2版，第198页。

④ 朱彦民：《殷墟都城探论》，南开大学出版社1999年版，第100页。

⑤ 田敏：《〈山海经〉巴人世系考》，《四川文物》1998年第5期。

⑥ 彭官章：《巴人源于古羌人》，《吉首大学学报》（社会科学版）1987年第3期。

⑦ 范勇：《蚕丛考》，《中华文史论丛》2009年第S2期。

《全蜀艺文志》引补"山"字），今成都，见扬子云《蜀纪》等书。然蜀山氏女乃在茂，详后《妃后国》。'《路史·国名纪》上世妃后之国又说：'蜀山，昌意娶蜀山氏，益土也。'这应该是《常志》等所称'昌意娶蜀山氏女，生帝喾，封其支庶于蜀'的说法所从出。可证蜀王为黄帝后世之说已见于《蜀王本纪》，只是清代洪、严诸家辑本遗漏了这一条。"①（4）巴蜀古国研究。如蒙文通《巴蜀古史论述》利用《路史·国名纪》的记载，证明"郪""果""廪""巫咸"等为"巴蜀境内的小诸侯"。蒙氏还利用王家祐的研究成果，指出王氏"从甲骨和金文考得巴蜀境内古诸侯十多个，如其更从《路史·国名纪》中和汉的牂柯、益州、永昌、越巂、汉嘉（沈黎）、汶山、武都各郡的邑君来看，就有百数十个小部落"。②（5）对《路史》所载古蜀国资料的批评。顾颉刚认为罗泌"为了维护他自己的系统"，"为了顾全十纪的编排，蚕丛们便须拉到极远，为了顾全蜀和中原的联系，蚕丛们又须拉到极近，那些没有确定时代的古人，高下由人摆布，真太可怜了！"③又有学者将《路史》与古楚国研究相结合。《路史》书中载有大量与古楚国相关的资料，学者在研究楚史和楚文化时也对这部分资料进行了利用。如何浩《楚灭国研究》据《路史》的相关资料，对楚国兼并诸小国过程进行了细致考察。这其实是研究楚何以发展强大，也是整个东周历史上的重大问题之一。④而高至喜《楚文化的南渐》多利用《路史·后纪八》《国名纪丙》所提供的资料对楚所灭的濮、罗、归、越、窦、滇、麋、麇、芈蛮等国进行阐发。⑤关于"楚国南界究竟稳定在何处"的问题，蒋廷瑜认为："主要是看对'苍梧'怎么理解。《逸周书》记述向商周王朝进献贡品的古代部落有'仓吾'。此仓吾即是苍梧，是进献翡翠的部族名，不是地名。宋代罗泌著《路史》，把苍梧与骆越、西瓯等同起来，视为百越部族的一支，也是这个意思。该部族生活的地方后来也名为苍梧，由部族名转化为地名。"⑥还有学者将《路史》与其他古国研究相结合。如关于杨国的国号、杨国封君的姓、杨国

　　①　蒙文通：《巴蜀古史论述》，四川人民出版社1981年版，第39—40页。
　　②　蒙文通：《巴蜀古史论述》，第27—30页。
　　③　顾颉刚：《论巴蜀与中原的关系》，四川人民出版社1981年版，第34—35页。
　　④　李学勤：《〈楚灭国研究〉序》，载何浩《楚灭国研究》，武汉出版社1989年版，第1页。
　　⑤　高至喜：《楚文化的南渐》，湖北教育出版社1996年版，第30—39页。
　　⑥　蒋廷瑜：《楚国的南界和楚文化对岭南的影响》，载中国考古学会编《中国考古学会第二次年会论文集（1980）》，文物出版社1982年版，第68页。

始封的时间等问题，王光尧结合《路史·国名纪》相关记载与杨姞壶铭文的内容，进行了深入的考辨，纠正了一些错误的结论。① 吴镇烽结合《路史·后记十》《路史·国名纪乙》《路史·国名纪丙》与梁伯敢簋中关于梁国的记载，认为伯益受封梁国当是事实，并指出梁伯敢簋对于梁国史的研究有着重要的意义。② 何光岳从 20 世纪 80 年代以来，陆续发表了大量此方面研究成果，如《庸国的兴亡及其与楚的关系》（《求索》1983年第 3 期），《嬴姓诸国的源流与分布》［《信阳师范学院学报》（哲学社会科学版）1984 年第 3 期］，《东夷源流史》（江西教育出版社 1990 年版）等。其中对《路史》资料的运用可谓是巨细无遗，在客观上起到推动学术界充分利用《路史》资料的作用。

　　三是神话研究层面。《路史》除具有丰富的文献学、史学价值外，还具有一定的神话学价值。《路史》是"以神话传说资料编写中国史前历史的著作"③，"其书取材杂芜，然恒有神话资料存焉；且所引古籍今多佚亡"。④ "论历史自非信史，但从神话研究的观点看，因其征引丰富（尤其是罗泌的儿子罗苹所作的注），也有足供参考的。"⑤ 关于《路史》在神话学史中的地位，到目前为止，研究最深者当属袁珂无疑，他在《中国神话史》中的第一章第一节和第十五章第一节用了大量篇幅来分析阐释《路史》在中国神话学史中的地位。文章指出，《路史》"是一部神话传说性质的原始社会史，书中所记叙的，当然就是历史化了的神话传说"。"我们从神话研究的角度看，此书倒是很值得注意的。""尤有奇者，是他（罗泌）所分前、后二纪，竟恰恰暗合原始社会的两个重要发展阶段。神话传说——即使是经过整理安排的神话传说——之足以'史影'，看来具有一定的道理。"又客观指出，《路史》虽具有巨大的神话学价值，但罗泌"对神话传说采取的态度，不管是信也好，疑也好，或另作解释也好，其没有能够真正理解神话传说则一。这都由于作者既不能用科学的眼光去探讨神话传说的成因，又不能用文学艺术的心情去欣赏神话传说的美感，被笼罩在神话传说的雾氛中不能超拔出来"的结果，但"古代学者研究

---

① 王光尧：《从新出土之杨姞壶看杨国》，《故宫博物院院刊》1995 年第 2 期。
② 吴镇烽：《先秦梁国考》，《文博》2008 年第 5 期。
③ 姜彬：《中国民间文学大辞典》，上海文艺出版社 1992 年版，第 1056 页。
④ 袁珂：《中国神话传说词典》，上海辞书出版社 1985 年版，第 404 页。
⑤ 袁珂：《古神话选释·女娲》，人民文学出版社 1979 年版，第 21 页。

神话，一般都有理解不深的局限，自然不能苛求曾经在这方面有过一定贡献的罗泌"。① 而更多研究者则是利用《路史》资料进行神话研究，相关文章不下百篇（详见本书"参考文献"部分），因数量庞大，不能一一加以评述，故仅选取其中涉及"盘古""伏羲""女娲""蚩尤"者归为以下几类。

第一，盘古神话。（1）总论：如杨东晨、杨建国《开天辟地与盘古氏的传说和文化：兼论经纬书与野史中远古纪年的史料价值》等；（2）盘古传说形成：顾颉刚、杨向奎《三皇考》十八《盘古的出现与三皇时代的移后》、陈向春《"元气"催生：论盘古传说的形成》等；（3）盘古神话形成时间：陈钧《中国神话新论·盘古新考》、王晖《盘古考源》等；（4）盘古神话的发祥地：黄世杰《盘古化生神话文化的重要发祥地在广西大明山（上）》等；（5）盘古神话的流传：余云华《重庆民间盘古文化及其考古学支持》、谭达先《"盘古开天地"型神话流传史》、刘夫德《盘古考》等；（6）盘古与盘瓠：吕思勉《盘古考》、刘起釪《开天辟地的神话与盘古》等。

第二，伏羲神话。李建成《伏羲文化研究简论》认为，对伏羲文化的记载和研究，宋代《路史》是很重要的一部。② 此看法颇为公允。但长期以来关于《路史》与伏羲之间的关联却少有人提及，直到闻一多《伏羲考》面世，才因其"研究材料的搜集使用方面不拘一格"③ 等原因，初步利用了《路史》关于伏羲神话的记载。此后，学者在研究伏羲及相关文化时都会参考《路史》，其成果可概括为以下几点：（1）伏羲名号的来历：刘雁翔《伏羲传说事迹辨正》、刘俊男《神农父亲及其后代考：兼论伏羲名号的来历》等；（2）伏羲的出生地：漆子扬《伏羲生地考释》、陈泽《关于伏羲生于仇池考述》等；（3）伏羲的族源：易谋远《"伏羲的族别为西戎"说质疑：和刘尧汉先生商讨》、张潮《黄帝·伏羲·后稷同族考》等；（4）伏羲的形象：郭德维《曾侯乙墓五弦琴上伏羲和女娲图象考释》等；（5）伏羲的功绩：刘城淮《女娲伏羲神话论》、金棹《伏

---

① 袁珂：《中国神话史》，上海文艺出版社1988年版，第4、380页。
② 李建成：《伏羲文化研究简论》，《天水师范学院学报》2003年第3期。
③ 赵锋：《对闻一多〈伏羲考〉的阐释》，《阜阳师范学院学报》（社会科学版）2009年第3期。

羲女娲神话的文化意象：关于宗教与科学的起源和二者关系的演变》、何
光岳《伏羲氏的神话与史实》等；（6）伏羲与女娲：胡仲实《论伏羲女
娲神话》、刘宗迪《伏羲、女娲兄妹婚故事的源流》等；（7）伏羲与良渚
文化：董楚平《伏羲：良渚文化的祖宗神》、顾希佳《良渚文化时期的伏
羲神话母题》等。

　　第三，女娲神话。杨利慧《女娲神话研究史略》指出，南宋罗泌
《路史》在女娲神话研究中有重要地位。① 具体而言，可分为以下几类：
（1）综合研究：杨利慧《女娲的神话与信仰》《女娲溯源：女娲信仰起源
地的再推测》等；（2）女娲补天：李道和《女娲补天神话的本相及其宇
宙论意义》等；（3）女娲神话的流传：胡安莲《河南女娲神话的演变及
其意义》、王子今《平利女娲故事的发生背景和传播路径》、李欣复《女
娲神话之流布及现代解读》等；（4）伏羲与女娲：吕威《楚地帛书敦煌
残卷与佛教伪经中的伏羲女娲故事》等；（5）女娲文化研究：李祥林
《女娲神话的女权文化解读》、黎胜勇和李尚海《女娲山与女娲文化》、张
崇琛《女娲神话的文化蕴涵》等。

　　第四，蚩尤神话。（1）蚩尤的出生地：曲辰《蚩尤其人其事》
等；（2）蚩尤的形象：刘宝山《蚩尤探源》等；（3）蚩尤的功绩：
唐春芳《论蚩尤在历史上的功绩与地位》等；（4）蚩尤的葬地：崔
彩云《蚩尤与蚩尤冢考》等；（5）蚩尤与炎帝：刘俊男《炎帝就是
蚩尤：兼论太皞神农与炎帝蚩尤之史迹》、郑莉《蚩尤和炎帝的关系
考》等；（6）蚩尤与涿鹿之战：刘宗迪《黄帝蚩尤神话探源》、石朝
江《蚩尤与炎黄逐鹿中原考》等。

　　通过对以上论著和论文资料的整理与分析可知，《路史》可资利用的
资料十分丰富，但这些论著和论文不论是从何种角度涉及《路史》之文，
都是浅尝辄止，并未做深入研究。因此，《路史》所蕴含的各种价值需要
系统的梳理和深入的研究。

二　罗泌及其《路史》研究展望

学术界对罗泌及其《路史》的研究，是一个逐渐深入的过程，由最

---

　　①　杨利慧：《女娲神话研究史略》，《北京师范大学学报》（社会科学版）1994 年第 1 期。

开始仅将其作为"别史""杂史""伪史"看待①，到后来由于文献学家的参与，对《路史》辑佚学、校勘学价值进行挖掘，再到后来因神话学家的介入，将其视为神话资料总集②，得到神话研究者的广泛重视。这样一个逐渐深入的研究过程，不仅体现了研究者对《路史》认识的逐渐全面、深刻，更体现出随着研究方法的多样，《路史》具有的多样价值也得到研究者的广泛认同。总之，必须承认，此前对《路史》的研究，虽然在深度和广度两方面均未能取得实质性的突破，但毕竟已经在多个方面为深入研究打下了基础。但是，由于研究者一直以来都未曾从《路史》的文献构成角度进行过详尽的梳理考察，也因为《路史》作为一部记载上古史、上古神话传说内容极其丰富的书籍，对它的解读确实无法"彻底摆脱'辨伪学'和'古史辨派'的影响，其最大的问题是人们在使用史料时不能不顾及辨伪学家为某些文献打上的'伪书'、'伪史'的印记"。③ 所以大多数的研究者对《路史》的了解，都还停留在顾颉刚所说的"伪史"的范畴。这确实不利于对《路史》进行深入研究。

其实，如果换一种角度来思考，也许就不至于被束缚在"伪史"的框架里，而能从全新的角度来认识罗泌及其《路史》。宋代是中国上古史

---

① 这是比较通行的观点，持此种观点的学者主要包括传统的目录版本学家和史学家。如《四库全书》、莫友芝《邵亭知见传本书目》、瞿镛《铁琴铜剑楼藏书目录》等就把《路史》归于"别史"行列；王重民《中国善本书提要》、骆兆平编《新编天一阁书目》等把《路史》归于"杂史"行列；把《路史》归为"伪史"行列的，主要以近现代史学家为主，如顾颉刚。顾氏虽未明言《路史》当归入"伪史"行列，但在《论〈竹柏山房丛书〉及〈庄子内篇〉书》中却给出了这种暗示："《竹柏山房丛书》收到。此书信《三坟》，信《伪古文尚书》，信《洞冥记》、《三元经》等书，颇使我失望。……但这书虽不能给我'辨伪'的资料，却可以给我'伪史'的资料，反正是有用的。"（顾颉刚等编：《古史辨》第1册，海南出版社2005年版，第19页。）信中提到的《三坟》等，在《路史》中同样大量存在就是明证。

② 《路史》是中国神话的集大成之作，丁山早已指出："罗泌融会先秦的经、传、诸子以及汉后谶纬家言、搜神志异之书，以成《路史》，可谓集古代神话之大成！"（《中国古代宗教与神话考》，上海书店出版社2011年版，第610页。）神话学家袁珂也有类似的观点："用神话因素的东西来填补远古历史的空白，是道家之流和某些史学家的惯技。道士徐整已开其端，唐代司马贞《补三皇本纪》又继其后，而集此工作之大成者，乃是宋代罗泌所作的《路史》。……（《路史》）可说是一部神话传说性质的原始社会史，书中所记叙的，当然就是历史化了的神话传说。"（《中国神话史》，上海文艺出版社1988年版，第3—4页。）这种观点也得到了学者的普遍赞同，如有学者认为《路史》"以神话传说资料编写中国史前历史的著作。……作者对于神话传说资料转化为历史，加以整理排比，企图建立古史的体系，自然多是蹈空之论。但书中所引用的古籍今多佚亡，所以也保存了不少珍贵的古代神话传说资料"。（姜彬：《中国民间文学大辞典》，上海文艺出版社1992年版，第1056页。）

③ 曹书杰：《后稷传说与稷祀文化》，社会科学文献出版社2006年版，第27页。

研究的重要历史时期，名家名著层出，如刘恕的《通鉴外纪》、苏辙的
《古史》、胡宏的《皇王大纪》、罗泌的《路史》等，就是其中颇有影响
的著作。宋代何以会出现上古史研究的热潮？是什么力量支配着这一研究
趋向的展开？这一研究趋向是否反映了社会的某种需求或者研究者共同的
价值取向？具体到《路史》，罗泌是在一种怎样的社会和思想背景的支配
下从事这项工作？《路史》的编撰又是否寄托了罗泌对南宋这个偏安王朝
的某种深切关怀？这些都是在研究《路史》时应该格外关注的。只有将
《路史》研究根植于对这样的历史背景的探讨基础上，才能还原一个真实
的罗泌及其《路史》，从而真正揭示出它在学术史上的地位、价值以及存
在的不足。如果从这个角度来看待《路史》，不仅不会简单地将它视为
"伪史"而否定其价值，将讨论的核心直指其背后隐藏的深层价值，而且
更有助于我们借此了解宋代上古史研究的整体趋向，对将来从事与《路
史》相类似的著作的解读奠定基础。这也正如陈寅恪在冯著《中国哲学
史》上卷的《审查报告》中所说：

> 今日所得见之古代材料，或散佚而仅存，或晦涩而难解，非经过
> 解释及排比之程序，绝无哲学史之可言。然若加以联贯综合之搜集，
> 及统系条理之整理，则著者有意无意之间，往往依其自身所遭际之时
> 代，所居处之环境，所熏染之学说，以推测解释古人之意志。由此之
> 故，今日之谈中国古代哲学者，大抵即谈其今日自身之哲学者也；所
> 著之中国哲学史者，即其今日自身之哲学史者也。其言论愈有条理统
> 系，则去古人学说之真相愈远……①

陈氏坚持史学家必须尽力保存历史的客观真相，不能稍有"穿凿附
会"。所以他这番话不但在当时为针对中国哲学史研究的学弊而发，即在
今天的众多研究领域也还不失其时效。陈寅恪对于曲解史实、附会古今一
点最视为史家的大戒，纵使犯戒者是他所尊重的前辈学人，他也不肯轻易
放过。②如沈约在《宋书·陶渊明传》中说渊明"自以曾祖晋世宰辅，耻

---

① 陈寅恪：《金明馆丛稿二编》，生活·读书·新知三联书店2001年版，第279—280页。
② 余英时：《陈寅恪的学术精神和晚年心境》，《现代危机与思想人物》，生活·读书·新
知三联书店2005年版，第375页。

复屈身异代，自（宋）高祖王业渐隆，不复肯仕"。① 陈氏认为这是最可信的记载。但梁启超在《陶渊明之文艺及其品格》中则认为陶潜只是看不过当日仕途混浊，才不屑为官，并非真是"耻事二姓"。② 对此，陈氏委婉地指出：

> 斯则任公先生取己身之思想经历，以解释古人之志向行动，故按诸渊明所生之时代，所出之家世，所遗传之旧教，所发明之新说，皆所难通，自不足据之以疑沈休文之实录也。③

故针对罗泌及其《路史》研究而言，就必须时刻注意尽量摆脱当代的价值标准，回到历史上的价值标准，穷其时代因素，究其环境影响，"推其所以然之繇，辨其不尽然之实"④，如此，所下的判断，方能臻于相当客观的水准⑤，从而尽量真实地揭示《路史》的价值，而不"依其自身所遭际之时代，所居处之环境，所熏染之学说，以推测解释古人之意志"。否则我们的研究必将出现陈寅恪所说的，"言论愈有条理统系，则去古人学说之真相愈远"，而这将是我们不愿看到的。

同时，正如李学勤所说："咱们今天的学术界，有些地方还没有从'疑古'的阶段脱离出来，不能摆脱一些旧的观点的束缚。在现在的条件下，我看走出'疑古'的时代，不但是必要的，而且也是可能的了。我们要讲理论，也要讲方法。我们把文献研究和考古研究结合起来，这是'疑古'时代所不能做到的。充分运用这样的方法，将能开拓出古代历史、文化研究的新局面，对整个中国古代文明作出重新估价。"⑥ 我们坚信，在新的研究方法和学术理念的介入下，对《路史》的研究将突破"伪史"的框架，取得长足进步。

---

① 《宋书》卷93，中华书局1974年标点本，第2288—2289页。
② 梁启超：《陶渊明之文艺及其品格》，载北京大学中文系文学史教研室编《古典文学研究资料汇编·陶渊明卷》，中华书局1962年版，上编，第269页。
③ 陈寅恪：《陶渊明之思想与清谈之关系》，《金明馆丛稿初编》，生活·读书·新知三联书店2001年版，第228页。
④ （清）王夫之：《读通鉴论》卷末《叙论二》，中华书局2011年标点本，第952页。
⑤ 杜维运：《史学方法论》，北京大学出版社2008年版，第175页。
⑥ 李学勤：《走出疑古时代》，长春出版社2007年版，第10页。

上　编

《路史》的文献学考察

第一章

罗泌家世及其《路史》研究

　　罗泌家世及《路史》的纂修、刊刻、流传、版本，还有《〈路史〉注》的归属等问题，历来没有得到系统研究；或偶有涉及者，也仅从某个角度入手略作探讨，且多有考证不周之处，故并不能呈现给我们一个完整、系统的值得参考的成果。可是，当要全面深入地研究罗泌及其《路史》时，就应该首先对上述诸方面有较为清晰的了解。因为这不仅能让我们深入了解罗泌家族深厚的家学渊源对他编撰《路史》起到了重要促进作用，而且能让我们认识到《路史》自成书之日起，就得到研究者和阅读者的广泛肯定。更重要的是，据此可以认识到，《路史》虽然存在诸多不足，研究或利用时需格外注意，但《路史》具有的价值却不容忽视，而后世某些研究者对罗泌及其《路史》存在偏见和误解，仅看到它的问题，而多忽视它的价值，显然有失偏颇。造成这种局面的原因是多方面的：或因研究者没有对《路史》文本进行深入细致的剖析；或因研究者在对《路史》作出价值评判时角度过于单一；更可注意者，当研究者尚未深入研读《路史》文本前，就已在心中生成了先入为主的成见，认为《路史》价值有限，不值得深入研究。但据实而论，《路史》不仅有价值，而且值得深入研究。要想深入探析罗泌及其《路史》的价值，给予其更为公正合理的评价，就应立足于对《路史》本文深入细致的梳理，广泛搜讨相关文献资料，多角度深层次地对其加以剖析。

第一节　罗泌家世及著述考

　　宋代是中国学术发展的重要历史时期，名家名著层出，罗泌的《路史》便是其中颇有影响的著作，历来受到上古史、文化史、神话学研究者的高度重视，对后世学术产生了重大影响。然而，遗憾的是，到目前为止，尚未有学者对其人其书进行全面深入的研究；仅就其家世、行年、著述方面而言，虽已有学者初步涉及，但通过广泛搜讨资料，且对相关史料仔细分析后发现，其中考证不周之处仍有不少，亟须进一步深入探讨。①

一　罗泌家世新考

庐陵郡（今江西吉安）自欧阳修之后出过不少名人，如胡铨（1102—1180）、周必大（1126—1204）、杨万里（1127—1206）、欧阳守道（1208—1273）、文天祥（1236—1283）等。从现存的史料记载来看，上举五人都曾与罗泌家族成员有过密切交往，且都曾为罗泌家族人员做过墓志铭、传记或序跋。

罗泌先祖居长沙，五代时因避马氏之乱而徙居庐陵。② 传至罗泌祖父罗无竞时，罗氏家族在庐陵已颇有声望。③ 罗无竞（约1053—1130），字谦中，号遯翁，世称孝逸先生。曾祖晟，祖亮，父允，均以乐善好施闻名乡里。罗无竞生卒年，载籍无明文，据胡铨《澹庵文集》卷五《罗孝逸先生传》（下文略称《罗传》）中说：

---

① 关于罗泌及其《路史》，虽有葛兆光《〈路史〉撰人罗泌考》（《社会科学研究资料》1983年第17期）、刘宗彬《罗泌家世述略》〔《吉安师专学报》（哲学社会科学版）1999年第4期〕、朱仙林《罗泌〈路史〉引书研究——以先秦诸子为主》（硕士学位论文，东北师范大学，2008年）做过初步探讨，但尚有不少问题亟待深入挖掘，比如对罗泌祖父罗无竞生卒年的探讨就明显存在问题，对《路史》的纂修、《〈路史〉注》归属问题的探讨也有亟待深入挖掘的必要。

② 此"马氏之乱"，据史料记载，唐乾宁四年（897）封马殷为武安军节度使，后梁开平元年（907）封马殷为楚王，至后唐天成二年（927）正式封马殷为楚国王，马殷以潭州为长沙府，建国。至后晋天福十二年（947）马希范去世后，在王位继承问题上出现分歧，拥护马希萼和马希广的势力之间发生冲突，导致楚国国内大乱。至后汉乾祐三年（950），马希广被赐死，楚政权落入马希萼手中。后周广顺元年（951）九月，马希崇囚禁马希萼，楚国政局陷入混乱，十月，南唐中主李璟抓住机会，派边镐、刘仁赡率兵攻楚，马楚政权灭亡。据此，则此处所言之"马氏之乱"的时间大致在947年到951年。参见《新五代史》卷66《楚世家》，中华书局1974年标点本，第821—827页。

③ 元代梁益在《诗传旁通》卷九《小雅·北山》中载有罗泌家世："庐陵罗氏，一门七世有大名者三人：罗谦中，名无竞，号遯翁，门人私谥为孝逸，澹庵胡公铨作《孝逸先生传》。谦中子长卿，名良弼，号兰堂，《吉州图经》有《先贤传》。长卿子长源，名泌，号归愚，摅斋曾公作《拟国史传》。长源子华叔，名苹，承父命作《〈路史〉注》。谦中曾祖晟，祖亮，父允，以好善闻州里。罗氏一门如此。江阴邱真长，名寿隽，以焕章阁待制知赣州日作《路史序》。"参见（元）梁益《诗传旁通》，《文渊阁四库全书》，台湾商务印书馆1983年影印本，经部，第76册，第899页。

谦中，皙颐丰姿，幼颖悟，游学南昌。……会有熙河之役，上书条利害，特旨褒美，授迪功郎。亲交强之行，始为建宁主簿。……建炎间，金人渡江……寇过其庐曰：儒先家也。戒无犯，自是避地以归。咸以方义成保，一日，忽得疾，侍母不解忧棘，泣数行下，谓家人曰："吾不得终养矣。"遂卒，年五十三。门下私谥曰孝逸先生。……崇、观以来，迄于政、宣之间……及靖康之变……谦中是时方白水卷帘，而青山隐几也。①

据上引《罗传》"会有熙河之役"之"会"字可推知，罗无竞至少在熙宁六年（1073，熙河之役末年）已经可以上书朝廷，且因"上书条利害"而被授予"迪功郎"。那么在熙宁六年时，罗无竞已近成年可知，也就是说当有二十岁左右的年纪。那么上推二十年，则在宋仁宗皇祐五年（1053）。即可大致认定仁宗皇祐五年前后是罗无竞出生之年，而李裕民、刘宗彬把罗无竞生年分别定在元丰元年（1078）②、元丰三年（1080）③，均与事实不符。

又《罗传》中有"崇、观以来，迄于政、宣之间"的句子，"崇观"乃"崇宁"和"大观"的略写，而"政宣"乃"政和"和"宣和"的略写，这个时间段大约是1102年（宋徽宗崇宁元年）到1125年（宋徽宗宣和七年）。《罗传》又有"及靖康之变……谦中是时方白水卷帘"的记载，则罗无竞又经历过靖康之役（1127）。且文中还称"建炎间，金人渡江……寇过其庐……一日，忽得疾……遂卒"。考《宋史》卷二五《高宗

① （宋）胡铨：《澹庵文集》，《文渊阁四库全书》，台湾商务印书馆1983年影印本，集部，第1137册，第50页。
② 李裕民：《宋人生卒行年考》，中华书局2010年版，第418页。
③ 刘文称："罗无竞……生约元丰三年（1080）。年十六游学南昌……逢熙河之役，无竞奋然上书，条陈利害，影响颇大。"此处刘文涉及三个数据：第一，元丰三年（1080）；第二，年十六，约绍圣三年（1096）；第三，熙河之役，即熙宁元年（1068）至熙宁六年（1073）。这三个数据的先后次序，当然是先熙河之役，再元丰三年，再绍圣三年。也就是说，如若罗无竞出生于1080年，那熙河之役之时，罗无竞尚未出生，如何能经历在他出生前已发生的熙河之役？退一步讲，即使此处所说"逢熙河之役，无竞奋然上书"的事发生在熙河之役后几年，那么，也绝不能得出罗无竞出生于1080年的结论，因为从罗无竞出生到其"上书"之间无论如何也应该有十几年的时间，更何况，据上文可知，胡铨《罗孝逸先生传》中用的是"会有熙河之役"，此"会"字当作"恰巧碰上"讲为是。

纪二》，金兵南下渡江，占领洪州、吉州等地在建炎三年十一月戊午（1129）[1]，又《宋史》卷二六《高宗纪三》载，建炎四年（1130）四月"金人犯江西者自荆门军北归"[2] 的记载。综上所考，罗无竞当卒于金人北归后不久，也就是建炎四年四月以后不久。

然而又据《罗传》，罗无竞卒时年53岁。若以罗无竞经历了"熙河之役"来算，则罗无竞生年当在1053年前后；若以"建炎间，金人渡江……寇过其庐"来算，则罗无竞卒年当在1130年。若以1053年来推算，则罗无竞卒年当为崇宁五年（1106）；若以1130年来推算，则罗无竞生年当为元丰元年（1078）。然罗无竞之子罗良弼生于1108年，则罗无竞卒于1106年的结论显然不可信。如此说来，似李、刘二氏所言罗无竞生于元丰元年、元丰三年（1080）的结论更符合实际，但这又与前文所考罗无竞生于1053年前后的结论相左。

何以会出现这样的差误？在罗无竞生于1053年的推算找不到反证的情况下，要解决李、刘二氏的结论与上述推论之间存在的25年的巨大差距，必须对《罗传》中的三个关键点重新加以审视：一是熙河之役，二是靖康之役，三是卒年53岁。

熙河之役是北宋历史上的一件大事，"是指宋神宗熙宁年间王韶克服洮水流域，建置熙河路的历史事件。从当时的历史条件看来，熙河之役绝不是一个偶发的边境事件，而是与宋神宗对付契丹、西夏的总战略决策密切相关，特别是与王安石变法的政治总目标密切相关"[3]。这么一件曾在北宋历史上产生过深远影响的历史事件，同时也是南宋这个"只有半壁河山大宋王朝君臣尤其是主战派心中胜利的象征"[4] 的事件，胡铨在写《罗传》时绝不会毫无理由地胡乱加到罗无竞头上。然而《罗传》出现了这样的记载，那就只能说明罗无竞确曾经历了熙河之役。靖康之役是北宋乃至整个宋朝历史上的转折性事件，是北宋王朝走向瓦解的标志性事件，也是南宋王朝肇始的契机。而胡铨作为南宋朝反对和议的名臣，又如何能够将如此重大的事件妄加在罗无竞头上？据此，靖康之役也必定为罗无竞

① 《宋史》，中华书局1977年标点本，第470页。

② 《宋史》，第478页。

③ 陈守忠：《王安石变法与熙河之役》，《西北师大学报》（社会科学版）1980年第3期。

④ 方新蓉：《从宋人对"熙河之役"的评价看宋与吐蕃之间的关系》，《西藏民族学院学报》（哲学社会科学版）2009年第3期。

所经历。

那么，三个关键点就只剩下一个，即卒年53的记载。既然罗无竞经历了"熙河之役""靖康之役"这两件北宋历史上的大事件，卒年53的记载肯定有误，也就是说罗无竞在世的时间应该比《罗传》中记载的"卒，年五十三"的时间更长，但由于材料所限，若要得出他在世的确切时间，恐尚有困难。故我们只能给出罗无竞生卒年的大致范围，即1053—1130年（见表1-1）。

表1-1　　　　　　　　　罗无竞生卒年对比分析

	生年	卒年	年龄	备注
李裕民	元丰元年（1078）	建炎四年（1130）	53	关键点：卒年53
刘宗彬	元丰三年（1080）	建炎间（1127—1130）	47—50	关键点：1. 熙河之役，2. 卒年53
朱仙林	皇祐五年（1053）	建炎四年（1130）	约77	关键点：1. 熙河之役，2. 卒年53，3. 靖康之役

据史料记载，罗无竞嗜书如命，家中藏书逾万卷，各种珍奇版本大搜其间。平日里罗无竞多与朋友观摩书籍，探讨学术。在这些朋友中就有一位是当地的名儒萧子荆，此人是研究《春秋》学的专家，罗无竞与之过从甚密。罗无竞喜作诗，胡铨在《罗传》中曾称其所作之诗"高处切风、雅，平处往往鲍、谢"。罗无竞著述多种，有《集》数卷，《经解》数卷，注《青衿集》3卷。①

罗无竞待人和蔼，娶朱氏，有子二人：良弼和良佐（见胡铨《罗传》）②，皆有学问。罗无竞病逝后，先有给事中李仲谦为之作墓志铭，后胡铨又作《罗孝逸先生传》。据刘才邵《檆溪居士集》卷一二《罗无竞妻朱氏夫人墓志铭》记载，罗无竞妻朱氏生于元丰五年（1082），卒于绍兴

---

① （宋）胡铨：《罗孝逸先生传》，《澹庵文集》卷5，《文渊阁四库全书》，台湾商务印书馆1983年影印本，集部，第1137册，第50页。

② 然据刘才邵《罗无竞妻朱氏夫人墓志铭》称："男九人，长曰粲，有文学，不幸早卒。次即良弼也，次曰开，相继举进士，良弼为第一，开亦中优，选行且起案，而践荣涂矣。惜乎，夫人不及也。女五人，长适进士陈大昌，次适乡贡进士胡维宁，余男女皆夭。陈氏女亦卒。孙男二人，泳、泌。女五人俱幼。开出继季父后。"则罗良佐即罗开。（宋）刘才邵：《檆溪居士集》卷12，《文渊阁四库全书》，台湾商务印书馆1983年影印本，集部，第1130册，第581页。

二十三年（1153）二月，享年72岁。周必大作《罗主簿妻朱氏挽词二首（甲戌）》①，其文曰：

> 早岁从孙宝，中年训孟轲。节高资内助，机断激儒歌。枳棘鸾先逝，云霄鹗正摩。即看膺命服，何遽掩卷阿。
>
> 素幕帷堂日，青乌甫窆时。薤凝朝露冷，树动晚风悲。七十年无憾，平生壸有仪。孝哉难与谷，犹恸蓼莪诗。

罗无竞子良弼（1108—1164），字长卿，号兰堂，初娶胡铨从妹，继娶刘氏，子男二人，长曰泳，次曰泌。良弼好古博雅，有远志，读书勤奋，且博学强记，因父罗无竞之故，亦藏书甚富，且能手自批校，终日不辍。他与胡铨为少年挚友，同肆举业。有文献记载，胡铨曾赋诗："笑春烛底影，浥泪风前杯。"话音方落，罗良弼即指出此句"出某书某卷"，取书视之，果如其言。胡铨乃服其博洽。② 一日，周必大往见罗良弼，忽而二人话题涉及郭明叔，罗良弼云："郭明叔乃薄陶渊明。"周必大心中颇为疑惑，后得到郭明叔文集，见元丰间宰分宁赠黄太史长歌，其末云："功名时来亦自然，跨风绝海非为难。肯学陶潜《归去来》，虚名浪得传人寰。"③ 方始信其语之属实。

罗良弼对朋友亦十分真诚。胡铨尝说："予兄弟乐与良弼游，予登第后，读书山中十年，良弼未尝不来，来未尝不论文终日，后某被召，大臣举予应直言极谏等科。朋友有助焉，良弼为多，予其敢忘之？"④ 建炎三年（1129）良弼以诗赋冠乡举，绍兴二十七年（1157）进士及第，授迪功郎，调赣州会昌县东尉。官会昌尉时，罗良弼以廉洁自持，服食器用，皆从家取。

绍兴四年（1134），罗良弼写了《跋龙云集后》。起初，有人给刘伟

---

①　（宋）周必大：《文忠集》卷1，《文渊阁四库全书》，台湾商务印书馆1983年影印本，集部，第1147册，第31—32页。

②　《江西通志》卷76《吉安府二》，《文渊阁四库全书》，台湾商务印书馆1983年影印本，史部，第515册，第596页。

③　（宋）周必大：《文忠集》卷46《题山谷和郭内翰长篇》，《文渊阁四库全书》，台湾商务印书馆1983年影印本，集部，第1147册，第486页。

④　（宋）胡铨：《澹庵文集》卷5，《文渊阁四库全书》，台湾商务印书馆1983年影印本，集部，第1137册，第50页。

明编订了《龙云集》25 卷①，罗良弼嫌其搜讨得不够周全，于是冥搜博访，得到彭德源、曾如晦等手编的《文集》，又在内相郭明叔家中得到宏词、时议等诸编。于是合编为一册，包括《古律赋》3 篇、《宏词》4 篇、《古诗》140 篇、《律诗》121 篇、《绝句》101 篇、《生辰诗》11 篇、《挽诗》13 篇、《乐府》6 篇、《表》17 篇、《启》52 篇、《书》44 篇、《序》14 篇、《时议》6 篇、《策问》45 篇、《记》10 篇、《杂著》5 篇、《疏语》10 篇、《祭文》11 篇、《碑志》12 篇，总 625 篇，合计 32 卷，方才使刘氏的文章搜求略尽。②

罗良弼晚年交友极广，经常以诗文与朋友相唱和，其中颇有传世之作，如周必大所作《寄题新居罗长卿观澜阁兰台二首（壬午）》③ 和刘才邵所作《观澜阁为罗长卿题》④，就是其中较有代表性的作品。除诗文爱好外，罗良弼还广泛搜讨当朝名帖字画，经常与朋友观摩研究。隆兴癸未（1163）十二月，周必大作《跋罗良弼家欧阳公唐赞草》指出："长卿好古博雅，藏本朝名帖至数十百纸。"⑤ 罗良弼于隆兴二年（1164）十二月去世，周必大作《祭罗长卿文》，辞气哀婉，对其评价颇高，内有：

> 维隆兴二年岁次甲申十二月某甲子，具位周某等谨以清酌庶羞之奠，致祭于故会昌尉长卿五丈之灵。呜呼！朴属之车，器攻才良。一日出门，折轴倾箱。不如下泽，弗已于行。有幽者兰，久含国香。未韡其华，乃萎于霜。不如蔓草，自全其生。相彼二物，类吾长卿。嗟乎长卿，博洽精明。志行万里，名高一乡。如车斯坚，如兰斯芳。试之邑尉，岂曰骞翔。乃蹶乃枯，谁毁谁戕。昔我卜居，十里相望。每

---

① 刘伟明即刘弇，《宋史》载："刘弇字伟明，吉州安福人。……登元丰二年进士第，继中博学宏词科。历官知嘉州峨眉县，改太学博士。……有《龙云集》三十卷，周必大序其文，谓'庐陵自欧阳文忠公以文章续韩文公正传，遂为一代儒宗，继之者弇也。'其相推重如此云。"《宋史》卷 444，中华书局 1977 年标点本，第 13127—13128 页。

② （宋）刘弇：《龙云集》，《文渊阁四库全书》，台湾商务印书馆 1983 年影印本，集部，第 1119 册，第 337—338 页。

③ （宋）周必大：《文忠集》卷 2，《文渊阁四库全书》，台湾商务印书馆 1983 年影印本，集部，第 1147 册，第 44—45 页。

④ （宋）刘才邵：《檆溪居士集》卷 1，《文渊阁四库全书》，台湾商务印书馆 1983 年影印本，集部，第 1130 册，第 413 页。

⑤ （宋）周必大：《文忠集》卷 16，《文渊阁四库全书》，台湾商务印书馆 1983 年影印本，集部，第 1147 册，第 149 页。

到君家，必罗酒浆。欢呼竟夕，交举罚觥。君又善戏，谑而不伤。分虽朋友，心则弟兄。谓当华颠，毕此交情。岂知今日，遽哭其丧。嗟乎长卿，卿真亡矣。古书多误，谁发明矣。近事或疑，谁考评矣。观澜风月，失平章矣。山房图籍，虚暴凉矣。升堂一恸，涕泗滂矣。嗟乎长卿，情未忘否。鉴此诚否，醖此觞否。①

罗泳，罗泌兄，被胡铨称为博学君子。兄弟两人为了传萧子荆之学，镌刻萧氏《春秋辨疑》一书。胡铨《春秋辨疑原序》说："罗氏兄弟泳、泌，博学君子也。欲锓板以传，且乞铨序，固辞不可，于是乎书。门人胡铨序。"②朱彝尊《经义考》卷一八四《春秋十七》载萧楚《春秋经辨》曰："《宋志》十卷，佚。胡铨序曰：'罗氏兄弟泳、泌，博学君子也。欲锓板以传，且乞铨叙。所以固辞不可，于是乎书。乾道壬辰（1172）。'"③

二　罗泌行年及著述

罗泌（1131—1203?）④，字长源，号归愚，罗良弼次子。关于罗泌卒年，刘宗彬据田南《重修清适堂记·文献录》作1189年。然而周必大《龙云集原序》称：

嘉泰三年（1203），贤守豫章胡元衡平一表郑公之乡里，访襄阳之耆旧，欲广其书，激厉后学。予亟属罗尉之子泌缮写定本，授侯刻之。……四年（1204）六月某日，少傅观文殿大学士致仕益国公周

---

① （宋）周必大：《文忠集》卷16，《文渊阁四库全书》，台湾商务印书馆1983年影印本，集部，第1147册，第406页。关于罗良弼卒年，刘宗彬认为是1165年，今观周必大文可知，卒年必在1164年无疑。

② （宋）萧楚：《春秋辨疑》，《文渊阁四库全书》，台湾商务印书馆1983年影印本，经部，第148册，第109页。

③ （清）朱彝尊著，侯美珍等点校：《经义考》，台湾文哲研究所筹备处1999年版，第5册，第870—873页。

④ 关于罗泌生年，袁珂据罗泌《路史序》末署"乾道龙集庚寅亚岁"，认为"乾道庚寅是宋孝宗乾道六年，即公元一一七〇年，假定这书是他五十岁成书，往上推五十年，那么他生年该在宋徽宗宣和三年，即公元一一二一年，故说他是南宋初年的人"。此说有误。参见袁珂《中国神话史》，上海文艺出版社1988年版，第376页。

必大序。①

　　据《宋史》所载，周必大卒于嘉泰四年（1204）②，此篇序文为周氏本人所作无疑。又据《路史·国名纪信》中《究言》一篇下之注文有"庚申（1200）归自诚斋（杨万里号）作"句，则罗泌在 1200 年尚作《究言》一篇，则罗泌在嘉泰三年（1203）仍然健在当属事实，因而刘文称罗泌卒于 1189 年的结论定当有误。然而无强有力之证据，罗泌确切卒年，仍无法断定，待有新证据时再作讨论。

　　据现有资料，记载罗泌生平信息者以清乾隆四十六年（1781）纂修的《庐陵县志》③ 和清末陆心源纂辑的《宋史翼》（卷二九《文苑四》）④ 为主。而《庐陵县志》的记载尤为详尽，故转录于此：

　　　　罗泌，字长源。其先自燉下徙居新安之花树下。历十世，生彦通。通生泌。泌四世孙福可复徙今田南。则泌世为淳化乡人。生而颖迈，弱冠好读书。绝意仕宦，有劝之者，辄拍案而起曰："人各有千古，独进贤冠哉？"为诗文精深刻苦，不肯只字同人咳唾。一时高才不偶者，辄藉长源解免曰："才如夫人，岂屑屑以科名重耶？"举承务郎不起，杜门著述。家蓄书数千卷，无不研究。储高积深，著《路史》一百余卷。凡深元隐僻，猥琐赘馀之事，皆经纬而栉比之，用以广人咨诹，通人问难。至游炎陵山，徬徨重阜，寓襄阳十有一载，淳熙乙未（二年，1175）自题炎陵一书可考也。⑤ 然当时人士，未有过而问者，惟费公辉自衡湘直抵吉，接泌于闉阇间。泌正囊

────────────

　　① （宋）刘弇：《龙云集》卷 1，《文渊阁四库全书》，台湾商务印书馆 1983 年影印本，集部，第 1119 册，第 64 页。记载此事者还有（宋）周必大《文忠集》卷 55，《文渊阁四库全书》，台湾商务印书馆 1983 年影印本，集部，第 1147 册，第 582 页。

　　② 《宋史》卷 391《周必大传》，中华书局 1977 年标点本，第 11971 页。

　　③ 乾隆《庐陵县志》卷 30《人物志五·儒林》，《中国方志丛书》华中地方第 952 号，台湾成文出版社 1989 年影印本，第 2031—2032 页。必须指出，道光《庐陵县志》卷 31《人物志·儒林》（《中国方志丛书》华中地方第 953 号，台湾成文出版社 1989 年影印本，第 2074—2076 页）及同治《庐陵县志》卷 32《人物志·儒林》（《中国方志丛书》华中地方第 954 号，台湾成文出版社 1989 年影印本，第 2104—2105 页）所载与乾隆《庐陵县志》内容完全一致。

　　④ （清）陆心源：《宋史翼》，中华书局 1991 年影印本，第 318 页。

　　⑤ 据《路史·余论二》有《题炎陵》一篇，但仅 80 余字，且所署日期为淳熙十四年（丁未年，即 1187 年），不知与此所说"题炎陵一书"有何联系？

《路史》相随，费公见辄拍掌曰："信天下之奇作也。"为之许曰："立萧曹功勋易，作罗氏《路史》难。功固不在禹下。"生平不信浮屠，尝引种明逸自况，以为"种放与我皆不喜佛，但种放善饮我善隐，所不同者此耳。"盖种放初有志肥遯，后竟应朝廷之辟，故泌言及之。子苹为《〈路史〉注》。（原注：《旧志》）①

此文有两处疑点值得推敲：文中说罗泌父乃罗彦通，与上文所说罗泌父乃罗良弼字长卿者不同，当有误，此其一。文中又说罗泌"著《路史》一百余卷"，与传世刻本均作 47 卷者不同，不知何故，此其二。据文末注称此传文乃县志编纂者据《旧志》转录，不知此等差异是否原来就有，还是另有原因？据目前掌握的资料，尚无法给予解答。

此文虽有两处疑点，但除上述两点之外，所载史实与相关资料所述基本一致，故仍可视为了解罗泌生平最基本的文献。特别是文中所说罗泌"绝意仕宦，有劝之者，辄拍案而起曰：'人各有千古，独进贤冠哉？'"故当有机会"举承务郎"时，他却毅然选择了放弃此入仕的绝好机会，"杜门著述"，最终成就了《路史》。

据此可知，罗泌不仅生性聪颖，且因其父罗良弼藏书丰富的缘故，自小便有机会博览群书，凡儒家经典，百家杂志，无不通览。同时又能游历四方，寻访名胜古迹，"至游炎陵山，徬徨重阜，寓襄阳十有一载"。这样的经历，使罗泌不仅拥有丰富的文献知识，又掌握了大量的第一手材料，对其后来的创作大有裨益。罗泌的著作除《路史》外，元盛如梓《庶斋老学丛谈》卷上说：

> 观其（笔者按：指《路史》）引援该博，无书不读，且文字奇古，未易及也。曾撙斋（丰）为作《传叙》（笔者案：即《拟国史传》，惜此《传》未曾及见），其述作非止一书。博学如斯，古今

---

① 特别说明：笔者十年前撰写博士论文时，由于条件限制，未能掌握此罗泌生平信息的第一手材料，今借修订之机，详细讨论于此。另：此文陈嘉琪亦从成文出版社据清乾隆四十六年刊本影印之《庐陵县志》引用，但文中有几处引文及标点错误，注释中称引文页码是"第 2104—2015 页"，与笔者所见作"第 2031—2032 页"者不同，究其缘由，乃因陈氏所据乃同治《庐陵县志》（《中国方志丛书》华中地方第 954 号）之文。参见陈嘉琪《南宋罗泌〈路史〉上古神话传说研究》，中国社会科学出版社 2018 年版，第 85 页。

有几?①

可知罗泌的著述应该有多种。据现有资料而言,罗泌除《路史》外,还著有"《〈路史〉罗氏文集》十一册,阙"。② 又有《图学》二编、《樵隐山癯景陵纬阁字书同异解》③。另外,尚著有《易说》、《六宗论》一篇、《三江详证》一篇、《九江详证》一篇④,以及《六一词跋》一篇⑤,等等。

三 《路史》及其价值

《路史》是饱含罗泌毕生心血的著作,是罗泌走访很多传说中远古帝王遗迹后,用考察所得资料加传世文献写成的。宋人费辉在作《〈路史〉别序》时,盛称此书曰:

> 嗟乎! 不观《论语》圣贤之进退,无以识三皇五帝之道高;不观《路史》变故之纷沓,无以见三皇五帝之道大。遂使行之,不惟俾管窥瓯举之徒不敢妄述,而裒褐谈禅之士亦不敢以诞矣。向使汉儒有知伊周非摄之论,则无莽、卓之祸;知大麓非职之说,则无曹、马之祸。若齐、梁有此书,则佛老不张;唐室有此书,则藩镇不强;五代而有此书,则十国不狂;靖康而有此书,则戎翟不昌。习而读之,固足以使乱臣贼子之知惧,而可以国家长久,祸乱不作矣。实《五经》之鼓吹,而诸子之权衡也。窃又评之:立萧、曹勋业易,作罗氏《路史》难。《路史》之功,固不在于禹下。辉之屝微,无高衔大贝以邀说于人,言之有不足信,然昔人谓文章自有公议,而公亦谓杜甫非诗人,识者知公此语,则知《路史》矣。

---

① (元)盛如梓:《庶斋老学丛谈》,《文渊阁四库全书》,台湾商务印书馆 1983 年影印本,子部,第 866 册,第 522 页。

② (明)焦竑等:《明史艺文志·补·附编》,商务印书馆 1959 年版,第 212 页。

③ 民国《庐陵县志》卷 26《艺文志》,《中国方志丛书》华中地方第 955 号,台湾成文出版社 1989 年影印本,第 3011 页。

④ 《易说》,见《经义考》卷 26《易二十五》,注云:"佚,按丁氏《大衍索隐》引用其说。"(第 1 册,第 606 页)《六宗论》,见《经义考》卷 93《书二十二》,注云:"存。载《路史·余论》。"(第 3 册,第 559 页)《三江详证》,见《经义考》卷 94《书二十三》,注云:"存。"(第 3 册,第 606 页)《九江详证》,见《经义考》卷 94《书二十三》,注云:"存。"(第 3 册,第 607 页)(清)朱彝尊著,许维萍等点校:《经义考》,台湾文哲研究所筹备处 1999 年版。

⑤ 张惠民:《宋代词学资料汇编》,汕头大学出版社 1993 年版,第 193 页。

可见罗泌对《路史》期望之高，亦可见时人对《路史》评价之高。虽然，费辉之言或有过誉之处，但其论亦非毫无根基、无的放矢。并且，从费辉的评价中可见出罗泌作《路史》寓有深意在其中。故评价罗泌及其《路史》，决不能脱离时代背景，全用今日的学术标准来衡量，应该尽量回到当时的场景，用更为平和、客观的态度评价它。关于《路史》的价值，学界历来有两种观点。

其一，对《路史》价值持否定态度。如明张鼎思认为："其采典籍，则五纬、百家、山经、道书，一言一事靡不摭拾，几于驳杂而无伦。"① 元盛如梓《庶斋老学丛谈》卷上记录了一位老前辈的话认为："《路史》不足观，仅可糊壁。"② 今人张颖科认为："有个别史家在占有大量的历史资料以后，并非经过一番考校辩证，抉摘鉴别的工作，而就率然从事编写，深为后人訾议。例如，宋人罗泌作《路史》，多采纬书和太平经、洞神经、丹壶记一类道家依托之言，而不加筛选甄别，殊不免旁杂之嫌。"③

其二，多数学者对《路史》持肯定态度。如费辉《〈路史〉别序》称罗泌《路史》："立言远过贾谊，而叙述则在庄、马之间，班、范而下不论也……天下之奇作。"④ 元盛如梓在引述完那位老前辈的话后，紧接着就评论道："余闻之矍然，观其引援该博，无书不读，且文字奇古……博学如斯，古今有几？此语甚失忠厚之意。"⑤ 明代胡应麟作《罗氏〈路史〉序》称："罗氏此编最称后出，乃独穷搜眇邈，剧探幽微。……乃若灵篇秘籍，散见群书，久缺传流，向湮纪录者，率赖是编提携弗坠。后世亦因综核，大都良哉，学圃之邓林，词场之宝筏也。"⑥ 明万历间朱之蕃《重刻宋罗长源先生〈路史〉序》亦说："有宋庐陵长源罗氏，慨诸史之未备，薄文士而弗居，殚精极思，撮举兼收，作《前》《后》二纪，起自邃

① （明）张鼎思：《豫章刻〈路史·前纪、后纪〉序》，（宋）罗泌《路史》，《四部备要》，中华书局1936年排印本，第3页。

② （元）盛如梓：《庶斋老学丛谈》，《文渊阁四库全书》，台湾商务印书馆1983年影印本，子部，第866册，第522页。

③ 李颖科：《俯视与深思——论中国史学传统》，陕西人民出版社1989年版，第190页。

④ （宋）费辉：《〈路史〉别序》，（宋）罗泌《路史》，《四部备要》，中华书局1936年排印本，第4页。

⑤ （元）盛如梓：《庶斋老学丛谈》，《文渊阁四库全书》，台湾商务印书馆1983年影印本，子部，第866册，第522页。

⑥ （明）胡应麟：《少室山房集》卷85，《文渊阁四库全书》，台湾商务印书馆1983年影印本，集部，第1290册，第617—618页。

古，迄于有夏。世代之渊源，良为绵邈；递兴之轨辙，毕著指陈。遡《国名》而得受姓之始，重《封建》而存治古之遗。至于《发挥》《余论》两编，则尤称辩博雅驯，精详典要，殆若入武库而骇目，游山阴以赏心者矣。且其文辞根本于经传，意见迥绝于百家。论人之生必有死，而仙不必学；论佛氏好仁入愚，而释不足为辞。而辟之道贞，夫一良有功于圣门，嘉惠乎来学者欤!"① 《四库总目提要》则称其："无益于经典，而有助于文章。"② 梁启超认为："罗长源《路史》……比类钩索之勤不可诬也。其《国名纪》之一部，条贯绵密，实史界创作，且其时《古本竹书纪年》及皇甫安士辈所著书皆未亡佚，其所取材者，多今日所不及睹，故可宝也。"③ 又说："罗泌做《路史》……用的方法很多，有许多前人所不注意的史迹他也注意到，在史学界也有点价值。"④ 吕思勉认为："古说流传，看似荒唐，中实苞含史实，因此而失传者，盖不知凡几矣。……然言古史……惟《路史》最为卓绝，所搜异说极多；排比虽或失当，然考证论断，多有特识，亦非规规于世俗之绳墨者，所能望其项背也。"⑤ 傅斯年认为："《路史》卖弄文词而不知别择，好以己意补苴旧文，诚不可据。然宋时所见古书尚多，《世本》等尚未佚，《路史》亦是一部辑佚书，只是书辑得不合法度而已，终不当尽屏而不取。"⑥ 朱林宝认为："此书是失中有得，正是由于罗泌引据浩博，且以周代史料为大宗，包括了比较丰富的宋以后已经失传的古史资料，因而书中有些内容往往可以与现在的研究成果相合；且'国名纪'、'发挥'、'余论'等部分中的专辩之语多精核、持正，其史料、学术价值亦不可轻视。《四库全书总目提要》中称《路史》不如胡宏的《皇王大纪》切实，是有道理的。但它的史料价值高于《皇王大纪》也是有道理的。该书还有一个特点，即笔调流畅，文采瑰丽，事丰奇伟，词富膏腴，颇为文人所好。"⑦ 张岂之认为，《路

---

① （明）朱之蕃：《重刻宋罗长源先生〈路史〉序》，（宋）罗泌《路史》，《四部备要》，中华书局1936年排印本，第2页。

② 《钦定四库全书总目》，中华书局1997年整理本，第692页。

③ 国立北平图书馆编：《梁氏饮冰室藏书目录》，北京图书出版社2005年影印本，第67页。

④ 梁启超：《中国历史研究法》，上海古籍出版社2003年版，第306页。

⑤ 吕思勉：《吕思勉说史》，上海古籍出版社2000年版，第189页。

⑥ 傅斯年：《夷夏东西说》，《傅斯年全集》卷3，湖南教育出版社2000年版，第221页。

⑦ 朱林宝：《中华文化典籍指要》，山东人民出版社1994年版，第105页。

史》"引据浩博，文采瑰丽，考辨文章且多精核，并有解惑之言，故对宋史研究者亦有一定参考价值"。① 所以，曹书杰师总结说："《路史》采录异说颇多，故每遭非议。然而我们注意到，现代很多研究不仅取资于《路史》，而且许多结论实发轫于罗泌。"②

仔细研读过《路史》的人，均能清晰感觉到它所保存的数量巨大的佚文，以及丰富的上古神话传说资料，更为重要者，它所具有的对先秦历史文化的整合价值。罗泌在编撰《路史》时，对先秦有关资料的收集及整理下了极大的功夫，但凡能够见到的资料都一一罗列出来，可谓是"无一字无来历"。③ 这些资料不仅具有丰富的文献学、史料学价值，同时对历代神话传说及仙话资料的梳理有极为重要的作用。在《路史》中可清晰看到，罗泌在对神话传说人物系统排列时，有自己独特的见解。可以这么认为，罗泌是中国历史上第一位有意识对神话传说人物进行系统排列的人。

《路史》蕴含巨大的文献学价值。此点将在下文第二、三章中详细梳理，此处仅略举一二。《路史》引用现存古籍的总数为257，引用总条数为6301，其中如《左传》630条，《太平寰宇记》655条，《史记》449条，《水经注》208条，《尚书》158条，《古今姓氏书辩证》130条，《元和姓纂》105条，《国语》107条；而《路史》引用佚书（或佚文）的总数为732，引用总条数为2418，其中如《帝王世纪》173条，《世本》131条，《竹书纪年》94条，《风俗通义》63条，《尚书大传》55条，《尸子》33条，《姓苑》26条，《古史考》18条。这些均有极高的辑佚学价值。虽然其中有一部分资料存在重合，如罗泌对《竹书纪年》的引用，其中绝大部分来自《太平御览》，但并不能因此否定《路史》所蕴含的巨大文献价值。因为《路史》成书于南宋中后期，而绝大部分古籍均在南宋之后才陆续亡佚不存，亦即罗泌父子所能利用的古籍，有很大一部分是今人无法看到的。

《路史》对神话传说资料的收集整合之功，也被学者所重视。此点将在下文第四、五、六章中详细探讨，此不赘述。其实，罗泌对史学有很深的造诣，也得到学者承认，所以《四库总目提要》在论及明杨慎《丹铅

① 张岂之：《中国学术思想编年·宋元卷》，陕西师范大学出版社2006年版，第329页。
② 曹书杰：《后稷传说与稷祀文化》，社会科学文献出版社2006年版，第449页。
③ 徐旭生：《中国古史的传说时代》，广西师范大学出版社2003年版，第271页。

录》时就说杨慎：

> 好伪撰古书以证成已说，睥睨一世，谓无足以发其覆，而不知陈
> 耀文《正杨》之作已随其后。虽有意求瑕，诋谋太过，毋亦木腐虫
> 生，有所以召之之道欤？然渔猎既富，根柢终深，故疏舛虽多，而精
> 华亦复不少，求之于古，可以位置郑樵、罗泌之间。①

四库馆臣把罗泌与郑樵、杨慎并举，可以想见其在史学上的成绩。据前引前辈学者对《路史》的评价可知，四库馆臣的评价也为后世多数学者所承认。

综上，学者对罗泌家世的探讨虽已取得不少成绩，但尚有不少问题亟须解决。本节通过详细搜讨相关文献，对部分问题给予了回应，如关于罗无竞的生卒年问题、罗良弼的卒年问题、罗泌的生卒年问题等；虽受资料限制，尚未能将这些问题完全解决，但毕竟已经将问题提出，并为进一步的探讨打下了基础。同时，庐陵罗氏家族自罗无竞以至罗泌，均极喜藏书，且有极好的学术修养，这为罗泌日后的创作提供了可贵的家学支持。而罗泌不仅能像其祖父、父亲那样博览全书，更能亲身游历远古帝王遗迹，提供书籍资料之外的活态资料，为成功编撰《路史》打下坚实基础。

第二节　《路史》纂修、注释及刊行

罗泌家世、后世对《路史》的评价、《路史》的文献学、神话学等价值，前文已略有交代。此节，将对《路史》各编的纂修年代、《〈路史〉注》的作者以及《路史》的刊行情况做一详细考证。

一　《路史》的纂修

有一种意见认为《路史》成书时间在乾道六年（1170）。如《四库总目提要》就认为："是书成于乾道庚寅（即乾道六年）。"② 严绍璗也认为

---

① 《钦定四库全书总目》，中华书局 1997 年整理本，第 1591 页。
② 《钦定四库全书总目》，第 692 页。

《路史》初次结集而成的"合编五种，于乾道六年刊行"。① 然而罗泌《路史》各编极有可能是分阶段完成的。《四库总目提要》及严氏得出其结论的依据，是罗泌《〈路史〉序》中所属"乾道庚寅年（1170）"的日期。照常理，某书作者自作序言应在该书业已完成后。但经过对《路史》成书情况的详细考察，事实却非如此。对此，李裕民早已指出："乾道庚寅为乾道六年（1170），乃罗泌作序之年，成书则在其后。"李氏经过考察，认为罗泌《路史》各编并非同时完成，而是在不同时间段完成的：

> 此上所考，此书之序作于乾道六年，其《前纪》九卷、《后纪》十二卷，修成于乾道八年，至淳熙十四年复作增补。《余论》十卷始作于淳熙元年，修成于淳熙四年至八年间。《发挥》二卷作于淳熙九年前。《国名纪》六卷作于乾道八年，庆元六年又增入五篇短文，时在自序后三十年。②

此上所考，其结论大致可信，但仍有不够确切处。试述于下。

第一，首先考察《路史》提供的时间线索，依年代先后罗列如下：《国名纪戊》载乾道三年（1167），《发挥三·老子化胡经》载乾道五年（1169），罗泌《〈路史〉序》所署日期为乾道六年（1170），《国名纪信》载罗泌《跋》文署乾道八年（1172），《余论六·唐书月令》载淳熙元年（1174），费辉《〈路史〉别序》所署日期为淳熙丙申（三年，即1176）③，

---

① 严绍璗：《日藏汉籍善本书录》，中华书局2007年版，第448页。
② 李裕民：《四库提要订误》（增订本），中华书局2005年版，第65、67页。
③ "淳熙丙申"原误作"乾道丙申"，考南宋152年的统治期内，仅有淳熙丙申（1176年）和端平丙申（1236年），无乾道丙申。而端平丙申（1236年）距罗泌去世的嘉泰癸亥（1203年）已33年之久，若作序为端平丙申（1236年），则罗泌早已作古，费辉何由得见罗泌？何得为其《路史》作序？而淳熙丙申（1176年）则上距罗泌作《〈路史〉序》的乾道庚寅（1170年）仅6年，下距罗泌去世的嘉泰癸亥（1203年）为27年，较为合理，则知"乾道丙申"当为"淳熙丙申"之误无疑。明周复俊编《全蜀艺文志》卷31引费辉《路史》别序仅作"丙申六月十五日西蜀费辉序"，清修《四川通志》卷44引费辉《〈路史〉别序》也仅作"丙申六月五日西蜀费辉序"，似已觉其有误，故仅作"丙申"。王重民在《中国善本书提要》中已有简略考证："费辉《序》，乾道丙申（淳熙三年，一一七六）"（上海古籍出版社1983年版，第115页）。清周中孚撰《郑堂读书记》（中华书局1993年版，第100页）、严绍璗编《日藏汉籍善本书录》（中华书局2007年版，第448页）载曰：淳熙丙申西蜀费辉《别序》，是其明证。而清瞿镛撰《铁琴铜剑楼藏书目录》时仍作"乾道丙申费辉序"（中华书局编辑：《宋元明清书目题跋丛刊》，中华书局2006年版，清代卷第4册，第145页），则失之不考。

《余论一·路大之训》载淳熙四年（1177）至八年（1181）①，《发挥六》载宋曾大鼎《跋》署淳熙九年（1182），《后纪三》注载淳熙十三年（1186）与淳熙十四年（1187）②，《余论二·题炎陵》载淳熙十四年（1187）③，《国名纪丙》载淳熙十六年（1189），《国名纪·国姓衍庆纪原》载庆元五年（1199）④，《国名纪信·究言》载庆元六年（1200）⑤。这是《路史》书中提供的时间信息，从乾道三年到庆元六年，前后相距达 34 年。

第二，据上述时间线索可得出以下推论。

（1）罗泌所序《路史》，并非像严绍璗所说包括《前纪》《后纪》《余论》《发挥》《国名纪》五部分，而是只针对《前纪》《后纪》而言。这从《题炎陵》中"神农……葬于茶陵……予作《路史》，纪之详矣。后十有五年，始获拜陵下"。亦可悟出。《题炎陵》乃《余论二》最末一篇，所署日期为"淳熙十四年"（1187），而文中所说"予作《路史》，纪之详矣。后十有五年，始获拜陵下"。则罗泌所说《路史》作于乾道九年（1173）以前，即罗泌所序《路史》不包括《余论》在内。《前纪》《后纪》可以独自成册，亦可从明张鼎思《豫章刻〈路史·前纪、后纪〉序》中看出。又《路史·后纪四·蚩尤传》写道："吾行年四十，所阅载籍数十百千万卷。"罗泌生于绍兴元年（1131），而此处称"年四十"，即乾道六年（1170），此亦可证成《后纪》成书于 1173 年之前的结论。但《前纪》《后纪》在淳熙十四年时又有所增补举证。

---

　　① 《路史·余论一》"路大之训"下有"太常主簿刘君清之逮泌之史何以谓路？"据《宋史》卷437《刘清之传》："（龚）茂良入为参知政事，与丞相周必大荐清之于孝宗。……改太常寺主簿。丁内艰，服除，通判鄂州。……改衡州。"（《宋史》，中华书局 1977 年标点本，第12955—12956 页。）故李裕民认为刘清之任"太常主簿"之职在淳熙四年（1177）至八年（1181）间。［李裕民：《四库提要订误》（增订本），中华书局 2005 年版，第 66 页。］

　　② 考《宋史》卷 105《礼志八》称，淳熙十四年"衡州守臣刘清之奏：'史载炎帝陵在长沙茶陵，祖宗时给近陵七户守视，禁其樵牧，宜复建庙，给户如故事。'"《宋史》，中华书局 1977 年标点本，第 2560 页。

　　③ 《题炎陵》曰："予作《路史》，纪之详矣。后十有五年，始获拜陵下。"

　　④ 《国姓衍庆纪原》曰："恭惟国家，列圣相承，太祖、太宗以英睿定大业，真宗、仁宗以忠厚守成宪，高宗、孝宗以谟断成中兴之功，自开基至今日，甲子逾四周。"按：宋朝自公元960 年建国，经甲子四周 240 年，则此处之"今日"约当庆元五年（1199 年）。

　　⑤ 《究言》中引及"朱晦翁"之语，李裕民认为："晦翁为朱熹晚年之称，绍兴庚申时，朱熹仅十岁，《路史》不可能称引其说，知此庚申必为庆元六年。"其言可从。参见李裕民《四库提要订误》（增订本），中华书局 2005 年版，第 66 页。

（2）《余论》始作于淳熙元年（1174）前，成书于淳熙十四年（1187）前后。此为《路史·余论二·题炎陵》明文，而李裕民据《路史·余论一·路大之训》"太常主簿刘君清之逮泌之史，何以谓路"之语，认为"刘清之为太常主簿在淳熙四年至八年间，《余论》成书即在此时"。① 显然与事实不符。

（3）《路史·发挥六》载宋曾大鼎《跋》："今观罗氏《路史》，与夫《发挥》之书，稽疑发奥，默然有契于予心者又何多也。"曾氏所见《路史》，《发挥》独立在外，且此时《国名纪》尚未完成。《发挥》可单独成册，可从明人著录得到印证，明杨士奇等撰《文渊阁书目》载曰："《路史·发挥》一部，一册，阙。"明钱溥《秘阁书目》称："《路史·发挥》，一。"《发挥》始作于乾道五年（1169），完成当在曾氏作序前，即淳熙九年（1182）前。

（4）《国名纪》始作于乾道八年（1172），而最后完稿当在庆元六年（1200）前后。而罗泌卒年为嘉泰三年（1203）后，则今传本《路史》确为罗泌毕生心血的结晶。《路史·发挥四·氏姓之牒》称："予述《路史》，既归天下之氏姓，而特异高辛氏族姓之多，乃为之《纪》（指《国名纪》），而复叹后世氏族之不讲也。"又称："予述《路史》，又缀《国名纪》而后天下之氏姓始大定，循而索之，则民德归厚矣。"《路史·国名纪甲》亦称："余述《路史》，又起《国名纪》而后天下之氏姓始大定矣。"据上引三条例证可知，《国名纪》和《路史》在罗泌生前并非同一部书，《国名纪》是在《路史》之外另起炉灶并对"天下之氏姓"进行的一次大总结。此说亦可从《路史·国姓衍庆纪原》"仙源积庆，臣尝于所述《路史》辨之详矣"一句中看出。

据上述推论，可对今传本《路史》各部分成书时间做一大致推算，罗泌《路史》前期准备工作，在乾道三年（1167）前后就已经开始，而序言作于乾道六年（1170）。《前纪》9 卷、《后纪》13 卷，大致完成于乾道九年（1173），至淳熙十四年（1187）递有增补。《余论》10 卷始作于淳熙元年（1174），完成于淳熙十四年前后。《发挥》6 卷始作于乾道五年（1169），完成于淳熙九年（1182）前。《国名纪》始作于乾道八年（1172），而完稿于庆元六年（1200）前后。

---

① 李裕民：《四库提要订误》（增订本），中华书局 2005 年版，第 66 页。

第三，总之，《路史》（今本意义上说）的完成经过了一个不断修改完善的过程，耗费了罗泌一生的精力，但今本意义上的《路史》罗泌生前不曾看到。亦即罗泌生前并未将《路史》各部分统一编订为一书，罗泌在庆元六年（1200）还创作了《究言》一篇，差不多在嘉泰三年（1203）后就去世了。那今本意义上的《路史》又是一本什么性质的书呢？今本意义上的《路史》乃后人汇编而成，是一本集中了罗泌一生大部分重要史学著作在内的汇编集，此集包括《前纪》《后纪》《余论》《发挥》《国名纪》以及如《六宗论》《三江详证》《九江详证》等一些单篇在内的重要史学著作。它反映了罗泌一生的史学成就，此书显示出罗氏家族有着极好的学术传承。清康熙年间，朝廷曾派江西布政使施闰章送去"史学世家"的金匾，罗氏家族当之无愧。

二　罗苹及《〈路史〉注》

罗泌生前并未看到今传合编五种之《路史》，那最早合编五种何时刊行？此问题，载籍无明文。欲加解决，有必要考察罗泌之子罗苹的相关情况。因为《路史》的价值很大一部分体现在罗苹"承父命"所作的注上，且罗苹的生卒年对《路史》合编五种的定本成书时间有重要影响。

罗苹（约1148—1233），字华叔，号复斋，罗泌子，以仁义立身。他自幼即因其父罗泌之故，博览全书，能传其家学，因承父命作《〈路史〉注》而被世人所知。然而，《〈路史〉注》究竟是罗泌自作，还是罗苹所作，抑或是罗泌、罗苹父子共同所作，学界历来存在分歧。绝大多数学者认为该注乃罗苹所作。亦有学者认为乃罗泌自作，如《四库总目提要》就认为《路史》"句下注文，题其（罗泌）子苹所撰。核其词义，与泌书详略相补，似出一手，殆自注而嫁名于子欤？"[1]《四库总目提要》此说仅作猜测之语，并未指实《〈路史〉注》的作者是何人。李裕民在《四库总目提要》之说基础上，举出两个例证，最终认定《〈路史〉注》乃罗泌自作。其一，据《路史·余论·题炎陵》下罗泌称"淳熙十四年……予始获拜陵下"。《后纪三》注文称："炎陵……丁未春，予至焉。"《后纪七》："予游炎陵。"认为此三处涉及"炎陵"时，主语均是"予"，所以"全属是一人语气"。其二，据庆元二年（1196）罗泌曾参与覆校《欧阳文忠公集》，及《国名纪信》末附必正札子称"呈长源承务贤友兄"的记

---

① 《钦定四库全书总目》，中华书局1997年整理本，第693页。

载，认为《路史》及注最后修成之时（庆元六年）罗泌仍健在。①

但实际情况是，不论认为《〈路史〉注》是罗泌自作，还是罗苹所作，均与事实不甚相符。理由如下。

（1）《路史》书中除署名为"罗苹注"外，并未以其他方式提及罗苹作注。②

（2）今国家图书馆尚有一残宋本《路史》，此本于2003年由国家图书馆出版社影印出版（《中华再造善本》之《路史》）。此本下署名曰："庐陵罗泌/男苹承命注。"此宋本所题如此。又元代梁益在《诗传旁通》卷9《小雅·北山》中载有罗泌家世称："长源子华叔，名苹，承父命作《〈路史〉注》。"③ 那么，梁益所见本《路史》与今传宋本《路史》记载相同，可证今传宋本《路史》记载不误。

（3）李裕民以《路史》正文及注文"全属一人语气"，且《路史》修成之时罗泌"仍健在"，断言罗泌"能自作其注"。此结论较之《四库总目提要》猜测之言虽有变通，但仍属武断。故在无充分证据情况下，不能轻易否定今传宋本《路史》所说"男苹承命注"的记载。

（4）综上，《路史》正文乃罗泌所作无疑，而注文乃是罗苹"承父命"所作。但必须明确，此"承父命"并非指罗苹作注在罗泌去世后，而是指罗苹在其父编撰《路史》时就已开始替《路史》作注。因此罗泌在去世（1203）前，能够对《路史》正文和注文的部分内容进行反复修改增订。④

---

① 李裕民：《四库提要订误》（增订本），中华书局2005年版，第67页。

② 《路史》书中有14处提到"苹"字，其中5处在正文中，且均作"窦苹"；9处在注文中，8处作"窦苹"，只有《国名纪三》一处作"苹"，考其上下文及结合各处提及"苹"字时所叙述的内容来看，此处的"苹"也当作"窦苹"讲。考窦苹其人，字之野，生活在北宋仁宗时代。可知《路史》书中提及的与"苹"有关的内容均非罗苹，即除了署名为"罗苹注"外，《路史》书中并未提及罗苹作注。

③ （元）梁益：《诗传旁通》，《文渊阁四库全书》，台湾商务印书馆1983年影印本，经部，第76册，第899页。

④ 陈嘉琪并不认同上述结论，认为："《路史注》由罗泌之子罗苹所作。……清代四库馆臣怀疑《路史注》为罗泌所作，这样的存疑影响到民国后的研究者，如日本内藤湖南、李裕民与朱仙林等，皆持相同看法。注文是否出自罗苹所作，即证成《路史》确实受到庐陵史学'父子同撰'风气的影响。若非，我们要追问的是：罗泌为何自作《路史注》，却嫁名其子？可以推想，罗泌不好功名，认为'人各有千古，独进贤冠哉？'前后耗时长达十余年，奔走四地，完成《路史》后，却嫁名其子，无疑是想透过叙史一途，使家族于庐陵扬名立万的想法。"姑不论陈氏对笔者考证结论的误读及文章前后论述间的逻辑矛盾，单就其认为罗泌自作《〈路史〉注》后嫁名其子，是为了"使家族于庐陵扬名立万的想法"，就显然是对史料的过度诠释了。参见陈嘉琪《南宋罗泌〈路史〉上古神话传说研究》，中国社会科学出版社2018年版，第90—91页。

在此前提下来看，李裕民提出《路史》正文、注文"全属一人语气"的看法亦非毫无根据。清马国翰《玉函山房藏书簿录》称："《路史》四十七卷，宋承务郎庐陵罗泌长源撰，子苹注。……注为其子苹所作，而与正文相辅，疑亦长源所笔削也。"① 此"笔削"二字正道出了问题的实质。

三　《路史》的刊行

《四库总目提要》称"核其（《〈路史〉注》）词义，与泌书详略相补，似出一手"，故认为《〈路史〉注》乃罗泌自作然后"嫁名"给罗苹。此实推测之词，并无根据。据上，《〈路史〉注》既非罗泌自作，亦非罗苹独自完成，乃父子二人共同努力的结果。故此处有必要对罗苹是否"能传其家学"做一番考察，以说明罗苹亦具备给《路史》作注的能力，同时强化上文对《〈路史〉注》作者的考证结论。宋欧阳守道曾作《复斋记》称：

> 昔者夫子读《诗》至于"高山仰止，景行行止"，叹作者好仁之甚，以为忘身之老，不知年数之不足也。夫子何以知其人之如此哉？即其慕望之心，日有孜孜，必求仁以终其身者，是以深有味于其言也。复斋罗君求予记其斋，于是君年八十有五矣。予以君之耆老，傥不杜门，却扫金玉厥音，则后生小子得闻一言固所愿也，而何为反求记于余？……复斋自少壮以至于今，更尝经历事变几何，而好仁之心本夫生而有之者，终身而无所已。予之齿仅半，何足以知君？……予是以敬记之。书扁者前太守丰城李侯某，侯力学笃行，尚友前哲，而雅敬君甚，则君可知也已。君乡先生归愚子讳泌之子，名苹，字华叔，年月日某记。②

欧阳守道（1208—1273），字公权，一字迁父，初名巽，号巽斋，庐陵永和（今吉安县永和镇）人。人称庐陵醇儒。淳祐元年（1241）进士，先后出任白鹭洲书院山长和岳麓书院副山长等职务，培养了文天祥等众多

----

① 中华书局编辑：《宋元明清书目题跋丛刊》，中华书局 2006 年版，清代卷第 12 册，第 153 页。

② （宋）欧阳守道：《巽斋文集》卷16，《文渊阁四库全书》，台湾商务印书馆 1983 年影印本，集部，第 1183 册，第 640 页。

优秀人才。据《记》中称，欧阳守道对罗苹有"后生小子得闻一言固所愿也，而何为反求记于余"的感叹，可见罗苹在庐陵郡是非常有名望的人，学识恐不在其父罗泌之下，所以《四库总目提要》以《〈路史〉注》乃罗泌自作然后"嫁名"给罗苹的推测没有根据。

通过分析，《〈路史〉注》的一部分内容乃罗泌与罗苹共同所作，而在罗泌去世之后，罗苹独自完成剩下部分注文。据此，可对今本《路史》最早合编五种的定本成书时间做初步推定。据现存最早《路史》，即国家图书馆藏宋本《路史》，已是正文与注文合刊，则合编五种最早成书时间有两种可能：第一，罗泌去世至罗苹去世；第二，罗苹去世以后。

据此，则罗苹何时去世就成了解决此问题的关键，可惜罗苹去世时间载记亦无明文。不过可做大略估计。据方建新《宋人生育观念与生育情况析论》介绍，宋人受传统观念影响，有"早育早得子"的观念。① 据资料记载，罗泌出生在 1131 年，假设罗泌 18 岁结婚，则罗泌结婚时间就在 1148 年，那么罗苹（假定为长子）出生时间当在此后一年，即 1149 年（此以正常婚姻而言）。欧阳守道作《复斋记》时罗苹已 85 岁，假定罗苹只活到 85 岁，则罗苹去世时间为 1234 年。欧阳守道生于 1208 年，那么 1234 年时他 26 岁，与《复斋记》中"予之齿仅半"及所表达的敬佩之意的身份基本相符。故可认为，《路史》最早合刊本刊刻时间为：第一，1203 年至 1234 年；第二，1234 年至南宋灭亡前。

讨论至此，拟做一总结：庐陵罗氏有深厚的家学渊源，堪当"史学世家"的称号，罗泌父子即因《路史》被世人广泛关注。罗泌所作《路史》，起先并非如今传本一样是合刊本，而是经过后人（也可能就是罗苹）汇编而成，是代表罗泌父子史学成就的重要著作。《路史》从最初仅包含《前纪》《后纪》，到最终包括《前纪》《后纪》《余论》《发挥》《国名纪》，以及如《六宗论》《三江详证》《九江详证》等一些单篇在内的重要史学著作，其间罗泌父子付出了巨大的努力，是父子两代人辛勤创作的结晶，具有十分巨大的价值，是研究上古史、神话史、文化史以及上古民族史不可或缺的必备参考书，应该引起学界极大重视。

---

① 方建新：《宋人生育观念与生育情况析论》，《浙江学刊》2001 年第 4 期。

第三节　《路史》流传与历代著录

罗泌《路史》各编最终被合订刊刻，是在南宋嘉泰三年（1203）以后。此后，《路史》得到广泛关注，各家争相征引《路史》之言以为己说之证据。然而，《路史》虽在南宋已被刊刻，但宋、元之际的官私书目并未著录此书，《路史》最早被著录已到了明代，为何会出现这样的情况？同时，《路史》在明、清乃至近现代的流传情况如何？著录情况又如何？这些问题均无现成答案可寻，然而这些问题又是初步了解及深入研究《路史》必须事先掌握的。现试就掌握的资料分析如下。

一　宋、元人征引

罗泌《路史》最早刊行在南宋中后期，但陈振孙（约 1181—1262）《直斋书录解题》并未著录此书①，宋元之际的马端临（1254—1323）《文献通考·经籍考》也未提及此书，甚至连元修《宋史·艺文志》都未著录此书②，出现这种情况的原因何在？清初黄虞稷等编《宋史艺文志·补》时著录称：

> 罗泌《路史》四十七卷。《前纪》九卷，《后纪》十四卷，《国名纪》八卷，《发挥》六卷，《余论》十卷。泌字长源，庐陵人，其

---

① 陈嘉琪对此结论不以为然，并据《直斋书录解题》卷 4《编年类》"《皇王大纪》八十卷"下注文中之按语："朱彝尊作《皇王大纪跋》谓谯周、苏辙撰《古史》，胡卫撰《通史缘起》，罗泌撰《路史》，不尽出于雅驯。"［（宋）陈振孙撰，徐小蛮、顾美华点校：《直斋书录解题》，上海古籍出版社 1987 年版，第 117 页］认为："朱氏可能未留意，陈振孙在著录《皇王大纪》时，曾对《路史》有'不尽出于雅驯'的评价，显示《直斋书录解题》已注意到《路史》的成书。"然而陈氏并未注意到，她据《直斋书录解题》注文中之按语转引的乃是清初人"朱彝尊"的评述，而此按语乃四库馆臣在辑录《直斋书录解题》时加上去的。参见陈嘉琪《南宋罗泌〈路史〉上古神话传说研究》，中国社会科学出版社 2018 年版，第 9 页。

② 《宋史·艺文志一》总序曰："宋旧史，自太祖至宁宗，为书凡四。志艺文者，前后部帙，有亡增损，互有异同。今删其重复，合为一志，盖以宁宗以后史之所未录者，仿前史分经、史、子、集四类而条列之，大凡为书九千八百十九部，十一万九千九百七十二卷云。"可见，《宋史》所收书，其时间断限当"自太祖至宁宗"，亦即收书时间下限当为宁宗朝（1195—1224年）；而据上文所考，《路史》最早的合刊本刊刻时间不会早于 1203 年（宋宁宗嘉泰三年），那么《宋史》未能将《路史》收入或亦在情理之中？参见《宋史》卷 202《艺文志一》，中华书局1977 年标点本，第 5033—5034 页。

子苹作注。①

　　虽称《宋史艺文志·补》，但此著录已甚晚，并不能代表宋代的真实著录情况。那是否可以假定《路史》在宋、元间不曾流通，或不曾被人利用？请先看表1-2。

表1-2　　　　　　　　　宋、元人引用《路史》一览表

作者	书名及卷数	引文内容见于《路史》出处	引数	备注
（宋）罗璧	识遗，卷二	提及罗泌《路史》	1	史阙文
（宋）丁易东	大衍索隐，卷一	《易说》，佚	1	原衍
	同上，卷三	《易说》，佚	1	稽衍
（宋）金履祥	论语集注考证，卷三	《后纪十》《后纪四》	2	在注文中
	同上	《国名纪三·高辛氏后》	1	同上
	同上，卷九	《后纪十一》	1	同上
（宋）金履祥	资治通鉴前编，卷一	《后纪十一》《后纪十二》《发挥三·辨伯翳非伯益》《后纪九》《国名纪四·陶唐氏后》	9	同上
	同上，卷二	《国名纪·炎帝后姜姓国》《后纪十二》	3	同上
	同上，卷三	《国名纪三·高阳氏后》《后纪十四》《后纪十三》《后纪九》《国名纪·太昊后风姓国》	9	同上
	同上，卷四	《国名纪·少昊后偃姓国》《国名纪四·夏后氏后》《发挥二·论太公》《发挥四·周世考》	4	同上
	同上，卷五	《国名纪三·高辛氏后》	1	同上
	同上，卷七	《国名纪四·商氏后》	1	同上
	同上，卷九	《发挥四·鲁用王者礼乐》	1	同上
（元）陈师凯	书蔡氏传旁通，卷四上	《国名记三·高阳氏后》《国名纪四·商氏后》	2	泰誓上
（元）许谦	诗集传名物钞，卷五	《后纪九》《发挥四·周世考》	1	小雅二

① （清）黄虞稷等：《宋史艺文志·补·附编》，商务印书馆1957年版，第243页。

续表

作者	书名及卷数	引文内容见于《路史》出处	引数	备注
（元）梁益	诗传旁通，卷一	《后纪九》《后纪五》	2	国风·周南
	同上，卷二	《国名纪四·商氏后》《国名纪五·周氏》	3	国风·邶
	同上，卷三	《国名纪四·夏后氏后》	1	国风·卫
	同上，卷五	《发挥四·周世考》《国名记·太昊后风姓国》《后纪三·禅通纪》	3	国风·豳
	同上，卷六	《后纪九》《发挥四·周世考》	2	小雅·鹿鸣之什
	同上，卷八	《后纪七》	1	小雅·十月之交
	同上，卷九	《后纪十三》	1	小雅·北山
	同上，卷一	《后纪五》	1	大雅·文王
	同上，卷一一	《后纪二》《发挥五·大蒐说》	3	大雅·生民
	同上，卷一一	《国名纪五·周氏》	1	大雅·荡
	同上，卷一四	《国名纪三·高阳氏后》	2	鲁颂
	同上，卷一五	《后纪七》《国名纪八·国姓衍庆纪原》	1	叙
（元）于钦	齐乘，卷一	《国名纪·黄帝之宗》《国名纪六·古国》《前纪三》《国名纪·炎帝后姜姓国》	4	沿革
	同上，卷四	《国名纪·杂国上》《国名纪六·古国》	5	古迹
	同上，卷一注	《后纪四》《后纪七》	2	
	同上，卷二注	《后纪十三》	1	
	同上，卷四注	《国名纪·杂国下》	1	
	同上，卷五注	《国名纪六·周世侯伯》	1	
	同上，卷六注	《后纪四》《国名纪·杂国下》	2	
（元）张铉	至大金陵新志，卷六下	《国名纪五·周氏》《前纪三》	2	官守志题名二
（元）王祯	农书，卷二一	《后纪五》	1	农器图谱十七
（元）刘埙	隐居通议，卷二八	《发挥一·论太极》《前纪二》注、《前纪三》	3	造化
	同上，卷二九	《前纪四》	3	地理
（元）盛如梓	庶斋老学丛谈，卷上	《前纪二》	1	
（元）吴莱	渊颖集，卷七	提及罗泌《路史》		三坟辨

续表

作者	书名及卷数	引文内容见于《路史》出处	引数	备注
（元）吴师道	战国策校注，卷一	《国名纪六·周世侯伯》	1	出元吴师道《补正》，在注文中。是书初为宋人鲍彪注，元代吴师道补正
	同上，卷三	《国名纪五·周氏》《国名纪·少昊后李姓国》《国名纪三·高阳氏后》	3	
	同上，卷四	《国名纪·少昊后嬴姓国》《国名纪·商世侯伯》	2	
	同上，卷六	《国名纪五·周氏》	1	
	同上，卷一	《国名纪五·周氏》	1	

由表1-2可知，宋、元人征引《路史》的内容，包括《前纪》《后纪》《发挥》《国名纪》四部分。亦即在南宋中后期至整个元代，《路史》并未因各家官私书目未著录就无人问津，事实是《路史》被部分学者高度重视，此点由上引《路史》条数即可证明。

二　明代著录

罗泌《路史》在明代被多次刊刻，其中流传至今且较有版本价值的有以下三种刻本：第一，明嘉靖年间洪楩刻本；第二，明万历三十九年（1611）乔可传刻本；第三，明崇祯年间吴弘基《重订路史全本》。

正因《路史》在明代被数次刊刻，故其在宋元之际被各家官私书目"遗忘"的情形，在明代得到极大改观。据统计，明代著录《路史》的书目文献有：杨士奇等撰《文渊阁书目》卷6《史附》载："《路史》一部十七册。"又卷6《杂史》："《路史·发挥》一部一册，阙。"① 钱溥《秘阁书目》载："《路史·发挥一》。"② 张萱编《内阁书目录》称：

> 《路史》八册，不全。宋庐陵罗泌著。《前》《后》二纪，自开辟至三代，皆以补诸史之未详者；次《国名纪》，皆三代及春秋群邑变置之名；次《余论》，则发挥古今疑误者。③

---

① 中华书局编辑：《宋元明清书目题跋丛刊》，中华书局2006年版，明代卷第1册，第57、63页。

② 中华书局编辑：《宋元明清书目题跋丛刊》，明代卷第1册，第231页。

③ 中华书局编辑：《宋元明清书目题跋丛刊》，明代卷第1册，第323页。

此上三种书目虽为明人著录，但所著录的《路史》（除《文渊阁书目》卷6《史附》所载或为全本）却非全本。焦竑作《国史经籍志》著录虽为全本，但又称"《路史》五十卷，宋罗泌"。[①] 今考历代对《路史》的著录，均作47卷，仅有清黄虞稷《千顷堂书目》作50卷，其言曰：

> 罗泌《路史》五十卷。《前编》九卷，《后纪》十四卷，《国名纪》八卷，《发挥》六卷，《余论》十卷。[②]

黄氏前虽言"五十卷"，然其后所列之"九卷""十四卷""八卷""六卷""十卷"相加却正作47卷。黄氏前后所说数目不合，不知何故。

除上举之外，明代还有多种私家书目著录《路史》，如朱睦㮮《万卷堂书目》、晁瑮《晁氏宝文堂书目》、赵用贤《赵定宇书目》、赵琦美《脉望馆书目》、陈第《世善堂藏书目录》、王道明《笠泽堂书目》等，可惜以上诸家著录均过于简略。仅祁承爜《澹生堂藏书目》著录较为详尽：

> 《路史》二十册，四十六卷。罗泌旧本。新本《国姓衍庆纪原》一卷，《国名》十卷，《余论》一卷，《前纪》九卷，《后纪》十二卷，《发挥》五卷。[③]

三　清代著录

清代乃中国目录学发展的重要时期，特别是乾隆时期，古典目录学发展到鼎盛，被目为显学。无论官私书目的著录，都达到了前所未有的高度。因此清人著录《路史》较之明代更丰富，考证更准确。具体情况如下。

《明史经籍志·史杂》载："《路史·发挥》一册，阙。"又同书《史附》载："《路史》十七册，阙。"《钦定续文献通考·经籍考》载："罗泌《路史》四十七卷。"[④] 于敏中等撰《天禄琳琅书目》，著录《路

---

　① （明）焦竑等编：《明史艺文志·补编·附编》，商务印书馆1959年版，第854页。

　② （清）黄虞稷撰，瞿凤起、潘景郑整理：《千顷堂书目》，上海古籍出版社2001年版，第140页。

　③ 中华书局编辑：《宋元明清书目题跋丛刊》，中华书局2006年版，明代卷第2册，第181页。

　④ 以上三种均见（明）焦竑等编《明史艺文志·补编·附编》，商务印书馆1959年版，第179、184、605页。

史》称：

> 《路史》，两函十六册。宋罗泌撰，泌子苹注。《前纪》九卷，《后纪》十三卷，《余论》一卷，《国名纪》六卷，《归愚子大衍数》一卷，《国姓衍庆纪原》一卷，《国名纪信》一卷，《路史·发挥》六卷，共三十八卷。前泌《自序》，《余论》前有宋费辉《序》，《发挥》后有宋曾大鼎《序》。①

《四库全书总目·路史》提要称：

> 《路史》四十七卷，宋罗泌撰。泌字长源，庐陵人。是书成于乾道庚寅。凡《前纪》九卷，述初三皇至阴康、无怀之事。《后纪》十四卷，述太昊至夏履癸之事。《国名纪》八卷，述上古至三代诸国姓氏、地理，下逮两汉之末。《发挥》六卷、《余论》十卷，皆辨难考证之文。其《国名纪》第八卷载《封建后论》一篇、《究言》一篇、《必正札子》一篇、《国姓衍庆纪原》一篇，盖以类相附。惟《归愚子大衍数》一篇、《大衍说》一篇、《四象说》一篇，与封建渺无所涉。考《发挥》第一卷之首有《论太极》一篇、《明易象象》一篇、《易之名》一篇，与《大衍》等三篇为类。疑本《发挥》之文，校刊者以卷帙相连误审入《国名纪》也。②

丁丙《善本书室藏书志》曰：

> 重订《路史》四十七卷（原注：明刊本，重远书楼旧藏），宋庐陵罗泌著，男苹注。泌字长源，书成于乾道庚寅，男苹承命注释。《前纪》九卷，述三皇至阴康、无怀之事；《后纪》十四卷，述太昊至夏履癸之事；《国名纪》八卷，述上古至三代诸国姓氏、地理，下逮两汉之末，附以《大衍数》《国姓衍庆纪原》；《发挥》六卷、《余论》十卷，皆辨难考证之文。泌有《自序》及西蜀费辉《序》。是书

---

① 中华书局编辑：《宋元明清书目题跋丛刊》，中华书局 2006 年版，清代卷第 11 册，第 168 页。

② 《钦定四库全书总目》，中华书局 1997 年整理本，第 692 页。

《天禄琳琅书目》载明金堡《序》，称吴子伯持妙年好古，有《路史》之役，校讹订误，斯已精矣。此本有云间陈子龙阅，西湖金堡参，仁和吴宏基、钱塘吴思穆、仁和童圣祺同订，又有吴宏基具略四条。宏基字伯持，布衣也。有重远书楼印。①

瞿镛《铁琴铜剑楼藏书目录》著录称：

《路史》四十七卷，明刊本。宋庐陵罗泌纂，其子苹承命作注。是书旧本久埋，在明时有钱塘本，多舛讹。豫章本差善，而仅梓《前》《后》纪，其《国名》《发挥》《余论》等未刻。万历间广陵乔可传参校重刻，始有完本可读，有乾道庚寅泌《自序》、乾道丙申（笔者按：此说有误，当作淳熙丙申，1176年。考证之文见前。）费辉《序》、张鼎思《刻〈前纪、后纪〉序》、乔可传重刻《序》。②

马国翰《玉函山房藏书簿录》著录：

《路史》四十七卷，宋承务郎庐陵罗泌长源撰，子苹注。《前纪》九卷，述三皇及阴康、无怀之事；《后纪》十四卷，述太昊至夏之事；《国名纪》八卷，述诸国姓氏、地理；《发挥》六卷、《余论》十卷，皆辨难考证之文。③

陈揆《稽瑞楼书目》著录："《路史》二十四册。"自注曰："惠半农（即惠栋）阅本。"④ 据梁启超说：

此本为元和惠氏旧藏，每册咸有定宇先生名字小印，全部圈点，且有手批一百六十余条，校补文字十余处，虽未署名，观其考证之精审，与书法之朴茂，则为定宇手泽无疑也。（原注：手批有朱墨两

① 中华书局编辑：《宋元明清书目题跋丛刊》，中华书局2006年版，清代卷第3册，第487页。
② 中华书局编辑：《宋元明清书目题跋丛刊》，中华书局2006年版，清代卷第4册，第145页。
③ 中华书局编辑：《宋元明清书目题跋丛刊》，中华书局2006年版，清代卷第12册，第153页。
④ （清）陈揆：《稽瑞楼书目》，光绪三年（1877）潘氏《滂喜斋丛书》本。

种，墨笔亦十余条异书势者，惠家累代传经，或其父子祖孙所经读耶？）……第一册目录下有稽瑞楼小印，知尝归常熟陈氏。续检《稽瑞楼书目》，云："《路史》二十四册，惠半农阅本。"然则批点又出定宇前矣。今此本正二十四册，则衬纸亦惠氏之旧也。①

周中孚《郑堂读书记》对《路史》亦有著录和考辨：

　　《路史》四十七卷。（原注：钱塘洪氏校刊本）宋罗泌撰，其子苹注。（原注：泌，字长源，庐陵人。）《四库全书》著录，倪氏《宋志》补亦载之，凡《前纪》九卷，《后纪》十四卷，《国名纪》八卷，《发挥》六卷，《余论》十卷。其曰"路史"者，《余论》卷首引《尔雅》"路之训大"，盖以路史为大史，犹胡氏《皇王大纪》之义也。《前纪》述邃古之事，多采纬书，皆荒诞不足信。《后纪》述三皇五帝及夏一代之事，叙述尚纯正，附论亦俱平允，堪与刘氏《外纪》相辅而行。《发挥》凡七十二篇，《余论》凡九十八篇，皆辨证经史疑义之文。标题立义，体近杂家，盖与《前》《后》纪相须而备，故不别为一书也。前有乾道庚寅长源《自叙》，淳熙丙申西蜀费辉《别序》，又有《后纪·自序》。《历代小史》亦载之，但止节录九卷，尽删小注，殊无足取。②

耿文光《万卷精华楼藏书记》对于《路史》著录颇为详尽，其文曰：

　　《路史》四十七卷，宋罗泌撰。明本。是书未见佳本，诸家宋元版书目亦未见著录。明刻较今通行差胜。上古之事，本属荒渺，又多引谶纬道藏，更不足据。然其文词华美，论辨精核，与谷氏《明史纪事本末》皆可诵习，有助文章，非马氏《绎史》之文所可及也。余与子由《古史》并读之，大有益处。《古史序》讥史公为浅，朱子以为当，直斋以为过。余固不论其过与当，而深取其文，盖于史学之外别存一见也。是书释名书之义，引《尔雅》训路为大，则路史者

①　绿林书房辑校：《梁启超书话》，浙江人民出版社1998年版，第13—14页。
②　（清）周中孚：《郑堂读书记》，中华书局1993年版，第100页。

大史也。因《帝王世纪》《通鉴外纪》等书其学浅狭，《古史》未全，因作是书。钱塘洪楩刊本最佳，不著刻书年月。乾隆元年泌裔孙玉藻重刊。是书前有明金堡序，从吴伯持本摹出，不及洪本远甚。泌之子苹（"苹"当作"苹"）为《〈路史〉注》。①

傅增湘《藏园群书经眼录》著录曰：

> 《路史》，宋罗泌撰，共四十七卷。《前纪》九卷，《后纪》十三卷，《余论》十卷，《发挥》六卷，《国名纪》六卷，《国名纪注》一卷，《大衍说》一卷，《国姓衍庆纪原》一卷。②

缪荃孙《艺风藏书记》曰：

> 《路史》：《前纪》九卷，《后纪》十三卷，《国名纪》九卷，《发挥》五卷，《余论》十卷。③

四　现当代著录

《路史》在现当代的著录也十分丰富，其中以国家图书馆及各大院校图书馆为主要著录单位，另外也有私家著录以及中国台湾、中国香港，日本、梵蒂冈图书馆等著录情况可供参考。因数量巨大，仅举其中影响力广且价值较大者以资参考。

国内著录情况：邵懿辰撰、邵章续录《增订四库简明目录标注》，胡玉缙撰、王欣夫辑《四库全书总目提要补正》，吴慰祖校订《四库采进书目》，国立北平图书馆编《梁氏饮冰室藏书目录》，王绍曾等《订补海源阁书目五种》，中国古籍善本书目编纂委员会编《中国古籍善本书目》，中国古籍总目编纂委员会编《中国古籍总目》，贾晋华主编《香港所藏古籍书目》，北京图书馆编《北京图书馆古籍善本书目》，王重民《中国善本书提要》，骆兆平编著《新编天一阁书目》，北京师范大学图书馆编

---

① （清）耿文光：《万卷精华楼藏书记》，黑龙江人民出版社 1992 年版，第 957—958 页。
② （清）傅增湘：《藏园群书经眼录》，中华书局 1983 年版，第 277 页。
③ （清）缪荃孙：《艺风藏书记·续记·再续记》，中华书局 1993 年版，第 194 页。

《北京大学图书馆藏古籍善本书目》，北京师范大学图书馆古籍部编《北京师范大学图书馆古籍善本书目》，清华大学图书馆编《清华大学图书馆藏善本书目》，中国历史博物馆图书资料信息中心编《中国历史博物馆藏普通古籍书目》，张宗茹等编《山东师范大学图书馆馆藏古籍书目》，中国人民大学图书馆古籍整理研究所编《中国人民大学图书馆古籍善本书目》，江西省图书馆编印《江西省图书馆馆藏线装古书目录》，台湾"国立中央图书馆"编《"国立中央图书馆"善本书目》，上海图书馆编《中国丛书综录》等。

国外著录情况：早稻田大学图书馆编《早稻田大学图书馆所藏汉籍分类目录》，严绍璗编著《日藏汉籍善本书录》，［法］伯希和编、［日］高田时雄校订补编、郭可译注的《梵蒂冈图书馆所藏汉籍目录》等。

此上所举，大多仅著录《路史》书名、卷数。但其中也有考证颇为详尽者，如胡玉缙撰、王欣夫辑《四库全书总目提要补正》史部别史类称：

> 《路史》四十七卷。皇古之事，本为茫昧，泌多采纬书，已不足据。至于《太平经》《洞神经》《丹壶记》之类，皆道家依托之言，乃一一据为典要，殊不免庞杂之讥。朱琦《小万卷斋文稿·路史补笺序》云："洪荒世次，杳渺难详，长源若可按日而记，虽未必尽向壁虚造，而其不为典要者多矣。……然其辨少昊为青阳之子，足正高诱、宋衷、皇甫谧之误；辨虞幕以下非出黄帝，质之汉刘湛所书《吕梁碑》相合，此可洗二女同姓尊卑为婚之疑。诸如此类，堪供考稽。其子苹之注，颇为简略，间或臆断，不衷于是。如谓倕非即垂，而别引《列仙传》赤松子舆，究属何据？引《宋世家》云：箕子，纣之亲戚，盖外亲也。然《舜本纪》言二女事舜亲戚，《正义》以为弟象、妹颗手等，不得云外亲可知。因黄帝时有史官孔甲，遂谓夏之孔甲无因以为名，以之驳《左氏传》，果可凭信乎哉？"李慈铭《孟学斋日记》云："《四库书目》谓其无益经术，有裨文章，诚为笃论。其引证浩博，议论爽劲，虽多用纬书、通书奇诡之说，而要归于正理，盖病在喜出新意，而佳处亦即在此。精锐之识，时足以匡正前贤，惟好用僻辞古语，颇近于虮户筱骖，又枝说杂出，时失著书之

体，谬悠不根之谈，亦往往而有，此学无师法之故也。"①

严绍璗《日藏汉籍善本书录》②史部别史类共著录三种《路史》版本。

第一，《路史》9卷（指《前纪》9卷），《后纪》13卷，《国名纪》8卷，《发挥》6卷，《余论》10卷。宋罗泌撰，罗苹注释。明万历三十九年（1611）广陵高氏刊本。尊经阁文库、静嘉堂文库、京都大学人文科学研究所东洋学文献中心藏本。［按］尊经阁文库藏本，原系江户时代加贺藩主前田纲纪等旧藏，共16册。静嘉堂文库藏本，原系陆心源守先阁等旧藏，共20册。京都大学藏本，原系中江民等旧藏，共20册。

第二，《路史》9卷（指《前纪》9卷），《后纪》13卷。宋罗泌撰，明陈子龙校。明刊本，共4册。内阁文库藏本。

第三，（重订）《路史》全本9卷（指《前纪》9卷），《后纪》14卷，《国名纪》8卷，《发挥》6卷，《余论》10卷。宋罗泌撰，明吴弘基等校。明武林化玉斋刊本。宫内厅书陵部、国会图书馆、静嘉堂文库、关西大学综合图书馆内藤文库藏本。［按］每半页有界八行，行二十字。白口，左右双边（18.5cm×11.3cm）。卷首题"重订路史全本，庐陵罗泌辑，男罗苹注。云间陈子龙阅，西湖金堡参，仁和吴弘基、钱塘吴思穆、仁和童圣麒同订"。前有宋乾道龙集庚寅亚岁（1170）罗泌长源父题《序》，次有金堡道隐父题《序》，次有宋淳熙三年（1176）费辉《〈路史〉别序》。宫内厅藏本，原系江户时代德山藩主毛利氏家旧藏。东山天皇宝永三年（1706）德山藩三代藩主毛利元次撰《御书物目录》著录此书，明治二十九年（1896）男爵毛利元功献赠宫内省。每册首有"德藩藏书"等印记。共20册。国会图书馆藏书，原共14册，今合为9册。静嘉堂文库藏书，原系竹添光鸿等旧藏，共15册。关西大学藏书，原系内藤湖南等旧藏。此本帙外题"路史"。有内藤湖南手识文。文曰："明治三十五年（1902）十一月卅日在燕京琉璃厂购得。炳卿。"共20册。

通过梳理，得出如下认识：第一，《路史》在宋元之际未被官私书目著录，原因仅在于流传不广，而非其书无人问津。第二，《路史》最早被书目文献记载已到了明代，而明代因《路史》刊本数量可观，因此也被众多官私书目著录，此时是《路史》流传的第一个高峰。第三，清代是

---

① 胡玉缙撰，王欣夫辑：《四库全书总目提要补正》，中华书局1964年版，第453—454页。

② 严绍璗：《日藏汉籍善本书录》，中华书局2007年版，第448—449页。

中国古典文献学发展的高峰，目录学、版本学的研究在此时期都达到了前所未有的高度，因而《路史》的流传与著录也远比前代为盛。第四，到了近现代，由于国家对古籍的高度重视，各种著录《路史》的书籍层出不穷，为研究《路史》提供了极大便利。

第四节　《路史》版本考辨

　　现今所能见到的《路史》，非罗泌在世时已如此，而是经后人（也可能就是罗苹）汇编而成的。《路史》的版本问题，是《路史》考察过程中十分重要但棘手的问题。历代学者虽对此书格外重视，但也都以得不到此书的善本而惋惜。如清李慈铭《越缦堂读书记》同治甲子（1864）三月初二日所记："予家向有明椠本，字画疏恶，又多谬误。先大夫一再丹黄之，多所是正，常以未得善本校勘为恨。"① 清耿文光《万卷精华楼藏书记》亦称："是书未见佳本，诸家宋元版书目亦未见著录。明刻较今通行差胜。"② 因通行本《路史》多存鲁鱼亥豕的问题，不便于研究利用，所以对《路史》自刊刻以来的各种版本进行详尽考察，从中得出较为理想的本子，是整理研究《路史》文本的重要一环。

一　《路史》现存版本梳理

　　《路史》现存版本多种，据《中国古籍善本书目》著录为 6 种，分别是国家图书馆藏宋刻本（简称"残宋本"）、明嘉靖洪楩刻本（简称"洪刻本"）、国家图书馆等藏明万历三十九年（1611）乔可传刻本（简称"乔刻本"）、山西文物局藏明刻本（由清傅山批校）③、国家图书馆藏明抄本④、国家图书馆等藏明刻本（明崇祯年间吴弘基重订本，简称"吴刻本"）。⑤ 而近年新出的《中国古籍总目》（简称《总目》）在此基础上增

---

　　① （清）李慈铭：《越缦堂读书记》，上海书店出版社 2000 年版，第 403 页。
　　② （清）耿文光：《万卷精华楼藏书记》，黑龙江人民出版社 1992 年版，第 957 页。
　　③ 此本现藏于山西文物局，仅存卷五至卷九，因残存内容过少，且笔者亦未曾寓目，故下文不讨论。
　　④ 此本为国家图书馆所藏，索书号为 10998。每半叶十行，行二十字，蓝格，白口，四周双边。此本系近代藏书家赵钫所藏。赵钫（1905—1984），字符古，蒙古族人。生长于北京。性嗜典籍，室名无悔斋。有"元方藏书""一廛十驾"等藏书印。所藏多为善本珍本。
　　⑤ 中国古籍善本书目编辑委员会：《中国古籍善本书目》，上海古籍出版社 1996 年版，史部杂史类，第 201 页。

加了 9 种版本①，包括"《路史》四十七卷"本系列共 7 种：南京图书馆藏清乾隆元年（1736）进修书院刻本②；四库全书本（简称"四库本"）；南京图书馆等藏清嘉庆六年（1801）酉山堂刻本③；国家图书馆藏清嘉庆十三年（1808）刻本④；上海图书馆藏清同治五年（1866）吴桂堂刻本⑤；南京图书馆等藏清同治五年吴桂堂刻光绪二年（1876）赵承恩红杏山房印本⑥；四部备要本（简称"备要本"）。"《重订路史全本》四十七卷"本系列 2 种：国家图书馆等藏清刻本；国家图书馆等藏清光绪二十年（1894）石印本。⑦ 但实际上，《总目》以是否"重订"为标准，将新增的 9 种版本分为两类，看似合理，实则存在诸多疑问。除上述 15 种版本外，存世的《路史》版本尚有中国社会科学院历史研究所藏明天启六年（1626）五桂堂刻本⑧，南京图书馆藏清顺治十三年（1656）

---

①　特别说明：《总目》著录的一卷本《路史》，因节略过甚，几无版本价值，故不在讨论之列。《总目》著录称："《路史》一卷。宋罗泌撰，宋罗苹注。历代小史本，丛书集成初编本，景印元明善本丛书本。"中国古籍总目编纂委员会编：《中国古籍总目》，上海古籍出版社 2009 年版，史部第 1 册，杂史类，第 213 页。

②　此本索书号为 GJ/55793（此为扫描件）。每半叶九行，行二十字，小字双行同，白口，左右双边。书前有"乾隆元年重镌《路史》/庐陵罗长源先生著/进修书院藏板"字样，其后为宋费辉《路史别序》、明刘希堡《路史序》、罗泌《路史序》。此后为《重订路史全本总目》《重订路史前纪目次》，其后分别是《路史·前纪》《后纪》《国名记》《发挥》《余论》。《前纪》卷首题"《重订路史全本》/宋庐陵罗泌著 男苹注/清裔孙大振重辑"，《后纪》《国名记》《发挥》《余论》卷首均题"《重订路史全本》/宋庐陵罗泌著 男苹注/裔孙大振重梓"。《余论》卷末有《重刊路史跋》。据笔者考察，此本实以吴刻本为底本校刻而成，虽改正部分吴刻本的讹误，但又新增了不少问题，并非校勘意义上的善本。故清于敏中在《天禄琳琅书目》中称此本不如洪刻本远甚。见中华书局编辑《宋元明清书目题跋丛刊》，中华书局 2006 年版，清代卷第 11 册，第 168 页。

③　此本南京图书馆索书号为 GJ/11783，刊刻质量不高，故清莫友芝说："近坊刊敦化堂本、（西）〔酉〕山堂本皆陋。"（清）莫友芝撰，傅增湘订补，傅熹年整理：《藏园订补邵亭知见传本书目》，中华书局 2009 年版，史部四别史类，第 266 页。

④　此本实为嘉庆六年酉山堂刻本的翻刻本。另据王元才介绍，此本曾有书贾删去原书封面的"重校宋本镌，酉山堂藏版"的刻书牌记和"嘉庆十三年春月镌"的刻书年款，同时剜去每卷卷首及每页书口所题"路史"的"路"字的足旁，加印王旁，伪题"明梁溪浦瑾纂"。详见王元才《书估作伪例析》，《广东图书馆学刊》1984 年第 2 期。

⑤　此本笔者虽未曾亲见，但据上海图书馆古籍书目查询系统（索书号为线普 335073—90）显示的基本信息，其属吴刻本系统无疑。

⑥　据下文所考，南京图书馆所藏光绪二年赵承恩红杏山房刻本实据同治四年刻本重印，非据同治五年吴桂堂刻本，《总目》著录有误。

⑦　中国古籍总目编纂委员会编：《中国古籍总目》，上海古籍出版社 2009 年版，史部第 1 册，杂史类，第 213 页。

⑧　此本笔者虽未亲见，但据 2011 年北京德宝秋季拍卖会（http://pmgs.kongfz.com/item_pic_ 240846/）提供的该书书影可知，此本属于乔刻本系统。

刻本①，南京图书馆藏清同治四年（1865）刻本②，南京图书馆藏清光绪
二年（1876）重印同治四年刻本③。为了下文讨论的方便，先将残宋本、
洪刻本、乔刻本、吴刻本的版本情况分述如下。

（一）残宋本（国家图书馆藏）

此本现藏于国家图书馆，索书号为A00068。此本为《路史》现存所
知唯一宋刻本。每半叶10行，行20字，小字双行同，白口，双黑鱼尾，
左右双边。版心自上而下分别是当叶字数、书名及卷次、页码、刻工
（如淋、辉、先、林、木，等等）。现残存2卷，分别是《路史·后纪》
四《禅通纪·炎帝纪下》及《国名记乙》，凡遇"玄""恒""桓"等因
避始祖玄朗及宋真宗、宋钦宗讳均阙末笔。其中《路史·后纪》卷首书
"路史　禅通纪/庐陵罗泌/男　苹承命注"。此本现有国家图书馆出版社
2003年影印之《中华再造善本》。

当然，除此残宋本外，历代目录书中尚著录有其他的宋刻本。如清黄
丕烈《百宋一廛书录》称曾于河南商家手里得一宋本《路史》，此书"卷
端有臣筠一印，三晋提刑一印"。④ 黄氏《跋》曰：

> 罗长源《路史》世行本以细字者为胜，近始得一宋本，知细字

① 此本47卷，索书号为GJ/EB/110210（此为扫描件）。原为重远书楼藏，后归入清丁丙
名下，此据书中所钤"重远书楼""善本书室""八千卷楼丁氏藏书印"诸印可知。据笔者目验，
此本除书前缺明金堡《路史序》外，版式、字体、内容等都与吴刻本完全相同。又考此本书前
衬纸上贴有丁丙所书浮签一张，上写："重订《路史》四十七卷（原注：明刊本，重远书楼旧
藏）。"（具体内容详见丁丙《善本书室藏书志》，载中华书局编辑《宋元明清书目题跋丛刊》，
中华书局2006年版，清代卷第3册，第487页）丁氏将其定为明刊本，而据调查，此本未曾提
供刊刻的具体时间，不知南京图书馆何以将其著录为清顺治十三年刊本。
② 南京图书馆藏有两种同治刻本，一存44卷，索书号为GJ/95612；一为47卷，索书号为
GJ/55055。但实际上两者并无差异，唯一的不同在于，前者书前载"同治四季春刊/赋秋山汇评
《路史》/重校宋本镌"字样，后者书前载"同治四季春刊/赋秋山汇评《路史》/红杏山房校宋
本镌"字样，亦即后者仅将前者正文"重"字换成双行小字"红杏山房"。其后均载有明金堡
《路史序》，因吴刻本始载《赋秋山览史随笔》及金堡《路史序》，故若不考察内容，极易让人以
为此本属吴刻本系统。但据考察，实则此本正文内容与乔刻本毫无二致，自属乔刻本系统无疑。
因此，其所属"同治四年"的日期，极可能是书坊为牟利而特意加上的，并不真实表现此刻本
的情况。
③ 此本四十七卷，索书号为GJ/55054。其内容与上述南京图书馆藏同治刻本并无不同，亦
属乔刻本系统，唯独书前新增光绪二年赵承恩序。
④ "臣筠"，指康熙年间宋荦子宋筠。宋筠（1681—1760），字三挥，号晋斋，河南商丘
人，清代藏书家。印文称"三晋提刑"，因宋筠曾任山西按察使司按察使之职。

本却从此出，然已失其真矣。今宋刻之存者：《前纪》一至五，《后纪》一至十三（此卷分上下），《发挥》一至六，《余论》一至十，《国名纪》甲至乙（不分卷），其余《封建后论》一篇，《究言》一篇，《必正刍子》一篇，《国姓衍庆纪原》一篇，《归愚子大衍数》一篇，《大衍说》一篇，《四象说》一篇。统计之，似《前纪》稍缺，余皆完善。间取细字本勘对，遇宋刻模糊处已尽去之，世人犹奉为枕祕，不大可笑乎！①

又据王绍曾订补的《海源阁宋元秘本书目》，得知海源阁也曾收藏有宋刻本："宋本《路史》，《前纪》九卷，《余论》十卷，《发挥》六卷。十五册二函。"王氏订补称："此本《隅录》（杨绍卿《楹书隅录》）未收，散出后去向不明。"②只可惜除残宋本外，其他宋刻本均已不可得见。

（二）洪刻本（国家图书馆、上海图书馆、台湾图书馆藏）

此本为明代嘉靖年间洪楩刻本。洪楩是杭州著名书坊"清平山堂"的主人，此人除藏书丰富外，还专事校刊，所刊之书大都为宋元珍本。清丁申《武林藏书录》卷中"洪氏列代藏书"条载，洪楩"字子美，荫詹事府主簿。承先世之遗，缥缃积益。余事校刊，既精且多。迄今流传者，如《路史》见于《天禄琳琅》，称其校印颇佳，深于嗜古；《文选》见于《平津馆鉴赏记》，田叔禾《序》称其得宋本重刊，校雠精致，进于他刻，且文雅有足称者"③。而《路史》正是其依宋本重刊，校雠精致，刻印精美。此本已于2010年6月入选第三批《国家珍贵古籍名录》，编号为07726—07729。④

此本国家图书馆藏者有三，其中全本两种，索书号分别为08824、02441；残本一种，索书号为07885，存25卷（《前纪》9卷，《发挥》6卷，《余论》10卷）。此次所据乃索书号为02441者。此本47卷，分装24册。每半叶10行，行20字，小字双行同，白口，四周单边。卷首有

---

① （清）黄丕烈：《百宋一廛书录》，《清人书目题跋丛刊》六，中华书局1993年版，第426页。

② 王绍曾：《订补海源阁书目五种》，齐鲁书社2002年版，第690页。

③ （清）丁申：《武林藏书录》，古典文学出版社1957年版，第44页。

④ 中国国家图书馆、中国国家古籍保护中心：《第三批国家珍贵古籍名录图录》，国家图书馆出版社2012年版，第3册，第109页。

南宋乾道庚寅罗泌《路史原叙》及丙申费辉《路史别序》。其后为《路史·前纪》九卷之目录，目录下署"庐陵罗泌"，其后为《路史·前纪》正文，《前纪》卷一首叶下署"钱塘洪梗校刊/庐陵罗泌/男苹承命注"。而自《前纪》卷二至卷九，每卷卷首下均仅署"庐陵罗泌/男苹承命注"。其后为罗泌所作《路史后纪序》，《序》后为《路史·后纪》目录，目录下署"庐陵罗泌"，其后为《路史·后纪》正文，《后纪》卷一、卷二、卷十、卷十一首叶下均署"庐陵罗泌撰/男苹承命注"，卷三、卷四、卷五、卷六、卷七、卷八、卷九、卷十二首叶下署"庐陵罗泌/男苹承命注"，而《后纪》卷十三上卷首下未署名。其后为《路史·国名记》卷甲至卷己的内容。而在《国名记》卷己末有壬辰罗泌所作跋文一篇。其后为《封建后论》《究言（庚申归自诚斋作）》《大衍说》《四象说》《国姓衍庆纪原》五文，而在《国姓衍庆纪原》下署作"吉州布衣臣罗泌恭撰/布衣臣男苹拟进"。其后为《路史·发挥》卷一目录，目录后为《发挥》卷一正文，正文卷首下署"庐陵罗泌"。其后《发挥》卷二至卷六，均是先列各卷之目录，目录后为正文，而正文卷首下均署"庐陵罗泌"。同时，在《发挥》卷六末，有淳熙九年（1182）曾大鼎所作跋文一篇。最后为《罗氏路史余论》十卷之目录，目录下署"庐陵罗泌"。《余论》卷二、卷四、卷五首叶下均署"庐陵罗泌"。此本文字与残宋本高度一致，说详下文。

据清耿文光《万卷精华楼藏书记》称"钱塘洪梗刊本最佳"①，傅增湘《藏园群书经眼录》说洪本"十行二十字，白口，单栏。前罗泌《自序》，次费辉《序》。本书首页首行下题'钱塘洪梗校刊'。季振宜、席鉴、黄丕烈递藏，有印记。（癸丑岁见）"。②清于敏中《天禄琳琅书目》称："此书（即洪梗刻本）不载刊刻年月，惟卷首标题下有'钱塘洪梗校刊'。洪梗未详其人，而抚印颇佳，盖亦深于嗜古者。"③可见前人对此本评价颇高。

然据明朱之蕃为乔可传刻本作序云："近岁洪都仅梓其半，未睹全书。钱塘旧板，雠校未详，错误迭出。"王重民在《中国善本书提要》中

---

① （清）耿文光：《万卷精华楼藏书记》，黑龙江人民出版社1992年版，第958页。
② （清）傅增湘：《藏园群书经眼录》，中华书局1983年版，第277页。
③ 中华书局编辑：《宋元明清书目题跋丛刊》，中华书局2006年版，清代卷第11册，第168页。

说："朱氏所谓洪都不全本，即万历三十一年张鼎思序刻本，仅刻《前》、《后》纪。钱塘本则指吴宏基摹宋本也。"① 王氏将钱塘本指为吴弘基摹宋本的结论不确。理由有二：第一，吴弘基刻《路史》在崇祯年间，且吴弘基为浙江仁和人，非钱塘人。第二，乔可传之前刻《路史》者，仅有明嘉靖年间的洪楩和万历三十一年（1603）的张鼎思，而洪楩正是钱塘人。可知王氏误将吴弘基作洪楩了。又清瞿镛《铁琴铜剑楼藏书目录》认为："《路史》……旧本久湮，在明时有钱塘本，多舛讹。豫章本差善，而仅梓《前》《后》纪，其《国名》《发挥》《余论》等未刻。万历间广陵乔可传参校重刻，世始有完本可读。"② 据朱之蕃及瞿镛所言，则洪楩刻本似又非善本。清张之洞撰《书目答问》提及《路史》，称："《路史》四十七卷。宋罗泌。通行本。"今人范希曾作《补正》曰："子苹注。钱唐洪氏校刻本，乾隆元年罗氏刊本善。"③ 则又认为洪楩刻本与罗氏后人自刻本为善本。然据清于敏中《天禄琳琅书目》称："按乾隆元年有泌裔孙玉藻重刻是书，书前载明金堡序文，称'伯持（吴宏基）妙年好古，有《路史》之役，校讹订误，斯已精矣'云云。考金堡，仁和人，登崇祯庚辰进士，玉藻刻是书独列其序者，似所刊即从吴本摹出，然版式字画不及此本（洪楩本）远甚，则知洪本远在吴本之前，惜玉藻未得见之也。"④ 清李慈铭《越缦堂读书记》同治甲子（1864）三月初二日记称："今此本为乾隆元年长源后人所重刻，而鱼豕弥甚，几不可读。又于上方添载李贽、孙鑛、陈继儒、陈仁锡诸人评语，尤为可厌。"⑤ 则罗氏后人自刻本非善本可知。

（三）乔刻本（国家图书馆、北京大学图书馆、上海图书馆、南京图书馆藏）

此本为明万历三十九年（1611）乔可传刻本。⑥ 笔者所据为国家图书

---

① 王重民：《中国善本书提要》，上海古籍出版社1983年版，第115页。

② 中华书局编辑：《宋元明清书目题跋丛刊》，中华书局2006年版，清代卷第4册，第145页。

③ （清）张之洞撰，范希曾补正：《书目答问补正》，上海古籍出版社2008年版，第93页。

④ 中华书局编辑：《宋元明清书目题跋丛刊》，中华书局2006年版，清代卷第11册，第168页。

⑤ （清）李慈铭：《越缦堂读书记》，上海书店出版社2000年版，第403页。

⑥ 据瞿冕良《中国古籍版刻辞典》"寄寄斋"条称："明万历间广陵人乔可传的室名。刻印过宋罗泌《路史》《前纪》9卷《后纪》13卷《国名纪》9卷《国姓衍庆纪源》1卷《大衍》1卷《发挥》5卷《余论》10卷，明汤显祖《玉茗堂文摘》11卷，明黄辉《黄太史怡春堂藏稿》5卷。"可见，乔氏乃明代万历间扬州地区的刻书人。瞿冕良：《中国古籍版刻辞典》（增订本），苏州大学出版社2009年版，第829页。

馆所藏本，索书号为 19403。书内有清惠栋批校语及梁启超跋文。此本 47
卷，分装 24 册。每半叶 10 行，行 20 字，小字双行同，白口，四周单边。
此本书名叶后之衬叶上有梁启超手书跋文一篇称：

> 元和惠氏旧藏明万历本《路史》，癸亥（1923）二月归饮冰室。
> 第一册目录下有稽瑞楼小印，知尝归常熟陈氏（陈揆）。续检《稽瑞
> 楼书目》云："《路史》二十四册，惠半农阅本，然则批点又出定宇
> 前矣。"今此本正二十四册，则衬纸亦惠氏之旧也。半农先生提学广
> 东，吾粤人知有汉学，实先生导之。吾家有半农手书立轴，当与此书
> 同宝也。二月十六日，启超再跋。

跋文后有明朱之蕃《重刻宋罗长源先生〈路史〉序》，其后为宋罗泌
《〈路史〉序》，其后有梁启超另一手书跋文：

> 罗长源《路史》，取司马子长所谓搢绅先生难言者而言之，嗜博
> 而荒之讥，信所不免。然其比类钩索之勤，不可诬也。其《国名纪》
> 之一部，条贯绵密，实史界创作；且其时《古本竹书纪年》及皇甫
> 士安辈所著书，皆未亡佚，其所取材者，多今日所不及观，故可宝
> 也。此本为元和惠氏旧藏，每册咸有定宇先生名字小印，全部圈点，
> 且有手批一百六十一条。校补文字十三处，虽未署名，观其考证之精
> 审，与书法之朴茂，则为定宇手泽无疑也。（手批有朱墨两种，墨笔
> 手迹亦有十余条。异书势者，惠家累代传经，或其父子祖孙所经读
> 耶？）得此，如捧手与二百年前大师晤对，欣幸何极。癸亥二月十五
> 日，梁启超跋。

此跋文后为宋费辉《〈路史〉别序》，其后为明张鼎思《豫章刻〈路
史·前纪、后纪〉序》，其后为乔可传所撰《重梓〈路史〉凡例》，其后
为乔可传《〈路史〉序》，序文后为《路史·前纪》目录，其下有"稽瑞
楼"印，梁启超手书其旁曰："稽瑞楼为常熟陈子准家藏书之所，此书殆
由红豆山房散出后即入稽瑞也。启超记。"目录后为《路史》正文，卷首
题"《路史》第一卷/宋庐陵罗泌纂/男苹注/明广陵乔可传校"。此后各卷
署名均同。此本是后世所习用的四库本、备要本的底本，故对后世有较大

影响。

（四）吴刻本（国家图书馆、北京大学图书馆、上海图书馆藏）

此本为明崇祯年间吴弘基重订本。吴弘基，字柏持，浙江仁和人。生平事迹不详。此本47卷，分装16册。每半叶8行，行20字，小字双行同，白口，左右双边。笔者所据为国家图书馆所藏，索书号为18905。

此本首载明金堡《路史叙》，次为南宋乾道庚寅罗泌《路史序》及丙申费辉《路史别序》，次为吴弘基《赋秋山览史随笔》，次为《重订路史前纪目次》。《目次》后换行书"宋庐陵罗泌著/明仁和吴弘基订"，其后为《前纪》卷一至卷九目录、正文。而《前纪》九卷每卷卷首均书"重订路史全本/庐陵罗泌辑　男苹注"，换行书《前纪》参阅人及校订者姓名，其后为《路史·前纪》各卷正文。此后为罗泌《路史后纪小序》。次为《重订路史后纪目次》，《目次》后换行书"宋庐陵罗泌著/明仁和吴弘基订"，其后为《后纪》卷一至卷十四目录、正文。而《后纪》十四卷每卷卷首均书"重订路史全本/庐陵罗泌辑　男苹注"，换行书《后纪》参阅人及校订者姓名，其后为《路史·后纪》各卷正文。此后为罗泌《路史国名记小序》。次为《重订路史国名纪目次》，《目次》后换行书"宋庐陵罗泌著/明仁和吴弘基订"，其后为《国名纪》卷一至卷八目录、正文。而《国名纪》八卷每卷卷首均书"重订路史全本/庐陵罗泌辑"，紧接着书《国名纪》参阅人及校订者姓名，其后为《路史·国名纪》各卷正文。此后为《重订路史发挥目次》，换行书"宋庐陵罗泌著/明仁和吴弘基订"，其后为《发挥》卷一至卷七目录、正文。而《发挥》七卷每卷卷首均书"重订路史全本/庐陵罗泌辑"，紧接着书《发挥》参阅人及校订者姓名，其后为《路史·发挥》各卷正文。此后为《重订路史余论目次》，换行书"宋庐陵罗泌著/明仁和吴弘基订"，其后为《余论》卷一目录、正文。而《余论》每卷卷首均书《重订路史全本》，换行书《余论》参阅人及校订者姓名，其后为《路史·余论》各卷正文。

此外尚有一明写本《路史》，现在不知藏于何处，傅增湘《藏园群书经眼录》著录称：

　　《路史》四十七卷。宋罗泌撰。明写本，竹纸蓝格，十行二十字，前人以墨笔圈识全帙。钤有"天垣都谏"（白文大方印），"晚香

堂珍藏印"，白。（邃雅斋见，乙亥）①

二　《路史》的版本问题

据相关书目著录及笔者目验，并根据版式、字体及内容等对比分析，现存《路史》版本，可粗略分为四个版本系统（版本系统间的文字对比见下文）：第一是宋刻本系统，仅有国家图书馆所藏残宋本一种；第二是明嘉靖洪楩刻本系统，此系统除洪刻本外，尚有明抄本一种；第三是明万历三十九年（1611）乔可传刻本系统，此系统除乔刻本外，尚有明天启六年（1626）五桂堂刻本、四库本、清同治四年（1865）红杏山房刻本、清光绪二年（1876）赵承恩红杏山房重印本、备要本等五种；第四是明吴弘基等重编《重订路史全本》系统，此系统除吴刻本外，尚有清顺治十三年（1656）刊本、清乾隆元年（1736）进修书院刻本、清嘉庆六年（1801）酉山堂刻本、清嘉庆十三年（1808）刻本、清同治五年（1866）吴桂堂刻本、清刻本、清光绪二十年（1894）石印本等七种。

上文将《路史》现存版本进行了初步的梳理和分类，得知《路史》现存版本可以根据版式、字体及内容等综合考量后分为四个系统，且对每个系统中最重要的版本的基本情况进行了介绍。此处则着重从文字对比入手，最终确定四个版本系统中各版本间的相互关系。讨论中除将此前着重介绍过的残宋本、洪刻本、乔刻本、吴刻本进行对比外，还另外加入了明抄本、四库本、备要本。如此考虑，主要是因为明抄本时代较早，四库本、备要本则是目前学界用得较多的版本，对其进行考察，将为学界更合理地利用《路史》提供参照。

如表1-3所示，有几点特别值得关注。

第一，残宋本虽是残卷，但有其独特的价值，其最重要者即在于能够帮助我们确定各明刻本及抄本间的相互关系。此外，还能对《路史》的整理及校勘起到一定的帮助。如表中第4条，残宋本与四库本作"当是黄帝"，余下诸本均作"常是黄帝"。《路史》原文是："杨长史手录云：炎庆甲，古之炎帝也。杨君受旨，书云：今为北大帝君。隐居《真诰》乃疑其为神农。又谓神农功高，无应而为鬼帝。当是黄帝所伐大庭氏称炎

---

①　（清）傅增湘：《藏园群书经眼录》，中华书局1983年版，第277页。

表1-3 诸本《路史》文字异同对照①

序号	卷纪	《路史》卷次及出处	残末本	洪刻本	乔刻本	吴刻本	明抄本	四库本	备要本
1		署名	男苹承命注		男苹注	男苹注		无	男苹注
2		"炎帝柱"正文	稷之		稷之	稷之		稷之	稷之
3		同上	五谷之王		五谷之主	五谷之主		五谷之主	五谷之主
4		"炎帝庆甲"注文	当是黄帝	常是黄帝	常是黄帝	常是黄帝	常是黄帝		常是黄帝
5		"炎帝魁"注文	宿沙君		宿沙民			宿沙民	宿沙民
6		同上	宿沙氏煮盐	宿以氏煮盐			宿以氏煮盐		
7		"炎帝克"正文	胥魁或		胥魁戎				胥魁成
8		同上	大公之封		大公之封			大公之封	大公之封
9		同上	周代家人		周代家人			周代家人	周代家人
10		同上	李孙恶	李孙恶			李孙恶		
11	后纪四	"炎帝戏"注文	知其难据		知其难据			知其难据	知其难据
12		同上	太常礼书						太常礼书
13		"炎帝戏"正文	何女		阿女				阿女
14	樵通纪	"炎帝戏"注文	以弄代柱		以弄代社	以弄代社			以弄代社
15		同上	伯夷生西岳		伯夷生四岳			伯夷生四岳	伯夷生四岳
16		同上	吕渭		吕渭			吕渭	吕渭
17		同上	于是伏			伏		伏	

① 需要指出，为方便探讨国家图书馆藏两卷残末本《路史》，也使讨论的内容更集中，故此次文字异同的对比，包括残末本在内的所有进入讨论的版本，均选取此残末本两卷文字进行对比。且以两卷残末本文字为依据，凡与此残末本不同者均列出文字，与此残末本相同者则不列。

续表

序号	《路史》卷次及出处		残宋本	洪刻本	乔刻本	吴刻本	明抄本	四库本	备要本
18	"炎帝戏" 注文	后纪四　禅通纪	书乐侯		书中侯			书中侯	书中侯
19	"炎帝戏" 正文		国晏		国晏				国晏
20	同上		易坚		易坚				易坚
21	同上		菁菅			菁菅		菁菅	
22	"炎帝戏" 注文		大夫戈		大夫戈			大夫戈	大夫戈
23	同上		以□国讳	以□国讳	以□国讳	以国讳		以国讳	
24	同上		是光义	是光义	是光义	是光义	是光义	是光义	是光义
25	同上		各至孙复		各至孙复				各至孙复
26	"炎帝戏" 正文		佘氏			余氏		余氏	
27	同上		佘丘氏			余丘氏		余丘氏	
28	"炎帝戏" 注文		高偎菜		高偎采			高偎采	高偎采
29	"炎帝戏" 正文		宣世子			宣氏子		宣氏子	
30	"炎帝戏" 注文		始加仇口	始加仇口	始加仇氏	始加仇氏		始加仇氏	始加仇氏
31	同上		掌历牵			罕历牵		罕历牵	
32	同上		营浦菜		营浦采	营浦采		营浦采	营浦采
33	同上		复立之非也		复立之也非	复立之非		复立之非	复立之也非
34	"炎帝戏" 正文		犹切书之		犹目书之		抄本缺叶		犹目书之
35	同上		以王子大子居守		以王大子居守		抄本缺叶		以王大子居守
36	同上		书而后见		书而后已			书而后已	书而后已
37	同上		王居郑		犹王居郑			犹王居郑	犹王居郑
38	"炎帝参卢" 正文		而殊之	而诛之	而诛之	而诛之	而诛之	而诛之	而诛之
39	"炎帝参卢" 注文		疑在陈仓		疑在陈仓			宣在陈仓	疑在陈仓

续表

序号	纪	《路史》卷次及出处	残宋本	洪刻本	乔刻本	吴刻本	明抄本	四库本	备要本
40	后纪四禅通纪	同上	高古车赤狄	高古赤狄	高古赤狄	高古赤狄	高古赤狄	高古赤水	高古赤水
41		同上	见传者王		见传者五	见传者五	见传者五	见传者五	见传者五
42		同上	夫去亳		夫去亳			夫去亳	夫去亳
43		同上	文于末喜		文于妹喜		号候汾氏	文于妹喜	文于妹喜
44		同上	号候汾氏	号候汾氏		号候汾氏	号候汾氏		
45		同上	自阴山	白阴山		白阴山	白阴山		
46		同上	辟地西	闻地西	闻地西	闻地西	闻地西	闻地西	闻地西
47		"大人"条正文	后分五部	后分五都		后分五都	后分五都		
48		"尧"条正文	抑欲世		亦欲世	亦欲世		亦欲世	亦欲世
49		同上	就外传		就外傅	就外傅		就外傅	就外傅
50		同上	口文王之卦	昔文王之卦	昔文王之卦	昔文王之卦		昔文王之卦	昔文王之卦
51		同上	十九年	下九年			下九年		
52	国名纪乙	同上	德慧		德慧			德慧	德慧
53		同上	家啬		稼穑	稼穑		稼穑	稼穑
54		"六"条注文	簧字以		簧字记	簧字记		簧字记	簧字记
55		"将良"条正文	史作将梁		史作将良	史作将良		史作将良	史作将良
56		"钟离"条注文	昭四年		脱此三字	脱此三字		脱此三字	脱此三字
57		"弦"条注文	欧阳志		欧阳志	欧阳志		欧阳志	欧阳志
58		"蒲"条注文	蒲城县本同		蒲城县同本	蒲城县同本		蒲城县同本	蒲城县同本

帝者。"《路史》此条见陶弘景《真诰》卷一六《阐幽微第二》，其文曰："炎庆甲者，古之炎帝也。今为北太帝君，天下鬼神之主也。'炎帝神农氏，造耕稼，尝百药，其圣功不减轩辕、颛顼，无应为鬼帝。又黄帝所伐大庭氏称炎帝，恐当是此，非神农也。'"① 可见，当依残宋本及四库本作"当是黄帝"为是。四库馆臣虽以乔刻本为底本校勘《路史》，并未参考宋刻本，但却校出了此一错误，并将其改正，可见馆臣的校勘成果也颇有一定参考价值。又如第24条，残宋本作"是光义"，余下诸本均作"是光又"。《路史》原文是："隋唐间有是光义，称齐后，复为齐氏，见孔至《杂录》。"《路史》此条见《古今姓氏书辩证》卷四《十二齐》"齐"条，其文曰："隋唐间有是光义者，自称齐姜姓后，改复旧为齐氏，事见孔至《杂录》。"② 可见，当依残宋本作"是光义"为是。又如第40条，残宋本作"高车古赤狄"，余下诸本均作"高古赤狄"，即"高"后脱"车"字。《路史》原文是："《东魏·北夷传》及《北史》云：高车，古赤狄余种，初号狄历，北曰敕勒。"《路史》此条见《魏书》卷一〇三《高车传》（《北史》卷九八《高车传》同③），其文曰："高车，盖古赤狄之余种也，初号为狄历，北方以为敕勒。"④ 可见，当依残宋本作"高车古赤狄"为是。又如第46条，残宋本作"辟地西"，余下诸本均作"闹地西"。《路史》原文是："生可地汗，莫何单二，辟地西出玉门。"《路史》此条见《新唐书》卷七一下《宰相世系表一下》，其文曰："献侯生可地汗，号莫何单于，辟地西出玉门，东踰辽水。"⑤ 可见，当依残宋本作"辟地西"为是。如此等等，足见残宋本之可贵。

第二，洪刻本与残宋本文字间存在高度一致性，则洪刻本的底本应该与此残宋本为同一系统，甚至有可能就是此种宋刻本，因此洪刻本在保存宋刻本面貌方面具有重要的参考价值。而明抄本与洪刻本文字间亦存在高度一致性，可见两者间有密切关系；甚至当洪刻本与残宋本文字不一致时，明抄本均与洪刻本完全一致（如第6、10、44、45、47、51条共6条就是明证）而与残宋本不一致，足见此明抄本的底本应该就是洪刻本。

---

① ［日］吉川忠夫等：《真诰校注》，朱越利译，中国社会科学出版社2006年版，第472页。
② （宋）邓名世撰：《古今姓氏书辩证》，王力平点校，江西人民出版社2006年版，第62页。
③ 《北史》，中华书局1974年版，第3270页。
④ 《魏书》，中华书局1974年版，第2307页。
⑤ 《新唐书》，中华书局1975年版，第2403页。

但据实而言，明抄本在抄录过程中虽较为忠实地保存了洪刻本的面貌，但也因此未能将洪刻本存在的讹误加以校正（如第 6 条即是明证），更有甚者，明抄本在抄录时还新增了不少问题（如 34、35 条等存在的严重脱文就是其中之一）。因此，在洪刻本完整保存下来的今天，明抄本的价值就大为逊色了。

第三，备要本据乔刻本排印，故两者间文字存在高度一致性，但因备要本属排印本，故与乔刻本相校，新增了一些讹误亦在所难免（如第 12 条即是此类）。四库本与乔刻本也有相当的一致性，据吴慰祖校订的《四库采进书目》称，有"江苏省第一次书目：《路史》四十七卷，罗泌著，十六本"；"两江第一次书目：《路史》四十七卷，宋罗泌著，十六本"；"江西巡抚海第一次呈送书目：《路史》四十七卷，宋罗泌著，二十本"。附录又称："江苏采辑遗书目录简目：《路史》四十五卷，宋庐陵罗泌著（刊本）。案：《四库》作四十七卷，乃江苏进本。西山堂摹宋刊本四十四卷，见《南京国学书目》。"[1] 而《四库全书总目提要》"《路史》"题作"两江总督采进本"[2]，据上吴慰祖考证，"两江总督采进本"即为"江苏进本"。则此"江苏进本"当为乔刻本。但四库本在抄写过程中，又出现了不少新的错误，故版本价值并不高。另外，就文字对比而言，乔刻本与残宋本、洪刻本存在诸多不一致。这种不一致，主要是因为乔可传虽据洪刻本为底本刊刻《路史》，但他认为"钱塘旧刻（指洪刻本）鲁鱼亥豕滋甚，惟豫章重梓（指张鼎思序刻本）其半，虽为厘其一二，今更备考诸书，少加校订"（见乔可传《重梓〈路史〉凡例》），因此才"躬勤检阅"（明朱之蕃序语）、"深心雠对"（明乔可传序语），对洪刻本中"雠校未详，错误迭出"（明朱之蕃序语）的内容进行了校改。如第 5 条，残宋本、洪刻本均作"宿沙君"，乔刻本则作"宿沙民"。考《路史》原文作："《文子》作'宿沙'，云'宿沙君自攻其君归神农氏'。"《路史》此条见《文子·上仁》："昔者，夏、商之臣反雠桀、纣而臣汤、武，宿沙之民自攻其君归神农氏。"[3] 可见，当依乔刻本作"宿沙民"为是。又如第 18 条，残宋本、洪刻本作"书东侯"，乔刻本作"书中侯"。《路史》

① 吴慰祖：《四库采进书目》，商务印书馆 1960 年版，第 12、46、158、212 页。
② 《钦定四库全书总目》，中华书局 1997 年整理本，第 692 页。
③ 王利器撰：《文子疏义》，中华书局 2000 年版，第 436 页。

原文作:"《书东侯》云:尚钓于渭滨,鱼腹得玉璜。"考《艺文类聚》卷一○《符命》、《太平御览》卷八○七《璜》等引《尚书中侯》中正有此语,则当依乔刻本作"书中侯"为是。由此可见,乔刻本确实具有一定的校勘价值。

第四,吴刻本情况较为复杂,若就表中显示的文字对比而言,既有与残宋本、洪刻本相同者,如第3、5、7、8、9、11、13、15、16、18、19、20、22、25、28、32、34、35、36、37、39、42、43、52条共24条,特别是其中第5、9、18、42条,残宋本、洪刻本明显有误,吴刻本也同样讹误,则吴刻本的底本也应该属于残宋本系统;但若考虑到吴刻本也有诸多条目与乔刻本相同,如第2、14、48、49、50、53、54、55、56、57、58条共11条,特别是第56条,残宋本、洪刻本、明抄本均有"昭四年"三字,而乔刻本、吴刻本、四库本、备要本均脱,则似乎吴刻本的部分内容又曾以乔刻本为底本?否则,若全以残宋本系统为底本,则不至于恰好脱掉此三字;但若曾以残宋本系统为底本,而校以乔刻本系统,则更不至于将残宋本系统已有的内容删掉以迁就乔刻本系统,因为此前的内容正好见于《左传·昭公四年》杜预注中。更为重要的是,吴刻本还有多处严重的脱文情况,如《国名纪乙·少昊后嬴姓国》"不羹二"条中,诸本均有"足畏谓陈蔡二不羹也(原注:昭十一楚城之)子皙曰三",吴刻本脱。又如《国名纪乙·少昊后李姓国》"叚干"条中,诸本均有"郡国志卫县南有干城诗出宿于干者今",吴刻本亦脱。① 等等。可见,吴刻本虽然相对于洪刻本、乔刻本更为晚出,且标榜"摹宋本",但实际上在底本选择方面既不统一,在校勘方面也并不谨严,故并非校勘意义上的善本。后世多种刻本以此本作为底本进行翻刻或重刻,并不是最好的选择。

综上,《路史》自成书以来,特别到明中期以后,得到了学界较多的关注,因此在短时期内出现多种明刻本,如洪楩刻本、张鼎思序刻本、乔可传刻本、吴弘基刻本等。其中洪楩刻本直接源自宋刻,余下诸本多直接或间接出自洪楩刻本,而清刻本则均以明刻本为祖本,故《路史》各本实际均源于宋刻,属同一系统(详见"《路史》版本源流示意图")。其

———————————

① 以吴刻本为底本重刻的乾隆本,已据他本(或者就是乔刻本)将吴刻本此处残缺的内容补全了。

中，洪楩刻本虽在诸明刻中成书最早，保存宋刻本面貌最完整，刊刻质量也最高，但对后世的影响却并不大。张鼎思序刻本因仅刻《前》《后》纪，并非《路史》全书，故流传绝少，以致最后失传。乔可传刻本虽是以洪楩刻本为底本"躬勤检阅，刻既告竣"，但因其在乾隆年间得到四库馆臣的重视而被收录到《四库全书》中，民国年间又被收入《四部备要》中，故实际对后世影响最大。吴弘基刻本因得到罗泌裔孙罗玉藻等人的重视而被重刻，以及嘉庆六年（1801）酉山堂等翻刻而广为人知，但据实而言，吴刻本虽然标榜"摹宋"，但实际刊刻过程中却存在底本选择不统一，校勘不谨严的问题，故质量相对较低，不易作为校勘底本使用。近人若要校点《路史》，应该选洪楩刻本为底本，校以残宋本、乔刻本及吴刻本，同时参照《路史》相关征引文献，方能得到一个较好的整理本。

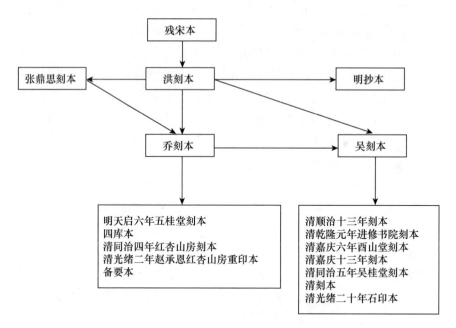

图 1-1 《路史》版本源流示意图

第二章

《路史》引用文献考察

　　《路史》文献构成丰富，不仅因南宋时尚有较多古籍不曾亡佚，可资利用；亦因在当时条件下，可利用诸如《史记》三家注、《三国志》裴松之注、《文选》李善注、郦道元《水经注》等古注，《北堂书钞》《艺文类聚》《白孔六帖》《初学记》《太平御览》等类书，以及《元和郡县志》《太平寰宇记》《元丰九域志》《舆地广记》等地理类古籍；同时，罗泌家族拥有极好的家学渊源和藏书条件，自罗泌祖父罗无竞至其父罗良弼，均有藏书习惯，到了罗泌时，罗氏家族的藏书逾万卷，特别是各种珍奇版本大搜其间。这些条件的存在，给《路史》的编撰提供了必要的资料保障。此外，罗泌生性聪颖，自小便博览群书，凡儒家经典，百家杂志，无不通览，又能像司马迁一样游历四方，寻访各种名胜古迹；且其子罗苹亦博学多闻，能秉承父命为《路史》作注，均是《路史》能够取得成功的必要保证。而以上诸因素之共同作用，最终铸就了《路史》征引文献丰富的特点。

　　其实，前辈学人早已认识到《路史》文献构成丰富的特色。如元代盛如梓《庶斋老学丛谈》说罗泌《路史》："引援该博，无书不读，且文字奇古……博学如斯，古今有几?"① 明代胡应麟作《罗氏〈路史〉序》称："罗氏此编最称后出，乃独穷搜眇邈，剧探幽微。……乃若灵篇秘籍，散见群书，久缺传流，向湮纪录者，率赖是编提携弗坠。后世亦因综核，大都良哉，学圃之邓林，词场之宝筏也。"② 徐旭生《所谓炎黄以前

---

① （元）盛如梓：《庶斋老学丛谈》，《文渊阁四库全书》，台湾商务印书馆1983年影印本，子部，第866册，第522页。

② （明）胡应麟：《少室山房集》卷85，《文渊阁四库全书》，台湾商务印书馆1983年影印本，集部，第1290册，第617—618页。

古史系统考》曾指出："我们对于罗氏搜罗的广博实在还有点佩服……可以说它几乎无一字无来历。并且有时候他也算能传疑，不牵强附会，有时候他还能作实地调查（他曾到湖南茶陵，拜炎帝的陵墓），也颇具历史家的风度！"但同时，徐氏亦对罗泌"史识的贫乏"感到震惊，但也指出他对像罗泌一样的前辈学者的尊敬：

> 从前的念书人也并不是盲目地信仰。他们的承借不如我们，他们的工作成绩还需要我们用严密的科学方法努力整理，当然是一定不可易的办法。但现在有些念书人对于古书还没有翻阅过，探讨过，就谩骂古人的盲从，殊属不当。①

此等意见对深入研究《路史》具有重要指导意义——要想研究《路史》，就应认真仔细地研读《路史》文本以及相关资料，不应束书不观、高谈阔论。虽然徐氏也从史学角度对罗泌及其《路史》进行了批判，但对这部文献构成相当丰富的书籍来说，单从史学角度进行的批判并不能完全否认《路史》所具备的相关价值；更何况徐氏也根本不曾否定《路史》文献学价值，而是对《路史》保存资料倍加赞赏。故下文拟从《路史》引用文献范围辨考、引用文献来源考察以及引用谶纬资料考论三个方面，对《路史》文献构成情况进行一次较为详尽的梳理和辨析，以期充分揭示《路史》文献构成的丰富性特点。

第一节　引用文献范围考辨

《路史》引文范围，揽括了传统目录分类法的经史子集四部。据统计，去除重复出现的文献，总共涉及文献918种，其中经部179种、史部337种、子部320种、集部82种。如此大量的文献，并非出自《艺文类聚》《太平御览》等类书，而是出自罗泌父子之手，着实让我们佩服"罗氏搜罗的广博"。这样丰富的文献，《路史》是以怎样的方式加以征引、利用，又是从哪些古籍中将它们收集出来，以及在文献的征引、利用过程中存在着怎样的问题，将是下文讨论的重点。

---

① 徐旭生：《中国古史的传说时代》，广西师范大学出版社2003年版，第269—271、305页。

一　引用文献方式举证

《路史》由正文及注文两部分组成，正文由罗泌一人完成，注文中一部分内容凝聚着罗泌父子的心血，罗泌去世后，罗苹又对剩余部分内容进行了注释。《〈路史〉注》最大的贡献，在于标注出《路史》所涵括的文献及其来源。但《路史》并非如《太平御览》等类书，创作之初为了便于资料查找和利用，而是有自己的创作目的和原则。罗泌曾自述其编撰《路史》的初衷：

> 皇甫谧之《世纪》，谯周之《史考》，张（惜）[悟] 之《系谱》，马总之《通历》，诸葛耽之《帝录》，姚恭之《年历帝纪》①，小司马之《补史》，刘恕之《通鉴外纪》，亦粗详矣，而其学狭浅，不足取信。太史公丁孤赢威学之后，首缀隧绪，既足通遗，而苏子所述，第发明《索隐》之旧，兹固未足为全书，而予之《路史》所为起也。（罗泌《〈路史〉序》）

《路史》利用资料的方式，受其自身创作要求决定，有自己的方式和原则。根据对《路史》及其注文的全面考察，具体说来，这些方式和原则可概括为如下六种情况。

（一）直接引用原文，且标明文献来源

（1）鬼出电入，龙兴鸾集；钧旋毂转，周而复匝。《鸿烈解》。（《前纪》卷二注）

> 按：《淮南子·原道训》："鬼出电入，龙兴鸾集；钧旋毂转，周而复匝。"

（2）《鹖冠子》云："九皇之制，主不虚王，臣不虚贵阶级。尊卑名号，自居吏民，于次者无国。历宠历录，副其所付授，与天人参相结连，钧考之具不备也。"（《前纪》卷二）

---

① "姚恭之《年历帝纪》"中"之年"二字，《路史》诸本并误作"年之"，今据《隋书·经籍志二》《旧唐书·经籍志上》《新唐书·艺文志二》著录改。下文引此条文字均同，不另出注。

按：《鹖冠子·天则》："九皇之制，主不虚王，臣不虚贵阶级。尊卑名号，自君吏民，次者无国。历宠历录，副所以付授，与天人参相结连，钩考之具不备故也。"

(3)《鹖冠子》有"泰皇问泰壹：天、地、人之事，三孰急"云。（《前纪》卷三注）

按：《鹖冠子·泰鸿》："泰皇问泰一曰：'天、地、人事，三者孰急？'"

(4)《论衡》云："学书者讳丙日，云仓颉以丙日死。"（《前纪》卷六注）

按：《论衡·讥日》："学书讳丙日，云仓颉以丙日死也。"

(5)《论衡》云："伏羲以卦治天下。"（《后纪》卷一注）

按：《论衡·正说》："故伏羲以卦治天下，禹案《洪范》以治洪水。"

(二) 直接引用原文，但仅标明文献作者
(1) 王充曰："古之水火，今之水火也。今之声色，后之声色也。鸟兽草木，人民好恶，以今而见古，繇此而知来。千世之前，万岁之后，无以异也。事可知者，圣贤所共知也；不可知者，虽圣人不能知也。"（《前纪》卷一）

按：《论衡·实知》："古之水火，今之水火也；今之声色，后世之声色也。鸟兽草木，人民好恶，以今而见古，以此而知来。千岁之前，万世之后，无以异也。……事可知者，贤圣所共知也；不可知者，圣人亦不能知也。"

(2) ［王］通曰："封禅之费非古也，徒以夸天下，其秦汉之侈心乎？"（《前纪》卷九）

按：《中说·王道》："子曰封禅之费非古也，徒以夸天下，其秦汉之侈心乎？"

（3）太史公亦曰：自古受命帝王，曷尝不封禅？盖有无其应而用事者矣，未有符瑞见而不升中于泰山者也。故每世之隆，则封禅答焉。（《前纪》卷九）

按：《史记·封禅书》："自古受命帝王，曷尝不封禅？盖有无其应而用事者矣，未有睹符瑞见而不臻乎泰山者也。……每世之隆，则封禅答焉。"

（4）杜佑谓：黄帝祀上帝于明堂，或谓合宫，其制，中有一殿，四面无壁，茅盖，通水，水围宫垣，为复道，上有楼，从西南入，名昆仑，天子从之入，以祭祀，此公玉带所上制度。（《后纪》卷五注）

按：《通典》卷四四《吉礼·大享明堂》："黄帝拜祀上帝于明堂［原注：或谓之合宫］，其堂之制，中有一殿，四面无壁，以茅盖，通水，水圜宫垣，为复道，上有楼，从西南入，名昆仑，天子从之入，以拜祀［原注：汉公玉带所上制度］。"

（5）刘子政曰：古有行大公者，帝尧也。贵为天子，富有天下，得舜而传之，不私其子。去天下若遗蹝。于天下犹然，况细于天下者乎？（《后纪》卷一〇注）

按：《说苑·至公》："古有行大公者，帝尧是也。贵为天子，富有天下，得舜而传之，不私于其子孙也。去天下若遗蹝。于天下犹然，况其细于天下乎？"

（三）从他处转引，且标明文献来源
（1）《寰宇》引《十道要录》云：抛、钱二山焚香，合于此山。（《后纪》卷二注）

按：《太平寰宇记》卷一四一《金州·西城县》："伏羲山。按《十道要录》云：'抛、铰二山焚香，气必合于此山。'"

（2）《寰宇》引《山海经》：神农尝五谷之所，上有炎帝庙。（《后纪》卷三注）

按：《太平寰宇记》卷四四《泽州·高平县》："羊头山，在县北三十五里。《山海经》云：'神农尝五谷之所，山形象羊头。'……炎帝庙，在县北三十五里羊头山上。"

（3）《九域志》引《孟子》隐居北海滨。（《后纪》卷四注）

按：考今本《元丰九域志》无此文。

（4）《九域》《地理志》：成州有轩辕庙。（《后纪》卷五注）

按：《元丰九域志》卷三《秦凤路·成州》："轩辕庙，见《地理志》。"

（5）《水经》6《注》引《左氏》以台骀为实沈后。（《后纪》卷七注）

按：《水经注》卷六《涑水》"涑水出河东闻喜县东山黍葭谷"下注："郑使子产问晋平公疾，平公曰：卜云台骀为祟。史官莫知，敢问。子产曰：高辛氏有二子，长曰阏伯，季曰实沈，不能相容，帝迁阏伯于商丘，迁实沈于大夏。台骀，实沈之后，能业其官，帝用嘉之，国于汾川。"

（6）昭二十（五）［九］年《疏》引《楚世家》及《世本》："颛顼生偁，偁生卷章"。（《后纪》卷八注）

按：《左传·昭公二十九年》："献子曰：'社稷五祀，谁氏之五官也？'对曰：'少皞氏有四叔。'"唐孔颖达疏："案《世本》及

《楚世家》云：'高阳生称，称生卷章，卷章生黎。'"

（7）《寰宇》《彭门记》：殷之贤臣，颛帝之玄孙，至殷末。（《后纪》卷八注）

按：《太平寰宇记》卷一五《徐州·彭城县》："按：《彭门记》云：殷之贤臣彭祖，颛顼之玄孙，至殷末寿及七百六十七岁。今墓犹存，故邑号大彭焉。"

（8）《寰宇记》引《史记》：武封母弟季载于郕。（《后纪》卷九下注）

按：《太平寰宇记》卷一四《濮州·雷泽县》："本汉郕阳县也，古郕伯，姬姓之国。《史记》曰'周武王封弟季戴于郕'，今县北三十里郕都故城是也。"

（9）《御览》《世纪》："女鼚生丹朱。"（《后纪》卷一〇注）

按：《太平御览》卷一三五《尧妃》引《帝王世纪》曰："女莹生丹朱。"

（10）《寰宇记·邓州》引《汉志》：颍川、南阳，本夏禹国。周为申国。（《后纪》卷一二注）

按：《太平寰宇记》卷一四二《邓州》总论："《禹贡》为豫州之域。《汉书·地理志》云：'颍川、南阳，本夏禹之国。'于周为申国，平王母申后之家也。"

（11）《寰宇记·登封》古郜城引《地理志》颍川阳城为禹都。（《后纪》卷一二注）

按：今本《太平寰宇记》卷三《河南府一》缺"登封县"。

（12）瓯隐，《太平御览》引《周书》。（《国名纪》卷三）

按：《太平御览》卷七九一《濮》引《周书·王会》曰："（阳）
［汤］令伊尹为四方献令，伊尹曰：'臣请正南欧隐柱国、指子陆童、
百濮九箘，请今以珠玑、玳瑁、象齿、文犀、翠羽、箘鹤、短狗
为献。'"

（四）从他处转引，但未标明文献来源
（1）李明之《衡山记》云：朱符谓火筯如两仪成变化，不可缺一。
（《前纪》卷一注）

按：唐冯贽《云仙杂记》卷二《火筯如两仪》注引李明之《衡
山记》："朱符谓火筯如两仪成变化，不可缺一。本明大师在坐，曰：
'当以玉为之，贵能不熟。'"

（2）《太微黄书》云：灵书八会，字无正形。（《前纪》卷二注）

按：《太平御览》卷六七三《仙经下》引《太微黄书经》曰：
"天真三皇藏八会之文于委羽山，太微天帝藏一通于龟山。其灵书八
会，字无正形，趣究乎奥，难可寻详。得为天书，自然之真。斯八会
之气，全五和之音，非浅近者所能洞明。"

（3）《大洞经》云：三皇经者，玉真洞清，上清洞玄，太清洞神也。
（《前纪》卷二注）

按：《太平御览》卷六七三《仙经下》引《大洞经》曰："三皇
经者，玉清洞真，上清洞玄，太清洞神。"

（4）《汉旧仪》云：凡圣王之法，祭天地日月星辰山川万神，皆古之
人，能纪天地五行之气，奉其功以成人者也。故其祭祀，皆以人事之礼，
食之，天与土地、金、木、水、火、土、石是矣。又祭三皇、五帝、九
皇、六十四氏，凡八十有一姓，皆古帝王也。（《前纪》卷二注）

按：《太平御览》卷五二六《祭礼下》引《汉旧仪》曰："圣王之法，追祭天地日月星辰山川万神，皆古之人，能纪天地五行气，奉成其功以成人者也。故其奉祀，皆以人事之礼，食之，非祭祀天与土地、金、木、水、火、石也。又曰：祭三皇、五帝、九皇、六十四辰，皆古帝王，凡八十一姓也。"

（5）伏韬《北征记》：博望城内有汤、伊尹及箕子冢，今悉成丘。（《前纪》卷八）

按：《太平御览》卷五三《丘》引伏韬《北征记》曰："博望城内有成汤、伊尹、箕子冢，今皆为丘。"

（6）《典术》云：圣王仁功济天下者尧也。天降精于庭为薤，感百阴而为昌蒲。（《后纪》卷一〇注）

按：《太平御览》卷九九九《菖蒲》引《典术》曰："圣王仁功济天下者尧也。天降精于庭为韭，感百阴之气为菖蒲。"

（五）檃栝原文内容，但标明文献来源
（1）《元丰九域志》：广陵有盘古冢庙。（《前纪》卷一注）

按：《元丰九域志》卷五《淮南东路·扬州广陵郡》："盘古庙，盘古冢。"

（2）《寰宇记》：五龙泉，出山东一里平石缝，雄吼，甘美，上有五龙堂。（《前纪》卷二注）

按：《太平寰宇记》卷三六《延州·延水县》："五龙泉，在县东一里。平石缝中涌出，有雄吼之声，其水甘美，可济一方。上有五龙堂，故曰五龙泉。"

（3）《论衡》云：河出《图》，洛出《书》，圣帝之瑞。仓颉作文字，业与天地同，指与鬼神合，何非何恶，而致雨粟、鬼哭之怪哉？图书文章，与作书何异？使天地鬼神恶人作书，则图书出乃无此怪。或仓颉作书，适与之会尔。（《前纪》卷六注）

按：《论衡·感虚》："传书言：'仓颉作书，天雨粟，鬼夜哭。'此言文章兴而乱渐见，故其妖变致天雨粟、鬼夜哭也。夫言天雨粟，鬼夜哭，实也。言其应仓颉作书，虚也。夫河出《图》，洛出《书》，圣帝明王之瑞应也。图书文章，与仓颉所作书何以异？天地为图书，仓颉作文字，业与天地同，指与鬼神合，何非何恶，而致雨粟、鬼哭之怪哉？使天地鬼神恶人有书，则其出图书非也；天不恶人有书，作书何非，而致此怪？或时仓颉适作书，天适雨粟，鬼偶夜哭，而雨粟、鬼哭，自有所为，世见应书而至，则谓作书生乱败之象，应事而动也。"

(4)《白虎通义》云：王者易姓而起，必升封泰山何？报告之义也。必于太山何？万物交代之处也。必于其上何？因高告高，顺其类也。（《前纪》卷六注）

按：《白虎通义·封禅》："王者易姓而起，必升封泰山何？教告之义也。始受命之时，改制应天，天下太平，功成封禅，以告太平也。所以必于泰山何？万物所交代之处也。必于其上何？因高告高，顺其类也。故升封者，增高也；下禅梁甫之山基，广厚也。"

(5)《寰宇记》：赫胥氏在临济东故朝阳城内一里。（《前纪》卷七注）

按：《太平寰宇记》卷一九《齐州·临济县》："赫胥氏墓，在县东故朝阳城内一里。"

(6)《水经注》：上邽有轩辕溪、轩辕谷。睦云黄帝生处。（《后纪》卷五注）

按：《水经注》卷一七《渭水》"又东过上邽县"。下注："又西北，轩辕谷水注之，水出南山轩辕溪，南安姚瞻以为黄帝生于天水，在上邽城东七十里轩辕谷。皇甫谧云：生寿丘，丘在鲁东门北。未知孰是也。"

（六）櫽栝原文内容，且不标明文献来源
（1）子曰："鬼神之为德，其盛矣乎。"（《前纪》卷三）

　　按：《礼记·中庸》："子曰：'鬼神之为德，其盛矣乎！视之而弗见，听之而弗闻，体物而不可遗。'"

（2）师旷谓：周太子晋，色赤不寿，后三年而死。孔子闻之曰："惜哉！杀吾君也。"（《前纪》卷三）

　　按：《潜夫论·志氏姓》："平公遣师旷见太子晋，太子晋与语，师旷服德，深相结也。乃问旷曰：'吾闻太师能知人年之长短。'师旷对曰：'女色赤白，女声清污，火色不寿。'晋曰：'然。吾后三年将上宾于帝，女慎无言，殃将及女。'其后三年而太子死。孔子闻之曰：'惜夫，杀吾君也。'"

（3）阌乡津去县三里，即风陵故关也。女娲之墓，秦、汉以来，俱系祀典。（《后纪》卷二注）

　　按：《太平寰宇记》卷六《陕州·阌乡县》："阌乡津，去县三十里，即旧风陵关。……女娲墓，自秦、汉以来，皆系祀典。"

（4）惠王十七年，虢谷梦在庙，有神人，面白毛，虎爪执钺，立于西河云云。觉，召史嚚：古之蓐收也，天之刑神。（《后纪》卷八注）

　　按：《国语·晋语二》："虢公梦在庙，有神人面、白毛、虎爪，执钺，立于西阿，公惧而走。神曰：'无走。帝命曰：使晋袭于尔门。'公拜稽首，觉，召史嚚占之，对曰：'如君之言，则蓐收也，天之刑神也。'"

（5）孔子曰：尧之有天下，允恭以持之，虚静以待下，是以百载而愈成，汔今而益章。昆吾自臧满意，穷高而不衰，是以当时而亏恶，损益之道也。（《后纪》卷八）

　　按：《说苑·敬慎》："昔尧履天子之位，犹允恭以持之，虚静以待下，故百载以逾盛，迄今而益章。昆吾自臧而满意，穷高而不衰，故当时而亏败，迄今而逾恶，是非损益之征与？吾故曰谦也者，致恭以存其位者也。"

（6）齐桓公欲借宫室、六畜，管仲不可，谓立五厉之祭，曰：昔尧之五吏五官，无所食，请立之。以祭尧之五吏，春献兰，秋敛落，则泽鱼，百倍异日，无屋粟邦布籍，此谓祈祥，推之以礼义也。（《后纪》卷一〇注）

　　按：《管子·轻重甲》："桓公曰：'寡人欲藉于室屋。'管子对曰：'不可，是毁成也。''欲藉于万民'，管子曰：'不可，是隐情也。''欲藉于六畜'，管子对曰：'不可，是杀生也。''欲藉于树木'，管子对曰：'不可，是伐生也。''然则寡人安藉而可？'管子对曰：'君请藉于鬼神。'桓公忽然作色曰：'万民室屋，六畜树木，且不可得藉，鬼神乃可得而藉夫？'管子对曰：'厌宜乘势，事之利得也；计议因权，事之囷大也。王者乘势，圣人乘幼，与物皆宜。'桓公曰：'行事奈何？'管子对曰：'昔尧之五吏，五官无所食，君请立五厉之祭，祭尧之五吏，春献兰，秋敛落原。鱼以为脯，鲵以为肴；若此，则泽鱼之正，伯倍异日，则无屋粟邦布之藉，此之谓设之以祈祥，推之以礼义也，然则自足，何求于民也。'"

（7）昔者魏武侯欲为义而偃兵，徐无鬼以为不可，曰："为义偃兵，是造兵之始也。君自此为之，则治不成。"（《前纪》卷五）

　　按：《庄子·徐无鬼》："武侯曰：'欲见先生久矣。吾欲爱民而为义偃兵，其可乎？'徐无鬼曰：'不可。爱民，害民之始也；为义偃兵，造兵之本也。君自此为之，则殆不成。'"

（8）颜子将之齐，孔子有忧色。子贡问焉，子曰："善哉问。昔者管子有言，丘甚善之，'褚小者不可以怀大，绠短者不可以汲深'。故命有所成而形有所适者，不可以损益也。吾恐回与齐侯言黄帝、尧、舜之道，而重之以遂人、神农之言。彼将内求诸已而不得，则惑矣。"（《前纪》卷五）

　　按：《庄子·至乐》："颜渊东之齐，孔子有忧色。子贡下席而问曰：'小子敢问，回东之齐，夫子有忧色，何耶？'孔子曰：'善哉女问！昔者管子有言，丘甚善之，曰："褚小者不可以怀大，绠短者不可以汲深。"夫若是者，以为命有所成而形有所适也，夫不可损益。吾恐回与齐侯言尧、舜、黄帝之道，而重以燧人、神农之言。彼将内求于已而不得，不得则惑，人惑则死。'"

（9）繇居箕山，今山下有牵牛墟。颍水犊泉，及樊父还牛处，石上牛迹存焉。（《前纪》卷九注）

　　按：《水经注》卷二二《颍水》："东南过其县南。"下注："县南对箕山，山上有许由冢，尧所封也。故太史公曰：余登箕山，其上有许由墓焉。山下有牵牛墟，侧颍水有犊泉，是巢父还牛处也，石上犊迹存焉。又有许由庙，碑阙尚存，是汉颍川太守朱宠所立。"

二　引用文献特点考察

《路史》引文方式和原则已如上述，可知《路史》对文献资料的利用因创作目的不同做了相应处理。概括起来，可总结为如下四个特点。

（一）引文的原始性

所谓"原始性"，指征引文献时，所引用的文献内容完全忠实地反映原文献内容，如上举"直接引用原文"类就体现了此特点。利用此方式来征引文献，对于书籍阅读者和整理者来说，均便于查找、核实文献来源；同时还能对某些文献的校勘起到重要作用。但此方式也存在一定缺陷，即对《路史》编撰者罗泌而言，如若征引所有文献时都采取此方式，那势必会让他的创作主旨得不到最有利的阐发，也会让《路史》给人以资料堆砌的印象，这与上文所引罗泌自述的创作目的相背离。因此，在对

《路史》整个征引文献进行考察后发现，引文具有"原始性"特点者相对较少，而此结论的存在却正与罗泌的创作主旨相契合。

（二）引文的灵活性

所谓"灵活性"，指征引文献时，能根据具体情况对所征引的文献进行具体而微的处理，如上举"檃栝原文内容"类就体现了此特点。利用此方式来征引、利用文献，有助于罗泌在《路史》创作中根据行文的需要合理处理文献，达到让文献"为我所用"的创作目的。但此方式亦存在一定缺陷，即对《路史》的阅读者和研究者而言，因《路史》征引文献数量庞大，且多数文献都采用灵活的方式来处理，如不进行详细的整理、校勘，将十分不利于读者阅读及研究者利用，甚至会给人以该书内容"难读又荒谬无凭"① 的误解，因此目前学术界非常迫切地需要一个详校、详注的《路史》版本。

（三）引文的选择性

所谓"选择性"，指征引文献时，对同时存在于两种或两种以上文献中的资料，加以选择性地利用，如上举"从他处转引"类中的部分内容就体现了此特点。这种征引方式的存在，对文本创作时资料的选择起到一定辅助作用，即作者不必拘泥于某条资料在某种文献中存在的异文会与文本本身所要表达的观点相左，作者可以选择其中与自己论点相一致的资料加以征引利用。但正因这种选择造成的文献来源不确定性，对研究者来说，势必会造成研读、整理和利用资料时的不便。对于某些资料，可以在对比各种不同文献后，确定其来自何种文献；但对另一些资料，因所引资料内容在不同文献中完全一致，即便不完全一致也极难区别，故而不能确定该资料来自何种文献，这就对分析文本的文献构成造成不利影响。

（四）引文的多样性

所谓"多样性"，指征引文献时，为说明同一问题，将相关资料集中加以征引利用，让行文既不失丰富又层次分明。这种征引方式，能够为后世保存相当多南宋以前的资料，为进一步研究提供便利。同时，这种征引方式又往往与上面所说"原始性""灵活性"两个特点相辅而行，而多种征引方式间的交叉运用，不仅让《路史》的文献征引显得既有特色又前后连贯，且让《路史》文献构成的丰富性特点得到了最充分的体现。可

---

① 袁珂：《中国神话史》，上海文艺出版社 1988 年版，第 4 页。

以说，这正是《路史》文献构成最大的价值所在。

三　引用文献范围梳理

据分析统计，《路史》涉及的文献资料大致归属以下两类之中：第一类，所引文献现今尚存于世，即下文所说的"存"；第二类，所引文献现今已全部或者部分亡佚，即下文所说的"佚"。在对《路史》文本进行细致梳理后，今将《路史》书中涉及的文献数据用表格的形式体现如下。

由表2-1可对《路史》引文情况有一直观印象。不难看出，《路史》所引文献，以"史部""子部"最集中，二者之和占整个引用文献的六成以上。但此表虽可从总体上反映《路史》引文在"四部"中的分布情况，然具体到每一小部类文献（如史部中的地理类）的引用情况，却无法从该表中得以体现。故今试着通过以下两表（表2-2、表2-3），将《路史》引用文献的"存""佚"情况的详细数据表现出来。①

表2-1　　　　　　　　　　《路史》引文数据统计总表②

		经部	史部	子部	集部	总数
存	引文种类	43	63	113	51	270
	百分比（%）	15.9	23.3	41.9	18.9	≥100
	引文条数	1819	2855	1445	183	6302
	百分比（%）	28.9	45.3	22.9	2.9	≥100
佚	引文种类	148	295	245	56	744
	百分比（%）	19.9	39.7	32.9	7.5	≥100
	引文条数	606	1083	650	59	2398
	百分比（%）	25.3	45.2	27.1	2.5	≥100

表2-2给人印象最深刻的是，《路史》所引经部春秋类7种734条，史部正史类19种1103条、地理类11种1137条，以及子部类书类9种317条，仅此4类所引条数之和3291就占《路史》所引存书总条数6302的52.2%，剩余38类所引条数之和3011仅占总条数的47.8%。可见罗

①　具体到各部类中的每一本书的引用情况，该表又无法体现，参看本书附录一、二、三。
②　此表所列数据，已把《路史》所引文献绝大部分涵括其中，但难免有遗漏在外者。

泌在编撰《路史》时，在资料的利用方面有所侧重，而这正与《路史》的编撰目的密切相关，此点后文将重点论及，此不赘述。

表 2-2　　　　　　　《路史》引用存书数据统计表[①]

序号	类别	引用详情	序号	类别	引用详情
经部（43 种 1819 条[②]）			子部（113 种 1445 条）		
1	易类	4 种 41 条	1	儒家类	14 种 187 条
2	书类	6 种 181 条	2	兵家类	5 种 18 条
3	诗类	4 种 146 条	3	法家类	4 种 82 条
4	礼类	6 种 351 条	4	墨家类	1 种 19 条
5	春秋类	7 种 734 条	5	纵横家	1 种 2 条
6	孝经类	1 种 5 条	6	名家类	1 种 1 条
7	五经总义类	1 种 1 条	7	医家类	3 种 17 条
8	四书类	3 种 126 条	8	天文算法	1 种 2 条
9	乐类	1 种 3 条	9	术数类	5 种 5 条
10	小学类	10 种 231 条	10	艺术类	3 种 5 条
史部（63 种 2855 条）			11	谱录类	5 种 12 条
1	正史类	19 种 1103 条	12	杂学类	23 种 322 条
2	编年类	8 种 79 条	13	类书类	9 种 317 条
3	别史类	6 种 136 条	14	小说类	24 种 246 条
4	杂史类	2 种 145 条	15	释家类	1 种 2 条
5	传记类	4 种 33 条	16	道家类	13 种 208 条
6	载记类	4 种 32 条	集部（51 种 183 条）		
7	地理类	11 种 1137 条	1	楚辞类	2 种 43 条
8	职官类	1 种 2 条	2	别集类	26 种 61 条
9	政书类	4 种 115 条	3	单篇	17 种 17 条
10	目录类	3 种 60 条	4	总集类	2 种 54 条
11	史评类	1 种 13 条	5	诗文评类	4 种 8 条

---

① 表 2-2 各类存书的排列顺序，主要依据《四库总目提要》中的顺序，但也根据实际需要有略微调整；表 2-3 各类佚书（文）的排列顺序，主要依据孙启治、陈建华编撰的《中国古佚书辑本目录解题》（上海古籍出版社 2009 年版）中的顺序，但也根据实际需要做了少量调整。

② 为了如实反映《路史》书中究竟引用了多少资料，此处所列之某某条，是包含《路史》书中出现的所有条数而言，即没有对重复出现在不同卷中的同一条内容进行合并。比如《路史》两次引用《南北八郡志》，分别出现在《前纪》卷四注和《国名纪》卷六中，据考，此二卷中所引《南北八郡志》又均转引自《太平寰宇记》卷七四《眉州·彭山县》"鱼凫津"下注引之《南北八郡志》。在进行数据统计时，并没有将此内容相同的两条视为一条，而是如实地以两条看待。

　　由表2-3可知，《路史》书中所保存的佚书（文）的内容亦十分丰富，如经部谶纬类就包含72种367条，又如史部地理类也包含142种321条，如此等等，数量十分可观。因此从某种角度来说，明代胡应麟认为某些"灵篇秘籍，散见群书，久缺传流，向湮纪录者，率赖是编提携弗坠"① 乃据实之论。

表2-3　　　　　　　　　　《路史》引用佚书（文）数据统计

序号	类别	引用详情	序号	类别	引用详情
经部（148种606条）			12	谱牒类	18种46条
1	易类	5种20条	13	霸史类	2种2条
2	书类	7种75条	14	故事类	5种7条
3	诗类	4种7条	15	杂传类	7种7条
4	礼类	18种31条	子部（245种650条）		
5	通礼类	6种15条	1	儒家类	21种42条
6	乐类	2种5条	2	道家类	56种100条
7	春秋类	8种44条	3	法家类	4种8条
8	论语类	2种2条	4	名家类	1种1条
9	孟子类	2种2条	5	墨家类	4种19条
10	孝经类	1种1条	6	纵横家	1种1条
11	群经总义类	7种14条	7	兵书类	11种46条
12	小学类	14种23条	8	农家类	6种7条
13	谶纬类	72种367条	9	医家类	10种17条
史部（295种1083条）			10	历算类	5种36条
1	正史类	11种15条	11	术数类	36种85条
2	别史类	13种344条	12	艺术类	10种19条
3	编年类	18种119条	13	杂学类	23种141条
4	杂史类	17种43条	14	典故类	2种11条
5	载记类	11种24条	15	小说类	46种95条
6	史评类	3种20条	16	类书类	7种18条
7	传记类	33种99条	17	释家类	2种4条
8	政书类	5种8条	集部（56种59条）		
9	职官类	5种13条	1	总集	2种2条
10	地理类	142种321条	2	单篇	54种57条
11	目录类	5种6条			

---

　　①　（明）胡应麟：《少室山房集》卷85，《文渊阁四库全书》，台湾商务印书馆1983年影印本，集部，第1290册，第617页。

四　引用文献缺陷考辨

《路史》是一本资料储备相当丰富的书籍。在该书中，除资料收集广博外，对资料进行妥善分类，体现出罗泌父子具备良好的学识。对罗泌父子在资料收集整理时曾付出的巨大努力应特别肯定，但《路史》引文的诸多不足也应指出，并加以仔细辨析，如此，方能对《路史》作出更加全面合理的评价。

《路史》存在的问题，前人已有简要论述，如明张鼎思认为《路史》在资料的利用上"几于驳杂而无伦"。①《四库总目提要》也说《路史》"殊不免庞杂之讥"。②也有人指出："宋人罗泌作《路史》，多采纬书和太平经、洞神经、丹壶记一类道家依托之言，而不加筛选甄别，殊不免旁杂之嫌。"③甚至有人认为"《路史》不足观，仅可糊壁"。当然，这些批评有其合理性，而《路史》书中存在问题也有目共睹，不用为其掩饰。但上述批评主要针对《路史》文献的内容价值而言，就引文的文献学价值角度却未有学者进行过专门探讨。况且即使单就文献内容而言，亦非如某些人所说"仅可糊壁"。本节即是从引文的文献学价值角度，对《路史》存在的缺陷做系统梳理。具体说来，有如下几点需要探讨。

（一）引用书名前后不统一

《路史》引用书名前后不统一情况如表2-4所示。

表2-4　　　　　　　　《路史》引用书名前后不统一情况

序号	作者	通行书名	《路史》中出现时的名称	《路史》中出现的卷次
1	墨翟	墨子	《墨》	《后纪》卷一二
2	列御寇	列子	《列御寇》《列》《列子》《子列子》	《前纪》卷一、《后纪》卷四、《余论》卷七、《发挥》卷一
3	不详	田俅子	《田求子》	《余论》卷四
4	荀卿	荀子	《荀》	《后纪》卷一二
5	韩非	韩非子	《韩非书》《韩子》《韩非》	《前纪》卷五、《后纪》卷一〇、《发挥》卷一、《发挥》卷四、《发挥》卷五、《国名纪》卷六

① （明）张鼎思：《豫章刻〈路史·前纪、后纪〉序》，载（宋）罗泌《路史》，《四部备要》，中华书局1936年排印本，第3页。
② 《钦定四库全书总目》，中华书局1997年整理本，第693页。
③ 李颖科：《俯视与深思——论中国史学传统》，陕西人民出版社1989年版，第190页。

序号	作者	通行书名	《路史》中出现时的名称	《路史》中出现的卷次
6	不详	山海经	《北经》《东荒经》《海内朝鲜记》《朝鲜记》《经》《伯益书》	《前纪》卷三、《后纪》卷四、《后纪》卷八、《后纪》卷一〇、《后纪》卷一一、《后纪》卷一二、《国名纪》卷一
7	吕不韦	吕氏春秋	不韦《春秋》《吕春秋》《吕览》《吕氏书》《吕氏》《吕》	《前纪》卷一、《前纪》卷三、《前纪》卷五、《前纪》卷九、《后纪》卷一、《后纪》卷三、《后纪》卷四、《后纪》卷七、《后纪》卷八、《后纪》卷一二、《后纪》卷一三下、《余论》卷三、《余论》卷五、《国名纪》卷六
8	刘安	淮南子	《鸿烈解》《淮南》《淮南鸿烈解》《淮南鸿烈》《鸿烈》《淮》	《前纪》卷二、《前纪》卷五、《后纪》卷二、《余论》卷四、《余论》卷七、《余论》卷九、《发挥》卷六
9	韩婴	韩诗外传	《诗外传》《韩诗》《韩诗传》	《后纪》卷五、《后纪》卷一一、《发挥》卷二、《发挥》卷六、《国名纪》卷五
10	班固	白虎通义	《白虎通》《白虎群儒通义》《白虎》《白虎义》	《前纪》卷五、《前纪》卷八、《后纪》卷五、《后纪》卷一〇
11	扬雄	蜀王本纪	《蜀纪》《蜀记》	《前纪》卷三、《前纪》卷四、《后纪》卷一、《后纪》卷一二
12	葛洪	抱朴子	《抱璞》《抱璞子》	《前纪》卷三
13	不详	逸周书	《汲冢书》《周书》	《前纪》卷九、《后纪》卷五、《后纪》卷七
14	不详	竹书纪年	《汲书》《纪年》《竹书》《竹纪年》《汲冢古文》《汲古文》《汲纪年》	《前纪》卷九、《后纪》卷四、《后纪》卷五、《后纪》卷一〇、《后纪》卷一二、《后纪》卷一三上、《后纪》卷一三下
15	不详	黄帝玄女兵法	《玄女经》《玄女战经》	《后纪》卷一、《后纪》卷四、《发挥》卷一
16	郦道元	水经注	郦元《水经》《注》	《前纪》卷二、《前纪》卷三
17	盛弘之	荆州记	《荆记》	《后纪》卷三
18	贾执	姓氏英贤录	《英贤录》《英贤传》《氏姓英贤录》《姓氏英贤录》	《后纪》卷四、《后纪》卷五、《后纪》卷八、《国名纪》卷二

续表

序号	作者	通行书名	《路史》中出现时的名称	《路史》中出现的卷次
19	刘澄之	宋永初山川古今记	《永初山川记》《宋山川记》	《后纪》卷五、《余论》卷一〇
20	邓名世	古今姓氏书辩证	《姓书》《姓辩》《辩证》《姓氏辨》《辨误》	《前纪》卷六、《后纪》卷一、《后纪》卷二、《后纪》卷四、《后纪》卷五、《后纪》卷一三下、《国名纪》卷二

（二）引用书名与实际内容不符

（1）《太微黄书》云：天皇象符，以合元气，长生之要。（《前纪》卷二注）

　　按：《太平御览》卷六七三《仙经下》引《升玄经》曰："天皇象符，以合元气。《黄书》赤界长住之要。"此处《御览》所引作《升玄经》文，而《御览》所引上一条正是《太微黄书经》，罗苹误引。

（2）《灵宝经》云：三一者。上一真，帝之极；中一真，皇之主；下一真，王之妙。天皇得极，故上成皇极；地皇得主，故上成正一；人皇得妙，故上成众妙。三皇体真而守一，其真极也，得一而已。（《前纪》卷二注）。

　　按：《灵宝经》无此文，考《太平御览》卷六六八《养生》引《太上素虚经》曰："三一者，一身之虚，宗百神之命根……上一真，帝之极也；中一真，皇之主也；下一真，王之妙也。天皇得极，故上成皇极；地皇得主，故上成正一；人皇得妙，故上成众妙。三皇体真而守一，其真极也，得一而已。"文与此略同，则《灵宝经》当作《太上素虚经》。

（3）《衡山记》云：祝融托其阴。（《前纪》卷八注）

　　按：据《元和郡县志》卷三〇《衡州·衡山县》"衡山"引、《初学记》卷五《衡山》引、《太平御览》卷三九《衡山》引，均作徐灵期《南岳记》文。

(4)《南都赋注》等以帝魁为神农名。(《后纪》卷四注)

　　按:考《南都赋注》无此文,据《文选》卷三张平子《东京赋》:"仰不睹炎帝帝魁之美。"唐李善注:"帝魁,神农名。"则《南都赋》当作《东京赋》。

(5)《内传》。(《后纪》卷五注凡5引)

　　按:此并非《左传》之文,其中4次引用,据《事物纪原》卷二《记里》、卷七《伎术》、卷九《耕》引,当作《黄帝内传》文;另一次引用,据《事物纪原》卷八《驱傩》引,当作《轩辕本纪》文。

(6)《幽思赋注》:"大容,黄帝乐师。"(《后纪》卷五注)

　　按:考《幽思赋注》无此文,据《后汉书·张衡传》载《思玄赋》文曰:"素抚弦而余音兮,大容吟曰'念哉'。"唐李贤注:"大容,黄帝乐师也。"则《幽思赋》当作《思玄赋》。

(7)《世纪》云:"左师曹触龙,谄谀不正,贤良郁怨。"(《后纪》卷一三下注)

　　按:《通鉴外纪》卷二《夏商纪·夏》:"左师曹触龙,谄谀不正,贤良郁怨。"此《外纪》语与《路史》所引《世纪》语全同,考各本所引《世纪》均无此语,则《路史》所引《世纪》为《外纪》之误。

(8)《史记》云:大进倡优,漫澜之乐,设奇伟戏,靡靡之声。(《后纪》卷一三下注)

按:《太平御览》卷八二《帝桀》引《帝王世纪》曰:"帝桀淫虐有才,力能伸钩索铁,手能搏虎。多求美女以充后宫,为琼室、瑶台,金柱三千,始以瓦为屋,以望云雨。大进侏儒倡优,为烂熳之乐,设奇伟之戏,纵靡靡之声。"考《史记》无此文,则《路史》所引当是《世纪》之误矣。

(9)《子虚赋》以为"成汤好田"。(《后纪》卷一三下注)

按:《文选》卷八扬子云《羽猎赋并序》:"成汤好田,而天下用足。"则《子虚赋》为《羽猎赋》之误。

(三) 所引书名与实际书名不符

(1)《二八目》(《后纪》卷一),又引作《贤辅录》(《后纪》卷五),当作《四八目》,即《圣贤群辅录》,陶渊明撰。

(2)《主为论》(《后纪》卷一),当作《玄为论》,汉扬雄撰。

(3)《二仪寔录》(《后纪》卷二),据《事物纪原》卷三引,当作《三仪实录》。

(4)《蜀赋》(《后纪》卷三),当作《蜀都赋》,晋左思撰。

(5)《校猎赋》(《后纪》卷三),当作《羽猎赋》,汉扬雄撰。

(6)《述意》(《后纪》卷三),当作《述异记》,南朝梁任昉撰。

(7)《朝子》(《后纪》卷一一),当作《韩子》,即《韩非子》,周韩非撰。

(8)《真子》(《后纪》卷一一),当作《慎子》,周慎到撰。

(9)《南子》(《后纪》卷一一),当作《鹖子》,周鹖熊撰。

(四) 引书时不当略称而略称

(1)《姓书》,《前纪》卷六、《后纪》卷一、《后纪》卷二、《后纪》卷四、《后纪》卷五、《国名纪》卷五提及者均指宋邓名世《古今姓氏书辩证》,而《后纪》卷九下提及的《姓书》实为《新唐书·宰相世系表》,《后纪》卷一〇提及的《姓书》实为《广韵》,《国名纪》卷二、《国名纪》卷六提及的《姓书》实为《元和姓纂》,等等。

(2)(《兵书》)(《后纪》卷三),据《事物纪原》卷九《五兵》引,当作《太白阴经》。

（3）《小史》（《后纪》卷三），据《事物纪原》卷二《琴》、卷七《方书》引，当作《高氏小史》。

（4）《陈留传》（《后纪》卷四、《后纪》卷九下、《后纪》卷一一），今可知者有《陈留耆旧传》与《陈留风俗传》，因二书均已亡佚，若不说明出自何书，极易混淆。今据《元和姓纂》卷九《四十一漾》"畅"、《古今姓氏书辩证》卷一四《十阳下》"梁垣"、卷三三《四十一漾》"畅"、《通志》卷二七《氏族略》第三《以地为氏》"梁垣氏"、卷二九《氏族略》第五《去声》"畅氏"引，均当作《陈留风俗传》，非《陈留耆旧传》。

（5）《仙传》，《后纪》卷五、《国名纪》卷六所引当作《列仙传》，而《后纪》卷八、《发挥》卷五引当作《神仙传》。

（6）《要义》（《后纪》卷一一），据《太平御览》卷六九一《钹》引，当作《五经要义》。

（五）引书作者称谓混乱

（1）干宝（《后纪》卷六）、干令升（《后纪》卷六）。

（2）扬雄（《前纪》卷四）、子云（《后纪》卷一二）。

（3）郦元（《后纪》卷三）、郦道元（《余论》卷一〇）、郦善长（《发挥》卷五）、郦（《国名纪》卷一）。

（4）郭景纯（《余论》卷一〇）、郭璞（《发挥》卷三）、璞（《国名纪》卷三）。

（5）曹子建（《发挥》卷三、《发挥》卷六）、曹植（《后纪》卷二、《发挥》卷四）。

（6）杜预（《后纪》卷三）、元凯（《国名纪》卷二）、预（《国名纪》卷三）。

（六）引文出处交代详略不一

（1）如涉及《左传》者，称"《内传》"（《后纪》卷四）、"《传》云"（《后纪》卷四）、"《左氏》云"（《后纪》卷四）、"《左传》云"（《后纪》卷六）、"《春秋左传》"（《后纪》卷八）、"昭二十九年《传》"（《后纪》卷九上）、"《左传·襄二十四年》"（《后纪》卷一〇）、"《左传·文公十八年》"（《后纪》卷一一）、"桓公六年《传》"（《余论》卷六）、"《左氏春秋传》昭公三年"（《余论》卷一〇）、"二十四《传》"（《国名纪》卷二）、"昭二十四年《传》"（《国名纪》卷二）、"《左氏·

桓三年》"(《国名纪》卷五)等。

（2）如涉及《尚书大传》，称"《书太传》"（《前纪》卷五）、"《伏氏书》"（《前纪》卷五）、"《书大传》"（《后纪》卷一〇、《后纪》卷一一）、"《虞夏传》"（《后纪》卷一〇、《后纪》卷一一、《发挥》卷五）、"《伏氏大传》"（《后纪》卷一〇）、"《唐传》"（《后纪》卷一〇）、"《甫刑传》"（《后纪》卷一〇）、"《大传》"（《后纪》卷一〇、《后纪》卷一一）、"《书》"（《后纪》卷一一）、"《伏书·殷传·汤誓》"（《后纪》卷一三下）、"《传》云"（《后纪》卷一三下）、"《伏书大传》"（《余论》卷七）、"《书大传》"（《余论》卷七）、"《伏氏书》"（《发挥》卷四）、"《周书传》"（《国名纪》卷六）等。

总之，《路史》存在的问题着实不少，其中如"引用书名与实际内容不符"等问题，其实在实际编撰中如果仔细加以校对，本可避免，但事实并不如我们所愿，这不免让人觉得遗憾。虽然苛责前贤非学术研究的正确态度，但若发现问题而不指出，也是对前贤劳动成果的不负责任。总结起来，《路史》存在诸多问题，与下面四个原因密切相关。

其一，《路史》由罗泌父子共同编撰而成，虽然部分内容也经过罗泌统一校阅，但那毕竟是少数，所以在书名及人名称谓等问题上存在不一致，也实属难免。其二，《路史》中很大部分内容是罗泌父子从他书中转引而来，故往往存在"抄录的错误，雕版上的错误，删节上的错误，润饰上的错误，甚至于绝不可原谅的断章取义的错误"①，因此在研究《路史》时必须注意将转手资料与原书相比较。其三，《路史》编撰的年代，不能像今日在电脑上进行书写、编排那样简单，要对如此大篇幅的文章进行精心校对，仅靠罗泌父子的力量，着实有些为难，故存在问题也当情有可原。其四，《路史》成书以来，曾被一次次传抄、重版，每次传抄及重版均会出现新问题，所以今日读到《路史》中存在某些问题，纯粹是由后世雕版所造成的，这些问题的出现当然不能归咎于罗泌父子。

综上，《路史》存在的问题，我们不必为之讳言，但也不能完全归罪于罗泌父子。其实，正由于《路史》存在诸多问题，所以要对此书进行深入研究，就目前情况而言，学界急需一本详校详注的《路史》版本是毋庸置疑的。

---

① 杜维运：《史学方法论》，北京大学出版社2008年版，第74页。

第二节   引用文献来源考察：以
《太平御览》为例

由表 2 - 1、表 2 - 2、表 2 - 3 可知，《路史》涉及的文献数量十分巨大。据考察，其中很大一部分内容来自唐宋之际的类书，尤以来自宋代《太平御览》（以下简称《御览》）的内容为多。正因《路史》揽括的文献内容十分丰富，且引书来源不一，如要对《路史》所引每一部书、每一条内容进行一番详尽审查，恐非笔者能力所及，亦非书稿所能涵括。故此处仅以《御览》为例，将《路史》引文来源做初步梳理辨析。

一   《御览》引文数量及宋代刊本述略

（一）《御览》引文数量及价值

《御览》为北宋前期官修四大书之一，其书 1000 卷。四库馆臣在为该书做提要时称：

> 宋李昉等奉敕撰。以太平兴国二年受诏，至八年书成。初名《太平编类》，后改为《太平御览》。宋敏求《春明退朝录》谓书成之后，太宗日览三卷，一岁而读周，故赐是名也。凡分五十五门，征引至为浩博。故洪迈《容斋随笔》称太平兴国中编次《御览》，引用书一千六百九十种。其《纲目》并载于首卷，而杂书、古诗赋又不能具录。以今考之，不传者十之七八。①

范希曾在《书目答问补正》中统计称，《御览》"引书二千八百余种"。并赞叹道："《御览》存古佚书最富，故为类书之冠。"② 而马念祖所编《水经注等八种古籍引用书目汇编》，其《序言》中统计的数据为 2579 种。③ 范、马二氏统计数据比《太平御览经史图书纲目》所说的"一千六百九十种"多了近千种，则是加上"杂书、古诗赋"而言。李裕民对《太平御览经史图书纲目》内容仔细考辨后认为：

---

① 《钦定四库全书总目》，中华书局 1997 年整理本，第 1776 页。
② （清）张之洞撰，范希曾补正：《书目答问补正》，上海古籍出版社 2008 年版，第 188 页。
③ 马念祖：《水经注等八种古籍引用书目汇编》，中华书局 1959 年版，第 1 页。

按《御览经史图书纲目》所列之书为一千六百八十九种。其中颇多重出之书……以上复出之书共九十八种，《纲目》实际引用之书应为一千五百九十一种。①

可见，《御览》引文数量十分巨大。其实，《御览》最难能可贵处在于，所引古籍"以今考之，不传者十之七八"这一事实。清人阮元指出：

北宋初，古籍未亡，所引秦汉以来之书传于今者十不存二三焉，然则存《御览》一书，即存秦汉以来佚书千余种矣，洵宇宙间不可少之古籍也。②

清人何元锡在《合抄本太平御览序》中称：

此书征引该博，多近世未见之书，而所引又皆当时馆阁善本。坠言遗绪，赖以不泯。大足以考掌故、证经史，小亦可以黼藻文笔、发明耳目。③

故周生杰认为：

《御览》不但是一部重要的综合性资料工具书，而且是保存古代佚书最为丰富的类书之一。难怪清人黄丕烈称《太平御览》为"类书渊薮"了。④

既然《御览》保存了数量如此巨大的古籍文献，且其中很大一部分古籍今已不可见，其蕴含的价值自不待言。《路史》利用《御览》所保存的古籍文献进行的再创作，亦当具有与《御览》同等重要的文献价值，是亦可知也。

---

① 李裕民：《四库提要订误》（增订本），中华书局2005年版，第282—284页。
② （清）耿文光：《万卷精华楼藏书记》卷98，黑龙江人民出版社1992年版，第118页。
③ 从善堂本《太平御览》卷首，南京图书馆藏。参见周生杰《〈太平御览〉研究》，巴蜀书社2008年版，第211页。
④ 周生杰：《〈太平御览〉研究》，第222页。

（二）《御览》宋刊本

据前文所考，《路史》绝大部分内容约在嘉泰三年（1203）罗泌去世之前业已完成，而据周生杰考证称，《御览》宋刊本今可考见者凡四种：第一，北宋国子监刊本（刊刻时间在 1086 年以前）；第二，宋闽刻本（刊刻时间在 1199 年以前）；第三，宋蜀刻本（刊刻时间在 1199 年）；第四，岛田翰所考证之光宗刻本（刊刻时间在 1190—1194 年）。①可见宋刻四种《御览》，其最晚刊刻者也当在宋宁宗庆元五年（1199）之前。也就是说，从文献版本角度来看，罗泌编撰《路史》时利用《御览》书中材料进行创作为绝对可能之事。

况且，《路史·后纪三》注文中提及罗泌于淳熙十四年（丁未春，1187）至茶陵拜访炎帝陵的同时，还曾据《御览》卷八六七《茗》引《茶陵县图经》称："茶陵者，谓山谷生茶茗。"前文已考证过，《路史·后纪》成书于 1173 年之前，而在淳熙十四年时又有所增补，而此注文提及的访炎陵之事即是增补的内容之一。也就是说，可以认为 1187 年时《御览》已有刊本行世，且已被罗泌或罗苹参阅过，而这个时间的存在，也间接证明上面周氏所考《御览》最晚刊本时间范围大致不误。

更直接的证据是，《路史·前纪三》载："昔吴岑昏凿丹徒至云阳，杜野、小辛间。"据考，此段文字出自《御览》卷一七○《润州》引《吴志》，其言曰："岑昏凿丹徒至云阳，而杜野、小辛间，皆斩绝陵垄，功力艰辛。〔原注：杜野属丹徒，小辛属曲阿。〕"其下又引《学道传》（按：实乃《道学传》）谓云阳山即茅山，而《道学传》文出自《御览》卷六六七《斋戒》所引，其文曰："任敦，字尚隐，云阳人。云阳山，即茅山也。"又《路史·前纪八》载伏韬《北征记》："博望城内有汤、伊尹及箕子冢，今悉成丘。"考其文出自《御览》卷五三《丘》引，文曰："博望城内有成汤、伊尹、箕子冢，今皆为丘。"

此上所举三例，均见于《御览》所引，且此三例又出自罗泌所作《路史》正文。据前文所考，《路史》的《前纪》于乾道九年（1173）已基本完成，则此处既然涉及《御览》之文，则可更进一步认定罗泌于 1173 年前已见过《御览》，即可以认定《御览》的刊本在 1173 年之前已

---

① 周生杰：《〈太平御览〉研究》，巴蜀书社 2008 年版，第 111—124 页。

有流传，这又比上述淳熙十四年（1187）的时间下限提前了。①

二 《路史》所引《御览》文考察

（一）《路史》从多种类书中转引他书内容举证

据考，《路史》除从《御览》中转引大量内容外，还从《北堂书钞》《艺文类聚》《初学记》《白孔六帖》《事物纪原》等类书中转引了数量可观的内容，然而其中有不少内容与《御览》所引重合：一部分内容极易辨认转引自何书，另一部分内容却不易确认出自何书。因情况复杂，故在对《路史》引《御览》文进行全面考察前，有必要对相关情况进行一次较系统的辨析，下文拟从六个方面进行探讨。

1. 《路史》引用《白孔六帖》本书内容举证

（1）《六帖》作"五凤"。（《前纪》卷六注）

按：《白孔六帖》卷二《风》"异色"下注曰："大庭氏之王天下，五凤并异色。"

（2）《白氏帖》云：伏羲作布，是以神农有不织之令。（《后纪》卷一注）

按：今本《白孔六帖》无此文。

（3）汤革夏，伐氏，氏人来朝。《白帖》。（《后纪》卷四）

按：《白孔六帖》卷五〇《继绝》曰："成汤革夏而封杞。"

（4）《六帖》云：黄帝时，恒常先为大司马，掌建邦之九法。（《后纪》卷五注）

按：《白孔六帖》卷七一《司马》"九法"下注曰："黄帝时，

---

① 此处存在一个问题需要说明，即罗泌所见《御览》是否存在手抄本的可能，如若存在手抄本的可能，则此上推论的根基就不存在了。此点暂不确定，待考。

常以为大司马，掌建邦之九法也。"

2.《路史》引用《事物纪原》本书内容举证

（1）《事源》及《太平御览》云：传此琴伏羲所制。（《后纪》卷一注）

按：《太平御览》卷五七七《琴上》引《尔雅》云："大琴曰离，二十弦。或传此是伏羲所制。"《事物纪原》卷二《琴》亦引《尔雅》曰："大琴曰离，二十弦。传此是伏牺所制。"则此《事源》乃《事物纪原》之省称无疑。

（2）《纪原》：瞽叟作十三弦之瑟。（《后纪》卷一〇注）

按：《事物纪原》卷二《瑟》引《吕氏春秋》曰：朱襄氏之王天下，多风，阳气畜积，果实不成，故士达作五弦之瑟。高诱曰：士达，朱襄之臣。瞽叟制为十五弦，舜益以八弦为二十三弦。

（3）大抵始事之书，最为无统，《纪原》之作，缪落尤繁，彼琵琶、觱篥、胡笳、羌笛、羯鼓、胡床、兜绵、狨锦、鞻敦、塔寺之类。（《余论》卷二）

按：考《事物纪原》卷二《琵琶》《觱篥》《笳》《笛》《羯鼓》，卷三《靴》，卷七《佛塔》《白马寺》，卷八《胡床》《兜子》等，均与上举相符。

3.《路史》从《事物纪原》书中转引他书内容举证

（1）《通历》云：地皇以三十日为月，十一月为冬至。亦见《高氏小史》。（《前纪》卷二注）

按：《事物纪原》卷一《月朔》引《通历》曰：地皇氏分昼夜，以三十日为月朔。《高氏小史》亦云尔。

又卷一《冬至》引《通历》曰：地皇氏以十一月为冬至。《高氏

《小史》亦云。

(2) 孟诜《锦带前书》谓之括提纪。(《前纪》卷二注)

　　按：《事物纪原》卷一《江海》引孟诜《锦带前书·早纪括提纪》云：有神农氏立蛇形甄四海。

(3)《锦带书》云：合雒四姓教人穴居，有巢教人巢居。(《前纪》卷二注)

　　按：《事物纪原》卷八《宫》引孟诜《锦带前书》曰：十纪四合雒纪始教人穴居，有巢氏教人巢居。

(4)《高氏小史》谓：刻木结绳以记事，为燧人时。(《前纪》卷五注)

　　按：《事物纪原》卷一〇《绳》引《高氏小史》曰：燧人氏时，结绳刻木以记事。

(5) 王希明《太一金镜》云：燧人氏占斗极而定方名，东西南北是也。(《前纪》卷五注)

　　按：《事物纪原》卷一《四方》引王希明《太一金镜式经》曰：昔燧人氏仰观斗极而定方名，东西南北是也。

(6)《轩辕本纪》言：黄帝筑城邑。(《后纪》卷一注)

　　按：《事物纪原》卷八《郭》引《轩辕本纪》以谓：黄帝筑城邑。

(7)《国朝会要》冯元等议云：黄帝命伶伦与荣猨铸十二钟，以调乐律。今之铸钟是也。(《后纪》卷五注)

按：《事物纪原》卷二《镈钟》引《国朝会要》载：冯元等议曰：黄帝命伶伦与营援铸十二钟，以调月律，今镈钟是也。

（8）《皇图要览》云：伏羲化蚕，西陵氏始养蚕。（《后纪》卷五注）

按：《事物纪原》卷九《蚕丝》引《皇图要记》曰：伏牺化蚕为丝。又黄帝四妃西陵氏，始养蚕为丝。

4.《路史》转引他书内容，且与从《御览》转引相重合，又不易分辨者举证

（1）《雒书适三辟》云：人皇别长九州。离艮，地精，生女为后。夫妇之道始此。又见《春秋命历叙》。（《前纪》卷二注）

按：《太平御览》卷一三五《人皇后》引《春秋命历序》：《洛书摘亡辟》曰："人皇兄弟九人，别长九州。离艮，地精，女出为之后。"注：离、艮卦所推也。

《事物纪原》卷一《后》引《春秋命历序》：《洛书摘三辟》曰："人皇九人，别长九州。离艮，地精，女出为之后。"注云：离、艮卦所推也。

（2）项竣《始学篇》：天皇十三头。（《前纪》卷二注）

按：《艺文类聚》卷一一《天皇氏》引颜峻《始学篇》曰："天地立，有天皇十三头，号曰天灵，治万八千岁。"

《初学记》卷九《天皇》引颜峻《始学篇》曰："天地立，有天皇十三头，号曰天灵，治万八千岁。"

《太平御览》卷七八《天皇》引项峻《始学篇》曰："天地立，有天皇十二头，号曰天灵，治万八千岁，以木德王。"

（3）《尸子》云：遂人察辰心而出火。（《前纪》卷五注）

按：《艺文类聚》卷八〇《火》引《尸子》曰："燧人上观星

辰，下察五木以为火。"

《太平御览》卷八六九《火下》引《尸子》曰："燧人上观星辰，下察五木以为火。"

《事物纪原》卷一〇《火》引《尸子》曰："燧人上观星辰，下察五木以为火。"

（4）《随巢子》谓：禹生昆石。（《后纪》卷一二注）

按：《艺文类聚》卷六《石》引《随巢子》曰："禹产于昆石，启生于石。"

《太平御览》卷五一《石上》引《随巢子》曰："禹产于昆石，启生于石。"

5. 《路史》转引他书内容，且与从《御览》转引相重合，而较易分辨者举证

（1）《皇览》云：坟高六尺，学书者皆往上姓名、投刺，祀之不绝。（《前纪》卷六注）

按：《后汉书》卷二九《郡国志·左冯翊》"衙"下梁刘昭注引《皇览》曰："有苍颉冢在利阳亭南，坟高六丈。"

《艺文类聚》卷四〇《冢墓》引《皇览》曰："苍颉冢在冯翊县衙利阳亭南道旁，坟高六尺，学书者皆祭之不绝。"

《太平御览》卷五六〇《冢墓四》引《皇览·冢墓记》曰："苍颉冢在冯翊衙县利阳亭南道旁，坟高六尺，学书者皆往上姓名、投刺，祀之不绝。"

根据对《后汉书》刘昭注、《艺文类聚》、《御览》所引内容，与《路史》所载内容进行对比，不难看出此条引自《御览》。

（2）《三秦记》云：长安城有平原，数百里无山川湖水，民尚井汲巢居，地多井，深者五十丈。（《前纪》卷九注）

按：《水经注》卷一九《渭水》："又东过华阴县北。"下注引

《三秦记》曰："长城北有平原，广数百里，民井汲巢居，井深五十尺。"

《太平御览》卷五七《原》引辛氏《三秦记》曰："长安城北有平原，数百里无山川湖水，民井汲巢居，井深五十丈。"

对比二书及《路史》所载，可知此条引自《御览》。

（3）曹植《赞》及张显《析言》云：高辛氏初生，自言其名。其君氏，终无迷。（《后纪》卷九上注）

按：《艺文类聚》卷一一《帝喾高辛氏》引魏陈王曹植《帝喾赞》曰："祖自轩辕，玄嚣之裔。生言其名，木德帝世。抚宁天地，神圣灵察。教弸四海，明并日月。"

《太平御览》卷八〇《帝喾高辛氏》引张显《析言》曰："高辛氏初生，自言其名。其君民，终无迷谬。"又引魏陈王曹植《帝喾赞》曰："祖自轩辕，玄嚣之裔。生言其名，木德帝世。抚宁天地，神灵察［物］。教弥四海，明并日月。"

此条所引曹植《帝喾赞》，虽有《类聚》所引，但同时引曹植《赞》及《析言》者，仅《御览》，故可断定此条引自《御览》。

6. 《路史》转引他书内容，有时并非独据某一本书，而是糅合多种书中所载内容为一条者举证

（1）《尸子》曰：有虞之君，使天下贡善。其治天下，见人有善，若己有善，见人有过，如己有过，此有虞氏盛德也。（《后纪》卷一一注）

按：《太平御览》卷八一《帝舜有虞氏》引《尸子》曰："有虞之君天下也，使天下贡善；商、周之君天下也，使天下贡财。"

唐马总《意林》卷一《尸子》："见人有善，如己有善，见人有过，如己有过，此虞氏盛德也。"

此条前半段来自《御览》，后半段来自《意林》。

（2）《随巢子》云：昔三苗大乱，天命禹于玄宫，有神，大面鸟身，降而辅之。司禄益食而人不饥，司金益富而国家寔，司命益年而民不夭。

四方归禹，乃克三苗，而神人不违。（《后纪》卷一二注）

　　按：《艺文类聚》卷一○《符命》引《隋巢子》曰："昔三苗大乱，天命夏禹于玄宫，有大神，人面鸟身，降而福之。司禄益富而国家实，司命益年而民不夭，四方归之，属乃克三苗，而神民不违。"

　　《太平御览》八二《夏禹》引《隋巢子》曰："昔三苗大乱，天命殛之，夏后受之，大神降而辅之。司禄益食而民不饥，司金益富而国家宝，司命益年而民不夭，四方归之。"

　　此条所引，来源较为复杂，虽可大略认为前半段所述来自《类聚》，后半段所述来自《御览》，但仔细辨析，发现罗泌根据自己的理解糅合二书之文，并不如上条《尸子》之文可以清晰分辨来自何书。

（二）《路史》引用《御览》本书内容考辨

　　《路史》引用《御览》文确定无疑，此点可从《路史》书中17次提及《御览》书名看出。此17次提及《御览》本书内容，有如下三点需要探讨。

　　第一，17次提及《御览》本书内容在《路史》中的分布情况。

　　17次提及《御览》本书内容在《路史》中的分布情况如表2－5所示。

表2－5　　　17次提及《御览》本书内容在《路史》中的分布情况

序号	《路史》中卷次	《路史》中称谓	引次	《御览》中卷次	《御览》所引书名
1	《前纪》卷三注	《太平御览》	1	卷四○《首阳山》	《山海经》
2	《前纪》卷四注	《太平广记》	1	卷九○六《麋》	《春秋命历序》
3	《后纪》卷一注	《太平御览》	2	卷九二九《龙上》	《帝王世纪》
				卷五七七《琴上》	《尔雅》
4	《后纪》卷三注	《太平御览》	2	无	无
		《御览》		卷三六《地上》	《春秋元命苞》
5	《后纪》卷四注	《太平御览》	1	卷一三五《神农母》	《帝王世纪》
6	《后纪》卷五注	《太平御览》	1	卷八二《帝孔甲》	《汉书》
7	《后纪》卷六注	《御览》	1	卷一三五《神农母》	《孝经钩命决》
8	《后纪》卷一○注	《御览》	3	卷一六八《唐州》	《十道志》
				卷一三五《尧妃》	《帝王世纪》
				卷六三《丹水》	《尚书逸篇》

续表

序号	《路史》中卷次	《路史》中称谓	引次	《御览》中卷次	《御览》所引书名
9	《后纪》卷一一注	《御览》	1	卷八一二《银》	《太史传》
10	《后纪》卷一三下注	《太平御览》	2	卷八二《帝厪》	《纪年》
		《御览》		卷八二《帝孔甲》	《吕氏春秋》
11	《国名纪》卷三	《太平御览》	1	卷七九一《濮》	《周书·王会》
12	《国名纪》卷七注	《太平御览》	1	卷一五七《叙郡》	《汉书·地理志》

由表 2-5 所示,《前纪》《后纪》《国名纪》三部分,《后纪》提及《御览》13 次,次数最多,分布最密集。

第二,此 17 次引用《御览》内容,《路史》出现两次失载的情况。

(1) 渠头四乳,驾六蜚廉。《太平广记》作"飞廉"。(《前纪》卷四注)

按:考今本《太平广记》并无"飞廉"的记载,而《御览》卷九〇六《廉》引《春秋命历序》曰:"有人黄头大腹,出天齐,号曰皇次,驾六飞(靡)[廉],上下天地,与神合谋。"正作"飞廉",则《路史》所引《广记》当是《御览》之误,据正。

(2) 楚,今唐州。亦见《御览》一百七十一。(《后纪》卷一〇注)

按:考《御览》卷一七一《州郡部》十七《江南道下》载"越州""歙州""明州""台州""处州""温州""婺州""衢州""潭州""岳州""衡州""永州""道州""郴州""连州""邵州""黔州""思州""费州""辰州""锦州""溪州""叙州""施州""播州""珍州""夷州""叶州""溱州",凡 29 州,并无"唐州"的记载。而《御览》卷一六八《州郡部》十四《山南道下》有"唐州"的记载,且引《十道志》曰:"唐州淮安县,《禹贡》豫州之域,春秋楚地,战国时属晋,后入韩。秦置三十六郡,为南阳郡。"则此处所言"亦见《御览》一百七十一"的记载有误,据正。

第三,此 17 次引用《御览》内容,《路史》载有一条《御览》佚文;

即《太平御览》："屏封"一作"丙封"。(《后纪》卷三注)

按：今本《御览》无此文。

(三)《路史》从《御览》书中转引他书内容举证

《路史》直接引用《御览》内容考辨如上，而《路史》从《御览》转引他书内容的事实究竟能否成立，虽有上文所引的间接证据可资参考，但要坐实此说还需直接证据加以证实。请看下面三条证据。

(1)《御览》《世纪》："女荧生丹朱。"(《后纪》卷一○注)

按：《太平御览》卷一三五《尧妃》引《帝王世纪》曰："女莹生丹朱。"

(2)《御览》《尚书逸篇》云："丹朱不肖，舜使居丹渊为诸侯，号曰丹朱。"(《后纪》卷一○注)

按：《太平御览》卷六三《丹水》引《尚书逸篇》："尧子不肖，舜使居丹渊为诸侯，故号曰丹朱。"又卷七○《渊》引《尚书逸篇》："尧子丹朱不肖，舜使居丹渊为诸侯。"

(3)瓯隐，《太平御览》引《周书》。(《国名纪》卷三)

按：《太平御览》卷七九一《濮》引《周书·王会》曰："(阳)〔汤〕令伊尹为四方献令，伊尹曰：'臣请正南欧隐柱国、指子陆童、百濮九菌，请今以珠玑、玳瑁、象齿、文犀、翠羽、菌鹤、短狗为献。'"

据上举三证，《路史》从《御览》转引他书内容的事实无疑是能够成立的。

三 《路史》转引《御览》中他书内容详考

《路史》据《御览》转引他书内容已为铁定的事实，然《路史》究竟从《御览》书中转引了多少他书内容，还需更进一步的统计数据来说明。通过细致考辨，排除那些引文在多种书籍中存在，且暂时无法确定是否转引自《御览》的内容后，共得221种494条，其中经部48种128条，史部81种215条，子部80种137条，集部12种14条。具体统计如下。

表2-6　　　《路史》据《御览》转引他书内容统计一览

序号	书名	朝代	作者	引次	《路史》中卷次	《太平御览》中卷次
经部（48种128条）						
1	归藏			3	《后纪》卷二注	卷七八《女娲氏》引
					《后纪》卷四注	卷七九《黄帝轩辕氏》引
					《后纪》卷一三下注	卷九一二《狸》引
2	易传			2	《后纪》卷七注	卷三《日上》引
					《发挥》卷二	卷八七七《雨谷》引
3	尚书大传	汉	伏胜	16	《前纪》卷五注	卷七七《叙皇王下》引
					《后纪》卷一〇注	卷八〇《帝尧陶唐氏》引
						卷一四六《太子一》引
					《后纪》卷一一注	卷八〇《帝尧陶唐氏》引
						卷八一《帝舜有虞氏》引
						卷二〇一《尊贤继绝封》
						卷五七一《歌二》引
					《后纪》卷一三下注	卷八三《殷帝成汤》引
					《余论》卷五	卷八九〇《驺虞》引
					《余论》卷七	卷八七三《蓂荚》引
					《发挥》卷五	卷五七一《歌二》引
					《国名纪》卷六	卷六四一《赃货》引
						卷六四七《杀》引
4	韩诗	汉	韩婴	1	《发挥》卷六	卷四六九《忧下》引
5	大戴礼记	汉	戴德	1	《后纪》卷四注	卷二七〇《叙兵上》引
6	月令章句	后汉	蔡邕	1	《后纪》卷一〇注	卷五三五《养老》引
7	三礼图	后汉	郑玄	2	《后纪》卷五注	卷六八六《冕》引
					《后纪》卷九下注	卷七六二《丰》引
8	丧服要记	魏	王肃	1	《后纪》卷一二注	卷五四八《庐》引
9	定军礼	齐	刘璠	2	《后纪》卷五注	卷五八二《鼓》引
					《余论》卷三	
10	礼记外传	唐	成伯玙	3	《后纪》卷一注	卷五二三《叙礼下》引
					《后纪》卷五注	卷五三三《明堂》引

续表

序号	书名	朝代	作者	引次	《路史》中卷次	《太平御览》中卷次
11	通礼义纂	北宋	卢多逊	1	《后纪》卷七注	卷五八二《鼓》引
12	礼论			1	《后纪》卷一二注	卷五四八《重》引
13	琴清英	汉	扬雄	2	《后纪》卷三注	卷五七七《琴上》引
					《发挥》卷二	
14	乐书	后魏	信都芳	1	《后纪》卷九下注	卷五八一《埙》引
15	五经通义	汉	刘向	1	《后纪》卷一二注	卷六六六《冕》引
16	五经要义	汉	刘向	1	《后纪》卷一一注	卷六九一《韨》引
17	高禖坛石议	晋	束晳	1	《后纪》卷九下注	卷五二九《高禖》引
18	通俗文	后汉	服虔	1	《余论》卷三	卷七七六《当》引
19	河图			6	《后纪》卷一注	卷七二《泽》引
					《后纪》卷三注	卷八一三《铁》引
					《后纪》卷五注	卷三四〇《常》引
						卷三六八《颐颔》引
					《后纪》卷七注	卷七九《少昊金天氏》引
					《发挥》卷二	卷三四五《刀上》引
20	河图握矩纪			5	《后纪》卷五注	卷七九《黄帝轩辕氏》引
					《后纪》卷九上注	卷三六八《齿》引
					《后纪》卷一二注	卷八二《夏禹》引
21	河图挺佐辅			1	《后纪》卷五	卷七九《黄帝轩辕氏》引
22	河图录运法			2	《后纪》卷五注	卷二〇九《大司马》引
23	洛书灵准听			1	《后纪》卷一一注	卷八一《帝舜有虞氏》引
24	洛书录运法			1	《后纪》卷一三下注	卷一三五《桀妃》引
25	易通卦验			1	《后纪》卷一注	卷七八《太昊庖牺氏》引
26	易是类谋			1	《后纪》卷五注	卷一六《律》引
27	易乾凿度			1	《后纪》卷一〇注	卷一六《历》引
28	尚书运期授			1	《后纪》卷一三下注	卷八七五《枉矢》引
29	尚书考灵曜			1	《后纪》卷一〇注	卷四〇一《叙圣》引
30	尚书帝命验			4	《后纪》卷一〇注	卷五三三《明堂》引
					《后纪》卷一一注	卷八一《帝舜有虞氏》引
					《后纪》卷一二注	卷八二《夏禹》引
					《后纪》卷一三下注	卷八二《帝桀》引
31	尚书考河命			1	《后纪》卷一一注	卷八一《帝舜有虞氏》引

续表

序号	书名	朝代	作者	引次	《路史》中卷次	《太平御览》中卷次
32	尚书中侯			8	《后纪》卷五注	卷七九《黄帝轩辕氏》引
						卷九三一《龟》引
					《后纪》卷九下注	卷八三三《殷帝成汤》引
					《后纪》卷一〇注	卷八〇《帝尧陶唐氏》引
					《后纪》卷一一注	卷八二《夏禹》引
						卷二〇九《大司马》引
					《后纪》卷一二注	卷八二《夏禹》引
					《后纪》卷一三下注	卷一五《雾》引
33	诗含神雾			3	《后纪》卷一注	卷七八《太昊庖牺氏》引
					《后纪》卷一一注	卷八一《帝舜有虞氏》引
					《后纪》卷一二注	卷八二《夏禹》引
34	礼含文嘉			4	《后纪》卷一注	卷七八《太昊庖牺氏》引
					《后纪》卷三注	卷八七三《醴泉》引
					《余论》卷一	卷一《太素》引
					《余论》卷四	卷五二七《郊丘》引
35	礼斗威仪			1	《后纪》卷七注	卷三《日上》引
36	春秋演孔图			5	《后纪》卷五注	卷一六《律》引
					《后纪》卷一一注	卷八一《帝舜有虞氏》引
					《后纪》卷一二注	卷八二《夏禹》引
					《余论》卷三	卷九一六《鸾》引
					《发挥》卷二注	卷三四五《刀上》引
37	春秋元命苞			9	《后纪》卷三注	卷三六《地上》引
						卷一三五《神农母》引
					《后纪》卷四注	卷二七〇《叙兵上》引
					《后纪》卷七注	卷二四《秋上》引
					《后纪》卷九上注	卷八〇《帝喾高辛氏》引
						卷三六八《颐颔》引
					《后纪》卷一〇注	卷八〇《帝尧陶唐氏》引
					《后纪》卷一一注	卷三六六《目》引
					《余论》卷三	卷九一六《鸾》引
38	春秋文耀钩			1	《后纪》卷九上注	卷二《浑仪》引
39	春秋运斗枢			2	《余论》卷三	卷九一六《鸾》引
					《国名纪》卷六注	卷八一《帝舜有虞氏》引
40	春秋合诚图			5	《后纪》卷五注	卷四三《玄扈山》引
					《后纪》卷一〇注	卷八〇《帝尧陶唐氏》引

续表

序号	书名	朝代	作者	引次	《路史》中卷次	《太平御览》中卷次
41	春秋佐助期			1	《后纪》卷一一注	卷八七二《星》引
42	春秋命历序			6	《前纪》卷五注	卷九一四《鸟》引
					《后纪》卷三注	卷七八《炎帝神农氏》引
					《后纪》卷一三下注	卷八七八《霜》引
43	春秋内事			2	《后纪》卷一注	卷七八《太昊庖牺氏》引
44	论语比考谶			1	《后纪》卷一〇注	卷八二二《耕》引
45	孝经援神契			7	《后纪》卷一注	卷七八《太昊庖牺氏》引
					《后纪》卷五注	卷一六《律》引
					《后纪》卷一〇注	卷八〇《帝尧陶唐氏》引
					《后纪》卷一一注	卷八一《帝舜有虞氏》引
					《后纪》卷一三下注	卷二《浑仪》引
46	孝经中契			1	《余论》卷五	卷六一〇《孝经》引
47	孝经钩命决			4	《后纪》卷一注	卷七八《太昊庖牺氏》引
					《后纪》卷五注	卷七九《黄帝轩辕氏》引
					《后纪》卷六注	卷七八《黄帝轩辕氏》引
					《后纪》卷一二注	卷八二《夏禹》引
48	孝经河图			1	《后纪》卷一注	卷一三五《庖牺母》引
			史部（81种215条）			
1	史记	汉	司马迁	6	《后纪》卷一二注	卷一七〇《杭州》引
					《后纪》卷一三下注	卷八七七《雨》引
					《发挥》卷二	卷八七七《雨谷》引
						卷八七七《雨金》引
					《国名纪》卷一	卷一六〇《莱州》引
					《国名纪》卷二	卷一六九《舒州》引
2	汉书	后汉	班固	3	《发挥》卷二注	卷八七七《雨毛》引
						卷八七七《雨草》引
						卷八七七《雨鱼》引
3	后汉书	宋	范晔	1	《发挥》卷二	卷八七七《雨谷》引
4	晋书			1	《发挥》卷二注	卷八七七《雨毛》引
5	晋书州郡志			1	《发挥》卷六注	卷一七〇《宣州》引
6	宋书	梁	沈约	2	《发挥》卷二注	卷八七七《雨草》引
					《国名纪》卷二	卷一六九《舒州》引
7	后魏书	北齐	魏收	1	《国名纪》卷四注	卷一六一《相州》引
8	隋书	唐	魏征	1	《发挥》卷二注	卷八七七《雨毛》引

续表

序号	书名	朝代	作者	引次	《路史》中卷次	《太平御览》中卷次
9	帝王世纪	晋	皇甫谧	58	《前纪》卷五注	卷七八《太昊庖牺氏》引
					《前纪》卷六注	卷七九《黄帝轩辕氏》引
					《后纪》卷一注	卷七八《太昊庖牺氏》引
						卷七二一《医一》引
					《后纪》卷三注	卷七八《炎帝神农氏》引
						卷一五五《叙京都上》引
						卷六〇九《易》引
						卷七二一《医一》引
					《后纪》卷四注	卷三九七《叙梦》引
					《后纪》卷五注	卷七《瑞星》引
						卷七九《黄帝轩辕氏》引
						卷一五九《郑州》引
						卷七二一《医一》引
					《后纪》卷七注	卷七九《少昊金天氏》引
						卷一五五《叙京都上》引
					《后纪》卷八注	卷一五五《叙京都上》引
					《后纪》卷九上注	卷五五《野》引
						卷八〇《帝喾高辛氏》引
						卷八二《有穷后羿》引
					《后纪》卷一〇注	卷八〇《帝尧陶唐氏》引
						卷一六三《并州》引
					《后纪》卷一一注	卷八〇《帝尧陶唐氏》引
						卷八一《帝舜有虞氏》引
						卷八一九《绨绤》引
					《后纪》卷一二注	卷一三五《禹妃》引
						卷三七一《胸》引
					《后纪》卷一三上注	卷八二《帝太康》引
						卷八二《帝相》引
						卷八二《有穷后羿》引
					《后纪》卷一三下注	卷八二《帝杼》引
						卷八二《帝槐》引
						卷八二《帝芒》引
						卷八二《帝泄》引
						卷八二《帝廑》引
						卷八二《帝皋》引
						卷八二《帝桀》引

续表

序号	书名	朝代	作者	引次	《路史》中卷次	《太平御览》中卷次
9	帝王世纪	晋	皇甫谧	58	《余论》卷二	卷七八《炎帝神农氏》引
					《余论》卷九	卷八一《帝舜有虞氏》引
					《发挥》卷五注	卷八一《帝舜有虞氏》引
					《发挥》卷六	卷八二《帝桀》引
						卷八三《帝纣》引
					《国名纪》卷六	卷八二《帝桀》引
10	世本			5	《后纪》卷五注	卷一五五《叙京都上》引
						卷六九七《履》引
					《后纪》卷九下注	卷五八一《坝》引
					《后纪》卷一〇注	卷一三五《尧妃》引
					《国名纪》卷六注	卷一三五《颛顼妃》引
11	后汉书	吴	谢承	1	《余论》卷三注	卷九一六《鸢》引
12	晋中兴书	刘宋	何法盛	1	《后纪》卷一〇注	卷七五三《围棋》引
13	晋书地道记	晋	王隐	3	《国名纪》卷三	卷一五八《东京开封府》
						卷一六二《幽州》引
					《国名纪》卷五	卷一五九《虢州》引
14	竹书纪年			19	《前纪》卷九注	卷八二《帝桀》引
					《后纪》卷一二注	卷八二《夏禹》引
					《后纪》卷一三上注	卷八二《帝相》引
					《后纪》卷一三下注	卷八二《帝杼》引
						卷八二《帝槐》引
						卷八二《帝芒》引
						卷八二《帝不降》引
						卷八二《帝廑》引
						卷八二《帝皋》引
						卷八二《帝发》引
						卷八二《帝桀》引
						卷八〇《地裂》引
						卷九〇九《狐》引
					《发挥》卷二注	卷八〇九《碧》引
					《发挥》卷六	卷八二《帝桀》引
					《国名纪》卷四注	卷八三《帝祖乙》引
						卷八三《帝南庚》引
15	晋纪	晋	干宝	1	《发挥》卷二	卷七八五《盘瓠》引
16	魏略	魏	鱼豢	1	《前纪》卷六注	卷七四九《篆书》引

续表

序号	书名	朝代	作者	引次	《路史》中卷次	《太平御览》中卷次
17	帝系谱	唐	张愔	2	《后纪》卷一注	卷七八《太昊庖牺氏》引
					《后纪》卷二注	卷五六六《历代乐》引
18	蜀王本纪	汉	扬雄	4	《前纪》卷四注	卷一六六《益州》引
						卷八八八《变化下》引
					《后纪》卷一二注	卷八二《夏禹》引
19	越绝书	后汉	袁康	2	《后纪》卷一三上注	卷八二《帝启》引
					《后纪》卷一三下注	卷一九三《城下》引
20	秦书	前秦	车频	1	《后纪》卷八注	卷七五六《器皿》引
21	十六国春秋	北魏	崔鸿	5	《后纪》卷八注	卷一一九《刘曜》引
						卷一二一《前秦苻洪》引
						卷一二五《慕容云》引
					《发挥》卷二注	卷八七七《雨鱼》引
22	古史考	蜀	谯周	9	《前纪》卷五注	卷七八《燧人氏》引
					《后纪》卷一注	卷七二八《筮下》引
					《后纪》卷三注	卷八四七《食上》引
					《后纪》卷五注	卷七九《黄帝轩辕氏》引
						卷五五二《椁》引
					《后纪》卷七注	卷七九《少昊金天氏》引
					《后纪》卷八注	卷七九《颛顼高阳氏》引
					《后纪》卷九上注	卷八〇《帝喾高辛氏》引
23	列女传	汉	刘向	1	《后纪》卷九下注	卷三六〇《孕》引
24	列仙传	汉	刘向	1	《国名纪》卷三注	卷一八〇《宅》引
25	汝南先贤传	晋	周斐	1	《发挥》卷一	卷二六《冬上》引
26	冲波传			1	《后纪》卷一〇注	卷五四五《丧纪下》引
27	汉别国洞冥记	后汉	郭宪	1	《后纪》卷五注	卷二二《夏中》引
28	郭林宗别传			1	《余论》卷三	卷七七六《当》引
29	独断	后汉	蔡邕	1	《后纪》卷一二注	卷六八六《冕》引
30	帝王要略	晋	环济	1	《后纪》卷一注	卷二一九《侍中》引
					《后纪》卷一二注	卷六九一《韨》引
31	开元录			1	《国名纪》卷四注	卷一七〇《福州》引
32	汉旧仪	后汉	卫宏	2	《前纪》卷二注	卷五二六《祭礼下》引
					《余论》卷三	卷九六七《桃》引
33	职官要录	梁	陶藻	1	《后纪》卷五注	卷二〇六《总录三公》引
34	齐职仪			3	《后纪》卷八注	卷二〇九《大司马》引
					《后纪》卷九上注	卷二〇六《太宰》引
						卷二〇九《大司马》引

续表

序号	书名	朝代	作者	引次	《路史》中卷次	《太平御览》中卷次
35	括地图			1	《后纪》卷一三上注	卷三五〇《射捍》引
36	晋太康地记			2	《后纪》卷一二注	卷四三《涂山》引
					《国名纪》卷六	
37	九州要记			1	《后纪》卷八注	卷一六六《欈州》引
38	三秦记		辛氏	2	《前纪》卷九注	卷五七《原》引
					《余论》卷三	卷九九七《薇》引
39	三巴记	蜀	谯周	1	《国名纪》卷一注	卷六五《巴字水》引
40	北征记	晋	伏滔	1	《前纪》卷八	卷五三《丘》引
41	风土记	晋	周处	2	《后纪》卷九上注	卷一七〇《常州》引
					《发挥》卷五注	卷八一《帝舜有虞氏》引
42	齐地记	晋	伏琛	1	《国名纪》卷一注	卷五三《丘》引
43	邺中记	晋	陆翙	1	《发挥》卷一	卷三〇《寒食》引
44	湘中记	晋	罗含	1	《余论》卷七	卷一七一《潭州》引
45	华阳国志	晋	常璩	1	《国名纪》卷一	卷一六七《阆州》引
46	续汉书郡国志	晋	司马彪	1	《国名纪》卷二注	卷一六九《舒州》引
47	吴兴记	刘宋	山谦之	3	《后纪》卷一二注	卷一七〇《杭州》引
					《国名纪》卷二注	卷四六《封山》引
48	东阳记	刘宋	郑缉之	1	《余论》卷二	卷六六《湖》引
49	益州记	刘宋	任预	1	《后纪》卷一二注	卷五七《林》引
50	宋永初山川记	刘宋	刘澄之	1	《国名纪》卷二	卷一七六《堂》引
51	寻江源记	刘宋	庾仲雍	1	《后纪》卷一〇注	卷一七一《岳州》引
52	水经注	北魏	郦道元	1	《余论》卷二	卷六九《涧》引
53	南兖州记		阮胜之	1	《国名纪》卷六注	卷一六九《楚州》引
54	徐州记		阳晔	2	《后纪》卷一二注	卷四二《奚公山》引
					《国名纪》卷一	
55	十道志	唐	梁载言	5	《后纪》卷一一注	卷一六三《泽州》引
					《国名纪》卷三注	卷一七二《禹州》引
						卷一七二《潘州》引
					《国名纪》卷六注	卷一六一《赵州》引
					《国名纪》卷一注	卷一六四《邠州》引
56	成都记			1	《前纪》卷三注	卷一七八《台下》引
57	郡国志			12	《前纪》卷六注	卷一七八《台下》引
					《后纪》卷三注	卷一七一《潭州》引
					《后纪》卷八注	卷四五《鲋鰅山》引
					《后纪》卷一二注	卷一七〇《杭州》引

序号	书名	朝代	作者	引次	《路史》中卷次	《太平御览》中卷次
57	郡国志			12	《余论》卷一〇	卷六五《三江水》引
					《国名纪》卷三	卷一七一《温州》引
						卷一七一《婺州》引
					《国名纪》卷四注	卷一七一《婺州》引
						卷一九三《城下》引
					《国名纪》卷五注	卷一九三《城下》引
					《国名纪》卷六	
58	吴地记		董鉴	1	《前纪》卷七注	卷四六《姑苏山》引
59	衡图经			1	《后纪》卷三注	卷一七一《衡州》引
60	荆州图记			2	《后纪》卷三注	卷七八《炎帝神农氏》引
					《余论》卷二	
61	阳城记			1	《后纪》卷五注	卷四二《大嵬山》引
62	太乙式占周公城名录			1	《后纪》卷五注	卷一五七《叙州》引
63	外国图			2	《后纪》卷六注	卷七九〇《三苗国》引
					《国名纪》卷二注	
64	都城记			1	《后纪》卷七注	卷一六〇《泗州》引
65	开封图经			2	《后纪》卷八注	卷一五八《东京开封府》
					《国名纪》卷三	
66	隋图经			2	《后纪》卷九上注	卷四五《稷山》引
					《后纪》卷九下注	卷四五《鲜卑山》引
67	张掖记			1	《后纪》卷九下注	卷六五《黑水》引
68	冀州图经			1	《后纪》卷一〇注	卷四五《平山》引
69	国都记			1	《国名纪》卷一注	卷一五八《东京开封府》
70	地形志			1	《国名纪》卷一	卷一六七《阆州》引
71	固安图经			1	《国名纪》卷三注	卷六四《易水》引
72	楚地记			1	《国名纪》卷四	卷一六八《邓州》引
73	图经			1	《国名纪》卷四	卷一七一《明州》引
74	相州图经			1	《国名纪》卷四注	卷一六一《相州》引
75	洛阳地图			1	《国名纪》卷五	卷一五八《西京河南府》
76	图经			1	《国名纪》卷六注	卷一六九《舒州》引
77	青图经			1	《国名纪》卷六	卷一六〇《青州》引
78	魏名臣奏事	晋	陈寿	1	《余论》卷二	卷三三《腊》引
79	西京杂记	晋	葛洪	1	《余论》卷四	卷三六一《产》引

序号	书名	朝代	作者	引次	《路史》中卷次	《太平御览》中卷次
80	晋宋旧事			1	《余论》卷二	卷三三《腊》引
81	道学传			1	《前纪》卷三	卷六六七《斋戒》引

子部（80 种 137 条）

序号	书名	朝代	作者	引次	《路史》中卷次	《太平御览》中卷次
1	公孙尼子	战国	公孙尼	1	《后纪》卷一一注	卷八三三《牧》引
2	鲁连子	战国	鲁仲连	1	《后纪》卷一一注	卷四〇九《交友四》引
3	公孙弘	汉	公孙弘	1	《后纪》卷一一注	卷八一《帝舜有虞氏》引
4	孔丛子	汉	孔鲋	1	《后纪》卷一〇注	卷八〇《帝尧陶唐氏》引
5	新语	汉	陆贾	1	《后纪》卷一一注	卷八一一《金下》引
6	新论	汉	桓谭	1	《后纪》卷三注	卷五七七《琴上》引
7	董子	汉	董仲舒	1	《后纪》卷一二注	卷四七四《礼贤》引
8	周生列子	魏	周生烈	1	《后纪》卷一一注	卷八一《帝舜有虞氏》引
9	谯子法训	蜀	谯周	1	《余论》卷四	卷三六一《产》引
10	袁子正书	晋	袁准	1	《后纪》卷一三下注	卷八二《帝桀》引
					《余论》卷一〇	
11	庄子	战国	庄周	1	《后纪》卷五注	卷五三〇《傩》引
12	抱朴子	晋	葛洪	1	《余论》卷三	卷九一六《鸢》引
13	登真隐诀	梁	陶弘景	1	《余论》卷三	卷六七一《服饵下》引
14	墉城集仙录	唐	杜光庭	1	《余论》卷九	卷六六一《真人下》引
15	升玄经			1	《前纪》卷二注	卷六七三《仙经下》引
16	真洞玄经			1	《前纪》卷二注	卷六七三《仙经下》引
17	太微黄书经			1	《前纪》卷二注	卷六七三《仙经下》引
18	三皇经			3	《前纪》卷二注	卷六七六《简章》引
					《前纪》卷三注	卷六七八《传授上》引
19	大洞经			1	《前纪》卷二注	卷六七三《仙经下》引
20	太上仓元经			1	《前纪》卷二注	卷六七三《仙经下》引
21	洞神经			2	《前纪》卷二注	卷六七六《简章》引
					《前纪》卷三注	卷六七五《冠》引
22	太上太真科经			1	《前纪》卷二注	卷六七三《仙经下》引
23	太上素虚经			1	《前纪》卷二注	卷六六八《养生》引
24	太平经			1	《前纪》卷二注	卷六六八《养生》引
25	三一经			3	《前纪》卷三注	卷六六一《真人下》引
					《国名纪》卷六	
26	玉匮经			1	《前纪》卷三注	卷四四《青城山》引
27	上清列纪			1	《前纪》卷六注	卷六六九《服饵上》引
28	道基经			1	《后纪》卷五注	卷六五九《道》引

序号	书名	朝代	作者	引次	《路史》中卷次	《太平御览》中卷次
29	四极明科			1	《后纪》卷九上注	卷六七九《传授下》引
30	太上太霄琅书			1	《后纪》卷九上注	卷六七二《仙经上》引
31	东乡序			1	《后纪》卷九上注	卷六六五《剑解》引
32	慎子	周	慎到	2	《后纪》卷一〇注	卷六四五《诔》引
					《后纪》卷一二注	卷六三三《赏赐》引
33	申子	周	申不害	1	《后纪》卷一〇注	卷六三八《律令》引
34	邓析子	周	邓析	1	《后纪》卷一一注	卷八〇《帝尧陶唐氏》引
35	韩子	周	韩非	1	《后纪》卷一一注	卷八一《帝舜有虞氏》引
36	田俅子	周	田俅	2	《后纪》卷七注	卷六九四《裘》引
						卷九二二《赤燕》引
37	休子			1	《后纪》卷七注	卷八七三《山》引
					《余论》卷四	
38	繘子			1	《后纪》卷一三下注	卷九〇八《熊》引
39	墨子	周	墨翟	1	《后纪》卷一二注	卷七一九《粉》引
40	鬼谷子	周	鬼谷子	1	《发挥》卷二	卷四六二《游说下》引
41	六韬	周	姜太公	4	《前纪》卷七注	卷七六《叙皇王上》引
					《前纪》卷八注	卷七六《叙皇王上》引
					《后纪》卷一三下注	卷八二《帝桀》引
					《发挥》卷一	卷七六《叙皇王上》引
42	黄帝玄女兵法			4	《后纪》卷一注	卷八二《夏禹》引
					《后纪》卷四注	卷一五《雾》引
					《后纪》卷一二注	卷八二《夏禹》引
43	玄女兵法			4	《国名纪》卷六	卷三二八《占候》引
					《后纪》卷四注	
					《余论》卷三	
					《发挥》卷一注	
44	黄帝出军决			2	《后纪》卷五注	卷三三八《金鼓》引
					《余论》卷三	卷三三九《牙》引
45	太公金匮			2	《后纪》卷一二注	卷四《日下》引
					《后纪》卷一三下注	卷二七《冬下》引
46	神农书			1	《后纪》卷三注	卷二八《冬至》引
47	典术			1	《后纪》卷一〇注	卷九九九《菖蒲》引
48	本草		吴氏	1	《后纪》卷一〇注	卷九九九《菖蒲》引
49	浑天记	刘宋	贺道养	1	《前纪》卷六注	卷二《浑仪》引

序号	书名	朝代	作者	引次	《路史》中卷次	《太平御览》中卷次
50	遁甲开山图			8	《前纪》卷二注	卷一七《五行》引
						卷七八《人皇》引
					《前纪》卷三注	卷四九《攸县云阳山》引
					《后纪》卷一注	卷七八《太昊庖牺氏》引
					《后纪》卷三注	卷一《元气》引
					《后纪》卷七注	卷七九《少昊金天氏》引
					《后纪》卷一二注	卷四《月》引
						卷四七《石簨山》引
51	梦书			1	《后纪》卷一〇注	卷八〇《帝尧陶唐氏》引
52	太史公素王妙论			1	《后纪》卷五注	卷四七二《富下》引
53	瑞应图		孙氏	1	《后纪》卷七注	卷六九四《裘》引
					《余论》卷三	卷九一六《鸾》引
					《余论》卷七	卷八七三《蓂荚》引
54	杂五行书			1	《后纪》卷七注	卷六四一《罪》引
55	古今五行记			1	《后纪》卷一三下注	卷八七六《雷》引
56	今古五行记			1	《后纪》卷一三下注	卷八八〇《地陷》引
57	古今乐录	陈	释智匠	3	《后纪》卷一〇注	卷五七一《乐部九》引
					《余论》卷三	卷五七一《歌二》引
					《国名纪》卷三注	
58	琴操	后汉	蔡邕	1	《后纪》卷一一注	卷九二一《鸠》引
					《国名纪》卷三注	卷八四《周文王》引
59	艺经	魏	邯郸淳	1	《后纪》卷一〇注	卷七五五《工艺部十二》引
60	大周正乐			2	《后纪》卷一〇注	卷五七八《琴中》引
					《余论》卷五	
61	琴书			1	《后纪》卷一〇注	卷五七九《琴下》引
62	尸子	周	尸佼	16	《后纪》卷三注	卷一〇《雨上》引
						卷七八《炎帝神农氏》引
					《后纪》卷四	卷七八《炎帝神农氏》引
					《后纪》卷七注	卷三《日上》引
					《后纪》卷一〇注	卷八〇《帝尧陶唐氏》引
					《后纪》卷一一注	卷七七《叙皇王下》引
						卷八〇《帝尧陶唐氏》引
						卷八一《帝舜有虞氏》引
						卷一三五《舜二妃》引
						卷八二二《耕》引

续表

序号	书名	朝代	作者	引次	《路史》中卷次	《太平御览》中卷次
62	尸子	周	尸佼	16	《后纪》卷一二注	卷四〇《龙门山》引
					《后纪》卷一三下注	卷八二《帝桀》引
63	淮南子	汉	刘安	1	《后纪》卷一三下注	卷八二《帝桀》引
64	万机论	魏	蒋济	1	《后纪》卷五注	卷七九《黄帝轩辕氏》引
65	孙绰子	晋	孙绰	1	《后纪》卷五注	卷七九《黄帝轩辕氏》引
66	物理论	晋	杨泉	1	《后纪》卷三注	卷一六《历》引
67	析言	晋	张显	1	《后纪》卷九上注	卷八〇《帝喾高辛氏》引
68	苻子	晋	苻朗	4	《后纪》卷四注	卷八三四《钓》引
					《后纪》卷一二注	卷八二《夏禹》引
					《后纪》卷一三上	卷七四五《射中》引
					《发挥》卷六	卷八二《帝桀》引
69	风俗通义	后汉	应劭	3	《后纪》卷九上注	卷三六八《齿》引
					《后纪》卷一二注	卷七七《叙皇王下》引
					《余论》卷四	卷三六一《产》引
70	古今通论	后汉	王婴	1	《前纪》卷九注	卷五三六《封禅》引
71	傅子	晋	傅玄	3	《后纪》卷七注	卷六三八《律令》引
					《后纪》卷一二注	卷二〇八《司空》引
					《后纪》卷一三下注	卷七七《叙皇王下》引
72	古今注	晋	崔豹	1	《发挥》卷二注	卷一五《霾》引
73	杂记议	晋	挚虞	1	《后纪》卷七注	卷五二六《祭礼下》引
74	皇览	魏	刘劭等	3	《前纪》卷六注	卷五六〇《冢墓四》引
					《后纪》卷五注	卷五九〇《铭》引
					《后纪》卷八注	卷五六〇《冢墓四》引
75	志林	晋	虞喜	1	《余论》卷一〇	卷六五《三江水》引
76	神异经	汉	东方朔	5	《国名纪》卷二注	卷七九〇《灌兜国》引
						卷九一三《穷奇》引
						卷九一三《浑沌》引
						卷九一三《梼杌》引
77	玄中记			2	《后纪》卷五注	卷七九七《扶伏》引
					《国名纪》卷六注	
78	述异记			1	《后纪》卷五注	卷五二二《石下》引
79	汉武故事	后汉	班固	1	《发挥》卷六注	卷四九《君山》引
80	拾遗记	晋	王嘉	1	《后纪》卷二注	卷五七六《瑟》引
集部（12 种 14 条）						
1	机赋	后汉	王逸	1	《后纪》卷一注	卷八二五《机杼》引

续表

序号	书名	朝代	作者	引次	《路史》中卷次	《太平御览》中卷次
2	辨乐论	后汉	夏侯渊	2	《后纪》卷一注 《后纪》卷五注	卷五七一《歌二》引
3	铭论	后汉	蔡邕	1	《后纪》卷五注	卷五九〇《铭》引
4	酒箴	后汉	崔骃	1	《后纪》卷九下注	卷七六二《丰》引
5	丰侯铭	后汉	李尤	1	《后纪》卷九下注	卷七六二《丰》引
6	刑罚令	魏	曹操	1	《发挥》卷一	卷三〇《寒食》引
7	帝喾赞	魏	曹植	1	《后纪》卷九上注	卷八〇《帝喾高辛氏》引
8	恶鸟论	魏	曹植	2	《后纪》卷九上注 《发挥》卷六	卷九二三《伯劳》引
9	角赋	晋	谷俭	1	《余论》卷三	卷三三八《角》引
10	周太伯三让论	晋	孙盛	1	《国名纪》卷三注	卷四二四《让下》引
11	嵩高山记	北魏	卢元明	1	《余论》卷九	卷三九《嵩山》引
12	岭表逢寒食诗	唐	沈佺期	1	《发挥》卷一	卷三〇《寒食》引

综上，罗泌父子编撰《路史》时，曾大量参阅了《御览》中的相关资料，《路史》的文献学价值正在于此；同时，正因为有《御览》这样的类书存在，《路史》的编撰才能更加得心应手，这也间接地体现出《御览》在后世文献学中的巨大价值，以及对后世文献学、史学的巨大贡献。

第三节　引用谶纬资料考论

上文已从"引用文献来源"角度对《路史》文献构成进行了较为深入的探讨，且以《太平御览》为例进行了详尽说明。通过考察，证实了《路史》文献构成丰富的特点，本节则主要从"引用谶纬资料"角度试图进一步揭示《路史》的文献价值。

谶纬思想作为汉代思想文化的构成元素，其价值逐渐得到研究者重视。葛兆光曾说：

　　秦汉两代的思想史无论如何也绕不开谶纬之学，特别是在汉代，谶纬之风可以说几乎笼罩半个思想世界。生在后世理性昌明时代反观那些残存的谶语纬书，固然可以斥之为"虚妄"或"迷信"，站在精英的立场以冷静的理智态度来评价这些似乎神秘的思想，固然可以把它们革出经典思想史的门墙，但是，如果我们回到当时的心情，把它作为不绝如缕的一般知识与思想的自然延续，我们当理解它的发生有其必然的内在理路，而在它的发生背后，又有极其复杂的社会与文化背景。①

确实，谶纬绝不是"虚妄""迷信"的代名词，它的产生和流传包含着深刻的"社会与文化背景"。然而谶纬文献却早已散佚不存，现在所能见到的是保存在各种古籍中，后为辑佚家辑录而成的资料；而《路史》文献构成的特色之一正是曾大量引用谶纬文献，这对早已散佚的谶纬而言，其保存之功不可小视，而后世辑佚家也确曾充分利用《路史》来对谶纬文献加以辑录，其中日本学者安居香山、中村璋八所辑《纬书集成》②，更是在前人辑佚成果基础上，将《路史》保存的谶纬文献进行了最大限度收录。然而经过对《路史》详细梳理后发现，《纬书集成》在辑录《路史》保存的谶纬文献时仍存在诸多问题，有必要加以梳理，这将是本节重点讨论的话题。

一　引用谶纬资料价值辨析

众所周知，对于谶与纬两者间关系的理解，历来存在两种不同观点：一种观点认为谶与纬相异。如明胡应麟的《四部正讹》③、《四库总目提要》卷六《易类》附录注④，均持此说，后之学者如李学勤⑤、丁鼎⑥亦持此论。一种观点则认为谶与纬相同。如清王鸣盛⑦、俞正燮⑧、

---

①　葛兆光：《中国思想史》第 1 卷，复旦大学出版社 2001 年版，第 277 页。

②　［日］安居香山、中村璋八辑：《纬书集成》，河北人民出版社 1994 年版。

③　（明）胡应麟：《少室山房笔丛》卷 30，上海书店出版社 2009 年版，第 295 页。

④　《钦定四库全书总目》，中华书局 1997 年整理本，第 72 页。

⑤　李学勤：《纬书集成·序》，载［日］安居香山、中村璋八辑《纬书集成》，河北人民出版社 1994 年版，第 3 页。

⑥　丁鼎、薛立芳：《试论"谶"与"纬"的区别——兼与钟肇鹏先生商榷》，《上海师范大学学报》（哲学社会科学版）2004 年第 2 期。

⑦　（清）王鸣盛：《蛾术编》卷 2 "谶纬"条，道光二十一年（1841）世楷堂版。

⑧　（清）俞正燮撰，涂小马等校点：《癸巳类稿》卷 14《纬书论》，辽宁教育出版社 2001 年版，第 484 页。

姜忠奎①，以及现代学者如顾颉刚②、陈槃③、钟肇鹏④均持此论。纵观以上诸家论断，笔者更倾向于认为，以谶与纬相同的观点更符合实际，对二者不应强作区分。故在下文讨论中，不对谶与纬二者做严格划分。

据上文表2－3统计，罗泌父子采择了大量谶纬资料入《路史》，这本该成为《路史》编撰一大特点，但事实是因此招致后世不少学者的批评。如明张鼎思认为其采"五纬百家"至于"驳杂而无伦"。⑤《四库总目提要》认为"泌多采纬书""不足据"。⑥徐旭生认为："《路史》内有不少妄说，未必有所本。"如此等等，众多的批评均指向《路史》引用谶纬等资料的不谨慎。因此，徐氏才会震惊于罗泌"史识的贫乏"。⑦然而，不能因部分学者持否定态度，就认为罗泌援引谶纬资料入《路史》毫无价值。原因何在？请先看前辈学人关于谶纬内容及其价值的论述。刘勰《文心雕龙·正纬》称：

> 若乃羲农轩昊之源，山渎钟律之要，白鱼赤乌之符，黄金紫玉之瑞，事丰奇伟，辞富膏腴，无益经典而有助文章。⑧

皮锡瑞在《经学历史》中称：

> 故纬，纯驳互见，未可一概诋之。其中多汉儒说经之文：如六日七分出《易纬》，周天三百六十度四分度之一出《书纬》，夏以十三月为正云云出《乐纬》；后世解经，不能不引。……岂得谓纬书皆邪说乎。⑨

---

① （清）姜忠奎著，黄曙辉、印晓峰点校：《纬史论微》卷1，上海书店出版社2005年版，第8—12页。

② 顾颉刚：《秦汉的方士与儒生》，上海古籍出版社2007年版，第92—93页。

③ 陈槃：《古谶纬研讨及其书录解题》，上海古籍出版社2010年版，第150、162页。

④ 钟肇鹏：《谶纬论略》，辽宁教育出版社1995年版，第11页。

⑤ （明）张鼎思：《豫章刻〈路史·前纪、后纪〉序》，载（宋）罗泌《路史》，《四部备要》，中华书局1936年排印本，第3页。

⑥ 《钦定四库全书总目》，中华书局1997年整理本，第693页。

⑦ 徐旭生：《中国古史的传说时代》，广西师范大学出版社2003年版，第56、269页。

⑧ （南朝梁）刘勰著，范文澜注：《文心雕龙注》，人民文学出版社1962年版，第31页。

⑨ （清）皮锡瑞著，周予同注释：《经学历史》，中华书局2008年版，第109页。

刘师培在《谶纬论》中总结出谶纬的"五善"：

> 溯古器变迁之迹，是曰补史，其善一也。……足补山经之缺，是曰考地，其善二也。……辨日晷之迁移，莫不甄明度数，稽合历文。屈平《天问》之作，讵足相衡；张氏《灵宪》之书，于焉取法。是曰测天，其善三也。……是曰考文，其善四也。……明堂崇屋祀，帝即以配天，莫不制徵四代，典溯三王，是曰徵礼，其善五也。……庶天文历谱，备存《七略》之遗；《钩命》、《援神》，不附六经之列。则校理祕文，掇拾坠简，殆亦稽古者所乐闻，而博物家所不废者与！①

孙蓉蓉在《刘勰论谶纬之"有助文章"》中指出：

> 谶纬所描写记载的内容事迹丰富奇特，而所用的词语又繁富生动，其"事丰奇伟，辞富膏腴"的特点，对文学创作是极为有利的，因而谶纬对汉魏六朝时期的文学创作产生了重要的影响。……刘勰对谶纬提出的"有助文章"，有益于我们认识谶纬的文学意义和价值，刘勰对谶纬的认识和态度，又是我们对待传统文化所应该学习和借鉴的。②

吕宗力、栾保群在《纬书集成》"前言"中认为：

> 纬书是对一批流行于西汉末年至东汉末年的带有相当神秘色彩的书籍的总称。其内容极为庞杂，涉及天文、地理、哲学、伦理、政治、历史、神话、民俗，以及医学等自然科学。……纬书则继承了《易传》和阴阳五行家的宇宙观，以象、数构筑其宇宙模型。除此以外，对儒家经典中古代制度的诠释，关于古史、古神话、民风民俗的记载，和地理、医学、农学、数学的知识，均时有精彩之论。③

---

① 刘师培：《谶纬论》，《刘申叔遗书》，江苏古籍出版社 1997 年影印本，第 1371—1372 页。
② 孙蓉蓉：《刘勰论谶纬之"有助文章"》，《南京师大学报》（社会科学版）2004 年第 3 期。
③ ［日］安居香山、中村璋八辑：《纬书集成》，河北人民出版社 1994 年版，第 2、3 页。

程千帆、徐有富在《校雠广义·典藏编》第四章"书籍亡佚"中也对谶纬的价值做过精彩总结：

> 谶纬书虽多封建迷信、荒诞不经、牵强附会之说，然而也是当时政治、经济、科学、文化之反映。……谶纬书中也含有不少科学道理，于天文、地理知识尤为丰富。……纬书同经学也密切相关，汉代言五经者凭谶为说，《隋书·经籍志》甚至将谶纬类书列在经部，故焚谶纬也给经学研究造成了重大损失。①

可见，谶纬资料存在正面价值这一事实早经学者提及；而学者已从各种不同角度对谶纬的价值进行较为深入研究的事实也有人指出："谶纬研究自九十年代以来呈现出多样化的研究局面，学者们越来越注重从不同角度来研究谶纬，如从文献学、神话学、音韵学、文字学、科学等方面都有学者探讨。"② 据此，郑杰文进一步指出，今后对谶纬价值的探讨应该重点关注以下几个方面："包括谶纬文献产生流传史的研究、谶纬与经学关系的研究、谶纬与上古文化关系及谶纬对中国传统文化和传统学术发展影响的研究等。"③ 因此，在评价谶纬文献时不能失之简单片面，应该对其进行全面客观的探讨。对《路史》书中大量利用谶纬资料这一事实进行评判时，不应盲从前人的意见，只看到谶纬的负面价值，而应该结合谶纬资料所反映出的思想内容以及当时的社会历史条件，对相关事实加以全面考证，然后得出更为科学的结论。在对《路史》引用谶纬资料的具体情况加以细心考察后，可以揭示出以下三个事实。

（1）就文献学角度而言，《路史》所引谶纬资料，在谶纬文献已大量亡佚的今天，其保存之功绝不容忽视，此点将在下文详加探讨。如顾颉刚在《中国上古史研究讲义》二八《谶纬》中所说：

> 谶纬书虽亡灭，而断简残篇尚留存得不少；就是没有一字传下来的，各家书目里或犹留得它的名题。所以自明以来，作辑佚的工作的

① 程千帆、徐有富：《校雠广义·典藏编》，齐鲁书社1998年版，第285—286页。
② 任蜜林：《百年来中国谶纬学的研究与反思》，《云梦学刊》2006年第2期。
③ 郑杰文：《古佚书整理中的谶纬辑佚和研究》，《山东大学学报》（哲学社会科学版）2003年第1期。

人颇不少。他们根据了《十三经注疏》……《太平御览》……罗苹《路史注》……等书分类辑录，使我们仍得窥见这些书的原来样子，这是可以感谢的事情。①

故在辑佚谶纬资料时，辑佚者应格外重视对《路史》保存的谶纬资料进行细致考究。

（2）东汉以后，谶纬文献屡遭禁毁，散佚颇多②，但终究没有完全消失。其中一个重要原因，即谶纬文献的中心思想是帝王世系及其受命，由于这一思想对儒学和经学的继承与发明，就共同构成了中国文明早期关于寻求政治合法性的思想历程，且影响至今。③ 而《路史》书中对谶纬文献的利用，正是谶纬文献这一中心思想的集中体现。此点将是本书下编的探讨重点，此不赘述。

（3）宋代统治者虽屡次发诏书禁毁谶纬文献在民间的流传，如宋太祖开宝五年（972）九月诏："禁玄象器物、天文、图谶、七曜历、太一雷公、六壬遁甲等不得藏于私家，有者并送官。"④ 宋太宗太平兴国二年（977）十月诏："两京、诸道阴阳卜筮人等，问令传送至阙，询其所习，皆懵昧无所取，盖矫言祸福，诳耀流俗，以取资耳。自今除二宅及《易》筮外，其天文、相术、六壬、遁甲、三命及它阴阳书，限诏到一月送官。"⑤ 宋真宗景德元年（1004）诏："民间天象器物谶侯禁书，并纳所司禁之，匿不言者死。"⑥ 可知，自宋太祖至宋真宗，对违反规定者的处罚力度越来越强，甚至到了对私藏、私习谶纬者斩尽杀绝的地步。但即便如此严厉禁绝谶纬文献的流传，也并未涉及早已存在于经史子集中的谶纬资料。到了宋仁宗至和二年（1055），欧阳修在《论删去九经正义中谶纬札子》中提议："臣欲乞特诏名儒学官，悉取九经之疏，删去谶纬之文，使学者不为怪异之言惑乱，然后经义纯一，无所驳杂。其用功至少，其为益则多。"⑦ 方才建议将保存于"九经"中的谶纬文献删去，然而此项提议

---

① 顾颉刚：《中国上古史研究讲义》，中华书局 2002 年版，第 220—221 页。

② 钟肇鹏：《谶纬论略》，辽宁教育出版社 1995 年版，第 30—32 页。

③ 曾德雄：《谶纬中的帝王世系及受命》，《文史哲》2006 年第 1 期。

④ （宋）李焘撰：《续资治通鉴长编》卷 13，中华书局 1992 年版，第 2 册，第 290 页。

⑤ （宋）李焘撰：《续资治通鉴长编》卷 18，中华书局 1992 年版，第 3 册，第 414 页。

⑥ 《宋史》卷 7，中华书局 1977 年标点本，第 123 页。

⑦ （宋）欧阳修著，李逸安点校：《欧阳修全集》，中华书局 2001 年版，第 1707 页。

在当时并未得到推行。由于谶纬文献中存有大量符合专制皇权思想的内容，对宋朝统治仍然具有现实价值，所以谶纬文献在宋朝并未完全绝迹，而是得到大量保存，如北宋前期官修《太平御览》中就保存有大量谶纬文献，这是《路史》能够大量利用谶纬文献的时代背景。

综上，谶纬在中国历史上并非毫无价值，谶纬文献所包含的思想内容，在诸多方面均能补儒家正统文化之缺，有其独特的价值。《路史》之所以引用如此众多的谶纬资料，有其特殊的时代背景和思想渊源，值得深入探讨。

二 所引谶纬资料考：以《纬书集成》为参照

关于谶纬篇目，《后汉书·张衡传》称："《河洛》、《六艺》，篇录已定，后人皮傅，无所容篡。"唐李贤注："《衡集》上事云：'《河洛》五九，《六艺》四九，谓八十一篇也。'"[1] 此"八十一篇"之数，《隋书·经籍志》"经部异说类"言之甚详：

> 其书出于前汉，有《河图》九篇，《洛书》六篇，云自黄帝至周文王所受本文。又别有三十篇，云自初起至于孔子，九圣之所增演，以广其意。又有《七经纬》三十六篇，并云孔子所作，并前合为八十一篇。[2]

《七经纬》之名，《后汉书·樊英传》："《河》、《洛》七纬，推步灾异。"唐李贤注：

> 七纬者，《易纬》，《稽览图》、《乾凿度》、《坤灵图》、《通卦验》、《是类谋》、《辨终备》也；《书纬》，《璇玑钤》、《考灵曜》、《刑德放》、《帝命验》、《运期授》也；《诗纬》，《推度灾》、《记历枢》、《含神雾》也；《礼纬》，《含文嘉》、《稽命征》、《斗威仪》也；《乐纬》，《动声仪》、《稽耀嘉》、《叶图征》也；《孝经纬》，《援神契》、《钩命决》也；《春秋纬》，《演孔图》、《元命包》、《文

---

① 《后汉书》卷59，中华书局1965年标点本，第1912页。
② 《隋书》卷32，中华书局1973年标点本，第941页。

耀钩》、《运斗枢》、《感精符》、《合诚图》、《考异邮》、《保乾图》、《汉含孳》、《佑助期》、《握诚图》、《潜潭巴》、《说题辞》。①

李贤所举，易纬6种，书纬5种，诗纬3种，礼纬3种，乐纬3种，孝经纬2种，春秋纬13种，合计35种，与上引《隋志》"《七经纬》三十六篇"之数不合。清姚振宗认为所缺一篇乃《礼纬》中佚出的"《礼记默房》"：

> 《范书·方术传》注言七纬篇目止于三十有五，尚缺其一，疑即此《默房》。②

清胡薇元在《诗纬含神雾训纂》中认为：

> 《后汉·樊英传》注《七经纬》，自《稽览图》至《说题辞》只三十五篇，不知所亡何篇。薇元按：所失系《孝经纬左右契》一篇。③

钟肇鹏不从姚振宗《隋书经籍志考证》所言之"《礼记默房》"以及胡薇元《诗纬含神雾训纂》所言之"《孝经纬左右契》"，而据汪师韩《韩门缀学》卷一"纬候图谶"所言，认为所缺之篇乃"《春秋命历序》"。④

实际上无论最后遵从《礼记默房》《孝经纬左右契》抑或是《春秋命历序》，其最终目的均是凑足《隋志》所言"三十六篇"之数。然而，李贤所注相对于《隋志》所记缺一种，一种可能的解释是，在李贤注《后汉书》时，所见七纬的数目已然佚失一种，仅剩35种亦未可知。这涉及唐以前谶纬文献的亡佚问题。关于唐前谶纬的流传、散亡情况，《隋志》有记载：

---

① 《后汉书》卷82上，中华书局1965年标点本，第2721—2722页。
② （清）姚振宗：《隋书经籍志考证》卷9，《师石山房丛书》之五，开明书店1936年版，第156页。
③ （清）胡薇元：《玉津阁丛书甲集》，清光绪至民国间刊本，第4册。
④ 钟肇鹏：《谶纬论略》，辽宁教育出版社1995年版，第35页。

起王莽好符命，光武以图谶兴，遂盛行于世。汉时，又诏东平王苍，正五经章句，皆命从谶。俗儒趋时，益为其学，篇卷第目，转加增广。言五经者，皆凭谶为说。……至宋大明中，始禁图谶，梁天监已后，又重其制。及高祖受禅，禁之逾切。炀帝即位，乃发使四出，搜天下书籍与谶纬相涉者，皆焚之，为吏所纠者至死。自是无复其学，秘府之内，亦多散亡。①

隋炀帝朝焚毁谶纬文献，使其蒙受了巨大的损失；由隋入唐，谶纬文献便逐渐散亡，"七经纬皆佚于唐，存者独《易》，逮宋末而尽失其传"。② 明胡应麟更认为宋初官修《太平御览》时亦未见过谶纬原书：

第《御览》所引用亦甚希，而诸史《艺文志》，马、郑《经籍志》，并其名皆无之。盖自唐已亡，高士廉等编《文思博要》或缀拾于宋、齐诸类书中，《御览》又得之《博要》诸书中，决非宋初所有也。③

唐、宋以来谶纬已逐渐亡佚的说法，已在学者间达成共识。元、明、清以来，有不少学者花了很大精力对谶纬进行钩稽整理，虽然数量并不大，搜辑得也不够完整，但已属不易。如元陶宗仪《说郛》、明孙瑴《古微书》、明杨乔岳《纬书》、清林春溥《古书拾遗》、清刘学宠《诸经纬遗》、清赵在翰《七纬》、清马国翰《玉函山房辑佚书》、清黄奭《汉学堂丛书》《黄氏逸书考》、清乔松年《纬捃》、清殷元正《集纬》等，均在谶纬辑佚上付出了巨大努力。日本学者安居香山、中村璋八二氏在前人辑佚成果基础上，从各种史籍、类书、古注的征引（其中不少是日本的古籍）中，辑成了卷帙浩繁的《纬书集成》（以下简称《集成》，且所引《集成》之文均出此本，不另出注），可谓集谶纬辑佚大成之作。

此次对《路史》所引谶纬资料进行考察，即以《集成》为参照。经过逐条细考，发现《集成》所列《路史》所引谶纬资料，其中有一部分

---

① 《隋书》卷32，中华书局1973年标点本，第941页。
② 《钦定四库全书总目》，中华书局1997年整理本，第70页。
③ （明）胡应麟：《少室山房笔丛》卷30，上海书店出版社2009年版，第294页。

内容需要增补，一部分内容需要修订。但总体来说，《集成》在《路史》所引谶纬资料的考察上已有相当深度，这一点仔细阅读过《集成》的人自能体会到。因此，虽然此次所考也发现了《集成》书中存在的不少问题，但此工作对《集成》而言，仅略有修补之功，绝无超越之意。故非常赞同吕宗力、栾保群在《纬书集成·前言》中对两位日本学者所做工作的中肯评价：

> 虽然由于中国的古籍浩如烟海，续作、增补的工作仍有很大的可能和必要，而此书的引文、点校亦难免疏误之处，但二位学者付出几乎是毕生精力的这部著作，对丰富中国思想文化的研究宝库，无疑是其功甚伟的。①

（一）易纬（5类21条②）

《易纬》的篇目，自汉代流传下来的有《稽览图》《乾凿度》《坤灵图》《通卦验》《是类谋》《辨终备》6种。《隋书·经籍志》载"《易纬》八卷。"注曰："郑玄注。梁有九卷。"《旧唐书·经籍志》著录："《易纬》九卷。"注曰："宋均注。"《新唐书·艺文志》著录为："宋均注《易纬》九卷。"《日本国见在书目》载："《易纬》十卷，郑玄注。"③ 宋《崇文总目》、李淑《邯郸书目》④ 并称"九卷"。元修《宋史·艺文志》仅作："《易纬》七卷。"自《隋志》至《宋志》，卷数不尽相同，个中缘由，陈槃认为：

> 盖所见本分合不同，取舍亦异，故卷数不甚一致。……即以《易纬》论，《七录》、《隋志》以下所见，不过据其主要篇目而言，抑亦止于官府馆阁所藏，而私家传录，不在此数。⑤

---

① ［日］安居香山、中村璋八辑：《纬书集成》，河北人民出版社1994年版，第1页。

② 此"5类21条"指《路史》所引《易纬》共5类，包括《易纬乾凿度》《易纬坤灵图》《易纬通卦验》《易纬是类谋》《易纬内篇》，而每类所含条数合计21条。下文所言"《易纬乾凿度》（9条）"中之"9条"，即《路史》中所引《易纬乾凿度》所含的条数。下同，不再出注。

③ 孙猛：《日本国见在书目录详考》，上海古籍出版社2015年版，第348页。

④ 《玉海》卷35《艺文·易纬》引。见（宋）王应麟《玉海》，江苏古籍出版社、上海书店出版社1987年版，第675页。

⑤ 陈槃：《古谶纬研讨及其书录解题》，上海古籍出版社2010年版，第527页。

关于《易纬》的辑佚，有明孙瑴《古微书》、清《四库全书》、清赵在翰《七纬》、清黄奭《汉学堂丛书》《黄氏逸书考》、清乔松年《纬捃》等诸家所辑，《集成》在此基础上，共辑得如下 24 种：《易纬乾凿度》《易纬乾坤凿度》《易纬稽览图》《易纬辨终备》《易纬通卦验》《易纬乾元序制记》《易纬是类谋》《易纬坤灵图》《易纬中孚传》《易纬天人应》《易纬通统图》《易纬运期》《易纬内传》《易纬萌气枢》《易纬内篇》《易纬太初篇》《易纬九厄谶》《易纬河图数》《易纬》《易纬礼观书》《易纬记》《易纬纪表》《易纬决象》《易统通卦验玄图》。其中《易纬礼观书》以下五种，据陈槃所言，乃安居香山、中村璋八"据《天文要录》（中土佚）辑得"。① 且《易统通卦验玄图》，陈氏记为《易纬统验玄图》。

1. 《易纬乾凿度》（9 条）

汉郑玄注，亦称《周易乾凿度》。其名"乾凿度"者，明胡应麟在《四部正讹》上称乃"圣人顺乾道浩大，以天门为名也"。② 此书郑樵《通志》卷六三《艺文略》著录为"二卷，郑玄注"。晁公武《郡斋读书志》卷一、陈振孙《直斋书录解题》卷三、马端临《文献通考》卷一八八《经籍考》等著录卷数及注者均与《通志》所载同。《宋史》卷二〇二《艺文志》著录此书为"三卷"，与诸本所著之卷数不同，恐非。而今见《崇文总目》所载《周易乾凿度》二卷之书，实乃《周易乾坤凿度》，据钱东垣称："旧本'乾'下有'坤'字，乃后人妄加，今校删。"③ 实则《周易乾凿度》与《周易乾坤凿度》乃二书，不可混为一谈。明胡应麟在《四部正讹》里已明确指出："《周易乾凿度》二卷，又《乾坤凿度》二卷，今合为一，实二书也。"④《周易乾凿度》除《永乐大典》本外，明代尚有单行本存世，清卢见曾即见过明钱叔宝校正之《乾凿度》二卷，并收入《雅雨堂丛书》中。《路史》所引 9 条，其在《集成》中的对应关系如下。

（1）清轻而骞者为天，浊重而坠者为地，冲粹而生者为人。（《前纪》

---

① 陈槃：《古谶纬研讨及其书录解题》，上海古籍出版社 2010 年版，第 528 页。

② （明）胡应麟：《少室山房笔丛》卷 30，上海书店出版社 2009 年版，第 295 页。

③ （宋）王尧臣等编，清钱东垣等辑释：《崇文总目》卷 1，《国学基本丛书》，台湾商务印书馆 1967 年版，第 2 页。

④ （明）胡应麟：《少室山房笔丛》卷 30，上海书店出版社 2009 年版，第 292 页。

卷一注）（1，P61①）

（2）二百七十六万岁，每纪为一十六万七千年。（《前纪》卷二注）（1，P61）

（3）乘皇策者，羲。（《后纪》卷一注）（1，P61）

（4）名曰握先。（《后纪》卷五注）（1，P38）

（5）泰，表戴干。郑氏云：泰者，人形体之彰识也。干，盾也。（《后纪》卷八注）（1，P51）

（6）尧以甲子天元为推术。注云：以甲子为蔀首，起十月朔。（《后纪》卷一〇注）（1，P47）

（7）郑注《乾凿度》云：古田渔而食，因衣其皮，先知蔽前，未知蔽后，后之易以布帛，独存其前，重古道也。（《后纪》卷一一注）（1，P63）

　　　　按：《集成》据《诗经·小雅·采菽》疏引，未引及《路史》，据补。

（8）三王之郊，一用夏正。盖特尊也。（《后纪》卷一一注）（1，P17）

（9）易者，易也，不易也，变易也。（《发挥》卷一）（1，P3）

2.《易纬坤灵图》（1条）

汉郑玄注，又名《周易坤灵图》，《路史》引作《易卦坤灵图》。晁公武《郡斋读书志》卷一、马端临《文献通考》卷一八八《经籍考》等均作“一卷”。王应麟称：

　　　　李淑《书目》九卷，凡《乾凿度》、《稽览图》、《通卦验》各二，《辨终备》、《是类谋》、《坤灵图》各一。今三馆所藏，《乾凿度》、《通卦验》皆别出为一书，而《易纬》止有郑氏注七卷。《稽览图》第一，《辨终备》第四，《是类谋》第五，《乾元序制记》第六，《坤灵图》第七。二卷、三卷无标目。②

---

① “《前纪》卷一注”，指此句出自“《路史·前纪》卷一注”；“1，P61”，其中“1”指此条《纬书集成》仅引用1次，“P61”指此条在《纬书集成》第61页。下同，不另出注。

② （宋）王应麟：《玉海》卷35《艺文·易纬》，江苏古籍出版社、上海书店出版社1987年版，第675页。

可知，王应麟所见《坤灵图》亦只有一卷。清官修《四库全书》从《永乐大典》中亦止辑出一卷。亦即历代书目所载《坤灵图》仅有一卷之数。而周生杰称：

> 宋王应麟《玉海》谓三馆所藏有《坤灵图》七卷，其中二卷、三卷无标目。元马端临《文献通考·经籍考》著录一卷，可见历代散佚较多。①

周氏所谓"《坤灵图》七卷"，显然是对《玉海》记载"《坤灵图》第七"的误读，以至于最后得出"历代散佚较多"的错误结论，实属不妥。

（1）立九部，而民易理。《易卦坤灵图》："盖九州之始也。"（《后纪》卷一注）（1，P308）

3.《易纬通卦验》（7条）

汉郑玄注，又名《周易通卦验》。晁公武《郡斋读书志》卷一、陈振孙《直斋书录解题》卷三、马端临《文献通考》卷一八八《经籍考》、《宋史》卷二○二《艺文志》等均作"二卷"。明《永乐大典》不分卷，清官修《四库全书》从《永乐大典》中辑出，分为上、下两卷，《四库总目提要》称："核其文义，似于'人主动而得天地之道，则万物之蕴尽矣'以上为上卷。曰：'凡《易》八卦之气，验应各如其法度'以下为下卷。"②《路史》所引7条，其在《集成》中的对应关系如下。

（1）天皇氏之先，与乾曜合元。君有五期，辅有三名。（《前纪》卷二注）（1，P246）

（2）君之用事五行，更王者亦有五期。三辅：公、卿、大夫也。（《前纪》卷二注）（1，P246）

（3）天地成位，君臣道生。粤有天皇。（《前纪》卷二注）（2，P246，P254）

（4）其刻曰：苍牙通灵，孔演命，明道经。注云：矩燧皇，谓人皇，在伏羲前，风姓，始王天下者。（《前纪》卷五注）（1，P250）

---

① 周生杰：《〈太平御览〉研究》，巴蜀书社2008年版，第250页。
② 《钦定四库全书总目》，中华书局1997年整理本，第70页。

（5）遂皇出，握机矩表计，寘而其刻曰：苍牙通灵，昌之成。（《后纪》卷一注）（1，P250）

（6）孔演明道经云：燧皇在伏羲前，风姓，始王天下。（《后纪》卷一注）（1，P250）

按：（4）（5）（6）三条，《集成》据《周礼正义序》等引，未引及《路史》，据补。

（7）伏羲方牙精作《易》，无书以画事。（《后纪》卷一注）（1，P246）

按：《集成》第 312 页，亦据《路史》引此条为《易纬坤灵图》文。

4.《易纬是类谋》（2 条）

又名《周易是类谋》，一名《筮类谋》。① 孙诒让《札迻》卷一《易是类谋某氏注》下注："旧题郑康成《注》，今考定，非是。"② 钟肇鹏认为："《太平御览》卷八七四引《易是类谋》，兼引郑玄注，与今本注文完全不同，可见现存注文不是郑注。"③ 此书晁公武《郡斋读书志》卷一、马端临《文献通考》卷一八八《经籍考》均作"一卷"。《路史》所引 2 条，其在《集成》中的对应关系如下。

（1）圣人兴起，不知姓名，当吹律听以别其姓。黄帝吹律定姓，是也。律，六律也。（《后纪》卷五注）（1，P299）

（2）张、王、李、赵，皆黄帝之所赐姓。（《路史》卷八《国姓衍庆纪原》）（1，P299）

5.《易纬内篇》（2 条）

关于《易纬内篇》的书名来历及卷数等，各种官私书目并无记载，《集成》亦仅据《路史》及《天中记》（《天中记》当是据《路史》转

① 《钦定四库全书总目》，中华书局 1997 年整理本，第 71 页。
② （清）孙诒让著，梁运华点校：《札迻》，中华书局 1989 年版，第 25 页。
③ 钟肇鹏：《谶纬论略》，辽宁教育出版社 1995 年版，第 44 页。

引）辑得 2 条，且并无任何解说之词。其情况如下。

（1）福万民，寿九州，莫大乎真气；炼五石，立四极，莫大乎神用。（《后纪》卷二注）（1，P322）

（2）日月相逐为易。（《发挥》卷一）（1，P322）

（二）书纬（14 类 61 条）

《后汉书·方术列传·序》称："纬候之部。"唐李贤注："纬，《七经纬》也。候，《尚书中候》也。"①汉代流传下来的《书纬》，包括《七经纬》中的《尚书纬》5 种（《璇玑钤》《考灵曜》《刑德放》《帝命验》《运期授》）以及《尚书中候》18 篇。《隋书·经籍志》载："《尚书纬》三卷。"注曰："郑玄注。梁六卷。"可知此书从梁到唐已亡佚三卷。《旧唐书·经籍志》《新唐书·艺文志》均作郑玄注《书纬》三卷。《隋志》又载："《尚书中候》五卷。"注曰："郑玄注。梁有八卷，今残缺。"新、旧《唐志》及唐以后之官私书目均无著录，可知《尚书中候》亡佚于唐、宋之间。

关于《书纬》的辑佚，有元陶宗仪《说郛》、明孙瑴《古微书》、明杨乔岳《纬书》、清刘学宠《诸经纬遗》、清赵在翰《七纬》、清马国翰《玉函山房辑佚书》、清黄奭《汉学堂丛书》《黄氏逸书考》、清乔松年《纬捃》、清殷元正《集纬》等诸家所辑。《集成》在此基础上，共辑得《尚书纬》7 种：《尚书考灵曜》《尚书帝命验》《尚书璇玑钤》《尚书刑德放》《尚书运期授》《尚书洪范记》《尚书纬》；《尚书中候》20 种：《尚书中候》《尚书中候握河纪》《尚书中候我应》《尚书中候考河命》《尚书中候洛予命》《尚书中候洛师谋》《尚书中候摘洛戒》《尚书中候仪明》《尚书中候敕省图》《尚书中候准谶哲》《尚书中候合符后》《尚书中候运衡》《尚书中候契握》《尚书中候苗兴》《尚书中候赤雀命》《尚书中候日角》《尚书中候霸免》《尚书中候颗期》《尚书中候亶甫》《尚书中候杂篇》。

1. 《尚书纬》（2 条）

汉郑玄注。明孙瑴称《尚书纬》："皆主言天咫地游、帝王运历之大事。"②自《隋志》至郑樵《通志》均著录为"三卷"。《路史》所引 2

---

① 《后汉书》卷 82 上，中华书局 1965 年标点本，第 2703 页。

② （明）孙瑴撰：《古微书》卷 1，《丛书集成初编》，商务印书馆 1936 年版，第 1 页。

条，其在《集成》中的对应关系如下。

（1）初，尧在位七十载矣，见丹朱之不肖，不足以嗣天下，乃求贤以巽于位，至梦长人见而论治。（《后纪》卷一一）（1，P393）

按："梦长人见而论治"句，《集成》第368页据以引作《尚书帝命验》文。

（2）三皇无文。（《余论》卷二）（1，P391）

2.《尚书考灵曜》（4条）

汉郑玄注，又名《尚书考灵耀》。朱彝尊《经义考》称："李善曰：'《书纬》有《考灵曜》，灵曜谓天也。'孙瑴曰：'谈天莫详于《纬书》，《考灵曜》所由名也。汉儒穷纬，故谈天为至精。'"朱氏又按："《考灵曜》文大都推步之说。"① 据此，《考灵曜》之篇应是考察天地日月运行的篇章。《路史》所引4条，其在《集成》中的对应关系如下。

（1）乃命中星，观玉仪之游。注：以玉为浑仪也。（《后纪》卷一〇注）（1，P352）

按：《集成》据《北堂书钞》卷一二〇等引，未引及《路史》，据补。

（2）视四星之中。（《后纪》卷一〇注）（1，P349）

按：《集成》据《礼记·月令》疏引，未引及《路史》，据补。

（3）五百岁，圣纪符，四千五百六十。精反初，握命乙起，河出图，圣受思。郑云：圣，谓尧也。天握命人当起者，河乃出图，尧受而思之以历数也。（《后纪》卷一〇注）（1，P355）

（4）黑帝之亡，二日并照。（《余论》卷一〇）（1，P355）

————————

① （清）朱彝尊著，侯美珍等点校：《经义考》卷265，台湾文哲研究所筹备处1999年版，第8册，第2页。

3.《尚书帝命验》（12条）

朱彝尊《经义考》称："或作《命令验》。郑玄、宋均注。"[1]《后汉书·光武帝纪》："宛人李通等以图谶说光武。"唐李贤注："图，《河图》也。谶，符命之书。谶，验也，言为王者受命之征验也。"[2] 结合《帝命验》之佚文来看，多数叙述天帝或者帝王，正与此"王者受命之征验"相关。《路史》所引12条，其在《集成》中的对应关系如下。

（1）禺铁在辽西。即青之嵎夷，近出日，故敬宾出之。（《后纪》卷一〇注）（2，P373）

（2）春、夏民欲早作，故令民先日出而作，是谓"寅宾出日"。秋、冬民欲早息，故令民候日入而息，是谓"寅饯纳日"。春迎其来，秋送其去，无不顺。（《后纪》卷一〇注）（1，P373）

（3）帝者承天立五府，以尊天象。苍曰灵府，赤曰文祖，黄曰神计，白曰显纪，黑曰玄矩。注：唐虞之天府，夏世室同矣。（《后纪》卷一〇注）（1，P367）

（4）帝者承天立五府，以尊天。注云：天府五帝，集居太微，降精以生圣人，故帝者承天立五帝之府，是为天府。（《后纪》卷一〇注）（1，P367）

（5）虞舜圣，在侧陋，光曜显都，握石椎，怀神珠。注谓：怀珠以谕圣性。（《后纪》卷一一注）（1，P369）

（6）姚氏纵华感枢。注：纵，生也。舜母握登感枢星生舜重华。枢，如虹也。（《后纪》卷一一注）（1，P369）

（7）姚氏纵华，感枢纵天。纵华，重华也。（《后纪》卷一一注）（1，P369）

（8）舜舞终而朱凤来。（《后纪》卷一一注）（1，P369）

（9）顺尧考德，题期立象。注：尧巡省河、洛，得龟之图书，舜禅习礼，题五德之期，立将起之象也。（《后纪》卷一一注）（1，P368）

（10）白帝以星感修纪，山行见流星贯昴，感生。姒戎文命禹。注：

---

① （清）朱彝尊著，侯美珍等点校：《经义考》卷265，台湾文哲研究所筹备处1999年版，第8册，第6页。

② 《后汉书》卷1上，中华书局1965年标点本，第2页。

星，金精。姒，禹氏。成生戎地，名文命也。（《后纪》卷一二注）（1，P369）

（11）桀失玉镜。注：玉镜，谓清明之道。虎视，谓其暴虐。（《后纪》卷一三下注）（1，P370）

　　　按：《集成》据《太平御览》卷八二等引，未引及《路史》，据补。

（12）桀无道，杀关龙逢，绝灭皇图，坏乱历纪，残贼天下，贤人逃遁，淫色慢易，不事祖宗。（《后纪》卷一三下注）（1，P370）

4.《尚书帝验期》（1条）

汉郑玄、宋均注。朱彝尊《经义考》称：" '验'或作'命'。"① 则此书又作《尚书帝命期》。于是有学者认为此书乃《尚书帝命验》的误写，然而考察此书佚文均与西王母传说有关，而《尚书帝命验》中不见西王母的佚文，故日本学者安居香山、中村璋八在《集成·解说》中认为："此篇是和《帝命验》不同的篇章。"② 其说可信。

（1）昔西王母献舜白玉管及益地图。注言：神也。（《余论》卷九）（1，P387）

5.《尚书刑德放》（2条）

汉郑玄注。此书又有引作"刑德考"（《绎史》卷二注引③）、"刑德仿"（如《经义考》引④）、"刑德收"（如《太平御览》卷二〇八《司空》引⑤）者。朱彝尊《经义考》称："盖法家为之。"⑥ 陈槃认为：

　　　云何"刑德放"？"刑"者，杀罚。反面为"德"，德者，惠爱。

---

① （清）朱彝尊著，侯美珍等点校：《经义考》卷265，台湾文哲研究所筹备处1999年版，第8册，第7页。

② ［日］安居香山、中村璋八辑：《纬书集成》，河北人民出版社1994年版，第31页。

③ （清）马骕撰，王利器整理：《绎史》，中华书局2002年版，第8页。

④ （清）朱彝尊著，侯美珍等点校：《经义考》卷265，台湾文哲研究所筹备处1999年版，第8册，第7页。

⑤ （宋）李昉等：《太平御览》，中华书局1960年影印本，第2册，第999页。

⑥ （清）朱彝尊著，侯美珍等点校：《经义考》卷265，台湾文哲研究所筹备处1999年版，第8册，第7页。

二者治国之大端，故古人往往"刑""德"并举。……《刑德放》之托，不知始于何时?《白虎通·姓名》、《日月》二篇俱引之，则其书最晚自西京季末以来有之矣。①

《路史》所引2条，其在《集成》中的对应关系如下。

（1）涿鹿者，竿人头也。（《后纪》卷四注）（1，P382）

　　按：《集成》据《太平御览》卷六四八等引，未引及《路史》，据补。

（2）尧使稷为司马。（《后纪》卷九上注）（1，P381）

6.《尚书运期授》（1条）

《后汉书·张衡传》："死生错而不齐兮，虽司命其不晰。"唐李贤注：

　　错，交错也。司命，天神也。《春秋佐助期》曰："司命，神，名为灭党，长八尺，小鼻，望羊，多髭，癯瘦，通于命运期度"。②

则"运期"之名可以解释为"命运期度"。结合《运期授》的佚文以及关于"运期"的相关解释，可以认为此书是"基于五行说，明示天将命运期度授与王朝的篇章"。③

（1）白帝之治六十四世，其亡也，枉矢参射。（《后纪》卷一三下注）（1，P385）

　　按：《集成》据《太平御览》卷八七五引，未引及《路史》，据补。

7.《尚书中候》（22条）

汉郑玄注。《尚书纬》称："孔子求书，得黄帝玄孙帝魁之书，迄于

---

① 陈槃：《古谶纬研讨及其书录解题》，上海古籍出版社2010年版，第342、347页。
② 《后汉书》卷59，中华书局1965年标点本，第1923页。
③ ［日］安居香山、中村璋八辑：《纬书集成·解说》，河北人民出版社1994年版，第31页。

秦穆公，凡三千二百四十篇。断远取近，定可以为世法者百二十篇，以百二篇为《尚书》，十八篇为《中候》。"（《尚书序》疏引）此说提及《尚书》，又提及《中候》，并且指出二者之间的关系。如果认为这种说法属实，那按此推算，《尚书中候》的产生时代应该在孔子生活的春秋时代，但这仅是纬书性的解释，并不具有绝对的可靠性。从现在的资料来看，除汉班固《白虎通义》卷一《爵》引《中候》称"天子臣放勋"①外，汉代的文献里不曾有另外的关于《尚书中候》的记载。那么，可以据此认为《尚书中候》最晚当在东汉前期已初步形成。朱彝尊《经义考》认为："《中候》专言符命，当是新莽时所出之书。"②亦可备一说。清皮锡瑞有《尚书中候疏证》，极精当，可参。《路史》所引 22 条，其在《集成》中的对应关系如下。

（1）尚钓于渭滨，鱼腹得玉璜，刻云："姬受命，吕佐之。"（《后纪》卷四注）（1，P411）

（2）文王至磻溪，太公钓于崖，王趋拜曰："切望七年，今见光景。"遂变名曰望。（《后纪》卷四注）（1，P411）

（3）黄帝提象。（《后纪》卷五注）（1，P400）

（4）黄帝巡洛，龟书赤文成字，象轩。（《后纪》卷五注）（1，P400）

（5）郑注《中候》："威，则也。"（《后纪》卷五注）（1，P400）

　　按：《集成》据《艺文类聚》卷九八引，未引及《路史》，据补。

（6）尧即政七十年，凤皇止庭。伯禹拜曰："昔帝轩题象，凤巢阿阁。"（《后纪》卷五注）（1，P404）

　　按：《路史》引作《握河纪》，《集成》置于《尚书中候》下。

---

① （清）陈立撰，吴则虞点校：《白虎通疏证》，中华书局 1994 年版，第 4 页。
② （清）朱彝尊著，侯美珍等点校：《经义考》卷 265，台湾文哲研究所筹备处 1999 年版，第 8 册，第 9 页。

（7）玄鸟翔水，遗卵，娀简易拾吞，生契封商，后萌水易。注云：易、疑洛。娀简在水中浴而吞卵，生契，后人当天应嘉，乃以水易为汤。（《后纪》卷九下注）（1，P409）

按：《集成》第447页，又据以引作《尚书中候契握》文。

（8）尧即政七十载，德政清平，比隆伏羲。凤凰巢于阿阁骊林，景星出翼轸，朱草生郊，嘉禾滋连，甘露润液，醴泉出山，修坛河洛，荣光出河，休气四塞。（《后纪》卷一〇注）（1，P404）

按：《集成》误作"《后纪》卷九"，据改。

（9）沈璧于洛，赤光启，有灵龟负书出，背甲赤文，成字止坛。（《后纪》卷一〇注）（1，P405）

按：《路史》引作《握河纪》文，《集成》置于《尚书中候》下。

（10）舜为太尉。（《后纪》卷一一注）（1，P406）

按：《集成》据《太平御览》卷二〇九等引，未引及《路史》，据补。

（11）舜曰：朕惟不艾，蓂荚孚着，百兽率舞，凤司晨。注：如鸡而司晨。（《后纪》卷一一注）（1，P406）

按：《集成》据《太平御览》卷九一五等引，未引及《路史》，据补。且《路史》引作《书中候考河命》，故《集成》第428页又据以引作《尚书中候考河命》文。

（12）禹拜稽首，让于益归。注：归，尧臣，读为夔。宋忠云：归即夔之归乡，乃今之秭归县，地有夔乡，夔封在此。（《后纪》卷一一注）

（1，P407）

（13）伯禹在庶，师举荐之帝尧，握括命，不试爵，授司空。伯禹启首，逊于益、归。帝曰："何斯若真，出尔命亦乃天。"□□□□。天以命之，故不复试。司空周之冬卿，行□□□□□。逊若真者，此汝真其人。□□□□□□□□□□□□□□□□□□□□□□□□□。（《后纪》卷一二注）（1，P407）

（14）伯禹曰："臣观于河伯，人首鱼身。"出曰："吾河精也。"授臣河图，带足入渊，伯禹拜辞。注："即括地象也。带足，去也。"（《后纪》卷一二注）（1，P408）

（15）白帝之治六十四世，其亡也，枉矢参射。（《后纪》卷一三下注）

按：此条，已见于上《尚书运期授》文，《路史》在文后记作"又见《书中候》"，则此条亦为《尚书中候》文，《集成》漏辑，据补。

（16）地吐黄雾。（《后纪》卷一三下注）（1，P408）

按：《集成》据《太平御览》卷一五等引，未引及《路史》，据补。且《路史》所引误《中候》作《本候》。

（17）天乙在亳，夏桀迷惑，诸邻国强负归之。（《后纪》卷一三下注）（1，P409）

按：《集成》据《文选》卷五六陆倕《石阙铭序》注等引，未引及《路史》，据补。

（18）文命德盛，俊乂在官，而朱草生。（《发挥》卷五）（1，P406）

（19）帝轩题象，鸾鸟来仪。周公归政制礼，而鸾复见。（《余论》卷三）

按：此条，《集成》漏辑。但《余论》卷三所引亦未标明出自

《尚书中候》，据《艺文类聚》卷九九《鸾》、《太平御览》卷九一六《鸾》引《尚书中候》文与此同，故暂定为《尚书中候》文。

（20）黄帝时，常在园囿。（《余论》卷五）（1，P401）

按：《集成》据《太平御览》卷八八九等引，未引及《路史》，据补。

（21）麒似大麋一角，麟似马而无角，赤目。（《余论》卷五）（1，P420）

（22）周成王举尧、舜之礼，沈璧于河，白云起而青云浮，乃有苍龙负图临河。（《余论》卷六）（1，P415）

8.《尚书中候握河纪》（7 条）

《握河纪》乃《尚书中候》18 篇中之 1 篇，据朱彝尊《经义考》载：

> 《春秋命历序》曰："尧坛于河，受龙图，作《握河纪》。"皇甫谧曰："尧与群臣沈璧于河，为《握河纪》，今《尚书中候》是也。"①

考《握河纪》佚文，亦多记录帝尧在位时的行为和祥瑞征兆。可知，《握河纪》乃是将有关帝尧行为和祥瑞的记录依照出于河的龙图（河图）构思而成的。《路史》所引 7 条，其在《集成》中的对应关系如下。

（1）尧即政七十年，凤皇止庭。伯禹拜曰："昔帝轩题象，凤巢阿阁。"（《后纪》卷五注）

按：此条，《路史》引作《握河纪》文。考《太平御览》卷九一五《凤》引此条虽仅作《尚书中候》文，但《左传·昭公十七年》唐孔颖达疏引此条正作《中候握河纪》文，则此条当为《握河纪》文，《集成》漏辑，据补。

----

① （清）朱彝尊著，侯美珍等点校：《经义考》卷 265，台湾文哲研究所筹备处 1999 年版，第 8 册，第 9 页。

（2）弃、契，皆尧封。（《后纪》卷九下注）（1，P425）

（3）尧即政十七年，仲月甲日，至于稷，沈璧于河。青云起，回风摇落，龙马衔甲，赤文绿字，自河而出，临坛吐甲，回遭云云。（《后纪》卷一〇注）（1，P424）

（4）尧即政七十年，受河图。继云：尧曰："嗟！朕无德，钦奉丕图，赐尔二三子。"斯封稷、契、皋陶，皆赐姓号。注：稷，契公也。自商以上，大国百里。（《后纪》卷一一注）（2，P423，P424）

　　　按："自商以上，大国百里"句，《集成》于第424页下据以单独辑为一条。

（5）尧即政十七年，仲月甲日，至于稷，沈璧于河，青云起，回风摇落，龙马衔甲，赤文绿色，自河而出，临坛而止，吐甲回遭，甲似龟，广九尺，有文言虞、夏、商、周、秦、汉之事，帝乃写其文，藏之东序。（《余论》卷六）（1，P424）

（6）集历并臻，皆临诸坛，河龙负图出赤文，象文以授命。注：象字，象时代。（《余论》卷六注）

　　　按：此条，《集成》漏辑，据补。

（7）舜为太尉。（《余论》卷七）（1，P424）

9.《尚书中候考河命》（2条）

《考河命》乃《尚书中候》18篇中之1篇。《后汉书·曹褒传》载《帝命验》曰："顺尧考德，题期立象。"唐李贤注：

　　　宋均注曰："尧巡省于河、洛，得龟龙之图书。舜受禅后习尧礼，得之演以为《考河命》，题五德之期，立将起之象，凡三篇，在《中候》也。"①

考《考河命》佚文，均与帝舜行为和祥瑞有关，可知《考河命》乃

_____

① 《后汉书》卷35，中华书局1965年标点本，第1202页。

舜受尧禅后演绎而成的篇章。《路史》所引2条，其在《集成》中的对应关系如下。

（1）舜褒赐群臣，爵赏有分，稷、契、皋陶皆益土。故康成云：三人皆先封，舜知其封地。（《后纪》卷一一注）（2，P428）

　　按：此条之"故康成云：三人皆先封，舜知其封地"句，《集成》于第428页下据以单独辑为一条。

（2）若稽古帝舜曰重华，钦翼皇象。注：翼，奉；历，象也。言钦奉皇天之历数也。（《后纪》卷一一注）（1，P428）

10.《尚书中候摘洛戒》（2条）

《摘洛戒》乃《尚书中候》18篇中之1篇。"摘"一作"摘"，"戒"一作"贰"。考《摘洛戒》佚文，多言周公摄政时的祥瑞等，故朱彝尊《经义考》称："疑是王莽居摄时所献书。"[1]　《路史》所引2条，其在《集成》中的对应关系如下。

（1）若稽古周公旦，钦惟皇天，顺践阼，即榡七年，鸾凤见，蓂荚生，青龙衔甲，玄龙背书。（《余论》卷六注）（1，P437）

（2）尧、舜时皆有之。周公摄政七年又生。（《余论》卷七）（1，P437）

　　按：《集成》未引及"周公摄政七年又生"句，据补。

11.《尚书中候敕省图》（3条）

郑玄注。《敕省图》乃《尚书中候》18篇中之1篇。"敕"一作"勅"。陈槃指出：

　　"勅省"，义即诫省，自责。《易是类谋》曰："帝世者，必省勅维躬，是类参当于阏。——郑《注》：帝世，当世处帝位者，维思言若能自勅省以责其躬。……"按《谶纬》曰"省勅"，郑曰"勅

---

① （清）朱彝尊著，侯美珍等点校：《经义考》卷265，台湾文哲研究所筹备处1999年版，第8册，第10页。

省"，一也。此本五行家"变复"之说，谓灾变之起，由于政失；消复之道，人君当自诚省。……辑本《敕省图》遗文，变复之说，今则无可考者。①

日本学者安居香山、中村璋八进一步指出，陈槃所言"变复之说"之"思想渊源于《尚书·洪范》的咎徵和休徵，或'王省维岁'之说，《敕省图》依据的是《尚书·洪范》"。②《路史》所引 3 条，其在《集成》中的对应关系如下。

（1）郑康成注《书中候敕省图》，乃依《春秋运斗枢》绌黄帝而益以女娲。（《前纪》卷一注）

按：《集成》漏辑，据补。

（2）郑玄注《中候敕省图》以伏羲、女娲、神农为三皇，云："女娲修伏羲之道，无所改作。"（《后纪》卷二注）

按：《集成》据《诗谱序》疏引，未引及《路史》，据补。

（3）德合五帝坐者称之。今实六帝而云五者，以其俱合五帝坐星也。（《后纪》卷六注）（1，P440）

按：《集成》据《史记·五帝本纪·正义》等引，未引及《路史》，据补。

12.《尚书中候契握》（1 条）
《契握》乃《尚书中候》18 篇中之 1 篇。关于《契握》篇的意义，日本学者安居香山、中村璋八认为：

---

① 陈槃：《古谶纬研讨及其书录解题》，上海古籍出版社 2010 年版，第 332—333 页。
② ［日］安居香山、中村璋八辑：《纬书集成·解说》，河北人民出版社 1994 年版，第 33 页。

"契握"之"契"是殷之祖"契"。"握"是"握河纪"、"握诚图"、"握河起"之"握"。……"握"是"持"之意。……"契握"依据汤之祖契及汤之受命，论证了殷应该继承夏之王统的必要性。①

（1）汤。云：契赐子氏。（《后纪》卷一一注）（1，P447）

13.《尚书中候苗兴》（1 条）

《苗兴》乃《尚书中候》18 篇中之 1 篇。陈槃认为："'苗兴'者，谓苗裔或苗胄兴起也。"② 考《苗兴》佚文，如"契之卵生，稷之迹乳"（《诗·生民》疏引）。"尧受《图书》，已有稷名在录，言其苗裔当王"（《诗·昊天有成命》疏引）。"皋陶之苗为秦"（《诗·秦谱》疏引）。可知，均与某一王朝兴起符命有关，则陈氏所言诚是也。

（1）陶苗为秦，皋陶，少昊后也。（《发挥》卷三注）（1，P449）

14.《尚书中候霸免》（1 条）

《霸免》乃《尚书中候》18 篇中之 1 篇。《霸免》佚文中明记篇名的只有 1 条，即"《中候霸免》注云，霸，犹把也。把天子之事也"（《诗谱序》疏及《路史·发挥》卷一注引）。关于《霸免》篇的内容，日本学者安居香山、中村璋八认为："它论述的是周王朝失势后、五霸代之而起的事情。"③

（1）《书中候霸免》注云："霸，犹把也。"（《发挥》卷一注）（1，P452）

（三）诗纬（1 类 12 条）

据唐李贤注《后汉书》称，《诗纬》包括《推度灾》《记历枢》《含神雾》3 种。《隋志》著录为："《诗纬》十八卷。"注曰："魏博士宋均注。梁十卷。"而两《唐志》均著录为：郑玄注《诗纬》三卷，又宋均注《诗纬》十卷。《隋志》中仅著录宋均注《诗纬》，到了修两《唐志》时却多出郑玄注《诗纬》，日本学者安居香山、中村璋八认为："使人怀疑

---

① ［日］安居香山、中村璋八辑：《纬书集成·解说》，河北人民出版社 1994 年版，第35 页。

② 陈槃：《古谶纬研讨及其书录解题》，上海古籍出版社 2010 年版，第 336 页。

③ ［日］安居香山、中村璋八辑：《纬书集成·解说》，河北人民出版社 1994 年版，第36 页。

《诗纬》中可能并没有郑注。"① 宋以后官私目录书籍均无著录，可知《诗纬》亡佚于唐、宋之间。

关于《诗纬》的辑佚，有元陶宗仪《说郛》、明孙瑴《古微书》、明杨乔岳《纬书》、清林春溥《古书拾遗》、清刘学宠《诸经纬遗》、清赵在翰《七纬》、清马国翰《玉函山房辑佚书》、清黄奭《汉学堂丛书》、清乔松年《纬捃》、清殷元正《集纬》等诸家所辑，《集成》在此基础上，共辑得《诗含神雾》《诗推度灾》《诗泛历枢》《诗纬》4 种。

《诗含神雾》乃《诗纬》中之 1 种，据唐李贤《后汉书》注可知。然《隋书·经籍志》称："《七经纬》三十六篇，并云孔子所作，并前合为八十一篇。而又有《尚书中候》、《洛罪级》、《五行传》、《诗推度灾》、《泛历枢》、《含神务》、《孝经勾命决》、《援神契》、《杂谶》等书。"② 却把《诗纬》的三篇排除在《七经纬》之外，不知为何如此处理。难道修《隋志》时所见之《七经纬》与李贤注《后汉书》时所见之《七经纬》有别？关于《含神雾》之名的由来，钟肇鹏认为是因为："其含神灵奥义，幽隐蒙茏如雾。"③ 故而得名。有陈乔枞《诗纬集证》（《侯官陈氏遗书》）、胡薇元《诗纬含神雾训纂》（《玉津阁丛书甲集》）以及廖平《诗纬新解》（《六译馆丛书》）等可供参考。《路史》所引 12 条，其在《集成》中的对应关系如下。

（1）巨迹出雷泽，华胥履之。（《后纪》卷一注）（1，P461）

（2）龙首，颜似龙也。（《后纪》卷三注）（1，P461）

（3）摇光蜺贯月，正白，感女枢。（《后纪》卷八注）（1，P462）

（4）注：星光如虹蜺，往贯月也。（《后纪》卷八注）（1，P462）

（5）庆都以赤龙合昏，生赤帝伊祈尧。（《后纪》卷一〇注）（1，P462）

按：《集成》据吴弘基刻本引此条作"《后纪》卷一一注"之文。

---

① ［日］安居香山、中村璋八辑：《纬书集成·解说》，河北人民出版社 1994 年版，第 46 页。

② 《隋书》卷 32，中华书局 1973 年标点本，第 941 页。

③ 钟肇鹏：《谶纬论略》，辽宁教育出版社 1995 年版，第 49 页。

（6）尧时，嘉禾七茎，三十五穟。（《后纪》卷一〇注）（1，P464）

　　按：《集成》据吴弘基刻本引此条作"《后纪》卷一一注"
之文。

（7）执嘉妻含始，生刘季。（《后纪》卷一〇注）（1，P463）

　　按：《集成》据吴弘基刻本引此条作"《后纪》卷一一注"
之文。

（8）握登见大虹，意感而生舜于姚墟。（《后纪》卷一一注）（1，
P462）

　　按：《集成》据吴弘基刻本引此条作"《后纪》卷一二注"
之文。

（9）夏禹之兴，黑、风会纪。（《后纪》卷一二注）（1，P462）

　　按：《集成》据吴弘基刻本引此条作"《后纪》卷一三注"
之文。

（10）注：黑，力墨；风，风后。皆黄帝臣。禹，伯禹，当其至也。
（《后纪》卷一二注）（1，P462）

　　按：《集成》据吴弘基刻本引此条作"《后纪》卷一三注"
之文。

（11）［麟］木之精。（《余论》卷五注）（1，P464）

（12）契母有娀，浴于玄丘之水，睇玄鸟衔卵，过而坠之。契母得而
吞之，遂生契。（《发挥》卷四）（1，P463）

　　按：此条实乃明杨慎《升庵集》卷四二《玄鸟生商》中文，明

人吴弘基刻《路史》时加入，非罗泌《路史·发挥》原文，《集成》误引作《路史》之文，据正。

（四）礼纬（4 类 20 条）

《礼纬》的篇名，如《含文嘉》《稽命征》，早在东汉的《白虎通义》《风俗通》等书中已有记载。据唐李贤注《后汉书》称，《礼纬》包括《含文嘉》《稽命征》《斗威仪》三种。《隋志》著录："《礼纬》三卷。"注曰："郑玄注，亡。"姚振宗认为："此'亡'字衍。"① 两《唐志》均著录为宋均注《礼纬》三卷。今据《文选》李善注，以及《后汉书》注、《玉烛宝典》《初学记》《毛诗疏》《礼记疏》《开元占经》《太平御览》等所引共 32 条，均作宋均注，而郑玄注仅在《礼记疏》中存 1 条，《太平御览》《路史》中存 1 条，可知郑玄注较早亡佚，唐代多用宋均注。《隋志》又载："《礼记默房》二卷。"注曰："宋均注。梁有三卷，郑玄注，亡。"此篇佚文今已一条不存，不知性质如何。

关于《礼纬》的辑佚，有元陶宗仪《说郛》、明孙瑴《古微书》、明杨乔岳《纬书》、清林春溥《古书拾遗》、清刘学宠《诸经纬遗》、清赵在翰《七纬》、清马国翰《玉函山房辑佚书》、清黄奭《汉学堂丛书》、清乔松年《纬捃》、清殷元正《集纬》等诸家所辑，《集成》在此基础上，共辑得《礼含文嘉》《礼稽命征》《礼斗威仪》《礼纬》4 种。

1. 《礼含文嘉》（10 条）

《礼含文嘉》，宋初《崇文总目》归入五行类，曰："《含文嘉》三卷。"钱东垣释曰："锡鬯按：此书疑即《礼纬含文嘉》也。"② 《文献通考·经籍考》称："宋两朝《艺文志》：旧有《谶纬七经杂解》。今纬书存者独《易》，而《含文嘉》乃后人著为占候兵家之说，与诸书所引礼纬乖异不合，故以《易纬》附经，移《含文嘉》于五行。"③ 《读书敏求记》子部五行类亦载："《礼纬含文嘉》三卷，为《天镜》、《地镜》、《人镜》，

① （清）姚振宗：《隋书经籍志考证》卷 9，《师石山房丛书》之五，开明书店 1936 年版，第 155 页。

② （宋）王尧臣等编，（清）钱东垣等辑释：《崇文总目》卷 4，《国学基本丛书》，台湾商务印书馆 1967 年版，第 248 页。

③ （元）马端临撰：《文献通考》卷 188，中华书局 1986 年版，第 1605 页。

分三篇。绍兴辛巳张师禹跋。原书亡来已久，此姑存之可也。"① 《经义考》称："予先后见有二本，文各不同，一本画云气星辉之象，而附以占辞；一本分《天镜》、《地镜》、《人镜》为三门，门各一卷，凡六十篇，后题绍兴辛巳十一月观察使张师禹授，而前诸书所引之文两本皆无之，知非原书矣。"② 《四库总目提要·子部术数类存目二附录》称：

> 《礼纬含文嘉》三卷。浙江吴玉墀家藏本。不著撰人名氏。目录后有题词曰："已上《天镜》、《地镜》、《人镜》，皆万物变异，但有所疑，无不具载。此乃三才之书，共六十篇，易名《礼纬含文嘉》三卷。绍兴辛巳十一月二十九日，东南第三正将观察使张师禹授。"……则其书实出南宋初，然张师禹记特称易名《礼纬含文嘉》，则此名实师禹所改，原本称即其本书。③

据诸家所说，则所传 3 卷 60 篇之《含文嘉》乃后人伪作无疑。《路史》所引 10 条，其在《集成》中的对应关系如下。

（1）燧人氏钻木取火，炮生为熟，令人无有腹疾，遂天之意，故曰遂人。（《前纪》卷五注）（1，P493）

> 按：《集成》据《太平御览》卷八六九等引，未引及《路史》，据补。

（2）伏者，别也。羲者，献也。（《后纪》卷一注）（1，P494）
（3）伏羲德洽上下，天应以鸟兽文章，地应以《河图》、《洛书》，乃则象而作《易》。（《后纪》卷一注）（1，P494）
（4）神者，信也。农者，浓也。德信浓厚若神，故名神农。（《后纪》卷三注）（1，P494）
（5）神农修德，作耒耜，地应之以醴泉。（《后纪》卷三注）（1，P494）

---

① （清）钱曾：《读书敏求记》，《丛书集成初编》，商务印书馆 1936 年版，第 99 页。
② （清）朱彝尊著，侯美珍等点校：《经义考》卷 265，台湾文哲研究所筹备处 1999 年版，第 8 册，第 19 页。
③ 《钦定四库全书总目》，中华书局 1997 年整理本，第 1472 页。

（6）为之九锡，后世不能改。（《发挥》卷五注）（1，P501）

（7）宗均《礼含文嘉注》云：进退有节，行步有度，赐以车马，以代其步。言成文章，行成法则，赐以衣服，以表其德。周旋可观，动作有礼，赐之纳陛，以佚其体。长于教训，内怀至仁，赐之乐则，以化其民。居处修理，闺房不媟，赐之朱户，以明其别。勇猛劲疾，执谊坚强，赐之虎贲，以备非常。抗扬威武，志在宿卫，赐以铁钺，使得专杀。内怀仁德，执义不倾，赐以弓矢，使得专征。亲睦九族，慈孝父母，赐以秬鬯，以祀先祖。（《发挥》卷五注）（1，P501）

（8）推以上元为始，起十一月甲子朔旦夜半冬至，日月五星，俱起牵牛之初，是为历本。故郑玄云：上元者，大素以来所求之年也。（《余论》卷一）（1，P493）

（9）南郊，北郊，西郊，东郊，中郊，兆正谋也。注言：东郊去都城八里，南郊九里，西郊七里，北郊六里，中郊西南去城五里。兆者，作兆域也。谋者，斋戒，谋虑其事也。（《余论》卷四）（1，P496）

按：《集成》据《太平御览》卷五二七等引，未引及《路史》，据补。

（10）祖以感薏生。（《后纪》卷一二注）（1，P495）

按：《路史》引作《礼纬》。且《集成》误引作"《后纪》卷一三"之文，据改。

2.《礼斗威仪》（8条）

《礼斗威仪》者，《太平御览》卷六一〇《礼》引宋均注《春秋说题辞》曰："斗居天中，而有威仪，王者法而备之，是亦得天之中和也。"[1]钟肇鹏解释说："这是说北斗在天，象征威仪，礼主容仪，因王者取法北斗，故名《斗威仪》。"[2]《路史》所引8条，其在《集成》中的对应关系如下。

---

[1]　（宋）李昉等：《太平御览》，中华书局1960年影印本，第3册，第2743页。

[2]　钟肇鹏：《谶纬论略》，辽宁教育出版社1995年版，第53页。

（1）夫二十九万一千八百四十岁而反太素冥茎，此道之根本也。（《前纪》卷二注）（1，P516）

按：此条，《路史》并未标明出自《斗威仪》，据《太平御览》卷一、《纬略》卷八所引《斗威仪》之文正与此同，则《路史》此条亦当是《斗威仪》文。《集成》仅据《御览》卷一引此条，当补《纬略》及《路史》所引。

（2）政太平则日五色。（《后纪》卷七注）（1，P517）

（3）少宫主政，少商主事。（《发挥》卷二）（1，P516）

（4）宋衷以为：声五而已，必加少宫、少商者，君臣任重，为之设副者也。（《发挥》卷二）（1，P516）

（5）其音如铃，峦峦然也。周成王时，氐羌献鸾鸟，于是法驾上缀以大铃，如鸾之声遒。（《余论》卷三）（1，P523）

（6）君垂金而正，政太平则在郊。（《余论》卷五）（1，P524）

（7）山车垂钩。（《余论》卷八）（1，P521）

（8）献地图及玉玦。（《余论》卷九）（1，P517）

3. 《礼稽命征》（1 条）

《礼稽命征》，《太平御览》卷五二八《禘祫》引作《礼稽命曜》，文曰："三年一祫，五年一禘，以衣服想见其容色。三日斋，思亲志意，想见所好意喜，然后入庙。"[1] 《经义考》以为与《礼稽命曜》非一书。[2] 《初学记》卷一三《宗庙》"三岁祫五年禘"下注引此条作《礼稽命潜》。[3] 而《南齐书·礼志上》亦引此条，但正作《礼纬稽命征》。[4] 日本学者安居香山、中村璋八认为："考虑到《稽命曜》、《稽命潜》之例完全不见于其它著作，因此应当认为《御览》、《初学记》把'征'误作'曜'和'潜'了。"[5]

---

① （宋）李昉等：《太平御览》，中华书局1960年影印本，第3册，第2396页。

② （清）朱彝尊著，侯美珍等点校：《经义考》卷265，台湾文哲研究所筹备处1999年版，第8册，第22页。

③ （唐）徐坚等：《初学记》，中华书局2010年版，第324页。

④ 《南齐书》卷9，中华书局1972年标点本，第118页。

⑤ ［日］安居香山、中村璋八辑：《纬书集成·解说》，河北人民出版社1994年版，第49页。

（1）颛顼有三子，生而亡去，为疫鬼。一居江水，是疟鬼魃；一居宫室区隅，善惊小儿。于是以正岁十二月令礼官方相氏蒙熊皮，黄皮四目，玄衣纁裳，执戈扬盾，帅百隶及童子而时傩，以索室而驱疫也。（《余论》卷三）（1，P512）

　　按：此条，《路史》引作《礼纬》文。

　　4.《礼瑞命记》（1条）

　　《礼瑞命记》，此篇不在唐李贤《后汉书》注《礼纬》之列，亦不在清殷元正《集纬》所收《礼纬》之列。《经义考》认为："《礼瑞命记》，佚。右见王充《论衡》、蔡邕《明堂论》，其诠'凤'云：'雄曰凤，雌曰凰，雄鸣曰即即，雌鸣曰足足。'"① 据此，朱氏把此篇也看作《礼纬》的佚篇。而日本学者安居香山、中村璋八不同意朱氏之说，认为："由于没有其他例子，因此可以推论……《礼瑞命记》则与《瑞应图》《祥瑞图》等相同，是属于五行说门类的著作。"②

　　（1）黄帝服黄服，戴黄冕，齐于宫，凤蔽日而来，止帝园，食竹寔，栖梧桐，终不去。（《后纪》卷五注）

　　按：《文选》卷三五张景阳《七命八首》之八"鸣凤在林，夥于黄帝之园"李善注引《礼瑞命记》③ 文与此同，则《路史》所引之文或从此出。

　　（五）乐纬（3类8条）

　　《七经纬》之一的《乐纬》，李贤注《后汉书》以为是《动声仪》《稽耀嘉》《叶图征》3种。其中《动声仪》《稽耀嘉》在《白虎通》中已存在，而《叶图征》在《后汉书·五行志二》中亦有征引。《隋志》著录："《乐纬》三卷。"注曰："宋均注。"两《唐志》《通志·艺文略》亦均作《乐纬》三卷，宋均注。宋以后逐渐残佚。

---

① （清）朱彝尊著，侯美珍等点校：《经义考》卷265，台湾文哲研究所筹备处1999年版，第8册，第22页。

② ［日］安居香山、中村璋八辑：《纬书集成·解说》，河北人民出版社1994年版，第49页。

③ （梁）萧统编，（唐）李善注：《文选》，中华书局1977年影印本，第498页。

《隋志》又据梁阮孝绪《七录》称："梁有《乐五鸟图》一卷，亡。"今考，此《乐五鸟图》已完全佚失，其性质已不可考。而《后汉书·五行志二》注引《乐叶图征》曰："五凤皆五色。为瑞者一，为孽者四，似凤有四，并为妖云云。"① 朱彝尊以为"疑即《五鸟图》文"。② 日本学者安居香山、中村璋八认为：

> 但此文之一部见于《玉海》、《玉烛宝典》、《天地瑞祥志》、《文选》李善注，均作《叶图征》、《叶图证》之文，因此很难将《五行志》注所引"五凤"之文看作如朱彝尊所言是《五鸟图》的文字。③

关于《乐纬》的辑佚，有明孙瑴《古微书》、明杨乔岳《纬书》、清林春溥《古书拾遗》、清刘学宠《诸经纬遗》、清赵在翰《七纬》、清马国翰《玉函山房辑佚书》、清黄奭《汉学堂丛书》、清乔松年《纬捃》、清殷元正《集纬》等诸家所辑。《集成》在此基础上，共辑得《乐动声仪》《乐稽耀嘉》《乐叶图征》《乐纬》4 种。

1.《乐动声仪》（6 条）

宋均注。《经义考》曰："《动声仪》文有云：'风雨动鱼龙，仁义动君子。'其名书之义乎？"④ 钟肇鹏认为："乐音感人至深，动容周旋，咏歌鼓舞，雍容盛德，而威仪彰著，故曰《动声仪》。"⑤ 据佚文可知，此篇所著，正多以乐动情、晓理之说。《路史》所引 6 条，其在《集成》中的对应关系如下。

（1）六英、五茎。（《后纪》卷八注）（1，P539）

（2）黄帝曰《咸池》，颛顼曰《六茎》，帝喾《六英》，尧《大章》，舜《大招》，汤《大濩》，周曰《酌》，是以清和上升，天下。（《后纪》卷九上注）

---

① 《后汉书》，中华书局 1965 年标点本，第 3301 页。

② （清）朱彝尊著，侯美珍等点校：《经义考》卷 265，台湾文哲研究所筹备处 1999 年版，第 8 册，第 27 页。

③ ［日］安居香山、中村璋八辑：《纬书集成·解说》，河北人民出版社 1994 年版，第 51 页。

④ （清）朱彝尊著，侯美珍等点校：《经义考》卷 265，台湾文哲研究所筹备处 1999 年版，第 8 册，第 24 页。

⑤ 钟肇鹏：《谶纬论略》，辽宁教育出版社 1995 年版，第 53 页。

　　按：此条，《路史》引作《乐纬》文。考《艺文类聚》卷四一《论乐》引此条亦作《乐纬》文，《集成》漏辑，据补。

（3）六英。（《后纪》卷九上注）（1，P539）
（4）黄帝乐曰《咸池》。（《后纪》卷一〇注）（1，P539）

　　按：（3）（4），《集成》据吴弘基刻本引作"《路史·后纪11》注"之文，且漏辑"《后纪》卷九上注"引《乐纬》文，据补。

（5）《韶》者，舜之遗音也。温润以和，如南风之至。其为音，如寒暑风雨之动物，物之动人，仁义之动君子，财色之动小人。是以圣人务其本。（《后纪》卷一一）（1，P540）

　　按：《集成》据《太平御览》卷八一等引，未引及《路史》，据补。

（6）六英、五茎。宋均释言云：《六英》者，能为天地四方六合之英；而《五茎》者，能为五行之道立根茎。（《余论》卷四）（1，P539）

2. 《乐稽耀嘉》（1条）

宋均注。《乐稽耀嘉》之"耀"，《经义考》曰："《白虎通·德论》作'熠'。"[1] 然今本《白虎通·三教》引正作"耀"。[2]《路史》引又作"躣"。"熠""躣"均"耀"之误。钟肇鹏认为："本篇明三统三正三教，五行更王，文质代变之道，稽同天行，功成事举，光耀永嘉，故名《稽耀嘉》。"[3]

（1）夏以十三月为正，息卦受泰。注云：物之始，其色黑，以寅为朔，商以十二月，周以十一月，所谓三统。（《后纪》卷一二注）（1，P547）

① （清）朱彝尊著，侯美珍等点校：《经义考》卷265，台湾文哲研究所筹备处1999年版，第8册，第25页。

② （清）陈立撰，吴则虞点校：《白虎通疏证》，中华书局1994年版，第370页。

③ 钟肇鹏：《谶纬论略》，辽宁教育出版社1995年版，第53页。

　　按：《集成》据吴弘基刻本引作"《后纪》卷一三注"之文。

　　3.《乐叶图征》（1 条）

　　宋均注。《乐叶图征》，又作《乐汁征图》（《史记·封禅书》"天神贵者太一"下唐司马贞《索隐》引①），又作《乐汁图征》（《隋书·萧吉传》引②），《乐纬协图征》（《礼记·月令》疏引③），《乐什图征》（《天中记》卷四三《钟》引④）。"叶""汁""协"古通用。《周礼·春官·大史》："与群执事读礼书而协事。"郑玄注："故书'协'作'叶'，杜子春云：'叶，协也。书亦或为协，或为汁。'"⑤ 是其明证。则作"什"者，乃"叶""汁"形近而误也。

　　（1）帝喾之乐曰《五英》，颛帝之乐曰《六茎》。（《余论》卷四）（1，P554）

　　（六）春秋纬（17 类 110 条）

　　据唐李贤《后汉书》注，汉代传下来的《春秋纬》共有 13 种，分别是《演孔图》《元命包》《文耀钩》《运斗枢》《感精符》《合诚图》《考异邮》《保乾图》《汉含孳》《佐助期》《握诚图》《潜潭巴》《说题辞》。《隋志》载梁阮孝绪《七录》称："梁有《春秋纬》三十卷，宋均注。"两《唐志》均作宋均注《春秋纬》38 卷。后出的两《唐志》反比《隋志》的著录多出 8 卷之数，李梅训认为："宋均注《春秋纬》，《唐志》所载较以前又转多 8 卷，而《日本国见存书目》所记与《隋志》同，或唐代有增补宋均注者，亦未可知。……《春秋纬》，《唐志》所载较以前又转多 8 卷，这也令人费解。"⑥ 可见此问题还有进一步探讨的必要。关于《春秋纬》的注者，今可考见者，除宋均注外，尚有郑玄注、宋衷注之说。⑦ 此书宋以后逐渐散佚。

---

　　① 《史记》卷 28，中华书局 1959 年标点本，第 1386 页。

　　② 《隋书》卷 78，中华书局 1973 年标点本，第 1775 页。

　　③ （汉）郑玄注，（唐）孔颖达疏：《礼记正义》，《十三经注疏》，北京大学出版社 1999 年标点本，第 506 页。

　　④ （明）陈耀文辑：《天中记》，清光绪四年（1878）听雨山房重刻本。

　　⑤ （汉）郑玄注，（唐）贾公彦疏：《周礼注疏》，《十三经注疏》，北京大学出版社 1999 年标点本，第 696 页。

　　⑥ 李梅训：《宋均生平著述考论》，《山东师范大学学报》（人文社会科学版）2004 年第 5 期。

　　⑦ 李梅训：《宋均生平著述考论》，《山东师范大学学报》（人文社会科学版）2004 年第 5 期。

关于《乐纬》的辑佚，有元陶宗仪《说郛》、明孙瑴《古微书》、明杨乔岳《纬书》、清赵在翰《七纬》、清马国翰《玉函山房辑佚书》、清黄奭《汉学堂丛书》《黄氏逸书考》、清乔松年《纬捃》、清殷元正《集纬》等诸家所辑。《集成》在此基础上，共辑得《春秋演孔图》《春秋元命苞》《春秋文曜钩》《春秋运斗枢》《春秋感精符》《春秋合诚图》《春秋考异邮》《春秋保乾图》《春秋汉含孳》《春秋佐助期》《春秋握诚图》《春秋潜潭巴》《春秋说题辞》《春秋命历序》《春秋内事》《春秋录图》《春秋录运法》《春秋孔录法》《春秋璇玑枢》《春秋揆命篇》《春秋河图揆命篇》《春秋玉版谶》《春秋瑞应传》《春秋感应图》《春秋考灵曜》《春秋圣洽符》《春秋甄燿度》《春秋纬》《春秋图》29种。《路史》共引及《春秋纬》18类111条，其中《命钤叙》1条（《路史·后纪》卷四注引），不见于《集成》29种之列，且尚不能确知是否为《春秋命历序》中文，故存而不论，因此下述仅有17类110条。

1.《春秋演孔图》（14条）

宋均注。又作《孔演图》（如《水经注》卷二五"西南过鲁北"下注引①）。明孙瑴说："此专为血书鸟图而述也，故以《演孔》立名而旁及帝王。"② 篇中有许多神话孔子的记载，故钟肇鹏认为："《演孔图》等《春秋纬》乃《公羊》一派神话孔子及《春秋》之作。"③ 同时，朱彝尊指出："其书虽曰《演孔》，并及孟子生时有五色云之瑞云。"④ 《路史》所引14条，其在《集成》中的对应关系如下。

（1）征在游于大冢之陂，梦黑帝谓己："汝产必于空桑"。（《前纪》卷三）（1，P576）

（2）《孔演命明道经》注云：矩燧皇，谓人皇，在伏羲前，风姓，始王天下者。（《前纪》卷五注）（1，P574）

（3）《春秋演孔图》及《春秋元命苞》叙帝王之相，云：仓颉四目，是谓并明；颛帝戴干，是谓崇仁；帝佶戴干，是谓清明；尧眉八采，是谓通明；舜目重瞳，是谓无景；禹耳三漏，是谓大通；汤臂三肘，是谓柳

① （北魏）郦道元著，陈桥驿校证：《水经注校证》，中华书局2008年版，第592页。
② （明）孙瑴撰：《古微书》卷8，《丛书集成初编》，商务印书馆1936年版，第147页。
③ 钟肇鹏：《谶纬论略》，辽宁教育出版社1995年版，第55页。
④ （清）朱彝尊著，侯美珍等点校：《经义考》卷266，台湾文哲研究所筹备处1999年版，第8册，第30页。

塑；文王四乳，是谓含良；武王骈齿，是谓刚强。（《前纪》卷六注）（1，P574）

按：《集成》引及此条，但未标明出自《路史》，据补。同时，《集成》第590页据《太平御览》卷三六六引及《春秋元命苞》"仓颉四目，是谓并明"两句，亦未引及《路史》此条。故李梅训认为："检《路史》卷六《禅通纪·史皇氏》注云'《春秋演孔图》及《春秋元命苞》叙帝王之相云"仓颉四目，是谓并明"'，则知此本为两见之文。在纬书中，同一佚文分属不同篇目的情况并不少见，安居氏等据赵在翰《七纬》、黄奭《黄氏逸书考》、殷元正《纬谶候图校辑》等辑入《春秋元命苞》中，却没有按照各书原本标注的'《路史·史皇氏》注'而仍沿用《春秋演孔图》的出处，以致此误，当校正。"① 此说甚确。

（4）孔子修《春秋》，九月而成，卜之得《阳豫》之卦。（《后纪》卷三注）（1，P577）

（5）孔子曰：丘援律而吹命，阴得羽之宫。（《后纪》卷五注）（1，P576）

（6）舜目四瞳，谓之重明。承乾踵尧，海内富昌。（《后纪》卷一一注）（1，P575）

（7）天命之见，候期门，灵龟穴庭，玄龙衔云。（《后纪》卷一二注）（1，P575）

按：《路史》引作《孔演图》文。

（8）灵龟，虚虎也。穴庭者，星入太微也。（《后纪》卷一二注）（1，P575）

按：《路史》引作《孔演图》注文。

---

① 李梅训：《〈重修纬书集成·春秋纬〉勘误（二）》，《中华文史论丛》2009年第4期。

（9）八政不中，则天雨刀。（《发挥》卷二注）（1，P585）

（10）官以贤举则在野。（《余论》卷三）（1，P582）

（11）帝轩题象，鸾鸟来仪。周公归政制礼，而鸾复见。（《余论》卷三）（1，P582）

（12）予闻昔鲁端门有血书云："趣作法，圣人没，姬周亡，彗东出，秦正起，胡破术，书记散，孔不绝。"明日，子夏往视之，血书蜚为赤乌，化为帛乌，消书出署，曰《演孔图》。（《余论》卷五）（1，P578）

（13）孔论经，有乌化为书。奉以告天，赤爵集之，化为黄玉，刻曰：孔提命，仰应法，是为赤制。（《余论》卷五）（1，P578）

（14）麟，木之精。苍之灭也，麟不荣也。注谓：见拽。（《余论》卷五）（1，P586）

2.《春秋元命苞》（22条）

宋均注。又称《春秋元命包》（《晋书·地理志上》"兖州"下引①）。《元命苞》虽亡佚，但却是《春秋纬》中保存佚文较多的。《隋志》据梁阮孝绪《七录》载有宋均注《春秋包命》二卷。朱彝尊认为："疑即《元命包》。"朱氏又引孙瑴之言："元，大也。命者，理之隐深也。包言乎其罗络也，万象千名靡不括也。"②《路史》所引22条，其在《集成》中的对应关系如下。

（1）二百七十六万岁，每纪为一十六万七千年。（《前纪》卷二注）（1，P597）

（2）颛帝戴干，是谓崇仁。禹耳三漏，是谓大通；汤臂三肘，是谓柳翌；文王四乳，是谓含良；武王骈齿，是谓刚强。（《前纪》卷六注）（1，P591）

　　按：《集成》所引，"颛帝戴干，是谓崇仁"句在第591页，"禹耳三漏，是谓大通；汤臂三肘，是谓柳翌"句在第592页，"文王四乳，是谓含良"句在第594页，"武王骈齿，是谓刚强"句在第595页。同时，"禹耳三漏，是谓大通"句《集成》据吴弘基刻本引作

---

① 《晋书》卷14，中华书局1974年标点本，第418页。

② （清）朱彝尊著，侯美珍等点校：《经义考》卷266，台湾文哲研究所筹备处1999年版，第8册，第34页。

"《前纪》卷九"之文;"汤臂三肘,是谓柳翌"句《集成》据《太平御览》卷三六九等引,未引及《路史》,据补;"文王四乳,是谓含良"句《集成》据《太平御览》卷八四等引,未引及《路史》,据补;"武王骈齿,是谓刚强"句《集成》据《太平御览》卷三六八等引,未引及《路史》,据补。

(3) 尧眉八采,是谓通明。(《前纪》卷六注)(1,P591)
(4) 帝佶戴干,是谓清明。(《前纪》卷六注)(1,P591)
(5) 舜目重童,是谓无景。(《前纪》卷六注)(1,P592)

　　按:《集成》据吴弘基刻本引作"《前纪》卷九"之文,据改;且《集成》仅据《路史·后纪》卷一一注引作"舜重瞳子,是为慈原。上应摄提,下应三元"。

(6) 少典妃安登游于华阳,有神童首感之于常羊,生神子,人面龙颜,好耕,是谓神农。(《后纪》卷三注)(1,P589)
(7) 炎帝之臣曰怪义,生白阜,是图地形。(《后纪》卷三注)(1,P589)
(8) 蚩尤虎捲,威文立兵。(《后纪》卷四注)(1,P596)
(9) 黄帝受图,有五始。(《后纪》卷五注)(1,P605)

　　按:《路史》引作《春秋纬》文。

(10)[尧] 鸟喙子。(《后纪》卷七注)(1,P592)
(11) 帝佶戴干,是谓清明。发节移度,盖像招摇。(《后纪》卷九上注)(1,P591)
(12) 注云:干,楯也。招摇为天戈,戈楯相副,戴之像见天中以为表。(《后纪》卷九上注)(1,P591)
(13) 姜嫄游閟宫,其地扶桑,履大人迹而生稷。(《后纪》卷九上注)(1,P593)
(14) 苍神精感姜嫄而生,卦之得震,故周苍。代商。苍神谓佶,木王者也。(《后纪》卷九上注)(1,P593)

（15）稷，岐颐自求，是谓好农。盖象角亢，戴土食谷。注云：面皮有土，象颐面为下部，下部为地，巧于利也。（《后纪》卷九上注）（1，P593）

（16）［尧］眉有八彩。（《后纪》卷一〇注）（1，P591）

按：《集成》误作"《后纪》卷九"之文，据改。

（17）舜重童子，是谓重原，上应摄提，下应三元。（《后纪》卷一一注）（1，P592）

（18）禹之时，民大乐，其骈三圣相继，故名《大夏》。（《后纪》卷一二注）（1，P592）

（19）夏以十三月为正，息卦受泰。注云：物之始，其色黑，以寅为朔，商以十二月，周以十一月，所谓三统。（《后纪》卷一二注）（1，P601）

（20）尧为天子，季秋下旬，梦白帝遗以乌喙子，其母曰扶始升高（立）［丘］，白帝，上有云如虎，感之而生皋陶。扶始问之，如尧言。乌喙子，谓皋陶也。（《发挥》卷三注）（1，P592）

按：《集成》谓据《后纪》卷七注引，实则《后纪》卷七注仅有"乌喙字"三子，据补。

（21）火离鸾鸾。（《余论》卷三注）

按：此条，《艺文类聚》卷九〇《鸾》引、《太平御览》卷九一六《鸾》引《春秋元命苞》文均作："火离为鸾。"与《路史》所引相类，则《集成》漏辑，据补。

（22）尧游于河，赤龙负图，与太尉舜等百二十人发视之。（《余论》卷七注）（1，P591）

3.《春秋文耀钩》（4条）

宋均注。"耀"又作"曜"（如《后汉书·律历志中》引①）。明孙瑴

---

① 《后汉书》，中华书局1965年标点本，第3037页。

曰："大率阐星耀而幽曲言之，故曰钩。"① 钟肇鹏认为："孔子修《春秋》，文成，光耀四布，钩深致远，故名《文耀钩》。"② 《路史》所引 4 条，其在《集成》中的对应关系如下。

（1）伏羲作易名官。（《后纪》卷一注）（1，P661）

（2）高辛受命，重黎说天文。（《后纪》卷九上注）（1，P661）

（3）唐尧即位，羲和立浑仪，盖名浑尔。（《后纪》卷一〇注）（1，P662）

　　按：此条，《路史》引仅作《曜钩》。

（4）大别以东，至富春、九江、衡山，皆云梦也。（《余论》卷一〇）（1，P664）

4.《春秋运斗枢》（8 条）

宋均注。明孙瑴曰："此专述璇玑，不及众星也，故以斗命篇。"③ 钟肇鹏认为："北斗七星的运行，乃制历明时的枢纽，北斗第一星名'天枢'，斗枢运动，为帝王制历法，施政教所取则，故曰《运斗枢》。"④ 《路史》所引 8 条，其在《集成》中的对应关系如下。

（1）虑羲、女娲、神农为三皇。皇者，中也。合元履中，开阴布纲，上合皇极，其施光明，指天画地，神化潜通者也。（《后纪》卷二注）（1，P710）

（2）帝鸿、金天、高阳、高辛、唐、虞为五代。（《后纪》卷六）

　　按：此条，《集成》漏辑，据补。考《尚书序》唐孔颖达疏曰："郑玄注《中候》，依《运斗枢》以伏牺、女娲、神农为三皇，又云五帝座，帝鸿、金天、高阳、高辛、唐、虞氏。"则《路史》之说或从此出。

（3）黄帝得龙图，中有玺章，文曰天黄符玺。（《后纪》卷一三下

① （明）孙瑴撰：《古微书》卷9，《丛书集成初编》，商务印书馆1936年版，第165页。
② 钟肇鹏：《谶纬论略》，辽宁教育出版社1995年版，第56页。
③ （明）孙瑴撰：《古微书》卷9，《丛书集成初编》，商务印书馆1936年版，第173页。
④ 钟肇鹏：《谶纬论略》，辽宁教育出版社1995年版，第56页。

注）（1，P724）

（4）天枢得则鸾集。（《余论》卷三）（1，P714）

（5）机星得则生。（《余论》卷五）（1，P715）

按：《集成》据《太平御览》卷八八九引，未引及《路史》，据补。

（6）舜以太尉之号即天子。五年二月，东巡狩中舟，与三公诸侯临观河，黄龙五采负图出，置舜前，蘷入水而前去，黄玉为匣，长三尺，广八寸，有户，白玉检，黄金绳，芝泥封两端，章曰"天黄帝符玺"，鸟文。舜与大司空禹、临侯博望等三十人集发图，玄色绨，长三十二尺，中有七十二帝地形之制、天文位度之差，藏之大麓。（《余论》卷七）（1，P711）

（7）帝尧时有临侯、望博。注：临侯，国氏。（《国名纪》卷六）

按：（6）（7），《集成》仅据《余论》卷七引，漏辑《国名纪》卷六所引，据补。

（8）夏不田，以生长之时也。郑谓夏禹以仁让得天下，触其夏名，故不田。（《后纪》卷一二注）（1，P722）

5.《春秋感精符》（1条）

宋均注。又名《春秋感精记》（如《文选》卷八扬子云《羽猎赋并序》李善注引，又卷五三李萧远《运命论》李善注引①）。明孙瑴曰："此言一切灾祥，皆精神之感召，而天物来符，故多述人事。"②

（1）麒麟一角，明海内之共一也。不剞台剖卵，则在郊矣。（《余论》卷五）（1，P742）

按：此条，《集成》据《太平御览》卷八八九等引，未引及《路史》，据补。

---

① （梁）萧统编，（唐）李善注：《文选》，中华书局1977年影印本，第131、730页。

② （明）孙瑴撰：《古微书》卷10，《丛书集成初编》，商务印书馆1936年版，第187页。

6. 《春秋合诚图》（13 条）

宋均注。又名《春秋合成图》（如《太平御览》卷九一五《凤》引[1]）。明孙毂曰："此主赤龙一图因而立名。明夫天人之合，皆有诚通，而其象已先著于图。"[2] 钟肇鹏认为："天人感应，以诚相通，人神相感，以图示意，故名《合诚图》。"[3]《路史》所引 13 条，其在《集成》中的对应关系如下。

（1）［伏羲］长九尺有一寸，望之广，视之专。（《后纪》卷一注）（1，P762）

（2）黄帝立五始，制以天道。（《后纪》卷五注）（1，P762）

（3）黄帝黄冠，白帝白文。（《后纪》卷五注）（1，P762）

（4）百二十二人也。（《后纪》卷五注）（1，P763）

（5）帝坐玄扈洛上，与大司马容光等临观，凤皇衔图置前，帝再拜受。（《后纪》卷五注）（1，P763）

（6）大帝之精起三河之州、中土之腴。（《后纪》卷一〇注）（1，P766）

（7）丰下兑上，龙颜日角，八采三眸。鸟庭荷胜，琦表射出。握嘉履翼，窍息洞通。（《后纪》卷一〇注）（1，P765）

按：此条，《路史》并未标明出自《春秋合成图》。

（8）尝观三河之首。注云：河东北端。（《后纪》卷一〇注）（1，P764）

按：《集成》误引作"《后纪》卷九"之文，据改。

（9）流润大石之中，而生庆都于斗维之野。身形长丈，有似大帝。蓻食不饥。年二十，寄伊长孺家，观于三河之首，常若神随。赤龙负图出，庆都读之，云：赤受天运，其下图，人衣赤衣光，面八彩，鬓须尺

---

① （宋）李昉等：《太平御览》，中华书局 1960 年影印本，第 4 册，第 4054 页。
② （明）孙毂撰：《古微书》卷 8，《丛书集成初编》，商务印书馆 1936 年版，第 156 页。
③ 钟肇鹏：《谶纬论略》，辽宁教育出版社 1995 年版，第 57 页。

余，长七尺二寸，兑上丰下，足履翼星。题曰：赤帝起，成天下宝。奄然阴雨，赤龙与婚，龙消而乳尧，既乳，视尧如图，及尧有知，庆都以图与之。（《后纪》卷一〇注）（1，P764）

按：此条，《集成》误引作"《后纪》卷九"之文，据改。

（10）赤帝之为人，视之丰，长八尺七寸。（《后纪》卷一〇注）（1，P765）

（11）光面八彩，谓八位皆有光彩。注云：彩色有八者。（《后纪》卷一〇注）（1，P765）

按：《集成》据《广博物志》卷二五引，未引及《路史》，据补。

（12）足下五翼星。（《后纪》卷一〇注）（1，P765）

（13）尧坐舟中，与太尉舜等临观，凤凰负图授于尧，赤玉为匣，长三尺，广八寸，厚寸，黄玉检，白玉绳，封两端，章曰"天赤帝符玺"。（《余论》卷七）（1，P764）

7.《春秋考异邮》（1条）

宋均注。明孙瑴曰："此篇则专谈物应耳。邮与尤通。"① 钟肇鹏认为："天垂现象，以见吉凶，考其灾异祯祥，天人通邮，符应不爽，故名《考异邮》。"②

（1）王者功平则［麒麟］至。（《余论》卷五）（1，P790）

8.《春秋保乾图》（3条）

宋均注，又宋衷注。此篇又名《春秋宝乾图》（《隋书·崔仲方传》引③）。钟肇鹏认为："乾为天为君，言君承天命，应运受图，于时保之，故名《保乾图》。"④ 《路史》所引3条，其在《集成》中的对应关系如下。

（1）天皇于是斟元陈枢，以立易威。言斟酌元化，该皇极以建易道。

---

① （明）孙瑴撰：《古微书》卷10，《丛书集成初编》，商务印书馆1936年版，第196页。
② 钟肇鹏：《谶纬论略》，辽宁教育出版社1995年版，第57页。
③ 《隋书》卷60，中华书局1973年标点本，第1448页。
④ 钟肇鹏：《谶纬论略》，辽宁教育出版社1995年版，第57页。

宋君云：威，则也，言斟酌元气、陈列枢机之行，以改立先法。（《前纪》卷二注）（1，P806）

（2）命娥陵氏制都良之管，以一天下之音。命圣氏制颁管，以合日月星辰，以易兆之晨，作充乐。（《后纪》卷二）（1，P805）

按：此条，《路史》并未标明出自《春秋保乾图》。

（3）岁星之散［为麟］。（《余论》卷五注）（1，P809）

按：《集成》据《初学记》卷九等引，未引及《路史》，据补。

9.《春秋佐助期》（1 条）

宋均注。又名《佑助期》（如《后汉书·樊英传》唐李贤注引[1]），而朱彝尊称："李淳风《乙巳占列》占候诸家，有《春秋佐助期占》。"[2]则"期"下又多一"占"字。陈槃认为："盖《佐助期》有占候之说，因之漫衍一字尔。"[3] 明孙瑴曰："此主为炎汉佐命，豫识其箓，故萧何之状现于图文。当时必并及诸杰，后不传耳。"[4] 陈槃更进一步指出："夫《佐助期》之为书，已有萧何星精之傅会，是必其《谶》作于汉世；乃复赘此曹氏之《谶》，则其书非一人一时之托，亦可知也。"[5]

（1）舜时，景星出房。（《后纪》卷一一注）（1，P818）

按：此条，《集成》据《太平御览》卷八七二等引，未引及《路史》，据补。

10.《春秋握诚图》（1 条）

宋均注。又名《春秋握成图》（如《太平御览》卷一三六《汉太上

① 《后汉书》卷 82 上，中华书局 1965 年标点本，第 2721 页。

② （清）朱彝尊著，侯美珍等点校：《经义考》卷 266，台湾文哲研究所筹备处 1999 年版，第 8 册，第 41 页。

③ 陈槃：《古谶纬研讨及其书录解题》，上海古籍出版社 2010 年版，第 348 页。

④ （明）孙瑴撰：《古微书》卷 12，《丛书集成初编》，商务印书馆 1936 年版，第 233 页。

⑤ 陈槃：《古谶纬研讨及其书录解题》，上海古籍出版社 2010 年版，第 351 页。

昭灵后》引①）。朱彝尊认为："《握成图》疑即《合诚图》。"② 恐非。

（1）执嘉妻含始，生刘季。（《后纪》卷一〇注）（1，P826）

11. 《春秋潜潭巴》（1 条）

宋均注。明孙瑴曰："潜潭者，水之沉深也。巴，又水之曲屈也。蜀江学巴字而流，盖其远也。撰名若此，吊诡之甚。"③

（1）里社鸣，圣人出，汤社鸣。（《后纪》卷一三下）（1，P840）

　　　　按：此条，《集成》据《文选》卷五三李萧远《运命论》注等引，未引及《路史》，据补。

12. 《春秋说题辞》（2 条）

宋均注。此篇乃《春秋纬》的概说，故明孙瑴曰："此撰书者统诸纬之义而绎其文也。"④ 朱彝尊亦说："《说题辞》文多系泛论。"⑤《路史》所引 2 条，其在《集成》中的对应关系如下。

（1）河以通乾出天苞，洛以流坤吐地符。河龙图发，洛龟书感。故《图》有九篇，《书》有六篇。（《前纪》卷九注）（1，P861）

（2）故《图》有九篇，《书》有六篇。（《前纪》卷九注）（1，P861）

13. 《春秋命历序》（31 条）

宋均注。或作《春秋命历引》（如《文选》卷三张平子《东京赋》李善注引）者误也，考《文选》卷二八陆士衡《乐府十七首》之《吴趋行》⑥ 引同一条，即作《春秋命历序》可证。钟肇鹏认为："本篇以为帝王年世，受命于天，五运相承，历数有序，故以《命历序》名篇。篇中叙天地开辟以来经历十纪，自三皇以下，迄于春秋，对古帝王世代及受命

①　（宋）李昉等：《太平御览》，中华书局 1960 年影印本，第 1 册，第 131 页。

②　（清）朱彝尊著，侯美珍等点校：《经义考》卷 266，台湾文哲研究所筹备处 1999 年版，第 8 册，第 42 页。

③　（明）孙瑴撰：《古微书》卷 11，《丛书集成初编》，商务印书馆 1936 年版，第 209 页。

④　（明）孙瑴撰：《古微书》卷 11，《丛书集成初编》，第 218 页。

⑤　（清）朱彝尊著，侯美珍等点校：《经义考》卷 266，台湾文哲研究所筹备处 1999 年版，第 8 册，第 31 页。

⑥　（南朝梁）萧统编，（唐）李善注：《文选》，中华书局 1977 年影印本，第 52、399 页。

历数加以序列。太古传说故事，赖此窥其崖略。"① 而朱彝尊认为："《命历序》文皆荒唐谬悠之说，不足录。"② 以今日之观点言之，朱氏之言似有待商榷。《路史》所引31条，其在《集成》中的对应关系如下。

（1）人皇出旸谷，分九河。（《前纪》卷二注）（1，P875）

（2）人皇别长九州，离艮地精，生女为后。夫妇之道始此。（《前纪》卷二注）（1，P876）

（3）《洛书》曰：人皇出于提地之日，九男，九兄弟相似，别长九国。（《前纪》卷二注）（1，P877）

按：《集成》误引作"《前纪》卷三"，据改。

（4）自开辟至获麟二百二十七万六千岁，分为十纪。（《前纪》卷二注）（1，P885）

（5）自开辟至获麟二百二十七万六千岁，分为十纪。（《余论》卷一）（1，P885）

按：（4）（5），《集成》仅据"《前纪》卷二注"引，未引及"《余论》卷一"，据补。

（6）皇伯、皇仲、皇叔、皇季、皇少五姓，同期俱驾龙，号曰五龙。（《前纪》卷二注）（1，P878）

（7）出天齐政，则有官统。（《前纪》卷三注）（1，P879）

（8）三百四十岁，狙神次之，号曰黄神。（《前纪》卷三注）（1，P877）

（9）人皇氏没，狙神次之。出于长淮，驾六蜚羊，政三百岁，五叶千五百岁。（《前纪》卷三注）（1，P877）

按：（8）（9），《集成》据《广博物志》卷九引，未引及《路

---

① 钟肇鹏：《谶纬论略》，辽宁教育出版社1995年版，第59页。
② （清）朱彝尊著，侯美珍等点校：《经义考》卷266，台湾文哲研究所筹备处1999年版，第8册，第46页。

史》，据补。

（10）一曰神皇氏，驾六蜚鹿，政三百岁。（《前纪》卷三注）（1，P879）

（11）次是民没，元皇出，天地易命，以地纪，此《春秋命历叙》文，与《洛书摘亡辟》同。注云：次民没，民始穴处之世终也。六皇者，自此以下。辰放氏而始。（《前纪》卷三注）（1，P878）

（12）辰放氏，是为皇次屈。宋均注《春秋命历叙》云：辰放，皇次屈之名也。渠头四乳，驾六蜚麔，出地邸，而从日月，上下天地，与神合谋。（《前纪》卷四注）（1，P880）

（13）古初之人，卉服蔽体。次民氏没，辰放氏作，时多阴风，乃教民攗木茹皮，以御风霜。绹发闒首，以去灵雨，而人从之，命之曰衣皮之人。（《前纪》卷四）（1，P878）

（14）皇覃氏，一曰离光氏。兑头日角，驾六凤皇，出地衡。（《前纪》卷四注）（1，P880）

按：《集成》据《初学记》卷九引，未引及《路史》，据补。

（15）被木枝者也。治二百有五十载。云：离光次之。（《前纪》卷四注）（1，P878）

（16）次民没，离光次之，号曰皇谈，治二百五十岁。（《前纪》卷四注）（1，P878）

（17）伏羲、燧人，始名物虫鸟兽。（《前纪》卷五注）（1，P880）

（18）［仓颉］龙颜。（《前纪》卷六注）（2，P879、883）

（19）皇柏登出搏桑日之阳，驾六龙而上下。（《前纪》卷六注）（1，P878）

（20）以木纪德。（《前纪》卷六注）

按：此条，《集成》漏辑，《路史》此条上之"皇柏登出搏桑日之阳，驾六龙而上下"句为《集成》辑得，且《集成》校记曰："《路·前纪》'扶'作'搏'，'以'作'而'，'下'下有'乃柏皇也'四字。"据此，可以断言安居氏等见过《路史》原书，而"皇柏登出搏桑日之阳,驾六龙而上下"与此句乃前后句,不知何以辑得前条,而漏辑此条。

（21）九头纪时有臣无官,但立尊卑之别。（《后纪》卷一注）（1,P886）

（22）一曰石年。（《后纪》卷三注）（1,P881）

（23）有神人名石耳,苍色（六）［大］肩,戴玉理。（《后纪》卷三注）（1,P880）

（24）有神人驾六龙,出地辅,号皇神农,始立地形,甄序四海,远近山川林薮所至,东西九十万里,南北八十二万里。（《后纪》卷三注）（1,P880）

（25）注云:其教如神,使民粒食,故天下号皇神农。（《后纪》卷三注）（1,P881）

（26）注云:日月清,有次序,故神应和气以生之。（《后纪》卷三注）（1,P881）

（27）炎帝八世五百二十年。（《后纪》卷四注）（1,P881）

（28）［炎帝］八世五百四十年。（《后纪》卷四注）（1,P881）

（29）夏霜而冬露。（《后纪》卷一三下）（1,P883）

按:此条,《集成》引作"《命历叙外纪》"文,误;且引文作"桀无道,六月降霜",亦与《路史》所引不符。《集成》所引《命历叙外纪》当作《命历序》与《外纪》,其中《命历序》指《春秋命历序》,而《外纪》乃《通鉴外纪》之省称。今考《太平御览》卷八七八《霜》引《春秋命历序》曰:"桀无道,夏出霜。"《通鉴外纪》卷二《夏商纪·桀》:"六月霜降。"《路史》所引当即此二书之文。

（30）黄帝传十世。（《发挥》卷三）（1,P882）

按:《路史》引作《春秋纬》文。《集成》据郑樵《通志》引此条,未引及《路史》,据补。

（31）以八元三百四岁为德运，七百六十岁为代轨，千五百二十岁为天地出符，四千五百六十岁为七精反初。"以文命者，十九而哀；以武兴者，六八而谋。"天人相应，若合符节。（《前纪》卷六）（1，P884）

按：此条，《路史》仅称《纬》。

14.《春秋内事》（4条）

宋均注。《隋志》载梁阮孝绪《七录》称："《春秋内事》四卷。"《经义考》引《通志》曰："六卷。"① 考今传本《通志·艺文略》亦作"四卷。"② 则《经义考》记载有误？明孙瑴曰："《春秋》、《孝经》各有《内事》，虽不系纬谶篇目，而其文词殊甚庞噩，又俱有宋均之注，故以为锌。"③《路史》所引4条，其在《集成》中的对应关系如下。

（1）自开辟后，五纬各居其方。至伏羲，乃消息祸福，以制吉凶，始合之以为元。（《后纪》卷一注）（1，P888）

（2）伏羲淮列三光，建分八节，以爻应气凡二十四。（《后纪》卷一注）（1，P887）

（3）风后善于伏羲之道，故推衍阴阳。（《后纪》卷五注）（1，P887）

（4）乃广宫室，壮堂庑，高栋深宇，以避风雨。（《后纪》卷五注）（1，P887）

按：《集成》据《太平御览》卷七九等引，未引及《路史》，据补。

15.《春秋河图揆命篇》（1条）

朱彝尊《经义考》无此篇，但有《春秋撰命篇》，且曰："按徐氏《公羊传疏》引《撰命篇》文云：'孔子年七十岁知图书，作《春秋》。'"④ 考

① （清）朱彝尊著，侯美珍等点校：《经义考》卷266，台湾文哲研究所筹备处1999年版，第8册，第48页。

② （宋）郑樵撰，王树民点校：《通志二十略》，中华书局2000年版，第1474页。

③ （明）孙瑴撰：《古微书》卷12，《丛书集成初编》，商务印书馆1936年版，第242页。

④ （清）朱彝尊著，侯美珍等点校：《经义考》卷266，台湾文哲研究所筹备处1999年版，第8册，第50页。

今本《公羊传·哀公十四年》徐彦疏引作《揆命篇》①，则朱氏所列《撰命篇》之"撰"乃"揆"字之误。而钟肇鹏认为《文选》卷五二班叔皮《王命论》、又卷五三李萧远《运命论》② 李善注引《春秋河图揆命篇》之"《春秋》二字乃衍文"。且认为："《春秋撰命篇》、《春秋揆命篇》皆当为《河图揆命篇》之误。"③ 亦即认为此篇乃《河图》之文。可备一说。

（1）苍、羲、农、黄，三阳翊天德圣明。（《发挥》卷一）（1，P894）

按：《集成》据《文选》卷五二班叔皮《王命论》注等引此条，未引及《路史》，据补。

16.《春秋纬》（1 条）

关于此篇的情况，上已言及，此不赘述。

（1）天皇、地皇、人皇，皆九人，分为九州，长天下。（《前纪》卷二注）（1，P901）

17.《春秋少阳篇》（1 条）

此篇不在《集成》29 种《春秋纬》之列，朱彝尊《经义考》有此篇，且引王应麟说曰："《论语疏》：按《春秋少阳篇》，伯夷姓墨，名允，字公信云云。"④ 按王氏之说见所著《困学纪闻》卷七《论语》条下载。⑤《路史》所引 1 条亦出《论语疏》中，其文如下。

（1）允字公信，智字公远。（《后纪》卷四注）

（七）孝经纬（5 类 32 条）

《孝经纬》，又可称为《孝经谶》。《白虎通·诛伐》曰："《孝经谶》

---

① （汉）公羊寿传，（汉）何休解诂，（唐）徐彦疏：《春秋公羊传注疏》，《十三经注疏》，北京大学出版社 1999 年标点本，第 624 页。

② （梁）萧统编，（唐）李善注：《文选》，中华书局 1977 年影印本，第 718、730 页。

③ 钟肇鹏：《谶纬论略》，辽宁教育出版社 1995 年版，第 68 页。

④ （清）朱彝尊著，侯美珍等点校：《经义考》卷 266，台湾文哲研究所筹备处 1999 年版，第 8 册，第 50 页。

⑤ （宋）王应麟著，（清）翁元圻等注，栾保群、田松青、吕宗力校点：《困学纪闻》（全校本），上海古籍出版社 2008 年版，第 950 页。

曰：'夏至阴气始动，冬至阳气始萌。'"① 考《太平御览》卷二八《冬至》引《孝经援神契》曰："冬至阳气动。"② 与此略同，则《白虎通》所引之《孝经谶》乃《孝经援神契》之文。据唐李贤注《后汉书》，《孝经纬》有《援神契》《钩命决》二种。此二篇，《白虎通》里亦曾引及；而《援神契》一篇之名，也出现在宋洪适撰《隶释》卷一《鲁相史晨祠孔庙奏铭》及卷二一《鲁相晨孔子庙碑》中。之后，南朝宋范晔《后汉书》中大量引及《援神契》《钩命决》之文。可见，此二篇早在东汉已经流行。

《隋志》经部异说类著录此二篇："《孝经勾命决》六卷。"注曰："宋均注。""《孝经援神契》七卷。"注曰："宋均注。"此外，《隋志》还著录了"《孝经内事》一卷"。注曰：

> 梁有《孝经杂纬》十卷，宋均注；《孝经元命包》一卷；《孝经古秘援神》二卷，《孝经古秘图》一卷，《孝经左右握》二卷，《孝经左右契图》一卷，《孝经雌雄图》三卷，《孝经异本雌雄图》二卷，《孝经分野图》一卷，《孝经内事图》二卷，《孝经内事星宿讲堂七十二弟子图》一卷，又《口授图》一卷。

同时，《隋志》子部天文类又载有"《孝经内记》二卷"；五行类载有"《孝经元辰决》二卷"，"《孝经元辰》二卷"，"《孝经元辰》四卷。梁有《五行元长厄会》十三卷，《孝经元辰会》九卷，《孝经元辰决》一卷，亡"等。《隋志》在《援神契》《钩命决》外，多出十几种，这多出的篇目，日本学者安居香山、中村璋八认为：

> 总之，存在于东汉的《孝经纬》只有《援神契》和《钩命决》（尽管后世能见到许多篇名），其他各篇都是在魏晋南北朝期间基于各种目的而制造出来的。③

---

① （清）陈立撰，吴则虞点校：《白虎通疏证》，中华书局 1994 年版，第 219 页。
② （宋）李昉等：《太平御览》，中华书局 1960 年影印本，第 1 册，第 131 页。
③ ［日］安居香山、中村璋八辑：《纬书集成·解说》，河北人民出版社 1994 年版，第 54 页。

其说可从。然而让人觉得奇怪的是，《隋志》在列举了以上资料之外，又在文末小结中说：

> 《七经纬》三十六篇，并云孔子所作，并前合为八十一篇。而又有《尚书中候》、《洛罪级》、《五行传》、《诗推度灾》、《氾历枢》、《含神务》、《孝经勾命决》、《援神契》、《杂谶》等书。①

似又将《钩命决》《援神契》排除在《七经纬》之外？考《后汉书·翟酺传》称翟酺"著《援神、钩命解诂》十二篇"。唐李贤注曰："《援神契》、《钩命决》，皆《孝经纬》篇名也。"②姚振宗《后汉艺文志》注曰：

> 按《七经纬》，《孝经》有此二篇，而《隋志》言《七纬》之外又有此二篇，似汉时《孝经纬》有两本：一在《七纬》中，一别本单行，其文或不同。翟氏所解诂者，或别本也。③

姚氏认为汉时《孝经纬》有两种，《隋志》所列正是将两种不同的《孝经纬》同时并举，并非前后矛盾。到宋郑樵著《通志·艺文略》时，载曰：《孝经钩命决》六卷，《孝经援神契》七卷，《孝经纬》五卷。④ 明焦竑《国史经籍志》卷二"孝经类"著录与《通志》同。即将《孝经纬》单独作为一种书列出来了。此说是否合理，尚待考察。

两《唐志》均仅作宋均注《孝经纬》五卷。《宋史·艺文志》仅在子部五行类著录："《孝经雌雄图》四卷。"其余《孝经纬》的篇目已经不见记载，可知已散佚殆尽。

关于《孝经纬》的辑佚，有元陶宗仪《说郛》、明孙瑴《古微书》、明杨乔岳《纬书》、清林春溥《古书拾遗》、清赵在翰《七纬》、清马国翰《玉函山房辑佚书》、清黄奭《汉学堂丛书》《黄氏逸书考》、清乔松年《纬捃》、清殷元正《集纬》等诸家所辑。《集成》在此基础上，共辑

---

① 《隋书》卷32，中华书局1973年标点本，第941页。
② 《后汉书》卷48，中华书局1965年标点本，第1606页。
③ （清）姚振宗：《后汉艺文志》，《师石山房丛书》之六，开明书店1936年版，第42页。
④ （宋）郑樵撰，王树民点校：《通志二十略》，中华书局2000年版，第1478页。

得《孝经援神契》《孝经中契》《孝经左契》《孝经右契》《孝经钩命决》《孝经内事》《孝经内事图》《孝经河图》《孝经中黄谶》《孝经威嬉拒》《孝经古祕》《孝经雌雄图》《孝经雌雄图三光占》《孝经章句》《孝经纬》15 种。

1. 《孝经援神契》（21 条）

宋均注。"援"一作"爰"。陈槃认为：

> 《孝经纬》则何为而有取于"神契"？检其书有曰："元气混沌，孝在其中，天子孝，天龙负《图》，地龟出《书》，妖孽消灭，景云出游（《初学记·人部》等引）"。"天子行孝，四夷和平（《后汉书·谢弼传》等引）"。"庶人孝则泽林楙，浮珍舒怪，草秀，水出神鱼（《初学记·人部》等引）"。诸如此类，谓孝道与天地神明合契，故神则报之以祯祥也。①

钟肇鹏认为："以孝道通乎神明，天人合契，援引众义，阐发微旨，故名曰《援神契》。"②《路史》所引 21 条，其在《集成》中的对应关系如下。

(1) （宗）〔宋〕均《援神契注》以伏羲、神农、遂人为三皇。（《前纪》卷一注）（1，P993）

(2) 奎主文章，仓颉作文字。（《前纪》卷六注）（1，P958）

> 按：《集成》仅引及"奎主文章"四字。

(3) 伏羲大目，山准日角，而连珠衡。宋均注云：木精之人。日角，额有骨表，取象日所出房所立有星也。珠衡，衡中有骨表如连珠，象玉衡星。（《后纪》卷一注）（1，P964）

(4) 神农耕桑得利，究年受福。究，穷也。（《后纪》卷三注）（1，P964）

(5) 长八尺有七寸，弘身而牛愿，龙颜而大唇，怀成铨，戴玉理。

---

① 陈槃：《古谶纬研讨及其书录解题》，上海古籍出版社 2010 年版，第 354—355 页。
② 钟肇鹏：《谶纬论略》，辽宁教育出版社 1995 年版，第 61 页。

（《后纪》卷三注）（1，P965）

按：此条，《路史》并未标明出自《孝经援神契》。

（6）身逾九尺，附函挺朵，修髯花瘤，河目隆颡，日角龙颜。（《后纪》卷五注）（1，P965）

按：此条，《路史》所引并未标明出自《孝经援神契》。且《集成》所引亦误作“《后纪》卷三”之文，据改。

（7）社，土地之主；稷，五谷之主。（《后纪》卷四注）（1，P970）
（8）圣王吹律有姓。（《后纪》卷五注）

按：《太平御览》卷一六《律》引《孝经援神契》与此同，则《集成》漏辑，据补。

（9）王者德至山陵，则庆云出。（《后纪》卷五注）（1，P975）

按：《集成》据《艺文类聚》卷九七等引，未引及《路史》，据补。

（10）《孝经纬》亦言：德至鸟兽，则凤凰翔，麒麟臻。（《余论》卷五）（2，P977—978）

按：《集成》据《艺文类聚》卷九八等引，且把“凤凰翔，麒麟臻”分解成两条，均未引及《路史》，据补。

（11）［尧］眉有八彩。（《后纪》卷一〇注）（1，P965）
（12）尧，火精。鸟庭，庭有鸟骨。表取朱鸟与太微庭也。朱鸟戴圣，荷胜似之。（《后纪》卷一〇注）（1，P965）
（13）舜手握褒，龙颜大口。（《后纪》卷一一注）（1，P965）
（14）注：握褒者，手兆如褒字。喻从劳苦受褒饰，致大祥也。（《后

纪》卷一一注）（1，P965）

（15）契赐子氏。（《后纪》卷一一注）（1，P966）

（16）后偷任威，折其玉斗，失其金锥。注：后偷，苟且自专也。玉斗者，浑仪。金推，言国之寇。（《后纪》卷一三下注）（1，P986）

（17）帝舜祇德，钦象有光，至于稷兴，荣光迭至，黄龙负图卷舒，至水畔，置舜前，舜与三公大司空禹等三十人集发图。周公践阼，理政与天合志，万序咸得，休气充塞。（《余论》卷六）（1，P966）

（18）周公践阼，理政与天合志，万序咸得，休气充塞。（《余论》卷六）（1，P966）

（19）舜生姚墟。（《余论》卷七）（1，P966）

（20）朱草生，蓂荚孳。（《余论》卷七）（1，P974）

（21）注：朱草者，百草之精，状如小桑，栽子，长三四尺，枝茎如珊瑚，生名山石岩之下，刺之如血。其叶生落，随月晦朔，亦如蓂荚。（《余论》卷七）（1，P974）

2.《孝经中契》（1 条）

宋均注。陈槃认为："古亦但有左右契，无所谓'中契'。《孝经中契》云云，其名义未详。意者其书有三卷，左右之外复有其一，则亦漫称曰'中契'欤？"①

（1）丘见《孝经》，文成而天道立。乃斋以白之天，玄霜涌北极，紫宫开北门，召亢星北落，司命天使书题号云《孝经篇目》。玄神辰裔孔丘知元，命使阳衢乘紫麟，下告地主要道之君。后年麟至，口吐图文，北落郎服，书鲁端门，隐形不见。子夏往观，写之得十七字，余文二十消灭，飞为赤乌，翔摩青云。（《余论》卷五）（1，P995）

3.《孝经右契》（2 条）

宋均注。陈槃认为："此云'契'，指契券。契券者，符信之物事，分为左右，各执其一，以为信约，故有'左契''右契'之目。"② 据考，《左契》《右契》佚文的部分内容与《援神契》相似，且《御览》引作《右契》的文字，在《艺文类聚》中被视为《援神契》。因此有学者认为，这三篇或许是《援神契》的章名。但检查《援神契》章名会发现，

① 陈槃：《古谶纬研讨及其书录解题》，上海古籍出版社 2010 年版，第 359 页。

② 陈槃：《古谶纬研讨及其书录解题》，第 358 页。

其中记有敢问、五刑等章，与《左契》《右契》的名字不相同。因此日本学者安居香山、中村璋八认为："《左契》、《右契》是《左右契》等《七录》中的书呢，还是《援神契》的章句，无法判明。"① 《路史》所引 2 条，其在《集成》中的对应关系如下。

（1）麒麟一角，明海内之共一也。（《余论》卷五）

> 按：此条，已见于上《春秋感精符》文，《路史》亦引作《孝经右契》文。然考《初学记》卷二九《麟》、《艺文类聚》卷九八《麟》、《白孔六帖》卷九五《麟》"一角"注、《事类赋》卷二〇《麟》"遇海内一主乃生"注、《太平御览》卷八八九《麒麟》引此条均作《春秋感精符》文，且《白孔六帖》《太平御览》在引完《春秋感精符》文后，紧接着所引即为《孝经右契》文，则此条《路史》作"《孝经右契》《春秋感精符》：麒麟一角，明海内之共一也"，是误将两条内容合为一条也明矣，则此条不当为《孝经右契》文。然则《集成》漏辑此条可，如上文所言漏辑《春秋感精符》此条则不可。

（2）孔子夜梦丰沛之邦有赤烟起。颜回、子夏观之，驱车到楚西北范氏之庙。刍儿捶麟，复其前，折左足，取薪覆之。子曰："汝为谁?"曰："吾姓赤松，字乔持，名受纪。"子曰："有见乎?"曰："见一禽如麕者，羊头上角，其末有肉方。"以是四走，子发薪，麟视子，子趋而往，麟蒙其耳，吐书三卷。子精读之。（《余论》卷五）（1，P1000）

> 按：《集成》据《太平御览》卷八八九等引，未引及《路史》，据补。

4.《孝经钩命决》（7 条）

宋均注。一作《勾命诀》，如《纬略》卷七《相经》："骈齿。"注曰："武王，《元命苞》；夫子，《孝经勾命诀》。"② 钟肇鹏认为："孝通天

---

①　[日]安居香山、中村璋八辑：《纬书集成·解说》，河北人民出版社1994年版，第49页。
②　（宋）高似孙：《纬略》，《丛书集成初编》，商务印书馆1936年版，第114页。

地，以立性情，钩稽天命，以崇人伦，撮其微旨，故以诀名，所以叫《钩命决》。"①《路史》所引 7 条，其在《集成》中的对应关系如下。

（1）伏羲氏有《立基》，神农氏有《下谋》，祝融氏有《祝续》。（《前纪》卷八注）（1，P1012）

（2）华胥履迹，怪生皇羲。注云：灵威仰之迹。（《后纪》卷一注）（1，P1005）

（3）［神农］名轨。（《后纪》卷三注）（1，P1006）

（4）附宝出，降大灵，生帝轩。注：轩，黄帝名。电黄精轩之气。（《后纪》卷五注）（1，P1006）

（5）任已感神生帝魁。故康成云：任已，帝魁之母。（《后纪》卷六注）（1，P1005）

（6）舜即位，巡省中河，录图受文。（《后纪》卷一一注）（1，P1006）

（7）命星贯昴，修纪梦接，生禹。注：命，使之星。（《后纪》卷一二注）（1，P1006）

5.《孝经河图》（1 条）

日本学者安居香山、中村璋八认为：

> 《孝经河图》是只在《纬捃》、《玉函山房辑佚书》中存有的篇名。由于所谓《孝经河图》的文字在《河图》中也能见到，因此它或者是《河图》之误，和《孝经纬》没有什么关系。……但本《集成》各篇均沿袭《纬捃》，故仍是它独立成篇。②

钟肇鹏也认为：

> 《孝经河图》或疑《孝经纬》及《河图》，然贾思勰《齐民要术》及《太平御览》两引并作《孝经河图》，似不得以为诸书所引均误以二书为一书。③

---

① 钟肇鹏：《谶纬论略》，辽宁教育出版社 1995 年版，第 61 页。
② ［日］安居香山、中村璋八辑：《纬书集成·解说》，河北人民出版社 1994 年版，第 49 页。
③ 钟肇鹏：《谶纬论略》，辽宁教育出版社 1995 年版，第 70 页。

（1）伏羲在亥，得人定之应。（《后纪》卷一注）（1，P1028）

（八）论语谶（6类20条）

《论语谶》，又称《论语纬》，虽不包含在《七经纬》之内，但此书在汉代已出现，如《白虎通·辟雍》曾引《论语谶》曰："五帝立师，三王制之。"①《隋志》未著录此书，但在其所载的梁《七录》中曾载有"《论语谶》八卷，宋均注"。《旧唐书·经籍志》载"《论语纬》十卷，宋均注"。《新唐书·艺文志》亦著录"宋均注，《论语纬》十卷"。

《七录》之后，两《唐志》均改"谶"作"纬"，且多出两卷，其中缘由，日本学者安居香山、中村璋八认为："可能这是把量多的某篇例如《比考谶》、《摘辅象》分为上、下二卷的结果。"②这种说法，虽不见得就是正确结论，但亦可备一说。到南宋陈振孙《直斋书录解题》载："《唐志》数内有《论语纬》十卷，《七纬》无之。《太平御览》有《论语摘辅像》、《撰考谶》者，意其是也。"③之后的目录书籍中几乎见不到该书的名字，则此书的亡佚当在宋代。

关于《论语谶》的辑佚，有明孙瑴《古微书》、明杨乔岳《纬书》、清马国翰《玉函山房辑佚书》、清黄奭《汉学堂丛书》、清乔松年《纬捃》、清殷元正《集纬》等诸家所辑。《集成》在此基础上，共辑得《论语比考》《论语撰考》《论语摘辅象》《论语摘衰圣》《论语素王受命谶》《论语崇爵谶》《论语纠滑谶》《论语阴嬉谶》《论语谶》9种。

1.《论语比考》（3条）

宋均注。明孙瑴称："其命曰《比考》，盖以上比之三王，下自考也。"④《路史》所引3条，其在《集成》中的对应关系如下。

（1）叔孙、武叔毁仲尼，如尧民云"尧何力功"者。（《后纪》卷一〇注）（1，P1066）

（2）重童黄姚。（《后纪》卷一一注）（1，P1065）

按：《路史》此条引作《论语撰考比》，而《文选》卷三六任彦

① （清）陈立撰，吴则虞点校：《白虎通疏证》，中华书局1994年版，第255页。
② ［日］安居香山、中村璋八辑：《纬书集成·解说》，河北人民出版社1994年版，第61页。
③ （宋）陈振孙撰，徐小蛮、顾美华点校：《直斋书录解题》，上海古籍出版社1987年版，第80页。
④ （明）孙瑴撰：《古微书》卷25，《丛书集成初编》，商务印书馆1936年版，第471页。

升《宣德皇后令》"五老游河，飞星入昴"下唐李善注引此条作《论语比考谶》。①

（3）仲尼曰："吾闻帝尧率舜等，游首山，观河渚，有五老游河渚，一曰《河图》将来告帝期，二曰《河图》将来告帝谋，三曰《河图》将来告帝书，四曰《河图》将来告帝图，五曰《河图》将来告帝符。有顷，赤龙衔玉苞，舒图，刻版题命可卷，金泥玉检封盛书威。曰：'知我者重童也。'五老乃为流星，上入昴。黄姚视之，龙没《图》在。尧等共发曰：'帝当枢百则禅于虞。'尧喟然曰：'咨汝舜，天之历数在汝躬，允执其中，四海困穷，天禄永终。'"（《余论》卷七）（1，P1065）

2. 《论语撰考》（3 条）

宋均注。明孙瑴称："《比考》之外，别有《撰考》，亦不言谶，然实谶文也。"② 朱彝尊称："《论语谶》虽有《比考》、《撰考》之目，诸书所引，往往互见。"③ 故而认为《比考》《撰考》的佚文不能尽别。周生杰认为："此书为《七纬》之一，其中《论语纬》十卷，同亡。"④ 不知何以将此书归入《七纬》之中？《路史》所引 3 条，其在《集成》中的对应关系如下。

（1）轩知地利，九牧倡教。（《后纪》卷五注）（1，P1068）

（2）黄帝受地形，象天文以制官。（《后纪》卷五注）（1，P1068）

（3）尧修坛河、洛，择良议沈，率舜等升首山，道河渚，有五老游焉，相谓《河图》将来，告帝以期云云。（《后纪》卷一〇注）（1，P1068）

3. 《论语摘辅象》（11 条）

宋均注。此篇多记孔子及其子弟的容颜与行事，兼及古代帝王及其辅佐。曾被陶渊明收入《圣贤群辅录》中。朱彝尊认为："《摘辅象》文多说圣门仪表。……又以颜渊为素王之司徒，子贡为素王之司空，悉无稽之说。而又溯于上古燧人四佐……伏羲六佐……黄帝七辅……盖好

---

① （梁）萧统编，（唐）李善注：《文选》，中华书局 1977 年影印本，第 505 页。

② （明）孙瑴撰：《古微书》卷 25，《丛书集成初编》，商务印书馆 1936 年版，第 484 页。

③ （清）朱彝尊著，侯美珍等点校：《经义考》卷 267，台湾文哲研究所筹备处 1999 年版，第 8 册，第 54 页。

④ 周生杰：《〈太平御览〉研究》，巴蜀书社 2008 年版，第 264 页。

事者为之。"①《路史》所引 11 条,其在《集成》中的对应关系如下。

(1)必有受税俗。注云:受税赋及徭役所宜。(《前纪》卷五注)(1,P1070)

　　按:《集成》误引作"《后纪》卷一注"文,据改。

(2)注云:受古诸侯之事。(《前纪》卷五注)(1,P1070)

　　按:《集成》误引作"《后纪》卷一注"文,据改。

(3)遂人出天,四佐出洛。言生知出于天,而四佐,洛产也。(《前纪》卷五注)(1,P1070)

　　按:《集成》误引作"《后纪》卷一注"文,据改。

(4)燧人之佐,成博受古诸。宋衷以为受诸侯之事。(《后纪》卷一注)(1,P1070)

(5)鸟明主建福,视墨主灾恶。(《后纪》卷一注)(1,P1070)

(6)命纪侗中职,定于中邦。《二八目》作"纪通"。宋均云:"为田主,主内职。"(《后纪》卷一注)(1,P1070)

(7)仲起司陆。均云:主平地。(《后纪》卷一注)(1,P1070)

(8)阳侯司海。宋衷云:阳侯,伏羲之臣。(《后纪》卷一注)(1,P1071)

(9)乃绌神明,开肺意,举六佐以自策。(《后纪》卷一注)(1,P1070)

　　按:此条,《路史》引作"二八目",误,当作"四八目",即"圣贤群辅录"。见《陶渊明集》卷九《圣贤群辅录上》载《论语摘辅象》文。

────────

① (清)朱彝尊著,侯美珍等点校:《经义考》卷 267,台湾文哲研究所筹备处 1999 年版,第 8 册,第 52 页。

（10）七辅，有风后而无鵶冶。（《后纪》卷五注）（1，P1071）

（11）容光为司马。（《后纪》卷五注）（1，P1071）

4.《论语摘衰圣》（1条）

宋均注。又名《论语摘襄圣承进谶》（《文选》二〇王仲宣《公燕诗》李善注引①），又名《论语摘襄圣承进》（《太平御览》卷七六引②）。《摘衰圣》名之由来，明孙毂曰："命曰《比考》，盖以上比之三王，下自考也。考之不得，而后曰《摘辅》，曰《摘衰》，始自安矣。"③

（1）子欲居九夷，从凤嬉。（《国名纪》卷一注）（1，P1075）

　　按：此条，《路史》引作《逸论语》。然考《太平御览》卷九一五《凤》引《论语摘衰圣》文与此同，则此条亦当是《论语摘衰圣》之文，而《集成》仅据《御览》所引，未引及《路史》，据补。

5.《论语阴嬉谶》（1条）

宋均注。今仅存佚文十余条。《集成》据隋杜台卿《玉烛宝典》，以为此篇或作《降嬉效》。④

（1）桀杀龙逢后，庚子旦，有金版出于中庭，刻曰：族王禽。注云：桀与逢同姓，故云族王，言必见禽。（《后纪》卷一三下）（1，P1081）

　　按：《集成》据《文选》卷四〇任彦升《百辟劝进今上笺》注引此条，未引及《路史》，据补。

6.《论语谶》（1条）

宋均注。《路史》所引1条，其在《集成》中的对应关系如下。

（1）伯夷、叔齐，义逊龙举。（《后纪》卷四注）（1，P1084）

---

① （梁）萧统编，（唐）李善注：《文选》，中华书局1977年影印本，第283页。

② （宋）李昉等：《太平御览》，中华书局1960年影印本，第1册，第355页。

③ （明）孙毂撰：《古微书》卷25，《丛书集成初编》，商务印书馆1936年版，第471页。

④ ［日］安居香山、中村璋八辑：《纬书集成·解说》，河北人民出版社1994年版，第60页。

（九）河图（11 类 57 条）

《河图》《洛书》之名出现极早，如《尚书·顾命》："大玉、夷玉、天球、河图，在东序。"《周易·系辞传》："河出图，洛出书，圣人则之。"《礼记·礼运》："故天降膏露，地出醴泉，山出器车，河出马图，凤皇麒麟，皆在郊椒。"《论语·子罕》："子曰：凤鸟不至，河不出图，吾已矣夫。"《文子·道德》："老子曰：至德之世，河出图，洛出书。"然而，形成于汉代的谶纬中的《河图》《洛书》，与上述河图、洛书之间并非同一回事。但是可以推想的是，"其称谓既为河图、洛书，就继承了上述河图、洛书的预言和征兆的性质"。[1] 据《隋书·经籍志》所述即可看出此种继承关系：

> 《易》曰："河出图，洛出书。"然则圣人之受命也，必因积德累业，丰功厚利，诚著天地，泽被生人，万物之所归往，神明之所福飨，则有天命之应。盖龟龙衔负，出于河、洛，以纪易代之征，其理幽昧，究极神道。先王恐其惑人，秘而不传。说者又云，孔子既叙六经，以明天人之道，知后世不能稽同其意，故别立纬及谶，以遗来世。其书出于前汉。

《隋志》接着说：

> 有《河图》九篇，《洛书》六篇，云自黄帝至周文王所受本文。又别有三十篇，云自初起至于孔子，九圣之所增演，以广其意。又有《七经纬》三十六篇，并云孔子所作，并前合为八十一篇。[2]

据此，《河图》《洛书》之总数为 45 篇。《后汉书·张衡传》称："《河洛》、《六艺》，篇录已定，后人皮傅，无所容篡。"唐李贤注："《衡集》上事云：'《河洛》五九，《六艺》四九，谓八十一篇也。'"[3]《后汉书志》第七《祭祀志》称：

---

① ［日］安居香山、中村璋八辑：《纬书集成·解说》，河北人民出版社 1994 年版，第 61 页。

② 《隋书》卷 32，中华书局 1973 年标点本，第 940—941 页。

③ 《后汉书》卷 59，中华书局 1965 年标点本，第 1912 页。

秦相李斯燔《诗》、《书》，乐崩礼坏。建武元年已前，文书散亡，旧典不具，不能明经文，以章句细微相况八十一卷，明者为验，又其十卷，皆不昭晢。①

可知，《河图》《洛书》之数为 45 篇，与《七经纬》36 篇，共计 81 篇，在当时被认定为谶纬的总数。

关于《河图》的辑佚，有元陶宗仪《说郛》、明孙毂《古微书》、明杨乔岳《纬书》、清林春溥《古书拾遗》、清刘学宠《诸经纬遗》、清黄奭《汉学堂丛书》《黄氏逸书考》、清乔松年《纬捃》、清殷元正《集纬》等诸家所辑。《集成》在此基础上，共辑得《河图括地象》《河图始开图》《河图挺佐辅》《河图稽耀钩》《河图帝览嬉》《河图握矩记》《河图玉版》《龙鱼河图》《河图合古篇》《河图令占篇》《河图赤伏符》《河图阊苞受》《河图叶光纪》《河图龙文》《河图录运法》《河图帝通纪》《河图真纪钩》《河图龙帝纪》《河图龙表》《河图考钩》《河图秘征》《河图说征》《河图说征祥》《河图说征示》《河图会昌符》《河图稽命征》《河图揆命篇》《河图要元篇》《河图天灵》《河图提刘篇》《河图绛象》《图纬绛象》《河图著明》《河图皇持参》《河图帝视萌》《河图灵武帝篇》《河图玉英》《河图稽纪钩》《河图考灵曜》《河图纪命符》《河图圣洽符》《河图表纪》《河图》共 43 种。

1. 《河图》（14 条）

《隋志》所载："《河图》二十卷。"注引梁阮孝绪《七录》曰："梁《河图洛书》二十四卷，《目录》一卷，亡。"两《唐志》不见著录。可见该书至唐代已经散佚严重。陈槃指出：

所谓《河图》者，谓黄河所出之图书也。其书屡言图载某某事物，图长广若干尺，颜色何若，是必有字亦复有图。唐张彦远《历代名画记》卷三："古之祕画珍图，今粗举领袖，则有《河图》。原注：十三卷。又八卷。"张氏以《河图》为"祕画珍图"，是此《河图》必有图绘矣。敦煌之钞本《瑞图》残卷（伯希和编目二六八三号）有字有图，是其比矣。是则吾人今日所见辑本之《河图》，原书

---

① 《后汉书》，中华书局 1965 年标点本，第 3166 页。

久佚，图已不传，非其朔矣。①

陈氏之言是也。《路史》所引 14 条，其在《集成》中的对应关系如下。

（1）天、地二皇，俱万八千岁。（《前纪》卷二注）（1，P1219）

（2）有巢氏王天下也，驾六龙飞麟，从日月，号古皇氏。（《前纪》卷九注）（1，P1215）

（3）巨迹出雷泽，华胥履之。（《后纪》卷一注）（1，P1222）

　　按：《集成》据《太平御览》卷一三五等引，未引及《路史》，据补。

（4）赤帝有女，讹铁飞之异。（《后纪》卷三注）（1，P1222）

　　按：《集成》据《太平御览》卷八一三引，未引及《路史》，据补。

（5）黄轩母曰地祇之子附宝也。（《后纪》卷五注）（1，P1219）

　　按：《集成》据《太平御览》卷一三五等引，未引及《路史》，据补。

（6）黄帝兑颐。黑帝修颈。苍帝并乳。（《后纪》卷五注）（1，P1221，P1222）

　　按：《集成》第 1221、1222 页分别据《路史》引及"苍帝并乳""黑帝修颈"两句，而《集成》第 1219 页据《太平御览》卷三六八引"黄帝兑颐"句，却未引及《路史》此句，据补。

（7）五旗。（《后纪》卷五注）（1，P1220）

---

① 陈槃：《古谶纬研讨及其书录解题》，上海古籍出版社 2010 年版，第 373 页。

（8）风后曰：予告汝帝之五旗，东方法青龙曰旗，南方法赤鸟曰鼠，西法白虎曰典，北法黑蛇曰旗，中央法黄龙常。（《余论》卷三）（1，P1220）

按：（7）（8），《集成》据《太平御览》卷二四〇（按：当作"卷三四〇"）等引，未引及《路史》，据补。

（9）白帝朱宣。（《后纪》卷七注）（1，P1222）

按：《集成》据《太平御览》卷七九等引，未引及《路史》，据补。

（10）瑶光贯日，正白，女妪感于幽房之宫，生黑帝，名颛顼。（《后纪》卷八注）（1，P1222）

按：《集成》据《太平御览》卷七九等引，未引及《路史》，据补。

（11）授嗣，正在九房。（《后纪》卷九上）（1，P1223）
（12）怪目勇敢两童，天雨刀于楚之邦，谓项羽。（《发挥》卷二注）（1，P1223）
（13）黄帝云：予梦两龙授图，乃斋往河洛求之，有大鱼泝流而至，泛白图，帝跪受之。（《余论》卷六）（1，P1220）

按：《集成》据《太平御览》卷六一等引，未引及《路史》，据补。

（14）黄帝游洛水，有鲤长三丈，身青无鳞，赤文成字。（《余论》卷六）（1，P1219）

按：《集成》据《太平御览》卷九三六等引，未引及《路史》，据补。

2.《河图括地象》（16 条）

郑玄注、宋均注。《河图括地象》，亦称《河图括地象图》，又简称《括地图》。朱彝尊认为："《河图括地象》其言虽夸，然大抵本邹衍大九州之说。"① 其说诚是。然朱氏又据唐张彦远《历代名画记》分《河图括地象》与《河图括地象图》为二书，其说则非。此书唐以后不见著录，可知亡佚较早。《路史》所引 16 条，其在《集成》中的对应关系如下。

（1）易有太极，是生两仪。两仪未分，其气混沌。（《前纪》卷一注）（1，P1092）

（2）天皇九翼，提名旋复。（《前纪》卷二注）（1，P1094）

（3）实有季子，其性喜淫。昼淫于市，帝怒，放之于西南。季子仪马而产子，身人也而尾蹶马，是为三身之国。市特贸易众聚之处。（《前纪》卷五注）（1，P1102）

按：此条，《路史》引作《括地图》文。

（4）后有孟亏、仲衍，孟亏能帅䯀者，作土于萧，是为萧孟亏，夏后氏衰，孟亏去之，而凤皇随焉。（《后纪》卷七注）（1，P1102）

（5）河水又出于阳纡陵门之山。（《后纪》卷一二注）（1，P1101）

（6）羿五岁，父母与之入山，处之木下，以待蝉鸣，还欲，取之而群蝉俱鸣，遂捐而去，羿为山间所养，年二十习于弓矢，仰天叹曰："我将射四方，矢至吾门止。"因捍即射，矢靡地，截草径，至羿之门，乃随矢去。（《后纪》卷一三上注）（1，P1093）

（7）桀放三年死，子獯鬻，妻桀之众妾，居北野，谓之匈奴。（《后纪》卷一三下，P1094）

按：此条，《路史》引作《括地图》文。

（8）过，猗姓国是也。（《后纪》卷一三上注）（1，P1102）

（9）鹑觚。密氏，姞姓。（《国名纪》卷一注）（1，P1104）

---

① （清）朱彝尊著，游均晶等点校：《经义考》卷264，台湾文哲研究所筹备处 1999 年版，第 7 册，第 809 页。

（10）泗州徐城县北。（《国名纪》卷二）（1，P1102）

（11）商州。（《国名纪》卷三注）（1，P1104）

（12）猗姓国。（《国名纪》卷六）（1，P1102）

（13）曹州武城有重丘故城。（《国名纪》卷六）（1，P1102）

（14）唐乡故地在随州。（《国名纪》卷六）（1，P1104）

（15）丹阳故国，归州巴东县也。（《国名纪》卷六）（1，P1104）

（16）在胶东南六十里，即墨城也。（《国名纪》卷六）（1，P1104）

3.《河图挺辅佐》（4条）

"佐"或作"左"，"辅佐"或作"佐辅"。陈槃指出："'左'有'手相左助'之义（《说文·左》部），古与'佐'相通，故亦或引作'左'（《路史·后纪·黄帝纪》注引）。《稽瑞》引'佐辅'，倒书作'辅佐'（页五四）。"[1] 朱彝尊称："《挺佐辅》文……亦用韵语，颇与《易是类谋》相似。"[2] 《路史》所引4条，其在《集成》中的对应关系如下。

（1）黄帝告天老曰："荼昔梦两龙以白图授予。"天老曰："河有河图，洛有龟书。天其授帝图乎？"帝乃斋，往河洛，有大鱼泝流，而泛白图，帝跪受。（《后纪》卷五注）（1，P1109）

（2）命马师皇为牧正，臣胲服牛始驾，而仆𫏋之御全矣。（《后纪》卷五注）（1，P1109）

按：此条，《路史》引作《河图挺左辅》文。

（3）禹治水，功大，天帝以赘文火字赐禹，佩免北海溺水之难。（《后纪》卷一二注）（1，P1109）

按：此条，《路史》引作《河图》文。

（4）黄帝持斋七日七夜，天老皆从以游，河洛之书至翠妫之泉，大

---

① 陈槃：《古谶纬研讨及其书录解题》，上海古籍出版社2010年版，第321页。

② （清）朱彝尊著，游均晶等点校：《经义考》卷264，台湾文哲研究所筹备处1999年版，第7册，第812页。

鲈泝流而至。问五圣，莫见。独与天老迎之，兰叶朱文，五色毕见，沈白图以授帝。（原注：见《兔园策》。）又云：黄帝游于河洛之间，至泽鸿之泉，鲈鱼负图以授帝，兰叶朱文，名曰《录图》。（《余论》卷六）（1，P1108）

按：《集成》据《太平御览》卷七九引，未引及《路史》，据补。

4.《河图握矩记》（9条）

宋均注。《握矩记》，又称《握拒起》（《太平御览》卷八二《夏禹》引①），亦称《握矩》（《太平御览经史图书纲目》引②）、《矩起》（《太平御览》卷三六八《齿》引③）。明孙瑴称："五运，三正，安有常期？谓之'握矩'者，明乎皇、帝、王之迭兴，各有祯符，若春规、夏准、秋矩、冬权，可象鉴而不谬也。"④《路史》所引9条，其在《集成》中的对应关系如下。

（1）伏羲在亥，得人定之应。（《后纪》卷一注）（1，P1144）

按：《太平御览》卷一三五引及《路史》引均作《孝经河图》文。

（2）黄帝名轩，北斗黄神之精。（《后纪》卷五注）（1，P1144）

（3）附宝之郊，见电绕斗轩，星照郊野，感而生轩。（《后纪》卷五注）（1，P1144）

（4）秀外龙庭，月县通。（《后纪》卷七）（1，P1145）

（5）渠头并干，通眉带干。（《后纪》卷八）（1，P1145）

（6）生帝乾荒，擢首而谨耳，翭喙而渠股，是袭若水，取蜀山氏曰枢，是为河女，所谓淖子也。淖子感瑶光于幽防，而生颛顼。（《后纪》卷八）（1，P1145）

---

① （宋）李昉等：《太平御览》，中华书局1960年影印本，第1册，第380页。

② （宋）李昉等：《太平御览》，第1册，第14页。

③ （宋）李昉等：《太平御览》，第2册，第1696页。

④ （明）孙瑴撰：《古微书》卷33，《丛书集成初编》，商务印书馆1936年版，第643页。

　　按：（4）（5）（6），《路史》并未引作《河图握矩记》文。

　　（7）帝佶骄齿，上法日参，秉度成纪，以理阴阳。（《后纪》卷九上注）（1，P1144）

　　（8）方颐、丽覛、珠庭、仳齿、戴干。（《后纪》卷九上）（1，P1145）

　　（9）帝告禹曰："予告汝九术五胜之常可以克之，汝能从之，师徒其兴。"（《后纪》卷一二注）（1，P1145）

　　5.《河图玉版》（2条）

　　《河图玉版》，明孙瑴称："《纬》之说，兆于《河图》，故僭《河图》者益众，而滥《河图》者益陋。索之《纬》录，未闻有《玉版》者。类书征集，颇有数条，或亦其流沿之旧与？"①而陈槃称，此书又作《河图玉版龙文》《孔子玉版》《河图龙文》。且曰："盖本作《河图玉版龙文》，诸家称引则或省称《河图玉版》，或省称《河图龙文》耳。盖又或称《孔子玉版》。"②《路史》所引2条，其在《集成》中的对应关系如下。

　　（1）仓颉为帝，南巡狩，登阳虚之山，临于玄扈洛汭之水，灵龟负书，丹甲青文，以授帝。（《前纪》卷六注）（1，P1146）

　　（2）仓颉为帝，南巡阳虚之山。（《发挥》卷一）（1，P1146）

　　　　按：（1）（2），《集成》引及《前纪》卷六注，未及《发挥》卷一，据补。

　　6.《龙鱼河图》（5条）

　　《龙鱼河图》，或作《河图龙鱼征纪》。朱彝尊称："观其大略，无异道家厌胜之术。与《经》义何裨？至谓蚩尤兄弟八十一人，皆铜头铁额，食砂石子，尤属不伦。诸恶《纬》中，邪说诬民，盖未有甚于此书者已。"③朱氏认为此书"与《经》义"无益，故而认为此书"邪说诬民"。其说不可从。如明孙瑴称："《河图》篇目已芜矣，类书所录，复有以

---

①　（明）孙瑴撰：《古微书》卷34，《丛书集成初编》，商务印书馆1936年版，第653页。

②　陈槃：《古谶纬研讨及其书录解题》，上海古籍出版社2010年版，第414页。

③　（清）朱彝尊著，游均晶等点校：《经义考》卷264，台湾文哲研究所筹备处1999年版，第7册，第818页。

'龙鱼'命者，岂非以其玉石杂糅、椒艾纷汩而衍其牍与？要其文字亦雅
俚相乘，政不必弃。"① 陈槃认为：

> 此书于诸《谶》、《纬》中，说最驳杂，古史地传说、天象占验、
> 神仙家言、阴阳五行杂事，兼而有之，然不失其为方士之书也。……
> 朱彝尊以是书中有食物宜忌与五行吉凶杂事，谓"与《经》义何
> 裨"。槃谓虽于《经》义无裨，然研究古代民间风习与方士思想，此
> 等资料，正不可少。朱氏又以蚩尤兄弟八十一人，皆铜头铁额，食砂
> 石子之事为"邪说""不伦"。案此古代神话、传说之遗，虽属不伦，
> 不可废也。②

陈氏之言乃不易之论。《路史》所引 5 条，其在《集成》中的对应关
系如下。

（1）八十一人，或云七十有二人。（《后纪》卷四注）（1，P1149）

　　按：此条，《路史》引作《河图》文。

（2）黄帝之初有蚩尤氏，兄弟七十二人，铜头铁额，食沙石，制五
兵之器，变化云雾。（《后纪》卷四注）（1，P1149）

（3）尤乱，黄帝仁义不能禁。尤没，天下复扰，帝乃画尤像，以威
天下，天下咸谓尤不死，乃服。（《后纪》卷四注）（1，P1149）

　　按：《集成》据《太平御览》卷七九等引，未引及《路史》。陈
槃在《古谶纬书录解题（五）》③中引及此条，据补。

（4）河龙图发，洛龟书威。（《后纪》卷五注）（1，P1150）

（5）天授帝号，黄龙负图，鳞甲光耀，从河出，黄帝命侍臣写以示
天下。（《余论》卷六）（1，P1150）

---

① （明）孙瑴撰：《古微书》卷34，《丛书集成初编》，商务印书馆1936年版，第658页。
② 陈槃：《古谶纬研讨及其书录解题》，上海古籍出版社2010年版，第416、420页。
③ 陈槃：《古谶纬研讨及其书录解题》，第414页。

7. 《河图录运法》（3 条）

郑玄注。《录运法》又作《禄运法》（《北堂书钞》卷五○《总载三公》引）。据陈槃指出，安居、中村二氏所撰之《集成》：

> 于《逸书考》本所引清河郡本十九事，并删削不录，未详其义。岂以清河郡来历不明故耶？然他《谶》、《纬》之出于清河郡而二氏仍录而存焉者，有之矣，何独置疑于此？况此书亦流传有自者耶。①

《路史》所引 3 条，其在《集成》中的对应关系如下。

（1）《黄箓》云："黄帝坐玄扈阁上，与大司马容光、左右辅将周昌二十二人临观凤图。"此本出《河图录运法》。（《后纪》卷五注）（1，P1164）

（2）黄帝坐于玄扈之阁。（《后纪》卷五注）（1，P1164）

（3）《春秋运斗枢》：舜以太尉之号即天子。五年二月，东巡狩中舟，与三公诸侯临观河，黄龙五采负图出，置舜前。《河图》所云与此略同，则其为说久矣。（《余论》卷七）（1，P1164）

按：《集成》据《北堂书钞》卷五○等引，未引及《路史》，据补。

8. 《河图说征》（1 条）

《河图说征》或作《河图说征示》（《经义考》引②）。陈槃称："《说征》，一本作《说征示》。盖本有'示'字，引书者或省去。非二书也。"③

（1）仓帝起，天雨粟。（《发挥》卷一）（1，P1175）

9. 《河图真纪钩》（1 条）

《真纪钩》或作《真钩》（《经义考》引④）。《路史》所引 1 条如下：

---

① 陈槃：《古谶纬研讨及其书录解题》，上海古籍出版社 2010 年版，第 406 页。

② （清）朱彝尊著，游均晶等点校：《经义考》卷 264，台湾文哲研究所筹备处 1999 年版，第 7 册，第 815 页。

③ 陈槃：《古谶纬研讨及其书录解题》，上海古籍出版社 2010 年版，第 427 页。

④ （清）朱彝尊著，游均晶等点校：《经义考》卷 264，台湾文哲研究所筹备处 1999 年版，第 7 册，第 819 页。

（1）王者封泰山，禅梁父，易姓奉度，继典崇功者七十有二君。（《前纪》卷六注）（1，P1169）

按：此条，《集成》引作"《路·前纪》9 无纬名"，误也，考《路史·前纪》卷六注引正作《河图真纪钩》文，则《集成》误"《前纪》卷六"为"《前纪》卷九"矣，据改。

10. 《河图著命》（1 条）

《著命》又作《注命》。陈槃指出："《路史·有虞氏纪》注引作《河图注命》。盖因音近而误。《纬书集成》本作《河图著明》，未详所据。"据此书佚文，中多感生神话，故陈氏认为："此类感生神话，盖谶纬家伪托，以明古代帝王受命皆有异于常人耳。此即'著命'名篇之旨也。"[①]其说是也。

（1）握登见大虹，意生黄帝。（《后纪》卷一一注）（1，P1189）

11. 《河图揆命篇》（1 条）

此书，《路史》引作《春秋河图揆命篇》。据《集成》所载，此书今存佚文仅两条。陈槃说："此书于推度帝王受命，事义未甚详备，盖其文有阙矣。"[②]《经义考》卷二九八《说纬》引明顾起元之言曰："《河图》有……《揆命篇》……大都此等多系汉人伪作，东汉人所著录，如《参同契》之名，皆三字。其为假托者多，难可断决也。"[③]

（1）苍、羲、农、黄，三阳翊天德圣明说。（《发挥》卷一）（1，P1182）

（十）洛书（6 类 26 条）

《河图》《洛书》往往连称，见上《河图解题》。据《隋志》所载，《洛书》共有 6 篇，但此 6 篇之数，历来并无定论，今亦暂不能定。

关于《洛书》的辑佚，有明孙瑴《古微书》、明杨乔岳《纬书》、清林春溥《古书拾遗》、清刘学宠《诸经纬遗》、清黄奭《汉学堂丛书》《黄氏逸书考》、清乔松年《纬捃》、清殷元正《集纬》等诸家所辑。《集

① 陈槃：《古谶纬研讨及其书录解题》，上海古籍出版社 2010 年版，第 446、447 页。

② 陈槃：《古谶纬研讨及其书录解题》，第 463 页。

③ （清）朱彝尊著，游均晶等点校：《经义考》卷 298，台湾文哲研究所筹备处 1999 年版，第 8 册，第 882 页。

成》在此基础上，共辑得《洛书灵准听》《洛书甄曜度》《洛书摘六辟》《洛书宝号命》《洛书说禾》《洛书录运法》《洛书录运期》《孔子河洛谶》《洛书雒罪级》《洛书纪》《洛图三光占》《洛书说征示》《洛书兵钤势》《洛书斗中图》《洛书》共 15 种。

1.《洛书》（4 条）

（1）相厥山川，形成势集。才为九州，谓之九囿。（《前纪》卷二注）（1，P1286）

（2）地皇氏逸，于有人皇。九男相像，其身九章。（《前纪》卷二注）（1，P1286）

（3）驾六提羽，乘云祇车。（《前纪》卷二注）（1，P1286）

（4）三皇号九头纪，次五帝号五龙纪，次摄提纪，次连通纪，次叙命纪，次因提纪，次禅通纪，次为合雒、循蜚。（《前纪》卷二注）（1，P1286）

2.《洛书灵准听》（15 条）

郑玄注、宋均注。陈槃认为：

　　"灵"或作"零"（《文选》王仲宝《褚渊碑文》注据王隐《晋书》引），因形声相近而讹；或作"天"者（汪师韩《文选理学权舆》注引《群书目录》、《纬候》、《图谶》、《洛书》类引），盖"灵"，俗书或作"灵"，字或漫漶，则可误作"天"。"准"或作"準"者，亦俗书。①

明孙瑴曰："所述多太古溟涬以上，故言其幽灵忽恍，不可为象，而但溢于听。谓听之以气也，非声也。"② 朱彝尊曰："按《洛书灵准听》，《乾凿度》引其文，则《凿度》之先已有其书。"③《路史》所引 15 条，其在《集成》中的对应关系如下。

（1）人皇出于提地之国，兄弟别长九州，已居中州，以制八辅。（《前纪》卷二注）（1，P1255）

---

① 陈槃：《古谶纬研讨及其书录解题》，上海古籍出版社 2010 年版，第 490 页。
② （明）孙瑴撰：《古微书》卷 35，《丛书集成初编》，商务印书馆 1936 年版，第 675 页。
③ （清）朱彝尊著，游均晶等点校：《经义考》卷 264，台湾文哲研究所筹备处 1999 年版，第 7 册，第 824 页。

按：此条，《路史》引作《洛书》文。

（2）顾赢三舌。骧首鳞身，碧卢秃楬。（《前纪》卷二）（1，P1257）

按：此条，《路史》并未标明出自《洛书灵准听》文。

（3）相厥山川，形成势集。才为九州，谓之九囿。（《前纪》卷二注）（1，P1257）

按：此条，《路史》引作《洛书》文。

（4）列山氏产山谷，分布元气。盖即厉山氏。（《后纪》卷三注）（1，P1257）

按：此条，《路史》引作《开山图》文。

（5）赤帝之为人，视之丰，长八尺七寸。（《后纪》卷一〇注）（1，P1258）

按：此条，《路史》引作《合诚图》文。

（6）丰下兑上，龙颜日角，八采三眸。（《后纪》卷一〇）（1，P1258）

按：此条，《路史》并未标明出自《洛书灵准听》文。

（7）舜长九尺，太上员首，龙颜，日衡，方庭甚口，面颡亡髦，怀珠握褒，形卷娄，色黳露，目童重曜故曰舜，而原曰重华。（《后纪》卷一一）（1，P1258）

按：此条，《路史》并未标明出自《洛书灵准听》文。

（8）有人方面，日衡重华，握石椎，怀神珠。注谓：衡有骨表如日。怀珠，谕有明信。椎读如锤，言能平轻重。（《后纪》卷一一注）（1，P1255）

（9）舜受终，凤皇仪，黄龙感，朱草生，蓂荚滋。（《后纪》卷一一注）（1，P1256）

（10）注：握谓知旋玑之道。（《后纪》卷一一注）（1，P1256）

（11）有人出石夷。（《后纪》卷一二注）（1，P1256）

（12）郑注《洛书灵准听》云：有人出石夷，掘地代，戴成钤，怀玉斗。（《后纪》卷一二注）（1，P1256）

（13）注：姚氏云禹胸有墨如北牛。（《后纪》卷一二注）（1，P1256）

（14）郑谓怀璇玑玉衡之道。戴钤，谓有骨表如钩钤星也。（《后纪》卷一二注）（1，P1256）

（15）身长九尺有只，虎鼻、河目、齿、鸟喙、耳三扁。载成钤，襄玉斗。玉骭，履已。（《后纪》卷一二）（1，P1258）

3.《洛书摘六辟》（3条）

朱彝尊曰："'六'或作'亡'。……按《洛书摘六辟》，《乾凿度》亦引之。"①《路史》或引作《雒书适三辟》，形近致误。

（1）人皇别长九州，离艮地精，生女为后。夫妇之道始此。（《前纪》卷二注）（1，P1270）

　　　　按：此条，《路史》作《雒书适三辟》文。

（2）次是民没，元皇出，天地易命，以地纪，此《春秋命历叙》文，与《洛书摘亡辟》同。注云：次民没，民始穴处之世终也。（《前纪》卷三注）（1，P1270）

（3）辰放氏，是为皇次屈。宋均注《春秋命历叙》云：辰放，皇次屈之名也。《洛书摘亡辟》以次是民即皇次屈，非也。（《前纪》卷四注）

---

① （清）朱彝尊著，游均晶等点校：《经义考》卷264，台湾文哲研究所筹备处1999年版，第7册，第825页。

（1，P1270）

4.《洛书说禾》（1 条）

《洛书说禾》或作《洛书说征示》。陈槃以为："盖本作'说征示'，或省作'说示'；'示'、'禾'形近，故或讹作'说禾'。"① 《路史》又引作《洛书说河》，"禾"作"河"，声近致误。

（1）《河图说征》云：仓帝起，天雨粟，青云扶日。语亦见之《洛书说河》。（《发挥》卷一）（1，P1274）

按：此条，《集成》据《艺文类聚》卷八五引，未引及《路史》，据补。

5.《洛书录运法》（1 条）

朱彝尊以为，"法"或作"期"。② 陈槃以为："'录运'，谓记录帝王之历数、天运。然'录'亦可假为'箓'，义为簿书、图籍：是则'录运'亦可解作帝王历数、天运之图籍、书录。"③

（1）孔子曰：昔逢氏抱小女末嬉观帝，为履癸妃。蒙、逢或音讹也。然云"孔甲悦之，以为太子"。（《后纪》卷一三下注）（1，P1275）

6.《洛书甄曜度》（2 条）

"甄"又作"乾"（《纬略》卷二《御制晋书》引④）；"曜"又作"耀"（《太平御览经史图书纲目》引⑤）。明孙瑴曰："《纬》书以'曜'称者凡四见：曰《灵曜》，曰《文曜》，曰《曜钩》，曰《曜嘉》，未有博极轨度者。惟《洛书》所构，旁蠡周天，罔不具悉。"⑥ 《路史》所引 2

---

① 陈槃：《古谶纬研讨及其书录解题》，上海古籍出版社 2010 年版，第 493 页。

② （清）朱彝尊著，游均晶等点校：《经义考》卷 264，台湾文哲研究所筹备处 1999 年版，第 7 册，第 824 页。

③ 陈槃：《古谶纬研讨及其书录解题》，上海古籍出版社 2010 年版，第 496 页。

④ 《御制晋书》条曰："《晋书》之首，置以'御撰'。今观《天文志》曰：'天聪明，自我人聪明。'以'民'为'人'，太宗不应自避其名；又《洛书乾曜度》以'乾'为'甄'，太宗又不应为太子承乾避也。只是史官所修，间有经御览裁整者，谓之御撰则不可也。"（宋）高似孙：《纬略》，《丛书集成初编》，商务印书馆 1936 年版，第 30 页。

⑤ （宋）李昉等：《太平御览》，中华书局 1960 年影印本，第 1 册，第 14 页。

⑥ （明）孙瑴撰：《古微书》卷 36，《丛书集成初编》，商务印书馆 1936 年版，第 695 页。

条，其在《集成》中的对应关系如下。

（1）以伏羲、神农、燧人为三皇。（《前纪》卷一注）（1，P1263）

（2）次三十度，度三千里，以古九州方三千里。（《余论》卷六）（1，P1262）

第三章

《路史》的辑佚学价值考究

　　《路史》保存的文献资料在古籍辑佚、校勘、注释以及简帛文献释读等方面多有可资利用处，亟待研究者深入探究。① 本章即重点探讨《路史》对后世辑佚的重要贡献。通过深入挖掘《路史》的辑佚学价值，从而部分揭示《路史》的文献学价值，最终达到引发学界对《路史》全面关注的目的。

第一节　利用《路史》辑佚状况回顾

　　《路史》虽成书于南宋中晚期，但宋元官私目录却未著录《路史》，最早著录《路史》为明代学者，但在宋元时期，《路史》仍得到大量关注，只是此时期对《路史》的关注，多是引用《路史》书中观点以为己说之证据，而非将《路史》作为资料储备加以辑录。

　　宋代是辑佚学进入相对自觉、成熟的时期，拥有诸多代表性的辑佚成果。② 其实，《路史》本身亦是一部辑佚书，只是学者认为其辑佚方法不甚"合法度"而已。③ 而《路史》书中大量可供辑佚的材料被较早加以辑录，非在宋末，亦非在元代，如元代陶宗仪《说郛》，杨维桢在该书

---

　　① 关于《路史》保存的文献资料在古籍校勘、注释以及简帛文献释读方面的价值，可参见本章末附录。

　　② 曹书杰：《中国古籍辑佚学论稿》，东北师范大学出版社 1998 年版，第 89 页。关于中国古籍辑佚学发展的基本情况，吾师曹书杰先生在其《中国古籍辑佚学论稿》一书中曾给予精辟的总结。书杰师所著《中国古籍辑佚学论稿》，精见丛出，甚值参考，仙林深受其影响。

　　③ 傅斯年认为："《路史》卖弄文词而不知别择，好以己意补苴旧文，诚不可据。然宋时所见古书尚多，《世本》等尚未佚，《路史》亦是一部辑佚书，只是书辑得不合法度而已，终不当尽屏而不取。"见氏著《夷夏东西说》，《傅斯年全集》卷 3，湖南教育出版社 2000 年版，第 221 页。

《序》中称其"取经、史、传、记下迄百氏杂说之书千余家，纂成一百卷，凡数万条"。① 取材如此庞大的综合性书籍，陶氏在书中就未曾引及《路史》。

　　真正将《路史》作为辑录对象的是明代学者，如陈士元所著《名疑》，《四库总目提要》称其："上自三皇，下迄元代，博采史传及百家杂说，凡古人姓名异字及更名更字与同姓名者，皆汇萃之。"② 此书共 38 次引及《路史》。孙瑴《古微书》，李梅训认为该书"是谶纬辑佚学史上第一部重要著作，它不仅为清代的谶纬辑佚和研究奠定了基础，而且第一次将久已湮没的谶纬文献大张旗鼓地搜集整理，在学术史上应有其划时代的重要意义"。③ 其在辑佚学史上的价值可见一斑，此书共 15 次引及《路史》。陈耀文《天中记》，《四库总目提要》称："明人类书大都没其出处，至于凭臆增损，无可征信。此书援引繁富，而皆能一一著所由来，体裁较善。"④ 冯惠民亦称此书："引书繁富，多达数百种。其所引文字，有的与今本不同，可供校勘；有的详于今本，可供补史；有的溢出今本之处，可以辑佚。"⑤ 此书 9 次引及《路史》。顾起元《说略》，《四库总目提要》称其"杂采说部，件系条列，颇与曾慥《类说》、陶宗仪《说郛》相近，故《明史》收入小说家类。然详考体例，其分门排比编次之法，实同类书"。⑥ 此书共 15 次引及《路史》。此外尚有曹学佺《蜀中广记》等著作将《路史》作为资料进行辑录，此处不一一加以排比。

　　明代学者虽较早将《路史》作为辑佚对象加以辑录，但其中真正从辑佚角度出发者并不多，且相对于《路史》书中蕴含的丰富材料而言，明代学者据《路史》进行辑佚的数量和种类均尚显薄弱，此种不足，通过清代学者的努力方能彻底改变。

　　清代是辑佚学发展史上的黄金时期，此时期不仅在辑佚实践方面，而且在辑佚理论和辑佚思想方面，相对前代而言，均取得长足进步。以对《路史》的辑佚而言，此时期不仅将明代学者多非真正从辑佚角度出发辑

①　（元）陶宗仪辑：《说郛》，中国书店 1986 年影印本。
②　《钦定四库全书总目》，中华书局 1997 年整理本，第 1790 页。
③　李梅训：《〈古微书〉版本源流述略》，《文献》2003 年第 4 期。
④　《钦定四库全书总目》，中华书局 1997 年整理本，第 1792 页。
⑤　冯惠民：《陈耀文和他的〈天中记〉》，《文献》1991 年第 1 期。
⑥　《钦定四库全书总目》，中华书局 1997 年整理本，第 1792 页。

录《路史》内容的情况加以彻底转变，而且将《路史》保存的各种不同性质的材料均加以辑录，从而进一步揭示出《路史》在辑佚学史上的价值。但因涉及的数量太大，故此处仅分别从清代辑佚家辑录《路史》中经部、史部、子部文献三个方面加以举例说明。

1. 经部文献的辑录

上文《引用谶纬资料考论》中，曾详细探讨过清人从《路史》中辑录谶纬文献的情况，可知，《路史》包含的谶纬文献资料得到了清代辑佚者高度重视。此外，如《尚书大传》，此书"元、明以后佚，今其佚文及郑玄注仅见于经疏、史注及唐宋类书所引"。① 清人对《尚书大传》的辑补，有朱彝尊、孙之騄、惠栋、卢见曾、任兆麟、孙志祖、王谟、陈寿祺、黄奭、袁钧、袁尧年、孔广林、皮锡瑞、王闿运等人，其中陈寿祺所辑较诸本为善，而皮锡瑞据陈辑本增订并为之作疏证，成《尚书大传疏证》7卷，此书"疏解详实，读《大传》者以此为善"。② 通过逐条分析《尚书大传疏证》③ 之文发现，此书据《路史》共辑得《尚书大传》文40条，其中14条是从《路史》中独辑。

2. 史部文献的辑录

《世本》是先秦时期重要史籍，两汉学者多引用此书材料。《汉书·艺文志》春秋类著录《世本》15篇，《隋书·经籍志》著录《世本王侯大夫谱》2卷、刘向撰《世本》2卷和宋衷撰《世本》4卷共3种，两《唐志》也均有著录，然宋以后的官私目录不见有《世本》的著录。但《太平御览》征引《世本》之处颇多，且有不少是前后相连的大段引用，所以目前学术界普遍认为，《世本》亡佚当在南宋以后。清人辑佚《世本》主要有王谟、孙冯翼、陈其荣、秦嘉谟、张澍、雷学淇、茆泮林、王梓材等人，1957年商务印书馆即将此八家所辑《世本》汇编成《世本八种》印行，2008年中华书局又根据商务印书馆排印本影印出版。据考察，《路史》共征引《世本》佚文131条，如此大量的《世本》佚文的存在，不仅证实上述《世本》亡佚于南宋之后的推论有其根据，同时也体现出《路史》所蕴含的辑佚学价值之大。

---

① 孙启治、陈建华编：《中国古佚书辑本目录解题》，上海古籍出版社2009年版，第20页。

② 孙启治、陈建华编：《中国古佚书辑本目录解题》，第21页。

③ （清）皮锡瑞撰：《师伏堂丛书》，清光绪二十二年（1896）师伏堂刊本。

　　《竹书纪年》是战国时魏国的史书，原书共 13 篇，叙述夏、商、西周和春秋、战国史事。史料价值很大，但原书早已亡佚。清人辑佚《竹书纪年》者有董丰垣、顾观光、陈逢衡、黄奭、王仁俊、朱右曾等人。其中朱右曾辑本经王国维增补为《古本竹书纪年辑校》一卷。① 1949 年后，范祥雍又对王氏《古本竹书纪年辑校》加以校订增补，编为《古本竹书纪年辑校订补》。② 今人方诗铭、王修龄又在朱右曾《汲冢纪年存真》、王国维《古本竹书纪年辑校》、范祥雍《古本竹书纪年辑校订补》的基础上，集前人之长而重为辑校成《古本竹书纪年辑证》。③ 据《古本竹书纪年辑证·序例》中说："南宋人所引《纪年》佚文较多，三家皆入辑者，为罗泌、罗苹父子之《路史》一书，朱右曾谓罗氏父子未见《纪年》原本，其说可从，今辑为本书附录三，并据王国维《今本竹书纪年疏证》之例，为《〈路史〉所引〈纪年〉辑证》。"④ 又据该书附录三《〈路史〉所引〈纪年〉辑证》来看，总共从《路史》书中辑出 81 条佚文，如此大量的佚文，对于《竹书纪年》这种具有巨大史学价值的古籍而言，其价值可想而知。

　　3. 子部文献的辑录

　　《尸子》，《汉志》杂家类著录 20 篇，《隋志》杂家类著录《尸子》20 卷，目 1 卷。新、旧《唐志》子部杂家类均著录为 20 卷。而"《宋史·艺文志》著录仅为一卷，南宋《中兴馆阁书目》只存两篇（合为一卷），清人孙星衍辑本《序》称，是书到南宋全书散佚"。⑤ 清人辑佚此书者有章宗源、孙星衍、任兆麟、汪继培等人，而以汪继培辑本最善。汪氏《尸子自序》称：

　　　　近所传者，有震泽任氏本、元和惠氏本、阳湖孙氏本。……继培初读其书，就所揽掇，表识出处，纠拾遗谬，是正文字。后得惠孙之书，以相比校，颇复有所疑异，乃集平昔疏记，稍加厘订，以《群书治要》所载为上卷，诸书称引与之同者分注于下，其不载《治要》

　　① 孙启治、陈建华编：《中国古佚书辑本目录解题》，上海古籍出版社 2009 年版，第 148 页。
　　② 范祥雍：《古本竹书纪年辑校订补》，上海人民出版社 1957 年版。
　　③ 方诗铭、王修龄：《古本竹书纪年辑证》，上海古籍出版社 1981 年版。
　　④ 方诗铭、王修龄：《古本竹书纪年辑证》，第 6 页。
　　⑤ 曹书杰：《中国古籍辑佚学论稿》，东北师范大学出版社 1998 年版，第 8 页。

而散见诸书者为下卷。引用违错及各本误收者，别为《存疑》附于后。①

可知，汪氏所辑是在前人辑佚基础上广搜博采而成。此书据《路史》共辑得 27 条佚文。

由上举诸例可见，清代辑佚家在辑佚过程中十分重视对《路史》辑佚学价值的挖掘，这不仅因清代辑佚家的辑佚理念更加成熟，辑佚视野更加开阔，更因他们已清醒地认识到《路史》书中保存的资料对于辑佚的价值。张之洞在所著《輶轩语·语学》中，曾对清人此种观念转变的情形作出了充分肯定："盖读书一事，古难今易，无论何门学问，国朝先正皆有极精之书，前人是者证明之，误者辨析之，难考者考出之，不可见之书采集之，一分真伪而古书去其半，一分瑕瑜而列朝书去其十之八九矣。且诸公最好著为后人省精力之书，一搜补（或从群书中搜出，或补完，或缀辑），一校订（讹、脱、同、异），一考证（据本书，据注，据他书），一谱录（提要及纪元、地理各种表谱），此皆积毕生之精力、踵囊代之成书而后成者。"② 正因为清人能穷"毕生之精力"从事于辑佚之学，方使他们取得如此巨大辑佚成果。

辑佚之学经清人努力，已取得巨大突破，但正如曹书杰师所言，清代的辑佚也存在诸多不足。③ 故民国以来，学者曾在清人辑佚成果的基础上，对多数辑本或重辑或补正，尽量恢复这些辑本的原来面貌。如徐宗元在《帝王世纪辑存·自序》中论及辑佚《帝王世纪》的情况时所言："《帝王世纪》……到南宋王应麟纂辑《玉海》时，即多从别的书中展转衰集，可见当时已经没有传本，很可能是南渡时亡失的。"又说："《世纪》亡佚后，元、明以来很多学者如陶宗仪、王谟、张澍、臧庸、宋翔凤、顾观光、钱保塘、王仁俊等人，都相继做过此书的辑录工作，企图恢复原书面目。陶本收入重校《说郛》，王本在《汉唐地理书钞》，宋本刊于嘉庆间，杨氏训纂堂重刻宋氏书，别附钱本，顾本在《指海丛书》，张氏原稿被法人盗往巴黎，上海图书馆藏有定本，所附考证乃未完之作，王

---

① （清）汪继培：《〈尸子〉、〈尹文子〉合刻》，载（清）陈春辑《湖海楼丛书》，清嘉庆间萧山陈氏刻本。

② 苑书义等：《张之洞全集》，河北人民出版社 1998 年版，第 12 册，第 9796 页。

③ 曹书杰：《中国古籍辑佚学论稿》，东北师范大学出版社 1998 年版，第 209 页。

本亦藏上海图书馆，唯臧本著录于《清代毘陵书目》，未曾见过。但是所有这些辑本都还不够详备，同一条文字见引于两处以上者，往往不加校勘，审择纂次亦有问题。现在参考前人的辑录，再加搜集补正，编成这部《帝王世纪辑存》，分为十卷，以合《隋志》原书之数。"① 其他如上举王国维、范祥雍、方诗铭、王修龄关于《竹书纪年》的辑佚，以及王利器对《风俗通义》②、范宁对《博物志》③、周天游对《后汉书》④、贺次君对《括地志》⑤、阮廷焯对"先秦诸子"⑥ 等的辑补，均是其中的代表作。而这些辑佚成果均充分利用了《路史》书中保存的相关内容，如徐宗元《帝王世纪辑存》据《路史》共辑得 106 条，其中 58 条据《路史》独辑；又如王利器在《风俗通义校正》后所附《风俗通义》佚文，据《路史》共辑得 54 条，其中 16 条据《路史》独辑。据此可以强烈感受到，如若没有《路史》等保存相关材料，真不敢想象后世辑佚家如何能将诸如《帝王世纪》《风俗通义》等文献的本来面目尽可能加以恢复。

第二节　马、王、洪利用《路史》辑佚辨证

通过前文对历代学者利用《路史》进行辑佚状况的简要回顾可知，自明代学者将《路史》作为辑佚资料来源加以辑录以来，《路史》的辑佚学价值逐渐被学者认识。但若要对学者据《路史》辑佚情况作出更为全面的评价，有必要对他们利用《路史》辑佚时存在的不足加以分析，但若对曾利用《路史》进行过辑佚的所有辑佚者及其著作均做分析，其数量将十分庞大，非书稿所能涵括，故仅拟将马国翰《玉函山房辑佚书》，王仁俊《玉函山房辑佚书续编》《补编》，洪颐煊《经典集林》作为核心考察对象加以辨析。

---

① 徐宗元：《帝王世纪辑存》，中华书局 1964 年版，第 1、2 页。
② （汉）应劭撰，王利器校注：《风俗通义校注》，中华书局 1981 年版，2010 年版。
③ （晋）张华撰，范宁校证：《博物志校证》，中华书局 1980 年版。
④ 周天游：《八家后汉书辑注》，上海古籍出版社 1986 年版。
⑤ （唐）李泰等著，贺次君辑校：《括地志辑校》，中华书局 2010 年版。
⑥ 阮廷焯：《先秦诸子考佚》，台湾鼎文书局 1980 年版。

一 马国翰利用《路史》辑佚举证

马国翰(1794—1857),字词溪,号竹吾,山东历城人。道光十二年(1832)殿试第三甲六十七名进士。马国翰性喜读书、藏书,其书斋名曰"玉函山房"。据马国翰《玉函山房藏书簿录》(以下简称《簿录》)所载:"总计著录藏书4381部57579卷。除去由文集中别裁著录者28卷,实得57551卷。"① 其中类书总计著录39部4075卷,包括《北堂书钞》《艺文类聚》《初学记》《白孔六帖》《事类赋》《太平御览》《玉海》等;而《路史》亦在此《簿录》的著录之内,在《簿录》卷八《史部·别史类》中著录称:"《路史》四十七卷,宋承务郎庐陵罗泌长源撰,子苹注。"② 从《簿录》中著录如此丰富的藏书特别是类书来看,马国翰能在辑佚事业上取得如此辉煌的成绩,被王重民推为清代辑佚"第一家"③,良有以也。

马国翰在辑佚事业上取得的成就,及其对中国辑佚学发展所作出的重大贡献,多有学者论及,无须在此赘言,此处仅拟以马氏利用《路史》进行辑佚为例,客观说明马氏在辑佚过程中虽然成绩卓著,但也存在其不可避免的缺陷。

马国翰的辑佚成绩,全面体现在其所著《玉函山房辑佚书》④ 中,所辑共计585部691卷约207万字。⑤ 据统计,马氏《玉函山房辑佚书》所

---

① 杜泽逊:《马国翰与〈玉函山房藏书簿录〉》,《文献》2002年第2期。

② 中华书局编辑:《宋元明清书目题跋丛刊》,中华书局2006年版,清代卷第12册,第153页。

③ 王重民:《清代两个大辑佚书家评传》,《中国目录学史论丛》,中华书局1984年版,第299页。

④ (清)马国翰辑:《玉函山房辑佚书》,《续修四库全书》,上海古籍出版社1995—2002年影印本,子部,第1200—1204册。

⑤ 其中经编429部535卷:包括易类65部82卷,尚书类12部18卷,诗类33部44卷,周官礼类14部21卷,仪礼类26部26卷,礼记类19部28卷,通礼类22部25卷,乐类13部13卷,春秋类52部59卷,论语类44部71卷,孝经类16部16卷,孟子类10部12卷,尔雅类13部19卷,五经总类10部10卷,小学类40部40卷,纬书类40部51卷。史编8部8卷:包括杂史类5部5卷,杂传类2部2卷,目录类1部1卷。子编148部158卷:包括儒家类55部57卷,农家类9部12卷,道家类17部17卷,法家类7部7卷,名家类2部2卷,纵横家类7部7卷,墨家类5部5卷,杂家类16部17卷,小说家类8部9卷,天文类8部8卷,阴阳类3部3卷,五行类7部7卷,杂占类2部5卷,艺术类2部2卷。参见宁荫棠、韩玉文《章丘李氏藏板初探》,《山东图书馆季刊》2002年第1期。

辑涉及《路史》者，共24类104部书，分别占马氏辑佚书总类33、辑佚书总数585部的73%、18%。仅《路史》一书即涉及马氏辑佚书的如此比例，一方面可见《路史》保存佚书资料的丰富，另一方面也可见马氏对《路史》辑佚价值的重视程度。

表3-1　　　　　　《玉函山房辑佚书》利用《路史》辑佚统计

序号	书名	朝代[①]	作者	辑得条数	漏辑条数[②]	合计	备注
经编易类							
1	连山	不详	不详	5		5	仅3条引作《连山》
2	归藏	不详	不详	8	6	14	
3	周易子夏传	周	卜商	1		1	据《路史》独辑1
4	周易丁氏传	汉	丁宽	1		1	据《路史》独辑1
5	周易韩氏传	汉	韩婴	1		1	据《路史》独辑1
经编尚书类							
6	尚书欧阳章句	汉	欧阳生		1	1	
7	尚书马氏传	后汉	马融	2		2	
8	尚书王氏注	魏	王肃	2		2	
经编诗类							
9	韩诗内传	汉	韩婴		2	2	
经编仪礼类							
10	王氏丧服要记	魏	王肃		1	1	
经编礼记类							
11	礼传	汉	荀爽	1		1	据《路史》独辑1
12	月令章句	汉	蔡邕		2	2	
13	礼记外传	唐	成伯玙	2	7	9	据《路史》独辑2
经编通礼类							
14	三礼图	汉	郑玄		2	2	
15	三礼义宗	梁	崔灵恩	2	2	4	据《路史》独辑2
经编乐类							
16	琴清英	汉	扬雄	1	2	3	

　　① 本表所列朝代与作者均参照《玉函山房辑佚书》原文，且此表中之"宋"指南朝宋，表3-3至表3-5中所列，其朝代与作者亦作如是观，且表中之"宋"亦均指南朝宋，不另出注。

　　② 此"漏辑条数"是指《玉函山房辑佚书》中有书名，且书名在《路史》中有佚文者，表3-3至表3-5中所列亦作如是观，不另出注。

序号	书名	朝代	作者	辑得条数	漏辑条数	合计	备注
17	古今乐录	陈	释智匠	1	2	3	据《路史》独辑1
18	乐书	后魏	信都芳		2	2	
经编春秋类							
19	春秋左氏传章句	汉	刘歆	1		1	
20	春秋左氏传解诂	后汉	贾逵	2		2	
21	春秋三传异同说	后汉	马融	1		1	
22	解疑论	汉	戴宏		1	1	
23	春秋左氏传解谊	后汉	服虔	3		3	据《路史》独辑1
24	春秋释例	汉	颖容		1	1	
25	春秋土地名	晋	京相璠	3		3	
经编论语类							
26	齐论语	不详	不详	1		1	
27	孔子三朝记	不详	不详		2	2	
28	论语郑氏注	后汉	郑玄	1		1	
经编五经总类							
29	五经通义	汉	刘向		1	1	
30	五经要义	汉	刘向		2	2	
31	六艺论	汉	郑玄	3	3	6	据《路史》独辑1
经编纬书类							
32	尚书纬考灵曜	汉	郑玄注		4	4	
33	尚书纬帝命验	汉	郑玄注		12	12	
34	尚书纬刑德放	汉	郑玄注		2	2	
35	尚书纬运期授	汉	郑玄注		1	1	
36	尚书中候	汉	郑玄注	6	16	22	据《路史》独辑2
37	诗纬含神雾	魏	宋均注	3	9	12	据《路史》独辑2
38	礼纬含文嘉	魏	宋均注	5	5	10	
39	礼纬稽命征	魏	宋均注		1	1	
40	礼纬斗威仪	魏	宋均注	1	7	8	据《路史》独辑1
41	乐纬动声仪	魏	宋均注		6	6	
42	乐纬稽耀嘉	魏	宋均注		1	1	
43	乐纬叶图征	魏	宋均注		1	1	
44	春秋纬感精符	魏	宋均注		1	1	
45	春秋纬文曜钩	魏	宋均注	1	3	4	
46	春秋纬运斗枢	魏	宋均注	1	7	8	
47	春秋纬合诚图	魏	宋均注	2	11	13	据《路史》独辑1

续表

序号	书名	朝代	作者	辑得条数	漏辑条数	合计	备注
48	春秋纬考异邮	魏	宋均注		1	1	
49	春秋纬保乾图	魏	宋均注	3		3	据《路史》独辑1
50	春秋纬佐助期	魏	宋均注		1	1	
51	春秋纬握诚图	魏	宋均注		1	1	
52	春秋纬潜潭巴	魏	宋均注		1	1	
53	春秋纬说题辞	魏	宋均注	1	1	2	据《路史》独辑1
54	春秋纬演孔图	魏	宋均注	3	11	14	
55	春秋纬元命苞	魏	宋均注	4	18	22	
56	春秋纬命历序	魏	宋均注	17	14	31	据《路史》独辑11
57	春秋内事	魏	宋均注		4	4	
58	孝经纬援神契	魏	宋均注	7	14	21	据《路史》独辑4
59	孝经纬钩命决	魏	宋均注	5	2	7	据《路史》独辑1
60	孝经中契	魏	宋均注	1		1	
61	孝经右契	魏	宋均注		2	2	
62	论语谶	魏	宋均注	3		3	据《路史》独辑1
63	论语比考谶	魏	宋均注		3	3	
64	论语撰考谶	魏	宋均注		3	3	
65	论语摘辅象	魏	宋均注		11	11	
66	论语摘衰圣	魏	宋均注		1	1	
67	论语阴嬉谶	魏	宋均注		1	1	
经编小学类							
68	通俗文	汉	服虔		1	1	
69	杂字解诂	魏	周成		1	1	
70	埤苍	魏	张揖		1	1	
71	始学篇	吴	项峻		4	4	
72	篆文	宋	何承天	1	2	3	据《路史》独辑1
史编杂史类							
73	古文琐语	不详	不详	1		1	
74	帝王要略	吴	环济	1	2	3	
75	汲冢书钞	晋	束皙	2		2	据《路史》独辑2
史编杂传类							
76	圣贤高士传	魏	嵇康		1	1	
史编目录类							
77	七略别录	汉	刘向		3	3	

续表

序号	书名	朝代	作者	辑得条数	漏辑条数	合计	备注
				子编儒家类			
78	公孙尼子	周	公孙尼		1	1	
79	鲁连子	周	鲁仲连		2	2	
80	公孙弘书	汉	公孙弘		1	1	
81	仲长子昌言	汉	仲长统		1	1	
82	魏子	汉	魏朗		2	2	
83	周生子要论	魏	周生烈		1	1	
84	谯子法训	蜀	谯周		1	1	
85	袁子正书	晋	袁准		2	2	
86	袁子正论	晋	袁准	1		1	
87	古今通论	汉	王婴		1	1	
88	化清经	晋	蔡洪	1		1	
89	志林	晋	虞喜		1	1	
				子编农家类			
90	神农书	不详	不详	4		4	据《路史》独辑2
				子编道家类			
91	苻子	晋	苻朗	1	6	7	
				子编法家类			
92	申子	周	申不害		2	2	
93	崔氏政论	汉	崔寔		1	1	
				子编墨家类			
94	田俅子	周	田俅		5	5	
95	隋巢子	周	隋巢子	1	6	7	
96	缠子	周	缠子		1	1	
				子编杂家类			
97	由余书	周	由余		2	2	
98	蒋子万机论	魏	蒋济		1	1	
99	析言论	晋	张显	1		1	
				子编小说家类			
100	裴子语林	晋	裴启		1	1	
				子编五行类			
101	太史公素王妙论	汉	司马迁		1	1	
102	瑞应图		孙柔之	1	8	9	
103	杂五行书	不详	不详	2		2	据《路史》独辑2
				子编杂占类			
104	请雨止雨书	不详	不详	1	1	2	《神农求雨书》

　　由表 3 - 1 可知,《玉函山房辑佚书》共涉及《路史》中保存的 104 部书共 400 条佚文,其中据《路史》辑得 49 部书 123 条佚文,漏辑 55 部书 278 条佚文,其对应关系如表 3 - 2 所示。

表 3 - 2　　　　《玉函山房辑佚书》利用《路史》辑佚数据对比

	辑得书数	漏辑书数	总数		辑得条数	漏辑条数	总数
数值	49	55	104	数值	123	278	401
百分比（%）	47.1	52.9	≥100	百分比（%）	30.7	69.3	≥100

　　可见,马氏《玉函山房辑佚书》在利用《路史》进行辑佚时,其漏辑之数（包括漏辑书数和漏辑条数）比辑得之数（包括辑得书数和辑得条数）所占比重均要大。虽然马氏在辑佚过程中相当重视对《路史》的利用,但仍然存在较大的漏辑现象,比如"经编纬书类"就漏辑了《尚书纬考灵曜》等 20 种书共 176 条佚文。同时,马氏漏辑存在两种不同的情况。

　　（1）《玉函山房辑佚书》列有书名,且《路史》亦有佚文,而一条未辑出者。如《路史》有后魏信都芳《乐书》2 条佚文,马氏漏辑;《路史》有《尚书纬帝命验》12 条佚文,马氏漏辑;《路史》有吴项峻《始学篇》4 条佚文,马氏漏辑;《路史》有周公孙尼《公孙尼子》1 条佚文,马氏漏辑;《路史》有周申不害《申子》2 条佚文,马氏漏辑,等等。

　　（2）《玉函山房辑佚书》从《路史》辑得某一书的一部分佚文而漏辑另一部分佚文者。如马氏从《路史》辑得《归藏》8 条佚文,漏辑 6 条佚文;从《路史》辑得唐成伯玙《礼记外传》2 条佚文,漏辑 7 条佚文;从《路史》辑得《尚书中候》6 条佚文,漏辑 16 条佚文,等等。

　　以上是仅就《玉函山房辑佚书》利用《路史》辑佚的统计数据而言,而《玉函山房辑佚书》利用其他资料进行辑佚时存在的漏辑情况暂未考虑在内。据此,已发现如此严重的漏辑情况,恐怕不能不说是马氏《玉函山房辑佚书》的一大缺陷。虽然马国翰所辑《玉函山房辑佚书》"这部空前的辑佚巨著,不仅具有极高的文献价值,而且在辑佚体例上也体现了自己的鲜明特色"[1],但其存在的巨大漏辑现象也特别突出。因此,在对马国翰及其《玉函山房辑佚书》在中国辑佚学史上的地位进行评价时,

---

①　赵荣蔚:《论〈玉函山房辑佚书〉的体例特色》,《图书馆论坛》2010 年第 6 期。

不仅要见到马氏所取得的成绩，更要看到马氏在辑佚时存在的问题，这样对其进行的评价才能更加全面；也只有如此客观的评价，才能更好地推进中国辑佚学的发展。

二 王仁俊利用《路史》辑佚举证

王仁俊（1866—1913），字捍郑，一字感莼，江苏吴县（苏州）人。光绪十八年（1892）进士，入翰林院授庶吉士，迁吏部主事，痛感国事之积弱，"昌言变法，以图自强"①，创《实学报》馆于上海；光绪二十三年（1897）冬，应张之洞之邀，将报馆迁至武昌。后历任湖北知府，苏州存古学堂（张之洞创）教务长，学部图书馆副局长兼京师大学堂教习。

王仁俊"弱冠入邑庠，秉性颖悟，自幼喜治经小学"②，曾师从晚清著名国学大师俞樾（1821—1906），于学无所不通，而尤擅长考据之学，精于经、史、金石、文字之学，著述等身，如《尔雅疑义》1卷，《说文引汉律令考》2卷，《说文一家学》1卷，《说文独字成部考》1卷，《汉书许注辑证》1卷，《周秦诸子叙录》1卷，《存古学堂丛刻》4卷，《群经汉注辑证》等。

其辑佚之作主要有《玉函山房辑佚书续编》《玉函山房辑佚书补编》《经籍佚文》《十三经汉注四十种辑佚书》等。其中《玉函山房辑佚书续编》（以下简称《续编》）成书于光绪二十年（1894），共辑得277种佚书，其中经部153种、史部40种、子部84种③；《玉函山房辑佚书补编》（以下简称《补编》）亦成书于光绪二十年（1894），辑得佚书141种。④

王氏作《续编》和《补编》，主要鉴于马国翰《玉函山房辑佚书》所辑尚有遗漏，故成书以补其缺。王氏在《续编·自序》中尝言：

历城马氏国翰辑唐以前佚书凡五百八十余种，为卷六百有奇，其

---

① 阚铎：《吴县王捍郑先生传略》，《玉函山房辑佚书续编三种》，上海古籍出版社1989年版，第535页。

② 阚铎：《吴县王捍郑先生传略》，《玉函山房辑佚书续编三种》，第535页。

③ （清）王仁俊辑：《玉函山房辑佚书续编》，《续修四库全书》，上海古籍出版社1995—2002年影印本，子部，第1206册。

④ （清）王仁俊辑：《玉函山房辑佚书补编》，《续修四库全书》，上海古籍出版社1995—2002年影印本，子部，第1206册。

有目无书者阙四十余种，其散见各叙，所谓已有著录者，如陆希声
《周易传》之类九种，今亦无之。匡君源所谓待援之君子蒐补焉。仁
俊幼者搜辑奇书硕记，露钞雪纂，马编之外，时多弋获。……获睹异
册，旁引秘文，日事捃撷，遂成斯编，揆厥名类，不在马后，仍题
"玉函"者，依元例也；称"续编"者，别于马书之"补编"也。①

可见在晚清已有王仁俊这样的辑佚大家注意到马国翰《玉函山房辑
佚书》存在的严重漏辑现象，并为之做了大量的续补工作。王氏在辑佚
上取得的众多成绩得到了学者的肯定：

王氏是清代辑佚的殿军，平生所辑或为辑拾佚书辑本之漏文，或
辑补现存古籍的缺脱之文，凡 542 种，《小小学钩沈补》尚未计入。
各种文字虽然不多，然其工力却不在前辑诸家之下，甚至更为不易。
其辑佚方法也颇佳，堪称一代杰出辑佚大家，于古学之功不在王谟、
马国翰、严可均、黄奭四家成就之下。②

此评价深为切当。但当对王仁俊所作《续编》《补编》加以梳理时，
发现王氏在辑佚过程中虽然将马国翰漏辑的内容进行了续补，但在利用
《路史》辑佚时仍然存在较大的漏辑现象，详见表3－3、表3－4所示。

表3－3　　　　《玉函山房辑佚书续编》利用《路史》辑佚统计

序号	书名	朝代	作者	辑得条数	漏辑条数	合计	备注
1	婚礼谒文	汉	郑玄		1	1	
2	月令章句	汉	蔡邕		2	2	
3	礼记外传	唐	成伯玙		9	9	
4	丧服要记	魏	王肃		1	1	
5	三礼义宗	南朝梁	崔灵恩		4	4	
6	琴操	汉	蔡邕		5	5	

---

① （清）王仁俊：《玉函山房辑佚书续编》，《续修四库全书》，上海古籍出版社 1995—2002
年影印本，子部，第 1206 册，第 1 页。

② 曹书杰：《中国古籍辑佚学论稿》，东北师范大学出版社 1998 年版，第 200 页。

序号	书名	朝代	作者	辑得条数	漏辑条数	合计	备注
7	五经通义	汉	刘向		1	1	
8	尚书中候				22	22	
9	尚书纬考灵曜	汉	郑玄注		4	4	
10	尚书帝命验宋注	魏	宋均注		12	12	
11	尚书纬刑德考	汉	郑玄注		2	2	
12	河图说命征宋注	魏	宋均注		1	1	
13	洛书郑注	汉	郑玄注		4	4	
14	洛书甄曜度				2	2	
15	诗纬含神雾	魏	宋均注		12	12	
16	礼纬含文嘉	魏	宋均注		10	10	
17	礼纬稽命征	魏	宋均注		1	1	
18	礼纬斗威仪	魏	宋均注		8	8	
19	乐纬动声仪	魏	宋均注		6	6	
20	乐纬叶图征	魏	宋均注		1	1	
21	春秋纬	魏	宋均注		1	1	
22	春秋纬感精符	魏	宋均注		1	1	
23	春秋纬文耀钩	魏	宋均注		4	4	
24	春秋纬运斗枢	魏	宋均注		8	8	
25	春秋纬合谶图	魏	宋均注		13	13	
26	春秋纬考异邮	魏	宋均注		1	1	
27	春秋纬保乾图	魏	宋均注		3	3	
28	春秋纬佐助期	魏	宋均注		1	1	
29	春秋纬潜潭巴	魏	宋均注		1	1	
30	春秋纬说题辞	魏	宋均注		2	2	
31	春秋纬演孔图	魏	宋均注		14	14	
32	春秋纬元命苞	魏	宋均注		22	22	
33	春秋命历序	魏	宋均注		31	31	
34	论语谶	魏	宋均注		1	1	
35	始学篇	吴	项峻		4	4	
36	纂文	宋	何承天		1	1	
37	汉书音义	隋	萧该		1	1	
38	世本	汉	宋衷注		131	131	
39	东观汉记	汉	刘珍等		3	3	
40	帝王世纪	晋	皇甫谧		173	173	
41	春秋后语	晋	孔衍		2	2	

续表

序号	书名	朝代	作者	辑得条数	漏辑条数	合计	备注
42	春秋公子谱				2	2	
43	孝子传	齐	宋躬		1	1	
44	神仙传	晋	葛洪		3	3	
45	七略别录	汉	刘向		3	3	
46	七录	梁	阮孝绪		1	1	
47	仲长子昌言	汉	仲长统		1	1	
48	谯子法训	蜀	谯周		1	1	
49	袁子正书	晋	袁准		2	2	
50	袁子正论	晋	袁准		1	1	
51	古今通论	晋	王婴		1	1	
52	蔡氏化清经	晋	蔡洪		1	1	
53	物理论	晋	杨泉	1	1	2	
54	志林	晋	虞喜		1	1	
56	傅子	晋	傅玄		1	1	
57	孙绰子	晋	孙绰		1	1	
58	苻子	晋	苻朗		7	7	
59	申子	周	申不害		2	2	
60	田俅子				5	5	
61	隋巢子				7	7	
62	万机论	魏	蒋济		1	1	
63	析言	晋	张显		1	1	
64	蚕经	汉	刘安	1		1	此文仅1条
65	禽经	晋	张华注		1	1	
66	神农书			1	1	2	
67	瑞应图	梁	孙柔之		9	9	
68	天镜				5	5	

表3-4　　　　《玉函山房辑佚书补编》利用《路史》辑佚统计

序号	书名	朝代	作者	辑得条数	漏辑条数	合计	备注
1	汉武故事	汉	班固		2	2	
2	魏略	魏	鱼豢		3	3	
3	后汉书	吴	谢承		3	3	
4	晋书	晋	王隐		15	15	
5	秦书	前秦	车频		1	1	

续表

序号	书名	朝代	作者	辑得条数	漏辑条数	合计	备注
6	晋阳秋	晋	孙盛		1	1	
7	晋中兴书	宋	何法盛		2	2	
8	晋中兴征祥说	宋	何法盛		2	2	
9	蜀王本纪	汉	扬雄		6	6	
10	蜀录				1	1	
11	后赵录				1	1	
12	括地图				2	2	
13	舆地志	梁	顾野王		6	6	
14	括地志	唐	李泰		5	5	
15	十三州志	北魏	阚骃		7	7	
16	吴录	晋	张勃		1	1	
17	太康地志				1	1	
18	永初山川古今记	宋	刘澄之		4	4	
19	九州记				2	2	
20	湘中记	晋	罗含		2	2	
21	荆州记	晋	盛弘之		14	14	
22	荆州图经				1	1	
23	寻江源记	宋	庚仲雍		1	1	
24	十道记				3	3	
25	郡国县道记	唐	贾耽		5	5	
26	楚地记				1	1	
27	南岳记	宋	徐灵期		1	1	
28	三齐略记	晋	伏琛		3	3	
29	广州记	晋	顾微		1	1	
30	冲波传				1	1	
31	益都耆旧传	晋	陈寿		2	2	
32	陈留风俗传	汉	圈称		8	8	
33	汝南先贤传	晋	周斐		1	1	
34	姓氏英贤录	梁	贾执		16	16	
35	逸士传	晋	皇甫谧		2	2	
36	列士传				1	1	
37	列仙传	汉	刘向		5	5	
38	姓苑	宋	何承天		26	26	
39	姓书				5	5	
40	元和姓纂	唐	林宝		8	8	

续表

序号	书名	朝代	作者	辑得条数	漏辑条数	合计	备注
41	三五历纪	吴	徐整		3	3	
42	语林	晋	裴启		1	1	
43	类林	宋	裴子野		4	4	
44	幽明录	宋	刘义庆		1	1	
45	晋中经簿	晋	荀勖		1	1	

如表3-3所示，王氏《续编》仅据《路史》辑得3部书共3条佚文，漏辑65部书共586条佚文；如表3-4所示，王氏《补编》未据《路史》辑得佚文，但该书实际却引及《路史》书中共计45部书182条佚文。仅《路史》一书就有如此大量漏辑现象存在，难道还不足以说明因漏辑而导致问题的严重性吗？

三　洪颐煊利用《路史》辑佚举证

洪颐煊（1765—1837），字旌贤，号筠轩，浙江临海人。颐煊"苦志力学，与兄坤煊、弟震煊，读书僧寮，夜每借佛镫围坐，谈经不辍。时有'三洪'之称"。① 阮元认为："临海洪颐煊、震煊兄弟，笃学士也。余尝谓台郡能读书者，惟此二人。台郡自齐次风侍郎之后，能学者甚寡，颐煊、震煊，文采词翰或未足，而精研经训，熟习天算，贯串子史，实有过于侍郎之处。"② 能得到阮元如此推许，足见其学识之渊博。

洪颐煊性喜藏书，筑有"小亭云山馆"，"藏书三万余卷，汉、唐、宋、元碑版二千余通，以及钟鼎彝器法书名画，皆著有目录"。③ 其著述有多种，如《尚书洪范五行传论注》5卷，《礼经宫室答问》2卷，《孔子三朝记注》8卷，《孝经郑注补证》1卷，《汉志水道疏证》4卷，《管子义证》8卷，《平津读碑记》8卷、《续记》1卷、《再续》1卷、《三续》2卷，《读书丛录》24卷，《台州札记》12卷，《筠轩文钞》8卷，《筠轩诗钞》4卷，《诸史考异》18卷，《校正穆天子传》6卷，《校正竹书纪年》2卷，《经典集林》32卷等，"皆刊播艺林，海内争重，其名自足以

①　《清史列传》卷69《儒林传下二》，中华书局1987年标点本，第5598页。
②　（清）阮元：《定香亭笔谈》，《丛书集成初编》，商务印书馆1936年版，第105页。
③　（清）冯登府：《小亭云山馆》，载（清）洪颐煊《台州札记》卷5，《续修四库全书》，上海古籍出版社1995—2002年影印本，史部，第734册，第49页。

不朽"。①

　　洪颐煊的辑佚成果，汇集在所著《经典集林》② 中，该书共辑得古佚书 30 种，其中如陆贾《楚汉春秋》、扬雄《蜀王本纪》、刘向《别录》、刘歆《七略》等，还是首次被辑。曹书杰师认为《经典集林》的辑佚"成果虽然还不甚丰富，在清代私家辑佚中仍占有较为突出的地位"。③ 师说诚不可易。

　　据考察，《经典集林》利用《路史》共辑得 10 部书 29 条佚文，漏辑7 部书 36 条佚文，合计共涉及《路史》所存 17 部书 65 条佚文。具体情况如表 3－5 所示。

表 3－5　　　　　　　　《经典集林》利用《路史》辑佚统计

序号	书名	朝代	作者	辑得条数	漏辑条数	合计	备注
1	归藏			14		14	均辑出
2	五经通义	汉	刘向	1		1	仅 1 条
3	五经要义	汉	刘向		2	2	
4	六艺论	汉	郑玄	3	3	6	
5	汲冢琐语			1		1	仅 1 条
6	楚汉春秋	汉	陆贾		5	5	
7	别录	汉	刘向		2	2	
8	七略	汉	刘歆		1	1	
9	蜀王本纪	汉	扬雄		6	6	
10	汉武故事	汉	班固		2	2	
11	子思子	周	孔伋	1	3	4	
12	公孙尼子	周	公孙尼	1		1	仅 1 条
13	鲁连子	周	鲁仲	4		4④	
14	太公金匮	周	吕望	1	4	5	
15	氾胜之书	汉	氾胜之	1		1	仅 1 条
16	黄帝问玄女兵法			2	6	8	
17	梦书				2	2	

---

　　① （清）冯登府：《小亭云山馆》，载（清）洪颐煊《台州札记》卷 5，《续修四库全书》，上海古籍出版社 1995—2002 年影印本，史部，第 734 册，第 49 页。

　　② （清）洪颐煊辑：《经典集林》，《续修四库全书》，上海古籍出版社 1995—2002 年影印本，子部，1200 册。

　　③ 曹书杰：《中国古籍辑佚学论稿》，东北师范大学出版社 1998 年版，第 175 页。

　　④ 《路史》引作《鲁连子》者仅 3 条，且《路史·后纪十一》所引，洪氏误引为"后纪十二"。

由表 3－5 可知，洪颐煊所辑《经典集林》共据《路史》辑得 10 部书 29 条佚文，涉及《路史》者达 17 部书 65 条佚文。此数据与上文所统计马国翰《玉函山房辑佚书》涉及《路史》104 部书共 400 条佚文无法相提并论，但必须明确一点，即洪颐煊《经典集林》总共仅辑有 30 部书，而涉及《路史》者就有 17 部之多，且据《路史》辑佚者也有 10 部，这样的数据对比恐怕很能说明洪颐煊在辑佚过程中多么重视对《路史》的利用。

但即便是如洪颐煊这样重视利用《路史》进行辑佚者，在表 3－5 中我们仍然可以清晰地看到，其漏辑条数也占了所辑总条数的二分之一强。如此大量的漏辑现象的存在，其原因何在？

四　三家据《路史》辑佚缺陷辨析

通过对马国翰、王仁俊、洪颐煊利用《路史》进行辑佚情况的分析，可见马、王、洪三家在利用《路史》进行辑佚时，均存在严重的漏辑现象，这确是一种缺憾。

当然，此处无意苛责前贤，提出这样的问题也丝毫无损于三位辑佚家（当然也包括其他辑佚家）在中国辑佚学史上的重要地位，但在利用《路史》进行辑佚时均出现如此严重的漏辑状况，其原因为何，实在有必要进行深入分析。此处试就他们利用《路史》进行辑佚的实际情况做一分析，不仅有利于更加全面地评估三位辑佚家的辑佚成就，而且也能为将来从事辑佚者提供参考，使他们在辑佚时避免出现如此严重的漏辑情况。通过分析，如下三点原因格外突出。

（1）对《路史》文本的梳理工作做得不够细致。这是造成三位辑佚家利用《路史》进行辑佚时存在严重漏辑情况的最主要原因。前文已说过，《路史》文献构成十分丰富，所存佚书数量十分巨大，但《路史》所存佚书并非像《太平御览》等类书那样便于查找，它往往隐藏在句子内部，如若不对《路史》文本进行深入探究，很难全面了解《路史》蕴藏的巨大佚文价值。据此可知，在辑佚工作开始前，对用以辑佚的相关书籍进行细致梳理，是避免出现严重漏辑情况、保障辑佚成绩的重要方法，值得辑佚者重视。

（2）对《路史》蕴藏的巨大佚书重视程度不够。正因为三位辑佚家在利用《路史》进行辑佚前，并没有对《路史》进行详尽梳理，故虽然很自觉地利用《路史》进行辑佚，但却并不十分了解《路史》究竟蕴藏有多少佚书，这也就导致他们在利用《路史》进行辑佚时，不可能真正充分地将《路史》蕴藏的丰富辑佚资料完全挖掘出来。

（3）对《路史》中的辑佚对象用力不均。关于此点，曹书杰师已在《清辑的成就与不足》中有所强调，"清人的私家辑佚，于辑佚对象用力不均，在类别上注重经部佚书的辑佚，在时限上注重唐以前的佚书、佚文的辑佚"。并以《玉函山房辑佚书》为例加以说明，"《玉函山房辑佚书》补刻本共收辑佚书611种，其中经部449种，子部153种，史部9种，经部书占总数之比多达73%，子部约占25%，史部占不足2%；收唐以上佚书580多种，唐人佚书仅30多种，唐以上占94%，唐人所占尚不足6%"。① 其实，此点从表3-1所列数据亦可看出。同时，在表中还可看出，即便是在《玉函山房辑佚书》特别致力的经部辑佚方面，对"谶纬类"的辑佚仍然存在巨大的漏辑现象。而这一问题的存在，又与上面所列两点因素密切相关。

附录：

《路史》蕴含有数量巨大的各类资料，这些资料对我们进行书籍校勘、注释以及简帛文献释读有一定利用价值；而研究者也确曾利用《路史》从事文献校勘、注释以及简帛文献释读，如汪继培《潜夫论笺校正》②、梁玉绳《史记志疑》③、黄晖《论衡校释》④、黄怀信《鹖冠子汇校集注》⑤ 等。以下举例说明之。

1. 《潜夫论笺》利用《路史》进行校勘实例

清人汪继培为东汉王符《潜夫论》所作笺，向被认为是《潜夫论》笺注的善本，以其"引证详覈，深得旨趣"为学界所重。汪氏在笺注《潜夫论》时，特别是在《五德志》和《志氏姓》两篇的笺注中，曾大量利用《路史》书中相关内容来帮助校勘。下面就从这两篇中试举几例

---

① 曹书杰：《中国古籍辑佚学论稿》，东北师范大学出版社1998年版，第212页。
② （汉）王符著，（清）汪继培笺，彭铎校正：《潜夫论笺校正》，中华书局2010年版。
③ （清）梁玉绳：《史记志疑》，中华书局1981年版。
④ 黄晖：《论衡校释》（附刘盼遂《集解》），中华书局1990年版。
⑤ 黄怀信：《鹖冠子汇校集注》，中华书局2004年版。

来说明。

（1）"息"：汪氏笺注曰："'息'旧作'自'，据《路史·国名纪》五、《后纪》十改。"（《五德志》，第 388 页注［九］）

（2）"螱氏"：汪氏笺注曰："'螱'旧作'嬴'。《国名纪》四郇、栎下有螱。《后纪》十一云：'士魴受螱，故氏为螱。'今据改。"（《志氏姓》，第 426 页注［一七］）

（3）"信都者"：汪氏笺注曰："旧不重'信都'，据《路史》、《识遗》补。"（《志氏姓》，第 447 页注［一五］）

（4）"偃姓舒庸、舒鸠、舒龙、舒共"：汪氏笺注曰："'偃姓舒庸、舒鸠、舒龙、舒共'旧作'优姓舒唐、鸠、舒龙、舒其'，据《后纪》七注引改。"（《志氏姓》，第 456 页注［一］）

2. 《史记志疑》利用《路史》进行注释实例

《史记志疑》是清代学者梁玉绳花了 20 年时间才完成的一部志在匡正《史记》书中谬误的重要史学著作。梁氏在书中参考了大量材料用以指正《史记》存在的错误，《路史》就是其中一部。梁氏充分吸收《路史》的正确观点并加以利用，但也提出《路史》存在的不少问题。可知，《路史》对古籍注释也具有较大利用价值。

（1）"帝颛顼高阳者，黄帝之孙，而昌意之子也。"梁氏按："《路史·余论》载《吕梁碑》云'舜祖幕，幕生穷蝉，穷蝉生敬康，敬康生乔牛，乔牛生瞽瞍，瞽瞍生舜'。其世次无句望一代，而穷蝉实非颛顼子，是《史》于舜之上世有差缪矣。"（《五帝本纪》，第 9 页）

（2）"盲者子。"梁氏按："伪孔《传》言'瞽瞍非真瞽'，与《史》异。《路史·后纪》谓'瞽瞍天瞽'，注云'《史记》是也，二孔以为有目但不分善恶者妄'。以《经》文考之，孔说似迂曲……斯罗苹所斥为齐东之语也。"（《五帝本纪》，第 13 页）

（3）"名曰重华。"梁氏按："《路史·发挥》有《尧舜禹非谥辨》，可参观之，总缘未明乎名与号之一说，无怪其言无准的，全违故实矣。"（《五帝本纪》，第 17 页）

（4）"南巡狩，崩于苍梧之野。葬于江南九疑，是为零陵。"梁氏按："《路史·发挥·舜冢篇》辨之曰'《孟子》舜卒于鸣条，今帝墓在安邑，而安邑有鸣条陌，信矣'。……罗苹《尧冢篇注》曰'仪墓如汉世远郡园陵，与苍梧舜墓之类，非实葬所'。又《舜冢篇注》曰'传谓伐苗民而崩

于苍梧，伐苗乃禹也'。凡兹众论，真足袪千古之惑。"（《五帝本纪》，第25 页）

（5）"禹曰：予辛壬娶涂山，癸甲生启予不子。"梁氏按："或以辛壬癸甲为年，亦非。《路史·后纪》注引《吕览》、《列女传》辨其失矣。"（《夏本纪》，第 35 页）

（6）"及西伯伐饥国，灭之，纣之臣祖伊闻之而咎周。"梁氏按："《路史·国名纪》云'黄帝后姜姓有耆国，侯爵，自伊徙耆，爰曰伊耆，尧之母家。商后子孙有黎国，侯爵，与纣都接'。判然两地。史公误以《西伯戡黎》之篇载于伐耆下，并为一案，千古传疑，迨宋儒始发其误。"（《殷本纪》，第 66 页）

3. 简帛文献释读中对《路史》资料的利用

整理出土文献，正如裘锡圭所说："如果你没有对传世文献以及前人对于古代文献研究状况的基本的知识，那就没有资格去整理出土文献。"[1] 故进行简帛文献的释读，必须掌握足够充分的文献资料，方能作出较为合理的释读。

（1）《银雀山汉墓竹简·孙子兵法》中《黄帝伐赤帝》章有"已胜四帝，大有天下"一句，整理小组在注文中说："罗泌《路史·后纪》卷五谓黄帝'即茔垒，灭四帝而有天下'，与简文'已胜四帝，大有天下'意同。"[2] 这个注文有助于我们理解简文的内容。

（2）《上海博物馆藏战国楚竹书》第 2 册中有《容成氏》一篇，其中第八简："于是乎始语尧天地人民之道。与之言正（政），斅柬（简）以行；与之言乐，斅和以长；与之言豊（禮），斅敀而不逆。尧乃斅（悦）。"刘乐贤认为："传世古籍中也有类似说法，对理解简文或有帮助。……《路史》卷二一述尧与舜谈话时说：'语礼，乐详而不字；语政，治简而易行；论道，广大而亡穷；论天下事，贯眽条达，咸叶于帝，而咸可底绩。于是锡之绨衣、雅琴，命之姚姓。妃以盲，娅以嚳，以观其内。九子事之，以观其外。'……参照传世文献，我们对简文某些字词的理解似可重新斟酌。例如，三个'斅'字，很容易想到读悦，但这样读

---

① 裘锡圭、曹峰：《"古史辨"派、"二重证据法"及其相关问题》，《文史哲》2007 年第 4 期。

② 银雀山汉墓竹简整理小组：《银雀山汉墓竹简·孙子兵法》，文物出版社 1976 年版，第 103 页。

与《路史》所载不能密合，似有再做考虑的必要（如读说）。"① 王瑜很赞同刘氏的结论，认为"刘乐贤先生则在一篇文章中更是为此处的编连提供了传统文献方面的有力佐证，他指出'传世古籍中也有类似说法'，并举出《尸子》（汪继培辑本）、《慎子》、《资治通鉴外纪》及《路史》等书中的语句。因而，此处的改动应该是没有问题的了"。②

（3）《上海博物馆藏战国楚竹书》第 2 册中有《容成氏》一篇，其中第二十二简："禹乃建鼓于廷，以为民之又（有）讼告者鼓之。"刘乐贤指出："《管子·桓公问》……《路史》卷二二引《太公金匮》：'禹居人上，慄慄如不满日，乃立建鼓。'二书皆载禹有建鼓之事，可与简文引证。"③

可见，《路史》保存的文献资料在古籍校勘、注释以及简帛文献释读方面多有可资利用处，亟待研究者深入挖掘。

────────────

　① 刘乐贤：《读上博简〈容成氏〉小劄》，载上海大学古代文明研究中心、清华大学思想文化研究所编《上博馆藏战国楚竹书研究续编》，上海书店出版社 2004 年版，第 353—354 页。

　② 王瑜：《〈容成氏〉所见舜帝事迹考》，《四川文物》2006 年第 1 期。

　③ 刘乐贤：《读上博简〈容成氏〉小劄》，载上海大学古代文明研究中心、清华大学思想文化研究所编《上博馆藏战国楚竹书研究续编》，上海书店出版社 2004 年版，第 356 页。

下　编

《路史》所载上古神话传说考究

第四章

《路史》神话创作及神话人物整合分析

　　《路史》作为一部汇集众多神话传说资料而成的著作，自 20 世纪初中国神话学成为独立学科以来，在神话研究者的共同努力下，其在神话研究上的重要性逐渐得到肯定，既有从神话资料搜辑角度，又有从单个神话人物研究角度，更有从神话史角度对该书保存的神话资料加以研究利用。但到目前为止，却没有任何研究者对罗泌何以能搜辑到如此丰富的神话材料，又何以会对上古神话传说如此感兴趣的原因作出探究，更没有研究者对罗泌《路史》体现出的神话观进行深入挖掘，因此也就无法从根本上揭示出罗泌在怎样的内外因支配下进行的《路史》创作。故在本章中，拟从《路史》神话创作的背景及前期准备、《路史》对神话人物的整合分析两方面对以上诸问题进行一次初步的探讨。

第一节　《路史》神话创作的背景及前期准备

　　《路史》共约 50 万字，其中《前纪》9 卷、《后纪》13 卷约 20 万字，主要记述夏以前被称为"传说时代"① 的历史。若以今天动辄百万字的书籍标准来衡量，它并不算大部头作品，但若以当时的条件，且完全由私人独立编撰而成言之，则已属不易。罗泌父子何以能编撰出这样的作品，当时的社会给他们的编撰提供了怎样的条件，他们在编撰之前又做过哪些准备工作，均是我们在探讨《路史》神话学价值前应加以适当梳理辨析的。通过分析，除了漆侠总结的，宋代雕版印刷业的繁荣，为改善宋代读书人

---

　　① 徐旭生：《中国古史的传说时代》，广西师范大学出版社 2003 年版，第 23 页。

的阅读环境提供巨大便利外①，以下两方面因素在推动罗泌进行《路史》编撰中起到了决定性的作用：第一，回向"三代"的时代要求推动罗泌从事上古史研究；第二，罗泌认为在他之前的众多上古史（上古神话传说）研究著作均不够完善。下文就对这些因素详加分析。

一　内在动力：回向"三代"的时代要求

当然，除宋代书籍刊印事业的巨大发展，为罗泌父子编撰《路史》提供必要的资料前提外，《路史》的编撰还得益于宋代史学的发达，陈寅恪曾明确指出："中国史学莫盛于宋。"② 蒙文通进一步指出，"史学莫精于宋"，且"宋代史学以南渡为卓绝"。③ 因此有学者指出："宋代史学之盛，在形式上表现为编年、纪传、纪事本末、地方志、典志体诸体皆备，而且每种体裁都是成果丰富，佳作如林。同时，也表现为史学研究领域和治史视野大为扩展，特别值得注意的是宋人对中国上古史的普遍热衷，更是其他朝代无可比拟的。从邵雍的《皇极经世》、司马光的《稽古录》、刘恕的《通鉴外纪》、苏辙的《古史》、罗泌的《路史》，到后来南宋胡宏的《皇王大纪》、黄震的《古今纪要》、张栻的《经世纪年》、金履祥的《资治通鉴前编》以及郑樵的《通志》、马端临的《文献通考》等书，在对汉唐诸中古、近世之史进行研究之外，更直指邃古之初，对人类起源、文明发轫的草昧状况穷探力索，希望寻找出礼乐兴废、世运升降的某种法则。"④ 此处所言宋代学者"对中国上古史的普遍热衷"，以及通过对上古史的研究"寻找出礼乐兴废、世运升降的某种法则"，正是推动罗泌进行《路史》创作的社会环境。

---

① 漆侠说："宋代的雕版印刷业确实发展到一个新的高度，不但远超过了在它之前的唐代，而且用《书林清话》作者的话说，也'超逸'在它之后的'元明两代'。至于宋代刊刻之多，如吴澄所评论的，'锓板成市，版本布满天下，而中秘所储，莫不家藏而人有'，'无汉以前耳受之限，无唐以前手抄之勤，读书事半而功倍，宜矣'。既保存宋以前的传统文化，又推动了宋代创造的新文化，宋代雕版印刷业起了不可估量的作用。"参见漆侠《宋代经济史》，中华书局 2009 年版，第 720—721 页。

② 陈寅恪：《陈垣明季滇黔佛教考序》，《金明馆丛稿二编》，生活·读书·新知三联书店 2001 年版，第 272 页。

③ 蒙文通：《跋华阳张君〈叶水心研究〉》，《蒙文通文集》第 3 卷《经史抉原》，巴蜀书社 1995 年版，第 470 页。

④ 《〈古史〉叙录》，载曾枣庄、舒大刚主编《三苏全集》，语文出版社 2001 年版，第 3 册，第 344—345 页。

宋人为何会对上古史研究情有独钟？据初步分析，主要是因为以下三个因素。

（1）弥补前人修史时对上古史的重视不足。如刘恕因司马光编《资治通鉴》不及周烈王之前，故撰《通鉴外纪》以补之；苏辙因司马迁《史记》"记尧、舜、三代之事，皆不得圣人之意"①，故撰《古史》以补之，等等。

（2）弥补前人撰修上古史时的取材不当，或考证不周。如罗泌认为前人撰上古史者"其学狭浅，不足取信"，故撰《路史》以补之；金履祥因刘恕《通鉴外纪》常舍《左传》而取《国语》，且多用先秦诸子书中的史料，失之于滥，故撰《资治通鉴前编》以补之。

（3）推动宋代学者（至少罗泌《路史》创作是如此）从事上古史（上古神话传说）研究更深层的理由是：宋代士大夫普遍要求回向"三代"，"重建一个理想的人间秩序"的时代要求。且这一时代要求以如下两个背景为支撑展开："一是唐五代的秩序崩溃，二是外敌环伺的现实紧张，前一背景逼出了儒学解释的自我更新和社会伦理的重新整顿，后一个背景则逼出了整个宋代的'国家意识'和'危机意识'，这都是'国是'的背景。"②

理学家朱熹曾说："国初人便已崇礼义，尊经术，欲复二帝三代，已自胜如唐人，但说未透在。直至二程出，此理始说得透。"③朱熹所谓"国初人""欲复二帝三代"，就现有材料而言，差不多要到宋仁宗时才能体现出来。南宋史浩曾对孝宗说：

> 汉之七制，可称治主，然见谓杂霸，不得进于三代，此其大疵也。我太祖皇帝深以行一不义、杀一不辜为戒，而得天下，制治以仁，待臣下以礼。列圣传心，至仁宗而德化隆洽。至于朝廷之上，耻言人过，故本朝之治，独与三代同风，此则祖宗之家法也。④

---

① （宋）苏辙：《〈古史〉自叙》，载曾枣庄、舒大刚主编《三苏全集》，语文出版社 2001年版，第 3 册，第 352 页。

② 葛兆光：《拆了门槛便无内无外：在政治、思想与社会史之间——读余英时先生〈朱熹的历史世界〉及相关评论》，《书城》2004 年第 1 期。

③ （宋）黎靖德编，王星贤点校：《朱子语类》卷 129《本朝三》，中华书局 1986 年版，第 3085 页。

④ （宋）李心传撰：《建炎以来朝野杂记》乙集卷 3《孝宗论用人择相》，中华书局 2010 年版，第 545 页。

史浩所谓"本朝之治，独与三代同风"的"与三代同风"是何意，清人顾炎武在《日知录》卷一五《宋朝家法》中阐释道：

> 宋世典常不立，政事丛脞，一代之制，殊不足言。然其过于前人者数事，如人君官中自行三年之丧，一也；外言不入于梱，二也；未及末命即立族子为皇嗣，三也；不杀大臣及言事官，四也。此皆汉、唐之所不及，故得继世享国至三百余年。①

顾氏所言是以后代观前代的一种客观事实的总结，在宋代士大夫眼中，又如何理解"与三代同风"呢？请看王安石《上仁宗皇帝言事书》：

> 夫二帝三王，相去盖千有余载，一治一乱，其盛衰之时具矣。其所遭之变，所遇之势，亦各不同；其施设之方亦皆殊。而其为天下国家之意，本末先后，未尝不同也。臣故曰：当法其意而已。法其意，则吾所改易更革，不至乎倾骇天下之耳目，嚣天下之口，而固已合乎先王之政矣。②

显然，王安石此处所说的"法其意"，就是想要法"三代"之意，通过"托古改制"，进而达到自己改革变法的目的。余英时说："'法其意'三个字道破了回向'三代'运动的真精神所在。"可谓卓识。余氏进而指出："朱熹'欲复二帝三王'的观察是从道学（或理学）的角度出发的，所以结语说：'直至二程出，此理始说得透。'但回向'三代'的运动自仁宗时始便指向变法改制，并不仅仅以讲透'三代'的'道理'自限。庆历与熙宁两次变法都是这一运动的直接后果。"③ 可见，回向"三代"并非仅是理学家的一厢情愿，而是整个时代的共同要求，"宋代士大夫的'创造少数'从一开始便要求重建一个理想的人间秩序，当时称之为'三代之治'。无论他们是真心相信尧、舜、三代曾经出现过完美的秩序，还是借远古为乌托邦，总之，由于对现状的极端不满，他们时时表现出彻底

---

① （清）顾炎武著，黄汝成集释：《日知录集释》，上海古籍出版社 2009 年版，第 919—920 页。

② （宋）王安石：《临川先生文集》卷 39《书疏》，中华书局 1959 年标点本，第 410—411 页。

③ 余英时：《朱熹的历史世界》，生活·读书·新知三联书店 2004 年版，第 196 页。

改造世界的冲动。这一思想倾向通两宋皆然"。① 因宋代士大夫"对现状的极端不满",所以"宋代儒学复兴的原始要求"就是"根据'三代'的理想重建一个合理的秩序",而这种"思想倾向通两宋皆然"。然而南宋与北宋又有所不同,因为在南宋儒学家那里"外王"的追求退居第二,已由"外王"转向了"内圣",并明确指出:"只有在'内圣'之学大明以后,'外王'之道才有充分实现的可能。"② 为什么会出现这种转变?余英时认为,在于"王安石变法本于经学,而不是理学,这是明白无疑的。当时理学的基本纲领虽已由二程建立了起来,但尚未进入政治文化的主流之中。南宋理学家便断言这是变法失败的根本原因"。③ 可见,"内圣"先于"外王"在南宋理学家那里已非常明确。当然无论"内圣"之学达到什么样的程度,其最终目的还是"重建一个理想的人间秩序"。因此,余英时说:

> 我并不否认理学家曾认真探求原始经典的"本义",以期"上接孔、孟",我也不否认他们曾同样认真地试建形上系统。但分析到最后,无论"上接孔、孟",或形上系统都不是理学家追求的终点,二者同是为秩序重建这一终极目的服务的。前者为这一秩序所提供的是经典依据,后者则是超越而永恒的保证。④

罗泌对"三代"及其以上历史的重视,也许正试图为秩序重建提供必要的"经典依据"。通过分析《路史》相关内容能够发现,罗泌对北宋的覆亡以及南宋的偏安痛心疾首,他希望能够通过回向"三代",重建一个强大的大宋王朝。罗泌认为,赵宋王朝乃是炎帝神农的苗裔,应该"盛德百世",他在《路史·后纪三·炎帝》中说:

> 太祖抚运,梦感见帝,于是驰节夐求,得诸南方。爰即貌祀,时序隆三献。恶戏!盛德百世,祀至神农,亡以尚矣。我宋火纪,上协神农,岂其苗裔邪!何谁昔之夜,神交万载,而乃丕扬于今日欤!

---

① 余英时:《朱熹的历史世界》,生活·读书·新知三联书店2004年版,第5—6页。
② 余英时:《朱熹的历史世界》,第410页。
③ 余英时:《朱熹的历史世界》,第412页。
④ 余英时:《朱熹的历史世界》,第183页。

又在注文中称："［炎帝］庙在康乐乡鹿原陂上，乾德五年（967）建。"据《宋大诏令集》卷一五六载乾德四年（966）十月癸酉宋太祖《前代帝王置守陵户祭享禁樵采诏》称：

> 自古帝王，受天眷命。……其太皞葬宛丘，炎帝葬长沙，黄帝葬乔山，颛顼葬临河，高辛葬濮阳，唐尧葬城阳，虞舜葬零陵，女娲葬赵城，夏禹葬会稽，商汤葬宝鼎县，周文王、武王葬咸阳县，汉高祖葬长陵，在长安北，后汉世祖葬洛阳界，唐高祖葬三原县东，太宗葬醴泉县北，凡已上一十六帝，各置守陵五户，每岁春秋二时，委所在长吏，各设一祭。①

据此诏文可知，罗泌所说炎帝庙在乾德五年（967）建造渊源有自。刘复生认为："'宋乾德五年建庙'在后世似成共识，《路史》所载'故事'的影响是显而易见的，也就是明清所记追溯至此的根据所在。"并指出："宋朝国势衰微之际，炎帝这位被汉儒认定的首位以火德之帝而受到崇奉，成为国家又一个命运之神。这也是古代政治生活中'神道设教'的一个生动实例。"② 此说甚确。然而，现实中的宋王朝并没有因为崇奉炎帝就能够"盛德百世"，面对北宋覆灭、南宋偏安的现实，罗泌万分惆怅，他在《路史·前纪四·浑沌氏》中表达了对"旧国旧都"的思念，以及对"三代之世，圣贤自多"的向往：

> 旧国旧都，望之怅然，虽使丘陵草木之缗，入之者十九，犹之怅然，况见见闻闻者乎?③ 夫有盛必有衰，而衰者必复；有冬必有夏，而冬者必开。此天地之化气也。今也觐古之人，被画冠服，而企止者

---

① 佚名：《宋大诏令集》，中华书局1962年版，第585页。

② 刘复生：《"长沙炎陵"说的缘起》，《社会科学研究》2003年第4期。

③ 此句出自《庄子·则阳》，据陆德明《释文》云："畅然，喜悦貌。"成玄英《疏》曰："旧国旧都，荒废日久，丘陵险陋，草木丛生；入中访，十人识九，见所曾见，闻所曾闻，怀生之情，畅然欢乐。况丧道日久，流没生死，忽然反本，会彼真原，归其重玄之乡，见其至道之境，其为乐也，岂易言乎!"［（清）郭庆藩撰，王孝鱼点校：《庄子集释》，中华书局1985年版，第883—884页。］然而，罗泌将"畅然"替换成"怅然"（考《路史》诸本均同），使得文意由欣喜转变为失落，这一细微变化看似无关紧要，实则寓有深意——罗泌想借此来表达他心中抑郁良久的，对北宋灭亡、南宋偏安的惆怅心情。

质厚魁伟，重视深息，气象固已殊矣，况三代之时乎？三代之世，圣贤自多，而况出于其上者乎？

罗泌不仅对"三代之世"心向往之，而且也认为"三代"之前比"三代"更好，而"三代"之后的世界则一代不如一代。他在《路史·前纪六·史皇氏》中说：

《图》出河，《书》出洛，天地之所以畀圣人也，而其末流祸天下亦深矣。三代而上，用而不恃，文字之所用，坟典鼎彝之外亡施焉；三代而下有说命，有政典，然后文字亡所不用。既著文字而六经托，六经之托，圣人之不得已也。降至后世，句连苦㢝，牢茹苦毕，而后淫辞诐说，始蔓羡霄块间矣。奇它之目如秋荼，而民亡所措手足；章句之学如凝脂，而士不知所税驾。文者侮俗，而奸者舞文。至于读《易》卜奸，诵《诗》相冢，亡所不至。

罗泌这种历史退化观，在进化论思想传入中国前，曾是中国占主导地位的历史观念，所以罗泌认为"三代"之后的世界代不如前也有其深层的思想根源。[1] 同时，罗泌又认识到这种退化现象背后的真实内涵，即伴随着生产力水平逐渐提高，人类可资利用的财富逐渐增多，但随之而来的私有观念也逐渐增强，因此在某种程度上又导致道德沦丧。于是他指出宋代承平百年，"民物阜毓，波夷夏海，实超轶乎三代"，只是"世变风移之事"，却"视之有愧"。他认为出现这种状况的原因是"封建不行之所致"，问题既然出现了，那应该如何解决？罗泌在《路史·后纪三·炎帝》中以神农为例加以说明，他说：

国家承平百年之间，民物阜毓，波夷夏海，实超轶乎三代。惟世变风移之事，视之有愧，则封建不行之所致也。兹岂陋儒俗吏之所知哉！日者汉、唐虽稍封建，然而因陋就简，事不稽古，纪纲法制，一无或备，是顾得言封建邪？兹其所以历世纷纷，偟偟救弊之不暇者，岂封建之咎哉？制之失其道尔！予观神农之治天下，甄四海，建诸

---

① 顾颉刚：《当代中国史学》，上海古籍出版社 2007 年版，第 122 页。

侯，处贤以便势，胥用而平民。近者国地广而远弥小，负海有十里之侯，若二十里者，以大制小，犹干役指。繇中下外，如水建瓴，是故上下得以相安，而人皆恶死。然后知贾颜之谟，盖亦善而未尽。圣人之经国立法，其虑世防患，可谓至矣。三代之所以长久，此其效焉。故曰："三代之末尚有仁义，六代之季尽矣。"

不仅如此，罗泌在《路史·后纪三·炎帝》中还力辟现行"郡县制"的弊端，而盛赞"三代""封建制"的美好：

> 王者，奉天地、法至公者也。封建者，天下之公也；郡县者，一人之私也。惟公也故人皆得遂其私，惟私也是故公私俱废。士民兵政，一切取苟且之术，岂直越肥之视秦瘠耶？又将剥之以自厚也。郡县若此，而上之人犹欲冀俗之归厚，是何异于秉棁而招狗。……恶戏！自封建法废，而后世不见成、康之俗，君无世臣，民无常主，无惑乎道之卑也。

同时，罗泌又在《路史·国名纪·封建后论》中进一步强调自己上述观点，并援引唐、宋实例加以阐释：

> 论者乃以武皇之惩唐末五季之事，而以镇兵归朝廷，为不可复封建。愚窃以为不然。夫武皇之不封建，特不隆封建之名，而封建之实固已默图而阴用之矣。李汉超齐州防御监关南兵马，凡十七年，敌人不敢窥边。郭进以洺州防御守西山巡检，累二十年。贺惟忠守易，李谦溥刺隰，姚内斌知庆，皆十余载。韩令坤镇常山，马仁瑀守瀛，王彦升居原，赵赞处延，董遵诲屯环，武守琦戍晋，何继筠牧棣，若张美之守沧、景，咸累其任。管榷之利，贾易之权，悉以畀之。又使得自诱募骁勇，以为爪牙，军中之政，俱以便宜从事，是以二十年间，少无西北之虞。深机密策，盖使人繇之而不知尔。胡为议者不原其故，遂以兵为天子之兵，郡不得而有之，故自宝元、康定，以中国势力而不能亢一偏方之元昊，靖康丑虏长驱百舍，直捣梁师，荡然无有藩篱之限，卒之横溃，莫或支持。繇今日言之，奚啻冬冰之水齿。恶呼，欲治之君不世出，而大臣者每病本务之不知，此予所以每咎征、

普，以为唐室、我朝之不封建，皆郑公、韩王之不知以帝王之道责难
其主，而为是寻常苟且之治也。（按：顾炎武《日知录》卷九《藩
镇》条全引此文，仅略有不同。①）

可见，罗泌对现行制度并不满意，但在当时的政治生态下，他又不愿
入仕以改变时局（这是宋代隐士的基本处事方式②）；同时也因为在罗泌
生活的时代，至少在孝宗朝，并不存在政治的、社会的或者经济的急迫危
机来促使社会的"重建"，且此时的宋金关系也相对稳定，所以更进一步
加剧了统治集团的保守心理，从而也阻碍了"重建"计划的实施。《宋
史》卷三五《孝宗传》"赞"曰：

> 即位之初，锐志恢复，符离邂逅失利，重违高宗之命，不轻出师，
> 又值金世宗之立，金国平治，无衅可乘。然易表称书，改臣称侄，减去
> 岁币，以定邻好，金人易宋之心，至是亦寝异于前日矣。故世宗每戒群
> 臣积钱谷，谨边备，必曰："吾恐宋人之和，终不可恃。"盖亦忌帝之将
> 有为也。天厌南北之兵，欲休民生，故帝用兵之意弗遂而终焉。③

宋孝宗（1163—1189 年在位）在位期间，国事承平，被视为南宋偏
安之后相对比较"富乐"的时期。《宋史》卷四二三《李韶传》载李韶
上疏理宗曰：

> 臣生长淳熙初（淳熙元年为 1174 年），犹及见度江盛时民生富
> 乐，吏治修举。④（按：本传系李韶上疏理宗在嘉熙五年。然嘉熙仅
> 有四年，故此必是淳祐元年，即 1241 之误⑤。）

李韶的言论也许有些夸大的成分，但以当时人说当时事，应该不至于
离事实太远。在这样的社会环境里，以罗泌不愿出仕的心态，自然就无法

---

① （清）顾炎武著，黄汝成集释：《日知录集释》，上海古籍出版社 2009 年版，第 562—
563 页。
② 张海鸥：《宋代隐士居士文化与文学》，社会科学文献出版社 2017 年版，第 16—36 页。
③ 《宋史》，中华书局 1977 年标点本，第 692 页。
④ 《宋史》，第 12631 页。
⑤ 余英时：《朱熹的历史世界》，生活·读书·新知三联书店 2004 年版，第 459 页。

实现现实层面的"重建"。但罗泌毕竟是一个具有现实政治关怀的传统儒家学者，面对困顿的时局，他最终选择了"临渊羡鱼，不如退而结网"①，通过研究上古史，进而充分展现"三代"及其以上的美好，为回向"三代"运动提供尽可能充分的理论支持，以期达到引起现实层面改革的目的。

当然，此处存在一个值得深思的问题，既然罗泌"绝意仕宦"，也并非南宋理学家集团的核心人物，他又如何会具有强烈的回向"三代""重建一个理想的人间秩序"的要求呢？此问题若能顺利地解答，将有助于强化上述论点，但遗憾的是，据现有材料并不足以充分解答此疑问，故此处只能就有限的材料对此问题做一尽量合理的推理，以俟有更充分的材料时再作进一步探讨。

据考，罗泌祖父罗无竞、父亲罗良弼以及罗泌本人曾与萧子荆、胡铨、周必大等人，或有过生活上的亲密交往，或有过学问上的熏陶和影响，要之均有非同一般的关系。萧子荆是罗良弼与胡铨的老师，也是研治《春秋》学的名家，有《春秋辨疑》一书传世，罗泌与其兄罗泳为了传萧氏《春秋》之学，曾刊刻此书传世。胡铨不仅是著名的政治家，南宋主战派的重要支持者，曾得到孝宗"久闻卿直谅"的褒扬，同时也有很深的儒学造诣，曾著有"《易》、《春秋》、《周礼》、《礼记解》"等书②。周必大的地位更为特殊一些，他不仅是孝宗朝的丞相，得到孝宗的信任和积极支持，也与同时代的理学领袖如朱熹、张栻、吕祖谦、陆九渊等人有很深的交情，对于理学家提出的从"内圣"到"外王"，进而"重建一个理想的人间秩序"的要求十分了解，也颇为尊敬。正因周必大与理学集团的亲密交往，所以在庆元六年（1200）"伪学"之禁中他被指为魁首，几乎弄得自身难保。《宋史》卷三九一《周必大传》载：

> 自庆元以后，侂胄之党立伪学之名，以禁锢君子，而必大与赵汝愚、留正实指为罪首。③

萧子荆是罗良弼的老师，对良弼有重要影响自不待言，而萧氏的《春秋》学也对罗泌产生过巨大影响，这可从上述罗泌刻印萧氏《春秋辨

---

① 《后汉书》卷56《董仲舒传》，中华书局1965年标点本，第2505页。
② 《宋史》卷374《胡铨传》，中华书局1977年标点本，第11583、11589页。
③ 《宋史》卷391《周必大传》，中华书局1977年标点本，第11971页。

疑》看出。胡铨是罗良弼的同学，两人同求学于萧子荆门下，关系至为亲密，胡铨对罗良弼的学识推崇备至，并认为："朋友有助焉，良弼为多。"① 正因为两人关系如此亲密，也由于胡铨不仅官居高位，而且极力拥护抗金运动，特别是胡铨在绍兴八年（1138）针对秦桧派王伦出使金国乞和称臣的事所写的《戊午上高宗封事》，其中"义不与桧等共戴天"② 的名句，罗泌定然十分熟悉。所以如果我们假定，在罗泌心中胡铨占有重要的位置，恐怕不至于偏离事实太远。罗泌有如此经历，再加之对现实极端不满，所以他才更为迫切地希望通过回向"三代""重建一个理想的人间秩序"。

周必大在上举三人中，相对而言，身份更为特殊。且据下面的材料可知，在关于回向"三代""重建一个理想的人间秩序"的问题上，他不仅如胡铨那样在行动上影响着罗泌，更从学术层面对罗泌造成过影响。《路史·国名纪丙》曾载有淳熙十六年（1189）罗泌与周必大关于"三皇五帝"的对话：

> 太昊宅东，少昊宅西，炎帝居南，颛帝居北，予尝证之矣。南交北幽，东塌西柳，处乎四方，此不迁之次也。己酉冬（淳熙十六年，1189），周益公退舍归，首以炎陵事来访，谓三皇五帝并居中原；炎帝之墓，无因南方，即疑为偏据者。予曰：不然。……

而嘉泰三年（1203），周必大在《龙云集原序》中又提及罗泌：

> 嘉泰三年（1203），贤守豫章胡元衡平一表郑公之乡里，访襄阳之耆旧，欲广其书，激励后学。予亟属罗尉之子泌缮写定本，授俟刻之。③

限于识见，关于周必大与罗泌直接交往的资料，暂时只能找到上举两

---

① （宋）胡铨：《澹庵文集》卷5，《文渊阁四库全书》，台湾商务印书馆1983年影印本，集部，第1137册，第50页。

② 《宋史》卷374《胡铨传》，中华书局1977年标点本，第11582页。

③ （宋）刘弇：《龙云集》卷1，《文渊阁四库全书》，台湾商务印书馆1983年影印本，集部，第1119册，第64页。

条，但即便是这两条材料（特别是第一条），也足以告诉我们，周必大与罗泌关系非同一般，否则周必大不会亲自去拜访罗泌，且拜访的时间正是自己罢相后的第一个冬天①，而谈论的又是"炎陵"这个对赵宋王朝来说格外神圣的话题。最难得的是两人的坦诚相见，周必大提出了自己的看法，并认真听取了罗泌的不同意见，可见在周必大的心中，罗泌关于此事的研究是值得认真了解甚至信赖的。此外，还有一人曾与罗泌探讨过"炎陵"之事，且对罗泌关于"炎陵"的研究颇为赏识，此人就是刘清之，此事留待下文再谈，此不烦言。

正由于有诸如萧子荆、胡铨、周必大等人身体力行地影响着罗泌的成长，所以即使罗泌从未进入统治集团的权力核心，也并未成为南宋理学家集团的核心人物，他仍然有极大可能与其他理学家一样抱有强烈的改变现状、"重建一个理想的人间秩序"的愿望，并且通过自己对上古史的研究，进而推动这一愿望尽早实现。

二　直接原因及前期准备工作

当然，除上述原因推动罗泌编撰《路史》外，更直接的原因是罗泌认为在他之前的众多上古史（上古神话传说）著作均不够完善，因而决意要创作一部体例完善、内容翔实的著作。他在《〈路史〉序》中对此有明确交代：

> 太史公作《史记》，苏子述《古史》，自黄、戏而上不道，曰仲尼不道也。予违太史公藐千三百载矣，又上诹之万载之前，非取戾于圣人也，以学者犹欲言也。……皇甫谧之《世纪》，谯周之《史考》，张惜之《系谱》，马总之《通历》，诸葛耽之《帝录》，姚恭之《年历帝纪》，小司马之《补史》，刘恕之《通鉴外纪》，亦粗详矣，而其学狭浅，不足取信。太史公丁孤赢威学之后，首缀隧绪，既足通遗，而苏子所述，第发明《索隐》之旧，兹固未足为全书，而予之《路史》所为起也。

---

① 据《宋史》卷36《光宗本纪》，淳熙十六年（1189）五月"丙申，周必大罢为观文殿大学士，判潭州"（中华书局1977年标点本，第696页）。又据《宋史》卷391《周必大传》载，淳熙十六年二月，光宗即位；三月，拜少保、益国公；五月，"何澹……为谏长，遂首劾必大。诏以观文殿大学士，判潭州"（中华书局1977年标点本，第11971页）。

　　罗泌有感于众多论述上古史的著作，要么"其学狭浅，不足取信"，要么虽"足通遗"，却"未足为全书"，于是进行《路史》创作，且在《路史·后纪六》中明确表达了自己的创作原则："余为此书，盖未尝勉为之说，而推合之其足以垂示后世，亦不苟求为异也。"这正如苏辙在《〈古史〉自叙》中叙述其创作《古史》，是鉴于司马迁《史记》之不足：

　　　　太史公始易编年之法为本纪、世家、列传，记五帝、三王以来，后世莫能易之。然其为人浅近而不学，疏略而轻信。汉景、武之间，《尚书》古文、《诗》毛氏、《春秋》左氏皆不列于学官，世能读之者少。故其记尧、舜、三代之事，皆不得圣人之意。战国之际，诸子辩士各自著书，或增损古事以自信。一时之说，迁一切信之，甚者或采世俗相传之语，以易古文旧说。及秦焚书，战国之史不传于民间，秦恶其议己也，焚之略尽。幸而野史一二存者，迁亦未暇详也。故其记战国，有数年不书一事者。余窃悲之，故因迁之旧，上观《诗》、《书》，下考《春秋》，及秦汉杂录，记伏牺、神农，讫秦始皇帝，为七本纪、十六世家、三十七列传，谓之《古史》。……呜呼！由数千岁之后，言数千岁之前，其详不可得矣。幸其犹有存也，而或又失之，此《古史》之所为作也。[1]

　　苏辙认为司马迁所作《史记》，其有功于学术者甚大，"后世莫能易之"，但也较为客观地指出《史记》的不足，故有《古史》之作；罗泌则鉴于诸如苏辙《古史》等众多上古史著作的不够完善，故有《路史》之作。于是罗泌就开始了《路史》编撰前的资料收集，据前文统计，罗泌《路史》共涉及文献918种，其中经部179种、史部337种、子部320种、集部82种。罗泌曾参阅过如此大量的文献资料[2]，其中涉及宋以前记载上古神话传说资料的相关书籍，罗泌几乎揽括无遗，这为编撰《路史》提供了充分的资料保障。同时，除收集书籍资料外，罗泌还曾多方搜讨如碑铭等出土文献中有关上古神话的资料。如《路史·余论七·吕梁碑》

---

　　① （宋）苏辙：《〈古史〉自叙》，载曾枣庄、舒大刚主编《三苏全集》第3册，语文出版社2001年版，第351—352页。
　　② 必须说明的是，罗泌并未见过上述所有文献的原本。据考察，罗泌书中所引用的书籍，其中一大部分来自古注、类书中，但即便如此，以当时的阅读条件而言，也足见罗泌用功之勤了。

载罗泌曾在郭知章家中收集到有关虞舜家世记载的《吕梁碑》，心中甚为欣喜，而有"天未丧斯文"的感叹：

> 《吕梁碑》，刘耽作，字为小篆，钩画讹泐，间可认者仅六十言。耽于传无闻矣，据《碑》之言皇帝登封之岁，则盖秦、汉间人也。《碑》中叙纪虞帝之世云："舜祖幕，幕生穷蝉，穷蝉生敬康，敬康生乔牛，乔牛生瞽瞍，瞽瞍产舜。命禹行水，道吕梁。"特此节完备，为可考质之于传，惟无句望，且不言出自黄帝，谅得其正。甲申秋七月（1164，宋孝宗隆兴二年），观于内相郭知章明叔（约1040—1114）家，公异时亦常集录古刻，多六一先生（欧阳修，号六一居士）之未见者二百，斯其一也。字势权奇，盖莫之辨。呜呼！有虞氏之明德，千古被之而无斁者，孰有世祀之不明者乎？繇数千岁之后，予得论而次之，天未丧斯文哉？

此外，罗泌还曾亲自走访各地神话传说人物的历史遗迹，收集相关历史传说故事，且收获颇丰。[①] 罗泌在《路史·前纪八·尊卢氏》中对此记载颇详：

> 自余季甫志学，邅通三经，且待且业，未尝终食。三商不属意，于是史也。访博士，适异书，讯旅人，求金石之遗。豫是有益，虽奴客必师，不知祈寒溽暑之为毒。于衡湘得云阳之从，于广都得盘古之祀，于冯翊得史皇之墓，于蓝田得尊卢之采，于衡山得祝融之窬，于长安得阴康之冢，于肺山得华胥之封，于黄龙得女娲之碣，于茶水得炎帝之陵，于峨眉得黄帝之款，于雍得帝鸿之坋，于云阳得少昊之瑜，于成阳得庆都之籥，于大山得有虞之文，于陈仓得娥盲之㻐，于商於得女英之垄，于杼山得夏后之铭，一何多邪。

又在《路史·后纪六》中说：

> 予闻昆仑、矩缕、宛委、防山有黄帝之书，空同、祝融有唐帝之

---

① 遗迹是最重要的史料之一，其重要在于其直接性。参见杜维运《史学方法论》，北京大学出版社2008年版，第231—237页。

碑，泰山、箕山、青城、海隅有古帝王文字，霍、灊、嵩、岱、衡、华、恒山、会稽、空同、雄耳、碣石等处，皆有禹所记焉。天其使得，历而访之，以诏于当来乎？

但相对而言，罗泌对与炎帝有关的"炎陵"的记载更为详细，因为"炎陵"对于赵宋王朝有特殊意义①，而这也正是罗泌虽未入仕但心系朝廷的具体体现。如《路史·后纪七》注曰：

> 予游炎陵，访之图谍，俱云是黄帝陵，乡俗谓为轩辕皇帝坟，不知也。

又《路史·余论二·赤松石室》载：

> 予游炎陵，过西阳之乡，值云阳老期我于山中，观赤松轩辕之坛。

又《路史·余论二·题炎陵》载：

> 神农有天下，传七十世，在古最为长世者。葬于茶陵，见于《郡国志》《帝王世纪》。予作《路史》，纪之详矣。后十有五年，始获拜陵下，摩挲古杉，俯叹石麟，追怀曩初，愧尔隔世。淳熙十四年（1187）正月乙卯炎帝外臣庐陵罗泌书。

又《路史·后纪三》注曰：

> 炎陵，今在麻陂，林木茂密，数里不可入，石麟石土，两杉苍然，逾四十围两杉而上陵也，前正两紫金岭。丁未春（淳熙十四年，1187），予至焉。寓人云："年常有气出之，今数载无矣。"

又曰：

---

① 至少罗泌如此坚定地认为，赵宋王朝乃炎帝神农的苗裔，故他才会自居为"炎帝外臣"，才会"游炎陵山，徬徨重阜，寓襄阳十有一载"。

　　淳熙十三年（1186），予请守臣刘清之奏于陵近复置庙，乞以陵前唐兴敞寺为之。谓佛殿其中，而炎帝殿乎其旁，不惟不正，而三五之时，初未尝有西方之教。君从之，即命军使成其事，未竟而去。

罗泌请修"炎陵"事，据《宋史全文》卷二七下《宋孝宗八》载淳熙十四年六月：

　　是月，修炎帝陵，陵在衡州茶陵县。从衡州之请也。①

又《宋史》卷一〇五《礼志八》亦有记载，淳熙十四年（1187）：

　　衡州守臣刘清之奏："史载炎帝陵在长沙茶陵，祖宗时给近陵七户守视，禁其樵牧，宜复建庙，给户如故事。"②

又《文献通考》卷一〇三《宗庙考十三》载：

　　（淳熙）十四年，衡州守臣刘清之奏："史载炎帝陵在长沙茶陵，今衡州茶陵县是也。陵、庙皆在康乐乡白鹿源，距县百里，而祠宇废。祖宗时给近陵七户守视，禁其樵牧，宜复建庙，给陵户礼官，请如故事。"命守臣行之。③

　　可见，罗泌的建议，刘清之曾向朝廷上疏言及，且得到朝廷批准，并在淳熙十四年（1187）六月动工修建。但罗泌并未交代刘清之何以会"未竟而去"；据考察，其中尚有隐情，且与上述理学集团倡导由内圣到外王，进而回向"三代""重建一个理想的人间秩序"的观点密切相关，故揭之如下。据《宋会要辑稿》职官七二之四八《黜降官》载，淳熙十四年十二月二十七日：

　　知衢（按：乃"衡"字之误）州刘清之主管华州云台观。言者

---

① （元）佚名撰，李之亮校点：《宋史全文》，黑龙江人民出版社2005年版，第1924页。
② 《宋史》，中华书局1977年标点本，第2560页。
③ （元）马端临撰：《文献通考》，中华书局1986年版，第942页。

论其以道学自负，于吏事非所长，财赋不理，仓库匮乏，又与监司不和，乞与宫祠。从之。①

可见，刘清之"未竟而去"是因被认为"吏事非所长"，且"以道学自负"而被罢官。刘清之确实不擅长"吏事"吗？此处有必要做一简要梳理。② 刘清之，字子澄，其生平与思想大体见于《宋史》卷四三七《刘清之传》及全祖望《宋元学案》卷五九《清江学案》中。据《宋史》本传，清之自绍兴二十七年（1157）登进士第后，历任县主簿、县丞、知县，后来升任州通判和知州，且在任上都有出色表现。③ 可见，"吏事非所长"不符合事实。也就是说，他被贬黜的主要理由应是"以道学自负"。据全祖望《清江学案序录》称：

朱（熹）、张（栻）、吕（祖谦）三先生讲学时，最同调者，清江刘氏兄弟也。敦笃和平，其生徒亦遍东南。近有妄以子澄为朱门弟子者，谬矣。④

可见，刘清之与理学集团重要成员朱熹、张栻、吕祖谦有非常密切的交往。而《宋史》本传曾载刘清之：

及见朱熹，尽取所习焚之，慨然志于义理之学。吕伯恭、张栻皆神交心契。⑤

所以可以肯定的是，刘清之确是理学集团重要成员，也确实当得起"以道学自负"的评语（如果此"以道学自负"不包含贬损之义）。而朱熹在《答黄直卿》书中对刘清之"以道学自负"案做过深入剖析：

子澄乃令副端章疏，言其以道学自负，不晓民事，与监司不和，

① （清）徐松：《宋会要辑稿》第 101 册，大东书局 1935 年影印本。
② 详情请参见余英时《朱熹的历史世界》第九章第三节"刘清之'以道学自负'案"。余英时：《朱熹的历史世界》，生活·读书·新知三联书店 2004 年版，第 473—483 页。
③ 《宋史》，中华书局 1977 年标点本，第 12953—12957 页。
④ （清）黄宗羲原著，全祖望补修，陈金生、梁运华点校：《宋元学案》卷 59，中华书局 1982 年版，第 3 册，第 1938—1939 页。
⑤ 《宋史》，中华书局 1977 年标点本，第 12956 页。

而不言所争之曲直，又言其修造劳民而已。闻之赵仓，已尝按之，而复中辍，必是畏此恶名，而阴往台谏处纳之耳。……子澄冬至书云："已遣家归庐陵，只与一侄子在彼俟命。"则是此消息来得已多时矣。若道一例如是，他人又却无是，只是吾党便有许多筑磕，亦可笑。岂亦大家行着一个不好底运气耶！抑亦老子命薄，带累诸明友也。①

朱熹认为，刘清之案是政敌有计划打击"道学"群体的行动，并认为其最终要打击的目标是自己，所以在书信中用"吾党""老子""筑磕"等词，且认为是因为自己而"带累诸明友"。余英时认为，以朱熹为代表的理学家群体与职业官僚集团"在仕宦经历方面完全相同，都是科举出身，然后由县主簿或县尉之类的地方小吏起家"。"他们之所以自别于职业官僚而自成一政治团体者，分析到最后，还是由于他们继承了北宋以来儒家关于重建'治道'的关怀。所以理学家在朝廷则念念不忘'得君行道'，在地方则往往强调'泽及细民'。"而"无论是'得君'还是'泽民'，都必然直接涉及权力与利害，这才是官僚集团对'道学'群攻之不已的终极根源"。② 也就是说，淳熙十四年（1187）发生的刘清之"以道学自负"案，并非刘清之一人之事，而是官僚集团打击"道学"集团的一个缩影。它与淳熙十六年（1189）周必大罢相，以及庆元六年（1200）"伪学"之禁案都体现出同一个主题，即官僚集团与"道学"集团斗争的日益白热化。

让我们回头再来梳理由"炎陵"引出的罗泌与周必大、刘清之之间的关系，以及体现出的深层社会背景。刘清之是"道学"集团重要代表者，而周必大是"道学"集团重要支持者，前者在淳熙十四年（1187）因"以道学自负"案被贬官，而后者在淳熙十六年（1189）罢相，随后又在庆元六年（1200）"伪学"之禁案中被指为魁首。这一前一后发生的事透露出如下信息，即在当时理学家集团想要在现实层面实现回向"三代""重建一个理想的人间秩序"极为困难。面对如此时局，罗泌选择"临渊羡鱼，不如退而结网"，通过从事上古史（上古神话传说）研究进

---

① 曾枣庄、刘琳：《全宋文》卷5595《朱熹》，上海辞书出版社2006年版，第249册，第296页。

② 余英时：《朱熹的历史世界》，生活·读书·新知三联书店2004年版，第482—483页。

而间接推动回向"三代"运动的实现，也是客观现实使然。

罗泌与刘清之、周必大均谈论过"炎陵"，且谈论的时间正好是在贬官、罢相前后。这其中是否透露出罗泌与"道学"集团有某种特殊关系？由于材料所限，暂时不能给出肯定答案。但据周必大认真听取罗泌关于"炎陵"的意见，以及刘清之不仅完全赞同罗泌的建议，且曾向朝廷上疏言及，并被朝廷采纳，却可以肯定地认为，罗泌对"炎陵"问题的探究得到了上自朝廷下到地方官员的普遍承认。而据《宋史全文》卷三四《宋理宗四》载，到理宗淳祐八年（1248）二月仍有人建议修炎帝庙，并得到朝廷批准：

> 辛丑，荆湖帅臣陈韡奏："国家以火德王，于火德之祀，合加钦崇。炎帝陵在衡州茶陵县，庙久弗治，乞相度兴修，以称崇奉之意。"从之。①

可见，"炎陵"问题在宋代影响深远。这或许给了我们更充足的理由去相信，罗泌"临渊羡鱼，不如退而结网"从事上古史（上古神话传说）的做法不仅符合"时代潮流"，且在某种程度上已间接起到了推动回向"三代"运动实现的作用？②

---

① （元）佚名撰，李之亮校点：《宋史全文》，黑龙江人民出版社 2005 年版，第 2280 页。

② 陈嘉琪认为，罗泌撰写《路史》，与以下三个企图密切相关："其一，重新编纂上古历史的企图。""其二，宗教心灵的填补：《路史》除了大量征引道经丛书，对地志与金石材料的重视，亦与道教文化的影响不无关联。再者罗泌绝意进仕，以苦行僧之姿朝拜上古帝王陵寝，将编修《路史》视为终身职志，背后必然存在着一种与入仕无所涉，宗教信仰的支持。其三，'以古鉴今'的政治关怀：《路史》虽是一部上古通史，我们却可借由罗泌的论赞与文史札记，得以一窥蕴藏其中强烈的政治关怀"。（陈嘉琪：《南宋罗泌〈路史〉上古神话传说研究》，中国社会科学出版社 2018 年版，第 109 页）陈氏所说第一点和第三点，与本书的观点基本一致，且对本书观点有所深化。但陈氏认为罗泌撰写《路史》是"宗教心灵的填补""宗教信仰的支持"，则有求之过当的嫌疑。陈氏认为："罗泌选材虽显博杂，却不难看出他对纬书与道藏书籍的偏好。"因为"若逐一比对《路史》引书与《道藏》书籍，将会发现：罗泌之所以大量征引子部诸子与小说类的书籍，应与《道藏》的藏书取向息息相关。进一步深入来看，《道藏》的藏书取向，所影响的不仅是罗泌的选材，也间接决定了《路史》一书所呈现的史观。"（同上书，第 101、102 页）但据对《路史》所引资料，特别是与道教相关资料的详细梳理（见上文第二章第二节"《路史》转引《御览》中他书内容详考"及书末附录"《路史》引书目录"），可见陈氏所言《路史》大量引据的与道教相关的资料，几乎都不是从《道藏》中转引（罗泌是否利用过《道藏》尚须据相关资料仔细考辨），而是据各种子书、小说及类书中转引。因此，陈氏认为罗泌具有"虔诚道教徒的身份"（同上书，第 87 页）的看法，实难具有说服力。

第二节　《路史》对神话人物的整合分析

清人赵承恩在《〈路史〉新序》中说，罗泌"以凌铄今古之才，囊括富有，综览百代，上追古先，补史氏所未备"，其说诚是。然罗泌《路史》除"补史"之功外，更可注意者，在于他对史料的整合，不仅将散存各书的零星材料整合为完整系统的材料，更将只言片语的传说人物勾连成内容丰满的远古帝王。这样的工作，从文献学角度来看，有利于保存许多珍贵的现今已经散佚的材料，便于后世研究者利用；从神话学角度而言，则有利于研究者比较直观地了解某一则神话在南宋以前的流变情况。这一整合工作的价值，徐旭生曾总结道：

> 我个人最感兴趣的是他（按：指罗泌）作综合工作的历程。我并且疑惑这不仅是他个人工作的历程，实在它对于以前作综合工作的人有代表性。[1]

这个评价给我们的研究极大启发，可知罗泌在《路史》中对史料的整合，不仅是他个人工作方法的体现，更代表了他以前做此工作的人的历程。也就是说，对罗泌所做"综合工作的历程"进行探索，有助于揭示出此类做综合工作的人的共同方法和态度，这无疑对深化罗泌《路史》研究，以及推动整个此类研究具有极大的价值，值得格外重视。

一　《路史》整合神话人物的背景及价值

任何一个民族的历史，都经历过从口耳相传到书于简策，其间不知有多少历史被先民遗忘，能够真正被记录并保存至今的传说故事已经微乎其微；更值得注意的是，在这些被记录下来的传说故事里，其中有一部分内容是在后人追忆过程中被记录下来的，已经部分失去了它本来的面貌。[2]当这些被记录下来的，或真实或追忆的传说故事逐渐增多时，伴随着先民历史知识的逐渐增强，他们渐渐将其中一些内容相似的材料进行对比，逐渐发现某些材料记录的内容相互矛盾，于是：

---

① 徐旭生：《中国古史的传说时代》，广西师范大学出版社 2003 年版，第 271 页。
② 杜维运：《史学方法论》，北京大学出版社 2008 年版，第 104—106 页。

他们很勇敢地用着当日全部的知识去工作，把那不对头的地方设法配合起来，弥补起来。他们的工作我们现在还可以看到一部分，用现在合乎科学规律的标准去衡量它，可以说：因为他们当日的社会情形同古代还有一部分相似，所以也有一部分的成功，但是，另外一部分已经变化到痕迹也不容易找出的地步，所以失实的地方也很不少。

他们在做这些工作时出现失实的原因，可分两方面看：第一，由于"在远古的时候社会组织的范围是很小的，氏族林立，交通不便"。而从事整合的人所生存的社会"离氏族林立的时代相去太久了"，所以他们所能见到的、所能听到的是"庞大的社会组织"，是"近于统一的现象"。因此，他们"据以推测古代情形的，以弥补历史缺陷的就是这样很实在却与时代不合的知识"。显然，这样推想的结果，就有很大一部分与"古代确实经历的情形不相符合了"。第二，当古人历史知识已经发展到可以对他们之前的历史进行从容的整合时，他们对于传说故事发生时间的确定性就有了一种迫切的要求，但遗憾的是，在远古时期发生的故事里偏偏没有确定时间的记载。于是他们就用种种方法对其加以推测，并且在这个过程中，他们还错误地认为，"古代的社会为近于一统的组织，所以只要见着一个著名氏族的名号，就认为一个'有天下者'的名号"。同时，他们中的某些人由于"对历史深思"或"对自然界观察的结果"，所以也很能"正确地知道在人类的历史中间具确实年月的部分远不及没有确实年月的部分长"。在这种情况下，他们就把能够找寻到的远古氏族的名号一一堆砌起来成了"一种朝代系统的宝塔"，并认为"历史越长，名誉越高"。①

这些从事古史传说整合的人大致可分为两类：第一类以儒家为代表，"他们的注意力通常是偏重于人事方面，态度相当谨慎"，所以他们尽量找那些被认为是真实的内容来讲。只是他们当时的工作条件与我们现在相比还差得远，他们所取得的成绩也还十分有限，因此"我们对于他们所记载的事件还得用严格的科学方法仔细地检查一番，才敢使用"。此派的代表人物包括孔子、墨子、孟子、荀子、韩非子、司马迁、刘歆，以及此后的谯周、刘恕、金履祥等。第二类以方士为代表，"他们对于自然界现象的知识通常比第一派较为丰富"，所以他们往往能"很正确地感受到人

① 徐旭生：《中国古史的传说时代》，广西师范大学出版社 2003 年版，第 254—256 页。

类的真正经过历史要比所谓历史记录绵长得多，世界的范围要比确凿知道
的中国境域广大得多"。再加上他们勤于搜求传说故事，并且他们"在主
观方面的想象力又很丰富，胆子又很大，于是就不难把所搜罗到的可靠的
或不很可靠的材料，糅杂些他们自己的想象，创造出来些伟大系统。说他
们故意骗人，的确有点冤枉，但是他们所记载的却是大部分不可靠，所创
造出来的系统是完全错误的。邹衍、《春秋命历序》的作者、《丹壶书》
的作者，以及邵雍、罗泌等全属此派"。并且，"自汉唐以后，代表第一
派古史系统的以从《周易·系辞》引出的伏羲、神农和黄帝以后各帝系
统为最受人信仰。我们如果能把这一个系统的来源和代表第二派的《春
秋命历序》系统的来源分析清楚，找出来古代历史学者的工作程序，对
于我国古史的研究可以有很大的贡献"。①

　　徐旭生所说自有其价值，如说罗泌等人对神话传说人物的整合，是
"把所搜罗到的可靠的或不很可靠的材料，糅杂些他们自己的想象，创造
出来些伟大系统"，因此某种程度降低了《路史》等书的可靠性，导致利
用《路史》等书进行研究时有所顾虑。但徐氏将罗泌直接归入方士一派
则不无疑问。事实上，对《路史》存在的问题无须讳言，但这并不能成
为全面研究《路史》，进而充分揭示其文献学、神话学等方面价值的障
碍。仅以罗泌从事古史传说整合而言，这不仅是罗泌自己的态度，更代表
了他以前从事古史传说整合工作的人的一贯态度，因此找出罗泌对古史传
说整合的"工作程序，对于我国古史的研究可以有很大的贡献"。只有在
这样的研究态度的支配下，我们才能够正确认识《路史》整合神话传说
人物的价值：

　　　　《路史》作者见到的古书很多，取材非常驳杂，把许多各不相干
　　的东西糅在一起，排比整齐，而成历史。这种历史，当然并非信史。
　　不过从神话研究的角度看，此书也还是给我们提供了一些探讨追寻神
　　话踪迹的线索。……至于罗苹在注中直接引述的若干神话传说材料之
　　足供参考那就更不用说了。总之罗氏父子虽意在创作一部前此未有的
　　史前古代史，是否成功姑且不论，其于神话研究作出的贡献还是不可

---

　　①　徐旭生：《中国古史的传说时代》，广西师范大学出版社 2003 年版，第 256—257 页。

磨灭的。①

当我们要对《路史》全面研究时，一方面应该特别注意它本身存在的某些缺陷，不能无视这些缺陷的存在，刻意抬高《路史》在神话学史上的地位，应该给予其客观公正的评价；另一方面我们又必须突破传统学术观念在评价《路史》时出现的角度狭隘等问题，站在更高的学术平台上，用更为广阔的学术视野来审视《路史》，将它所蕴含的文献学、神话学等价值充分揭示出来，从而给予其学术史上应有的位置。这一学术思路，正是本书从事《路史》全面研究这一拓荒性工作的重要保障。而在本书撰写过程中是否能够全面深刻地贯彻这一学术思路，是决定书稿成败的关键。

二　罗泌对神话传说整合方式探析：以"女娲神话"为例

罗泌对古史传说的整合值得格外关注，因为这种整合方式，不仅能保存众多可资利用的宝贵资料，且极具代表性。但《路史》中涉及古史传说人物众多，无法一一加以解析，故仅拟以"女娲神话"为例来详细探究，以达到"窥一斑而知全豹"的效果。然而，"女娲神话"是否具备用来作为例证加以分析的涵括力呢？答案是肯定的。

杨利慧曾指出："《路史》……是罗泌'搜集百家，辑而成史'（原注：刘希堡叙）的结果。其中将南宋以前众多文献中有关女娲的各种神话传说材料搜集到一起，作成了一段女娲作为古代帝皇的一生的完整历史。"② 罗泌的儿子"罗苹为书作注，更是旁征博引，保留了不少神话资料。《后纪卷二·女皇氏》是各种女娲资料的总汇，还记述了不少地方存在的女娲陵、女娲墓、女娲庙，为探讨古代的女娲信仰提供了资料。罗泌在《路史》后面还附有其关于文史的札记若干篇，其中《发挥》卷一《女娲补天说·共工有三》大约是我国古代唯一一篇专论女娲补天的文字"。③ 此上所言，"虽是以女娲为例而说的，但纵观《路史·前纪》、《后纪》，每一位古史人物无不以这样的方法而形成"。④ 因此，将"女娲

---

① 袁珂：《中国神话史》，上海文艺出版社 1988 年版，第 378—379 页。
② 杨利慧：《女娲溯源》，北京师范大学出版社 1999 年版，第 87 页。
③ 杨利慧：《女娲神话研究史略》，《北京师范大学学报》（社会科学版）1994 年第 1 期。
④ 朱仙林：《罗泌〈路史〉引书研究——以先秦诸子为主》，硕士学位论文，东北师范大学，2008 年。

神话"作为例证来解析《路史》，不仅能够展示出《路史》对"女娲神话"本身的整合情况，更能够据此揭示出《路史》对待神话传说人物的普遍方式。

关于女娲，或说她是古代的神圣女①，或说她是古帝伏羲的妹妹②，或说她是三皇之一③，或说是大禹的妻子、夏启的母亲④。要之，在汉代以前，女娲被认为是创造万物的神圣女。而罗泌在《路史·后纪二》中将南宋以前众多有关女娲的材料收集起来，"作成了一段女娲作为古代帝皇的一生的完整历史"。以下就以《后纪二》对女娲神话传说的整合情况为例具体阐释。

1. 关于女娲的出生地

原文：[女娲] 出于承匡。

解说：罗苹在注中称："山名，在任城县东南七十里。"据《元和郡县图志》卷一〇《河南道六·兖州》"任城县"载："承（注）[匡] 山，在县东南七十六里。女娲生处，按今山下有女娲庙。"⑤ 又据《太平寰宇记》卷一四《河南道十四·济州》"任城县"载："承匡山，在县东南七十五里。云女娲生处，今山下有女娲庙。"⑥

2. 关于女娲之姓及与伏羲的关系

原文：女皇氏炮娲，云姓，一曰女希。蛇身，牛首，宣发。太昊氏之女弟。

解说：女娲"云姓"，据《帝王世纪》作："女娲氏，亦风姓

---

① 《说文解字》"女部"载："娲，古之神圣女，化万物者也。"（汉）许慎著，（清）段玉裁注：《说文解字注》，上海古籍出版社1981年版，第617页。

② 《路史·后纪二》注引《风俗通》云："女娲，伏羲之妹。"

③ 《风俗通义》卷一《皇霸·三皇》引《春秋运斗枢》云："伏羲、女娲、神农，是三皇也。"（汉）应劭撰，王利器校注：《风俗通义校注》，中华书局1981年版，第2页。

④ 《史记·夏本纪》《索隐》引《世本》曰："涂山氏女名女娲"，司马贞解释说："禹娶涂山氏号女娲也。"《史记》卷2，中华书局1959年标点本，第81页。

⑤ （唐）李吉甫撰，贺次君点校：《元和郡县图志》，中华书局1983年版，第270页。

⑥ （宋）乐史撰，王文楚等点校：《太平寰宇记》，中华书局2007年版，第281页。

也。"① 罗苹在注中据道教文献《洞神部》不赞同此说，认为："伏羲，风姓；女娲，云姓，号女皇，名娲。盖古圣人有不相袭，以知书传所言女娲风姓止本伏羲言之，不知其尝更也。"

"一名女希"，罗苹注引《帝王世纪》曰："蛇身人首，一曰女希，是为女皇。"又引《姓书》曰："希氏，出于伏羲。"然据《古今姓氏书辩证》卷三《五支》："羲：出自三皇太皞伏羲氏之后，为氏。"② "希"与"羲"并不同，于是罗苹在注中解释称："'羲''希'古通用。"

与"伏羲"的关系，罗苹注引《风俗通》曰："女娲，伏羲之妹。"又引唐卢仝《与马异结交诗》称："女娲本是伏羲妇。"但却认为"女娲"为"伏羲妇"的说法靠不住，因为"以女娲一曰女妇，妄之"。

3. 关于女娲治所

原文：治于中皇山之原，所谓女娲山也。继兴于丽〔山〕。

解说：女娲山，罗苹注曰："〔女娲〕山在金之平利，上有女娲庙，与伏羲山接，庙起伏羲山，在西城，女娲山在平利。《寰宇》引《十道要录》云：抛、钱二山焚香，合于此山。亦见《九域志》并《守令图》。"据《太平寰宇记》卷一四一《山南西道九·金州》"西城县"载："伏羲山。按《十道要录》云：'抛、铰二山焚香，气必合于此山。'"③

"骊山"，罗苹注引《长安志》云："骊（由）〔山〕有女娲治处。"又云："蓝田谷次北有女娲氏谷，三皇旧居之所。"

4. 女娲作为远古圣皇的文化业绩

（1）原文：〔女娲〕少佐太昊，祷于神祇而为女妇正姓氏、职昏因、通行媒，以重万民之则，是曰神媒。……以其载媒，是以后世有国是祀为

---

① 徐宗元：《帝王世纪辑存》，中华书局 1964 年版，第 9 页。
② （宋）邓名世撰，王力平点校：《古今姓氏书辩证》，江西人民出版社 2006 年版，第 40 页。
③ （宋）乐史撰，王文楚等点校：《太平寰宇记》，中华书局 2007 年版，第 2730 页。

皋禖之神，因典祠焉。

解说：女娲"制嫁娶""正姓氏"，罗苹注称："《风俗通》云：'女娲祷祠神，祈而为女媒，因置昏姻。'行媒始此明矣。"又曰："董仲舒法，攻社不（齐）［霁］，则祀女娲。王充云：'仲舒造以女娲妇人帝王者也。男阳而女阴，故祭之。'"据《论衡·顺鼓》篇："攻社之义，于事不得。雨不霁，祭女娲，于礼何见？伏羲、女娲，俱圣者也，舍伏羲而祭女娲，《春秋》不言。董仲舒之议，其故何哉？"又曰："［世］俗图画女娲之象，为妇人之形，又其号曰'女'。仲舒之意，殆谓女娲古妇人帝王者也。男阳而女阴，阴气为害，故祭女娲求福佑也。传又言：'共工与颛顼争为天子，不胜，怒而触不周之山，使天柱折，地维绝。女娲消炼五色石以补苍天，断鳌之足以立四极。'仲舒之祭女娲，殆见此传也。本有补苍天、立四极之神，天气不和，阳道不胜，傥女娲以精神助圣王止雨湛乎！"①

（2）原文：［女娲］乃命臣随作制笙簧，以通殊风，以才民用。

解说：罗苹注曰："《礼记·明堂位》云：'女娲之笙簧。'《世本》以为'随作'，衷注以为女娲氏之臣。笙、簧二器。《诗》云：'吹笙鼓簧。'吹笙，'并坐鼓簧'，鼓而不吹，则非笙也。许《说文》云：'随作笙'，'女娲作簧'。明为二物。"据《风俗通义》卷六《笙》："谨按：《世本》：'随作笙。'"② 《诗经·小雅·鹿鸣》："我有嘉宾，鼓瑟吹笙。吹笙鼓簧，承筐是将。"又《诗经·秦风·车邻》："阪有桑，隰有杨。既见君子，并坐鼓簧。"③ 《说文解字》卷五上"竹部"曰："笙：十三簧，象凤之身也。笙，正月之音。物生，故谓之笙。大者谓之巢，小者谓之和。古者随作笙。"又曰：

① 黄晖：《论衡校释》（附刘盼遂《集解》），中华书局1990年版，第688、691页。

② （汉）应劭撰，王利器校注：《风俗通义校注》，中华书局1981年版，第281页。

③ （汉）毛亨传，（汉）郑玄笺，（唐）孔颖达疏：《毛诗正义》，《十三经注疏》，北京大学出版社1999年标点本，第556、410页。

"簧：笙中簧也。古者女娲作簧。"①

（3）原文：［女娲］命娥陵氏制都良之管，以一天下之音。命圣氏制班管，以合日月星辰，以易兆之晨，作充乐。用五弦之瑟，于泽丘动阴声，极其数而为五十弦，以交天侑神，听之，悲不能克，乃破为二十五弦，以仰其情，具二均声。乐成，而天下幽微亡不得其理。

解说："都良管""班管"，罗苹注曰："《帝系谱》以都良管、班管，名曰充乐。乐成，天下幽微无不得其理也。"据《太平御览》卷五六六《乐部四·历代乐》引《帝系谋》曰："女娲命娥陵氏制都良管，以一天下之音；又命圣氏为班管，合日月星辰名，曰充乐。乐既成，天下幽微无不得理。"②

"五弦瑟"，罗苹注曰："传言帝女鼓瑟，而云泰帝，谓伏羲、女娲也。故何妥谓'伏羲减瑟'。而《补史记》言伏羲之瑟二十五弦也。五弦，乃朱襄氏之瑟，女娲用之，非伏羲也。《世本》云：'庖羲五十弦，黄帝使素女鼓之，哀不自胜，乃破为二十五弦，具两均声。'而《拾遗记》亦谓黄帝使素女鼓庖羲氏之瑟，满席悲不已，后破为二十五弦，长七尺二寸。则以为黄帝减之，故宋《世本·注》'女娲笙簧，为黄帝臣'，谬矣。"据《文选》卷一八载马季长《长笛赋并序》："女娲制簧。"唐李善注："《礼记》曰：'女娲之笙簧。'《世本》曰：'女娲作簧。'宋均曰：'女娲，黄帝臣也。'"③

（4）原文：［女娲］总绤而笄，加之鬏带而头饰用。

解说：罗苹注曰："鬏带，络头缯也。《二仪实录》云：'燧人时为髻，但以发相乘而无系。女娲之女以羊毛为绳，向后系之，后世名之头。'又云：'以荆梭及竹为笄以贯发，至尧以铜为之横贯焉。'"

---

① （汉）许慎著，（清）段玉裁注：《说文解字注》，上海古籍出版社1981年版，第197页。

② （宋）李昉等：《太平御览》，中华书局1960年影印本，第3册，第2556页。

③ （南朝梁）萧统编，（唐）李善注：《文选》，中华书局1977年影印本，第254页。

据《事物纪原》卷三《头𢄼》引《二仪实录》曰："燧人时为髻，但以发相缠，而无物系缚，至女娲之女，以羊毛为绳，向后系之。后世易之以丝及彩绢，名头𢄼，绳之遗状也。"又《钗》引《二仪实录》曰："女娲之女以荆梭及竹为笄以贯发。"①

5. 女娲炼石补天及造人神话

原文：〔女娲〕乃设云幄而致神明，道标万物，神化七十。……其肠爰化而神，居于栗广之野，横道而处。

解说：女娲造人及补天，罗苹注曰："《淮南子》等以搏土为人之类，为七十化。且有'炼五石以补苍天，断鳌足以立四极，积芦灰以止淫水'等事，世遂有炼石成霞，地势北高南下之说。按《易内篇》云：'福万民，寿九州岛，莫大乎真气；炼五石，立四极，莫大乎神用。'而《麻姑仙人紫坛歌》云：'女娲炼得五方气，变化成形补天地，三十六变世应知，七十二化处其位。'王逸《楚辞·注》亦谓'一日七十化其体'，则特躯中之事尔。"

据《太平御览》卷七八《皇王部三·女娲氏》引《风俗通》曰："俗说天地开辟，未有人民，女娲抟黄土作人。剧务，力不暇供，乃引绳于絙泥中，举以为人。故富贵者黄土人也，贫贱凡庸者絙人也。"②又《淮南子·说林训》："黄帝生阴阳，上骈生耳目，桑林生臂手，此女娲所以七十化也。"又《览冥训》："于是女娲炼五色石以补苍天，断鳌足以立四极，杀黑龙以济冀州，积芦灰以止淫水。苍天补，四极正；淫水涸，冀州平。"③《楚辞·天问》："女娲有体，孰制匠之？"汉王逸注："传言女娲人头蛇身，一日七十化，其体如此，谁所制匠而图之乎？"④《山海经·大荒西经》："有神十人，名曰女娲之肠，化为神，处栗广之野，横道而处。"袁珂注曰："是女

---

① （宋）高承撰，（明）李果订，金圆、许沛藻点校：《事物纪原》，中华书局1989年版，第140、142页。

② （宋）李昉等：《太平御览》，中华书局1960年影印本，第1册，第365页。

③ 刘文典撰，殷光熹点校：《淮南鸿烈集解》，安徽大学出版社、云南大学出版社1998年版，第575、206页。

④ （宋）洪兴祖撰，白化文等点校：《楚辞补注》，中华书局2006年版，第104页。

娲者，诚天地初辟摩肩盘古之大神矣。"①

6. 女娲葬处

原文：坫王裕于堇龙古塞洪河之流，是为风陵堆也。

解说：女娲葬处，罗苹注曰："墓，今在潼关口河潭上，屹然分河，有木数株，虽瀑涨不漂没，今属陕之阌乡县。② 按《元和郡县志》：风陵堆山，河东县南五十，与潼关对。③ 《寰宇记》风陵城在其下。④ 阌乡津去县三里，即风陵故关也。女娲之墓，秦、汉以来，俱系祀典。⑤ 然《九域》《寰宇》济之任城东南三十九里又有女娲陵。⑥《成冢记》云：'女娃墓有五，其一在赵简子城东。'今在晋之赵城东南五里，高三丈。⑦《九域志》晋州有帝女娲庙。⑧《寰宇记》在赵城。

---

① 袁珂：《山海经校注》，上海古籍出版社 1980 年版，第 389、390 页。

② 《旧唐书》卷 37《五行志》："乾元二年六月，虢州阌乡县界黄河内女娲墓，天宝十三载因大雨晦冥，失其所在，至今年六月一日夜，河滨人家忽闻风雨声，晓见其墓踊出，上有双柳树，下有巨石二，柳各长丈余。郡守图画以闻，今号风陵堆。"《旧唐书》，中华书局 1975 年标点本，第 1351 页。

③ 《元和郡县志》卷 12《河东道一·河中府》"河东县"载："风陵堆山，在县南五十五里。与潼关相对。"（唐）李吉甫撰，贺次君点校：《元和郡县图志》，中华书局 1983 年版，第 325 页。

④ 《太平寰宇记》卷 46《河东道七·蒲州》"河东县"载："风陵堆山，在县南五十里。与潼关相对，有风陵城在其上。"（宋）乐史撰，王文楚等点校：《太平寰宇记》，中华书局 2007 年版，第 954 页。

⑤ 《太平寰宇记》卷 6《河南道六·陕州》"阌乡县"载："阌乡津，去县三十里，即旧风陵关。……女娲墓，自秦、汉以来，皆系祀典。唐乾元二年，虢州刺史王奇光奏所部阌乡界女娲墓，于天宝末失其所在，今月一日夜，河上侧近忽闻风雷声，晓见墓踊出，上有双柳树，下有巨石，其柳各高丈余。"（宋）乐史撰，王文楚等点校：《太平寰宇记》，中华书局 2007 年版，第 106—107 页。

⑥ 《元和郡县志》卷 10《河南道六·兖州》"任城县"载："女娲陵，在县东南三十九里。"［（唐）李吉甫撰，贺次君点校：《元和郡县图志》，中华书局 1983 年版，第 271 页。］《太平寰宇记》卷 14《河南道十四·济州》"任城县"载："女娲陵，在县东南三十九里。"［（宋）乐史撰，王文楚等点校：《太平寰宇记》，中华书局 2007 年版，第 282 页。］《新定九域志·古迹》卷 3《陕州》："女娲陵。"［（宋）王存撰，王文楚、魏嵩山点校：《元丰九域志》，中华书局 1984 年版，第 584 页。］

⑦ 《太平寰宇记》卷 43《河东道四·晋州》"赵城县"载："女娲墓，在县东南五里，高二丈。按《城冢记》：'女娲墓有五，其一在赵简子城东五里。'"（宋）乐史撰，王文楚等点校：《太平寰宇记》，中华书局 2007 年版，第 906 页。

⑧ 《新定九域志·古迹》四《晋州》："帝女娲氏庙。"（宋）王存撰，王文楚、魏嵩山点校：《元丰九域志》，中华书局 1984 年版，第 600 页。

故皇朝列祀亦在赵城。"又注曰:"《水经注》云:显亲县北山宕水源,有女娲祠。① 按:太行一曰皇母山,亦曰女娲山。崔伯易云:'一曰皇母,云女娲于此炼石补天。'按:今济源县之女娲山上有祠庙,一曰母山。古老言为皇母山,山近复有陵山,皆云遗迹。《寰宇记》云:孤绝似陵。皇母山起邑界,其祠岁祷。② 又今蛾眉亦有女娲洞。常璩《华阳志》等谓伏羲、女娲之所常游。此类犹多。"

据此,罗泌父子在收集女娲神话材料时,不仅尽量全面地掌握相关资料,且在编撰过程中对分散的资料逐一整合,使各条资料彼此勾连、相互协调,成为构成女娲神话完整性的重要条件。特别值得提及的是《路史》注释部分的重要性,因为它不仅将正文部分所涉及的材料来源进行详细注释,让我们了解到同一问题涉及的不同材料;更为重要的是,它征引的大量南宋以前的神话传说材料,为我们对相关问题深入研究提供了可贵的线索。杨利慧在《女娲溯源》中对《路史》这方面的成绩给予了充分肯定:

> 罗苹的注解为我们提供了古代女娲信仰状况的十分丰富的资料。由此我们了解到,传说中女娲出生于今山东济宁一带,作为古代帝皇,她的治所先在陕西安康、平利一带,继而又扩展到了今骊山一带。她死后葬在山西、陕西、河南交界处、黄河之滨的风陵渡,或者在山西赵城的侯村,或者在今山东济宁一带——这些地域全在今黄河流域。罗氏父子的上述记述是应该引起我们足够重视的。它表明:关于女娲起源于北方和主要活动于北方黄河流域的说法,在唐宋以前,是较为普遍的。③

此论道出《路史》在保存神话传说材料,以及记录南宋以前神话传

---

① 《水经注》卷17《渭水》:"又东过冀县北。"下注:"瓦亭水又西南出显亲峡,石宕水注之,水出北山,山上有女娲祠,庖羲之后有帝女娲焉,与神农为三皇矣。"(北魏)郦道元著,陈桥驿校证:《水经注校证》,中华书局2008年版,第427页。

② 《太平寰宇记》卷52《河北道一·孟州》"济源县"载:"太行山,相传谓皇母山也,或名女娲山。其上有祠,民祈福而岁祷焉。其山起于邑界。陵山。《尔雅》曰:'大阜为陵。'俗以孤绝似陵,因谓之陵山。"(宋)乐史撰,王文楚等点校:《太平寰宇记》,中华书局2007年版,第1083页。

③ 杨利慧:《女娲溯源》,北京师范大学出版社1999年版,第88页。

说的民间信仰方面的功绩。

三 从"女娲神话"整合看罗泌"神话历史"观

罗泌将女娲的出生地、治所、葬处以及文化业绩详细列出，是因为他秉持着对待神话传说人物的一贯态度，即将女娲作为真实存在的远古帝皇看待。比如，他在谈论女娲补天神话时的态度就是极好的例子：

> 太昊氏衰，共工为始作乱，振滔洪水，以祸天下。豗天纲，绝地纪，覆中冀，人不堪命。于是女皇氏役其神力，以与共工氏较，灭共工氏而迁之。然后四极正，冀州宁，地平天成，万民复生，炮娲氏乃立，号曰女皇氏。(《后纪》卷二)

罗泌将"女娲补天"与"共工怒触不周山"两则神话材料整合在一起，是想表现作为圣皇的女娲是如何"灭共工而迁之"、救黎民于水火的伟大功绩的。为下文论述方便，有必要对罗泌整合女娲补天神话所涉及的材料进行还原：

> 《列子·汤问》：物有不足，故昔者女娲氏练五色石以补其阙；断鳌之足以立四极。其后共工氏与颛顼争为帝，怒而触不周之山，折天柱，绝地维；故天倾西北，日月星辰就焉；地不满东南，故百川水潦归焉。①
>
> 《论衡·谈天》：儒书言："共工与颛顼争为天子，不胜，怒而触不周之山，使天柱折，地维绝。女娲销炼五色石以补苍天，断鳌足以立四极。天不足西北，故日月移焉；地不足东南，故百川注焉。"②
>
> 《淮南子·天文训》：昔者共工与颛顼争为帝，怒而触不周之山，天柱折，地维绝。天倾西北，故日月星辰移焉；地不满东南，故水潦尘埃归焉。③
>
> 《淮南子·览冥训》：往古之时，四极废，九州裂，天不兼覆，

---

① 杨伯峻：《列子集释》，中华书局1985年版，第150—151页。
② 黄晖：《论衡校释》（附刘盼遂《集解》），中华书局1990年版，第469—470页。
③ 刘文典撰，殷光熹点校：《淮南鸿烈集解》，安徽大学出版社、云南大学出版社1998年版，第79页。

地不周载……于是女娲炼五色石以补苍天，断鳌足以立四极，杀黑龙
以济冀州，积芦灰以止淫水。苍天补，四极正，淫水涸，冀州平。①

虽然《列子·汤问》叙述完女娲补天后，在叙述共工怒触不周山之
前，有"其后"这样承前启后的连接词②，但联系《论衡·谈天》先叙
述共工，后再谈及女娲补天的内容，则至少在东汉以前，女娲补天与共工
怒触不周山传说出现时间早晚的问题并没有固定说法，即女娲补天与共工
怒触不周山作为一则神话材料完整出现，很可能是在后世流传过程中逐渐
粘连的结果。对此，顾颉刚曾在《三皇考》一九《女娲地位的升降》中
指出："其实这本是两个各不相干的传说（共工触不周山之说亦见《淮
南》，然与女娲无关），何必硬拉在一起。"③ 吕思勉在《三皇五帝考》中
也说："古人传说，每误合数事为一，《论衡》之言，盖蹈此弊，而小司
马又沿其流也。"④ 袁珂也指出：

　　　《论衡·谈天》篇云……其后《史记》司马贞《补三皇本纪》
因之，亦说女娲补天，是因共工触山而使天地残毁之故，不过易共工
所与争之对象颛顼为祝融而已。二文若非讹传，即系误记，实未得古
神话本貌。古神话盖以女娲补天为一事，共工触山又为一事，二者并
不相涉也。……补天神话自应在触山神话之前。⑤

罗泌在《路史》中将两则本不相连的传说粘连在一起，且冠以"太
昊氏衰"的社会背景，目的在于证明紧接着太昊伏羲出掌天下的女娲，
作为圣皇，面对"为始作乱""以祸天下"的共工，她有能力战胜敌人，

---

① 刘文典撰，殷光熹点校：《淮南鸿烈集解》，安徽大学出版社、云南大学出版社 1998 年
版，第 206 页。
② 据《路史·后纪》卷二《共工氏传》注称："据古《列子》《尹子》皆先叙共工而及女
娲。"又据《路史·发挥》卷一《女娲补天说·共工有三》注称"《尹子·盘古》篇云：'共工
触不周山，折天柱，绝地维。女娲补天，射十日'。惟旧本《列子》先叙女娲事乃及共工，盖近
世缪之，非古本云。"《路史》注文虽前后矛盾，但所引《尹子》之言，确是先叙共工后及女娲，
则关于女娲与共工传说出现时间确有不同的说法。
③ 顾颉刚等：《古史辨》，海南出版社 2005 年版，第 7 册，第 336 页。
④ 顾颉刚等：《古史辨》，第 454 页。
⑤ 袁珂：《山海经校注》，上海古籍出版社 1980 年版，第 390—391 页。

将社会治理好。罗泌如此处理神话传说材料，进一步显示出在他的思维深处，不存在"神话"与"历史"的区别，因为神话就是历史。

不仅如此，在《路史·发挥》卷一《女娲补天说·共工有三》中，可更清晰地看出罗泌对"神话"与"历史"关系浑然不分的"神话历史"观：

> 予观《列御寇》记共工氏触不周及女娲补天之事。盖言共工之乱，傲扰天纪，地维为绝，天柱为折，此大乱之甚也。女娲氏作，奋其一怒，灭共工而平天下，四土复正，万民更生，此所谓补天立极之功也。而昧者乃有炼石成赧，地势北高南下之说，何其缪邪？甚矣闻见之误人也。伏羲蛇躯，神农牛首，此事之辨者，而世莫之解。掘井得人，而夔一足，乡非达者，时而镌之，今犹信也，何则？识不超者见闻蔽，而乐人之谪己也。共工氏，太昊之世国侯也。及太昊之末，乃恣睢而跋扈，以乱天下，自谓水德为水纪。其称乱也，盖在冀土，故《传》有"女娲济冀州，而冀州平"之说，是女娲代平共工之乱明矣。……以今揆古，年载诚眇，人情则近，可得而知也。吁！亦目睫之说矣。天下一理，物之外，事之先，其别有一理邪？理一贯，奚古今事物之殊哉！

罗泌的上述论述，非常集中地体现了他对待神话的看法。他认为共工是太昊统治时代的一个侯国的领袖，在太昊统治末期，凭着自己的势力"恣睢而跋扈，以乱天下"，并且"自谓水德为水纪"；而女娲则是太昊的另一位臣子，她不忍看到因共工氏作乱，而出现"地维为绝，天柱为折"的大乱局面，于是才"奋其一怒，灭共工而平天下"，使得"四土复正，万民更生"。并认为，两则神话的内涵仅此而已，别无其他的解释，因为"以今揆古，年载诚眇，人情则近，可得而知也"。并且"天下一理，物之外，事之先，其别有一理邪？理一贯，奚古今事物之殊哉！"也就是说，罗泌认为用当下的情形来衡量远古的情形，虽然时空悬隔，但因为世间的情理只有一个，结论也应该只有一个。所以像"炼石成赧，地势北高南下"只是"闻见之误人"的说法，而"伏羲蛇躯，神农牛首"等，也只不过是"识不超者见闻蔽"的结果，绝不可能是什么神秘不可理解的情形。

此处姑且认为罗泌忽视共工怒触不周山和女娲补天两则神话故事的独

立性，而将两者粘连在一起来叙述有其特殊的创作目的，故暂不讨论其做法正确与否，而仅以罗泌认为女娲"炼石成赧"乃是谬说、是昧者之言的说法为例，来看看支配罗泌作出此判断背后的深层原因。

女娲补天用何种材料？据上引《列子·汤问》《论衡·谈天》《淮南子·览冥训》均作"五色石"。只是《列子》作"练五色石"，《淮南子》作"炼五色石"，而《论衡》又作"销炼五色石"，而据《列子·汤问》《集释》引陈恩复曰："'练'古'炼'字。"① 可见，三处记载有两个关键点，即三者共同记载的"五色石"，以及《论衡》记载的"销"。王充在《论衡·谈天》中首先记载了此则神话，然后提出质疑："且夫天者，气邪？体也？如气乎，云烟无异，安得柱而折之？女娲以石补之，是体也。如审然，天乃玉石之类也。石之质重，千里一柱，不能胜也。"② 王充的意思是说，如云雾一样的天，怎么能够支撑得住天而又被折断呢？如果天如玉石之类，那么天的重量将达到不可思议的程度，那一千里才用一根柱子支撑也就无法支撑得住吧。叶舒宪指出：

> 在王充的问话中，透露出远古想象的神话天体观由来已久。天是永生之神灵的居所，象征天体的玉石，不仅能够代表神明，也代表一切美好的价值和生命的永恒。……女娲补天的材料之所以用"五色石"，因为这类美石隐喻万般吉祥的玉石。……王充给《淮南子》女娲补天叙事添加的"销"字，和"炼"字一样，反映着金属时代以后才有的冶炼观念。……近年来的考古新发现表明，华夏先民在发现金属冶炼的神秘性之前，正是凭靠数千年精细琢磨的玉器来实现通神、通天之神话梦想的。在这一长期实践的作用下，终于建构出一整套的玉的宗教和礼仪传统。

同时指出："就华夏的上古神话观念产生来看，比铜石并用时代更早的是玉器时代（即新石器时代中期和后期），那时根本没有冶金技术的实践经验，一切重要的圣物生产经验主要来自加工玉石的实践。"③ 关于

---

① 杨伯峻：《列子集释》，中华书局1985年版，第150—151页。
② 黄晖：《论衡校释》（附刘盼遂《集解》），中华书局1990年版，第471页。
③ 叶舒宪：《女娲补天和玉石为天的神话观》，《民族艺术》2011年第1期。

"玉器时代"，饶宗颐也曾谈及：

> 在西方考古学方法尚未入华之前，吾国文献，已特别突出"玉兵"这一时期，这是西方学者所想象不到的。对于玉的研究，吾国已有长远的历史和相当完满的成果。……证诸近年东北之红山，西南之广汉，东南之良渚及上海、杭州一带玉器出土之夥，学界大都认为，中国历史上应该有一玉器时代，紧接于石器时代之后。①

也就是说，女娲补天所用的"五色石"，透露出的是一种"远古玉教信仰……从跨文化的比较神话学视野，可以分别透视金属天体神话观与玉石天体神话观的文化渊源，说明孰为文化大传统，孰为文化小传统；揭示大传统的玉教与其神话对小传统的发明具有怎样的原型编码意义"。② 而《中国创世神话》的作者认为：

> 女娲以五色石补天的神话思想显然源于灵石信仰。玉，在古代民间信仰中是被认作有灵性的，佩带在身上，具有避邪和护身符的作用。据《路史》"炼石成椴"的说法，椴即是彩霞，也就是五彩云。彝族《梅葛》叙述造天地的过程时，也有补天情节，补天也是用云彩："用松毛做针，蜘蛛网做线，云彩做补丁，把天补起来。"霞、云、虹，在阳光照射下，都可以发出五彩缤纷的颜色。原始初民说女娲炼五色石补天，这里的五色可能是他们对于天际的美丽的彩霞和彩云的幻想性的解释。③

以上论述，不论是"玉石为天的神话观"还是"灵石信仰"，均提供了一个共同的信息，即女娲炼五色石补天的神话是对与"玉石"有关的古老信仰的反映，"它基于华夏史前玉器时代数千年琢磨玉石的实践"。④
让我们回到罗泌《路史》关于女娲补天的看法上，他虽然记载了女娲补天的一条佚文，即认为女娲是通过"炼石成椴"来补天的，也就是

---

① 施议对：《文学与神明：饶宗颐访谈录》，生活·读书·新知三联书店 2011 年版，第 4 页。
② 叶舒宪：《女娲补天和玉石为天的神话观》，《民族艺术》2011 年第 1 期。
③ 陶阳、牟钟秀：《中国创世神话》，上海人民出版社 2006 年版，第 130 页。
④ 叶舒宪：《女娲补天和玉石为天的神话观》，《民族艺术》2011 年第 1 期。

他本来离了解到女娲炼五色石补天的神话反映"玉石"信仰的事实已经非常接近，却并不承认这则神话的价值，认为这则神话是对历史事实的歪曲，是昧者之言，是谬见，最终与之失之交臂。显然，致使罗泌作出如此看法最主要的原因就在于，他将历史与神话完全混同；更进一步说就是，罗泌因为对"三代"以上的远古帝皇充满了敬畏，他坚信如下事实，即女娲作为远古帝皇确曾存在过，并且创造了无与伦比的远古文明。如他在《路史·后纪二》"赞"中称赞女娲的功绩时称：

迪主东方，前蛇后螭。宓穆灵门，爰瑞席图。上际九天，下契黄垆。川岳效奇，馨烈宏集。道标万物，神化七十。断鳌立极，地平天成。笙簧泛今，载祀风陵。

因此他绝不可能接受女娲是"虚无缥缈"的神话人物的看法，也就是说，罗泌抓住了女娲神话体现出的历史内核，而丢掉了它的神话属性，而这正是罗泌根深蒂固的"神话历史"思维的最好写照。

第五章

《路史》所引神话传说来源及价值解析

前文探讨罗泌编撰《路史》的"前期准备工作"时已涉及过此问题，且得出一个初步印象，即罗泌《路史》的资料来源十分广泛，并不仅限于某一种类型。他不仅充分吸收了传世文献对上古神话传说的记载，同时还多方搜讨碑铭等出土文献中的记载，更可贵的是，罗泌曾亲自到各地去访求神话传说人物的遗迹，收集相关的活态神话传说资源，从而铸就了罗泌《路史》神话传说资料的丰富性特点。而碑铭等出土文献中的神话传说资料以及各地收集来的相关活态神话传说资料，上文已有所论述，故本章主要探讨《路史》从传世文献中收集神话传说资料及其价值的相关情况。

第一节　所引神话传说的文献来源梳理

《路史》几乎揽括了宋以前记载上古神话传说资料的相关书籍，其内容的丰富性可见一斑，故有研究者将《路史》当作神话资料的来源加以辑录。如袁珂、周明所编《中国神话资料萃编》（四川省社会科学院出版社1985年版），据《路史》辑出39条神话资料；刘城淮所撰《中国上古神话》（上海文艺出版社1988年版），据《路史》辑出61条神话资料；黑兴沛、金荣权所编《中国古代神话通检》（中州古籍出版社1992年版），据《路史》摘录43条神话资料；金荣权主编《中国古代神话稽考》（中国文联出版社2000年版），据《路史》摘录167条神话资料。可见，学者对《路史》保存的神话传说资料格外重视。但《路史》绝大部分资料由罗泌父子从他处转录而来，故有必要将《路史》征引的神话传说资料还原到原始文献中，这样不仅能更全面地反映罗泌《路史》的文献学价值，而且能更直观地体现出《路史》作为"集古代神话之大成"① 著作的特色及价值。

故本节重点在于，通过列举具体实例，且以表格形式把《路史》从经、史、子、集四类文献中征引神话传说资料的相关书籍列举出来，用以直观体现罗泌引用神话传说文献来源的大致范围，进而揭示出罗泌所引神话传说资料来源的丰富性。

一　经部文献

罗泌据经部文献征引神话传说材料，以《十三经注疏》所载为主，兼及"小学类"等，此外还包括大量现今已亡佚的文献。需特别提及的是，罗泌还曾大量利用"谶纬"中的神话传说资料，此点上文已从文献学角度详细探讨过，且关于谶纬神话问题也将在下文详细探讨，故此处暂时省略不提（见表5-1）。

表5-1　　　　　　　《路史》神话传说资料来源——经部文献②

现存文献		亡佚文献	
类别	书名	类别	书名
易类	周易正义、焦氏易林	易类	归藏
书类	尚书正义	书类	尚书大传、尚书逸篇、三坟书
诗类	毛诗正义、韩诗外传	诗类	韩诗内传
礼类	周礼注疏、仪礼注疏、大戴礼记、礼记正义	礼类	月令章句、礼记外传、定军礼、三礼义宗、通礼义纂
春秋类	春秋繁露、春秋左传正义、春秋谷梁传注疏、春秋公羊传注疏	春秋类	世族谱
四书类	论语正义、孟子正义	四书类	孔子三朝记
小学类	尔雅注疏、释名、说文解字、广雅、重修玉篇、重修广韵、集韵、埤雅	小学类	始学篇
孝经类	孝经正义	群经类	五经通义、五经要义、五经异义、驳五经异义、六艺论、高禖坛石议
		乐类	琴清英

---

① 丁山：《中国古代宗教与神话考》，上海书店出版社2011年版，第610页。

② 以下四表所列内容，未将《路史》所有有关神话传说资料的书籍完全列举出来，具体情况参见本书的附录。

二 史部文献

罗泌据史部文献征引神话传说资料，跨度大，范围广，上自先秦，下至宋代，无一不是其征引范围。当然，除大量存世书籍资料被罗泌征引外，更值一提的是它保存有大量亡佚文献，如"编年类"的《竹书纪年》、"别史类"的《世本》《帝王世纪》以及"史评类"的《古史考》等，这些均是今人研究上古史和上古神话传说不可多得的宝贵资料，但因其亡佚较早，故研究者不能从心所欲地加以利用，幸赖《路史》等书籍保存，方才使这些书籍能较完整地被辑佚家辑录，从而为研究者提供较为完整的可供参考的资料，为上古史、上古神话的深入研究打下良好基础（见表5-2）。

表5-2 《路史》神话传说资料来源——史部文献

现存文献		亡佚文献	
类别	书名	类别	书名
正史类	史记、汉书、后汉书、三国志、魏书、晋书、宋书、周书、隋书、南史、北史、旧唐书、新唐书	正史类	后汉书夜郎传
编年类	汉纪、后汉纪、稽古录、资治通鉴、通鉴外纪	编年类	竹书纪年、汲郡地中古文册书、三仪实录、绍运图、纪运图
别史类	逸周书、东观汉记、渚宫旧事、隆平集、古史、通志	别史类	世本、周书、续汉书、帝王世纪、晋中兴书、晋中兴征祥说、帝王年代纪
杂史类	国语、战国策	杂史类	春秋后语、春秋后传、典略、魏略、高氏小史、先圣本纪、帝系谱、锦带前书、帝王统录、帝德考
载记类	吴越春秋、越绝书、华阳国志	载记类	蜀王本纪
地理类	荆楚岁时记、三辅黄图、水经注、元和郡县志、太平寰宇记、元丰九域志、舆地广记、方舆胜览、长安志	地理类	括地图、晋太康地记、九州要记、古岳渎经、永初山川古今记、丹壶记、述征记、续述征记、四明山记、皇图要览、张掖记
职官类	唐六典	职官类	汉旧仪、职官要录、齐职仪
政书类	通典、宋朝事实	政书类	帝王要略
史评类	史通	史评类	古史考
传记类	晏子春秋、列女传、高士传	传记类	圣贤高士传、逸士传、列士传、列仙传、神仙传、春秋公子谱、汉别国洞冥记、梁四公记、阙里祖庭记

续表

现存文献		亡佚文献	
类别	书名	类别	书名
目录类	集古录、金石录、隶释	谱牒类	姓源韵谱、谱历、通历、孔氏家谱
		故事类	魏台访议、晋朝杂事
		杂传类	道学传、大业拾遗、泗州僧伽传

三　子部文献

　　子部文献也是罗泌编撰《路史》时征引神话传说资料的主要来源，《路史》除征引先秦诸子书中的神话传说资料外，以下两方面的资料来源特别值得提及：第一，《山海经》在宋代之前多被认为是地理书，明胡应麟在《四部正讹》中明确称其为"古今语怪之祖"①，而今天的神话学家则认为《山海经》是保存上古神话最为丰富的书籍。罗泌在当时的环境下，能充分利用《山海经》记载的神话传说资料，确乎是一种卓识。第二，罗泌不仅从《山海经》《穆天子传》《淮南子》等各类原始文献中征引大量神话传说资料，而且还特别重视利用《初学记》《太平御览》《事物纪原》等类书中关于神话传说资料的记载，而类书中又往往保存了大量亡佚的神话传说资料，这对丰富《路史》的神话传说内容起到极大的促进作用（见表5-3）。

表5-3　　　　《路史》神话传说资料来源——子部文献

现存文献		亡佚文献	
类别	书名	类别	书名
儒家类	荀子、孔丛子、潜夫论、说苑、新序、孔子家语、中说、帝学	儒家类	公孙尼子、新论
道家类	鹖子、子华子、鹖冠子、老子、列子、庄子、文子、列仙传、抱朴子、神仙传、真诰、亢仓子、云笈七签	道家类	登真隐诀、学道传、墉城集仙录、仙传拾遗、授道记、黄帝内传、五符中茅传、升玄经、真洞玄经、太微黄书经、三皇经、大洞经、太上仓元经、洞神经、太上太真科经、太上素虚经、三皇三一等经、太平经、三一经、上清记、四极明科、苞元玉箓、玉匮经、上清玄格、通变经、上清列纪、轩辕本纪、黄囊

---

① （明）胡应麟：《少室山房笔丛》卷32，上海书店出版社2009年版，第314页。

续表

现存文献		亡佚文献	
类别	书名	类别	书名
		道家类	经、濑乡记、金简玉字经、灵枢、烛神经、道基经、玄妙内篇、朱韬玉札、太霄琅书、东乡序、太上太霄琅书、道书福地记、造天地经、黄帝元辰经、黄帝中诘
兵家类	六韬、古司马法、太白阴经、李卫公问对	兵家类	黄帝玄女兵法、黄帝玄女战法、太公金匮、黄帝出军诀、黄帝李法、阴经遁甲
法家类	管子、商君书、韩非子、邓析子	法家类	慎子、申子
墨家类	墨子	墨家类	田俅子、隋巢子、缠子
医家类	灵枢经、黄帝素问	医家类	本草序、乙经本草、黄帝经序、难经疏
杂学类	吕氏春秋、淮南子、白虎通义、论衡、风俗通义、独断、金楼子、颜氏家训、意林、刘子、古今注、苏氏演义、长短经、封氏闻见记、尚书故实、中华古今注、梦溪笔谈、容斋随笔、东观余论、能改斋漫录	杂学类	尸子、休子、崔氏政论、万机论、孙绰子、物理论、析言、苻子、古今通论、傅子、杂记议、符瑞图、古今论衡周书异纪
类书类	北堂书钞、艺文类聚、初学记、白孔六帖、元和姓纂、太平御览、文苑英华、事物纪原、海录碎事、古今姓氏书辩证	类书类	古今刀剑录、玉烛宝典、兔园策
小说类	山海经、穆天子传、汉武帝内传、海内十洲记、博物志、西京杂记、搜神记、拾遗记、异苑、述异记、朝野金载、酉阳杂俎、酉阳杂俎续集、独异志、云溪友议、太平广记、野客丛书、齐东野语、东轩笔录、北梦琐言、东斋记事	小说类	神异经、神异记、玄中记、幽明录、汉武故事、洽闻记、谈薮、录异记、异闻集、宣室志、广异记、续玄怪录、逸史、剧谈录、纂异记、戎幕闲谈、刘宾客嘉话录、玉堂闲话、搢绅脞说、小说、禹功记、宝椟记
释家类	广弘明集、法苑珠林	农家类	神农书、氾胜书、蚕经、禽经
谱录类	古今刀剑录、香谱		

四　集部文献

罗泌据集部文献征引神话传说资料,相对于前三类而言,数量不算大,但即便如此,诸如王逸《楚辞章句》、洪兴祖《楚辞补注》以及李善《文选注》中所保存的神话传说资料,其数量也十分可观,而罗泌《路史》对这部分材料给予了充分关注。此外,罗泌还据各种文章征引神话传说资料,比如曹植的《女娲赞》《帝喾赞》,韩愈的《黄陵庙碑》等,极大地丰富了《路史》的文献来源(见表5-4)。

表5-4　　　　　　《路史》神话传说资料来源——集部文献

现存文献		亡佚文献	
类别	书名	类别	书名
楚辞类	楚辞章句、楚辞补注		
总集	文选注		
别集	陶渊明集、颜鲁公集、元丰类稿		
单篇	禹庙、黄陵庙碑	单篇	女娲赞、帝喾赞、少昊赞、帝尧画赞、姜嫄简狄赞、黄帝颂、黄帝见广成画赞、祭禹庙文、嵩山启母庙碑、禹穴碑铭并序、女娲陵记、祀黄熊评、禹庙谥议、息石诗序

据统计可知,罗泌编撰《路史》时,征引神话传说资料的来源十分广泛,以当时的阅读条件而言,罗泌父子能够以二人之力搜讨到如此丰富的资料来支持《路史》的编撰,体现出的刻苦勤奋的治学精神值得我们学习。虽然在编撰《路史》时,罗泌父子运用某些资料时确有不恰当处,因而被后世学者诟病,但并不能因此将罗泌父子的功绩否定掉,因为资料收集是一种功夫,资料运用得恰当与否是另外一种功夫,不能将两者混为一谈,以偏概全地肯定或否定,应该实事求是地分析,对其是非功过作出客观评判。

第二节　所引谶纬神话分类解析

在本书第二章第三节"引用谶纬资料考论"中,笔者已从文献学角度对《路史》所引谶纬文献的情况进行了考察，据笔者详细搜讨、核对后，共从《路史》中辑出谶纬文献72类367条，其分布情况如表5-5所示。

表5-5 　　　　　　　　　　《路史》所引谶纬文献分布情况

	易纬	书纬	诗纬	礼纬	乐纬	春秋纬	孝经纬	论语谶	河图	洛书	合计
类数	5	14	1	4	3	17	5	6	11	6	72
条数	21	61	12	20	8	110	32	20	57	26	367

由表5-5可知，从谶纬文献的分类来看，《路史》所引包括汉代流传下来的"七经纬"以及《论语谶》《河图》《洛书》等重要的谶纬文献；从所引条数来看，仅《路史》一书所引就包含367条谶纬佚文，其数量十分可观。而据笔者考察，这367条谶纬佚文中，与神话传说有关者占大多数。笔者拟将《路史》所引谶纬文献中的神话传说资料分为创世神话、感生神话、圣王异相、祥瑞灾异四类来详加探讨。

一 所引谶纬文献中的创世神话

创世神话，指有关万物起源方面的神话，主要包括开天辟地、人类起源、民族诞生、文化发端以及宇宙万物肇始等神话。① 因创世神话在神话中占有极重要的地位，故有学者认为它"构成神话的主体"。② 就中国神话的具体实际而言，在先秦时期的文献记载中还不曾见到系统完整的创世神话，中国系统完整的创世神话"产生于汉代纬书之中"。③

我们知道，《易经》中的宇宙生成论思想非常丰富，而《易传》是战国时期解说和发挥《易经》思想的哲学著作，在《易传》中存在大量阐释宇宙生成论思想的观点，如《系辞上》所载："易有太极，是生两仪。两仪生四象，四象生八卦。八卦定吉凶，吉凶生大业。"④ 而在《易传》

---

① 陶阳、牟钟秀：《中国创世神话》，上海人民出版社2006年版，第2页。

② ［苏联］C. A. 托卡列夫、E. M. 梅列金斯基：《神话与神话学》，魏庆征译，载中国民间文艺研究会研究部编《民间文学理论丛》第1集，中国民间文艺出版社1986年版，第3页。

③ 冷德熙：《超越神话：纬书政治神话研究》，东方出版社1996年版，第64页。

④ （魏）王弼注，（唐）孔颖达疏：《周易正义》，《十三经注疏》，北京大学出版社1999年标点本，第289页。

产生之前，春秋末期的老子已经提出过明确的论述宇宙生成论的观点，《老子》四十二章中说："道生一，一生二，二生三，三生万物。万物负阴而抱阳，冲气以为和。"① 两相对比可知，《系辞上》所说"太极"即《老子》所说"道"，均指宇宙初开之前的情形，这正如许慎在《说文解字》中解释"一"字时所说："惟初太极，道立于一，造分天地，化成万物。"② 而《后汉书·张衡传》唐李贤注引桓谭《新论》更认为二者是异名同实："故宓羲氏谓之易，老子谓之道。"③ 而《老子》《易传》关于宇宙生成论的思想，在西汉成书的《淮南子》中得到进一步阐发，《精神训》④ 中说：

> 古未有天地之时，惟象无形，窈窈冥冥，芒芠漠闵，鸿蒙鸿洞，莫知其门。有二神混生，经天营地，孔乎莫知其所终极，滔乎莫知其所止息；于是乃别为阴阳，离为八极；刚柔相成，万物乃形；烦气为虫，精气为人。

高诱注曰："二神，阴阳之神也。混生，俱生也。"⑤ 可见在先秦哲学思想中的"道"已逐渐演变成阴阳二神共同"经天营地"的神话故事，即由哲学思辨的宇宙生成论逐渐过渡为神话意象中的宇宙生成论。⑥ 而这一意象被西汉末期出现的谶纬文献继承下来，《河图括地象》称："易有太极，是生两仪，两仪未分，其气混沌，清浊既分，伏者为天，偃者为

---

① 朱谦之：《老子校释》，中华书局 2000 年版，第 174—175 页。

② （汉）许慎著，（清）段玉裁注：《说文解字注》，上海古籍出版社 1981 年版，第 1 页。

③ 《后汉书》卷 59，中华书局 1965 年标点本，第 1898 页。

④ 《淮南子·天文训》也有类似的记载："天地未形，冯冯翼翼，洞洞灟灟，故曰太昭。道始于虚霩，虚霩生宇宙，宇宙生气。气有涯垠，清阳者薄靡而为天，重浊者凝滞而为地。清妙之合专易，重浊之凝竭难，故天先成而地后定。天地之袭精为阴阳，阴阳之专精为四时，四时之散精为万物。积阳之热气生火，火气之精者为日；积阴之寒气气为水，水气之精者为月。日月之淫为精者为星辰。"刘文典撰，殷光熹点校：《淮南鸿烈集解》，安徽大学出版社、云南大学出版社 1998 年版，第 78—79 页。

⑤ 刘文典撰，殷光熹点校：《淮南鸿烈集解》，第 218 页。

⑥ 叶舒宪认为以上过程正好相反，应该先有神话思维再有哲学思维。他说："'道'作为宇宙万物的'总原理'，其实是从某一两种事物的运动的个别原理推衍开来的结果，这种推衍或演绎早在神话思维时代便已发端，到了哲学思维时代乃宣告完成。"并明确指出"道""这个哲学最高范畴的抽象化过程本身便清楚地昭示了哲学理性源于神话又超越和扬弃了神话的真实历程"。参见叶舒宪《老子与神话》，陕西人民出版社 2005 年版，第 58、93 页。

地。"又说："元气无形，汹汹蒙蒙。偃者为地，伏者为天也。"① 又《易纬乾凿度》称：

> 昔者圣人因阴阳，定消息，立乾坤，以统天地也。夫有形生于无形，乾坤安从生？故曰：有太易，有太初，有太始，有太素也。太易者，未见气也；太初者，气之始也；太始者，形之始也；太素者，质之始也。气形质具而未相离，故曰浑沦。浑沦者，言万物相浑成，而未相离。视之不见，听之不闻，循之不得，故曰易也。易无形畔，易变而为一，一变而为七，七变而为九。九者，气变之究也，乃复变而为一。一者，形变之始。清轻者上为天，浊重者下为地。②

相似的记载，出现在《孝经钩命决》③ 及《列子·天瑞》④ 中。罗泌认为，此阴阳二气交互而生的"混沦"，即是上引《河图括地象》所说"易有太极，是生两仪。两仪未分，其气混沌"（《前纪》卷一注引）中的"混沌"，这个"混沌"时代的统治者，正是"天地之初，有浑敦氏者出为之治"（《前纪》卷一注）的"浑敦氏"。⑤ 而这个"浑敦氏"，据罗泌所考，即是"盘古氏"：

> 所谓盘古氏者，神灵一日九变，盖元混之初，陶融造化之主也。《六韬·大明》云："召公对文王曰：'天道净清，地德生成，人事安宁，戒之勿忘，忘者不祥。盘古之宗，不可动也，动者必凶。'"今赣之会昌有盘古山，本"盘固"名。其湘乡有盘古保，而零都有盘古祠，盘固之谓也。按《地理坤鉴》云："龙首人身。"而今成都、淮安、京兆，皆有庙祀，事具徐整《三五历纪》及《丹壶记》。至唐袁天纲推言之。《真源赋》谓：元始应世，万八千年，为一甲子。荆湖南北，今以十月十六日为盘古氏生日，以候月之阴晴，云其显化之

---

① ［日］安居香山、中村璋八辑：《纬书集成》，河北人民出版社1994年版，第1092页。
② ［日］安居香山、中村璋八辑：《纬书集成》，第10—12页。
③ ［日］安居香山、中村璋八辑：《纬书集成》，第1016页。
④ 杨伯峻：《列子集释》，中华书局1985年版，第5—8页。
⑤ 罗泌在《路史·前纪》卷四《因提纪》中另有一"浑沌氏"，并指出两者并非同一人，更与开天辟地的"盘古氏"不同。

所宜有以也。《元丰九域志》：广陵有盘古冢庙。(《前纪》卷一注)

可见，在罗泌看来，盘古氏不仅确是一位"龙首人身"的开天辟地的大神，也是"天地之初"存在过的统治者，也就是说，盘古氏是一位人神兼备的传说人物。

众所周知，在汉文古籍中，学者普遍认为最著名的创世神话莫过于盘古开天辟地。关于盘古神话的材料，《艺文类聚》卷一引三国吴徐整《三五历纪》载：

> 天地混沌如鸡子，盘古生其中。万八千岁，天地开辟，阳清为天，阴浊为地，盘古在其中。一日九变，神于天，圣于地。天日高一丈，地日厚一丈，盘古日长一丈。如此万八千岁，天数极高，地数极深，盘古极长。后乃有三皇。数起于一，立于三，成于五，盛于七，处于九，故天去地九万里。[①]

这是盘古之名在文献中的最早记录，此后南朝梁任昉在《述异记》中曾说：

> 昔盘古氏之死也，头为四岳，目为日月，脂膏为江海，毛发为草木。秦汉间俗说：盘古氏头为东岳，腹为中岳，左臂为南岳，右臂为北岳，足为西岳。先儒说：盘古氏泣为江河，气为风，声为雷，目瞳为电。古说：盘古氏喜为晴，怒为阴。吴楚间说：盘古氏夫妻，阴阳之始也。[②]

又《太平御览》卷七八引徐整《三五历纪》的另外一则佚文称：

> 溟涬始牙，蒙鸿滋萌，岁起摄提，元气肇启，有神灵人十三(头)，号曰天皇。
> 有神圣人十二头，号地皇。

---

① (唐)欧阳询撰，汪绍楹校：《艺文类聚》，上海古籍出版社1985年版，第2—3页。
② (梁)任昉：《述异记》，中华书局1991年版，第1页。

有神圣人九头，号人皇。

天皇、地皇、人皇，为太古。①

这段文字所说的"天皇""地皇""人皇"，显然与上引《艺文类聚》所载《三五历纪》"后乃有三皇"一脉相承。有研究者认为："结合《艺文类聚》和《太平御览》所辑佚文考察，不难看出《三五历纪》一书说的是宇宙起源以来三皇五帝的古史传说。"② 笔者认为，此说符合事实。而据徐整所著另一部重要文献《五运历年记》③，亦曾载有盘古神话的内容：

> 元气蒙鸿，萌芽兹始，遂分天地，肇立乾坤。启阴感阳，分布元气，乃孕中和，是为人也。首生盘古，垂死化身，气成风云，声为雷霆，左眼为日，右眼为月，四肢五体为四极五岳，血液为江河，筋脉为地里，肌肉为田土，发髭为星辰，皮毛为草木，齿骨为金石，精髓为珠玉，汗流为雨泽，身之诸虫，因风所感，化为黎氓。④

所谓"五运"，据上文所引《孝经钩命决》中记载称："天地未分之前，有太易，有太初，有太始，有太素，有太极，是为五运。"可见徐整所著《五运历年记》也是探讨宇宙起源问题的，只是在此记载中，盘古并非开天辟地之神，而是化育万物之神，因为在他之前还有一个孕育其成长的"元气蒙鸿"时代。

结合上述材料，我们可以清晰地看出这样一个十分吊诡的现象：哲学思辨的宇宙生成论早在先秦时期已经非常发达，而开天辟地的神话人物盘古晚至三国时才被文献收录。于是有研究者就断言："盘古神话并非是史前先民创世神话的遗存，而是先秦道家宇宙论哲学在长期的发展过程中渐次吸取天文观念中的'浑天说'以及谶纬书中的'三皇'传说和道教的神学理论等文化因素在三国时期人为综合而成的。"⑤

---

① （宋）李昉等：《太平御览》，中华书局 1960 年影印本，第 1 册，第 363 页。

② 张文安：《中国与两河流域神话比较研究》，中国社会科学出版社 2009 年版，第 35 页。

③ （清）马骕撰，王利器整理：《绎史》卷 1，中华书局 2002 年版，第 2 页。

④ 此文在宋张君房撰《云笈七签》卷 56《诸家气法·元气论并序》中曾有记载，只是未标明出自徐整《五运历年记》。

⑤ 张文安：《中国与两河流域神话比较研究》，中国社会科学出版社 2009 年版，第 47 页。

　　笔者认为，此说的合理性在于，它抓住了盘古神话逐渐生成的内在动力，即由哲学思辨的宇宙生成论逐渐过渡为神话意象中的宇宙生成论的内在关系，同时也揭示出盘古神话最终在三国时被记录下来的主客观原因，这无疑值得充分肯定。但此说却不能让我们清晰地了解盘古神话"在实际流传过程中所经历的变迁以及它在社会生活中所体现出的某种圣神性"。① 也就是说，即便盘古神话被记录的时间晚至三国，但盘古开天辟地、化育万物作为一则神话的事实无法更改，即盘古虽然不是"史前先民创世神话的遗存"，但它却实实在在是汉末三国以来民间信仰中的创世大神，这一事实在上引罗泌关于"盘古氏"的解说中已得到体现，而这种体现又在近现代的民俗调查中得到广泛的揭示。我们只有对此有充分认识，才能正确理解罗泌对待盘古神话的态度。因为在罗泌看来，盘古作为开天辟地大神的地位无可动摇，不仅如此，他还如此坚定地相信盘古作为人间帝王的身份。也就是说，罗泌关心的不是盘古神话产生时间的早晚，他关心的是盘古这位具有神话属性的人间帝王在"创世之初"的历史功绩。笔者认为，支配罗泌产生如此看法的正是"神话历史"的思维，因为在罗泌看来，神话中的盘古与历史中的盘古之间并不存在本质区别，它们之间可以相互渗透乃至共存。

二　所引谶纬文献中的感生神话

　　感生者，乃无性生殖，《诗经·大雅·生民》唐孔颖达疏引汉许慎《五经异义》、《诗》齐、鲁、韩以及《春秋公羊传》皆曰："圣人皆无父，感天而生。"② 感生神话，指的是女性始祖并未与任何男子交合，而要么与某种动物、植物或无生物等发生神秘关系，要么与某种神灵（如龙）交合，从而奇迹般地怀孕生子的神话。中国古代最著名的感生神话莫过于商、周两代始祖"契""弃"的感生神话。

　　（1）天命玄鸟，降而生商。（《诗经·商颂·玄鸟》）
　　（2）简狄在台，喾何宜？玄鸟致贻，女何喜？（《楚辞·天问》）

---

　　① 朱仙林：《中国神话研究的反思——与常金仓先生商榷》，《浙江师范大学学报》（社会科学版）2011 年第 3 期。
　　② （汉）毛亨传，（汉）郑玄笺，（唐）孔颖达疏：《毛诗正义》，《十三经注疏》，北京大学出版社 1999 年标点本，第 1063 页。

（3）有娀氏有二佚女，为之九成之台，饮食必以鼓。帝令燕往视之，鸣若谥隘。二女爱而争搏之，覆以玉筐，少选，发而视之，燕遗二卵，北飞，遂不反。二女作歌一终，曰："燕燕往飞。"始作为北音。（《吕氏春秋·音初》）

（4）殷契，母曰简狄，有娀氏之女，为帝喾次妃。三人行浴，见玄鸟堕其卵，简狄取吞之，因孕生契。契长而佐禹治水有功。帝舜乃命契曰："百姓不亲，五品不训，汝为司徒而敬敷五教，五教在宽。"封于商，赐姓子氏。（《史记·殷本纪》）

（5）厥初生民，时维姜嫄。生民如何，克禋克祀，以弗无子。履帝武敏歆，攸介攸止，载震载夙，时维后稷。（《诗经·大雅·生民》）

（6）周后稷，名弃。其母有邰氏女，曰姜原。姜原为帝喾元妃。姜原出野，见巨人迹，心忻然说，欲践之，践之而身动如孕者。居期而生子……初欲弃之，因名曰弃。（《史记·周本纪》）

上引六则，前四则是关于商祖契的感生神话，后两则是关于周祖弃的感生神话。[①] 其实，关于商、周始祖感生神话的记载在纬书文献中也有记载：

《尚书中候》：玄鸟翔水遗卵，娀简易拾吞，生契，封商，后萌水易。注云：易、疑洛。娀简在水中浴而吞卵，生契。（《后纪》卷九下注）

《春秋元命苞》：姜嫄游閟宫，其地扶桑，履大人迹而生稷。（《后纪》卷九上注）

《春秋元命苞》：苍神精感姜嫄而生，卦之得震，故周苍代商。苍神谓佶，木王者也。（《后纪》卷九上注）[②]

---

① 廖明春曾在《上博简〈子羔〉篇感生神话试探》[《福建师范大学学报》（哲学社会科学版）2003 年第 6 期] 中指出，在上海博物馆藏战国楚竹书的《子羔》篇中载有孔子所述的夏、商、周三代始祖禹、契、后稷的感生神话，此说如果成立，那就可以纠正关于夏始祖感生神话晚出的说法。如有学者认为："《诗经》有商、周始祖诞生的神话，而没有夏始祖诞生的神话，确实令人遗憾。"钟宗宪：《"图腾"理论的运用与神话诠释——以感生神话与变形神话为例》，《东华汉学》（台湾）2004 年第 2 期。

② 关于谶纬文献中的感生神话问题，详见顾颉刚《中国上古史研究讲义·谶纬》关于此问题的论述。顾颉刚：《中国上古史研究讲义》，中华书局 2002 年版，第 238—246 页。

　　纬书文献在西汉后期才逐渐兴盛，故上举《尚书中候》《春秋元命苞》中关于商、周始祖感生神话的记载，必定是在前述六则感生神话的基础上逐渐加工而成的。进一步说，纬书中的感生神话属于后起的神话，它们已不是所谓原始图腾信仰的产物，也不是母系氏族社会"知母不知父"社会状况的反映，它们只是"产生于秦汉之际的文明神话"①，这些神话"与以五行相生为序的五德递王说有着密不可分的关系"，所以"既然后者出现于西汉，那么，前者的产生自然不会早于这个时期"。②

　　据笔者考察，除上面三则感生神话外，《路史》共从纬书中征引了11类感生神话，依次介绍如下。

　　（1）伏羲：《诗含神雾》：巨迹出雷泽，华胥履之。（《后纪》卷一注）《河图》：巨迹出雷泽，华胥履之。（《后纪》卷一注）《孝经钩命决》：华胥履迹，怪生皇羲。注云：灵威仰之迹。（《后纪》卷一注）

　　（2）神农：《春秋元命苞》：少典妃安登游于华阳，有神童首感之于常羊，生神子，人面龙颜，好耕，是谓神农。（《后纪》卷三注）

　　（3）黄帝：《孝经钩命决》：附宝出，降大灵，生帝轩。注：轩，黄帝名。电黄精轩之气。（《后纪》卷五注）《河图握矩记》：黄帝名轩，北斗黄神之精。（《后纪》卷五注）《河图握矩记》：附宝之郊，见电绕斗轩，星照郊野，感而生轩。（《后纪》卷五注）《河图著命》：握登见大虹，意生黄帝。（《后纪》卷一一注）

　　（4）帝魁：《孝经钩命决》：任己感神生帝魁。故康成云：任己，帝魁之母。（《后纪》卷六注）

　　（5）颛顼：《诗含神雾》：摇光蜺贯月，正白，感女枢。注：星光如虹蜺，往贯月也。（《后纪》卷八注）《河图》：瑶光贯日，正白，女妪感于幽房之宫，生黑帝，名颛顼。（《后纪》卷八注）

　　（6）帝尧：《诗含神雾》：庆都以赤龙合昏，生赤帝伊祈尧。（《后纪》卷一〇注）《春秋合诚图》：流润大石之中，而生庆都于斗维之野。身形长丈，有似大帝。蒉食不饥。年二十，寄伊长孺家，观于三河之首，常若神随。赤龙负图出，庆都读之，云：赤受天运，其下图，人衣赤衣光，面八彩，鬓须尺余，长七尺二寸，兑上丰下，足履翼星。题曰：赤帝

---

　　①　冷德熙：《超越神话：纬书政治神话研究》，东方出版社1996年版，第100页。
　　②　杨建军：《远古帝王及三王感生神话考》，《西北民族研究》2000年第2期。

起，成天下宝。奄然阴雨，赤龙与婚，龙消而乳尧，既乳，视尧如图，及尧有知，庆都以图与之。（《后纪》卷一〇注）

（7）帝舜：《诗含神雾》：握登见大虹，意感而生舜于姚墟。（《后纪》卷一一注）《尚书帝命验》：姚氏纵华感枢。注：纵，生也。舜母握登感枢星生舜重华。枢，如虹也。（《后纪》卷一一注）《尚书帝命验》：姚氏纵华，感枢纵天。纵华，重华也。（《后纪》卷一一注）

（8）夏禹：《尚书帝命验》：白帝以星感修纪，山行见流星贯昴，感生。姒戎文命禹。注：星，金精。姒，禹氏。戎生戎地，名文命也。（《后纪》卷一二注）《礼纬》：祖以感薏生［禹］。（《后纪》卷一二注）《孝经钩命决》：命星贯昴，修纪梦接，生禹。注：命，使之星。（《后纪》卷一二注）

（9）皋陶：《春秋元命苞》：尧为天子，季秋下旬，梦白帝遗以乌喙子，其母曰扶始升高（立）［丘］，白帝，上有云如虎，感之而生皋陶。扶始问之，如尧言。乌喙子，谓皋陶也。（《发挥》卷三注）

（10）孔子：《春秋演孔图》：征在游于大冢之陂，梦黑帝谓己："汝产必于空桑。"（《前纪》卷三）

（11）刘邦：《诗含神雾》：执嘉妻含始，生刘季。（《后纪》卷一〇注）《春秋握诚图》：执嘉妻含始，生刘季。（《后纪》卷一〇注）

就《路史》所引 11 类感生神话而言，笔者认为，刘邦感生神话值得特别注意。

第一，刘邦感生神话，《路史》所引《诗含神雾》《春秋握诚图》的内容并不完整。据《史记·高祖本纪》"母曰刘媪"下司马贞《索隐》引《春秋握成图》及《诗含神雾》曰："执嘉妻含始，游洛池，生刘季。"张守节《正义》引《帝王世纪》及《诗含神雾》曰："汉昭灵后含始游洛池，有宝鸡衔赤珠出炫日，后吞之，生高祖。"[1]《艺文类聚》卷九八《龙》引《诗含神雾》曰："含始吞赤珠，刻曰'玉英生汉皇'，后赤龙感女娲（《史记》八注作媪），刘季兴也。"[2]《初学记》卷六《洛水》"玉鸡"注引《帝王世纪》曰："昭灵后名含始，游于洛池，有玉鸡衔赤珠，刻曰'玉英，吞此者王'。含始吞之，生汉祖刘季。"[3] 可见，刘邦之

---

① 《史记》卷 8，中华书局 1959 年标点本，第 342 页。
② （唐）欧阳询编，汪绍楹校：《艺文类聚》，上海古籍出版社 1985 年版，第 1703 页。
③ （唐）徐坚等：《初学记》，中华书局 2010 年版，第 132 页。

母含始因吞食"赤珠"后意外怀孕才生下刘邦,那含始为何是吞食"赤珠"而不是别的什么东西而怀孕?同时,《艺文类聚》所引《诗含神雾》中还记载有"赤龙感女媪刘季兴"的句子,那为何非得是"赤龙"而不是别的什么龙感女媪而让"刘季兴"呢?笔者认为,当用五行相生的理论来解决这两个疑问。因为据五行相生理论,尧为火德而色尚赤,而"汉为尧后",故汉也居火德而色尚赤①。正因汉居火德而色尚赤,所以纬书关于刘邦的感生神话里会出现"赤珠""赤龙"这样的记载。

　　第二,在纬书中,刘邦感生神话出现"赤珠""赤龙"的记载,是因为汉居火德而色尚赤。其实,在纬书中的感生神话,"凡同德之帝王均感相同或相似之物而生,德不同者则感不同之物而生,从而显示出严整的规则。同时,一帝王感何物而生,也都与其德有关联"。②比如,与汉同为火德的炎帝、尧就均是感龙(或龙首)而生。上文所引《春秋元命苞》所载安登感神龙首③生炎帝神农,《诗含神雾》《春秋合成图》所载庆都感赤龙生尧,就是明证。可见"同德之帝王均感相同或相似之物而生"的结论可以成立。其实,这个论点,罗泌在《路史》中已有表达:

　　　　学者皆言五运尚矣。自伏羲以来,以斗精受命者七,神得间气而生者又二十有八,所谓三十五际者也。而终始之传,乃谓大庭、栢皇悉有所纪,何邪?天地之大者在阴阳,而五行为之次,同符合证,各象其类,兴亡之策,以次相代,岂偶然哉?是以皇天眷命,必先几见于下民。圣王感运而兴,必求合德以为之表。……伏羲、高辛,俱感巨迹;神农、唐尧,俱感赤龙;黄帝、有虞,咸因大虹;少昊、伯禹,咸鬶流星;与夫摇光贯月而腪颛、汤。若有同于券钥者,殆巨信邪!抑又取之刘季断蛇而还感赤龙,叔达继水而复惊灵迹,顾岂有司之者哉?往哲遗疑,然物之来,固可得而知也。苍姬祖弃,既本迹瑞;偰先汤,修嗣嬴,俱膺玄鸟之祥,孰难见

---

　　①　顾颉刚:《五德终始说下的政治和历史》,载顾颉刚等编《古史辨》,海南出版社2005年版,第5册,第291—296页。
　　②　杨建军:《远古帝王及三王感生神话考》,《西北民族研究》2000年第2期。
　　③　《路史·后纪》卷三注引《春秋元命苞》作感"神童首"怀孕生下神农,但据此书的另一条佚文称所感之物正为"神龙首"。[日]安居香山、中村璋八辑:《纬书集成》,河北人民出版社1994年版,第589页。

哉。(《前纪》卷六)

第三，刘邦感生神话还有一点值得关注，刘邦作为汉朝开创者，毫无疑问是人而非神，是人就一定有血缘父亲，那为何又要将他神化为无父而生呢？《史记·三代世表》张夫子与褚先生的一段对话可以回答这个问题：

> 张夫子问褚先生曰："《诗》言契、后稷皆无父而生。今案诸传记咸言有父，父皆黄帝子也，得无与《诗》谬乎？"褚先生曰："不然。《诗》言契生于卵，后稷人迹者，欲见其有天命精诚之意耳。鬼神不能自成，须人而生，奈何无父而生乎！……夫布衣匹夫安能无故而起王天下乎？其有天命然。"[1]

刘邦由平民起而为天子，按古人的理解，是不具有"天命"的，也就无法将统治权牢牢地掌握在自己手中，所以为了巩固统治，也为了达到"宠神其祖，以取威于民"(《国语·楚语下》)的效果，他们就极力神化刘邦，将他的出身与"赤珠""赤龙"等具有神性的事物相联系，说明刘邦不是简单的"布衣匹夫"，他是具有"天命"的，从而强调其统治地位的合法性，这无疑是神权政治的表现。

上文已说过，宋朝统治者是以火德自居的，自认是炎帝的苗裔，并于宋太祖乾德五年(967)在"康乐乡鹿原陂上"修建了"炎帝庙"(《路史·后纪三·炎帝》注)，所以罗泌在《路史·余论二·题炎陵》中也以"炎帝外臣"自居。据《宋会要辑稿》瑞异一之九《祥瑞杂录》载，宋太宗至道元年(995)四月二十九日：

> 知通利军钱昭序献赤乌、白兔各一。表云："乌禀阳精，兔昭阴瑞，报火德蕃昌之兆，示金方驯服之祥。念(慈)[兹]稀世之珍，罕有同时而见，望宣付史馆。"从之。帝谓侍臣曰："乌赤正如渥丹，信火德之符也。"[2]

---

[1]　《史记》卷13，中华书局1959年标点本，第504—506页。
[2]　(清)徐松：《宋会要辑稿》第52册，大东书局1935年影印本。

由此可证至少宋太宗是以火德自居的。罗泌在《路史·后纪三》中谈论炎帝神农的出身时称："母安登，感神于常羊。"并在注中曰：

> 《春秋元命苞》云："少典妃安登游于华阳，有神（童）［龙］首感之于常羊，生神子，人面龙颜，好耕，是谓神农。"《诗含神雾》云："龙首，颜似龙也。"此亦后世刘媪、潘夫人之事尔。

罗泌对炎帝神农出身的叙述，显然是袭自《春秋元命苞》，罗泌在注文中还将炎帝感生神话与刘邦感生神话进行关联，只是罗泌认为炎帝神农的感生神话在先，而刘邦的感生神话在后，这一前一后的关系看似平凡，但却蕴含着深刻内涵，试分析如下。

在纬书中，同为火德的炎帝、尧均感龙（或龙首）而生，而居于火德的汉，其创始者刘邦的感生神话虽也是感龙而生，但相对于西汉末期纬书中出现的炎帝、尧的感生神话，刘邦的感生神话早在《史记·高祖本纪》中就有记载："刘媪尝息大泽之陂，梦与神遇。是时雷电晦暝，太公往视，则见蛟龙于其上。已而有身，遂产高祖。"[①] 也就是说，事实是纬书作者模仿刘邦感生神话，从而编造出了炎帝、尧感生神话，而不是相反。如果单从文本生成角度而言，则上述结论正确无疑；但若考虑到民众的接受与个人的信仰等因素，则问题就没那么简单。以罗泌而言，在他的思想深处，他同许多人一样已认定炎帝作为远古帝王确曾存在，赵宋王朝作为炎帝的苗裔也确定无疑，并且炎帝先于尧、尧先于汉的古史序列也无可争辩，也就是说罗泌绝不可能接受顾颉刚提出的"层累地造成的中国古史观"，亦即他绝不能接受炎帝、尧感生神话是模仿刘邦感生神话而来这一事实，所以他才会强调炎帝神农的感生神话在先，而刘邦的感生神话在后这一有悖事实的结论。

由于炎帝在宋朝统治者、在罗泌心中具有如此特殊的地位，所以罗泌在撰述《路史》时对待炎帝神农的态度极具代表性，从中可以看出属于罗泌的古史神话观，即相信像炎帝一样的远古帝王确曾存在，且具有神、人两重属性；而炎帝在他心目中，其神性又要比其他远古帝王更为强大得多。所以他在《路史·后纪三》"赞"中历数炎帝神农的功绩时，极尽铺

---

① 《史记》卷8，中华书局1959年标点本，第341页。

张之能事：

> 火德开统，连山感神。谨修地利，粒我烝民。鞭莜尝草，形神尽瘁。避隩调元，以逃人害。列廛聚货，吉蠲粢盛。夷疏损谷，礼义以兴。善俗化下，均封便势。虚素以公，威厉不试。弗伤弗害，受福耕桑。日省月考，献功明堂。天不爱道，其鬼不神。盛德不孤，万世同仁。

三　所引谶纬神话中的圣王异相

上文谈论谶纬文献中的感生神话时，已提及帝王出生前都会发生常人无法想象的神异事件，从而让帝王拥有常人无法具备的神性。这种神性常人虽无法凭肉眼洞穿，但却可以通过圣王的异貌特征直观了解到。关于圣王异相，《路史》曾有过总体叙述：

> 《春秋演孔图》及《春秋元命苞》叙帝王之相云：仓颉四目，是谓并明；颛帝戴干，是谓崇仁；帝（俈）［告］戴干，是谓清明；尧眉八采，是谓通明；舜目重瞳，是谓无景；禹耳三漏，是谓大通；汤臂三肘，是谓柳翌；文王四乳，是谓含良；武王骈齿，是谓刚强。（《前纪》卷六注）

以下我们对《路史》所引谶纬文献中的圣王异相加以梳理。

（1）天皇：《河图括地象》：天皇九翼，提名旋复。（《前纪》卷二注）

（2）人皇：《洛书》：地皇氏逸，于有人皇。九男相像，其身九章。（《前纪》卷二注）

（3）伏羲：《孝经援神契》：伏羲大目，山准日角，而连珠衡。宋均注云：木精之人。日角，额有骨表，取象日所出房所立有星也。珠衡，衡中有骨表如连珠，象玉衡星。（《后纪》卷一注）

（4）神农：《春秋命历序》：有神人名石耳，苍色（六）［大］肩，戴玉理。（《后纪》卷三注）

（5）黄帝：《河图》：黄帝兑颐。黑帝修颈。苍帝并乳。（《后纪》卷五注）

（6）仓颉：《春秋命历序》：［仓颉］龙颜。（《前纪》卷六注）

（7）蚩尤：《龙鱼河图》：黄帝之初有蚩尤氏，兄弟七十二人，铜头铁额，食沙石，制五兵之器，变化云雾。（《后纪》卷四注）

（8）颛顼：《易纬乾凿度》：［颛顼］泰表戴干。郑氏云：泰者，人形体之彰识也。干，盾也。（《后纪》卷八注）《春秋元命苞》：颛帝戴干，是谓崇仁。（《前纪》卷六注）

（9）帝喾：《春秋元命苞》：帝（佶）［俈］戴干，是谓清明。（《前纪》卷六注）《春秋元命苞》：帝俈戴干，是谓清明。发节移度，盖像招摇。（《后纪》卷九上注）《河图握矩记》：帝俈骈齿，上法日参，秉度成纪，以理阴阳。（《后纪》卷九上注）

（10）尧：《春秋元命苞》：尧眉八采，是谓通明。（《前纪》卷六注）《春秋元命苞》：［尧］鸟喙子。（《后纪》卷七注）《春秋元命苞》：［尧］眉有八彩。（《后纪》卷一〇注）《春秋合诚图》：赤帝（按：即尧）之为人，视之丰，长八尺七寸。（《后纪》卷一〇注）《春秋合诚图》：光面八彩，谓八位皆有光彩。注云：彩色有八者。（《后纪》卷一〇注）《孝经援神契》：［尧］眉有八彩。（《后纪》卷一〇注）

（11）舜：《春秋元命苞》：舜目重童，是谓无景。（《前纪》卷六注）《易纬乾凿度》：舜目四童，谓之重明。（《后纪》卷一一注）《春秋元命苞》：舜重瞳子，是谓重原，上应摄提，下应三元。（《后纪》卷一一注）《孝经援神契》：舜手握褒，龙颜大口。注：握褒者，手兆如褒字，喻从劳苦受褒饰，致大祥也。（《后纪》卷一一注）《论语比考》：［舜］重童黄姚。（《后纪》卷一一注）《洛书灵准听》：有人方面，日衡重华，握石椎，怀神珠。注谓：衡有骨表如日。怀珠，谕有明信。椎读如锤，言能平轻重。（《后纪》卷一一注）

（12）禹：《春秋元命苞》：禹耳三漏，是谓大通。（《前纪》卷六注）郑注《雒书灵准听》云：有人出石夷，掘地代，戴成钤，怀玉斗。注：姚氏云禹胸有墨如北牛。郑谓怀璇玑玉衡之道。戴钤，谓有骨表如钩钤星也。（《后纪》卷一二注）

（13）汤：《春秋元命苞》：汤臂三肘，是谓柳翌。（《前纪》卷六注）

（14）文王：《春秋元命苞》：文王四乳，是谓含良。（《前纪》卷六注）

（15）武王：《春秋元命苞》：武王骈齿，是谓刚强。（《前纪》卷

六注)

（16）项羽：《河图》：怪目勇敢两童，天雨刀于楚之邦，谓项羽。
（《发挥》卷二注）

圣人有异相，其实并非纬书作者首创，它源于先秦时期逐渐形成的相
人术思想。战国末期的荀子已在《非相》中指出："古者有姑布子卿，今
之世，梁有唐举，相人之形状颜色而知其吉凶妖祥，世俗称之。"① 而在
荀子之前，春秋末期的范蠡就已将相人术运用于实际生活，据《史记·
越王勾践世家》载，范蠡与文种助越王勾践灭吴称霸后，范蠡决定急流
勇退，并从齐国寄出一封信给文种：

> 蜚鸟尽，良弓藏；狡兔死，走狗烹。越王为人长颈鸟喙，可与共
> 患难，不可与共乐。子何不去？②

文种并未听从范蠡的劝告，最后被勾践以作乱为借口赐死。可见，
相人术在春秋时已有一定发展，否则范蠡大可另举例证说明勾践的残
忍，而不是以"长颈鸟喙"作为劝说的根据。③ 相人术经春秋、战国的
发展，到汉代已很流行，如司马迁在《史记·高祖本纪》中说刘邦：
"高祖为人，隆准而龙颜，美须髯，左股有七十二黑子。"唐司马贞作
《索隐》，在"隆准而龙颜"下注引文颖之言曰："高祖感龙而生，故其
颜貌似龙，长颈而高鼻。"唐张守节作《正义》，在"左股有七十二黑
子"下注曰：

> 《河图》云："帝刘季口角戴胜，斗胸，龟背，龙股，长七尺八
> 寸。"《合诚图》云："赤帝体为朱鸟，其表龙颜，多黑子。"按：左，
> 阳也。七十二黑子者，赤帝七十二日之数也。木火土金水各居一方，
> 一岁三百六十日，四方分之，各得九十日，土居中央，并索四季，各
> 十八日，俱成七十二日，故高祖七十二黑子者，应火德七十二日之
> 征也。④

---

① （清）王先谦撰，沈啸寰、王星贤点校：《荀子集解》，中华书局1988年版，第72页。
② 《史记》卷41，中华书局1959年标点本，第1746页。
③ 邹金芳：《汉代相人术的原理与发展》，硕士学位论文，台湾大学，2009年。
④ 《史记》卷8，中华书局1959年标点本，第342—343页。

司马迁的描述，显然是有意利用相人术思想神化刘邦，而文颖之言与谶纬文献的记载，进一步揭示出这种描述是将刘邦的外貌特征与他感龙而生的神话同五行思想相结合的结果，从而将刘邦的异貌罩上一层神秘色彩，为汉代神权统治的巩固提供强有力的保障。相人术发展到东汉更为盛行，如班固《白虎通义·异相》中说："圣人皆有异表。"① 此时还出现了王充《论衡·骨相》和王符《潜夫论·相列》等理论性很强的著作。王充在《论衡·骨相》中不仅指出："人命禀于天，则有表候［见］于体。""骨节之法，察皮肤之理，以审人之性命，无不应者。"还大量引用纬书资料来论证自己的观点：

> 传言黄帝龙颜，颛顼戴（午）［干］，帝喾骈齿，尧眉八采，舜目重瞳，禹耳三漏，汤臂再肘，文王四乳，武王望阳，周公背偻，皋陶马口，孔子反羽。斯十二圣者，皆在帝王之位，或辅主忧世，世所共闻，儒所共说，在经传者，较著可信。②

此外，王充还在《论衡·骨相》中记述了一则刘邦因相貌非凡而得妻，乃至得天下的故事：

> 高祖隆准、龙颜、美须，左股有七十二黑子。单父吕公善相，见高祖状貌，奇之，因以其女妻高祖，吕后是也，卒生孝惠王、鲁元公主。高祖为泗上亭长，当去归之田，与吕后及两子居田。有一老公过，请饮，因相吕后曰："夫人，天下贵人也。"令相两子。见孝惠，曰："夫人所以贵者，乃此男也。"相鲁元，曰："皆贵。"老公去。高祖从外来，吕后言于高祖。高祖追及老公，止使自相。老公曰："乡者夫人婴儿相皆似君，君相贵不可言也。"后高祖得天下，如老公言。③

王充记载的故事，显然是对司马迁描述的扩充和进一步神化，目的在

---

① （清）陈立撰，吴则虞点校：《白虎通疏证》，中华书局1994年版，第337页。
② 黄晖：《论衡校释》（附刘盼遂《集解》），中华书局1990年版，第108、116页。
③ 黄晖：《论衡校释》（附刘盼遂《集解》），第113—114页。

于宣扬刘邦之得天下是天命所归。可见，纬书作者对圣人异相的描述，有其自身发展的思想根源和深刻的社会背景，故不能简单地视为无稽或荒谬而加以否定。正如有学者所强调的：

> 相人术是我国古代"术数"的组成部分。纵观中华几千年文明史，术数文化与儒学文化相比，一直处于非正统、非主流的地位，然其在广大民众中的影响力，却丝毫不逊于后者，因此对术数文化的研究，往往可以揭示出在研究儒学文化时所不易发现的中华文化的一些表现与特征，这正是研究术数文化之深意所在——它为我们提供了考察中华文化的新视角。[①]

也就是说，我们在对待纬书作者描述的"圣人异相"时，应该更为客观一些。刘瑞明《"圣人异相"考释》将"圣人异相"分为：（1）"可能的异相"，如皋陶马口、黄帝龙颜、周公背偻之类；和（2）"绝对不可能的异相"，如舜目重瞳、禹耳三漏、汤臂再肘之类等。通过分析后指出：

> 圣人异相是一个多元性的内涵，是多层次的重叠复合堆积。大致说来，是政治主题、历史题材、文学手段的民俗文化命题。借助历史传说颂誉历史圣人的品德才能，表述人民对国君及高层领导的愿望。历史久远，传说难以稽考，使它复合了民俗的、迷信的因素。民俗、迷信内容又使用了语言文字手段，致使真假含混难辨。[②]

刘氏的意见无疑是正确的。正因"圣人异相"混合了"政治主题、历史题材、文学手段的民俗文化命题"，所以在探讨时就应该从多角度、多层次入手，尽量充分揭示其丰富内涵。如有学者认为：

> 纬书中的圣王神话形象实际上多少反映了华夏民族历史上的一种

---

① 汝企和：《〈论衡·骨相篇〉与〈潜夫论·相列〉解析——兼论东汉相人术之特点》，《北京师范大学学报》（社会科学版）2008 年第 3 期。

② 刘瑞明：《"圣人异相"考释》，《中华文史论丛》2004 年第 77 辑。

观念实际（事实），如所谓天皇十二头、九翼、地皇女面、蛇身、伏羲龙身牛首、神农宏身牛头、黄帝日角龙颜、帝尧龙颜日角……等等，在相当程度上是一种原始的或传统的诸神形象观念的赋形。①

这种将纬书中的圣王异相与原始诸神形象相勾连的观点，笔者虽不完全赞同，但这种探索方式至少让我们明白，在探讨圣王异相神话时，考察角度不应太过单一，否则有把某些隐藏在表象后面的深层含义（如圣王异相神话形成的深层社会背景等）漏掉的可能。

最后，让我们看看罗泌在征引谶纬文献的"圣人异相"材料作为自己的论点时，又是持何种态度的？我们将以罗泌对待女娲"牛首蛇身"的态度作为考察重点加以说明。在《路史·后纪二·女皇氏》中，他先叙述了女娲"蛇身、牛首、宣发"的奇异外貌，然后在注文中说：

> 《玄中记》云："伏羲龙身，女娲蛇躯。"《列子》以为皆蛇身、牛首、虎鼻。故曹植《赞女娲》云："二皇牛首蛇形。"盖人之形自有同乎物者，今相家者流取象禽兽之形体者是矣，非真首牛而身蛇也。韩愈、柳宗元，且不之达。至今绘画羲、炎者，犹真为太牢委蛇之状，夫宛然载然作于堂上，而何以君人哉？王充云：世图女娲为妇人形。斯得之矣。至陶弘景遂疑佛氏地狱中有所谓牛头阿旁者为是三皇、五帝，尤可怪笑。（《后纪》卷二注）

可知，罗泌对女娲"蛇身、牛首、宣发"的奇异外貌并不感到奇怪，他认为"人之形自有同乎物者"，并用"相家者流取象禽兽之形体"来加以说明，指出所谓"蛇身、牛首"并"非真首牛而身蛇也"。因为如果真将伏羲、神农等远古圣王的像画成牛首蛇身悬于堂上，那将"何以君人哉？"所以他非常赞同王充所说"［世］俗图画女娲之象为妇人之形"②的做法。也就是说，罗泌坚信圣人都是人，并且都有非凡的外貌特征，文献记载与口头流传的所谓"牛首蛇身"之类的异相，并非圣人的真实形象。

---

① 冷德熙：《超越神话：纬书政治神话研究》，东方出版社1996年版，第106页。

② 黄晖：《论衡校释》（附刘盼遂《集解》），中华书局1990年版，第691页。

其实，此处尚有一点需要着重说明，即在罗泌征引谶纬文献中的圣人异相材料来作为自己的论点时，他心中还存在着另外一个观念，即"圣人不相"的思想。何谓"圣人不相"？其实是与"圣人异相"相对的一种观点，主要指圣人之所以是圣人，不在于长相，而在于心术。孔子曾有"以貌取人，失之子羽"① 的感叹。《荀子·非相》也说："故相形不如论心，论心不如择术。形不胜心，心不胜术。术正而心顺之，则形相虽恶而心术善，无害为君子也；形相虽善而心术恶，无害为小人也。"② 其实"圣人不相"的说法是否定圣人必有尊贵的相貌，认为他们也可以有不好看或不吉利的相貌，而这正是罗泌所谓"人之形自有同乎物者"的思想来源之一。关于"圣人不相"还有一段趣闻，《史记·蔡泽列传》载蔡泽请相面名家唐举给他看相：

> 唐举孰视而笑曰："先生曷鼻，巨肩，魋颜，蹙齃，膝挛。吾闻圣人不相，殆先生乎?"③

唐举面对蔡泽孔朝鼻，肩高于颈，面丑，罗圈腿的奇怪相貌，只能戏称圣人是从相貌上看不出来的。

四　所引谶纬文献中的祥瑞灾异

《路史》所引谶纬文献中的创世神话、感生神话、圣王异相已如上述，从中可见，罗泌认为自从宇宙开辟后，社会的发展、文明的创造都与远古圣王有密切关系，而附带在圣王身上的某种神圣性又决定着他们能够经得起实践的考验，担当得起为人类进步提供强有力保障的重任。但圣王

---

① 关于此句，有两种截然不同的记载，一种是说子羽状貌甚丑，而有君子之风，如《史记》卷67《仲尼弟子列传》载："澹台灭明，武城人，字子羽。少孔子三十九岁。状貌甚恶。欲事孔子，孔子以为材薄。既已受业，退而修行，行不由径，非公事不见卿大夫。南游至江，从弟子三百人，设取予去就，名施乎诸侯。孔子闻之，曰：'吾以言取人，失之宰予；以貌取人，失之子羽。'"另一种则正好相反，说子羽虽有君子之貌，却"行不称其貌"，如《韩非子·显学》载："澹台子羽，君子之容也，仲尼几而取之，与处久而行不称其貌。宰予之辞，雅而文也，仲尼几而取之，与处久而智不充其辩。故孔子曰：'以容取人乎，失之子羽；以言取人乎，失之宰予。'"笔者此处所取乃第一种说法。

② （清）王先谦撰，沈啸寰、王星贤点校：《荀子集解》，中华书局1988年版，第72—73页。

③ 《史记》卷79，中华书局1959年标点本，第2418页。

也并非尽善尽美，他们也存在不足，于是当他们的统治出现天下太平、丰衣足食的景象时，上天就会降下祥瑞，以昭示其统治的英明、决策的正确；而当他们的统治出现灾害不断、民不聊生的景象时，上天又会降下灾异，用以警示他们，让他们注意反思自己的统治方式，重塑一个美好的世界。更有甚者，后世的某些统治者，或为了巩固统治的需要，或由于自身的昏庸无能，往往有意利用各种伪造的祥瑞来粉饰太平。

此节，笔者正欲从《路史》所引谶纬文献中与圣王统治休戚相关的祥瑞灾异的解析为切入点，揭示围绕在远古圣王与后世帝王身上的祥瑞和灾异产生的思想根源，同时探讨罗泌对祥瑞和灾异发生如此浓厚兴趣的深层社会背景。《路史》所引谶纬文献中的祥瑞灾异，经笔者梳理，有如下材料。

（1）黄帝：《礼瑞命记》：黄帝服黄服，戴黄冕，齐于宫，凤蔽日而来，止帝园，食竹寔，栖梧桐，终不去。（《后纪》卷五注）《尚书中候》：黄帝时，［麟］常在园囿。（《余论》卷五）

（2）尧：《尚书中候》：尧即政七十年，凤皇止庭。伯禹拜曰："昔帝轩题象，凤巢阿阁。"（《后纪》卷五注）《尚书中候握河纪》：尧即政七十年，凤皇止庭。伯禹拜曰："昔帝轩题象，凤巢阿阁。"（《后纪》卷五注）《尚书中候》：尧即政七十载，德政清平，比隆伏羲。凤凰巢于阿阁骧林，景星出翼轸，朱草生郊，嘉禾滋连，甘露润液，醴泉出山，修坛河洛，荣光出河，休气四塞。（《后纪》卷一〇注）《诗含神雾》：尧时，嘉禾七茎，三十五穟。（《后纪》卷一〇注）

（3）舜：《尚书帝命验》：舜舞终而朱凤来。（《后纪》卷一一注）《尚书中候》：舜曰：朕惟不艾，蓂荚孚着，百兽率舞，凤司晨。（《后纪》卷一一注）《洛书灵准听》：舜受终，凤皇仪，黄龙感，朱草生，蓂荚滋。（《后纪》卷一一注）《春秋佐助期》：舜时，景星出房。（《后纪》卷一一注）

（4）禹：《尚书中候》：文命（指禹）德盛，俊乂在官，而朱草生。（《发挥》卷五）

（5）周公：《尚书中候》：帝轩题象，鸾鸟来仪。周公归政制礼，而鸾复见。（《余论》卷三）《春秋演孔图》：帝轩题象，鸾鸟来仪。周公归政制礼，而鸾复见。（《余论》卷三）《尚书中候摘洛戒》：若稽古周公旦，钦惟皇天，顺践阼，即橅七年，鸾凤见，蓂荚生，青龙衔甲，玄龙背

书。(《余论》卷六注)《尚书中候摘洛戒》：［蓂荚］，尧、舜时皆有之。周公摄政七年又生。(《余论》卷七)

(6) 周成王：《礼斗威仪》：其音如铃，峦峦然也。周成王时，氐羌献鸾鸟，于是法驾上缀以大铃，如鸾之声迣。(《余论》卷三)

(7) 其他：《礼斗威仪》：君垂金而正，政太平则［麟］在郊。(《余论》卷五)《春秋感精符》：麒麟一角，明海内之共一也。不刿台剖卵，则在郊矣。(《余论》卷五)《孝经援神契》：王者德至山陵，则庆云出。(《后纪》卷五注)《孝经纬》：德至鸟兽，则凤凰翔，麒麟臻。(《余论》卷五)《春秋演孔图》：八政不中，则天雨刀。(《发挥》卷二注)《春秋演孔图》：官以贤举则在野。(《余论》卷三)

除上引材料外，《路史》中还有大量论述圣王祥瑞与灾异的内容，它们被罗泌融入《路史》《前纪》《后纪》中，而在《余论》与《发挥》中罗泌还设有专篇来论述祥瑞和灾异。关于祥瑞，如《鸾黳》(《余论》卷三)、《麟难》(《余论》卷五)、《蓂荚》(《余论》卷七)、《获麟解》(《发挥》卷四) 等；关于灾异，如《雨粟说》(《发挥》卷二) 等。

祥瑞和灾异，是我国古代政治文化领域极为特殊的一种现象。端肇于先秦，发展到汉代，最终形成一整套预测国家兴亡的天命哲学观，在这套天命哲学观中，天、地与圣人占有核心地位。在汉代对祥瑞灾异思想发展贡献最大者莫过于董仲舒，他的思想集中体现在他的"天人感应"理论中，以及在此理论指导下，结合阴阳五行学说撰述而成的《春秋繁露》。[1]董仲舒将祥瑞灾异思想进行了系统整合，成为这一学说的集大成者。故刘师培认为："周秦以还，图箓遗文渐与儒道二家相杂，入道家者为符箓，入儒家者为谶纬。董(仲舒)、刘(向)大儒，竞言灾异，实为谶纬之滥觞。"[2]刘氏认为董仲舒的祥瑞灾异思想对后来逐渐兴盛的谶纬思想产生了极大的推动作用，其说极为精到。钟肇鹏也总结称："谶纬的内容虽无所不包，而其主导思想则是以阴阳五行为骨架的天人感应神学目的论。……谶纬继承了邹衍和董仲舒的阴阳五行说及天人感应神学目的论加以发展，广泛地用来占验人事的吉凶祸福。"[3]

---

① 苏舆撰，钟哲点校：《春秋繁露义证》，中华书局 1992 年版。另，关于祥瑞灾异思想变迁的具体阐释，金霞有详细论述。参见金霞《两汉魏晋南北朝祥瑞灾异研究》，博士学位论文，北京师范大学，2005 年。

② 刘师培：《国学发微》，《刘申叔遗书》，江苏古籍出版社 1997 年影印本，第 484 页。

③ 钟肇鹏：《谶纬论略》，辽宁教育出版社 1995 年版，第 89—90 页。

　　祥瑞灾异思想虽经董仲舒整合，成为便于统治者利用的政治文化，但并不是说此思想已发展到尽善尽美的地步，在董仲舒后，多有人对此进行补充、发挥和完善。如班固所编的《白虎通义》就有专篇谈论祥瑞灾异，从内容上看，他比董仲舒所说更为系统和完善。① 而"《白虎通义》中'百分之九十的内容出于谶纬'，由于谶纬神学是东汉王朝的统治思想，所以通过援引谶纬，使祥瑞灾异学说具有更强的权威性与说服性。正是由此，祥瑞灾异思想的理论建构在东汉最终完成，正式上升为国家的政治哲学"。②

　　经过董仲舒等人的努力，祥瑞灾异思想在西汉已发展成一套系统的理论，而这种理论又被西汉末期的纬书作者吸收，使之成为谶纬神学的核心思想之一，而谶纬神学又最终成为东汉王朝的统治思想，所以在谶纬文献中存有大量祥瑞灾异资料，自在情理之中；而《路史》曾大量引用谶纬文献，所以《路史》中含有大量祥瑞灾异也不足为怪。然而，罗泌为何要在《路史》中不厌其烦地征引、探讨祥瑞和灾异呢？据笔者分析，除上面所说的因素外，还与两宋时期祥瑞灾异之说泛滥，以及南宋高宗、孝宗朝对待祥瑞灾异的态度密切相关。据《宋史》卷六一《五行志一上》载：

　　（1）旧史自太祖而嘉禾、瑞麦、甘露、醴泉、芝草之属，不绝于书，意者诸福毕至，在治世为宜。（2）祥符、宣和之代，人君方务以符瑞文饰一时，而丁谓、蔡京之奸，相与傅会而为欺，其应果安在哉？（3）高宗渡南，心知其非，故《宋史》自建炎而后，郡县绝无以符瑞闻者，而水旱、札瘥一切咎征，前史所罕见，皆屡书而无隐。于是六主百五十年，兢兢自保，足以图存。③

　　《五行志》所言虽未将两宋之际祥瑞灾异的发生情形全部涵括，却提供给我们三个特别值得注意的点，为我们论述《路史》中不厌其烦地征

---

　　① 其中《灾变》篇详细论述了灾异思想，《封禅》篇则详细论述了祥瑞思想。（清）陈立撰，吴则虞点校：《白虎通疏证》，中华书局1994年版，第267—271、283—285页。

　　② 金霞：《两汉魏晋南北朝祥瑞灾异研究》，博士学位论文，北京师范大学，2005年。

　　③ （1）（2）（3）为笔者所加，用以显示笔者下文将要着重探讨的三个点。参见《宋史》，中华书局1977年标点本，第1318页。

引、探讨祥瑞和灾异提供了必要的背景支持。现分析如下。

（1）所谓祥瑞"不绝于书，意者诸福毕至，在治世为宜"，明确告诉我们宋代祥瑞之多，且被认为是太平年代应有的现象。祥瑞灾异的发生，乃是上天用以奖励或惩戒人君的一种方式。即董仲舒《春秋繁露·同类相动》中所言："帝王之将兴也，其美祥亦先见；其将亡也，妖孽亦先见。"①

在宋代，上自天子，下到庶民，无不对祥瑞崇尚有加。②据《宋史》所载，从太祖到孝宗，几乎每一位皇帝出生时都出现了某种神秘的景象。③而李焘在《续资治通鉴长编》卷一"太祖建隆元年"注中称：

> 我太祖之生，盖天成二年丁亥岁也。祥光瑞采，流为精英。异芳幽馥，郁为神气。帝王之兴，自有珍符，信不诬也。居有云气，出有日晕，天心之眷顾笃矣。俚语称"赵神言夸宋"，人心之向慕久矣。④

李焘所说"帝王之兴，自有珍符"，与上面所引董仲舒所言"帝王之将兴也，其美祥亦先见"表达了同一个意思，即祥瑞的发生说明了人心的向背。而发生在每位宋代皇帝身上的祥瑞，昭示着赵宋得天下的正当性，这不仅神化了统治者自己的出身，也对巩固皇权起到相应的作用。宋代帝王如此，一般官员和百姓与祥瑞之间的关系又如何？据《宋会要辑稿》瑞异一之八《祥瑞杂录》载：

> 太平兴国（979）四年九月，嘉州言夹江县弱鄢镇民王诣得黑石

---

① 苏舆撰，钟哲点校：《春秋繁露义证》，中华书局1992年版，第358页。

② 关于宋代祥瑞灾异造成的社会影响，参见杨晓红《宋代的祥瑞与灾异初探》[《西南民族学院学报》（哲学社会科学版）2002年第6期]，但通观杨氏之文，主要针对北宋的祥瑞灾异而言，并未过多地涉及南宋的相关情况，但经笔者详细考察，南宋在对待祥瑞灾异的问题上多有值得注意的地方。

③ 其中宋太祖出生时"赤光绕室，异香经宿不散，体有金色，三日不变"。宋太宗出生时"赤光上腾如火，闾巷闻有异香。……及长，隆准龙颜"。宋真宗出生时"五星从镇星聚奎。明年正月，后梦以裾承日有娠，十二月二日生于开封府第，赤光照室，左足指有文成'天'字"。宋英宗出生时"赤光满室，或见黄龙游光中"。宋神宗出生时"祥光照室，群鼠吐五色气成云"。宋哲宗出生时"赤光照室"。宋高宗出生时"赤光照室"。宋孝宗出生时"红光满室，如日正中"。参见《宋史》，中华书局1977年标点本，第2、53、103、253、263、317、439、615页。

④ （宋）李焘：《续资治通鉴长编》，中华书局1992年版，第2册，第5页。

二，皆丹文，其一云"君王万岁"，其二云"赵二十一帝"。缄其石来献。

又瑞异一之——《祥瑞杂录》载咸平二年（999）：

十一月十六日，开封府言：民张永清得田中神人遗书，启封，乃金牌，有"赵为君万年"字。诏付史馆。①

又《宋史》卷六五《五行志三》载：

太平兴国六年（981）正月，瑞安县民张度解木五片，皆有"天下太平"字。

庆历三年（1043）十二月，澧州献瑞木，有文曰"太平之道"。

治平四年（1067）六月，汀州进桐木板二，有文曰"天下太平"。

熙宁十年（1077）八月乙巳，惠州柚木有文曰"王帝万年，天下太平"。

宣和二年（1120）四月，永州民刘思析薪，有"天下太平"字。

绍兴十四年（1144）四月，虔州民毁敧屋析柱，木理有文曰"天下太平"。

德祐二年（1276）正月戊辰，宝应县民析薪，中有"天太下赵"四字。②

可见，某些官员与百姓为了迎合统治者粉饰太平的需要，精心打造了所谓"君王万岁""赵为君万年""天下太平"等虚假伪造的祥瑞。面对如此情景，朝臣表现出截然不同的态度，以宋仁宗庆历三年（1043）发生的澧州献瑞木有文曰"太平之道"的事件为例，刘敞曾上《瑞木颂》加以赞颂，其文有云："天地命之，神其勖之，上下感动而文出于木。"③

---

① （清）徐松：《宋会要辑稿》第52册，大东书局1935年影印本。

② 《宋史》，中华书局1977年标点本，第1415—1418页。

③ （宋）刘敞：《公是集》卷49，《丛书集成初编》，商务印书馆1936年版，第8册，第591页。

而欧阳修上宋仁宗《论澧州瑞木乞不宣示外廷札子（庆历三年）》对此事有不同的看法，他结合北宋内忧外患的局面，从"文出于木"是真是伪两方面入手，劝谏宋仁宗要居安思危，"速诏天下州军，告以兴兵累年，四海困弊，方当责己忧劳之际，凡有奇禽异兽草木之类，并不得进献。所以彰示圣德，感励臣民。取进止".① 据《玉海》卷一九七《祥瑞·庆历绍兴瑞木》条载：

> 庆历三年十二月，澧州献瑞木，有文曰"太平之道"。诏送史馆。刘敞作颂曰："上天之载兮，无臭无声。眷我圣德兮，告以太平。非笔非墨兮，自然而成。"谏官欧阳修请诏天下毋献祥瑞，从之。②

可见，仁宗采用了欧阳修的建议，说明仁宗头脑毕竟还清醒，不致被祥瑞完全冲昏头脑，但以下将要论及的真宗和徽宗就没有这么好的判断力了。

（2）宋真宗大中祥符（1008—1016）、宋徽宗宣和年间（1119—1125），人君用符瑞来粉饰太平，而奸佞之臣则"相与傅会为欺"。如何理解《宋史》此句所表达的意思呢？首先来看真宗年间的情况。据《续资治通鉴长编》卷七一"真宗大中祥符二年五月"条载：

> 丙寅，召宰相至龙图阁观道像，又观崇和殿瑞物凡四百余种。王旦曰："祖宗以来，瑞应丛集，四方无不传闻，今获亲睹，实为神异。"上曰："国家符命彰灼，盖祖宗积德所致。至于寰海混同，干戈不用，成封禅之礼，有由然也。朕每念前代，虽有德之君，能行封禅者盖寡，朕乃克行，此盖由雍熙中尝有经度，制度已备，朕何力之有！"旦曰："非陛下励精善继，力致太平，则不能奉承先志。今又归美祖宗，实宗社无疆之休也。"③

---

① （宋）欧阳修著，李逸安点校：《欧阳修全集》卷103《奏议》卷7《谏院进札状十二首》，中华书局2001年版，第4册，第1571—1572页。

② （宋）王应麟编：《玉海》，江苏古籍出版社、上海书店1987年版，第3613页。

③ （宋）李焘：《续资治通鉴长编》，中华书局1992年版，第6册，第1607页。

从宋太祖到宋真宗大中祥符年间，祥瑞数已达"四百余种"；王旦对真宗的溢美、吹捧，以及真宗对祥瑞与封禅的自我解说，均生动地表现出君臣上下"相与傅会为欺"的情形。在真宗朝最为人熟知的祥瑞，无疑是搞得轰轰烈烈的真宗自造的"天书"。据《宋史》卷七《真宗本纪》载：

> 大中祥符元年春正月乙丑，有黄帛曳左承天门南鸱尾上，守门卒涂荣告，有司以闻。上召群臣拜迎于朝元殿启封，号称天书。……六月乙未，天书再降于泰山醴泉北。……〔十月〕辛丑，驻跸郓州，神光起昊天玉册上。辛亥，享昊天上帝于圜台，陈天书于左，以太祖、太宗配。帝衮冕奠献，庆云绕坛，月有黄光；命群臣享五方帝诸神于山下封祀坛，上下传呼万岁，震动山谷。降谷口，日有冠戴，黄气纷郁。壬子，禅社首，如封祀仪。紫气下覆，黄光如星绕天书匣。……〔大中祥符二年十二月〕辛丑，丁谓上《封禅朝觐祥瑞图》，刘承珪上《天书仪仗图》。①

"天书"本来是真宗自编自导的祥瑞，但在整个事件过程中，若没有朝臣从旁协助，恐怕不会进行得如此顺利；而在这些朝臣中，王钦若、丁谓最为重要。② 据《东轩笔录》卷二载：

> 丁晋公为玉清昭应宫使，每遇醮祭，即奏有仙鹤盘舞于殿庑之上。及记真宗东封事，亦言宿奉高宫之夕，有仙鹤飞于宫上。及升中展事，而仙鹤迎舞前导者，塞望不知其数。又天书每降，必奏有仙鹤前导。是时寇莱公判陕府，一日，坐山亭中，有乌鸦数十，飞鸣而过，莱公笑顾属僚曰："使丁谓见之，当目为玄鹤矣。"又以其令威之裔，而好言仙鹤，故但呼为"鹤相"，犹李逢吉呼牛僧孺为"丑座"也。③

---

① 《宋史》，中华书局 1977 年标点本，第 135—142 页。

② 参见《宋史》卷 283《王钦若传》《丁谓传》所载。《宋史》，中华书局 1977 年标点本，第 9561、9567 页。

③ （宋）魏泰撰，李裕民点校：《东轩笔录》，中华书局 1983 年版，第 18 页。

真宗导演的"天书"事件，不仅体现出真宗本人的无知和虚伪，更将臣下为讨好皇帝，借此达到升官发财的丑陋面孔展现得淋漓尽致。与真宗相比，徽宗虽未制造出另一起"天书"事件，但他在对待祥瑞的态度上，与真宗的态度毫无二致。据《宋史》卷二一《徽宗本纪》载政和三年十一月：

> 乙酉，以天神降，诏告在位，作《天真降临示现记》。①

又据《宋会要辑稿·瑞异》所载，从徽宗即位到宣和七年（1125）间，各地送上的祥瑞不计其数。而当佞臣蔡京掌权后，每有祥瑞送上时，他均会率领文武百官上表称贺。② 其他如徽宗朝御用文人之一的王安中，也是影响徽宗崇尚祥瑞的重要人物。据《宋史》卷三五二《王安中传》载：

> 政和间，天下争言瑞应，廷臣辄笺表贺，徽宗观所作，称为奇才。③

又据王安中《初寮集》，其中收有他上表称贺的文章 43 篇，如《贺甘露翔鹤表》称：

> 宜协气之横流，致嘉祥之并至，中贺恭惟皇帝陛下，高厚配于天地，孝悌通于神明。……厥有因革，其尽精微，贡九牧以昭神奸，珍符来寓方一变，而致羽物。邃古有稽，共欣不世之逢，是为太平之象。④

相比真宗时期的祥瑞泛滥和自造"天书"祥瑞的荒诞行为而言，徽宗时看似没那么严重；但实际上，徽宗时期，宠信奸臣、迷信祥瑞，导致

---

① 《宋史》，中华书局 1977 年标点本，第 392 页。
② （清）徐松：《宋会要辑稿》第 52 册，大东书局 1935 年影印本。
③ 《宋史》，中华书局 1977 年标点本，第 11124 页。
④ （宋）王安中：《初寮集》卷 5，《文渊阁四库全书》，台湾商务印书馆 1983 年影印本，集部，1127 册，第 95 页。

朝政混乱，军政荒废，最终出现钦宗靖康二年（1127）几乎亡国灭种的局面，这样的结局又比真宗时期严重得多。

（3）宋高宗南渡以后，"心知其非"，故建炎（1127—1130）以来"郡县绝无以符瑞闻者，而水旱、札瘥一切咎征""屡书而无隐"，事实果真如此吗？

对于祥瑞，笔者通过梳理相关史料发现，如果仅就《宋史》而言，那么高宗南渡后，"郡县绝无以符瑞闻者"确属事实，但若跳出《宋史》的记载范围，将眼光投向《建炎以来系年要录》《宋会要辑稿》《宋史全文》等史料后会发现，高宗、孝宗虽在某种程度上能以国家社稷为重，认识到国丰民足才是最大祥瑞，尽量减少祥瑞对朝政的影响，甚至明确指出"四方奏祥瑞，皆饰空文，取悦一时"。① 但当遇到臣下所献之祥瑞与五谷或皇室的尊严有关时，则又失去了清醒的头脑，采取盲目信从的态度。这说明高宗、孝宗并不比其他帝王高明，能够充分认识到祥瑞的本质，排斥甚至拒绝祥瑞；事实是，高宗、孝宗对待祥瑞，完全取决于祥瑞是否对他们的统治有利，如果某种祥瑞的出现对他们巩固统治有利，他们不但不会拒绝，甚至会加以宣扬。

关于他们对待灾异的态度，可用绍兴三年（1133）九月高宗所下诏书中的话来概括："凡遇水旱灾异，监司、郡守即具奏毋隐。"② 据笔者对《宋史·五行志》以及《宋会要辑稿·瑞异》中关于高宗、孝宗朝的灾异情况的统计来看，从高宗建炎元年（1127）到孝宗淳熙十六年（1189），前后凡63年的时间里，时时可以见到灾异的记载，其数量之大，真可谓空前绝后；而归纳起来这些灾异包括如下三类：第一，自然灾害，如水灾、雪灾、霜灾、冰雹、风灾、旱灾、虫灾、山崩、地震、地陷、饥荒、鼠灾、大疫等；第二，天文现象，如虹异、星变、赤气、日食、月食、彗星出现等；第三，朝廷认为的反常现象，如木妖、服妖、民讹、蛇妖、马祸、地生毛等。灾异如此频繁地发生，对朝廷政权的稳固，人民生活的安定，均造成巨大威胁，为了尽量消除灾异带来的损害，朝廷采取了多方面的办法。如皇帝下罪己诏，臣僚辞官，求直言进谏等。

通过分析可知，关于祥瑞，高宗以及孝宗并未排斥，而是有选择地加

① （宋）李心传：《建炎以来系年要录》，中华书局1956年版，第2834页。
② 《宋史》卷27《高宗本纪四》，中华书局1977年标点本，第506页。

以利用，目的在于巩固统治，这与其他帝王对待祥瑞的态度并无二致，但平心而论，相对北宋真宗的"天书"事件，以及徽宗"以天神降，诏告在位，作《天真降临示现记》"等自造祥瑞，以至误国误民而言，高宗、孝宗对待祥瑞的态度，已经有较大进步。而关于灾异，南宋统治者能够提出"凡遇水旱灾异，监司、郡守即具奏毋隐"的政策，确又棋高一筹，因为此政策的提出，有助于最高统治者掌握最新的灾情，提出相应的解决方案，尽量减少灾害造成的损失，从而取得民众的信任，巩固皇朝的统治。

这样的变化，原因何在？笔者认为，与整个南宋王朝面临严峻的内忧外患以及高宗的个人遭遇密切相关。高宗的个人遭遇非常深刻地影响了他对待祥瑞灾异的态度，而这种态度的形成，又为整个南宋王朝统治者对待祥瑞灾异的态度定下了基调，后来的统治者态度虽有变化，但大体上并未跳出高宗所定基调的范围。因此，要想揭示出这一变化的深层原因，有必要对高宗的个人遭遇进行简要探讨。

早在靖康之乱后，当高宗身居河北，就有宗泽以"天意"劝他早日称帝，以图恢复。据《建炎以来系年要录》卷四"建炎元年夏四月乙丑"条载宗泽之言曰：

> 二圣二后、诸王、皇族，悉渡河而北，惟大王在济，天意可知，宜早正天位，兴复社稷，以传万世，不可迟疑，牵于不断，惟大王图之。[1]

又据《宋史》卷二四《高宗本纪一》载：

> 建炎元年夏四月丁卯，谢克家以"大宋受命之宝"至济州，帝恸哭跪受，命克家还京师，趣办仪物。戊辰，济州父老诣军门，言州四旁望见城中火光属天，请帝即位于济。[2]

但高宗即位后，面对危在旦夕的宋王朝，并没有力图恢复，救回徽

---

① （宋）李心传：《建炎以来系年要录》，中华书局1956年版，第98页。
② 《宋史》，中华书局1977年标点本，第442页。

宗、钦宗，而是听信谗言，信任奸臣黄潜善、汪伯彦，排斥主战的李纲等人，并且杀害上书支持抗战的欧阳澈、陈东等。后来又信任卖国求荣的秦桧，杀害抗金英雄岳飞，对金抗战采取妥协退让、以求自保，时刻想着如何巩固帝位，并为此极力营造有利的舆论，其中自制祥瑞就是重要的手段之一。

其实，早在靖康元年，赵构就已为自己日后登基做了舆论铺垫。据《中兴小纪》卷一"靖康元年闰十一月己酉"条载："上与幕府从容语曰：'夜来梦皇帝脱所御袍赐吾，吾解旧衣而服所赐，此何祥也？'"又同年"十二月壬戌朔"条载：

> 大元帅开府除汪伯彦为集英殿修撰。上初开府，服排方玉带，语伯彦等曰："吾陛辞日，皇帝赐以宠行，吾逊辞久之。皇帝曰：'朕昔在东宫，太上解此带赐朕。卿宜收取。'不得已拜赐。"①

而当徽宗、钦宗真的被金军掳掠北去之后，身在济州的赵构集团就大肆利用符瑞为称帝造势。门下侍郎耿南仲上疏曰：

> 金人不道，邀二圣銮舆北狩，天未厌宋，必将有主主宋祀者，非大王而谁？大王聪明英勇，上皇之皇嗣，少弟之介弟，天命已兆，人心实归；应天顺人，宜适机会。……独有天人相与之际，朕兆已久，未尝略举，愿毕其说。盖闻自古帝王之兴，必有受命之符。故白鱼潜跃，武王作周；赤伏显符，光武兴汉。大王奉使陛辞之日，皇帝赐方排玉带，有大事圣语，被受大元帅建府之命，有赐袍异梦。皇帝即位，纪元曰"靖康"，其后大王未尝封"靖"也，而京师之人及四方申陈，或曰"靖王"，或曰"康王"，迨皇帝之北迁，人始悟曰："靖"字从立十二月，乃皇帝立十有二月而康王建帅。纪年二字，实兆今日。飞出亭一牌有连三箭之祥，太上万里有"即真"二字之兆。黄河之渡，则阴未凝而冻忽合；济州之瑞，则红光见而火德符。天命彰彰著闻，周之武王，汉之光武，何以过之？大王其可久稽天命乎？

---

① （宋）熊克：《中兴小纪》，光绪十七年（1891）二月广雅书局校刊本。

其可久拂人情乎？古人有言曰："违天不祥。"愿大王亟即帝位，上留天心，下塞人望。①

耿南仲在上疏中，为赵构称帝找出了"受命之符"，他通过拆字的方式，将"靖"字拆为"从立十二月"，指出这就是赵构称帝的符瑞，它同"白鱼潜跃，武王作周；赤伏显符，光武兴汉"一样，预示着赵构称帝的合法性。

与此同时，高宗还利用"崔府君"传说来神化自己的称帝。关于"崔府君"，其实早在北宋仁宗时期就已经被民众广为崇敬，封为"显应公"，并为之建庙。据《续资治通鉴长编》卷一一七《仁宗》"景祐二年秋七月丙戌"条载：

> 封崔府君为护国显应公。府君，唐贞观中为滏阳令，再迁蒲州刺史，失其名。在滏阳有爱惠名，立祠后，因葬其地。咸平三年，尝命磁州葺其庙，而京师北郊及郡县建庙宇，奉之如岳祠，于是因民所向而封崇之。②

然而，到了南宋，"崔府君"却成了皇帝"神道设教"的手段。据《咸淳临安志》卷一三"显应观"载：

> 绍兴十八年，诏有司建观于城南包家山，以奉磁州崔府君。二十四年，分灵芝佛刹之半，移建今处，在湖之东。湖水四面绕。观额本宣和所赐。靖康间，高宗皇帝出使至磁州，神马引而南。建炎初，秀王夫人梦府君拥一羊，谓曰："以此为识。"遂诞毓孝宗皇帝。由是，累朝祠祀弥谨。中为显应之殿，其神位曰"护国显应兴圣普佑真君"。高宗皇帝为书殿扁，且揭以御名，昭其敬也。孝宗皇帝为书"宝章琼藏"。理宗皇帝书"洞古经"以赐，刻之石。③

南宋高宗、孝宗以及理宗均对"崔府君"如此礼遇，以皇室的名义

---

① （宋）徐梦莘：《三朝北盟会编》卷90，上海古籍出版社1987年版，第668、669页。
② （宋）李焘：《续资治通鉴长编》，中华书局1992年版，第9册，第2745页。
③ 中华书局编辑部：《宋元方志丛刊》，中华书局1990年影印本，第4册，第3488页。

建庙、题匾，并且"累朝祠祀弥谨"，其中缘由何在？其实，那是因为高宗时曾发生过"泥马渡康王"的传奇故事。据《朱子语类》卷一二七《本朝一·高宗朝》载：

> 太上出使时至磁州，磁人不欲其往，谏不从。宗忠简欲假神以拒之，曰："此有崔府君庙甚灵，可以卜珓，仍其庙有马能如何。"遂入烧香。其马衔车辇等物塞了去路。宗曰："此可以见神之意矣。"遂止不往。后太上感其事，以为车辇是即位之兆；不曾关白中书，只令内官就玉津园路口造崔府君庙，令曹咏作记。①

高宗"以为车辇是即位之兆"，利用"崔府君"为自己登基做皇帝造势，故建庙以祭祀之。四库馆臣在给宋程卓《使金录》写提要时指出：

> 世传宋高宗泥马渡江，即出此书所记磁州崔府君条下。盖建炎之初，流离溃败，姑为此神道设教，以耸动人心。实出权谋，初非实事。（《钦定四库全书总目》卷五二《史部八·杂史类存目一》）②

可见，早在清代已看出经过神化的"泥马渡康王"故事，只是南宋政府用以"神道设教"的手段而已。"崔府君"除助高宗登帝位外，还与孝宗发生了更为神秘的关系。据《建炎以来朝野杂记》甲集卷二《显应观》载：

> 建炎初，秀王夫人梦神人自称崔府君，拥一羊谓之曰："以此为识。"已而有娠，遂产孝宗，亦异矣。（原注：崔府君，东汉崔琼也，封嘉应侯。）③

"崔府君"的传说在南宋虽是统治者"神道设教"的手段之一，但在民间却得到广泛的流传。据宋周密《武林旧事》卷三《都人避暑》

---

① （宋）黎靖德编，王星贤点校：《朱子语类》，中华书局1986年版，第3056—3057页。

② 《钦定四库全书总目》，中华书局1997年整理本，第729页。

③ （宋）李心传撰：《建炎以来朝野杂记》，中华书局2010年版，第81页。

条载：

> 六月六日，显应观崔府君诞辰，自东都时，庙食已盛。是日都人士女，骈集炷香，已而登舟泛湖，为避暑之游。……或好事者，则敞大舫，设薪箪，高枕取凉，栉发快浴，惟取适意，或留宿湖心，竟夕而归。①

又据宋吴自牧《梦粱录》卷四《六月》条载：

> 六月初六日，敕封护国显应兴福普佑真君诞辰，乃磁州崔府君，系东汉人也。朝廷建观，在阁门外，聚景园前，灵芝寺侧，赐观额名曰显应。其人于靖康时，高庙为亲王日，出使到磁州界，神显灵卫驾，因此官建观宇，崇奉香火，以褒其功。此日内廷差天使降香设醮，贵戚士庶，多有献香化纸。是日湖中画舫俱舣堤边，纳凉避暑，恣眠柳影，饱把荷香；散发披襟，浮瓜沉李。或酌酒以狂歌，或围棋而垂钓，游情寓意，不一而足。盖此时烁石流金，无可为玩，姑借此以行乐耳。②

据"此日内廷差天使降香设醮，贵戚士庶，多有献香化纸"可知，这个节日乃由官方发起，而在民间广为流传，可见"崔府君"在南宋政府与民众中的地位非同一般。而"此时烁石流金，无可为玩，姑借此以行乐耳"的记载，则道出了南宋政府不思图强、腐化堕落，临安城内歌舞升平、醉生梦死的情景。可见"'崔府君显圣'、'泥马渡康王'正是南宋统治者'神道设教'的组成部分，其广泛传播，是与宋高宗稳定政权的努力联系在一起的"。③

高宗夺得帝位，本来并非名正言顺，于是他不得不利用各种祥瑞为自己的统治合法性造势；但当他的统治稍微稳固一点之后，面对外部金兵的侵扰、内部各地的起义、兵变以及盗匪猖獗，社会矛盾日益激化，他就必

---

① （宋）周密著，李小龙、赵锐评注：《武林旧事》（插图本），中华书局2007年版，第83—84页。
② （宋）吴自牧：《梦粱录》，《丛书集成初编》，商务印书馆1936年版，第23页。
③ 邓小南：《关于"泥马渡康王"》，《北京大学学报》（哲学社会科学版）1995年第6期。

须考虑如何能够笼络民众，稳固政权。《建炎以来系年要录》卷一一一"绍兴七年六月己酉"条载："上曰：'朕以兵戈未息，不免时取于民，如月桩之类，欲罢未可。一旦得遂休兵，凡取于民者，当悉除之。'"又卷一五六"绍兴十七年春正月己卯"条载：

> ［高宗］手诏曰："朕惟军兴二十余年，黎元骚动，故力图罢兵，以冀休息。今疆场无虞，流徙有归，四境之内，举获安堵，朕心庶几焉。尚虑监司、郡守不能深体朕意，致或刻削苛细，进献羡余，失朕爱民本旨。自今敢有违戾，仰御史台弹劾，监司各许互察部内，犯而失按，必与并坐。布告中外，咸体朕意。"①

在此前提下，高宗对待祥瑞灾异问题时适当考虑民众的感受就可以理解了。徽宗时期，以蔡京为首的佞臣，利用祥瑞之说来讨好皇帝、愚弄百姓，从而导致朝政的腐败、军政的荒废，以及社会风气日趋堕落，最后在金兵的攻击下，最终身首异处、国破家亡，这些曾经的伤痛，又促使高宗采用更为客观的态度来对待祥瑞灾异。但必须明确指出，高宗对待祥瑞灾异的态度与前朝相比仅是局部改变，并没有什么根本不同。因为在高宗看来"祖宗之法"不可变。②《建炎以来系年要录》卷一五二"绍兴十四年八月癸巳"条载：

> 是日，上谕大臣曰："言者多劝朕变法，朕思祖宗旧法已善，岂宜轻改。"秦桧曰："遵先王之法而或过者，未之有也。"上曰："然。"

又同卷"绍兴十四年九月庚戌"条载：

> 上谓大臣曰："祖宗之法，思虑已精审，讲究已详备，不必改作，天下自治。"秦桧曰："天下本无事，宜遵成宪为善。"上曰：

---

① （宋）李心传：《建炎以来系年要录》，中华书局1956年版，第1807、2523页。
② 王夫之在《宋论》卷10《高宗五》中认为："祖宗之家法定，奸邪虽逞，而天子不为之移，则奸邪亦知所禁而弗能播其凶德……宋之所以立国百余年如一日，而滨危不改其恒也。"可见，在王氏看来，宋代的"祖宗之法"亦有其存在的价值。（清）王夫之著，舒士彦点校：《宋论》，中华书局2011年版，第178页。

"小人喜更法，往往谓朝廷无所建明，不知本无事，然法至于弊，乃不得已而更之耳。"①

不仅高宗，孝宗亦因"'入嗣大统'的特殊背景，对于孝道尤为尽心"，所以他"所受'祖宗成宪'的实际影响与羁绊也较他时为甚"。②《建炎以来系年要录》卷二〇〇"绍兴三十二年十月庚午"条载，当孝宗即位之初，君臣之间就针对"祖宗之法"有过详细的探讨："侍读洪遵进读《宝训》……上曰：'祖宗精于治道如此。'遵奏云：'愿陛下以祖宗为法，天下幸甚。'"留正等针对孝宗与洪遵的对话阐释道：

> 自古国家之久长者，未有不由子孙遵守祖宗之训也。夫继体守文之世，前圣之法，见于已为，而验于既往，遵而行之，以克永世。理有灼然不易者，故司马光有言曰："使三代之君，常守禹、汤、文、武之法，虽至今存可也。"寿皇讲论治道，动以祖宗为法，所谓监于先王成宪，其永无愆者哉！③

又《皇宋中兴圣政》卷五四《孝宗皇帝十四》载淳熙二年（1175）闰九月辛未，因淮南转运司申请巡检耿成再任事，孝宗说："祖宗成法，惟监司及沿边郡守方许再任，耿成虽有劳效，已经再任，不欲以小官差遣坏祖宗成法。因论及国家承平二百年，法令明备，讲若画一，倘能守之，自足为治。盖天下本无事，庸人扰之耳。"又淳熙三年（1176）十月己卯，执政龚茂良、李彦颖等由"中宫天资恭俭"进而赞誉孝宗的"齐家之要"，孝宗回答说："家道如此，深以为喜。本朝文物家法远过汉唐，独用兵差为不及。"龚茂良等对曰："国家自艺祖开基，首以文德化天下，列圣相承，深仁厚泽，有以固结天下之心，盖治体似成周，虽似失之弱，然国祚绵远，亦由于此。汉唐之乱，或以母后专制，或以权臣擅命，或以诸侯强大，藩镇跋扈；本朝皆无此等。可以见祖宗家法足以维持万世。"孝宗对臣下的意见表示赞同，且说："大抵治体不可有所偏正，如四时春

---

① （宋）李心传：《建炎以来系年要录》，中华书局 1956 年版，第 2447、2449 页。

② 邓小南：《祖宗之法——北宋前期政治述略》，生活·读书·新知三联书店 2006 年版，第 472 页。

③ （宋）李心传：《建炎以来系年要录》，中华书局 1956 年版，第 3399—3400 页。

生秋杀，乃可以成岁功，若一于肃杀，则物有受其害者；亦犹治天下者，文武并用则为长久之术，不可专于一也。"① 面对内忧外患的局面，孝宗以及朝臣不仅没有改弦更张的意思，还往往祖述家法，因循守旧，不能不让人扼腕叹息。虽然，孝宗被立为太子前亦曾有大志在胸。《建炎以来系年要录》卷一八四"绍兴三十年二月甲子"条载：

> 于是普安郡王自育宫中，至是已三十年，而王天资英明，豁达大度，左右未尝见有喜愠之色。趋朝就列，进止皆有常度。骑乘未尝妄视，平居服御俭约，每以经史自适。尝与府僚曰："声色之事，未尝略以经意；至于珠宝瑰异之物，心所不好，亦未尝蓄之。"骑射翰墨皆绝人。上尝谓近臣曰："卿亦见普安乎？近来骨相一变，非常人比也。"②

孝宗即位之初，亦曾想要立志恢复。张端义《贵耳集》卷上所载孝宗的诗赋云：

> 寿皇未尝忘中兴之图，有《新秋雨霁》诗云："平生雄武心，览镜朱颜在。岂惜尝忧勤，规恢须广大。"曾作《春赋》有曰："予将观登台之熙熙，包八荒之为家。穆然若东风之振槁，洒然若膏雨之萌芽。生生之德，无时不佳，又何羡乎炫目之芳华。"示徐本中，命其校订。曾觌因谮徐云："上《春赋》，本中在外言，曾为润色。"寿皇颇不悦。③

又《桯史》卷二《隆兴按鞠》条载：

> 隆兴初，孝宗锐志复古，戒燕安之鸩，躬御鞍马，以习劳事，仿陶侃运甓之意。时召诸将击鞠殿中，虽风雨亦张油帟，布沙除地。群臣以宗庙之重，不宜乘危，交章进谏，弗听。一日，上亲按鞠，折旋

---

① （宋）佚名：《皇宋中兴圣政》，《丛书集成三编》，台湾新文丰出版公司1997年版，第96册，第94、101页。

② （宋）李心传：《建炎以来系年要录》，中华书局1956年版，第3080页。

③ （宋）张端义撰，梁玉玮点校：《贵耳集》，中州古籍出版社2005年版，第3页。

稍久，马不胜勚，逸入庑间，檐甚低，触于楣。侍陛惊呼失色，亟奔凑，马已驰而过。上手拥楣，垂立，扶而下，神采不动，顾指马所往，使逐之。①

又《鹤林玉露》甲编卷一"铁拄杖"条云：

> 寿皇在宫中，常携一漆拄杖，宦官宫妾莫敢睨视。尝游后苑，偶忘携焉，特命小黄门取之。二人竭力曳以来，盖精铁也。上方有意中原，故阴自习劳苦如此。②

而《朱子语类》卷一二七《本朝一·孝宗朝》记朱熹语曰：

> 孝宗是甚次第英武！刘共甫奏事便殿，尝见一马在殿廷间，不动，疑之。一日问王公明。公明曰："此刻木为之者。上万几之暇，即御之以习据鞍骑射故也。"③

王夫之在《宋论》卷一一《孝宗四》中总结道："宋之决于和，非孝宗之心也。孝宗嗣立以来，宴寝不忘者兴复之举，岂忍以割地终之？"④余英时说："在儒家'孝'的文化笼罩之下"，孝宗"早年必须压住一切内心的冲动，依照父皇的需要来塑造自己，中年以后则不得不抑制'恢复'的冲动，以求毋违太上皇的意志。"⑤此言道出孝宗"恢复"背后的尴尬局面。而下面的材料更将孝宗面临的这种尴尬局面展露无遗。《鹤林玉露》丙编卷四"中兴讲和"条曰：

> 绍兴辛巳（三十一年，1161），金主亮南侵，高宗下诏亲征。……次年壬午内禅，孝宗即位，锐意规恢，起张魏公（浚）督师。南轩（按：指张栻）以内机入奏，引见德寿宫（按：高宗退位

---

① （宋）岳珂撰，吴企明点校：《桯史》，中华书局2010年版，第15—16页。
② （宋）罗大经撰，王瑞来点校：《鹤林玉露》，中华书局2008年版，第16页。
③ （宋）黎靖德编，王星贤点校：《朱子语类》，中华书局1986年版，第3060页。
④ （清）王夫之著，舒士彦点校：《宋论》，中华书局2011年版，第211页。
⑤ 余英时：《朱熹的历史世界》，生活·读书·新知三联书店2004年版，第737页。

后所居）。……上（按：指高宗）曰："只是说与卿父，今日国家须更量度民力国力，早收拾取。闻契丹与金相攻，若契丹事成，他日自可收卞庄子刺虎之功。若金未有乱，且务恤民治军，待时而动可也。"高宗惩于变故，意不欲战，且闻金人议欲尊我为兄，故颇喜之。孝宗幼年，规恢之志甚锐，而卒不得逞者，非特当时谋臣猛将凋丧略尽，财屈兵弱未可展布，亦以德寿圣志主于安静，不思（"思"，诸本作"忍"）违也。[①]

可见，不论是在高宗朝，抑或是在孝宗朝，遵从"祖宗之法"的重要性都要比革新求变的愿望强烈得多。正因为以上众多因素的共同影响，方才造成了高宗以及孝宗对待祥瑞灾异态度的前后不一，自相矛盾。

据笔者在本书第一章第二节第一小节"《路史》的纂修"中的探讨结果可知，今本意义上的《路史》，除《国名纪》外，其创作起止时间可大致定在乾道三年（1167）到淳熙十四年（1187）这21年内；也就是说，罗泌编撰《路史》的主要时间是在孝宗朝，因而他曾受到高宗、孝宗对待祥瑞灾异态度的影响应该是可能的，即《路史》中表现出对待祥瑞灾异的态度也存在矛盾的地方：一面大量引用祥瑞灾异资料作为论据，一面又对祥瑞灾异之说进行批判。关于罗泌这种矛盾态度，在他的《麟难》（《余论》卷五）和《雨粟说》（《发挥》卷二）中得到了充分表现，前者体现出他对祥瑞的看法，后者体现出他对灾异的理解。试先将《麟难》之文摘录如下：

麟果何物邪？孔子曰："麟以为畜，故兽不狁。""刳胎杀夭，则麟不至。"如此而已。

越自西狩笔绝，而世之学士弗复知麟之为物，于是群起而要为之说：曰"瑞兽"也，曰"仁兽"也，曰"土畜"也，或曰"木之精"，（原注：《诗含神雾》）曰"北方元枵之兽"，（原注：《鹖冠子》）曰"西方之毛虫"，（原注：陈钦）曰"中央轩辕大角之信"，（原注：蔡邕）若是其不一也。

底言其状，则曰"麕身牛尾"，曰"狼项马蹄"，曰"黄色圆

---

① （宋）罗大经撰，王瑞来点校：《鹤林玉露》，中华书局2008年版，第301—302页。

蹄",曰"狼额赤目而五蹄"。高丈二尺,身备五色,腹下茹黄,角端带肉,含仁怀义,居不群,行不侣,音中宫羽,步中规矩,不践生虫,不折生莽,不犯陷获,不罹网罟。饮清池而游乐土,牡鸣游圣,牝鸣归和,春鸣扶幼,夏鸣养绥,秋鸣藏嘉,冬鸣思边。食嘉禾,饮玉英,彬彬乎有文藻,申申乎有乐章。《京房》、葛洪、《鹖冠》、《广雅》与孙氏《瑞应之书》,其说固多不离乎此矣。

若语其寿,则或"一千",(原注:《广雅》)或"三千",(原注:《抱朴子》)或云"水土构精",(原注:《公羊传》)或云"阳气所孕",又云"纯阴之精",(原注:《鹖冠子》)云"岁星之散",(原注:《保乾图》)云"机星得则生",(原注:《运斗枢》)何其纷纷邪?按《孝经右契》《春秋感精符》:麒麟一角,明海内之共一也。不刳台剖卵,则在郊矣。

自汉而来,为祥说者,咸谓麟生于火而游于土,王者视明礼修,好生恶杀,动有仪容;贤者在位,不肖者退,则见郊野。《礼斗威仪》云:君垂金而正,政太平则在郊。而《春秋考异邮》以为:王者功平则至。《孝经纬》亦言:德至鸟兽,则凤凰翔,麒麟臻。故刘向谓:帝王之着,莫不先致四灵。是以治平则至,德盛则以为畜。而《三五历纪》遂记:"黄帝之世,以麟为畜。"《尚书中候》亦谓:"黄帝时,常在园囿。"而《传》且记:尧时,每在郊。椒虞世来游于田,遂使庸君想致,学士妄谈。于是指鸟为鸾,证鹖作凤,雏真假伪,漫不可考。

嗟乎!钼商一获而周室衰,孝武一获而汉祚微。章帝何人,而元和二三年间,郡国上麟者五十一。安帝延光,亦且三见。孝献延康之元,一年之中至十见于郡国。石季龙开华林,郡国上送苍麟二八。爰俾张司虞调之以驾芝,盖晋、宋以降,无代无有,而孟蜀之邦,乃至多于犬彘,不知果何物邪?《公羊氏》云:麟,非中国之兽也。而瑞中国,中国有王则至。今并州有野麟,其大如鹿,则又非瑞物矣。予闻唐文皇时,龙支来贡天马,堕地无毛,鳞生于肉,目若黄金,项若鸡延,股里旋毛,光成日月,在处大鲜,云周覆之。予以是真麟也。余子之言,其亦出于想象而不足征者。载质之传。牡麒,牝麟。而《书中候》则云:麒似大麋一角,麟似马而无角,赤目。斯迨得之。《释兽》亦谓:麟如马而一角,不角者麒。此雌、雄之辨也。终军所获，一角五蹄。盖若麇者，果又何物耶？然《诗·义疏》《中兴征祥书》又谓：麇身牛尾，狼头一角，马足而黄。刘向谓：其麇身牛尾，圜头一角，含仁怀义，择土而践。则又缪矣。

嘉祐三年六月①，交趾贡二兽，状如水牛，身被肉甲，鼻端有角，食生刍瓜果，必先以杖击之然后食。时以为麟，田况言："其与书史所载不同，恐为夷人所诈。"而杜植亦奏："其不似麇而有甲，此必非麟。"番商有辨之者，特山犀也。宋太始末，武威进兽：一角、羊头、龙翌、马足。父老亦莫之识。按《尔雅》：麇、麒、麘、兕，皆一角。然不言有鳞甲。惟《广志》言：符枝谓其状如麟，皮有鳞甲。此迫近之，而形乃如牛。遂宣诏答为异兽。斯为［得］体矣。方吕光入姑臧，有麟正见，百兽从之，光遂僭即三河，然则斯麟也，其果祥邪？果不祥邪？

从上引《麟难》之文可知，罗泌认为"四灵"之一的"麟"只是一般的动物而已，后世所谓瑞物的麟多"出于想象而不足征"，并举出宋仁宗嘉祐三年（1058）六月交趾进贡的二兽为例，认为此"二兽"并非"麟"而只是"异兽"的说法"斯为［得］体矣"。这样的观点，与高宗、孝宗所言除年丰人足之外，一切祥瑞皆不可取的说法何其相似。而在《雨粟说》中，罗泌首先以"天人相应"的思想指出："惟天下之变故不胜穷也，天人之相与不胜变也。"进而指出：

在昔史皇作书，固尝雨粟，而伯禹播殖，尝雨稻矣；燕丹留秦，天亦雨粟，而光武之末，还见陈留。梁惠成之八年，雨黍于齐；而梁颢之八年，复雨于薛。元康四祀，玄稷降于郡国；而五代之际，闽天又尝雨豆。迩岁舒城，且雨米矣。独神农、后稷而疑之哉？

也就是说，罗泌认为所谓天雨粟、雨米、雨沙、雨石、雨肉等灾异事件，均可理解，是"皆耳目之所接"，"世之同闻而共见者也"，它是上天降下来警告世人的，因为"风雷之戒常不废，所以为相济也"。并进而指

①　"三年"原误作"二年"，据《续资治通鉴长编》卷187"仁宗嘉祐三年六月丁卯"条改。（宋）李焘：《续资治通鉴长编》，中华书局1992年版，第14册，第4515页。

出佛家所谓"天变不足信，圣人不之言也"的说法，是"昧昧相师，遂使天地变异昭昭之理散；而释之徒得以闯其堂阃，而以其耳目之所无有，阿比地狱无稽之说，创而入之，以殴一世之人于杳杳昏昏之地，而世莫之寤也"。

罗泌对于祥瑞灾异的理解，不仅秉持着自董仲舒以来的"天人相应"的思想，而且也深受南宋高宗、孝宗对待祥瑞灾异的矛盾态度的影响，一方面对于祥瑞思想持相对客观的否定态度；另一方面又对灾异现象的发生持相对肯定的态度，指出祥瑞灾异乃是上天降下来奖励或者警告世人的方式。

总之，谶纬神话作为一种独特的文化形式，在中国古代文化诸形态中占有独特的地位，因为它的出现，不仅是汉代社会文化发展的反映，也是自先秦以来中国文化发展的必然要求。罗泌在编撰《路史》时大量利用谶纬神话资料，其中一个非常重要的原因是，谶纬神话非常集中地体现出帝王世系及其受命的思想，而这个思想与罗泌编撰《路史》的内在动力，即回向"三代""重建一个理想的人间秩序"的思想一致，因为谶纬神话"是中国古代封建社会上层建筑，即传统政治文化形态建设的一个重要阶段。在政治思想史上，它在先秦圣王（内圣外王）思想的基础上，进一步提出了圣王相分，即思想上层建筑与政治上层建筑的政治角色分工问题"。① 而在宋代，由于有理学家的参与，内圣与外王功能的分离显得更为明显，罗泌的《路史》编撰，正是要通过强化上古帝王的神圣性，进而为回向"三代"提供更合理的理由。

---

① 冷德熙：《超越神话：纬书政治神话研究》，东方出版社 1996 年版，"自序"第 5 页。

第六章

《路史》构拟的上古帝王谱系研究

战国时代是战争十分频仍、文化激烈冲撞的时代。此时，由于民族大融合的时代要求，在文化和思想上也要求构建出一个大一统的局面，于是就出现了《帝系》这样的整齐神话人物以及古代民族传说中的祖先神灵而成的古史世系。[①] 罗泌生活的时代，虽然相对于战国而言情况要好得多，但毕竟也是南北对峙、民族矛盾十分尖锐的时代。在这样的背景下，罗泌编撰《路史》，除保存了大量丰富的文献材料外，将古书中大量神话传说式的人物（当然其中有一部分并非此类人物）按类编排，从而构筑起一幅庞大的中国式神谱，不仅体现出他对先秦文献整合的有益尝试，更反映出他渴望国家强盛、民族融合的强烈愿望。客观上说，罗泌在构拟上古帝王谱系时，也存在诸多问题，不仅选材不够严谨，且在利用材料时还存在凭主观臆断随意取舍的毛病；但值得注意的是，罗泌编撰《路史》时并没有将他认为不可取的材料弃之不用，而是将它们分别保留在每一位古史传说人物的下面，客观上起到了保存资料的作用。本章即拟从层累构建的上古帝王谱系、《路史》所构拟上古帝王谱系论析两方面入手，对罗泌构拟上古帝王谱系的背景以及在构拟过程中存在的优势与不足给予较为全面的观照，以期对此问题做一初步探讨。

第一节 层累构建的上古帝王谱系

在古希腊，伴随着祖先崇拜以及史诗传说的影响，当进入历史的初

---

① 详见刘起釪《我国古史传说时期综考》（《古史续辨》，中国社会科学出版社 1997 年版，第 32 页），以及杨宽《战国史·前言》（上海人民出版社 2008 年版，第 4—5 页）中的相关论述。

期，城邦兴起，古希腊的经济和文化开始复苏之际，英雄崇拜已蔚然成风。英雄谱系的构建在当时非常流行，"谱系把古昔的英雄与现实中的每个贵族家族联系起来，同时，也借助这些谱系，把希腊英雄传说的每个部分彼此联结起来，形成一个有机整体。"王以欣强调称："我们必须清醒地意识到，编造谱系的真正目的不是为了延续家族史的记忆，而是另有用途。谱系对家族、城邦乃至希腊民族都有非常实际的功用和重要的意义。贵族为炫耀其门庭和高贵血统，满足虚荣心，巩固其社会地位，会不遗余力地编造谱系，并得到诗人和历史学家们的协助；诗人们会借助谱系建立神话的年代体系，并借助谱系将零散的神话凝聚成一个整体。历史学家也关注谱系，因为谱系可以帮助他们推算传说人物与事件的年代，把朦胧的'英雄时代'与历史时期衔接起来，把神话变成可供考察的'历史'。当然，编造谱系还有更重要的社会功用，即加强部落、城邦乃至全民族的凝聚力，为希腊的族群、方言和政治划分提供依据。"① 可见，古希腊时期构建的英雄谱系，虽然多数并无可靠的历史来源，但却均有其深厚的社会背景和非常实际的社会功用，比如衔接神话时期与历史时期、巩固贵族的社会地位、加强民族凝聚力等。其实，中国历史上构建的"三皇""五帝""三王"的谱系，以及关联在此谱系下数量繁多的远古帝王，同样具有深层的社会背景和非常实际的社会功用。

一　层累构建上古帝王谱系之历史回顾及背景分析

（一）层累构建上古帝王谱系历史之回顾

1922 年，顾颉刚在对《尚书》《诗经》《论语》等儒家经典文献的研究基础上，对中国 2000 年来的古史体系提出怀疑，并且"建立了一个假设：古史是层累地造成的，发生的次序和排列的系统恰是一个反背"。② 指出："周代人心目中最古的人是禹，到孔子时有尧、舜，到战国时有黄帝、神农，到秦有三皇，到汉以后有盘古等。"③ 其实，就"三皇""五帝""三王"的帝王谱系之生成时间和排列顺序而言，顾氏的结论无疑是

---

① 王以欣：《神话与历史》，商务印书馆 2006 年版，第 26、29 页。
② 顾颉刚：《自序》，载顾颉刚等编《古史辨》，海南出版社 2005 年版，第 1 册，第 28—29 页。
③ 顾颉刚：《与钱玄同先生论古史书》，载顾颉刚等编《古史辨》，海南出版社 2005 年版，第 1 册，第 76 页。

正确的。因为就相对及绝对年代均大大早于"三王"的"三皇""五帝",其见诸文献记载的时间要比"三王"晚得多。最早记载"三王"的文献,当属《孟子·告子下》:"五霸者,三王之罪人也。"孟子并没有指出"三王""五霸"为何许人,赵岐注曰:"五霸者,大国秉直道以率诸侯,齐桓、晋文、秦穆、宋襄、楚庄是也。三王,夏禹、商汤、周文王是也。"由后文孟子紧接着所说:"今之诸侯,五霸之罪人也。"① 可知,至少在孟子生活的时代,"三王""五霸"相对而言已经是古帝王了。而"五帝"说的出现则要晚一些,《荀子·大略》中说:"诰誓不及五帝,盟诅不及三王,交质子不及五伯。"② 《战国策·秦策一》也说:"虽古五帝、三王、五伯,明主贤君,常欲坐而致之。"又《齐策一》说:"古之五帝、三王、五伯之伐也,伐不道者。"③ "三皇"说的出现又在"五帝"说出现之后,《吕氏春秋·贵公》说:"天地大矣,生而弗子,成而弗有,万物皆被其泽、得其利而莫知其所由始,此三皇、五帝之德也。"④

不仅"发生的次序"如此,帝王谱系的生成过程亦是如此。我们将其略作梳理如下。⑤

众所周知,在《诗经》《尚书》中被认为是西周部分的文献中,已经出现了夏、商、周三代的始祖神禹、契、后稷,以及三代开国之君启、汤和周文王、武王,还有姜姓族宗神伯夷、苗族宗神蚩尤、楚族宗神重黎等。到春秋战国之际记载神话传说的《天问》中,除将上述古史体系全部记录之外,又多了鲧、康回及商之远祖舜,还出现了尧,以及益、羿、少康、王亥、昏微等古帝(还有古神女娲)。到战国初的《左传》《国语》中,不仅出现了虞、夏、商、周四代的远祖神,且多了舜祖虞幕一代。关于虞幕的问题,顾颉刚曾在《浪口村随笔》卷四《虞幕》条下进行了详细的考察,顾氏指出《帝系》与《五帝本纪》关于有虞世系的记载"文字略有异同外,似无何问题可言","然证之以《左传》与《国

---

① 焦循撰,沈文倬点校:《孟子正义》,中华书局 1987 年版,第 839、840 页。

② (清)王先谦撰,沈啸寰、王星贤点校:《荀子集解》,中华书局 1988 年版,第 519 页。

③ (西汉)刘向集录:《战国策》,上海古籍出版社 1985 年版,第 81、333 页。

④ 许维遹撰,梁运华整理:《吕氏春秋集释》,中华书局 2009 年版,第 25 页。

⑤ 关于此问题,刘起釪《我国古史传说时期综考》文已阐述得非常清晰,笔者下文论述中,据刘先生所说扼要加以梳理,未能一一注出页码,谨致谢意。详见刘起釪《古史续辨》,中国社会科学出版社 1997 年版,第 1—32 页。

语》而不能无疑":

> 《左传》昭八年记晋史赵之言曰:"陈,颛顼之族也。……自幕
> 至于瞽瞍无违命,舜重之以明德。"郑众、杜预作注,并云:"幕,
> 舜之先。"(郑《注》见《史记·陈杞世家集解》)史赵谓颛顼、瞽
> 瞍间有幕之一代,而按以《帝系》,殊未能容。《鲁语》上记展禽之
> 言曰:"幕,能帅颛顼者也,有虞氏报焉。杼,能帅禹者也,夏后氏
> 报焉。上甲微,能帅契者也,商人报焉。高圉、大王,能帅稷者也,
> 周人报焉。"是幕之于虞,犹杼之于夏,微之于商,高圉之于周,虽
> 非始基之君,亦是中兴令主。《郑语》载史伯之言曰:"夫成天地之
> 大功者,其子孙未尝不章,虞、夏、商、周是也。虞幕,能听协风以
> 成物乐生者也。夏禹,能单平水土以品处庶类者也。商契,能和合五
> 教以保于百姓者也。周弃,能播殖百谷蔬以衣食民人者也。其后皆为
> 王公侯伯。"此文所举禹、契、弃为夏、商、周之首一王,似幕亦以为
> 虞之首一王。虽与《鲁语》意义似有不同,而幕在虞代功德之丰隆与
> 其地位之重要则大可见。幕在舜前,一望可知。而贾逵、韦昭作《国
> 语注》,坚守《帝系》之说,于《鲁》、《郑》两语均云:"幕,舜后虞
> 思也。"(贾《注》亦见《史记·陈杞世家集解》)期其不相扞格。虞
> 思,见《左传》哀元年,夏少康时之虞君也。洵如其言,则虞幕子孙
> 章显于世者复为谁乎?"自幕至于瞽瞍"之语又将如何而解之乎?
> 　　且史前记虞系,于《五帝本纪》虽全采《帝系》,而于《陈杞世
> 家》楚灵王灭陈下,亦录《左氏》之文曰:"自幕至于瞽瞍无违命,
> 舜重之以明德。"迁本作史者而非考史者,上古之事纷乱,殊未易折
> 衷至当,故但存同异,不为弥缝,盖其慎也。贾逵、韦昭乃不了此!
> 　　杨君拱辰览此,告予曰:"罗泌《路史》杂糅百家,为通人所
> 讥,第于有虞氏之世系颇有创见。如云:'帝舜……武帝之中独不出
> 于黄帝,自敬康而下其祖也。敬康生于穷蝉,穷蝉出虞幕。'又云:
> '尝见汉刘耽所书《吕梁碑》,序虞舜之世曰:"舜祖幕,幕生穷蝉,
> 穷蝉生敬康……"皆不与《史记》同。是则知《帝系篇》当改作者
> 多矣。'"①

---

① 顾颉刚:《浪口村随笔》,辽宁教育出版社 1998 年版,第 129—131 页。

　　顾氏关于有虞氏世系有《帝系》《五帝本纪》与《左传》《国语》两种不同材料来源的说法非常值得重视，因为它告诉我们帝王谱系的构建并未将所有异说均考虑在内，而这些异说的存在却正好能够为探寻帝王谱系构建前的真实情况提供方便。

　　此外，《左传》《国语》中记载其他宗神古帝也较以前增多。而到战国后期记载大量神话传说资料的《山海经》，同《天问》一样没有高阳、高辛、金天、伯翳等，其他《天问》所载及《国语》《左传》所载诸古帝大抵都有，同时还记载了数不清的其他神名，比如南岳、西王母，以及地位相当烜赫的帝俊，可惜却没有伏羲。

　　在战国时期，诸子百家均喜欢称引古帝，可是，儒、墨两家却没有提出新的古帝名，只就"二帝三王"宣扬自己的政治学说，因而编造出自己的古史说。《管子》书中称引的古帝有 70 余家，其实只增加了一个无怀氏。《庄子·胠箧》列举了容成、大庭、伯皇、中央、栗陆、骊畜、轩辕、赫胥、尊卢、祝融、伏羲、神农十二古帝名。其后，《六韬·大明》列举十五古帝名，多出黎连、混沌、昊英、有巢、朱襄、葛天、阴康七名。而《逸周书·史记解》列举了多达 26 名古帝，且较多为他书未载。其实，除《六韬》提到了有巢外，《韩非子·五蠹》《庄子·盗跖》也提到有巢，还提到了燧人；《荀子·正论》亦言及燧人。而《庄子》的《盗跖》以有巢、知生、神农在黄帝前，《缮性》也都以燧人、伏羲、神农在黄帝前。

　　总之，"古代所传古帝名号是很多的"，但大都仅是"平列地提出，除偶区别时间先后外，并没有区别其高下主次，大家在传说中都是平起平坐一样身份的古帝王"。[①] 然而，到战国末期，出现了一篇《帝系》，"作为当时民族大融合的反映，并体现其客观需要，于是就由儒家出来'整齐故事'，把所有神话人物和古代民族传说中的祖先神灵，加以历史化编排而成一个统一的古史世系"。又出现了一篇《五帝德》，"按《国语·鲁语》中所叙黄帝、颛顼、帝喾、尧、舜顺序，从《帝系》摘出这五帝和禹的资料，加工编列而成，宣扬他们为帝的功绩。"《帝系》的流传情况有二：一是被收入战国末期的《世本》；一是和《五帝德》同时流传到西

汉，被收入《大戴礼记》。而司马迁据以写成《史记》第一篇《五帝本纪》，另一部分内容则被采入《世家》之中。"于是，神话中所反映的夏代以前传说时期各族宗神和各种神话人物及古帝等等，都被作为一个完整系统的信史记载下来。"通过对《帝系》所载古帝王世系的细致梳理，能够发现其最大特点是，"所有各地各族各个时代的主要传说人物，都成了黄帝的子孙，所有各代主要各族宗神和帝王之类都归到帝喾和颛顼两大系统里"。①

进入汉代，在阴阳五行思想的支配下，不仅将神的系统做了新的安排，同时还对古史系统做了新的安排，从而对古史重新进行了编定。其中《淮南子》不仅沿袭了不少先秦神话传说资料，而且深受五行思想影响，如《天文训》《时则训》，就承继了《吕氏春秋·十二纪》和《礼记·月令》中的说法，按照节令把古帝王之名与神名分配给东、南、中、西、北五方，五方帝依次是太皞、炎帝（赤帝）、黄帝、少昊、颛顼，五方帝之佐是句芒、朱明（祝融）、后土、蓐收、玄冥，等等。同时，《淮南子》还比较详尽地记载了伏羲、女娲神话，为伏羲、女娲神话在当时乃至后世造成巨大影响奠定了基础。如在《汉书·古今人表》中，班固就首列伏羲、女娲二人，其后是战国末期《庄子·胠箧》和《六韬·大明》中提到的诸古帝王，然后再接战国前期、春秋乃至西周所传的各个人物，于是"《人表》遂成为古史传说人名的大荟集"。② 而在《汉书·律历志》中载有《世经》，将先秦主要传说人物编排成整齐划一的古史帝王系统：

太昊庖牺氏—共工—炎帝神农氏—黄帝轩辕氏—少昊金天氏—颛顼高阳氏—帝喾高辛氏—帝挚—帝尧陶唐氏—帝舜有虞氏—伯禹夏后氏—商汤—周文王、武王—秦伯—汉高祖皇帝

据顾颉刚《五德终始说下的政治和历史》将其列表如下③：

德运	第一次终始	第二次终始	第三次终始
木	太昊庖牺氏	帝喾高辛氏	周

---

① 刘起釪：《我国古史传说时期综考》，《古史续辨》，中国社会科学出版社1997年版，第32—35页。

② 刘起釪：《我国古史传说时期综考》，《古史续辨》，第40页。

③ 顾颉刚：《五德终始说下的政治和历史》，载顾颉刚等编《古史辨》，海南出版社2005年版，第5册，第327—328页。

续表

德运	第一次终始	第二次终始	第三次终始
闰水	共工	帝挚	秦
火	炎帝神农氏	尧	汉
土	黄帝轩辕氏	舜	
金	少昊金天氏	禹	
水	颛顼高阳氏	汤	

　　这一帝王谱系在西汉末期编定而成，此后从晋代皇甫谧的《帝王世纪》历经各代的史书直至清代吴乘权编辑的《纲鉴易知录》等，无不遵从这种说法。刘起釪指出：

　　　　这一系统除"夏后氏"以下已进入历史时期外，自"伯禹"以上皆属传说时期。其中黄帝又称轩辕，及颛顼与高阳相牵合、帝喾与高辛相牵合，舜与有虞扯上关系，已见于先秦后期文献外，尧与陶唐凑到一起已颇晚（见于《世本》，时间可疑），至于其余各帝凑集成套的五个字的名号，都是西汉末王莽之世的儒生把传说中的各不相干的两人拼合成一人的。……这些根本不是古时自然流传下来的原有传说，而是汉代编造的伪古史，顾颉刚先生的《五德终始说下的政治和历史》对此作了犀利的解剖和揭露，因此我们不能把这些后起的伪古史，列入上古传说时期原有史料中。①

　　刘氏的意见很正确。此后，随着西汉后期大量谶纬文献的面世，又出现了新的古帝王谱系，其中一个就是谶纬文献中关于"三皇"说的不同记载。而《礼稽命征》所载："三皇三正：伏羲建寅，神农建丑，黄帝建子。"② 这一说法被东晋梅赜所上《伪古文尚书·序》接受，梅氏同时根据《世经》中所载古史系统，把最前面的伏羲、神农、黄帝定为"三皇"，把接着的少昊、颛顼、喾、尧、舜定为"五帝"。③ 这就基本奠定了

---

　　① 刘起釪：《我国古史传说时期综考》，《古史续辨》，中国社会科学出版社1997年版，第41页。

　　② （明）孙瑴撰：《古微书》卷18，《丛书集成初编》，商务印书馆1936年版，第341页。

　　③ 《尚书序》："伏牺、神农、黄帝之书，谓之'三坟'，言大道也。少昊、颛顼、高辛、唐、虞之书，谓之'五典'，言常道也。"（汉）孔安国传，（唐）孔颖达疏：《尚书正义》，《十三经注疏》，北京大学出版社1999年标点本，第4页。

"三皇五帝"之说在中国古史谱系中的崇高地位。而谶纬文献中的另一重要古史谱系是《春秋命历序》编造的自"开辟"至春秋"获麟"止的古史分期，此问题下文将重点探讨，此不赘述。

此后，东汉王符著《潜夫论》，模仿《大戴礼记》中的《五帝德》《帝系》分别作《五德志》《志氏姓》，其中《五德志》一篇，秉承《世经》的古史系统而加以重新修订，"把太微五帝感生的系统当作帝王传世的系统"，将"同德的天子算作世代相承的祖孙"①，即伏羲后裔是帝喾和周，神农后裔是尧和汉，少昊后裔是夏，颛顼后裔是商。且认为《世经》中闰水的共工即是颛顼，而挚即是少昊之名。② 顾颉刚认为：

> 最为奇怪的，是他把颛顼与共工并作一人。共工氏在《世经》里本是个"伯而不王"的脚色，而颛顼在《世经》里却是水德的正统，一帝一伯，怎能合并为一人？再看《淮南子·兵略训》云"共工为水害，故颛顼诛之"，可见共工与颛顼两人乃是拼个你死我活的铁对头，为什么到了这里却把仇人当作亲家了？……我以为恐只因照《左传》（昭十七年）上说：伏羲——以龙纪，为龙师而龙名。神农——以火纪，为火师而火名。轩辕——以云纪，为云师而云名。少昊——以鸟纪，为鸟师而鸟名。只有颛顼无所纪。……恰好《左传》中还有"共工氏以水纪，故为水师而水名"一句，他想，共工为水德；颛顼亦为水德，若把他们并作一人，岂不是颛顼的纪官就有了着落了呢？于是他不管《左传》的前后文怎样，便立刻断章取义，直书曰："黑帝颛顼，身号高阳，世号共工，以水纪！"③

可知，汉代人是如何随意拼合古史人物的。这里必须明确的是，《帝系》之后对古史系统进行改造的诸次行动，比如《世经》、谶纬、《潜夫论》等所构建的古史系统，与《帝系》之前构建古史系统的背景及原因

---

① 顾颉刚：《〈潜夫论〉中的五德系统》，载顾颉刚等编《古史辨》，海南出版社2005年版，第7册，第417页。

② （汉）王符著，（清）汪继培笺，彭铎校正：《潜夫论笺校正》，中华书局2010年版，第392、397页。

③ 顾颉刚：《〈潜夫论〉中的五德系统》，载顾颉刚等编《古史辨》，海南出版社2005年版，第7册，第419页。

有根本区别:《帝系》对古史系统的构建是出于民族融合、寻求统一的时代要求,他们所采用的材料多数有确实的史料来源或深远的民族记忆,是在实有材料的基础上进行的整合,并非随意的人为编造;而此后构建的古史系统则更多的是人为的编造,其中多数材料的拼合是没有史料根据的,比如上面所说王符拼合共工与颛顼就是典型的例证。

因此,真正与上古神话传说密切相关的是《帝系》之前古史系统的构建活动,而非《帝系》之后的各种对古史系统的改造活动。所以笔者下文将要对层累构建帝王谱系的背景进行分析,就主要着眼于《帝系》及其之前的各次帝王谱系的构建活动;因为在这一大背景下,上古神话传说人物也由原来的单一不成系统逐渐被拼合进而走向系统,而此系统一旦建构成功,将对此后历代从事上古史、上古神话的研究者产生巨大影响。因为无论他们对此系统本身是崇信还是怀疑,他们都必须首先对此系统有清晰了解,罗泌是崇信此系统的,故他在编撰《路史》时,虽对此系统内的各个神话传说人物的资料进行了大量扩充,但其基本框架无疑并没有跳出此系统,因此在分析《路史》所构拟的上古帝王谱系前,先对此系统的生成过程及背景进行分析,就显得格外必要。

(二) 层累构建上古帝王谱系背景分析

以上对层累构建上古帝王谱系的状况进行了简要回顾,可知到战国末期的《帝系》里,曾经各自独立的"各族宗神和帝王之类都归到帝喾和颛顼两大系统里",为什么会出现这样的情况呢?顾颉刚曾在1933年所作《〈古史辨〉第四册〈顾序〉》中对此有过透辟的分析:

> 我们的古史里藏着许多偶像,而帝系所代表的是种族的偶像。……我们从古书里看,在周代时原是各个民族各有其始祖,而与他族不相统属。如《诗经》中记载商人的祖先是"天命玄鸟"降下来的,周人的祖先是姜嫄"履帝武"而得来的,都以为自己的民族出于上帝。这固然不可信,但当时商、周两族自己不以为同出于一系,则是一个极清楚的事实。《左传》上说……太皞与有济是任、宿诸国的祖先。又说……颛顼是陈国的祖先。至于奉祀的神,各民族亦各有其特殊的。如《左传》上说鲧为夏郊。又如《史记·封禅书》上说秦灵公于吴阳作上畤,祭黄帝;作下畤,祭炎帝。这原是各说各的,不是一条线上的人物。到了战国时,许多小国并吞的结果,成了

几个极大的国；后来秦始皇又成了统一的事业。但各民族间的种族观念是向来极深的，只有黄河下流的民族唤做华夏，其余的都唤做蛮夷。疆域的统一虽可使用武力，而消弭民族间的恶感，使其能安居于一国之中，则武力便无所施其技。于是有几个聪明人起来，把祖先和神灵的"横的系统"改成了"纵的系统"，把甲国的祖算做了乙国的祖的父亲，又把丙国的神算做了甲国的祖的父亲。他们起来喊道，"咱们都是黄帝的子孙，分散得远了，所以情谊疏了，风俗也不同了。如今又合为一国，咱们应当化除畛域的成见！"这是谎话，却很可以匡济时艰，使各民族间发生了同气连枝的信仰。本来楚国人的鴃舌之音，中原人是不屑听的，到这时知道楚国是帝高阳的后人，而帝高阳是黄帝的孙儿了。本来越国人的文身雕题，中原人是不屑看的，到这时知道越国是禹的后人，而禹是黄帝的玄孙了。……最显著的，当时所谓华夏民族是商和周，而周祖后稷是帝喾元妃之子，商祖契是帝喾次妃之子，帝喾则是黄帝的曾孙，可见华夏的商、周和蛮夷的楚、越本属一家。借了这种帝王系统的谎话来收拾人心，号召统一，确是一种极有力的政治作用。但这种说法传到了后世，便成了历史上不易消解的"三皇五帝"的症痕，永远做真史实的障碍。除了种族的混合之外，阴阳五行的信仰也是构成帝系说的一个重大原因。①

顾氏的上述论述，非常明晰地点出中国帝王谱系的建立从"横的系统"变为"纵的系统"，"号召统一"，目的在于为大一统的时代要求服务。裘锡圭在《新出土先秦文献与古史传说》中，首先对顾氏将"大一统帝王世系形成的时间定在秦统一后"提出质疑，认为"失之过晚"；但同时指出："顾氏认为我国古代各族都出自黄帝的大一统帝王世系，是战国以来各族不断融合、各国逐渐趋于统一的大形势的产物。这显然是很有道理的。"并且结合上博简《子羔》篇的内容，对顾氏"关于大一统帝王世系的见解"进行了检验。通过分析，裘氏认为：

> 《子羔》篇不像是子羔跟孔子问答的实录，应该是作者借孔子之口鼓吹尚贤和禅让的一篇作品。它的写作时代当属战国早期或中期。

---

① 顾颉刚等编：《古史辨》，海南出版社 2005 年版，第 4 册，第 3—4 页。

所以至少在战国早期，契和后稷皆为帝喾之子、禹为颛顼之孙鲧之子
的说法尚未兴起。退一步说，即使把《子羔》篇当作子羔跟孔子问
答的实录，也可以得出在春秋晚期这些说法尚未兴起的推论。总之，
这些说法应该是在进入战国时代以后才兴起的。大一统帝王世系的最
后形成当然更晚，大概不会早于战国晚期。从上面的讨论来看，顾颉
刚关于大一统帝王世系的见解，应该是相当接近事实的。①

　　裴氏结合上博简《子羔》篇的论证，强化了顾氏提出的帝王谱系的
构建是在"大一统"思想支配下展开的观点的正确性。其实，这样的观
点，顾颉刚在之前1923年所作的《答刘胡两先生书》② 中及之后1935年
所作的《战国秦汉间人的造伪与辨伪》六《种族融合过程中造成的两个
大偶像》③ 中均有深刻的表述。《五帝德》《世本》诸书的出现，是现实
层面追寻民族大一统在思想领域的客观反映。陈泳超在《尧舜传说研究》
中针对尧舜世系发展问题指出：

　　　　综合此时期的尧舜世系来看，首先，当时人关怀的热点在上古，
　　故只为尧舜的前代下功夫，而尧舜之后，鲜有述及，似不甚关心；其
　　次，此时将尧舜世系皆上归于黄帝，不单尧舜如此，帝颛顼、帝喾亦
　　均黄帝之后，因此，被推为正宗的"五帝"乃一脉相承。非但如此，
　　连夏、商、周三代始祖亦均出此一脉。这样一来，历来盛传的五帝三
　　王，就变成同一血源了。这正是大一统国家建立前后的文人创举，乃
　　此时期整划上古谱系的动机与目的。④

　　正由于这样的事实的存在，因此"古史辨"派曾对尧舜以前的古史
传说进行过系统的考辨，将它们从"一脉相承"的神坛上一一清除出来，
使之回到自己本来的位置上。其考辨所得的"相对的结论"，童书业在
《〈古史辨〉第七册〈自序二〉》中曾总结道：

　　① 裴锡圭：《新出土先秦文献与古史传说》，《中国出土文献十讲》，复旦大学出版社2004
年版，第25—30页。
　　② 顾颉刚等编：《古史辨》，海南出版社2005年版，第1册，第105—106页。
　　③ 顾颉刚等编：《古史辨》，第7册，第10—12页。
　　④ 陈泳超：《尧舜传说研究》，南京师范大学出版社2000年版，第19页。

　　"三皇""五帝"的名称系统和史迹，大部分是后人有意或无意假造或讹传的。"皇""帝"的名称本属于天神，"三""五"的数字乃是一种幼稚的数学的范畴，"三皇""五帝"和古代哲学与神话是有密切的联系的。大约：盘古、天皇、地皇、泰皇（或人皇），决无其人；燧人、有巢、伏羲、神农，也至多是些社会进化的符号。至于黄帝、颛顼、帝喾、尧、舜、鲧、禹等，确实有无其人虽不可知，但他们的身上附有很多的神话，却是事实。把这些神话传说剥去，他们的真相也就所剩无几了。至启以下的夏史，神话传说的成分也是很重，但比较接近于历史了。到商以后，才有真实的历史可考。总而言之，夏以前的古史十分之七八是与神话传说打成一片的，它的可信的成分贫薄到了极点！①

　　童氏所总结的"古史辨"派多年研究所得的相对结论，被刘起釪在《几次组合纷纭错杂的"三皇五帝"》中进行了全面阐释：

　　大抵说来，"三皇说"所涉及的那些人物，在远古传说中原作为神的身份出现，实际就其名字所反映的意义来追寻，可以看作是我们祖先处于史前各个不同文化发展阶段的象征。……"五帝说"所涉及的那些人物，则主要是我们祖先从母系氏族公社的盛期之后，到父系家长制的部落联盟盛期及其解体时，由各族始祖神，到各族的杰出首领，到实行军事民主制时期的各军事首长人物。……由于民族融合为统一的华夏族实现于周代，所以就把姬周族自己的始祖黄帝，作为统一的全华夏族的共同始祖。所以黄帝最初就成了五帝的首一帝，后面各帝都成了他的血亲后裔，反映伟大的华夏族经过融合已形成为亲密无间的浑然一体了。②

　　刘氏同时指出：

　　这样的神话传说，靠历史时期的文献记载，有一些传下来。而且

---

①　顾颉刚等编：《古史辨》，海南出版社 2005 年版，第 7 册，第 17—18 页。
②　刘起釪：《古史续辨》，中国社会科学出版社 1997 年版，第 118—119 页。

神话进入历史时期后，随着时间的推移，还逐步发生演进变化，由较简朴到较复杂，由缺乏系统到逐步有系统，由神话性很浓到逐步净化成人性，由纯神话逐步变成历史故事。从西周到战国时代，就是我国古史神话传说演进变化的时期，汉代则是把它历史化并加以整齐编定的时期，而且像层累积薪似地，又在它的前面加了更邃古的开辟神话故事。①

对这些"层累地造成"的、以神话传说材料为载体的帝王谱系进行的研究，应该采取一种什么样的态度，确乎是关系到研究成败的关键。对此，我们应该回到顾颉刚在 1923 年所作《与钱玄同先生论古史书》中的相关论述上来，在该文中顾氏指出：

> 我们在这上，即不能知道某一件事的真确的状况，但可以知道某一件事在传说中的最早的状况。我们不能知道东周时的东周史，也至少能知道战国时的东周史；我们即不能知道夏、商时的夏、商史，也至少能知道东周时的夏、商史。②

顾氏提出的方案对解决此类问题具有极高的学术价值，因为它让我们深刻地理解到，在对上古神话传说进行研究时，并不仅仅是要去了解关于上古时代的历史——何况其中很多内容并不真正反映上古的思想，更为重要的是要借助这一研究本身，洞察建构这些帝王谱系的社会背景和思想根源。童书业在《〈三皇考〉序》中指出：

> 凡是讲中国上古史的人，差不多没有不开口就谈"三皇五帝"的；但是"三皇五帝"的问题究竟是怎么样，又差不多没有人能回答得清清楚楚。……我们知道要考究一个传说的来源，必须首先问明白这一个传说出来的时代，和那时代的社会背景；然后观察其历史上的根据，和这传说本身演变的经过情形。这样才能把问题澈底解决。

---

① 刘起釪：《我国古史传说时期综考》，《古史续辨》，中国社会科学出版社 1997 年版，第 5 页。

② 顾颉刚等编：《古史辨》，海南出版社 2005 年版，第 1 册，第 76 页。

我们中国上古史上的问题,尽有许多只是中古史上的问题,研究上古传说的人如果只在上古史里打圈子,那里会有解决一切问题的希望。所以我们要明白"五帝"问题,必定要弄清楚战国、秦、汉间的政治背景和那时代的学术思想;我们要明白"三皇"问题,也一样的必定要先弄清楚战国、秦、汉以至历代的政治和宗教上的情形。①

童氏的话,无疑是我们在研究《路史》所构拟的上古帝王谱系时应该时刻铭记的,因为只有时刻牢记在不同的社会背景下,传说本身的演变会有不一样的情形,同时人们在对传说进行整合时也会嵌入不同的思想元素,方能真正把握住罗泌在《路史》中构拟上古帝王谱系时的深层社会背景和思想根源。

二 层累构建的上古帝王谱系举证:刘恕《通鉴外纪》

通过对上古帝王谱系构建的基本情况以及背景因素进行的简要论述可知,上古帝王谱系最终构建成功,并非一朝一夕的功夫,它是随中国古代社会的不断发展,各民族的不断融合,最后在大一统的时代要求下,经过几代甚至几十代人的不懈努力方才得以最终完成。其中,有几次里程碑似的构建活动特别值得关注(比如《山海经》《帝系》中的帝王谱系),从中可以窥见整个帝王谱系构建活动的核心脉络。对这几次构建活动进行的简要回顾,不仅是对这一层累构建的帝王谱系做学术史意义上的巡礼,也是为下文研讨《路史》所构拟的上古帝王谱系提供必要的背景支持。

上古帝王谱系的构建工作,随着战国秦汉时期民族国家的统一而渐趋完备,此后凡提及这一谱系时均秉承之,故在对《路史》所构拟的上古帝王谱系进行论述前,笔者拟对北宋刘恕《通鉴外纪》所承袭的上古帝王谱系以及所体现出的上古史观进行梳理,可知罗泌在构拟上古帝王谱系时,虽多受刘恕影响,但也曾有不同的理解。

(一)刘恕与《通鉴外纪》

刘恕(1032—1078),字道原,筠州(今江西高安)人。恕"少颖悟,书过目即成诵",于书无所不读,"自历数、地里、官职、族姓至前代公府案牍,皆取以审证。求书不远数百里,身就之读且抄,殆忘寝

---

① 顾颉刚等编:《古史辨》,海南出版社 2005 年版,第 7 册,第 260 页。

食"。且尤"笃好史学，自太史公所记，下至周显德末，纪传之外至私记杂说，无所不览，上下数千载间，钜微之事，如指诸掌"，而"于魏、晋以后事，考证差谬，最为精详"。①

刘恕有此精湛的史学才能，故在宋英宗治平三年（1066）诏司马光修《历代君臣事迹》时，光即向英宗力荐刘恕参与其事：

> 英宗雅好稽古，诏光编次《历代君臣事》，仍谓光曰："卿自择馆阁英才共修之。"光对曰："馆阁之士诚多，至于专精史学，臣未得而知，所识者惟和川刘恕一人而已。"上曰："甚善。"即奏召之。共修书凡数年，史事之纷错难治者，则以诿之，光仰成而已。今上（按：指神宗，因此《序》作于元丰元年十月，而"元丰"乃神宗第二个年号）即位，赐名曰《资治通鉴》。道原所编之事，皆在《通鉴》之前，故曰《外纪》焉。②

刘恕编《通鉴外纪》的缘由，他在"序言"中曾有详细交代。刘恕首先分析了当时学者对待史学的态度，指出由于北宋"承平日久，人愈怠惰"，"陋儒"多尚"玄言虚诞"之说，以至出现"史学浸微"的局面：

> 本朝去古益远，书益烦杂，学者牵于属文，专尚西《汉书》，博览者乃及《史记》、东《汉书》；而近代士颇知《唐书》，自三国至隋，下逮五代，懵然莫识。承平日久，人愈怠惰。《庄子》文简而义明，玄言虚诞而似理，功省易习，陋儒莫不尚之，史学浸微矣。

刘恕提出"夫今之所以知古，后之所以知今，因善恶以明褒贬，察政治以见兴衰"，乃是"《春秋》之法也"。也就是说，应该用《春秋》笔法来褒贬善恶。故当司马光在嘉祐中提出："《春秋》之后，迄今千余年，《史记》至《五代史》一千五百卷，诸生历年莫能竟其篇，第毕世不

---

① 《宋史》卷444，中华书局1977年标点本，第13118—13119页。

② （宋）司马光：《〈资治通鉴外纪〉序》，载（宋）刘恕《资治通鉴外纪》，《四部丛刊初编》，商务印书馆1919年版。

暇举其大略，厌烦趋易，行将泯绝。"而自己将"欲托始于周威烈王命韩、魏、赵为诸侯，下迄五代，因丘明编年之体，仿荀悦简要之文，网罗众说，成一家书"。刘恕极力赞同，认为"公欲以文章论议成历世大典，高勋美德，褒赞流于万世；元凶宿奸，贬绌甚于诛殛。上可继仲尼之经，丘明之传"。不仅如此，刘恕还认为论史不应停留于周威烈王之时，还应往前追述。关于此想法，他还曾特意同司马光探讨过：

> 治平三年（1066），公以学士为英宗皇帝侍讲，受诏修《历代君臣事迹》。恕蒙辟置史局，曾请于公曰："公之书不始于上古或尧、舜，何也？"公曰："周平王以来，事包《春秋》，孔子之经，不可损益。"曰："曷不始于获麟之岁？"曰："经不可续也。"恕乃知贤人著书尊避圣人也。

探讨的结果使他明白，"贤人著书"乃要"尊避圣人"。但刘恕并不受此限制，他仍然坚持自己观点，他说：

> 尝思司马迁《史记》始于黄帝，而包牺、神农阙漏不录。公为历代书，而不及周威烈王之前。学者考古，当阅小说，取舍乖异，莫知适从。若鲁隐之后，止据《左氏》、《国语》、《史记》、诸子，而增损不及《春秋》，则无与于圣人之经。包牺至未命三晋为诸侯，比于后事，百无一二，可为《前纪》。

刘恕认为除《前纪》外，还应该"采宋一祖四宗实录、国史为《后纪》"[1]，等到《资治通鉴》编纂完成后，请司马光为之。然而熙宁九年（1076）发生的家祸，使他再也没有机会亲自动手来完成他的这一宏大愿望：

> 熙宁九年，恕罹家祸，悲哀愤郁，遂中瘫痹，右肢既废，凡欲执笔，口授稚子羲仲书之。常自念平生事业无一成就，史局十年，俯仰窃禄，因取诸书，以《国语》为本，编《通鉴前纪》。……远方不可

---

[1]　《钦定四库全书总目》，中华书局1997年整理本，第653页。

得国书，绝意于《后纪》，乃更《前纪》曰《外纪》，如《国语》称
《春秋外传》之义也。自周共和元年庚申至威烈王二十二年丁丑，四
百三十八年，见于《外纪》。自威烈王二十三年戊寅至周显德六年己
未，一千三百六十二年，载于《通鉴》。然后一千八百年之兴废大
事，坦然可明。……陶潜豫为《祭文》，杜牧自撰《墓志铭》，夜台
甫迩，归心若飞。聊叙不能作前、后《纪》而为《外纪》焉。它日
书成，公为前、后《纪》，则可删削《外纪》之烦冗而为《前纪》，
以备古今一家之言。恕虽不及见，亦平生之志也。①

可见，司马光称其"好著书，志欲笼络宇宙而无所遗"，"病亟，犹
汲汲借人书以参校己之书，是正其失"。② 可谓知人之论。

因《通鉴外纪》最终的目的乃是续补《资治通鉴》而作，故其体例
亦为编年体史书。全书共计 10 卷，记述了上起包牺下至周威烈王二十二
年（前 404）的历史，包括《包牺以来纪》一卷，《夏商纪》一卷，《周
纪》八卷。具体而言，卷一《包牺以来纪》，记述了包牺氏、神农氏、黄
帝、帝尧、帝舜等上古传说时期的历史。卷二《夏商纪》，其中《夏纪》
记叙了从禹、启、太康、仲康以来十七君、共十四世，至桀亡 342 年的历
史。《商纪》包括自成汤灭桀亡夏以来三十君、共十七世，至商纣王 692
年的历史。卷三至卷一〇为《周纪》，记载了武王伐纣以至东周、战国前
期的历史。"西周共和以前，载其世次，自共和元年至周威烈王二十二年
则编年纪事，凡四百三十八年。"同时还著有《通鉴外纪目录》五卷，
"年经事纬，简要地标出历史事件，上列朔闰天象，下列《外纪》的卷
数，与《通鉴目录》体例相同。……两者相辅相成，构成了一有机的整
体"。③ 刘恕在《〈资治通鉴外纪目录〉序》中指出他作《通鉴外纪目录》
的用意：

夫计亿兆者始于一，总众异者归于同，古今兼载则竹帛不能纪，

---

① （宋）刘恕：《〈资治通鉴外纪〉序》，《资治通鉴外纪》，《四部丛刊初编》，商务印书馆
1919 年版。

② （宋）司马光：《〈资治通鉴外纪〉序》，《资治通鉴外纪》，《四部丛刊初编》，商务印书
馆 1919 年版。

③ 邹国义：《刘恕与古史研究》，《社会科学》2005 年第 7 期。

撮其机会则事尽于终卷。六经具而诸子兴，文籍烦而谱牒作。太史公
云：黄帝以来皆有年数，咸不同乖异。历汉魏晋，去古益远，众言不
本于经，夸者务为诡诞。包牺前后逮周厉王，竞列年祀，要相违背，
辽邈无据，安能考质？存其一说，备列于下。与删弃不取者，莫知孰
得孰失焉。疑年茫昧，借日名甲子以纪之；共和以后，则用岁阳岁名
而著于上，示相别也。①

　　因《通鉴外纪》是编年体史书，所以在编撰方法上也是采用的长编
的编撰方法，即将散见于各类经传、史书以及诸子中的史料搜讨出来，通
过排比，以人为纲，构成一个自足的记述体系。正如清代学者胡克家在
《资治通鉴外纪注补序》中所说，其书"所采自经说、史传、诸子百家而
外，旁及谱牒、谶纬、卜筮占验之书不下二百余种，实足以囊括古今之事
变，推明众史之同异。其叙春秋二百四十二年之事，亦能赅而不缛，要而
不繁，自可与经传并行不悖。……其每载一事，或诸书类同而其言小异
者，则必左右采获，包罗各家，错综条贯，以矜赅博，连缀比附，以成
文章"。②

　　同时，在记述过程中，为区别可信与不可信的材料，他将自己认为基
本可信的材料，用大字书写，作为正文；而对那些认为不甚可靠的资料，
则用小字书写，作为注文，以备参考。如在卷一《包牺氏》"风姓生于成
纪"下注曰："上古至周厉王无年可纪，而皇甫谧诸儒所纪皆有年，众说
差玄不同及疑事异端，备列于注，以示传闻异辞。"而在卷一《包牺氏》
中，除了"包牺氏"作正文外，其他诸如"九头纪""五龙纪""摄提
纪""连通纪"……"天皇氏""地皇氏""人皇氏""有巢氏""燧人
氏"等远古帝王均用小字附注于正文之后，"以示传闻异辞"。因此，《四
库总目提要》卷四七《通鉴外纪》提要即称其"于上古之事，可信者大
书。其异同舛互以及荒远茫昧者，或分注，或细书，未尝不具有别裁"，
又称这样的做法"特为审慎"。③

────────────

　　① （宋）刘恕：《〈资治通鉴外纪目录〉序》，《资治通鉴外纪目录》，《四部丛刊初编》，商
务印书馆1919年版。
　　② （宋）刘恕：《资治通鉴外纪》，上海古籍出版社1987年影印本，第2—3页。
　　③ 《钦定四库全书总目》，中华书局1997年整理本，第653页。

（二）刘恕《通鉴外纪》体现出的疑古精神

刘恕因对司马迁《史记》始于黄帝而不录包牺、神农以及司马光《资治通鉴》不及周威烈王之前历史的创作方式有不同意见，故有进行上古史创作的愿望。因此，在他参与《资治通鉴》编修的过程中，就多方收集材料，为创作做准备。但是由于刘恕"罹家祸，悲哀愤郁"，致使"右肢既废"，所以并不能自己亲自动手，只能采取口述方式，然后由其子羲仲笔录而成。虽然《通鉴外纪》并非刘恕亲自编撰成书，但其中体现出的上古史观却无疑是刘恕的。

在《通鉴外纪》中，刘恕虽然秉承儒家正统的上古史观，但却又并未被束缚住，他不仅对西汉末期逐渐兴起的谶纬文献提出质疑，甚至对儒家传统的上古谱系也表现出了极大的怀疑精神，这从他断然否认儒家上古谱系中"三皇""五帝"的真实存在就可以得到明确体现。正如童书业在《三皇考·序》中所说：

> 刘恕是崔述前的一个谨严的史学家，他折衷于所谓"仲尼之言"，悍然断三皇、五帝为古无其人。他把古书清理了一下，悍然断凡称"三皇五帝"的都是晚出之书，诞妄之言。他连《周礼》都割弃了，不能不说他有相当的勇气。他把三皇的时代移到战国以后，太古的偶像已被他根本推翻了。在刘恕以前，固然已有怀疑三皇的人，但总没有像他这样澈底的。[1]

刘起釪也称赞其怀疑"三皇""五帝"的存在是"何等精确"！[2] 总之，刘恕对待上古史料的态度，具有极大的怀疑精神，这不仅是他之前的人少有的，也是他之后的人应该努力继承的。刘恕具有他同时代人少有的怀疑精神，故也招致了批判，如胡宏在《皇帝王霸》中就说：

> 刘道原博极群书，以为古无三皇、五帝、三王、五霸之数，其辞甚悉。愚以为如是称而逆理害义，虽人谓之圣贤之经，犹当改也；苟

---

① 顾颉刚等编：《古史辨》，海南出版社 2005 年版，第 7 册，第 267 页。
② 刘起釪：《几次组合纷纭错杂的"三皇五帝"》，《古史续辨》，中国社会科学出版社 1997年版，第 117 页。

于理义无伤害，虽庸愚之说，犹可从也。皇帝王霸，虽经不称其数而杂见于前修之文，非有逆理害义之事也，奈何必欲去之乎？皇者，初冒天下者也；帝者，主宰天下者也；王者，天下归往者也。自燧人氏而上，则三皇之世也。包羲、神农、黄帝、尧、舜，是五君者，有先天地开辟之仁，后天地制作之义，人至于今受其赐。故孔子曰："包羲氏没，神农氏作；神农氏没，黄帝、尧、舜氏作。"

　　按，黄帝之后，少昊、颛顼、高辛皆尝帝天下矣。孔子所以越而遗之，必称尧、舜者，以三君居位，仅可持其世而已，未尝有制作贻万世故也。则五帝之名以定矣。夏禹、商汤、周文之为三王，齐桓、晋文、秦穆、宋襄、楚庄之为五霸，其迹详甚，焉可诬也？①

据实而言，胡宏"逆理害义"的责难，并无损于刘恕怀疑精神的可贵。故有学者指出，刘恕考辨古史系统，虽"并未脱出'考信于六艺'的判断标准，但他辨疑'三皇五帝'的古史系统，这种勇于怀疑的精神，不轻信、不自从，且揭示诸种矛盾的认识，对于此后的疑古思想乃至近代的疑古思潮都有一定的影响"。② 此评价十分恰当。下文，笔者就结合《通鉴外纪》的相关内容，对刘恕对待谶纬文献与"三皇五帝"古史系统的态度进行简要梳理，进而揭示他那难能可贵的怀疑精神，以及因此体现出的上古史观。

　1. 对谶纬文献的评判

　　西汉末逐渐兴起的谶纬文献，其中出现了新的古帝王谱系，这些谱系的形成多数是谶纬作者有意编造，并没有事实作为根据。对于这些材料如何去取，不同的人采取了不同的态度，而刘恕采取了较为严正的态度。他认为，"谶纬起于哀平间"，是"假托鬼神"而"妄称祥瑞"，并且指出谶纬文献中很多内容相互矛盾、不足信。如在《通鉴外纪》卷一按语中，曾对谶纬之说的兴起进行了简要回顾，并且对谶纬文献本身记载的自相矛盾处给予尖锐的批评：

　　　汉夏侯胜、眭孟之徒，以道术立名，其所述著，无谶一言。刘向

---

①　（宋）胡宏著，吴仁华点校：《胡宏集》，中华书局1987年版，第221—222页。
②　邬国义：《刘恕与古史研究》，《社会科学》2005年第7期。

父子校定九流，亦无谶录，故知谶纬起于哀平间，假托鬼神，妄称祥瑞。王莽好符命，光武以图谶兴，俗儒趋时，其学遂盛。乃云："孔子既叙六经，恐后世不能稽同其意，别立纬谶。"而《春秋元命包》称公输班、墨翟，又言益州。案班、翟在仲尼之后，汉武帝始置益州。《春秋谶》云："尧使共工理水。"《诗谶》云："蚩尤败，然后尧受命。"前后颠倒，咸与经传不合，故名儒以为祅妄，乱中庸之典。

又在《通鉴外纪》卷二按语中，指出谶纬文献中关于黄龙、玄龟、白鱼等的记载均不足取。如论述周文王时称：

> 《五经纬候》言受命者，谓有黄龙、玄龟、白鱼、赤雀负图衔书，以命人主。《易纬》称文王受命，改正朔，布王号于天下。其书皆出西汉之末，瑰诡谲怪，不本经典，故学者惑焉。

刘恕这种态度的形成，与他曾参与《资治通鉴》的编纂工作密切相关，因为据称"《通鉴》不书符瑞"①；因此《通鉴外纪》对上古史采取的态度得到了研究者的普遍赞誉，而他那种超越时代的怀疑精神，更得到了 20 世纪初兴起并在今天仍具有重大影响的以顾颉刚为首的疑古学派的全面继承和发扬。

2. 对"三皇五帝"说的批评

关于"三皇五帝"之说，有诸多不同的说法，先简要地加以梳理。

（1）关于"三皇"，大致有六种不同的说法。

第一种三皇说是燧人、伏羲、神农。如《风俗通义·三皇》引《尚书大传》载："遂人为遂皇，伏羲为戏皇，神农为农皇也。遂人以火纪……故托遂皇于天；伏羲以人事纪，故托戏皇于人……神农以地纪……故托农皇于地：天地人之道备，而三五之运兴矣。"② 又如《礼记·曲礼上》"太上贵德"下唐孔颖达疏曰："宋均注《援神契》引《甄耀度》，

---

① （宋）王应麟著，（清）翁元圻等注，栾保群、田松青、吕宗力校点：《困学纪闻》卷 12 《考史》，上海古籍出版社 2008 年版，第 1412 页。

② （汉）应劭撰，王利器校注：《风俗通义校注》，中华书局 1981 年版，第 3 页。

数燧人、伏牺、神农为三皇。"①

第二种三皇说是伏羲、女娲、神农。如《风俗通义·三皇》引《春秋运斗枢》说:"伏羲、女娲、神农,是三皇也。"② 又如《文选》卷一班固《东都赋》"勋兼乎在昔,事勤乎三五"李善注引《春秋元命苞》:"伏羲、女娲、神农为三皇。"③

第三种三皇说是伏羲、祝融、神农。如《风俗通义·三皇》引《礼号谥记》说:"伏羲、祝融、神农。"④

第四种三皇说是伏羲、神农、共工。如《通鉴外纪》卷一末刘恕按语曰:"《白虎通》以祝融,或以共工,同牺、农为三皇。"⑤

第五种三皇说是伏羲、神农、黄帝。如伪《古文尚书·序》称:"伏牺、神农、黄帝之书,谓之'三坟',言大道也。"⑥ 又如《古微书》卷一八载《礼稽命征》曰:"三皇三正:伏羲建寅,神农建丑,黄帝建子。"⑦

第六种三皇说是黄帝、少昊、颛顼。关于此说,顾颉刚在《三皇考》中指出:

> 王莽时的三皇、五帝还是保存董仲舒的学说的意义,看皇、帝、王诸名是顺着时代变迁的。……王莽的封国制度用三统说是很明白的。董仲舒把新王及上二代之王算作"三王",并云"下存二王之后以大国,使称客而朝",故把封汉后刘婴及周后姬党皆为"公",位为"宾"。……自殷后推上去,至帝喾后,凡五代,都应为侯;惟帝喾为王莽自承的太祖,故奉祀他的王千特封为公(也许因他是皇孙)。再上去,照董说是只有一个"九皇"了;但他有颛顼、少昊、黄帝三人。少昊与颛顼后俱封伯,这是为了世代愈远,国应当愈小的

① (汉)郑玄注,(唐)孔颖达疏:《礼记正义》,《十三经注疏》,北京大学出版社 1999 年标点本,第 18 页。

② (汉)应劭撰,王利器校注:《风俗通义校注》,中华书局 1981 年版,第 2 页。

③ (南朝梁)萧统编,(唐)李善注:《文选》,中华书局 1977 年影印本,第 31 页。

④ (汉)应劭撰,王利器校注:《风俗通义校注》,中华书局 1981 年版,第 3 页。

⑤ (宋)刘恕:《资治通鉴外纪》,《四部丛刊初编》,商务印书馆 1919 年版。

⑥ (汉)孔安国传,(唐)孔颖达疏:《尚书正义》,《十三经注疏》,北京大学出版社 1999 年标点本,第 4 页。

⑦ (明)孙瑴撰:《古微书》卷 18,《丛书集成初编》,商务印书馆 1936 年版,第 341 页。

缘故。至于黄帝之后不封伯而封侯者，因为黄帝是王莽的"太初祖"，所以把奉祀他的人进了一级。……如果王千、姚恂不因所奉祀的是王莽的祖先而进级，则同时应封伯者三，封侯者五，封公者二，恰合三皇、五帝、三王的次序。……从此可知王莽的"三皇"是黄帝、少昊、颛顼，他的"五帝"是帝喾、尧、舜、夏、殷，他的"三王"是周、汉、新。①

可见，此"三皇""五帝"说，是王莽将自己的新朝套在古史系统的"三皇、五帝、三王"模式里，将新朝列为"三王"中最后一王，然后依次按历史朝代向上追溯而定。

（2）关于"五帝"，亦可大致归结为六种不同的说法。

第一种五帝说是黄帝、颛顼、帝喾、尧、舜。如《大戴礼记·五帝德》中宰我问孔子的就是此五帝。又如《国语·鲁语上》载有许多古帝王，其中赞扬此五人的话曰："黄帝能成命百物，以明民共财，颛顼能修之。帝喾能序三辰以固民，尧能单均刑法以仪民，舜勤民事而野死。"②而《史记·五帝本纪》所载五帝正为此五人。

第二种五帝说是庖牺、神农、黄帝、尧、舜。如《战国策·赵策二》："帝王不相袭，何礼之循？宓戏、神农教而不诛，黄帝、尧、舜诛而不怒。及至三王，观时而制法，因事而制礼。"③又如《资治通鉴外纪》卷一所列古帝王即为此五帝。

顾颉刚在《五德终始说下的政治和历史》八《〈世经〉以前的古史系统》中对此上两种五帝说的形成原因进行了详尽的剖析：

在许多古史系统中，只有黄帝、尧、舜是不缺席的。再有二人，就很难定。一派说这二人是颛顼、帝喾；别一派则说是伏羲、神农。说颛顼、帝喾的，以黄帝为五帝的首一席，与邹衍时的史说合，可以称为"前期五帝说"。说伏羲、神农的，以伏羲为首一席，可以称为"后期五帝说"。这两种学说各有其畛域，不容相混。（《国语》、《五

---

① 顾颉刚等编：《古史辨》，海南出版社2005年版，第7册，第303—304页。
② 徐元诰撰，王树民、沈长云点校：《国语集解》，中华书局2002年版，第156页。
③ （汉）刘向集录：《战国策》，上海古籍出版社1985年版，第663页。

帝德》、《帝系》、《吕氏春秋》、《史记》为前期说；《淮南子》、《庄子》、《易传》、《战国策》为后期说，当司马迁作《史记》时，已当承受后期说了，只为他读书多，所以违俗而从了前期说。）……黄帝是最早的帝王，兼为颛顼和帝喾的祖父，又为"百家言"的中心人物，其势力之大自不消说。尧、舜靠了"天下之显学"儒、墨二家的鼓吹……舜又是田齐的祖先，齐人是最夸诞的，他们的势力也正不可一世。在这种环境之下，五帝的座位哪能不请黄帝、颛顼、帝喾、尧、舜去坐，哪里再有空位给与炎帝。所以炎帝虽和黄帝同时出生（《国语·晋语》云："昔少典娶于有蟜氏，生黄帝、炎帝"），而竟致落伍了。到了秦、汉，许多小民族已团结为一大民族，颛顼、帝喾也失了人们的需要。那时道家极盛，他们笃信"世代愈古则人民愈康乐"的历史律，要找黄帝以上的帝王来压倒黄帝以下的帝王……而伏羲、神农在黄帝前的系统遂得确立。又因为有了他们的鼓吹，而儒家也把这两位古帝请进了《易》的范围。可是"五帝"是只许容纳五个人的，挤进了伏羲、神农，只得挤出了颛顼、帝喾，因为他们的地位已经不重要了，有类于战国以后的炎帝了。[①]

从顾氏的分析中可知，五帝系统的不同是因时代的需要而随之变化的。

第三种五帝说是太昊、炎帝、黄帝、少昊、颛顼。如《吕氏春秋·十二纪》所载：

孟春之月……其帝太皞，其神句芒。

孟夏之月……其帝炎帝，其神祝融。

季夏之月……其帝黄帝，其神后土。

孟秋之月……其帝少皞，其神蓐收。

孟冬之月……其帝颛顼，其神玄冥。[②]

---

① 顾颉刚：《五德终始说下的政治和历史》，载顾颉刚等编《古史辨》，海南出版社2005年版，第5册，第271—272页。

② 许维遹撰，梁运华整理：《吕氏春秋集释》，中华书局2009年版，第5、83、133、154、215页。

　　此说后被《礼记·月令》全文转录，《淮南子·时则训》亦承此说，以为此五帝分司五方。《天文训》则又以为是五星之帝，太皞、炎帝、黄帝、少昊、颛顼分别配木、火、土、金、水五星。

　　第四种五帝说是少昊、颛顼、喾、尧、舜。刘起釪认为此说"是根据西汉末出现的《世经》按五德终始说依五行相生次序所排定的一个古帝王系统表来的，由伪《古文尚书·序》确定此五人为五帝"。① 伪《古文尚书·序》称："少昊、颛顼、高辛、唐、虞之书，谓之'五典'，言常道也。"②

　　第五种五帝说是喾、尧、舜、禹、汤。此乃王莽所定义的五帝说，见上"第六种三皇说"。

　　第六种五帝说是黄帝、少昊、颛顼、喾、尧。如《尚书序》孔颖达疏引梁武帝说："梁主云：'《书》起轩辕，同以燧人为皇，其五帝自黄帝至尧而止。知帝不可以过五，故曰舜非三皇，亦非五帝，与三王为四代而已。'其言与诗之为体，不雅则风，除皇已下不王则帝，何有非王非帝，以为何人乎？典、谟皆云'帝曰'，非帝如何！"③ 刘恕《通鉴外纪》卷一按语亦引梁武帝说，其言曰："梁武帝以伏牺、神农、燧人为三皇，黄帝、少皞、颛顼、帝喾、帝尧为五帝，而曰'舜非三王，亦非五帝，与三王为四代而已'。"④

　　此上对"三皇""五帝"的基本情况进行了简略梳理，可知，"三皇""五帝"说是何等的错综复杂，即便是后来由《尚书序》所定下，被奉为经典的"三皇五帝"，也只不过是众多"三皇五帝"说中的一种而已。因此"三皇五帝"说遭到刘恕的否定本不足为奇，之所以说刘恕的否定具有重要的价值，在于在那样的时代，所有人都对经书尊崇有加时，他能够提出这样的疑问，足见其思想之超前。关于三皇五帝，刘恕在《通鉴外纪》卷一末按语中有一总体看法：

　　　　六经惟《春秋》，及《易·象》《象》《系辞》《文言》《说卦》

① 刘起釪：《几次组合纷纭错杂的"三皇五帝"》，《古史续辨》，中国社会科学出版社1997年版，第101页。

② （汉）孔安国传，（唐）孔颖达疏：《尚书正义》，《十三经注疏》，北京大学出版社1999年标点本，第4页。

③ （汉）孔安国传，（唐）孔颖达疏：《尚书正义》，《十三经注疏》，第6页。

④ （宋）刘恕：《资治通鉴外纪》，《四部丛刊初编》，商务印书馆1919年版。

《序卦》《杂卦》，仲尼所作，《诗》《书》，仲尼刊定，皆不称"三皇""五帝""三王"。《易·下系》曰："古者包牺氏之王天下也"，"包牺氏没，神农氏作"，"神农氏没，黄帝、尧、舜氏作"。载继世更王，而无三五之数；或以包牺至舜，是为五帝。然孔子未尝道，学者不可附会臆说也。

刘恕认为所谓"三皇""五帝"之说，是孔子所未道，故不能附会为说。在这个总体思路的指引下，刘恕通过分析记载有"三皇""五帝"的先秦古籍，指出凡是载有"三皇""五帝"者均为后起之书，于是断定"三皇""五帝"不可信：

　　《六韬》称"三皇"，《周礼》称"三皇五帝"，及管氏书皆杂孔子后人之语，校其岁月，非本书也。先秦之书存于今者：《周书》《老子》《曾子》《董子》《慎子》《邓析子》《尹文子》《孙子》《吴子》《尉缭子》皆不言"三皇""五帝""三王"。《论语》《墨子》称"三代"。《左氏传》《国语》《商子》《孟子》《司马法》《韩非子》《燕丹子》称"三王"。《穀梁传》《荀卿子》《鬼谷子》《亢仓子》称"五帝"。《亢仓子》又称"明皇圣帝"。……惟《文子》《列子》《庄子》《吕氏春秋》《五经纬》始称"三皇"。《鹖冠子》称"九皇"。案《文子》称墨子，而《列子》称魏文侯，《墨子》称吴起，皆周安王时人，去孔子没百年矣。《艺文志》《鹖冠子》一篇，楚人居深山，以鹖为冠，唐世尝辨此书后出，非古《鹖冠子》；今书三卷十五篇，称剧辛，似与吕不韦皆秦始皇时人，其文浅意陋，非七国时书。《艺文志》云，文子，老子弟子，孔子并时，非也！《庄子》又在《列子》后，与《文》《列》皆寓言，诞妄不可为据。秦、汉学者宗其文词富美，论议辩博，故竟称"三皇五帝"，而不究古无其人，仲尼未尝道也。

刘恕在对记载有"三皇""五帝"的先秦古籍进行一一辨析之后，进一步对汉代之后记载"三皇""五帝"的古籍进行辨析，更进一步论证其"三皇""五帝"不足信的观点：

　　司马迁、孔安国皆仕汉武帝，迁据《谷梁传》《荀卿子》等称"五帝"，不敢信《文》《列》《庄子》《吕氏春秋》称"三皇"。见百家言黄帝，《左氏传》言高阳、高辛氏，《书》始尧、舜，而当时大儒董仲舒亦云："推神农为九皇，改号轩辕，谓之黄帝，因存帝颛顼、帝喾、帝尧、帝舜为五帝。"迁故作《五帝本纪》。孔安国为博士，考正古文，独见《周礼》，据"外史掌三皇五帝之书"，《左传》云左史倚相"能读《三坟》《五典》《八索》《九丘》"，史克曰："少皞氏有不才子"，郯子曰："我高祖少皞挚之立也"，安国以《周礼》为古文，而不知《周礼》经周末秦、汉增损，伪妄尤多；故《尚书序》云："伏牺、神农、黄帝之书谓之《三坟》，少昊、颛顼、高辛、唐、虞之书谓之《五典》。"孔颖达云："《三坟》之书在五典之上，数与三皇相当，坟又大名，与皇义相类，故云三皇之书。尧、舜《典》是二帝之典，推此而上，则五帝当五典。《三坟》《五典》已经芟夷，存者二典而已。"《书纬》云：帝喾以上，朴略难传；唐虞以来，焕炳可法。禅让之首，至周五代。此皆无所稽据，穿凿妄说耳。……秦初并六国，丞相等议帝号，曰："古有天皇，有地皇，有泰皇，泰皇最贵，臣等上尊号，王为'泰皇'。"王曰："去'泰'著'皇'，采上古'帝'位号，号曰'皇帝'。"乃知泰以前诸儒或言"五帝"，犹不及"三皇"；后代不考《始皇本纪》，乃曰兼"三皇五帝"号曰皇帝，误也。

　　与此同时，刘恕还从诸儒对"三皇""五帝"记述并不统一这一点入手，指出"三皇""五帝"并不足信：

　　史克又云"缙云氏"，郯子又云"共工氏"，岂皆帝乎？论者以《世本》《帝系》《大戴礼·五帝德》《家语·宰我问》与《史记·本纪》同以黄帝为五帝，则三皇乃少一人；故《甄耀度》以燧人，《白虎通》以祝融，或以共工，同牺、农为三皇。郑玄注《中侯敕省图》引《运斗枢》以伏牺、女娲、神农为三皇，轩辕、少昊、高阳、高辛、陶唐、有虞六代为五帝。德合北辰，得天皇之气者，皆称皇；协五帝座星者，皆称帝。故三皇三，而五帝六也。梁武帝以伏牺、神农、燧人为三皇，黄帝、少皞、颛顼、帝喾、帝尧为五帝，而曰

"舜非三王，亦非五帝，与三王为四代而已"。郑及诸儒自相讥病，其指不通。《世本》经秦历汉，儒者改易。《大戴礼》出于《世本》。《家语》，王肃私定以难郑玄，故有"冉有问孔子：三皇五帝不用五刑"。案孔子时，未有语三皇五帝，言者皆周末秦已后伪书耳。

在对"三皇""五帝"说进行全面深刻的否定之后，刘恕还指出，在研究上古传说时，取材要格外审慎，应该"本于经"：

> 或曰："《左氏传》《礼记·祭法》有少昊、颛顼、帝喾名号，岂可据《系辞》皆去之？以尧、舜次黄帝，无乃太略乎？"答曰："儒学论议，当本于经。顾彪谓：'（正）［止］可依经诰大典，不可用传记小说。'此言得之。先儒云：'女娲至无怀氏十五帝，临魁至榆罔七帝，承袭牺、农而王。'然则少昊已后，亦嗣黄帝，如无怀、临魁比也。至尧，功德特高，别为一代。又自古以来，皆传其子，或以干戈逆取，而尧及舜皆有子，择贤而授，不私其亲，上古以来，二人而已。故可上绍黄帝而继牺、农。"

并且在《通鉴外纪》卷一《伏羲氏》末注文中指出，他之所以要将"九头纪""五龙纪"……"天皇氏""地皇氏""人皇氏""有巢氏""燧人氏"等远古帝王列于"伏羲氏"后作为注文，是为了让后人明白："诸儒各称上古名号年代，世远书亡，其存者参差乖背，且复烦而无用，今并略之，粗举一二，可以见古今众说，诞妄不同。"如此审慎的态度，在当时而言，真是难能可贵。

（三）《通鉴外纪》与罗泌《路史》

罗泌在《〈路史〉序》中曾指出，刘恕《通鉴外纪》与皇甫谧《帝王世纪》、谯周《古史考》、张惜《帝系谱》、马总《通历》、诸葛耽《帝录》、姚恭《年历帝纪》以及司马贞《补史记三皇本纪》，在叙述上古帝王谱系时，虽"亦粗详矣"，然而因"其学狭浅"，故所述内容多"不足取信"。可见，罗泌认为刘恕的《通鉴外纪》叙述上古历史并不十分完美，有进一步探讨的必要，而这正是促使罗泌进行《路史》创作的重要原因之一。

上面已经说过，刘恕在进行《通鉴外纪》创作过程中，在取材方面有自己非常明确的原则，不仅对谶纬文献给予了严厉批评，而且还对记载有"三皇五帝"的先秦古籍进行了严格审查，最终得出了谶纬文献不可用，"三皇五帝"不可信的惊人结论。

虽然刘恕与罗泌分别生活在北宋中期与南宋前期，其时代有一定差距，但却同样深受儒家文化的影响。刘恕作为严谨的史学家，他虽然对儒家文化体系内部出现的某些问题提出了质疑，但其出发点却无疑是为了巩固儒家文化在整个思想文化领域中的核心地位。因此，呈现在我们面前的就是略显矛盾的刘恕，当他对"三皇五帝"的帝王体系提出强烈质疑的同时，用来评判的标准却是孔子是否曾言及、经书是否曾记载；并且在《通鉴外纪》卷一中虽然对多数远古帝王用小字加以叙述，"以示传闻异辞"之别，但又采用了"伏羲、神农、黄帝、尧、舜"的五帝体系来作为叙述的标准（这只是众多"三皇五帝"体系中的一个）。

其实，用今天的标准来看存在矛盾的地方，在刘恕自己看来无疑并不存在，因为正如上面所说，他用来怀疑"三皇五帝"是否存在的标准，就是孔子是否言及、经书是否记载，如果这两个条件都符合，那么即使记载本身不可靠，或有明显矛盾之处，那也不妨碍它们在刘恕心目中的真实性。据此也可以说明，他对"三皇五帝"的怀疑，目的绝不是想要从根本上彻底推翻"三皇五帝"的信仰（其实这也是身处在他那个时代的人无法做到的），相反的，是想从根本上维护儒家文化的绝对权威。

相对于刘恕而言，罗泌虽然生活的时代更后，对刘恕在《通鉴外纪》中表现出的质疑精神也并不陌生，但他在对待"三皇五帝"以及众多的远古帝王时，却采取了与刘恕相反的态度。罗泌首先梳理了关于"三皇"的不同说法：

> 诸书说三皇不同：《洞神》既有初三皇君、中三皇君，而以伏羲、女娲、神农为后三皇。《周官》《大戴礼》《六韬·三略》《文》《列》《庄子》《不韦春秋》有三皇之说，而刘恕以为孔门未有明文。孔安国曰："伏羲、神农、黄帝之书，谓之三坟。"世遂以伏羲、神农、黄帝为之三皇，斯得正矣。至郑康成注《书中候勒省图》，乃依《春秋运斗枢》绌黄帝而益以女娲，与《洞神》之说合。然《白虎通义》乃无女娲，而有祝融，《甄曜度》与《梁武帝祠象碑》则又易以遂人，盖出宗均《援神契注》与谯周之《史考》，纷纭不一。故王符

云：闻古有天皇、地皇、人皇。以或及此，亦不敢明。至唐天宝七载，始诏以时至祭天皇氏、地皇氏、人皇氏于京城内。而王玙建言："唐家仙系，所宜崇表福区，请度昭福，作天华上宫及灵台、大地娑父祠。于是立三皇、道君、太古天皇、中古伏羲、女娲等堂皇。"则太古天皇外复别立三皇矣。（《路史·前纪一》注）

同时指出"世遂以伏羲、神农、黄帝为之三皇"的说法"斯得正矣"。罗泌不仅相信"三皇"确曾有其人，且明确指出他编撰《路史》的目的与刘恕所谓"孔门未有明文"不同，是要于"孔圣之未尝言者"，"皆极言之"，并加以分析如下：

> 于予之《路史》亦异矣。凡孔圣之未尝言者，予皆极言之矣。予非好为异也，非过于圣人也。夫以周秦而下汔于今，耳之所纳，目之所接，其骇于听荧者夥矣，况神圣之事，凡之莫既者邪？是尧、舜崇仁义，《六经》《论语》，其理备矣。顾且言之，吾见焦唇乾呃而听之者愈悠悠也。是故庄周之徒，骂以作之，意以起之，而后先王之道以益严。然则予之所撼，正亦不得而不异尔。予悲夫习常玩正，与夫氛氛日趋于奇者之不可以虚言格也。于是引其昵而景者著之，此亦韩将军学兵法之义，而萧相国作未央宫之意也。虽然，妖诡乱惑，犹弗荐焉。览者知夫《让王》《胠箧》《渔父》《说剑》之措，则吾知免矣。（《路史·前纪三·犁灵氏》）

在此，罗泌明确指出，他在编撰《路史》过程中对多数事实是"引其昵而景者著之"，但对"妖诡乱惑"的言论，又采取"犹弗荐焉"的态度。同时，罗泌还曾借回答一位贵人提出的"何子之好言古"的问题，提出了他"今古一也"的古史观：

> 《丹壶》之书，其不缪钦？今既阙著，而或者有不恔《命历》之叙，其亦有所来乎！胡为而多盍也？贵人云，何子之好言古？曰，有是哉，今古一也。若以古为见邪，苟况有言诈人者，谓古今异情，是以治乱异道，而众人惑焉！彼众云者，愚而无知，陋而无度者也。于其所见，犹可欺也，况千世之传乎？彼诈人者，门庭之间，犹挟欺

也，况千世之上乎？以心度心，以类度类，以说度功，以道观尽，今古一也。类不孛，虽久同理，故往缘曲而不迷也。五帝之时无传人，非无贤人，久故也。五帝之中无传政，非无善政，久故也。虞、夏有传政，不如商、周之察也，而况次民、倚帝之时乎？以今观今，则谓之今也；以后而观，则今亦古矣；以今观古，则谓之古；以古自观，固亦谓之今也。古岂必古，今岂必今，特自我而观之。千世之前，万世之后，亦不过自我而观尔。传近则详，传久则略。略则举大，详则举细。愚者闻其大，不知其细；闻其细，不知其大。是以文久而惑，灭节族久而绝，曷古今之异哉！（《路史·前纪三》）

根据上面的材料，再结合《路史·前纪》《路史·后纪》在叙述上古帝王方面的具体情况可知，罗泌不仅不赞同刘恕提出的"三皇五帝"皆不可信的言论，而且将"三皇五帝"以及众多古帝王皆极言之，只是在叙述的过程中采用"略则举大，详则举细"的原则，根据材料多少等实际情况作出具体处理，如：

前世之史患乎略，后世之史患乎详。予述此书，自遂人而下益详，盖法之始，礼之初，政治可则得而不详也。遂人而上，虽复著之，有不得而详者。若夫上之号氏世姓，多得之外书，与夫封禅之文，于儒书无所见，虽或有之，连蹇其文，蒙颎其说。（《路史·前纪四·东户氏》）

但另一方面，罗泌毕竟也承认《通鉴外纪》在叙述上古历史时"亦粗详矣"，因此在对《路史》文本细致梳理后发现，罗泌父子在编撰《路史》时，曾大量参阅过刘恕《通鉴外纪》的内容。据笔者统计，《路史》中直接标明出自《通鉴外纪》者就有56处之多。今略举数条如下：

（1）［有巢氏］治三百余载。罗苹注曰：《外纪》云："百余年，或云百余代。"（《前纪》卷五注）

按：《通鉴外纪》卷一《包牺氏》注曰："有巢氏，上古穴处，人民不胜禽兽虫蛇，有圣人教之构木为巢，以避群害，食草木实，号大巢氏。治石楼山南，有天下百余年，或云百余代。"

（2）《鹖冠子》曰："成睢得一，故物而制焉。"刘《外纪》作"成鸠"，谬矣。（《前纪》卷七注）

按：《通鉴外纪》卷一《包牺氏》注引《鹖冠子》作"成鸠氏"。

（3）《外纪》云："非人皇后有巢氏也。"（《前纪》卷九注）

按：《通鉴外纪》卷一《包牺氏》注曰："有巢氏，非人皇之后有巢氏。"

（4）［炎帝］在治百四十有五祀。罗苹注曰：《世纪》《外纪》并"百二十"，或云"百四十"。（《后纪》卷三注）

按：《太平御览》卷七八《炎帝神农氏》引《帝王世纪》曰："神农氏，姜姓也。……在位百二十年而崩，葬长沙。"《通鉴外纪》卷一《神农氏》注曰："在位一百二十年，或云一百四十年。"

（5）炎帝临。罗苹注曰：《通历》《代纪》并作"临"。《外纪》复以"临魁"为神农子，尤妄。（《后纪》卷四注）

按：《通鉴外纪》卷一《神农氏》注曰："在位一百二十年，或云一百四十年。神农纳莽水氏女曰听詙，生临魁。"

（6）《通鉴外纪》神农后为临魁六十年，帝承继之。帝承六年，诸书不同。（《后纪》卷四注）

按：《通鉴外纪》卷一《神农氏》注："帝临魁元年辛巳，在位六十年，或云八十年。帝承元年辛巳，在位六年，或云六十年。一本承在临魁先。"

（7）太公，河内汲县人。史传、《外纪》等皆谓东海人。（《后纪》卷四注）

按：《通鉴外纪》卷二《商》："太公望吕尚者，东海上人。"

（8）刘恕《外纪》辨"百里之国万区"非是。（《后纪》卷五注）

按：《通鉴外纪》卷一《黄帝》："作舟车，以济不通，旁行天下，方制万里，画野分州，得百里之国万区。"

（9）《外纪》：玄嚣，嫘祖之子是。（《后纪》卷九上注）

按：《通鉴外纪》卷一《黄帝》："正妃西陵之女曰嫘祖，生二子，一曰玄嚣，是为青阳，名挚。"

（10）《外纪》：重黎举夔典乐，欲益求人。（《后纪》卷一一注）

按：《通鉴外纪》卷一《帝舜》："舜以乐教天下，重黎举夔，舜以为乐正。……重黎欲益求人，舜曰：'乐，天地之精，得失之节，夔能和之以平天下，一而足矣。'"

（11）《外纪》云："不改有穷氏之号。"非也。（《后纪》卷一三上注）

按：《通鉴外纪》卷二《夏商纪·夏》："寒浞因羿室，不改有穷氏之号。"

从对《路史》文本的分析可知，罗泌虽然也曾对古书中的某些不合理的记载有过怀疑或者批判，但总体而言，他的疑古精神并未能达到刘恕的高度，但正因为如此，反而更能够代表古人对于此问题的共同态度；因为相对而言，在古代社会像刘恕一样能够疑古、敢于疑古的人毕竟是少数，而像罗泌一样对古书中大量记载的、民间广泛流传的上古帝王表现出极大的崇敬的人则是绝大多数。故此，笔者认为，对于罗泌构拟的上古帝王谱系的分析，就学理而言具有更为典型的意义。

第二节　《路史》所构拟上古帝王谱系论析

如前所述，为适应大一统的时代潮流，上古帝王谱系的构建工作在战国秦汉间已基本结束，最终形成《帝系》一类整齐各种神话人物及古代各民族传说中的祖先神灵为一体的古史谱系；而这类谱系一经形成，又反过来促成各民族间的普遍认同，从而为维护民族统一提供了便利。

罗泌出身儒学世家，受过良好的儒家传统文化熏陶，生活在南宋前期的他，虽然并没有亲身经历北宋末年的靖康之变以及南宋早期的战乱和屈辱，但南宋的偏安及以宋高宗和秦桧为首者奉行的屈膝求和政策，却着实让罗泌以及每一位爱国志士愤懑不已。但罗泌毕竟只是"文弱书生"，他既未曾在朝廷上任过要职，亦未曾有机会带兵参战，他要想为国出力，就只能借助笔杆，通过自己对历史上兴衰成败的经验教训的总结，为当下乃至后世提供尽可能充分的历史借鉴，于是我们才能看到他的如下话语：

> 自宝元、康定（按：二者均为宋仁宗年号，宝元元年至康定二年为 1038—1041 年），以中国势力而不能亢一偏方之元昊，靖康（按：宋钦宗年号，1126—1127 年）丑虏长驱百舍，直捣梁师，荡然无有藩篱之限，卒之横溃，莫或支持。繇今日言之，奚啻冬冰之水齿。恶呼，欲治之君不世出，而大臣者每病本务之不知，此予所以每咎征、普，以为唐室、我朝之不封建，皆郑公、韩王之不知以帝王之道责难其主，而为是寻常苟且之治也。（《路史·国名纪·封建后论》）

这些话无疑体现出在罗泌那颗炙热的爱国心里，是多么痛惜北宋的灭亡，多么希望南宋能够走出"寻常苟且之治"，最终成就民族的统一，社会的长治久安。在这样的思想背景下，我们再来分析罗泌《路史》构拟的上古帝王谱系，其结果恐怕就不只是简单的否定了。因为罗泌在做此项综合工作时，并非完全脱离现实，从事纯学术的研讨，而是确有深意在其中。当然，笔者绝无意回避罗泌在构拟上古帝王谱系时存在的诸多问题，在下文的论述中也将结合相关材料对其中的问题一一指出。笔者之所以要强调应该在特定的社会背景中来探讨此问题，是为了避免在分析之前就已抱有成见，以至于出现对罗泌《路史》的分析不够客观，从而导致得出与事实不相符的结论。

一　构拟上古帝王谱系总论

前文曾指出，在西汉末逐渐兴起的谶纬文献中，有一种叫《春秋命历序》的书，它不满于"三皇五帝"的古史系统，创造出了一个伟大的系统，将古史分为十纪：

> 自开辟至获麟二百二十七万六千岁，分为十纪，凡世七万六百年。一曰九头纪，二曰五龙纪，三曰摄提纪，四曰合雒纪，五曰连通纪，六曰序命纪，七曰修蜚之纪（《路史》作循蜚纪），八曰因提纪，九曰禅通纪，十曰流讫纪（《路史》作疏仡纪）。①

徐旭生指出："十纪名目的来源如何，我们现在完全无从知道。但是从后面所述《丹壶书》对于后四纪的补充也大略可以窥见在它们那样典型下面的工作方式。"② 此处所说的《丹壶书》，载于罗泌《路史·前纪三》：

> 予既得《丹壶》《名山》之记，又得《吕梁碑》，获逆帝王之世，乃知天未丧斯文也。《丹壶书》云："皇次四世，蜀山、傀六世，浑敦七世，东户十七世，皇覃七世，启统三世，吉夷四世，九渠一世，狶韦四世，大巢二世，遂皇四世，庸成八世：凡六十有八世，是为因提之纪；仓颉一世，栢皇二十世，中央四世，大庭五世，栗陆五世，丽连十一世，轩辕三世，赫胥一世，葛天四世，宗卢五世，祝融二世，昊英九世，有巢七世，朱襄三世，阴康二世，无怀六世：凡八十有八世，是为禅通之纪。"可谓备矣。而又有巨灵氏、句强氏，自句强而下，次谯明氏，次涿光氏，以次至次民氏。如下所叙，总曰循蜚纪，有号而无世。自是而上，亦惟有九皇氏、地皇氏、天皇氏。又上而乃有盘古氏基之浑沌之说。其言浑沌之初，所谓"上无复色，下无复渊"，为说甚繁，非足贻训，故绌焉。自无怀降，所叙与《名

---

① ［日］安居香山、中村璋八辑：《纬书集成》，河北人民出版社1994年版，第885页。
② 徐旭生：《中国古史的传说时代》，广西师范大学出版社2003年版，第285—286页。

山记》大同，此予之史篇所取瀂者也。

可知，《春秋命历序》以及《丹壶书》作者所编造的系统是何等庞大，但据实而言，这个庞大的系统，其中并没有多少事实的成分；而《丹壶书》也并不见于现在的道藏之中，大约已经亡佚不存，仅在《抱朴子内篇·遐览》中载有《丹壶经》①的书名，亦不知与《丹壶书》是否同一部书，且罗泌也曾指出："《丹壶》之书，其不缪欤？"（《前纪》卷三）可见，构成这样一个庞大系统的资料本身就有不少问题。鉴于此，顾颉刚曾指出："我们固然可以佩服他的想象力之强，敢于说出这样的大话；但终究应当哀怜他的造伪史的本领不高，不会像《诸佛名经》一般。造出千万个古帝王名氏来，把这个久远的历史系统撑足了。"②而刘起釪也认为："这么一个十纪二百七十六万岁的古史编年和帝氏名号往往为一些史籍或文献所称引，不知它实际全是汉代方士们所编造的古史无稽妄说。"③可见，这一系所载的古史本身并没有多少说服力。

可是，罗泌虽然也对这个自身即存在诸多漏洞的古史系统表现出某种怀疑，却最终接受了它，并且按照这个系统进行论述，经过多方搜讨，从而为之补充了不少材料。在此问题上，刘恕就要比罗泌强得多，因为虽然刘恕也把这个系统完整地载于《通鉴外纪》，但在记载过程中用小字加以了区别，同时记载完后又明确指出这只不过是要为后世存留诞妄的例子罢了。为此，刘恕曾说："诸儒各称上古名号年代，世远书亡，其存者参差乖背，且复烦而无用，今并略之，粗举一二，可以见古今众说，诞妄不同。"（《通鉴外纪》卷一《伏羲氏》末注文）

其实，平心而论，罗泌确实没有刘恕那样坚定的疑古精神，但他在叙述的过程中表现出的信信疑疑的态度，却更能够代表古人对待古史的一般态度，这正如明张鼎思所说：

> 夫事不在目前，人不当吾世，传闻往往失真，而况于千万年以上乎？而又况文字未兴之前乎？故如其信也，则孰为三五，（无）［吾］

---

① 王明：《抱朴子内篇校释》，中华书局 1986 年版，第 334 页。
② 顾颉刚：《中国上古史研究讲义》，中华书局 2002 年版，第 267 页。
③ 刘起釪：《我国古史传说时期综考》，《古史续辨》，中国社会科学出版社 1997 年版，第 42 页。

不敢知；如其疑也，则有五帝矣，安知其无三皇？有三皇矣，又安知无中三皇、初三皇哉？故曰，三皇之世，若恍若惚，人以恍惚传之，吾亦以恍惚记之；人以恍惚记之，吾亦以恍惚读之，奚不可者。吾友李伯东氏曰："余尝晏居，思念邃古，淳风汹穆，草木蓁蓁，鹿豕狉狉，欲梦游而不可得。今取罗氏书观之，若与无怀、葛天之民相恬熙于出作入息之天者，又何暇计其事之虚实、言之醇驳哉？"斯言得之矣！或曰："罗氏之史，诚足以补诸史之未备矣。然则，初皇以前足以尽生人之始乎？"曰："《史》始初皇，亦取其近似者存之耳。若必穷生民厥初，如所谓大风吹沫为光音世界者，则又罗氏之所不取也。"①

张氏总结的对待上古史的态度，可以说是多数古人的一贯态度，并且古人还普遍相信退化的历史观，认为愈古的时代愈好，而愈后的时代愈不行，所以他们才会认为不仅存在"三皇五帝"，而且也不能否认"三皇五帝"前的"中三皇""初三皇"存在的可能性。然而，古人也并非毫无限制地向前追溯，比如"所谓大风吹沫为光音世界"这样的说法，他们又认为是不可取的。此外，古人还相信世上的一切事物均是古今如一，圣贤共知的，如王充在《论衡·实知》中所说：

> 古之水火，今之水火也；今之声色，后世之声色也。鸟兽草木，人民好恶，以今而见古，以此而知来，千岁之前，万世之后，无以异也。追观上古，探察来世，文质之类，水火之辈，贤圣共之；见兆闻象，图画祸福，贤圣共之；见怪名物，无所疑惑，贤圣共之。事可知者，贤圣所共知也；不可知者，圣人亦不能知也。②

罗泌虽心知上古之事并不能完全真切地了解到，但他又要凭着自己的理解，多方搜讨，并将之一一记录下来，甚至有时完全不顾其与事实是否相符，其中缘由，罗泌曾解释道：

---

① （明）张鼎思：《豫章刻〈路史·前纪、后纪〉序》，载（宋）罗泌《路史》，《四部备要》，中华书局1936年排印本，第3页。
② 黄晖：《论衡校释》（附刘盼遂《集解》），中华书局1990年版，第1083页。

予读《易大传》而知天地之有初，翔于僻邑荒村，恍见太古之俗，顾岂俟身亲而后信哉？昔者成汤之问夏棘曰："古初有物乎？"夏棘曰："古初无物，今乌得物？使后之人而谓今之无物，可乎？"①冉求亦问于仲尼曰："未有天地，可知乎？"仲尼曰："古犹今也。"曰："然则昔吾昭然，而今昒然。何也？"曰："昔之昭然，神者先受之；今之昒然，又且为不神者求也。"②祇裯新袭，虮虱生之；州沼创出，虫鱼产之。一气之易，万物自见。故虽天地必有初也，而况于人乎？两间之物，彼亦一无穷，此亦一无穷，岂以不接而遽蔑断之哉？兹固存而不论。（《路史·前纪》卷二）

罗泌的态度很明白，他认为既然"天地必有初"，那么虽然天地之初发生的事并不能完全知晓，但也不能因此完全否定，因为我们对于历史事件的了解不能仅靠"身亲而后信"，故为了稳妥起见，在处理这些历史事件的时候采取"存而不论"的方式就行了。由于罗泌始终抱持着这样的上古史观，所以他在《路史》中叙述上古历史时，才会将今天看起来似是而非的材料一并加以搜罗、铺排，并不去考虑它们是否真的值得加以记录。有了这一思路的指引，再来看罗泌在《路史》中构拟的上古帝王谱系，就不会觉得它毫无用意了。在此，笔者根据《路史·前纪》《路史·后纪》中的相关内容，将罗泌构拟的上古帝王谱系的大框架罗列如下：

浑敦氏→初三皇纪（初天皇→初地皇→初人皇）→中三皇纪（天皇氏→地皇氏→泰皇氏）→九头纪③（一姓纪）→五龙纪（五姓纪）→摄提纪（五十九姓纪）→合雒纪（三姓纪）→连通纪（六姓纪）→叙命纪（四姓纪）→循蜚纪（二十一姓纪）→因提纪（十有三姓纪）→禅通纪（十有八姓纪）→疏仡纪

细绎这个系统可以发现，其实罗泌只不过是在上引《春秋命历序》

---

①《列子·汤问》："殷汤问于夏革曰：'古初有物乎？'夏革曰：'古初无物，今恶得物？后之人将谓今之无物，可乎？'"杨伯峻：《列子集释》，中华书局1985年版，第147页。

②《庄子·知北游》："冉求失问而退，明日复见，曰'昔者吾问"未有天地可知乎？"夫子曰："可。古犹今也。"昔日吾昭然，今日吾昧然。敢问何谓也？'仲尼曰：'昔之昭然也，神者先受之；今之昧然也，且又为不神者求耶！'"（清）郭庆藩撰，王孝鱼点校：《庄子集释》，中华书局1985年版，第762页。

③ 罗泌指出："其一曰九头，是为一姓纪，则泰皇氏纪也。"（《前纪》卷二）将"九头纪"认作"泰皇纪"。

的古史系统前增加了"浑敦氏""初三皇纪""中三皇纪"而已。罗氏认为"浑敦氏"是天地之初最早出治的帝王，但由于"浑敦氏之世，但闻罕漫而不昭晰"，所以虽然有此帝王的存在，也"不得而云矣"（《前纪》卷一）。而关于"初三皇纪""中三皇纪"，罗氏指出："在《洞神部》又有所谓初三皇君，而以此（笔者按：指天皇氏、地皇氏、人皇氏）为中三皇，盖难得而稽据，然既揄之矣，此予之所以旁搜旅摭，纪三灵而复著夫三皇也。"（《前纪》卷一）意思就是说，本来《洞神部》中所言"初三皇""中三皇"并不可靠，但因罗泌抱持着"存而不论"的上古史观，所以也只好将之记录下来，然后"旁搜旅摭，纪三灵而复著夫三皇"。于是罗泌说：

> 昔者太极泮而浑敦氏职焉，浑敦氏逸而有初三皇君。三皇射而二灵作，二灵后乃有十纪：其六在巨灵氏之前，百七十有八姓；其四在巨灵氏之后，三纪五十二姓，而疏仡之纪，自黄帝始。其岁之远近，置而勿论可也。（《前纪》卷二）

关于"十纪"的来历，罗泌在《路史·前纪二》中分别为之作出解释，其中有详有略，此处仅举两例说明之。

如说"九头纪"，"是为一姓纪，则泰皇氏纪也"。何以"九头纪"会是"泰皇氏纪"呢？罗泌举出《史记·秦始皇本纪》所说："古有天皇，有地皇，有泰皇，泰皇最贵。"然后又举出孔衍《春秋后语》（笔者按：该书已佚）"泰皇"乃"人皇"的说法，于是将"泰皇"与"人皇"挂钩，接着利用张晏"人皇九首"[1] 的说法，又将"泰皇"与"九首"挂钩，而《鲁相韩敕造孔庙礼器碑》又载"前闿九头，以什言教"。[2] 于是罗泌认为，"九首"乃即"九头"，从而得出结论说："泰皇，即九头纪，旧记不之知尔。《真源赋》云：'人皇厌倦尘事，乃授箓于五姓。'知为九头纪也。"

又如"五龙纪"，罗泌解释说："是谓五姓纪。治在五方，司五类，

---

① 《史记·孝武本纪》"高世比德于九皇"下裴骃《集解》曰："张晏曰：'三皇之前有人皇，九首。'韦昭曰：'上古人皇者九人也。'"《史记》卷12，中华书局1959年标点本，第474页。

② （宋）洪适：《隶释·隶续》，中华书局1985年影印本，第19页。

布山岳①。方是时也，世亚巢穴，日月贞明，盖龙德而正中者也②。汉世祠之肤施。"从他的解释中，我们并不能了解到何为"五龙纪"。幸好在注文中，他给我们提供了相关的资料。所谓"五姓"，据《春秋命历序》载："皇伯、皇仲、皇叔、皇季、皇少五姓，同期俱驾龙，周密与神通，号曰五龙。"③ 而"治在五方"，据《遁甲开山图》荣氏解曰："五龙，受爱皇后君也。兄弟四人，皆人面龙身。长曰角龙，木仙也；次曰羽龙，水仙也；父曰宫龙，土仙也。父子同得仙，治在五方，今五行之神也。"④ 又曰："五龙治在五方，为五行神。五龙降天皇兄弟十二人，分五方为十二部，法五龙之迹，行无为之化。天下仙圣治，在桂州昆仑山上，无外之山，在昆仑东南万二千里，五龙、天皇皆出此中，为十二时神也。"⑤ 可见，所谓"五龙"者，乃是以"皇伯、皇仲、皇叔、皇季、皇少五姓"而治五方的"五行神"。而"汉世祠之肤施"，据《汉书·郊祀志》载："立五龙山仙人祠及黄帝、天神、帝原水，凡四祠于肤施。"颜师古注曰："肤施，上郡之县也。"⑥ 罗泌据此认为："今上郡奢延肤施县有五龙山，盖其出治之所也。"

从上面所举二例可知，罗泌根据相关材料所推导出的"九头纪""五龙纪"乃是古帝王的说法并不可取，其中牵强附会的成分太大，并无多少事实的根基。其实，罗泌自己也意识到他所用的某些资料并不可靠，比如在解释"禅通纪"时说："禅通九，是谓十有八姓。史皇氏之通封禅者十有八姓也。"并注曰："《三坟书》作'通姓氏'，又以九头、五龙、提挺三纪在通姓后，妄也。大率此书虽有所取，然浅陋每难据云。"

---

① 罗泌注引张陵《二十四治图》云："伏羲造天地，五龙布山岳也。"据《云笈七签》卷28《二十四治并序》载："张天师《二十四治图》云：……上皇元年七月七日，无上大道老君所立上品治八品，诀要掌中，伏亏造天地，五龙布山岳。"则罗泌所引"伏羲"当作"伏亏"？(宋) 张君房编，李永晟点校：《云笈七签》，中华书局2003年版，第633页。

② 罗泌注引《真源赋》云："五姓乘云车而治天下。时人穴处巢居，日月贞明。一曰五龙纪。"

③ 《文选》卷11 王文考《鲁灵光殿赋并序》："五龙比翼，人皇九头。"下唐李善注引。(梁) 萧统编，(唐) 李善注：《文选》，中华书局1977年影印本，第171页。

④ 《太平御览》卷17《五行》引。(宋) 李昉等：《太平御览》，中华书局1960年影印本，第1册，第85页。

⑤ 《水经注》卷1《河水》："屈从其东南流，入渤海。"下注引。(北魏) 郦道元著，陈桥驿校证：《水经注校证》，中华书局2008年版，第13页。

⑥ 《汉书》卷25下，中华书局1964年版，第1250页。

　　罗泌在《路史》中并未将《春秋命历序》中提供的"十纪"均展开论述，而仅重点论述了"循蜚纪""因提纪""禅通纪""疏仡纪"后四纪。笔者在下文的探讨中，依据罗氏所言，也以此四纪为重点探讨对象分别加以梳理，且按徐旭生的做法，将罗泌所举出的来源一一加以核对，能够检出的写在后面，不能检出的就暂时空缺。①

二　构拟上古帝王谱系分论：循蜚纪

　　循蜚纪，又称二十一姓纪，罗泌称其得名之故曰："德厚信砡，天下之人循其化，以若飞也。陶弘景《谱历》云：'上古有循飞纪。'"（《前纪》卷二）其详细名单如下：

　　钜灵氏→句强氏→谯明氏→涿光氏→钩阵氏→黄神氏→狟神氏→犁灵氏→大骓氏→鬼骓氏→弇兹氏→泰逢氏→冉相氏→盖盈氏→大敦氏→云阳氏→巫常氏→泰壹氏→空桑氏→神民氏→倚帝氏→次民氏（均载《路史·前纪三》）

　　（1）钜灵氏，亦称巨灵氏。罗氏举出《遁甲开山图》、《广韵》、《元丰九域志》、李淳风《小卷》、《水经注》等书。其中《遁甲开山图》已经亡佚，而李淳风《小卷》则暂未检出，不知亡佚与否。罗泌所引《广韵》云："巨灵出于汾脽。"今本《广韵》无此语，但"脂部""脽"下注称："汾脽，巨灵所坐也。"② 关于《九域志》，徐旭生指出："现行元丰《九域志》版本均不载古迹，所以不见罗氏所引文字。"此话不确，因罗氏所引之《九域志》并非《元丰九域志》，乃是《新定九域志》文，据王文楚、魏嵩山所作《元丰九域志·前言》所说："由于《元丰九域志》所载过于简略，绍圣四年（1097 年）黄裳即拟辑录各地山川、民俗、物产、古迹等，以补其缺，名为《新定九域志》，书中遂增'古迹'一门。……南宋嘉定十四年（1221 年）王象之修成《舆地纪胜》一书，其中所引《九域志》文甚多，与今存之《新定九域志》比勘，正是出自此书，又可见南宋时该书已广泛流行。"③ 考《新定九域志》卷三《河中

---

　　① 笔者下文考察中，凡涉及徐旭生的结论者，均出自氏著《中国古史的传说时代》第六章"所谓炎黄以前古史系统考"，故下文不再出注。参见徐旭生《中国古史的传说时代》，广西师范大学出版社 2003 年版，第 293—304 页。

　　② 余廼永：《新校互注宋本广韵》卷 1，上海辞书出版社 2000 年版，第 57 页。

　　③ （宋）王存撰，王文楚、魏嵩山点校：《元丰九域志》，中华书局 1984 年版，第 3—4 页。

府》曰："巨灵祠，郭缘生《述征记》云：华山与首阳山本同一山，河神巨灵擘开以通河流。"① 正与罗泌所引《九域志》文同，可证。罗泌所引《水经注》，见该书卷四《河水》："又南至华阴潼关。"下注："左丘明《国语》云：华岳本一山当河，河水过而曲行，河神巨灵，手荡脚蹋，开而为两，今掌足之迹，仍存华岩。"② 但一本"左丘明《国语》云"作"古语云"③，罗泌认为："薛综以巨灵为河神④，盖本《水经》所引，谓《国语》'华岳当河，河神巨灵，手荡脚踏，开而为两'言之，今《国语》亦无此文。"则罗泌所见《水经注》当引作《国语》而非"古语"无疑，故徐旭生认为："'国'字像是并不误，或者是由于郦道元的误记，也很难说。"

（2）句强氏。罗泌未作解释。徐旭生认为："'句'、'禺'古音同在侯部。疆本作畺，疆字就从畺得声，古音在阳部。句强当即禺疆。"考《山海经·海外北经》曰："北方禺强，人面鸟身，珥两青蛇，践两青蛇。""禺强"者，郭璞注曰："字玄冥，水神也。庄周曰：'禺强立于北极。'一曰禺京。一本云：北方禺强，黑身手足，乘两龙。"袁珂认为："《大荒北经》云……禺强。……又《大荒东经》云……禺京。……郭璞于'禺京'下注云：'即禺强也。'强、京一声之转。……而禺强不仅海神而已，实又兼风神职司。《淮南子·地形篇》云：'隅强（禺强），不周风之所生也。'《史记·律书》曰：'不周风居西北，主杀生。'此生于不周风之禺强，实当即是主不周风者。《淮南·本经篇》载尧时害民之物，有所谓'大风'者，实即大凤，亦即《庄子·逍遥游》之大鹏，高诱注以为风伯，又以为鸷鸟。此风伯若鸷鸟者，自非《山海经》所记人面鸟身之禺强莫属。故谓其不仅海神，实又职兼风神。……庄周诙诡之寓言，

---

① （宋）王存撰，王文楚、魏嵩山点校：《元丰九域志》，中华书局1984年版，第583页。

② （北魏）郦道元著，陈桥驿校证：《水经注校证》，中华书局2008年版，第108页。

③ "《国语》云"，《水经注疏》作"古语云"，并曰："朱作左邱明《国语》云，《笺》曰：按巨灵事在薛综《西京赋·注》，引古语云云，非《左氏》、《国语》也，此误记耳。守敬按：《初学记》五、《御览》三十九引薛综《注》，亦作古语云，不第本书足据也。"（清）杨守敬、熊会贞疏：《水经注疏》，江苏古籍出版社1989年版，第312页。

④ 《文选》卷2张平子《西京赋》："缀以二华，巨灵赑屃，高掌远跖，以流河曲，厥迹犹存。"薛综注："巨灵，河神也。巨，大也。古语云：此本一山，当河水过之而曲行，河之神以手擘开其上，足蹋离其下，中分为二，以通河流，手足之迹，于今尚在。"（梁）萧统编，（唐）李善注：《文选》，中华书局1977年影印本，第37页。

证以此经所记禺强之形貌，岂非实有神话之背景存于其间乎？"①

（3）谯明氏与涿光氏，罗泌指出二者均出自《山海经·北山一经》。但《北山经》所述均为山名，非氏族名，而罗氏却解释道："谯明、涿光，信其为继治者，乃知邃故之事，非必无传，特恨幽介，弗之究尔。予观于《经》，而信二书之足丁也。"可知他所说之牵强。但罗泌却不这么认为，他在《路史·前纪四·东户氏》下说："夏后氏之书（笔者按，即《山海经》），注山水之所自，多有谐其号氏者，岂其人之所自出，而迹之所丽邪？以此谛其不诬也，故予得以详择焉。"

（4）钩阵氏。罗泌并未解释。"阵"与"陈"古通用。"钩阵"者，或作"钩陈""句陈"，又写作"勾陈"，乃星名，共六星，《晋书·天文志》曰："北极五星，钩陈六星，皆在紫宫中。……钩陈，后宫也，大帝之正妃也，大帝之常居也。"② 又《宋史·天文志》曰："勾陈六星，在紫宫中，五帝之后宫也，太帝之正妃也，大帝之常居也。"③ 故钩阵氏的名号应当从"钩陈"衍伸出来。

（5）黄神氏。罗泌引及《春秋命历序》《鹖冠子》《归藏》《本起经》诸书。罗泌所取乃《春秋命历序》之文，但据《初学记》卷二九《羊第八》"六飞"下注引《春秋命历序》曰："有人黄头大腹，出天齐政，三百四岁为神次之，号曰皇神。"④ 又据《太平御览》卷九○六《麛》引《春秋命历序》："有人黄头大腹，出天齐，号曰皇次，驾六飞麛，上下天地，与神合谋。"⑤ 一个作"皇神"，一个作"皇次"，与罗氏所说"黄神"无一相合。所引《鹖冠子》作"皇神"，而考今本《鹖冠子·泰鸿》篇所载作"神皇"。⑥ 此外，罗氏所引《归藏》与《本起经》虽作"黄神"，然《归藏》曰："黄神与炎帝战于涿鹿。"显指黄帝，罗氏自己已经指出；而《本起经》所载，罗氏曰："按道家亦有所谓黄神，盖与此异。"可见，罗泌所说的"黄神"在古代本就没有一个确切的名号。

（6）狙神氏。罗泌引《春秋命历序》曰："人皇氏没，狙神次之。出

---

① 袁珂：《山海经校注》，上海古籍出版社1980年版，第248—249页。
② 《晋书》卷11，中华书局1974年标点本，第289页。
③ 《宋史》卷49，中华书局1977年标点本，第976页。
④ （唐）徐坚等：《初学记》，中华书局2010年版，第710页。
⑤ （宋）李昉等：《太平御览》，中华书局1960年影印本，第4册，第4019页。
⑥ 黄怀信：《鹖冠子汇校集注》，中华书局2004年版，第233页。

于长淮，驾六蜚羊，政三百岁，五叶千五百岁。"上文讨论"九头纪"时曾说过，罗泌考证出"泰皇"即"人皇"，若如此，则狟神的次序决不能在此。

（7）犁灵氏。罗泌说出自《山海经·大荒东经》。考《大荒东经》曰："有神，人面兽身，名曰犁䰠之尸。"郭璞云："䰠音灵字。"郝懿行云："《玉篇》云：'䨘同霝，又作灵，神也；或作䰠。'《广韵》引此经作䰠，云'或作霝'，与《玉篇》同。见《说文》。"①

（8）大騩氏。《山海经·中次七经》有大騩之山，据郭璞注在今河南荥阳密县。《庄子·徐无鬼》曰："黄帝将见大隗乎具茨之山。"成玄英《疏》曰："大隗，大道广大而隗然空寂也。亦言：大隗，古之至人也。"陆德明《释文》曰："司马、崔本作泰隗。或云：大隗，神名也。……司马云：在荥阳密县东，今名泰隗山。"②而《水经注》卷二二《潩水》"潩水出河南密县大騩山"条下注："大騩，即具茨山也。黄帝登具茨之山，升于洪堤之上，受《神芝图》于黄盖童子，即是山也。"③

（9）鬼騩氏。罗泌说："《和菀史》云：'古有大嵬氏、鬼嵬氏。'嵬、騩古通用。"徐旭生说："在《山海经》中，山用騩为名的很多，《丹壶书》于大騩氏以外又列一个鬼騩氏，或许就是因为这个缘故。'鬼'、'騩'原来应当是一个字，我疑惑古人曾经用'騩'字或'隗'字注'鬼'，后来掺入正文，《丹壶书》遂承用此误。"可备一说。

（10）弇兹氏。罗泌没有作出解释。但是我们知道与之同音的另外一个词"崦嵫"，《玉篇》卷二二《山部》"崦"字下注曰："《山海经》云：鸟鼠同穴山西南三百六十里曰崦嵫山。"又"嵫"字下注曰："崦嵫山。"故顾野王按曰："崦，此亦崝字也。"④而据《山海经·西次四经》有崦嵫之山，郭璞注曰："日没所入山也，见《离骚》。弇兹两音。"⑤考《离骚》曰："望崦嵫而勿迫。"王逸注曰："崦嵫，日所入山也，下有蒙水，水中有虞渊。"⑥可知"崦嵫"即"崝嵫"，亦即"弇兹"也。

---

① 袁珂：《山海经校注》，上海古籍出版社1980年版，第343页。
② （清）郭庆藩撰，王孝鱼点校：《庄子集释》，中华书局1985年版，第830—831页。
③ （北魏）郦道元著，陈桥驿校证：《水经注校证》，中华书局2008年版，第523页。
④ 胡吉宣：《玉篇校释》，上海古籍出版社1989年版，第5册，第4183页。
⑤ 袁珂：《山海经校注》，上海古籍出版社1980年版，第65页。
⑥ （宋）洪兴祖撰，白化文等点校：《楚辞补注》，中华书局2006年版，第27页。

（11）泰逢氏。泰逢亦即泰逢，罗泌说出自《山海经·中次三经》。考《中次三经》曰："和山……实惟河之九都……吉神泰逢司之。"① 即此也。

（12）冉相氏。罗泌言出自《庄子·则阳》。考《则阳》篇曰："冉相氏得其环中以随成，与物无终无始，无几无时。日与物化者，一不化者也，阖尝舍之。"成玄英《疏》曰："冉相氏，三皇以前无为皇帝也。"②

（13）盖盈氏。罗泌引《海内朝鲜记》曰："南海之内，禺中之国以去，有九丘：有陶唐之丘、叔得之丘、盖盈之丘、昆吾之丘、黑白之丘、神民之丘。以水络，亦陶唐、昆吾之流也。"据考，此乃《山海经·海内经》中文："南海之内，黑水、青水之间，有水名曰若木，若水出焉。有禺中之国。……有九丘，以水络之：名曰陶唐之丘、有叔得之丘、孟盈之丘、昆吾之丘、黑白之丘、赤望之丘、参卫之丘、武夫之丘、神民之丘。"郝懿行云："叔得、孟盈，盖皆人名号也。孟盈或作盖盈，古天子号（见《路史·前纪三》——珂）。"③ 则"盖盈"即"孟盈"也。

（14）大敦氏。罗泌未作解释，笔者也暂时未能找出其来源。

（15）云阳氏。云阳本是地名，罗泌所引有湖南茶陵、陕西甘泉、江苏丹徒、山西绛北四种说法，可是他又说："云丹徒、绛北者非也。"可见，他只相信前两种说法。关于茶陵有云阳山，《太平御览》卷四九《攸县云阳山》引《遁甲经》曰："沙土之地，云阳之墟，可以避时，可以隐居。云阳氏，古之仙人姓氏，因号云阳山。在攸县。"④ 罗氏指出："云阳之山，在衡山之阳，即今茶陵之云阳山也。予游衡湘道，其麓见山川之灵秀，土膏水沉，方皇不忍去。亦意尝有异人者，自之西首山阜丽倚，皆西面而北上朝衡岭矣。然考之皇甫《纪》，实为少昊之封。云阳氏之踪，固在甘泉。甘泉之山，本曰云阳。以故黄帝以来，每大祀于甘泉，则长沙之地，其亦为始封乎？"可见，罗氏自己也认为陕西甘泉才是云阳之最显著

---

① 袁珂：《山海经校注》，上海古籍出版社 1980 年版，第 128 页。

② （清）郭庆藩撰，王孝鱼点校：《庄子集释》，中华书局 1985 年版，第 885 页。

③ 袁珂：《山海经校注》，上海古籍出版社 1980 年版，第 448 页。

④ （宋）李昉等：《太平御览》，中华书局 1960 年影印本，第 1 册，第 240 页。

者。据《史记·封禅书》言："黄帝接万灵明廷。明廷者，甘泉也。"①可见甘泉之地确实非同寻常，而云阳氏之名从此出亦有由矣。

（16）巫常氏。罗泌未作解释，但在《前纪》卷四《东户氏》下，罗氏举出众多古帝王名号，其中有"《皇览》之巫常氏"，则巫常出自《皇览》，然今则不可考矣。

（17）泰壹氏。泰壹，即泰一，又称太一也。顾颉刚、童书业二氏曾在《三皇考》中详细辨析了太一的来源和演变②，可参看。

（18）空桑氏。空桑，古地名，又有曰穷桑者，罗泌认为两者绝不相同："空桑者，兖卤也，其地广绝，高阳氏所尝居，皇甫谧所谓'广桑之野'者。或云穷桑，非也。穷桑在西，小颢之居。"空桑有二，一在今山东曲阜，孔子所出；一在今莘、陕之间，伊尹所出。罗氏又注曰："伊尹产空桑，在陈留，非鲁地。"则罗氏认为空桑氏所出者在曲阜也。

（19）神民氏。《潜夫论·卜列》曰："天地开辟有神民，民神异业精气通行。"罗泌认为这就是神民氏最初来源，但汪继培引《国语·楚语》中观射父的话来解释此语，并指出："《路史·前纪三》引此文，误以'神民'为帝者名氏，又以'行'字带上读，陈耀文《天中记》十一尝正之。"③可见，罗氏所言有误。罗氏又据《山海经·海内经》中"九丘"之"神民之丘"为证，然郭璞云："言上有神人。"郝懿行云："《文选·游天台山赋》注引此经作神人之丘，《书钞》乃作神民，以郭注推之，似民当为人。"④可见"神民"当作"神人"。罗氏又据《春秋命历序》为证，然罗氏所引《春秋命历序》文作"神皇氏"，而据《艺文类聚》卷九九《白鹿》引⑤《春秋命历序》作"皇神"，而《初学记》卷二九《鹿第十一》引⑥、《太平御览》卷九〇六《鹿》引⑦《春秋命历序》同文仅作"神驾六飞鹿，化三百岁"，并无"皇"字，则罗氏所言更无据矣。

①　《史记》卷28，中华书局1959年标点本，第1394页。
②　顾颉刚等编：《古史辨》，海南出版社2005年版，第7册，第293—300页。
③　（汉）王符著，（清）汪继培笺，彭铎校正：《潜夫论笺校正》，中华书局2010年版，第291页。
④　袁珂：《山海经校注》，上海古籍出版社1980年版，第448页。
⑤　（唐）欧阳询撰，汪绍楹校：《艺文类聚》，上海古籍出版社1985年版，第1714页。
⑥　（唐）徐坚：《初学记》，中华书局2010年版，第715页。
⑦　（宋）李昉等：《太平御览》，中华书局1960年影印本，第4册，第4018页。

（20）倚帝氏。《山海经·中次十一经》有倚帝之山[①]，罗泌认为倚帝氏即从此处。

（21）次民氏。罗泌引《春秋命历序》及《洛书摘亡辟》证其为"次是民"。

综上，循蜚纪共二十二氏，其中除大敦氏不知其出处外，其余各氏罗泌均为其找出来历。这些本来是罗泌要替《春秋命历序》的古史系统找历史根源，可仅有黄神氏、狙神氏、神民氏、次民氏四氏与《春秋命历序》有关，而其中狙神氏顺序有问题，其他三个罗氏自己也不能自圆其说。不仅如此，据我们考察，除以上五氏外，其他十七氏中，钜灵氏、句强氏、犁灵氏、泰逢氏、巫常氏、泰壹氏、大騩氏、冉相氏、盖盈氏为神名，谯明氏、涿光氏、弇兹氏、云阳氏、空桑氏、倚帝氏为山名或地名，钩阵氏为星名，而鬼騩氏者，若依罗泌所说，则当与大騩氏一样属神名，可见真正可称为神名的少之又少，无怪乎徐旭生会认为《路史》"是尽拼凑支离的大成了"。

三　构拟上古帝王谱系分论：因提纪

因提纪，又称十有三姓纪，其详细名单如下：

辰放氏→蜀山氏→豗傀氏→浑沌氏→东户氏→皇覃氏→启统氏→吉夷氏→几蘧氏→狶韦氏→有巢氏→燧人氏→庸成氏（"启统氏"及其之前者载于《路史·前纪四》，其后者载于《前纪五》）

（1）辰放氏。罗泌称又叫"皇次屈"，并引宋均注《春秋命历序》云："辰放，皇次屈之名也。"同时称辰放氏"驾六蜚麐"，并说"蜚麐"，《太平广记》引作"飞麖"。徐旭生说他未能检出此说在《太平广记》何卷中，笔者曾在本书第二章第二节"《路史》引用《太平御览》本书内容考辨"中指出："《路史》所引《广记》，当是《御览》之误。"也就是说，此句本不出《广记》，故无法检出。

（2）蜀山氏。罗泌引《世本》、扬雄《蜀纪》、《华阳志》、《本蜀论》、《益州记》等书。徐旭生误将《华阳志》与《本蜀论》认作"《华阳志本》、《蜀论》"，并说："《华阳志本》大约就是《华阳国志》。"考《太平寰宇记》卷七二《剑南西道一·益州》总论曰："按《世本》、《山

---

①　袁珂：《山海经校注》，上海古籍出版社 1980 年版，第 170 页。

海经》、扬雄《蜀王本纪》、来敏《本蜀论》、《华阳国志》、《十三州志》诸言蜀事者，虽不悉同，参伍其说，皆言蜀之先肇于人皇之际，至黄帝子昌意娶蜀山氏女，生帝喾。"① 则知当是东晋常璩的《华阳国志》与来敏的《本蜀论》二书，非如徐氏所言是《华阳国志》与《蜀论》。《大戴礼记·帝系》曰："昌意娶于蜀山氏，蜀山氏之子谓之昌濮氏，产颛顼。"② 可见蜀山氏在先秦时期已经是有名的氏族了。

（3）尪傀氏。罗泌所引《丹壶书》作傿傀，尪、傿当是一字。罗泌又引《元和姓纂》说"后有尪氏、傀氏"，并说"尪傀氏之迹，学者必以不著，每以属之皇神农，后世遂谓神农为尪傀氏，失之"。

（4）浑沌氏。又称浑敦。罗泌说此"混沌"与天地开辟之"浑敦"即盘古氏不同。《庄子·应帝王》篇曰："中央之帝为混沌。"又《天地》篇曰："彼假修浑沌氏之术者也。"③ 徐旭生认为："《庄子》书已认浑沌为一神名（古代神与人不很分）或一氏族名。"

（5）东户氏。罗泌引《子思子》与《淮南子》。考《初学记》卷九《总叙帝王》"东户雁行"下注引《子思子》曰："东户季子之时，道上雁行而不拾遗，耕耨余粮，宿诸亩首。"④《淮南子·缪称训》曰："昔东户季子之世，（许注：东户季子，古之人君。）道路不拾遗，耒耜余粮宿诸畖首，使君子小人各得其宜也。"⑤

（6）皇覃氏。又称离光氏。罗泌言出自《春秋命历序》。据《初学记》卷九《总叙帝王》"驾六凤"下注引《春秋命历序》曰："辰放六头四乳，在位二百五十年。离光次之，号曰皇谈，锐头日角，驾六凤凰出地衡，在位五百六十岁。"⑥ 则《春秋命历序》皇覃氏在辰放氏后，与《丹壶书》及《路史》的顺序不合。

（7）启统氏。罗泌说："启统氏别无考见。独起居舍人章衡《运绍记》若《通载》有之，而乃序之尊卢氏之后，观衡自言，历观四部古人图箓，其亦有所取矣。呜呼！治古盛德之君，未有闻焉者多矣。"可见，

---

① （宋）乐史撰，王文楚等点校：《太平寰宇记》，中华书局 2007 年版，第 1457 页。

② （清）王聘珍撰，王文锦点校：《大戴礼记解诂》，中华书局 1983 年版，第 127 页。

③ （清）郭庆藩撰，王孝鱼点校：《庄子集释》，中华书局 1985 年版，第 309、438 页。

④ （唐）徐坚等：《初学记》，中华书局 2010 年版，第 208 页。

⑤ 刘文典撰，殷光熹点校：《淮南鸿烈集解》，安徽大学出版社、云南大学出版社 1998 年版，第 331 页。

⑥ （唐）徐坚等：《初学记》，中华书局 2010 年版，第 207 页。

虽然章氏所记与《丹壶书》顺序不同，但罗泌也不敢定孰是孰非。

（8）吉夷氏。罗泌仅据《姓谱》说"后有吉氏"。可见他也未曾找出吉夷氏的来源。

（9）几蘧氏。《丹壶书》作"九渠"。《庄子·人间世》："伏戏、几蘧之所行终，而况散焉者乎！"成玄英疏曰："几蘧者，三皇已前无文字之君也。"① 可见，几蘧氏本古帝王，但罗泌又将"知生之民"② 附会到几蘧氏名下。

（10）豨韦氏。《庄子·大宗师》："夫道……豨韦氏得之，以挈天地。"又《知北游》："仲尼曰……豨韦氏之囿。"③ 则豨韦氏出此。

（11）有巢氏与遂人氏。遂人氏即燧人氏也。关于有巢与燧人，据《韩非子·五蠹》载："上古之世，人民少而禽兽众，人民不胜禽兽虫蛇；有圣人作，构木为巢，以避群害，而民悦之，使王天下，号之曰有巢氏。民食果蓏蚌蛤，腥臊恶臭而伤害腹胃，民多疾病；有圣人作，钻燧取火，以化腥臊，而民说之，使王天下，号之曰燧人氏。"④《庄子·盗跖》中亦有类似记载："且吾闻之，古者禽兽多而人少，于是民皆巢居以避之，昼拾橡栗，暮栖木上，故命之曰有巢氏之民。古者民不知衣服，夏多积薪，冬则炀之，故命之曰知生之民。神农之世，卧则居居，起则于于，民知其母，不知其父，与麋鹿共处，耕而食，织而衣，无有相害之心，此至德之隆也。"⑤ 而《礼记·礼运》中也说："昔者先王未有宫室，冬则居营窟，夏则居橧巢。未有火化，食草木之实，鸟兽之肉，饮其血，茹其毛，未有麻丝，衣其羽皮。后圣有作，然后修火之利，范金，合土。以为台榭、宫室、牖户。以炮，以燔，以亨，以炙，以为醴酪。治其麻丝，以为布帛，以养生送死，以事鬼神上帝，皆从其朔。"⑥ 可见，至少在战国、秦、汉人的思想里，有巢、燧人作为远古帝王的身份已经很明确。

（12）庸成氏。又称容成氏，罗泌说"云容成者，非也"。但据罗

---

① （清）郭庆藩撰，王孝鱼点校：《庄子集释》，中华书局1985年版，第150页。

② 《庄子·盗跖》："古者民不知衣服，夏多积薪，冬则炀之，故命之曰知生之民。"（清）郭庆藩撰，王孝鱼点校：《庄子集释》，第995页。

③ （清）郭庆藩撰，王孝鱼点校：《庄子集释》，第247、765页。

④ （清）王先慎撰，钟哲点校：《韩非子集解》，中华书局2003年版，第442页。

⑤ （清）郭庆藩撰，王孝鱼点校：《庄子集释》，中华书局1985年版，第994—995页。

⑥ （汉）郑玄注，（唐）孔颖达疏：《礼记正义》，《十三经注疏》，北京大学出版社1999年标点本，第668—669页。

泌所引的《穆天子传》①《淮南子·本经训》② 以及杜甫《前殿中侍御史柳公紫微阁画太乙天尊图文》③ 等均作“容成氏”，可知罗泌所说并不确。

通过分析可知，除了厘傀氏、启统氏、吉夷氏外，其他十氏均来自某种古书，虽然它们中的某些究竟是不是远古帝王并不能确知，但毕竟比循蜚纪的拼凑而成要好一些。

四　构拟上古帝王谱系分论：禅通纪

禅通纪，又称十有八姓纪，罗泌认为此十八姓均是“通封禅者”，并且指出《三坟书》将此纪说成“通姓氏”，又以九头、五龙、提楗三纪在通姓后是错误的，他强调称：“大率此书虽有所取，然浅陋每难据云。”（《前纪》卷二）可见，罗氏也并非毫无抉择地相信各类古书，至少此处他不信《三坟书》的记载。此纪的详细名单如下：

史皇氏→柏皇氏→中皇氏→大庭氏→栗陆氏→昆连氏→轩辕氏→赫苏氏→葛天氏→尊卢氏→祝诵氏→昊英氏→有巢氏→朱襄氏→阴康氏→无怀氏→太昊伏戏氏→女皇女娲氏→共工氏→炎帝神农氏（载于《路史》的《前纪六》至《后纪四》）

此纪的名号，并非罗氏杜撰，多数有古书的记载为凭。而其中部分名号早已见于《庄子·胠箧》所说的“至德之世”：

> 子独不知至德之世乎？昔者容成氏、大庭氏、伯皇氏、中央氏、栗陆氏、骊畜氏、轩辕氏、赫胥氏、尊卢氏、祝融氏、伏戏氏、神农氏，当是时也，民结绳而用之，甘其食，美其服，乐其俗，安其居，邻国相望，鸡狗之音相闻，民至老死而不相往来。若此之时，则至

---

① 《穆天子传》卷二所载原文作“容□氏”，《集释》曰：“□，檀本填‘成’字，洪颐煊、翟云升、丁谦等据《御览》六百五十八引改作‘成’字。洪颐煊：‘《路史·前纪五》引作“庸成氏之所守”，庸、容古通用。’”王贻梁、陈建敏：《穆天子传汇校集释》，华东师范大学出版社1994年版，第141页。

② 刘文典撰，殷光熹点校：《淮南鸿烈集解》，安徽大学出版社、云南大学出版社1998年版，第253页。

③ （唐）杜甫著，（清）仇兆鳌注：《杜诗详注》卷25，中华书局1999年版，第2215页。

治已。①

　　相传为姜太公所作的《六韬》，其佚文《大明》篇中曾叙"古之王者"众多，其中多数即为《路史》古帝王的来源，今据《太平御览》卷七六《叙皇王上》②、《通鉴外纪》卷一注③以及《路史》中《前纪六》《前纪七》《前纪八》《前纪九》《发挥一·辨葛天氏》等所引，整理出十九氏：

　　　　柏皇氏、中央氏（中皇氏）、栗陆氏、骊连氏（或黎连氏）、轩辕氏、赫胥氏、尊卢氏（或宗卢氏）、祝融氏、伏羲氏、神农氏、共工氏、庸成氏（即容成氏）、混沌氏、昊英氏、有巢氏、朱襄氏、葛天氏、阴康氏、无怀氏。④

　　上海博物馆藏战国楚竹书中有《容成氏》一篇，据李零考证，共有约21位古帝王，其中第一位就是容成氏，李氏说：

　　　　此篇是讲上古帝王传说。全篇共存完、残简五十三枝。……篇题存，在第五十三简背，作"讼成氏"，从文义推测，当是拈篇首帝王名中的第一个名字而题之。此人应即《庄子·胠箧》所述上古帝王中的第一人：容成氏。⑤

　　廖明春在《读上博简〈容成氏〉札记（一）》五《脱简试补》中

　　① （清）郭庆藩撰，王孝鱼点校：《庄子集释》，中华书局1985年版，第357页。
　　② （宋）李昉等：《太平御览》，中华书局1960年影印本，第1册，第356页。
　　③ （宋）刘恕：《资治通鉴外纪》，《四部丛刊初编》，商务印书馆1919年版。
　　④ 《太平御览》卷七六引《六韬》仅有"栢皇氏、栗陆氏、骊连氏、轩辕氏、赫胥氏、尊卢氏、祝融氏"七氏，《通鉴外纪》卷一注引《六韬·大明》有"柏皇氏、栗陆氏、黎连氏、轩辕氏、共工氏、宗卢氏、祝融氏、庸成氏、混沌氏、昊英氏、有巢氏、朱襄氏、葛天氏、阴康氏、无怀氏"十五氏，《路史》所引有"柏皇氏、中央氏（中皇氏）、赫胥氏、尊卢氏、共工氏、祝融氏、庸成氏、浑沌氏、昊英氏、有巢氏、朱襄氏、葛天氏、阴康氏、无怀氏"十四氏。罗泌在《路史·发挥一·辨葛天氏》中指出《六韬·大明》所载："无'大庭、中皇、赫胥'，此学者之所疑也。"然《路史·前纪六·中皇氏》下，罗泌自己明明指出《六韬》之"中央氏"即"中皇氏"，而"赫胥氏"亦在《太平御览》所引《六韬》文中，何以说《六韬·大明》无此二氏？倒是"大庭氏"，诸书所引《六韬·大明》确无此氏，不知何故。
　　⑤ 李零：《〈容成氏〉释文考释》，载马承源主编《上海博物馆藏战国楚竹书（二）》，上海古籍出版社2002年版，第249页。

指出：

> "容成氏"后可补"大庭氏、伯皇氏、中央氏、栗陆氏、骊畜氏、祝融氏、昊英氏、有巢氏、葛天氏、阴康氏、朱襄氏、无怀氏"。其中"大庭"、"柏皇"、"中央"、"栗陆"、"骊畜"、"祝融"六氏据《庄子·胠箧》补。"昊英"、"有巢"、"葛天"、"阴康"、"朱襄"、"无怀"六氏据《汉书·古今人表》、《六韬》佚文《大明》篇、《帝王世纪》补。[①]

据廖氏所考，则上博藏简《容成氏》共有 13 位古帝王。姜广辉认为："上博藏简《容成氏》成书的年代，应该在公元前 314 年之前。"[②] 如果姜氏的意见不错，那么至少在战国中期以前，容成氏等众多古帝王的名号在当时的学术界就已非常流行了。

此后，《庄子》提及的十二氏，被《遁甲开山图》作者删去四氏，增加七氏，变为另一个系统，据《太平御览》卷七八《女娲氏》引《遁甲开山图》：

> 女娲氏没，大庭氏王有天下，五凤异色。次有栢皇氏、中央氏、栗陆氏、骊连氏、赫胥氏、尊卢氏、祝融氏、混沌氏、昊英氏、有巢氏、葛天氏、阴康氏、朱襄氏、无怀氏：凡十五代，皆袭庖羲之号。自无怀氏已上，经史不载，莫知都之所在。[③]

而此系统到了班固作《汉书·古今人表》时，又有了新的变化，他将诸帝依次叙于"太昊帝宓羲氏"后面：

> 女娲氏、共工氏、容成氏、大廷氏、柏皇氏、中央氏、栗陆氏、骊连氏、赫胥氏、尊卢氏、浑浑氏、昊英氏、有巢氏、朱襄氏、葛天

① 廖明春：《读上博简〈容成氏〉札记（一）》，2002 年 12 月 27 日，"简帛研究"网站（http://www.bamboosilk.org/Wssf/2002/liaominchun03.htm）。
② 姜广辉：《上博藏简〈容成氏〉的思想史意义》，《中国社会科学院院报》2003 年 1 月 23 日第 3 版。
③ （宋）李昉等：《太平御览》，中华书局 1960 年影印本，第 1 册，第 365 页。

氏、阴康氏、亡怀氏、东扈氏、帝鸿氏。①

这个系统保留了《庄子·胠箧》中的"容成氏"，同时又比《遁甲开山图》多出"共工""东扈""帝鸿"三氏，但却将"祝融氏"删去了。最让人疑惑的是将"混沌氏"写作"沌浑氏"，且颜师古作注时亦未指出有何问题，所以徐旭生认为："或者是唐初本已经误倒，师古因承此误么？"关于此问题，其实罗泌在《路史·前纪四·浑沌氏》下已经说过，他说："《姓纂》又有'屯浑氏'，云'大昊佐'。谬。"据《元和姓纂》卷四《二十三魂》"屯浑"云："太昊之佐屯浑氏，其后为氏。"岑仲勉校曰："《通志》目作'沌浑'，文作'浑沌'。按前文屯姓下称浑沌氏，此不应又作'屯浑'，应乙正。《寻源》一一谓作'屯浑氏'误，是也。《路史·前纪四》注云：'《姓纂》又有屯浑氏，云太昊佐，谬。'则罗氏见本已误。"② 据岑氏的意见，罗泌所见本《元和姓纂》有误，但若考虑到颜师古注《汉书》时所见亦作"沌浑氏"，则林宝撰《元和姓纂》时作"屯浑"亦有由矣。

到皇甫谧作《帝王世纪》，女娲后无共工、容成二氏，最后也无东扈、帝鸿，与《遁甲开山图》同，但同时也删去了祝融氏，而朱襄氏次序在葛天、阴康二氏前，与《古今人表》同。现据《周易·系辞下》唐孔颖达疏引《帝王世纪》（按：《礼记》书首正义所引略同）文：

> 包牺氏没，女娲氏代立为女皇，亦风姓也。女娲氏没，次有大庭氏、柏黄氏、中央氏、栗陆氏、骊连氏、赫胥氏、尊卢氏、混沌氏、皞英氏、有巢氏、朱襄氏、葛天氏、阴康氏、无怀氏，凡十五世，皆习包牺氏之号也。③

梁元帝萧绎所著《金楼子》一书，其中《典王》篇亦载有此系统，与《帝王世纪》略同，但又少"女娲氏"，而多"容成氏"和"祝和氏"

---

① 《汉书》卷20，中华书局1964年版，第864—866页。
② （唐）林宝撰，岑仲勉校记，郁贤皓、陶敏整理，孙望审订：《元和姓纂》（附四校记），中华书局1994年版，第478—479页。
③ （魏）王弼注，（唐）孔颖达疏：《周易正义》，《十三经注疏》，北京大学出版社1999年标点本，第299页。

（"祝融氏"）：

> 容成氏、大庭氏、柏皇氏、中央氏、栗陆氏、骊连氏、赫苏氏、宗卢氏、祝和氏、浑沌氏、昊英氏、有巢氏、朱襄氏、葛天氏、阴康氏、无怀氏。①

唐代司马贞所作《史记·补三皇本纪》亦载有此系统：

> 自人皇已后有五龙氏、燧人氏、大庭氏、栢皇氏、中央氏、卷须氏、栗陆氏、骊连氏、赫胥氏、尊卢氏、浑沌氏、昊英氏、有巢氏、朱襄氏、葛天氏、阴康氏、无怀氏。斯盖三皇以来有天下者之号。但载籍不纪，莫知姓王年代，所都之处。②

司马贞的系统，将所有姓氏均列在"人皇"以后，且多出"五龙""卷须"二氏，与诸书不合。此后，刘恕的《通鉴外纪》③中亦记载有此系统，与《帝王世纪》所载完全一致。

徐旭生指出："看以上所述说就可以证明由《庄子》开始，由《遁甲开山图》或《古今人表》（笔者按：徐氏所说尚缺《六韬·大明》及上博简《容成氏》中的系统）所改正或补足的系统势力的伟大。但是要注意的是，除《庄子·胠箧》篇只指'至德之世'外，余书几乎全体一致认为这些氏在伏羲氏以后，与禅通纪毫无关系。"徐氏的意见无疑是正确的。而《丹壶书》却直接将此系统搬过来作为禅通纪的内容（引文见前），仅增加了"仓颉氏"，删除了因提纪已经有的"浑沌氏"，其余的除顺序有异外，均没有太大变化。而《路史》又在此基础上，将仓颉改作史皇，中央改作中皇，骊连改作昆连，赫胥改作赫苏（与《金楼子》同）、宗卢改作尊卢（与多数同）、祝融改作祝诵；并且在"无怀氏"之后增加了太昊伏羲氏、女皇女娲氏、共工氏、炎帝神农氏，与诸书所载不

---

① （梁）萧绎：《金楼子》卷1，载（清）鲍廷博辑《知不足斋丛书》第9集，上海古书流通处1921年影印本。

② （唐）司马贞《三皇本纪》，载〔日〕泷川资言《史记会注考证》，文学古籍刊行社1955年版，第33—34页。

③ （宋）刘恕：《资治通鉴外纪》，《四部丛刊初编》，商务印书馆1919年版。

同，显为罗泌妄加。现在将各家所载对比如表 6 - 1 所示。

表 6 - 1　　　　　　　　各书所载古帝姓氏对比①

		1	2	3	4	5	6	7	8	9	10	11	12
		庄子	六韬	容成	吕氏	遁甲	人表	世纪	金楼	三皇	外纪	丹壶	路史
1	伏羲氏	11	9				1	1			1		17
2	女娲氏						2	2			2		18
3	共工氏		11				3						19
4	容成氏	1	12	1			4		1				
5	五龙氏									1			
6	燧人氏									2			
7	仓颉氏											1	1
8	大庭氏	2		2		1	5	3	2	3	3	4	4
9	伯皇氏	3	1	3		2	6	4	3	4	4	2	2
10	中央氏	4	2	4		3	7	5	4	5	5	3	3
11	卷须氏									6			
12	栗陆氏	5	3	5		4	8	6	5	7	6	5	5
13	骊连氏	6	4	6		5	9	7	6	8	7	6	6
14	轩辕氏	7	5									7	7
15	赫胥氏	8	6			6	10	8	7	9	8	8	8
16	尊卢氏	9	7			7	11	9	8	10	9	10	10
17	祝融氏	10	8	7		8			9			11	11
18	浑沌氏		13			9	12	10	10	11	10		
19	昊英氏		14	8		10	13	11	11	12	11	12	12
20	有巢氏		15	9		11	14	12	12	13	12	13	13
21	朱襄氏		16	12	1	14	15	13	13	14	13	14	14
22	葛天氏		17	10	2	12	16	14	14	15	14	9	9
23	阴康氏		18	11	3	13	17	15	15	16	15	15	15
24	无怀氏		19	13		15	18	16	16	17	16	16	16

---

　　①　此表第二横排所列书名简称分别对应《庄子·胠箧》《六韬·大明》《（上博简）容成氏》《吕氏春秋·古乐》《遁甲开山图》《古今人表》《帝王世纪》《金楼子》《三皇本纪》《通鉴外纪》《丹壶书》《路史》。同时，此表在第二纵所列各氏名称时，主要以《古今人表》所列顺序为主，参以其他各书而成（未考虑各书出现的异字），故并未考虑各氏在各书中的一一对应位置，但各氏在各书中的位置体现出该书作者对于该系统的不同看法，颇为重要，故在各书下对应的位置上标出该氏在该书中的实际位置，如《庄子·胠箧》对应的"伏羲"下是"11"，就表示该氏在《庄子》中排在第 11 位，其他类推。

续表

		1	2	3	4	5	6	7	8	9	10	11	12
		庄子	六韬	容成	吕氏	遁甲	人表	世纪	金楼	三皇	外纪	丹壶	路史
25	东扈氏						19						
26	帝鸿氏						20						
27	神农氏	12	10										20

表6-1有一点需要着重指出，即《吕氏春秋·古乐》中载有"朱襄氏""葛天氏""陶唐氏"，然"陶唐氏"下毕沅注曰：

> 孙（按：指孙诒让）云："'陶唐'乃'阴康'之误。颜师古注《汉书·司马相如传》云：'《古今人表》有葛天氏、阴康氏。诱（按：指高诱）不观《古今人表》，妄改《吕氏》本文。'案李善注《文选》竟沿其误，唯章怀注《后汉书·马融传》引作'阴康'。"[1]

可见，"陶唐氏"当作"阴康氏"无疑。以上主要是从学术史角度将《丹壶书》及《路史》所说"禅通纪"涉及的古史人物的来龙去脉进行了详尽梳理。可见对于众多古史人物的位置的编排，存在着两种不同的倾向，一种是以《古今人表》为主，将各种古史人物放在"伏羲""女娲"之后，另一种是以《路史》为主，将各种古史人物放在"伏羲""女娲"之前。但不管如何，这些古史人物在古书中基本都曾有一段比较辉煌的历史，即便是由《丹壶书》《路史》后加上去的仓颉（《路史》称为史皇），亦能在《荀子·解蔽》《吕氏春秋·君守》《淮南子·精神训》《修务训》《鹖冠子·近迭》《王鈇》等先秦及秦汉古书中找到来源。

其实，《路史》编排"禅通纪"众多古史传说人物中，"炎帝神农氏"特别值得关注，因为其他古史传说人物纵然有再烜赫的身世，因为材料不足，罗泌也不能给他们凑足一个完整的历代相承的世系。而"炎帝神农氏"则有所不同，他不仅自身具有诸多伟大的功绩值得大书特书，更为重要的是古书中曾记载了他们世代相承的世系，为罗泌构拟上古帝王谱系提供了极大的便利。为了便于问题的解说，笔者拟先对炎帝世系在历

---

① 许维遹撰，梁运华整理：《吕氏春秋集释》，中华书局2009年版，第119页。

史上的变迁过程进行梳理。① 关于炎帝与神农本不连称，称"炎帝神农氏"乃后起的问题，前辈学者如徐旭生、龚维英等已经有过非常详细的探讨②，故笔者在此不拟再进行论述。虽然"炎帝神农氏"的说法属于后起，却最终成为后人普遍接受的称谓，故也不能一概加以摒弃。关于炎帝世系较早的记载，见于《山海经·海内经》：

> 炎帝之妻，赤水之子听訞生炎居，炎居生节并，节并生戏器，戏器生祝融，祝融降处于江水，生共工，共工生术器，术器首方颠，是复土穰，以处江水。共工生后土，后土生噎鸣，噎鸣生岁十有二。③

《周易·系辞下》唐孔颖达疏引《帝王世纪》所载炎帝世系却是另外一个系统：

> 炎帝神农氏……纳奔水氏女曰听谈，生帝临魁，次帝承，次帝明，次帝直，次帝釐，次帝哀，次帝榆罔，凡八代及轩辕氏也。④

而这个系统在《太平御览》卷七八《炎帝神农氏》所引《帝王世纪》中又有小异：

> 神农氏……凡八世，帝承、帝临、帝明、帝直、帝来、帝哀、帝揄罔。⑤

两相比较可知，《太平御览》所引相对于《周易·系辞下》疏引，"帝承"与"帝临"顺序相反，且"临"后少一"魁"字，"帝釐"作

---

① 关于此问题，徐旭生曾有比较详明的论析。参见徐旭生《中国古史的传说时代》，广西师范大学出版社 2003 年版，第 265—271 页。

② 前者见氏著《中国古史的传说时代》第六章"所谓炎黄以前古史系统考"（第 261—265 页）中的相关论述，后者见氏著《"炎帝神农氏"形成过程探索》[《华南师范大学学报》（社会科学版）1984 年第 2 期] 一文的相关论述。

③ 袁珂：《山海经校注》，上海古籍出版社 1980 年版，第 471 页。

④ （魏）王弼注，（唐）孔颖达疏：《周易正义》，《十三经注疏》，北京大学出版社 1999 年标点本，第 299 页。

⑤ （宋）李昉等：《太平御览》，中华书局 1960 年影印本，第 1 册，第 365 页。

"帝来","榆"作"揄"。其实,这些差异中,除"帝临"与"帝承"顺序相反,"帝釐"作"帝来"较为重要外,其他两个差别可以忽略不计。此后,唐司马贞所作《史记·补三皇本纪》承用了《帝王世纪》的系统,并参以《古史考》的内容:

> 炎帝神农氏……生帝魁,魁生帝承,承生帝明,明生帝直,直生帝釐,釐生帝哀,哀生帝克,克生帝榆罔。凡八代,五百三十年,而轩辕氏兴焉。①

司马贞在注文中明言炎帝世系来自《帝王世纪》,故按理来说当与孔颖达所见相同,但事实上也存在不同,如"临魁"作"魁","釐"作"氂",而更大的区别在于"帝哀"与"帝榆罔"之间无故多一"帝克"出来。

刘恕《通鉴外纪》所载炎帝世系与孔颖达《正义》所载基本相同,但又在"帝釐"下注:"一曰克"②,这显然是为了调停《正义》与《三皇本纪》的差异。但即便如此,就大体而言,孔颖达、司马贞、刘恕等所言炎帝世系却均主《帝王世纪》所载,而罗泌却大有不同,他来了一次大综合,不再严格遵循《帝王世纪》提供的世系,而是将《山海经》所载炎帝世系融入其中,最终构拟出一个全新的世系(见表6-2)。

表6-2　　　　　　　　　　《路史》构拟的炎帝世系表③

神农→柱…庆甲…临→承…魁→明→直(值)→釐(来)→居→节茎→	戏→	克
		器
		小帝(参卢、榆冈)

注:表内"→"表示相承继,"…"表示不相承继。

对于这个全新的系统,我们来看看其中各代的来历如何。

---

① (唐)司马贞《三皇本纪》,载〔日〕泷川资言《史记会注考证》,文学古籍刊行社1955年版,第32页。

② (宋)刘恕:《资治通鉴外纪》,《四部丛刊初编》,商务印书馆1919年版。

③ 表内所列见《路史·后纪四》。此表的绘制,参考徐旭生所作《中国古史的传说时代》第六章"所谓炎黄以前古史系统考",广西师范大学出版社2003年版,第267页。

（1）帝柱。《国语·鲁语上》说："昔烈山氏之有天下也，其子曰柱，能殖百谷百蔬。"吴韦昭注："烈山氏，炎帝之号也，起于烈山。《祭法》以'烈山'为'厉山'。"① 罗泌据此认为："炎帝柱，神农子也。"

（2）帝庆甲。罗泌说他是"帝柱之仙（按：仙即胄也）"。但"庆甲"并不见于先秦古书，今仅能在梁陶弘景《真诰》卷一五《阐幽微》中寻得此人踪迹，其文曰："炎庆甲者，古之炎帝也。今为北太帝君，天下鬼神之主也。"② 可见"庆甲"一代可靠性并不大。

（3）帝临、帝魁。据上引《周易·系辞下》孔颖达疏引《帝王世纪》，"帝临魁"乃一人，且在"帝承"之前，而据《太平御览》所引《帝王世纪》，"帝临"却在"帝承"后，二者所引，一前一后，必有一误。罗泌无视此错误，将"帝临魁"强行拆开，分置"帝承"的前后，并说："夫帝临在帝承前［原注：《年代历》等］，而帝魁乃在帝承之后［原注：《补史纪》等］。盖自异代。"罗泌难道不曾见过孔颖达与《太平御览》所引《帝王世纪》之文？其实不是的，他自己曾分析说："惟诸《历纪》炎帝八世，故'临'与'帝魁'递为存废，或合'临''魁'以为一。"也就是说，罗泌认为"帝临"与"帝魁"本来是不同的两个人，但为了凑足"炎帝八世"之数，故将两者或取其一，或合二为一。

（4）帝明。罗泌说他是帝魁的"子子"，看上引《帝王世纪》与《三皇本纪》均不曾说"帝魁"与"帝明"有直接的关系，倒是孔颖达所引《帝王世纪》"帝临魁"后为"帝承"，再后即为"帝明"，疑惑此"子子"并非重文，乃是罗泌有意为之，表达的是"帝明"为"帝魁"之孙的意思。

（5）帝直、帝釐。罗泌承袭了《帝王世纪》的系统。然而在"帝釐"之后，《帝王世纪》有"帝哀"一代，罗泌却用"帝居"将其替代。这一转变看似无用，其实是罗泌有意为之，因为他将《帝王世纪》系统转换成了《山海经》系统。而在《山海经》系统里，"帝居"之后，本应该是"节并"，罗泌却写作"节茎"。不仅如此，在《山海经》系统

---

① 徐元浩撰，王树民、沈长云点校：《国语集解》，中华书局 2002 年版，第 155 页。

② ［日］吉川忠夫、麦谷邦夫：《真诰校注》，朱越利译，中国社会科学出版社 2006 年版，第 472 页。

里，"节并"之后为"戏器"，罗泌却不遵守这个系统，认为"节茎生克及戏"，又说"节茎生戏，戏生器"。也就是说，罗泌将《山海经》的"戏器"变成了前后相承的两代。同时，罗泌还在"炎帝克"下注曰："《年代历》'帝刻'同。余书皆作'哀'，非。"也就是说，他在此处不仅简单地用"帝居"替换了"帝哀"，更主要的是直接将《帝王世纪》系统里的"帝哀"一代否定掉了。在《山海经》系统里，"戏器"之后是"祝融""共工""术器""后土""噎鸣""岁十有二"共六代，在《路史》的炎帝世系里，这些人都被排除在登帝位之人外，并且说"戏生器及小帝"，又说"器生巨及伯陵、祝庸"，"巨为黄帝师"，"伯陵为黄帝臣"，"祝庸为黄帝司徒"。此处所说的"祝庸"就是《山海经》中的"祝融"。罗泌说祝庸"居于江水，生术器"，这个"术器"正是《山海经》中的"术器"。罗泌还说术器"生条及句龙"，"句龙为后土"，"生垂及信，信生夸父"，而"垂臣高辛，为尧共工"，垂生"噎鸣，是为伯夷"，又"生岁十二"。可见，罗泌将《山海经》系统中的人均安排进了自己构拟的炎帝世系中。

（6）榆冈。罗泌说他又名"参卢"，这又从《山海经》系统回到了《帝王世纪》系统。徐旭生认为："又名参卢，大约本于《史记·五帝本纪》'神农氏世衰'句下索隐所说'即班固所谓参卢，皇甫谧所云帝榆罔也'的说法。"[①] 此言是也。

综上，罗泌所构拟的炎帝世系，其主体材料来源不外乎《帝王世纪》与《山海经》，但罗泌在构拟的过程中，对两书提供的材料并未完全忠实地利用，他在其中加入了不少其他材料，甚至有些材料根本是他自己编造的，并没有可靠的依据来加以支持，这样的研究态度，无怪乎会遭到后世研究者的批评。但平心而论，我们又觉得罗泌这样的构拟工作也并非毫无价值，因为他的构拟工作是在占有了他之前几乎所有的同类材料之后才进行的，这无疑体现出他具有良好的"史学"和"史才"能力，这又是我们必须认真领会的。只有认识到这一点，才能充分理解徐旭生下面一席话的深刻含义：

　　　我们对于罗氏搜罗的广博实在还有点佩服……可以说它几乎无一

---

① 徐旭生：《中国古史的传说时代》，广西师范大学出版社2003年版，第270页。

字无来历。并且有时候他也算能传疑，不牵强附会，有时候他还能作实地调查（他曾到湖南茶陵，拜炎帝的陵墓），也颇具历史家的风度！①

五　构拟上古帝王谱系分论：疏仡纪

疏仡纪，罗泌解释道："疏以知远，仡以审断，仁义道德之所用也。"（《路史·前纪二》）此纪从黄帝氏开始，其详细名单如下：

黄帝有熊氏→小昊青阳氏→帝颛顼高阳氏→帝喾高辛氏→帝尧陶唐氏→帝舜有虞氏→帝禹夏后氏（载于《路史·后纪五》至《后纪十三》）

关于"疏仡纪"各氏的名称，在今散存各书所引的《春秋命历序》及《路史》所引的《丹壶书》中均无记载，而《路史》却给出了从黄帝至禹共七氏的名单，但罗泌并没有解释何以要将这七氏归于"疏仡纪"之下。我们详细分析起来，其实这七氏的来源，就是将本章第一节中所说的第一种五帝说（黄帝、颛顼、帝喾、尧、舜）与第四种五帝说（少昊、颛顼、帝喾、尧、舜）合并，再加上禹，构拟出来的。

（1）关于"黄帝"，罗泌说他"姓公孙，名荼，一曰轩，轩之字曰玄律，小典氏之子，黄精之君也"。所谓黄帝"名荼"，罗氏注引《河图挺辅佐》："黄帝告天老曰：'荼昔梦两龙以白图授予。'"并解释道："荼，古'舒'字，或作'余'。故《世本》云：'伯余作衣裳。'《淮南子》：'伯余之初作衣。'许《注》亦云：'黄帝。'"今考《艺文类聚》卷一一《黄帝轩辕氏》②、《太平御览》卷七九《黄帝轩辕氏》③ 引《河图挺佐辅》，"荼"字均作"余"。又考《淮南子·氾论训》曰："伯余之初作衣也。"汉高诱注："伯余，黄帝臣也。《世本》曰：'伯余制衣裳。'一曰：伯余，黄帝。"④ 可见称伯余为黄帝只是一种说法，而另一种说法则称伯余为黄帝臣。其实，即使我们承认伯余就是黄帝，也并不能得出黄帝名荼

---

① 徐旭生：《中国古史的传说时代》，广西师范大学出版社 2003 年版，第 269、271 页。

② （唐）欧阳询撰，汪绍楹校：《艺文类聚》，上海古籍出版社 1985 年版，第 209 页。

③ （宋）李昉等：《太平御览》，中华书局 1960 年影印本，第 1 册，第 368 页。

④ 刘文典撰，殷光熹点校：《淮南鸿烈集解》，安徽大学出版社、云南大学出版社 1998 年版，第 429 页。

的结论，因为伯余与余之间并没有直接关系，更何况由《世本》《淮南子》所载来看，"伯余"并非"伯""余"二字的简单叠合，它应该是指一个完整的名词。再结合《艺文类聚》与《太平御览》所引《河图挺佐辅》所言，"余"字当理解为今天所说的"我"字之义，而罗泌却要牵强地认为是"荼"字，其用意无非是想要满足其"黄帝名荼"的说法而已，并没有特别的根据。所谓"轩之字曰玄律"，罗氏在注文中解释道："见《黄帝经序》及《难经疏》。按'轩星'谓之'玄轩'，《广韵》。《九合内志文》云'竹受气于玄轩之宿'是矣。然则名轩而字玄律，理或然也。《山海经》：'帝律生帝鸿。'则帝之字律，尤信。"其中《九合内志文》出自梁陶弘景《真诰》卷八《甄命授》中，其文曰："我案《九合内志文》曰：'竹者为北机上精，受气于玄轩之宿也。'"① 而所说《山海经》，出自《山海经·大荒东经》，其文曰："帝俊生帝鸿。"郝懿行注云："帝鸿，黄帝也，见贾逵《左传》（文公十八年）注；然则此帝俊又为少典矣，见《大戴礼·帝系》篇（《帝系》篇云：'少典产轩辕，是为黄帝'——珂）。《路史·后纪》（《后纪十》注——珂）引此经云：'帝律生帝鸿。'律，黄帝之字也；或罗氏所见本与今异。"袁珂按曰："古代神话传说，由于辗转相传，历时既久，错综纷歧之处必多，此经帝俊生帝鸿，帝鸿不必即黄帝，纵帝鸿即黄帝矣，帝俊亦不必即少典，要之在阙疑可也。"②

关于黄帝之子，罗泌说："子二十五，别姓者十二：祈（即祁）、酉、滕、箴、任、苟、釐（即僖）、结（即姞）、儇、依及二纪（即己）也[原注：青阳、夷彭]，余循姬姓。"清梁玉绳认为："《国语》胥臣言'得姓者十四人，为十二姓'，二人同姓己，二人同姓姬故也。而其叙己、姬二姓之子两举青阳，明是《国语》误文，[原注：以青阳为姬姓者非。]史公仍而不改，故《索隐》述旧解云'破四为三，言得姓十三人耳'。但青阳、夷鼓二己姓，[原注：《路史》作'夷彭'，以'鼓'为非。]加以酉、祁、滕、葳、任、荀、[原注：《路史》作'苟'，以'荀'为非。]僖、姞、儇、依十姓，才得十二，余皆与黄帝同姓姬，岂惟二人，则

---

① ［日］吉川忠夫、麦谷邦夫：《真诰校注》，朱越利译，中国社会科学出版社2006年版，第472页。

② 袁珂：《山海经校注》，上海古籍出版社1980年版，第347页。

《路史·后纪》言'别姓者十二，余循姬姓'，良是。"① 关于黄帝世系，根据《山海经》所载的信息，可以列出表6-3。

表6-3　　　　　　　　《山海经》所载黄帝世系

黄帝→		禺猇（东海神）→禺京（北海神）	出《大荒东经》		
		始均（黄帝孙）→北狄	出《大荒西经》		
		苗龙→融吾→弄明→白犬（犬戎）	出《大荒北经》		
		（黄帝女）魃	出《大荒北经》		
	（妻雷祖）昌意→韩流→颛顼（《海内经》）		伯服	出《大荒南经》	
			淑士	出《大荒西经》	
			老童→	祝融→太子长琴	出《大荒西经》
				吴回	出《大荒西经》
				重	出《大荒西经》
				黎→噎	出《大荒西经》
			三面	出《大荒西经》	
			叔歜	出《大荒北经》	
			骧头→苗民	出《大荒北经》	
		（鲧妻）士敬→炎融→骧头		出《大荒南经》	
	骆明→白马（鲧）	出《海内经》			

黄帝世系，在《世本》及《大戴礼记·帝系》中又有所不同，它主要有两个系统：一是黄帝→玄嚣→蟜极→高辛（帝喾）；二是黄帝→昌意→高阳（颛顼）。② 由第一个系统的高辛（帝喾）发展出周世系（元妃姜嫄），商世系（次妃简狄），帝尧（次妃陈隆），帝挚（次妃陬訾）；由第二个系统的高阳（颛顼）发展出夏世系（鲧、禹）等。而《帝系》中还有黄帝娶嫘祖所产的青阳，《史记·五帝本纪》说青阳就是玄嚣，司马贞《索隐》说："当是误也。谓二人皆黄帝子，并列其名，所以前史因误以玄嚣、青阳为一人耳。"③

---

① （清）梁玉绳：《史记志疑》，中华书局1981年版，第5—6页。
② （汉）宋衷注，（清）秦嘉谟等辑：《世本八种》，中华书局2008年版，第11—15页。（清）王聘珍撰，王文锦点校：《大戴礼记解诂》，中华书局1983年版，第126—130页。
③ 《史记》卷1，中华书局1959年标点本，第10页。

罗泌则根据《山海经》《大戴礼记》《史记》等文献记载，将黄帝世系构拟成另外一番景象，如表6-4所示。

表6-4　　　　　　　　　　　《路史》所构拟的黄帝世系

黄帝→	元妃西陵氏→	昌意→	乾荒→帝颛顼（高阳氏）		
			安（安息）		
			悃（党项）		
		玄嚣→	帝喾（高辛氏）		
		龙苗→	吾融→卞明→白犬（蛮人之祖）		
	次妃方累氏→	休（帝鸿氏）→	白民		
			嘻→季格→帝魁		
			妻土敬氏（炎融）→骊头→三苗		
		清（纪姓）→	少昊		
	次妃肜鱼氏→	挥			
		夷彭（纪姓）			
	次妃嫫母氏→	苍林→	始均（北狄）		
		禹阳（禹号?）→	禹京		
			偶梁		
			儋人→	牛黎	
				番禺	
				奚仲→吉光	

关于黄帝四妃，《史记·五帝本纪》"嫘祖为黄帝正妃"下《索隐》引皇甫谧曰："[黄帝立四妃]，元妃西陵氏女，曰累祖，生昌意。次妃方雷氏女，曰女节，生青阳。次妃肜鱼氏女，生夷鼓，一名苍林。次妃嫫母，班在三人之下。"司马贞按曰："《国语》夷鼓、苍林是二人。又案：《汉书·古今人表》肜鱼氏生夷鼓，嫫母生苍林，不得如谧所说。"[①]

关于"元妃西陵氏"一系，司马迁据《大戴礼记·帝系》指出昌意生高阳，是为颛顼，而罗泌在"昌意"与"高阳"之间加入"乾荒"一代。所谓"乾荒"，据《山海经·海内经》："黄帝妻雷祖生昌意，昌意降处若水，生韩流。"晋郭璞注曰："《竹书》云：'昌意降居若水，产帝乾荒。'乾荒即韩流也，生帝颛顼。"[②]可见"乾荒"即"韩流"，确为"颛

---

①　《史记》卷1，中华书局1959年标点本，第10页。
②　袁珂：《山海经校注》，上海古籍出版社1980年版，第442—443页。

项"之父。司马迁又说："帝喾高辛者，黄帝之曾孙也。高辛父曰蟜极，蟜极父曰玄嚣，玄嚣父曰黄帝。"[1] 罗泌虽然也曾提及《史记》此处所说，却并没有遵循，而是将"蟜极"一代舍去，径直将"玄嚣"说成是"帝喾"的父亲。关于《山海经·大荒北经》所载"苗龙→融吾→弄明→白犬（犬戎）"一系，罗泌故意将"苗龙"说成"龙苗"，"融吾"说成"吾融"，"弄明"说成"卞明"，并解释说："郭璞云'卞'一作'吊'。盖古'卞'字。故司马贞作'算明'尔。《史·索》作'苗龙''融吾'皆非。"据《史记·匈奴列传》"周西伯昌伐畎夷氏"下《索隐》引《山海经》云："黄帝生苗龙，苗龙生融吾，融吾生弄明，弄明生白犬，白犬有牝牡，是为犬戎。"[2] 可见，司马贞所见《山海经》与今传本并无不同，且"弄明"亦不作"算明"，故罗泌认为司马贞作"苗龙""融吾"皆非，是没有根据的。

关于"次妃方累氏"一系，罗泌说："帝律生帝鸿，是为帝休。"并注曰："《山海经》云：'帝律生帝鸿。'律，黄帝之字也。杜预以'帝鸿'为'黄帝'，陋矣。"（《路史·后纪六》）今考《山海经·大荒东经》曰："有白民之国。帝俊生帝鸿，帝鸿生白民，白民销姓。"[3] 则罗泌所见"帝俊"为"帝律"。而正因罗泌将"帝俊"认作"帝律"，亦即"黄帝"，所以他会认为"白民"乃"帝鸿"之后"销姓"。关于"帝鸿"，徐旭生考证说："'鸿'从'江'音，古字义符常常省减，径作'江'（毕沅已有此说）。……贾逵、杜预都说帝鸿就是黄帝，不知道他们何所本。……《路史》引干宝'鸿、黄世及，其道一也'，判定鸿与黄是两个人，不是一个人，很是。但是它因此又把帝鸿列在黄帝后面为受命的一帝，却是从这一个牛犄角里面钻出，又钻进另一个牛犄角里面。……这是为时代所限，并不足怪。并且我们因此得到一个古人苦心排列古帝系统的例子，也不算没有意义了。"[4] 而"嘻→季格→帝魁"一系，罗泌注曰："《西荒经》云：'南岳娶州山氏，曰女虔，生季格，季格生寿麻之国。'嘻，其南岳矣。"今考《山海经·大荒西经》："南岳娶州山女，名曰女虔。女虔生季格，季格生寿麻。"吴任臣云："《冠篇》：'黄帝鸿初为南岳

---

① 《史记》卷1，中华书局1959年标点本，第13页。
② 《史记》卷110，中华书局1959年标点本，第2882页。
③ 袁珂：《山海经校注》，上海古籍出版社1980年版，第347页。
④ 徐旭生：《中国古史的传说时代》，广西师范大学出版社2003年版，第84—85页。

之官，故名南岳。'"袁珂指出，吴氏所引《冠篇》及《路史》所言，虽然"均后起臆说，未足为据，然此南岳疑实亦当为黄帝系人物也"。① 所谓"季格生帝魁"，罗泌注曰："有《本纪》言。"惜暂不见此《本纪》之文。但罗氏又说："帝魁氏，大鸿氏之曾孙也。母曰任已，感神而生魁。"并注引《孝经钩命诀》云："任已感神生帝魁"，故康成云："任已，帝魁之母。"（《路史·后纪六》）考《太平御览》卷七八《炎帝神农氏》引《孝经钩命诀》曰："任已感龙生帝魁。"注曰："任已，帝魁之母也。魁，神农名。已或作姒也。"② 又据《文选》卷三张平子《东京赋》："仰不睹炎帝帝魁之美"下唐李善注："炎帝，神农后也；帝魁，神农名，并古之君号也。善曰：《孝经钩命诀》曰：'佳已感龙生帝魁。'郑玄曰：'佳已，帝魁之母也。魁，神名。'宋衷《春秋传》曰：'帝魁，黄帝子孙也。'"③ 可见，此处所言之"帝魁"，或云"神农名"，或云"黄帝子孙"，各家看法并不一致，故罗氏感慨曰："古书之误，大率如此。"而"妻士敬氏（炎融）→骧头→三苗"一系，据《山海经·大荒南经》："大荒之中，有人名曰骧头。鲧妻士敬，士敬子曰炎融，生骧头。"又《大荒北经》："颛顼生骧头，骧头生苗民，苗民釐姓。"④ 可见，"土敬"当作"士敬"，"炎融"乃"士敬"之字，而非"士敬"本人。又"清（纪姓）→少昊"一系，罗泌注曰："有《本纪》言。"惜此《本纪》之文亦未曾见。

关于"次妃彤鱼氏"一系，罗泌注曰："'彤鱼'世作'彤雷'，'夷彭'世作'夷鼓'，皆非。皇甫谧谓：'夷鼓为苍林。'妄矣。《姓纂》更谓：'青阳生挥鼓。'《唐表》以挥为少昊第五子，尤无据，盖'般'尔，非'晖'云。"据上引司马贞《索隐》，则罗氏批皇甫谧所谓"夷鼓为苍林"之文则是矣。然据《新唐书》卷七二下《宰相世系表》："张氏出自姬姓。黄帝子少昊青阳氏第五子挥为弓正，始制弓矢，子孙赐姓张氏。"⑤ 则罗氏以《唐表》"挥为少昊第五子"为"尤无据"，不知其根据何在？

关于"次妃嫫母氏"一系，罗泌说黄帝生苍林，"苍林姬姓，生始

①　袁珂：《山海经校注》，上海古籍出版社1980年版，第410页。

②　（宋）李昉等：《太平御览》，中华书局1960年影印本，第1册，第365页。

③　（南朝梁）萧统编，（唐）李善注：《文选》，中华书局1977年影印本，第67页。

④　袁珂：《山海经校注》，上海古籍出版社1980年版，第378、436页。

⑤　《新唐书》，中华书局1975年标点本，第2675页。

均，是居北狄为始氏"。考《山海经·大荒西经》："有北狄之国。黄帝之孙曰始均，始均生北狄。"①《山海经》仅说"始均"为黄帝之孙，并没有指明为何人之子，而罗泌径直将"始均"与"苍林"挂钩，认为"苍林"乃"始均"之父，不知其根据在哪。但纵观《路史》著书体例，凡有根据必在注文中指出，而此处并未注出来历，恐是罗泌自己所为，并没有切实的根据可依循。罗泌又提及"禺阳"，并注曰："《唐表》作'禹阳'，谬。"考《新唐书》卷七三上《宰相世系表》："任姓出自黄帝少子禺阳，受封于任，因以为姓。"②确实作"禺阳"，则不知罗氏作"禺阳"的根据何在？同时，在"禺阳"之后，罗泌紧接着就提及"禺号"，并说"禺号生禺京、傜梁、儋人"。考《山海经·大荒东经》："黄帝生禺虢，禺虢生禺京，禺京处北海，禺虢处东海，是为海神。"又《海内经》曰："帝俊生禺号，禺号生淫梁，淫梁生番禺，是始为舟。番禺生奚仲，奚仲生吉光，吉光是始以木为车。"郝懿行注云："《北堂书钞》一百三十七卷引此经淫作淫。《大荒东经》言黄帝生禺虢，即禺号也，禺号生禺京，即淫梁也，禺京、淫梁声相近；然则此经帝俊又当为黄帝矣。"袁珂驳之曰："黄帝即'皇帝'（古籍多互见无别），初本'皇天上帝'之义，而帝俊亦殷人所祀上帝，故黄帝神话，亦得糅混于帝俊神话中，正不必以禺号同于禺虢便以帝俊即黄帝也。"③而"儋人"者，即"儋耳"也，据《山海经·大荒北经》："有儋耳之国，任姓，禺号子，食谷。北海之渚中，有神，人面鸟身，珥两青蛇，践两赤蛇，名曰禺强。"袁珂说："《国语·晋语》说黄帝之子十二姓中有任姓，此经下文复言'禺号子'，禺号即禺虢，乃黄帝之子，见《大荒东经》，故儋耳亦黄帝裔也。"④

（2）关于"小昊"，又称"少昊""小颢"。罗泌认为是"纪姓，名质，是为挚。其父曰清，黄帝之第五子，方傫氏之生也"（《路史·后纪七》）。关于少昊"纪姓"，有不同的说法，据《太平御览》卷七九《少昊金天氏》引《帝王世纪》曰："少昊帝名挚，字青阳，姬姓也。母曰女节。黄帝时有大星如虹，下流华渚，女节梦接意感，生少昊，是为玄嚣，降居江水，有圣德，邑于穷桑，以登帝位，都曲阜，故或谓之穷桑帝。以

①　袁珂：《山海经校注》，上海古籍出版社 1980 年版，第 395 页。
②　《新唐书》，中华书局 1975 年标点本，第 2883 页。
③　袁珂：《山海经校注》，上海古籍出版社 1980 年版，第 350、465—466 页。
④　袁珂：《山海经校注》，第 425 页。

金承土帝，图谶所谓白帝朱宣者也。故称少昊号金天氏。"又引《古史考》曰："穷桑氏，嬴姓也，以金德王，故号金天氏。或曰宗师太昊之道，故曰少昊。"① 而"名质"者，罗泌引《周书》云："乃命小昊清司马鸟师，以正五帝之官，因名曰质。"今考《逸周书·尝麦解》曰："乃命少昊请司马鸟师，以正五帝之宫，故名曰质。"黄怀信注曰："〔请〕'清'字之误。少昊名清。'司'字衍，'马'当是'为'误。《左传·昭公十七年》郯子曰：'我高祖少皞挚之立也，凤鸟适至，故纪于鸟，为鸟师而鸟名。'……〔质〕正也。正五帝之官，故名质。亦作'挚'，借字。"② 罗氏此处明引《逸周书》曰"少昊清"，意指"少昊名清"，然而其后又曰"其父曰清"，则前后矛盾。刘师培认为："今考《后汉书·张衡传》李注引《衡集》云：《帝系》黄帝产青阳、昌意，《周书》'乃命少昊清'，即青阳也，是衡以此文之清即青阳。又《汉书·律历志》述《世经》云'少昊，《帝考德》曰清，清者黄帝之子青阳也。是其子孙名挚，（《家语·辨物》篇亦作"少皞挚"。）立土生金天下，号曰金天氏'。由此观之上文临西方之少昊，与此文少昊清为一人，即青阳也。"③

关于"少昊"世系，罗泌根据《左传》《山海经》《史记》等文献构拟如表 6−5 所示。

表 6−5　　　　　　　　　《路史》所构拟的少昊世系

少昊→	元妃→	倍伐			
	次妃→般				
		昧（玄冥师）→	允格		
			台骀		
		裔子（娶修）→大业→皋陶（马喙）→	伯翳→	大廉→	孟亏
					仲衍
				若木	
				恩成	
			仲甄		
			封偃		

①　（宋）李昉等：《太平御览》，中华书局 1960 年影印本，第 1 册，第 370 页。

②　黄怀信：《逸周书校补注译》，三秦出版社 2006 年版，第 294—295 页。

③　黄怀信、张懋镕、田旭东：《逸周书汇校集注》，上海古籍出版社 1995 年版，第 785 页。

在这个系统里，所谓少昊"元妃生倍伐"，源自《山海经·大荒南经》："有缗渊。少昊生倍伐，倍伐降处缗渊。"① 而"次妃生般，为弓正"。上文分析黄帝"次妃彤鱼氏"一系时，已经谈及，此不赘述。罗泌又说少昊："有子曰昧，为玄冥师。是生允格、台骀，俱臣高阳。"考《左传·昭公元年》："昔金天氏有裔子曰昧，为玄冥师，生允格、台骀。台骀能业其官，宣汾、洮，障大泽，以处大原。帝用嘉之，封诸汾川。沈、姒、蓐、黄，实守其祀。"孔颖达疏曰："颛顼为帝，承金天之后。台骀是金天裔孙，为臣，宜当颛顼，故以'帝用嘉之'为颛顼嘉耳。昧于金天已云裔子，台骀又是昧之所生，则去少皞远矣。而《帝系》《世本》皆云少皞是黄帝之子，颛顼是黄帝之孙。臣世多而帝世少，史籍散亡，无可检勘，此事未必然也。《释例》云：'案：鲧则舜之五世从祖父也，而及舜共为尧臣。尧则舜之三从高祖而妻其女。此《史记》之可疑者也。'是皆疑不能决，因旧说耳。"② 则罗泌所言出于此矣。

罗泌又说："初，帝裔子取高阳氏之女曰修，生大业；大业取少典氏女曰华，生繇。……是曰皋陶。"并注曰："世以《秦纪》言'女修'，遂谓高阳之后。邓名世犹以李嬴出高阳，不知考也。"考《史记·秦本纪》曰："秦之先，帝颛顼之苗裔孙曰女修。女修织，玄鸟陨卵，女修吞之，生子大业。"张守节《正义》曰："《列女传》云：'陶子生五岁而佐禹。'曹大家注云：'陶子者，皋陶之子伯益也。'按：此即知大业是皋陶。"③ 又《新唐书》卷七〇上《宗室世系表》："李氏出自嬴姓。帝颛顼高阳氏生大业，大业生女华，女华生皋陶，字庭坚，为尧大理。生益，益生恩成，历虞、夏、商，世为大理，以官命族为理氏。"④ 据罗泌所言，则是糅合了《史记·秦本纪》及《新唐书》中的内容而成，但却又未遵从二书的记载。他将《秦本纪》中颛顼裔孙女修说成"高阳氏女曰修"，又将《秦本纪》所言女修感孕而生的大业说成少昊"裔子"的儿子。同时，在《新唐书》中，大业所生的女华，又被罗泌说成大业所娶的"少典氏女曰华"。

---

① 袁珂：《山海经校注》，上海古籍出版社 1980 年版，第 371 页。
② （周）左丘明传，（汉）杜预注，（唐）孔颖达正义：《春秋左传正义》，《十三经注疏》，北京大学出版社 1999 年标点本，第 1160 页。
③ 《史记》卷 5，中华书局 1959 年标点本，第 173 页。
④ 《新唐书》，中华书局 1975 年标点本，第 1955 页。

（3）关于"颛顼"（《路史·后纪八》），徐旭生曾经有一段非常精辟的论述："在古代各帝里面，最难明了而关系又颇为重要的莫过于帝颛顼。……在浅化人民中间，有武功的容易传播，没有武功的很难显著。颛顼没有显著的武功，却是声名远扬，超过黄帝（在《山海经》中见面回数多就是证明），是一件颇不容易明白的事情。"[1] 可见，颛顼的地位颇高，但其事迹在今天能够见到的古籍中记载得并不多。笔者在上文讨论"黄帝世系"的"元妃西陵氏"一系时，已经指出"昌意→乾荒→帝颛顼（高阳氏）"的世系关系，罗泌在此基础上，进一步对颛顼世系进行构拟，如表6-6所示。

表6-6　　　　　　　　　　《路史》所构拟的颛顼世系

颛顼→	娶胜溃氏（妭）→	伯偁		
		卷章（娶梘水氏娇）→	犂（祝融）→	长琴
				噎
			回（吴回）→陆终	
		季禺→	叔歜	
	娶邹屠氏→	禹祖		
		八凯（八子）：苍舒、伯益、梼演、大临、庞江、霆坚、中容、叔达		
	元子孺帝			

关于颛顼世系，在《大戴礼记·帝系》中有较为完整的记载："颛顼娶于滕氏，滕氏奔之子，谓之女禄氏，产老童。老童娶于竭水氏，竭水氏之子谓之高缟氏，产重黎及吴回。吴回氏产陆终。陆终氏娶于鬼方氏，鬼方氏之妹，谓之女隤氏，产六子，孕而不粥，三年，启其左胁，六人出焉。其一曰樊，是为昆吾；其二曰惠连，是为参胡；其三曰籛，是为彭祖；其四曰莱言，是为云郐人；其五曰安，是为曹姓；其六曰季连，是为芈姓。"[2] 另外，《山海经·大荒西经》也说："有榣山。其上有人，号曰太子长琴。颛顼生老童，老童生祝融，祝融生太子长琴，是处榣山，始作乐风。"郭璞注引《世本》曰："颛顼娶于滕坟氏，谓之女禄，产

---

[1]　徐旭生：《中国古史的传说时代》，广西师范大学出版社2003年版，第85—86页。

[2]　（清）王聘珍撰，王文锦点校：《大戴礼记解诂》，中华书局1983年版，第127—128页。

老童也。"① 而罗泌并未秉承这一世系，他将原来仅有一人的"老童"分为"伯偁""卷章""季禺"三人，并说："偁字伯服，与卷章绵产。"考《左传·昭公二十九年》："献子曰：'社稷五祀，谁氏之五官也？'对曰：'少皞氏有四叔。'"唐孔颖达疏曰："案《世本》及《楚世家》云：'高阳生称，称生卷章，卷章生黎。'"② 可见，"称"与"卷章"乃父子关系，非兄弟关系。罗泌又说："季禺是生叔歜。"今考《山海经·大荒北经》："有叔歜国。颛顼之子，黍食，使四鸟：虎、豹、熊、罴。"③ 则"叔歜"出此，但若据《山海经》所言，则"叔歜"为"颛顼之子"，非颛顼之孙也。罗泌又说："卷章取枪水氏曰娇，生犁及回。"据《山海经·大荒西经》："颛顼生老童，老童生重及黎，帝令重献上天，令黎邛下地，下地是生噎，处于西极，以行日月星辰之行次。"晋郭璞注引《世本》云："老童娶于根水氏谓之骄福，产重及黎。"④ 则"卷章"即"老童"，何以如此替换？罗氏解释说："《经》云：'颛顼生老童。'非也。"即《山海经》所载"颛顼生老童"是不正确的，这种说法有没有根据暂不得而知，但却与罗泌将老童一人分为"伯偁""卷章""季禺"三人的做法一致。

不仅如此，罗泌还说："初，帝僇蚩邮，迁其民善者于邹屠，恶者于有北。邹屠氏有女，履龟不践，帝内之，是生禹祖及梦八人：苍舒、伯益、祷演、大临、庞江、霆坚、中容、叔达，是为八凯。"据晋王嘉《拾遗记·高辛》载："帝喾之妃，邹屠氏之女也。轩辕去蚩尤之凶，迁其民善者于邹屠之地，迁恶者于有北之乡。其先以地命族，后分为邹氏、屠氏。女行不践地，常履风云，游于伊、洛。帝乃期焉，纳以为妃。妃常梦吞日，则生一子，凡经八梦，则生八子。世谓为'八神'，亦谓'八翌'，翌明也，亦谓'八英'，亦谓'八力'言其神力英明，翌成万象，亿兆流其神睿焉。"⑤ 又据《左传·文公十八年》载："昔高阳氏有才子八人，苍舒、隤敳、祷戴、大临、尨降、庭坚、仲容、叔达，齐、圣、广、渊、

① 袁珂：《山海经校注》，上海古籍出版社 1980 年版，第 395 页。

② （周）左丘明传，（汉）杜预注，（唐）孔颖达正义：《春秋左传正义》，《十三经注疏》，北京大学出版社 1999 年标点本，第 1510 页。

③ 袁珂：《山海经校注》，上海古籍出版社 1980 年版，第 423 页。

④ 袁珂：《山海经校注》，第 402 页。

⑤ （晋）王嘉撰，（梁）萧绮录，齐治平校注：《拾遗记》，中华书局 1988 年版，第 18 页。

明、允、笃、诚，天下之民谓之八恺。"① 则娶"邹屠氏"者为高辛，而有"八才子"者为高阳，这之间的区别很明显，但罗泌却硬将两者糅合到了一起，这种构拟方式着实让人惊诧。

关于"元子孺帝"者，罗泌说："帝崩而元子立，袭高阳氏，是为孺帝，寻崩而帝喾立。"并注引《山海经·大荒东经》："东海之外大壑，少昊之国。少昊孺帝颛顼于此。"② 说这就是"所谓'孺帝颛顼'是也"。

（4）关于"帝喾"（《路史·后纪九》），罗泌说："帝喾高辛氏，姬姓。曰喾，一曰逡。喾之字曰亡斤，黄帝氏之子曰玄枵之后也。""一曰逡"者，见《太平御览》卷八〇《帝喾高辛氏》引《帝王世纪》曰："帝喾高辛氏，姬姓也，其母不见，生而神异，自言其名曰逡。"③ 又作"夋"者，见《初学记》卷九《帝喾高辛氏》引《帝王世纪》曰："帝喾，姬姓也，其母不觉，生而神异，自言其名曰夋。"④ 还有作"俊"者，据《山海经·大荒东经》载："帝俊生中容。"晋郭璞注："俊，亦舜字，假借音也。"⑤ 罗泌指出："《山海经》作'俊'，言'帝俊'处甚多，皆谓喾。郭景纯皆以为舜，谓舜、俊声相近，失所考矣。"然据《大荒西经》载："帝俊生后稷。"郭璞注："俊宜为喾。喾第二妃生后稷也。"⑥ 则郭注正谓"帝俊"作"帝喾"，不得云"皆以为舜"也。其实，关于"后稷"与"喾""帝俊"的关系，正如袁珂在《山海经校注》中所说："经言'帝俊生后稷'，亦帝喾生后稷也。后稷本西方民族所奉祀之农神，而又附会于东方民族神话中，故言'帝俊生'也。实则后稷之生，与俊、喾俱无关系，乃出于原始母权制社会时期'民知有母而不知有父'（《商君书·开塞》篇语）之'感天而生'之神话也。"⑦

关于帝喾的世系，徐旭生认为："对于这位人帝，我们没有好多话可说，因为材料太贫乏了。……骤然从他的儿子一辈人看来，他可以说是顶幸运的了。他通共有四个妃子：上妃叫作姜嫄氏，她生的儿子为后稷，就

---

① （周）左丘明传，（汉）杜预注，（唐）孔颖达正义：《春秋左传正义》，《十三经注疏》，北京大学出版社1999年标点本，第577页。

② 袁珂：《山海经校注》，上海古籍出版社1980年版，第338页。

③ （宋）李昉等：《太平御览》，中华书局1960年影印本，第1册，第372页。

④ （唐）徐坚等：《初学记》，中华书局2010年版，第197页。

⑤ 袁珂：《山海经校注》，上海古籍出版社1980年版，第344页。

⑥ 袁珂：《山海经校注》，第392页。

⑦ 袁珂：《山海经校注》，第393页。

是周朝的始祖。次妃有娀氏（娀音同松）的女儿，叫作简狄氏，生的儿子叫作契，就是商朝的始祖。再次妃叫作陈隆氏（《史记·五帝本纪》作'陈锋'，《帝王世纪》作'陈丰'，'隆'大约是'锋'的误字），生的儿子就是陶唐氏的帝尧。他的最末妃子叫作陬訾氏，生的儿子最不济，叫作挚，可是也做了若干年的帝。像后代盛称的二帝、三王，就有一个是他的儿子，两个是他的后裔。他家又有八人，能使四方的人，'父义，母慈，兄友，弟共（恭），子孝，内平外成'。像这样的一个家庭，他的武功虽说赶不上黄帝，神通虽说赶不上颛顼，可是在人事一方面功绩大得很，怎么还能说对他的材料太贫乏呢？因为这一些材料，可以说无不可疑。《大戴礼记·五帝德》篇说他的氏族叫高辛氏，我们遍考可靠的古书，一点线索也找不出来。《五帝德》与《帝系》两篇是齐鲁儒者所作综合的结果，里面有不少靠不住的材料。此后的说者几乎完全受它的影响。说话的人虽说不少，但是因为同出一源，所以并不能增加它的可靠性。"①徐氏的看法无疑是正确的。但罗泌却不这么认为，他曾说："帝喾之孙子，何其盛欤！传曰：昔帝喾卜四妃之子，皆有天下。常仪之子为帝挚，庆都之子为帝尧。契之后为商，而稷之后为周。商周之后，盛莫京矣。予尝求之，帝喾之治天下，其迹之闻于代者，初无赫赫之功，是何邪？得非有功者不如无过之难，而作阴德者弗若绝阳刑之惠大乎？体喾之政，亦惟仁柔无苛而已。"（《路史·国名纪三·高辛氏后》）可见，罗氏虽认为帝喾并无显赫的功绩值得记述，但却认为"帝喾之孙子，何其盛欤"。罗氏在这一思想的指引下，将帝喾的世系构拟如表6－7所示。

表6－7　　　　　　　　　　《路史》所构拟的帝喾世系

帝喾→	上妃有骀氏姜嫄→	后稷→黎茧→叔均…不窋→鞠陶→公刘→庆节→皇仆→弗差→伪榆→公非→辟方→高圉→侯牟→亚圉→（弟）云都→叔组绀（祖类）→诸𪓐（泰公）→亶父（古公泰王）→季历（王季）→文王
	次妃有娀氏简狄→	契→昭明→相土…（传十二世）汤
	次妃陈丰氏庆都→	尧
	次妃有陬氏常羲→	月十二
		太子庬（挚，袭高辛氏者）
		八元：实沉、阏伯、晏龙、叔戏、巫人、续牙、猒越

①　徐旭生：《中国古史的传说时代》，广西师范大学出版社2003年版，第101—102页。

关于帝喾四妃的记载，见《大戴礼记·帝系》："帝喾卜其四妃之子，而皆有天下。上妃，有邰氏之女也，曰姜原氏，产后稷；次妃，有娀氏之女也，曰简狄氏，产契；次妃曰陈隆氏，产帝尧；次妃曰陬訾氏，产帝挚。"①又见《艺文类聚》卷一五《后妃》引《世本》曰："帝喾卜其四妃之子，皆有天下。元妃有邰氏之女，曰姜嫄，生后稷；次妃有娀氏之女，曰简狄，生契；次妃陈酆氏庆都，生帝尧；次妃娵訾氏，生帝挚。"②《太平御览》卷一三五《帝喾四妃》引《世本》曰："帝喾卜其四妃（四妃）之子，而皆有天下。元妃有邰国之女曰姜嫄，是产后稷；次妃有娀氏之女简狄，是产契；次妃曰陈丰，是生帝尧；次妃曰娵訾，产帝挚。"③

在这个世系表中，"上妃有邰氏姜嫄"一系，其世系最为烦琐，存在的问题也最多，但曹书杰师在所著《后稷传说与稷祀文化》一书的第一章"后稷起源的传说"中已有透辟的分析④，故此不赘述。而关于"次妃有陬氏常羲"一系，有常羲生"十二月"的记载，考《山海经·大荒南经》："羲和者，帝俊之妻，生十日。"又《大荒西经》："帝俊妻常羲，生月十有二。"罗泌说："云羲和者，乃常羲有陬氏也。"此后，清吴任臣、郝懿行均赞同此说。袁珂却不赞同，他说："考帝俊三妻，一羲和，即此经生十日者；一常羲，即《大荒西经》生十二月者；一娥皇，即此经前文生三身之国者：各俱有不同裔子，则生日之羲和当非生月之常羲可知矣。"袁氏又说："《世本·帝系》篇（张澍稡辑补注本）云：'帝喾下妃娵訾氏之女，曰常仪，是生帝挚。'羲、仪声近，常羲即常仪也，帝俊亦即帝喾也。《吕氏春秋·勿躬》篇云：'尚仪作占月。'毕沅注云：'尚仪即常仪，古读仪为何，后世遂有嫦娥之鄙言。''鄙言'与否姑无论矣，然其说则诚不可磨也。是'生月十二'之月神常羲神话，乃又逐渐演变而为奔月之嫦娥神话；常羲本为天帝帝俊之妻，又一变而为其属神羿之妻：神话传说之演变无定，多如是也。"⑤而关于"八元"，罗泌说："刘敬叔《异苑》云：'陬訾氏生而发与足齐，堕地能言，及为帝室，八梦日而生八子，皆有贤智，世号八元：伯奋、仲堪、叔献、季仲、伯虎、仲

---

① （清）王聘珍撰，王文锦点校：《大戴礼记解诂》，中华书局 1983 年版，第 130 页。
② （唐）欧阳询撰，汪绍楹校：《艺文类聚》，上海古籍出版社 1985 年版，第 277—278 页。
③ （宋）李昉等：《太平御览》，中华书局 1960 年影印本，第 1 册，第 656 页。
④ 曹书杰：《后稷传说与稷祀文化》，社会科学文献出版社 2006 年版，第 49—54 页。
⑤ 袁珂：《山海经校注》，上海古籍出版社 1980 年版，第 381—382、404—405 页。

熊、叔豹、季狸也。'《年代历》云：'陈留氏生八元。'盖误'有邰'为'陈丰'，误'陈丰'为'陈留'尔。"实则，此八元乃出自《左传·文公十八年》所载，其文曰："高辛氏有才子八人，伯奋、仲堪、叔献、季仲、伯虎、仲熊、叔豹、季狸。"①

（5）关于"尧"（《路史·后纪十》）和"舜"（《路史·后纪十一》）。在上文讨论帝喾世系的时候，已经顺带提及尧的世系。在《路史·后纪十》中，罗泌并没有替尧构拟出一个庞大的世系，对于尧的出身，他说："帝尧陶唐氏，姬姓，高辛氏之第二子也。母陈丰氏，曰庆都。"对于尧的后代，他说："帝初取富宜氏曰皇，生朱。""朱之兄考监明先死而不得立，庶弟九。"除此之外，罗泌关于尧事迹的构拟，并没有比《尚书·尧典》的记载多出什么内容。关于舜的世系，相对而言，要比尧的世系更为丰富一些，在《路史·余论七·吕梁碑》中，载有罗泌从郭知章家中收集到的关于虞舜家世记载的《吕梁碑》，此碑载舜世系甚详，其文云："舜祖幕，幕生穷蝉，穷蝉生敬康，敬康生乔牛，乔牛生瞽叟，瞽叟产舜。"罗泌在《路史·后纪十一》中也采用了《吕梁碑》所载舜先世的世系，其后又指出舜后代世系："三妃娥肓亡子"，"女罃生义钧及季厘"，"次妃癸比氏生二女，曰宵明，曰烛光"。根据以上信息，可以将罗泌所构拟的舜世系用表6-8体现。

表6-8　　　　　　　　　　《路史》所构拟的舜世系

幕→穷蝉→敬康→乔牛→瞽叟→舜→	女罃→	义钧（商均）→虞思…箕伯、直柄、虞遂、伯戏…虞阏父→胡公满
		季厘
	次妃癸比氏→	宵明
		烛光
	三妃娥肓	

关于舜世系，陈泳超在《尧舜传说研究》中，据《左传》《国语》《大戴礼记·五帝德》《帝系》《史记·五帝本纪》《史记·陈杞世家》及

---

① （周）左丘明传，（汉）杜预注，（唐）孔颖达正义：《春秋左传正义》，《十三经注疏》，北京大学出版社1999年标点本，第578页。

刘耽《吕梁碑》等文献共整理得出三种。① 从陈氏的整理结果来看，舜的
先世以"颛顼"为首，进而可以追溯到黄帝，这一结论与罗泌所持观点
对立。罗泌认为，五帝当中，独帝舜不出于黄帝，他在《路史·发挥
五·论舜不出黄帝》中共列举了六条证据来证明他的观点，其中有云：
"舜既尧之五世从玄孙，岂得御尧之女，况以玄孙而尚高祖姑，昭穆失
当，无是若者。"又说："且以所言舜为尧之从孙，禹乃舜之从祖，尧授
天下于从孙，舜受天下于从祖，自其家人，乌得谓之至公，而能以天下予
人哉？颛顼之传帝喾，何以不谓之传贤？不降之授帝扃，何以不谓之异
位？商、周、汉、唐，若此者亦众矣。胡得独称尧、舜乎？"笔者认为，
就古书的记载而言，这样的批评存在其合理性。关于这个问题，清代学者
梁玉绳也曾指出过，梁氏不仅认为舜不祖黄帝，甚至颛顼、禹也不祖黄
帝。他说：

> 至吾谓颛顼、舜、禹不祖黄帝者，《路史·后纪》据《国语》、
> 《吕梁碑》以为舜之系出虞幕，非出黄帝。夫《国语》史伯举四代之
> 祖称虞幕与禹、契、弃并列居先。更征《左传》昭八年史赵曰"自
> 幕至瞽瞍无违命"。舜之祖幕，决无可疑。而《左传》又云"陈，颛
> 顼之族"，《国语》又云"幕能帅颛顼者"，则幕之祖颛顼尤审。是不
> 止舜不祖黄帝，并颛顼亦不祖黄帝，既颛顼不祖黄帝，而鲧为颛顼五
> 世孙，禹亦不当祖黄帝。盖幕国于虞，故为虞氏，特幕之上世略而莫
> 考，未知幕为颛顼之子欤？抑非颛顼之子欤？穷蝉既为幕子，未知穷
> 蝉去颛顼中隔几世，而颛顼之祖父与颛顼之子孙俱未知谁何。往牒败
> 亡，莫从勘检矣。由此观之，尧、契、稷出帝喾同祖黄帝为一族，
> 舜、禹出颛顼为一族。②

虽然，罗泌、梁玉绳对舜世系提出了质疑，但在他们的思想深处却坚
信舜作为三代帝王曾真实存在。他们认为舜世系虽有缺漏，但那是因为
"往牒败亡，莫从勘检"造成的。正因为如此，所以他们虽能提出问题，
但终究并不能从根本上解决问题。相比之下，郭永秉结合传世文献与出土

---

① 陈泳超：《尧舜传说研究》，南京师范大学出版社 2000 年版，第 15、17—19 页。
② （清）梁玉绳：《史记志疑》，中华书局 1981 年版，第 9 页。

文献资料，对有虞氏世系的分析所得出的结论就更具可信度。郭氏认为，有虞世系"应分为两个系统叙述，一个是有虞氏的君王世系（颛顼…→幕…→舜），另一个则是舜的先祖世系（穷蝉→敬康→句芒→蛟牛→瞽叟→舜）"。可见，有虞氏的君王世系相对于先祖世系而言存在较大的残缺，显得很不完整。之所以形成如此鲜明对比，其原因主要是：

　　　　舜在大一统帝王世系中是五帝之一，这一类帝王世系都是以"某产某"（父生子）的形式排列的家谱系统；而由于战国以来古史传说系统都编造了受尧禅让而登位的舜及其家族皆为平民的讲法（《子羔》简7说舜是"受命之民"，是"人子"，可以很好说明这一点。这一点是顾颉刚《禅让传说起于墨家考》最早指出的，参见裘锡圭《新出土先秦文献与古史传说》），所以显然不能随便把既有的有虞氏君王的世系排在舜之前，而要为舜的家族单独造出一个可以为人所信赖的，并直接上溯到颛顼乃至黄帝的世系，这也就是我们在《帝系》、《五帝德》、《五帝本纪》等文献中看到的从"穷蝉"到"舜"的这一系列名字。

　　　　在先秦文献中，瞽瞍（叟）为舜父的传说相当普遍，应当有着比较早的来源。但除了《帝系》等宣扬大一统帝王世系的文献外，穷蝉至蛟牛诸人则几乎不见于其他古书记载（"敬康"子"句芒（望）"与为木正的少昊氏子"句芒"似并无实质联系，也不排除是把少昊氏子"句芒"随意拉来凑数的可能）。因此这一套名字除了瞽瞍的来历比较可靠以外，可能多数是为了大一统帝王世系而附会出来的。舜为平民，因有贤德而受禅即位本来就是编造出来的传说，在此基础上附会的舜平民家族的世系无疑应当是更晚才出现的。这是构建大一统帝王世系时，对"零碎的时代传说的总整理"的重要组成部分。①

　　据此可知，罗泌在舜世系的构拟过程中，虽然并未能摆脱"大一统帝王世系"造成的影响，但毕竟已经对他之前的舜世系存在的问题提出了大胆的质疑，并能够结合《吕梁碑》的记载，提出自己的看法，这种

---

①　郭永秉：《帝系新研》，北京大学出版社2008年版，第41—42页。

怀疑精神实属不易。正因为他有这样的怀疑精神，所以他能够提出问题，但他却始终抱持着信古的态度，无法超越时代，所以他又终究无法彻底解决这些问题。

（6）关于“夏禹”及其世系（《路史》中《后纪十二》《后纪十三》）。罗泌说：“帝禹夏后氏，姒姓，名禹，一曰伯禹，是为文命。其先出于高阳，高阳生骆明，骆明生白马，是为伯鲧。”考《山海经·海内经》：“黄帝生骆明，骆明生白马，白马是为鲧。”郭璞注引《世本》曰：“黄帝生昌意，昌意生颛顼，颛顼生鲧。”[①] 又《大戴礼记·帝系》曰：“颛顼产鲧，鲧产文命，是为禹。”[②] 罗泌又说“后趫生启及均”，“均生固，固生伎来，伎来生循鞈，是杀绰”。考《山海经·大荒北经》：“禹生均国，均国生役采（郭璞注：采，一作来），役采生修鞈，修鞈杀绰人。”[③] 可见，关于禹先世世系的来源，罗泌主要利用《山海经》《世本》《大戴礼记·帝系》等文献。而罗泌在构拟从夏启到夏桀的世系时，他曾参阅了包括《竹书纪年》《世本》《史记》《帝王世纪》《古今刀剑录》《通鉴外纪》《古史》《通志》《帝王本纪》《年代历》《绍运图》等在内的大量文献，其中《竹书纪年》《世本》《帝王世纪》等今已亡佚不存，研究者幸赖《路史》等文献的保存才得以略窥一二。现根据《路史》中《后纪十二》《后纪十三》所载，将罗泌构拟的夏禹世系列如表6－9所示。

表6－9 **《路史》所构拟的夏禹世系**

	均→固→伎来→循鞈
颛顼→骆明→白马→鲧→禹（娶后趫）→	启→太康→仲康→相（相安）…（后羿…寒促）…少康→杼（松曼）→槐（芬）→芒如（和）→泄→不降（北成）→扃→廑（顿）→胤甲（孔甲）→皋→敬发（惠）→履癸（桀）

在这个世系表中，之所以将后羿与寒促区别对待，是因为他们原非夏禹世系的成员，但又在夏禹世系传承过程中起到了特殊的作用。罗泌将上举各书所载夏代各帝王的异同一一列于文中，让研究者对其中的差异一目了然，从而也间接地起到了保存古籍的作用，这是值得肯定的一面。

① 袁珂：《山海经校注》，上海古籍出版社1980年版，第465页。

② （清）王聘珍撰，王文锦点校：《大戴礼记解诂》，中华书局1983年版，第126页。

③ 袁珂：《山海经校注》，上海古籍出版社1980年版，第424页。

但是，罗泌在对这些材料进行取舍时却多有失误，如程平山从《路史》等古籍记载的夏代纪年角度指出的："关于夏代纪年资料主要有东周时期的史料、汉晋学者整理的资料、西晋初出土的《古本竹书纪年》以及宋代学者整理的资料等。"其中"宋代学者整理的资料"就包括罗泌《路史》，程氏通过分析指出，"《路史》记载的数据是区别于儒家体系和《竹书纪年》体系的一套体系"，他是罗泌整合先秦文献的结果：

> 南宋罗泌《路史·后纪十二》和《路史·后纪十三》记载了夏代纪年，而罗苹的注释又征引了《古本竹书纪年》、《年代历》等文献记载的一些夏代纪年数据，这些数据多不同于《路史》，罗苹认为他们多为错误。其实，《路史·后纪十三》："夏氏凡四百八十有三岁。"按：《路史·后纪十二》记述夏史起自大禹，并曰"（禹）立一十有五岁"。罗苹注："《纪年》禹立四十五年，宜赘四字。"而统计《路史》所记载的夏王在位的年数，自大禹即帝位至于夏桀之灭共 490 岁，故《路史》之错误自见。《路史》记载夏代各王在位年数的数据，不仅只有 6 个同于《资治通鉴外纪》的记载，而且，对于《路史》注征引的《古本竹书纪年》的数据皆不采用。可见，《路史》记载的数据是区别于儒家体系和《竹书纪年》体系的一套体系。因此，《路史》的记载是不可信的，它是罗泌整理先秦史料的成果，但是在引文与考证等方面都存在严重的错误。①

从程氏的论述中不难看出，罗泌虽然在《路史》中保存了大量现今已经亡佚的资料，但他在对这些资料进行整合、取舍的过程中，却存在诸多问题。

我们认为，从严格的学术研究角度而言，程氏所指出的《路史》存在的问题，无疑都是客观存在的，这毋庸置疑。并且，这样的研究取向也是我们应该格外重视的，但我们是不是也应该换一个角度来看待罗泌及其《路史》？比如，是不是应该对罗泌为什么要编撰《路史》，以及他在《路史》编撰过程中究竟倾注什么样的一种情怀加以特别观照？要知道，罗泌生活的年代（南宋高宗、孝宗年间），面对的是内忧外患的局面，这让

---

① 程平山：《夏代纪年考》，《中原文物》2004 年第 3 期。

罗泌内心深处无法平静，他的《路史》创作并非简单的学究式的研究，他曾在《路史》中强烈地表达过对时局的不满，以及对于国家长治久安的渴望（前文已经论述过）。这样的对国家民族的深厚情怀，借用赵俪生评价顾炎武的话来加以说明颇为贴切，赵氏说顾炎武：

> 是一个爱国主义者，但不是一个一般的爱国主义者，不是那种叫叫口号贴贴标语的爱国主义者，也不是一个抛头颅洒热血类型的爱国主义者，他是浑身浸染了中国传统文化的爱国主义者。……试读《日知录》中的一些片段"中华无不复之日"、"松柏后凋于岁寒，鸡鸣不已于风雨"、"固未尝无独醒之人"，就可以懂得顾炎武的爱国主义，是建立在非常深非常厚的文化积累之上的。[1]

笔者在此无意抬高罗泌的历史地位，但若细细地品读过《路史》的人，恐怕也不能无视罗泌所具有的这种爱国情怀。试读罗泌在《路史》中的下面三段话，也许会对此有更为直接的认识：

> 自古国家丁中否艰难之运，朝廷之政，类皆苟且姑息之为，以故豺狼枭獍，跳梁跋扈，乘间并起而不可系止，自非大有为之君，奋其刚断，揽权纲以离夺之，其济鲜矣。予读《嗣征》，见仲康之能以威胜爱，而相遂以姑息失之，未尝不痛之也。夫兵权之失得，社稷存亡之所系也。尧帝之末，不诛四凶而付之舜，则唐之兵权在舜矣。舜帝之末，不征三苗而付之禹，则虞之兵权在禹矣。兹岂陋儒之所知哉！（《路史·后纪十三·帝相》）
>
> 成败不难见哉！夫与死同病者，越人所不医；与亡同政者，屠黍所不处。用贤则治，有德则昌，此不易之理也。是故古人论病以及国，原诊以知政。秦为暴虐，羽亲灭之，而暴虐益甚。陈为滔佚，隋亲灭之，而滔佚益甚。安得不亡哉？夫以继体之君，艰难不知，而抵于败，是故不足怪。今也躬自伐之，而躬自为之；躬自成之，而躬自败之，此何为也邪？甚矣夫人之愚也，湛于酒色，小病大死，人举知

① 赵俪生：《我和顾炎武研究》，载张世林编《为学术的一生》，广西师范大学出版社2005年版，第517页。

之，而人举甘之。好任小人，大亡小乱，理之必然。而小人必用，今世固有诲人以酒色亡身，而自溺于酒色，谏彼以小人破国，而自惑于小人者矣。是非不知戒也，知思于忧患而死安佚也。（《路史·后纪十三·夷羿传》）

　　吾尝言之，造物者之报人也，不报其人而报其人之天，非惟报之；其报之也，必厚天道，岂难知哉？惟其效有迟速之不同尔。……朱温令蒋辉弑昭宗，昭宗环柱而走，剑之击柱者三，乃归狱于裴枢；暨友珪之逆，俾冯廷谔以剑犯温，温亦走旋柱，剑之击柱者亦三，乃归狱于博王友文。及末帝之讨逆友珪，竟俾廷谔奏刀，而廷谔亦自杀矣。夷羿之不道，以臣逐君，绝后夔，而其妻与其相浞亦能赂庞蒙而杀羿，子亦死于穷门。浞能弑相，而伯靡卒能灭浞。阳推五福以类升，阴幽六极以类降，天道好还，岂不明甚矣哉？予观庆封、蒲嫳之于崔杼，庆舍、蒲癸之于庆封，与夫元昊讹咙等事，而益叹羿、浞之会，举天理自然者，故曰："爱出者爱入，福往者福来。"（《路史·后纪十三·寒浞传》）

　　当然，笔者这样说并非要回避罗泌《路史》在资料的整合过程中存在的问题，相反，对于存在的问题均应该格外加以注意，因为只有将存在的问题详细探讨后，才能清晰地看到《路史》其实也具有某种价值，而这种价值正是本书所要极力探寻和阐发的。

　　综上，罗泌在构拟上古帝王谱系时，虽然以《春秋命历序》所载"十纪"为核心来加以叙述，但由于《春秋命历序》所载"十纪"的详细名单大部分已经散佚不存，所以罗泌不得不凭着自己对这一体系的理解，从各种古书中寻找相关材料来充实这一体系。因此可以看到，在《路史》所构拟的上古帝王谱系中，其取材范围相当庞杂，其中固然包含有自远古流传下来的古帝王，但更多的却并不是严格意义上的古帝王，他们往往只是某地的山神名、某水域的水神名以及某一星座的星名，等等。罗泌在构拟过程中，对这些材料所载的奇奇怪怪的名称均一视同仁，认为他们都是远古帝王，只是时空相隔、历史绵邈，现在已经不能够搜寻到他们那时代留下来的丰富的历史材料罢了。由于上述思想在罗泌内心深处是如此根深蒂固地存在着，所以他在处理材料时所采用的方法，若用今天的学术标准来严格加以衡量，就显得不合时宜，甚至看起来格外荒唐。因为罗泌坚信这些远古帝王确曾存在过，且创造了非常辉煌的远古文明，所以即便这些记载远古帝王的材料本身存在某些矛盾之处，他也只是提出质疑，并不曾对那些远古帝王本身加以否定。

总之，只有对上述指导思想有深刻了解，方能更合理地认识《路史》。通过对《路史》依据《春秋命历序》"循蜚纪""因提纪""禅通纪""疏仡纪"四纪所构拟的上古帝王谱系的分别梳理，我们可以看到，虽然罗泌在构拟上古帝王谱系过程中存在诸多问题，但透过表面的纷乱庞杂，展现在我们面前的，却是罗泌试图整合先秦文献，构拟一幅民族大一统的美好画面，而这又与偏安一隅的南宋臣民渴望民族融合、国家统一的心态是一致的。

第七章

罗泌《路史》及其"神话历史"观

通过第四、五、六章的逐层讨论，不难看出，罗泌在编撰《路史》时，并不曾对"神话""传说""历史"三者作出区分，究其原因，笔者已在上文的讨论中略有提及，但并未能从理论高度加以总结分析，而本章正是以此为重点展开。

众所周知，研究中国上古史、上古神话的学者，对神话、传说与历史之间的关系均格外重视，因为在中国上古时期，三者间关系非常微妙，要想将它们明确区分开格外艰难；然而在相关研究中，有时对三者进行区分又十分必要和迫切，所以利用何种理论能够将三者进行区分，既不失客观，又能充分展示三者间那种微妙关系所体现出的人类早期的思维特质，非常值得期待和关注。

本章的重点即在于，首先对神话、传说与历史三者间的关系进行梳理，指出研究中国上古史、上古神话，对神话与传说关系的区分并不是最急迫的问题，而对神话与历史关系的探讨才是重中之重。同时指出，以顾颉刚为代表的"古史辨"派古史神话观对探讨神话与历史关系有十分重要的价值和优越性，但也有其自身的缺陷，而"神话历史"理论正好弥补了这一缺陷。最重要的是，笔者在文中利用这两种理论对罗泌《路史》进行分析阐释后，将"古史辨"派古史神话观的价值与缺陷，以及"神话历史"理论存在的理论优势较为充分地揭示了出来。从中可以看出，《路史》不仅是中国神话传说资料的集大成者，在中国神话学史上具有承前启后的重要作用，同时《路史》中体现出的神话与历史不相区分的

"神话历史"观，也是解读与《路史》同类作品的重要观念①，值得提炼并加以推广。

第一节　神话与传说关系界说

在对罗泌《路史》体现出的"神话历史"观进行探讨前，有必要首先对"神话"（myths）与"传说"（legends）这两个重要概念进行澄清。众所周知，两者都是自远古流传至今的故事（traditional tales），相互之间关系密切，很难作出非常清晰的学术界定。但为了研究需要，对两者之间的关系作出适当的廓清也是必要的，虽然这种廓清不必过于拘泥。大致而言，有如下认识。

一　对神话的界说

神话是一种神圣叙事，它与远古社会有密切关系，在远古社会里承担重大社会功能，具有重要的文化意义。英国著名人类学家马林诺夫斯基曾借用土人的称呼，将神话称作"里留"（liliu）。马氏认为，神话的产生"乃是在仪式、礼教、社会或道德规则要求理论根据，要求古代权威，实在界、神圣界加以保障的时候"。神话不仅被"看作真的，且是崇敬而神圣的，具有极其重要的文化作用"。因而这类神圣的故事"是编在仪式、道德与社会组织里面"，"不是生存在休闲的趣味，不是当作杜撰的故事，也不止于当作真事的叙述；乃是由土人看来一个荒古实体底陈述，更比现在伟大而切实的荒古实体底陈述；因为这种实体是断定现在人类生活，命运与活动的；对于这种实体的认识是使人发生仪式与道德行为的动机，而且使人知道怎样进行仪式与道德行为的"。② 同时，马氏根据自己在西太平洋特罗布里恩德群岛的实际调查中采集到的大量第一手资料，进一步指出：原始人对自然界纯艺术或纯理论科学很少关心，在他们的思想与故事

---

① 叶舒宪指出："中国古人不用讲'神话'这个词，因为他原来就生活在神话所支配的观念和行为之中！从这一意义上看，象形文字作为文化的符号编码方式，本身就体现着神话观念的原型编码规则，这正是当代学者能够通过神话学的整合视角而重新进入中国传统的窍门所在。"叶舒宪：《神话：中国文化的原型编码》，载叶舒宪、唐启翠编《儒家神话》，南方日报出版社2011年版，第3页。

② ［英］马林诺夫斯基：《巫术科学宗教与神话》，李安宅译，中国民间文艺出版社1986年版，第92、93页。

中，很少有象征主义的余地。在原始人看来，神话不是"闲来无事的诗词"，不是"空中楼阁没有目的的倾吐"，不是"理智的解说或艺术的想象"，也不是"我们在近代小说中所见到的虚构"，而是若干"极其重要的文化势力"，"是原始信仰与道德智慧上实用的特许证书"，"在原始文化中有必不可少的功用"。①

不仅如此，马氏还认为，神话能为现存事物提供存在依据。社会需要保障，道德需要榜样，巫术需要奇迹，神话的主要作用正在于满足这种需求。马氏还特别强调，在神话研究中，对蛮野神话的研究是文明神话研究的重要基础，研究神话决不能脱离它所属的时代，应该结合它所属时代的背景及上下文来加以研究，马氏说：

> 我再声述一下，本书所讨论的神话，是蛮野神话，不是文化高的神话。我相信，研究神话在原始社会以内的功能与运用，应该预料到研究高等文明底神话所得的结论。这等高等文明底神话材料，到了我们底手里已是孤立的文学记载，没有实际生活底背景，没有社会底上下文。这就是西洋古代民族与东方死文明中所有的神话。典据的学者研究神话，应该向人类学家学习点甚么。②

马氏从功能主义神话学的角度对神话进行的论说，对我们进行《路史》神话研究具有重要参考价值。《路史》保存的绝大多数神话资料，均已与其赖以生存的社会历史土壤相脱离，成为"死神话"；即便是那些通过罗泌四处走访得来的神话传说故事，也不再属于"原生态神话"，而是为了适应文明社会某些现实的需要经过整理和修饰的"次生态神话"。

因此，要想澄清《路史》所载神话的真实意义，必须结合罗泌编撰《路史》时的特殊社会历史背景及其上下文来加以研究，同时也要特别重视对"蛮野神话"的研究。也就是说，研究罗泌《路史》所载神话，首先要研究罗泌所处社会对神话流传产生的相应影响，同时还要适当借鉴研究者对现当代未开化民族神话进行研究取得的成果，即马氏所说"向人

---

① ［英］马林诺夫斯基：《巫术科学宗教与神话》，李安宅译，中国民间文艺出版社1986年版，第82—86页。

② ［英］马林诺夫斯基：《巫术科学宗教与神话》，第126页。

类学家学习点甚么"。

马氏将神话界定为一种神圣而应使人敬畏的东西的观点，得到研究者的普遍赞同，如美国民俗学家阿兰·邓迪斯在所编《西方神话学读本·导言》中即明确指出："神话是关于世界和人怎样产生并成为今天这个样子的神圣的叙事性解释。……其中决定性的形容词'神圣的'把神话与其他叙事性形式，如民间故事这一通常是世俗的和虚构的叙事形式区别开来。"① 而美国另一位民俗学家威廉·巴斯科姆在《口头传承的形式：散体叙事》中也持同样的观点：

> 神话是散体叙事，在讲述它的社会中，它被认为是发生于久远过去的真实可信的事情。它们被忠实地接受，被告知是可信的，它们还被作为权威加以引述以解答无知、疑窦或不信任。神话是信条的化身，它们通常是神圣的，并总是与神学和宗教仪式相结合。其间的主要角色一般不是人类，却又常具有人的本性；他们是动物、神祇或高尚的英雄。他们行动于很久以前的世界上，那时的大地与今天的不同。或者行动于另一个世界里，如天堂或地下世界。神话讲述的是世界、人类、死亡的起源，或是鸟兽的习性、地理特征以及大自然的现象。它们也会讲到神祇们的活动，他们的爱情事件、家庭关系、友情与仇恨、胜利与失败。它们会"讲解"那些特殊的随身行头或宗教仪式的细节，以及为什么必须遵守禁忌，只是这种穷究原委的因素并不局限于神话。②

据此，我们可以归纳出神话的几个基本特点：（1）神圣性。这是神话最重要的特点，特别是那些与神学和宗教仪式相结合的神话故事更是如此。（2）真实性。这是由神话的"神圣性"特点直接决定的。神话一般被认为是发生在远古的真实可信的事件。（3）神话主人公一般不是人类，是超越人类的神祇、始祖、文化英雄或者某种神圣的动物，他们具有超凡的创造力。（4）神话发生的世界距离现今已经十分遥远，或者发生在与

---

① ［美］阿兰·邓迪斯编：《西方神话学读本》，朝戈金等译，广西师范大学出版社2006年版，第1页。

② ［美］阿兰·邓迪斯编：《西方神话学读本》，第10—11页。

地球不同的另外的世界。(5) 神话的主要功能在于解释和证明故事发生的真实性与神圣性。

二　对传说的界说

传说被认为与历史十分接近，可称作"准历史"，其内容具有相当的可信度，主人公一般认为是人类英雄。马林诺夫斯基借用土人的话语，将传说称为"利薄窝过"(libwogwo)，并指出传说不受季节与讲述形式的限制，它的内容也不具备表演性质和巫术作用，但它被认为是真实可信的，是土人记忆中关于战争、巫术、饥荒、旱灾、经济活动等方面的所见所闻、经验教训，"这类故事叙述伟大的成就叙述得十分煊赫，有这样成就的人及其子孙或者全社会是有功可居的，所以这类故事也因后辈追念先烈而活跃"。[①] 英国人类学家弗雷泽也认为："传说是传统 (traditions)，无论口头的还是书面的，它述说过去那些真实人物的命运，或是据说发生于某真实地点的不一定与人类有关的事件，这样的传说真实与虚幻混杂，可如果它们全部是真实的，就不是传说而是历史了。真伪比例在不同传说中自然不同；一般情况下，可能是无根据部分为主，至少在细节上，那些奇异的或不寻常的因素虽不是一概地但也经常大量进入其中。"[②] 美国民俗学家威廉·巴斯科姆在此基础上将传说界定为：

> 传说是散体叙事，与神话一样，被讲述者和听众认为它是真实的，但它们不被当作发生于久远之前的事情，其中的世界与今天的很接近。传说更经常是世俗的而非神圣的，它们中的主要角色是人类。它们叙述的是迁徙、战争和胜利，昔日英雄、首领和君王的业绩，以及统辖朝代的功绩。在这一点上它们常成为与书面历史相对应的口头传说，它们也包括埋藏珍宝、幽灵、仙子、圣人等内容的地方传说。[③]

可见，传说不仅与神话存在某些相似处，更与历史有千丝万缕的联

---

① [英] 马林诺夫斯基：《巫术科学宗教与神话》，李安宅译，中国民间文艺出版社1986年版，第90—91页。

② [美] 阿兰·邓迪斯编：《西方神话学读本》，朝戈金等译，广西师范大学出版社2006年版，第32页。

③ [美] 阿兰·邓迪斯编：《西方神话学读本》第11页。

系，可以作准历史看待。据此我们总结出传说的以下特点：（1）真实性。传说的内容一般而言都具有一定真实性，它往往与历史人物（比如大禹）、历史事件（比如大禹治水）等密切相关。（2）传说的主人公一般是人类（如孟姜女、关羽），是历史上曾出现过的。（3）传说发生的世界是距今并不遥远的某个地方，甚至是在历史上众所周知的。（4）传说的功能，主要是"借助于人们对发生在不远的过去的、通常被信以为真的事件的讲述和记忆，以维系群体的历史和当下的连续性，尤其是群体和特定地域之间的联系"。[①]

三　对神话与传说关系的辨析

通过对神话与传说基本概念的梳理可知，就最本质上而言，神话与传说虽然都被先民看作真实发生的历史事件，但二者之间其实也存在诸多不同点。就发生时间而言，神话被认为发生在距今十分遥远的远古时期；传说被认为发生在距今并不遥远的某一历史时期。就发生地点而言，神话被认为发生在很久以前或者另一个世界里；传说被认为发生在当下的世界里。就主人公而言，神话的主人公一般被认为不是人类；而传说的主人公一般认为是人类。就人们对二者态度而言，神话被认为是神圣的应使人敬畏的；传说一般被认为是世俗而带有一些神圣性的。就二者功能而言，神话主要是用来解释和证明故事发生的真实性与神圣性；传说主要是用来维系群体的历史和当下的连续性。

表7-1　　　　　　　　　　神话与传说关系对比分析[②]

形式	信实性	时间	地点	态度	主要角色	功能
神话	真实	遥远的过去	不同的世界	神圣的	非人类	解释和证明
传说	真实	不久的过去	当下的世界	世俗的或神圣的	人类	维系历史及其连续性

由表7-1中显示的内容能清晰看出神话与传说间的区别和联系。但

---

① 杨利慧：《神话与神话学》，北京师范大学出版社2009年版，第8页。

② 此表的制作参考了威廉·巴斯科姆《口头传承的形式：散体叙事》中关于"散体叙事的三个形式"的列表，载［美］阿兰·邓迪斯编《西方神话学读本》，朝戈金等译，广西师范大学出版社2006年版，第11页。

必须明确一点，即这种区别和联系又都是相对的，因为在具体的情况下，二者间关系要远比表 7 - 1 显示的更为复杂。实际上，某些原始民族无法清晰区别神话与传说，而另一些原始民族则能清晰区分。如美国人类学家博厄斯在《种族、语言和文化》中曾就印第安人的情况指出：

> 印第安人自己作出的神话定义。在美洲土著的心中存在着差不多总是清楚的两类故事的区分。一类是叙说发生在世界还没有变成今天这个样子时候的事情，那时人类还不拥有那些属于我们时代的全部技艺和风习；另一类则包括我们时代的故事。换句话说，第一类故事被视为神话，这第二类则被视为历史。①

可知，美洲印第安人在某种程度上可以较为清晰地区分神话与传说。但实际上神话与传说间并不存在绝对界限，神话中的神在一定条件下可以转换成传说中的人，而在传说中也往往隐藏着颇多神话的成分，这可以用《国语·楚语下》中所谓"民神杂糅"② 的概念来形容。徐旭生在《中国古史的传说时代》中总结称：

> 传说里面掺杂的神话很多，想在这些掺杂神话的传说里面找出历史的核心也颇不容易。由于这些原因，所以任何民族历史开始的时候全是颇渺茫的、多矛盾的。这是各民族共同的和无可奈何的事情。可是，把这一起说完以后，无论如何，很古时代的传说总有它历史方面的质素、核心，并不是向壁虚造的。③

徐氏的话对我们正确认识神话、传说，以及它们二者与历史的关系有重要启示意义。虽然徐氏也曾强调："传说与神话是很相邻近却互有分别的两种事情，不能混为一谈。"④ 但徐氏所说的"很古时代的传说"其实与神话有密切关系，甚至可以说此时段的传说在某种程度上就是神话本

---

① ［美］阿兰·邓迪斯编：《西方神话学读本》，朝戈金等译，广西师范大学出版社 2006 年版，第 16 页。

② 徐元诰撰，王树民、沈长云点校：《国语集解》，中华书局 2002 年版，第 515 页。

③ 徐旭生：《中国古史的传说时代》，广西师范大学出版社 2003 年版，第 24 页。

④ 徐旭生：《中国古史的传说时代》，第 24 页。

身；而徐氏认为此时段的传说也"总有它历史方面的质素、核心"，这无疑告诉我们，在书写人类早期历史时，神话以及早期传说均是其中重要的参考资料。

总之，神话与传说虽然存在诸多不同点，但实际上两者的关系却是盘根错节、纷繁复杂，特别是涉及人类早期历史记忆时，要想将二者关系加以清晰地分辨，实在是件难事。即便如此，在研究中涉及神话与传说关系时，为了研究需要，研究者总会不自觉地对二者加以区分，虽然有时这种区分显得如此艰难。

比如，王以欣在探讨古希腊英雄故事的历史和文化内涵时，就曾面临这样艰难的抉择。古希腊的英雄故事属于"英雄传说"范畴，因为故事的主人公一般为凡人，其活动领域也常常被置于距今不远的"英雄时代"，而且人物和地点一般都交代得非常具体，故事情节的描述也往往属于写实，让人有一种很强烈的历史感，因而将这些故事归入传说的范畴有充分根据。但学术界通常把古希腊的英雄故事归入神话类，其理由是：虽然故事主人公往往是凡人，但他们的身体里均流淌着"神的血液"；在现实生活中，神并非高高在上，而是频繁地介入英雄的日常活动中，所以故事里"超自然、超现实的气氛仍很浓厚"；神与人虽然已经分离，但仍然保持着密切的联系。同时，故事发生的时代也往往是难以稽考的朦胧时代，故事中的英雄也几乎没有一个能被确指为真实的历史人物。因此"鉴于这些特殊性，将古希腊的英雄故事归入神话也是有充分依据的"。于是王以欣感叹道："这说明，神话与传说之间并无绝对分野，希腊神话尤其如此。出于学术研究的需要，我们有必要了解神话与传说的差异，但在实际操作中不必过分拘泥。"① 显然，古希腊时期的神话与传说往往是"此中有彼，彼中有此，做出清晰界定的确困难"。但尽管如此，王氏却"仍然希望对神话与传说的主要特征加以归纳，给出较为折中的描述式的定义"。②

笔者将要面对的中国上古神话传说，神话与传说间亦无"绝对分野"，且其间关系更为交融复杂，因为它不仅涉及神话与传说间的关系，更涉及神话、传说与历史三者间千丝万缕的纠葛，诚如王国维在《古史

---

① 王以欣：《神话与历史》，商务印书馆2006年版，第94页。
② 王以欣：《神话与历史》，第95页。

新证·总论》中所言：

> 研究中国古史，为最纠纷之问题。上古之事，传说与史实混而不分。史实之中，固不免有所缘饰，与传说无异；而传说之中，亦往往有史实为之素地：二者不易区别，此世界各国之所同也。[①]

此说固然主要针对中国古史研究，但其实也道出了中国神话研究所面临的难题，即研究中国上古神话，不仅涉及神话与传说的纠葛，还涉及传说与史实的纷争。对中国上古神话研究者而言，笼罩在神话、传说与史实三者间那种难以述清的朦胧感，不仅是阻碍研究得以深入的难点，也是吸引无数研究者投身于神话研究的关键。

笔者认为，在研究中国上古神话传说时，不必过分拘泥学术界对神话与传说关系的区分，而应该根据研究实际灵活处理二者间关系，若将两者间的区别彰显得过于明显，在某些问题的解决上反而显得生硬，不利于问题的解决。比如对大禹治水传说的解读就是其中最典型的例子。关于禹平水土故事，较早的记载是《诗经·商颂·长发》：

> 洪水芒芒，禹敷下土方。……帝立子生商。

又《尚书·洪范》中说：

> 鲧堙洪水，汩陈其五行。帝乃震怒，不畀洪范九畴，彝伦攸斁。鲧则殛死，禹乃嗣兴。天乃锡禹洪范九畴，彝伦攸叙。

又《尚书·吕刑》中说：

> 皇帝清问下民，鳏寡有辞于苗。德威惟畏，德明惟明。乃命三后恤功于民：伯夷降典，折民惟刑；禹平水土，主名山川；稷降播种，农殖嘉谷。三后成功，惟殷于民。

---

① 王国维：《王国维考古学文辑》，凤凰出版社 2008 年版，第 25 页。

顾颉刚在 1923 年发表的《与钱玄同先生论古史书》中提出其著名的"层累地造成的中国古史"的理论。在该文中，他根据这一理论，就禹的问题指出："周代人心目中最古的人是禹，到孔子时有尧、舜，到战国时有黄帝、神农，到秦有三皇，到汉以后有盘古等。"并根据上引《诗经·商颂·长发》的内容进一步指出："禹是上帝派下来的神，不是人。"① 此后，顾氏在《讨论古史答刘胡二先生》中就"禹是否有天神性"问题进行了详尽论述，他根据《尚书·洪范》与《吕刑》中关于禹平水土的记载，指出：

> 《洪范》上"天""帝"互称，可见帝即是天；殛鲧的是天，兴禹的亦是天。《吕刑》上的"皇帝"，向被说经者因《尧典》而解作帝舜。但试看……上下既言上帝，不容中间独言人帝。况"皇"与"上"俱为形容词，故天可称"上天"，亦可称"皇天"。"上帝"与"皇帝"为一名的互文，意义甚明。皇帝即是上帝，他所命的三后当然含有天神性。合之于《洪范》所言，禹的治洪水平水土，由于上帝的命令，自无可疑。②

可知，他对"禹是否有天神性"问题得出的是非常肯定的回答。1930 年 5 月，郭沫若在看到《古史辨》第 1 册后，在其所著《中国古代社会研究》的"附录"部分针对夏禹问题也提出了与顾氏相同的意见，他说："照我的考察是：（一）殷、周之前中国当得有先住民族存在，（二）此先住民族当得是夏民族，（三）禹当得是夏民族传说中的神人，（四）此夏民族与古匈奴当有密切的关系。"③ 此后，裘锡圭根据出土文献《遂公盨》④ 关于禹的记载："天命禹敷土，堕山，濬川；乃畴方，设正，降民，监德……"也指出："可见在较早的传说中，禹确是受天，即上帝之命来平治下界的水土的。上引《洪范》、《吕刑》之文，与此盨铭文可

---

①　顾颉刚等编：《古史辨》，海南出版社 2005 年版，第 1 册，第 75—77 页。

②　顾颉刚等编：《古史辨》，第 1 册，第 111 页。

③　郭沫若：《中国古代社会研究》，人民出版社 1954 年版，第 275 页。

④　此盨，裘锡圭与李学勤均定为西周中期器。见裘锡圭《新出土先秦文献与古史传说》，《中国出土文献十讲》，复旦大学出版社 2004 年版，第 18 页；李学勤《论遂公盨及其重要意义》，《中国历史文物》2002 年第 6 期。

以互证，顾颉刚的有关意见完全正确。"① 可见，禹的身份确实含有很深的神性。

　　然而王国维在所著《古史新证·总论》中针对以顾颉刚为首的古史辨提出了批评："疑古之过，乃并尧舜禹之人物而亦疑之。其于怀疑之态度及批评之精神，不无可取。然惜于古史材料，未尝为充分之处理也。"② 同时，在该书第二章"禹"中，又根据春秋时器《秦公敦》《齐侯镈钟》中关于禹的记载，并结合相关史料，经过考证后指出禹乃是"古之帝王"："夫自《尧典》、《皋陶谟》、《禹贡》皆纪禹事，下至《周书·吕刑》亦以禹为三后之一，《诗》言禹者尤不可胜数，固不待藉他证据。然近人乃复疑之，故举此二器，知春秋之世，东西二大国无不信禹为古之帝王，且先汤而有天下也。"③ 李学勤在《论遂公盨及其重要意义》文中，结合遂公盨对禹的记载，经过考证后，赞同王国维的意见，也认为禹应是人间君王："盨铭所以要讲述禹的事迹，是以禹作为君王的典范，说明治民者应该有德于民，为民父母。'德'在《诗》、《书》和西周金文中是十分重要的中心观念，前人已多有论述……如果我们细读《尚书·吕刑》下面一段文字，就可知道西周所推崇的'德'含有有德于民的意义。……这在思想上，和盨铭是一致的。"④ 江林昌在《由新出遂公盨、迷氏铜器论夏商周世系及虞代问题》文中，利用对遂公盨铭文的考释，也赞同王国维的意见，认为："大禹的存在是真实可信的，而不是春秋战国以来的伪作或假托。"⑤

　　如果笔者理解不错，应该说，禹至少在西周中期以前人们的心目中，是一位神、人叠合的传说人物，用裴锡圭的话来说就是，在遂公盨"铸造的时代，禹的传说无疑已经是相当古老的被人们当作历史的一个传说了"。⑥ 顾颉刚也认为：

---

① 裴锡圭：《新出土先秦文献与古史传说》，《中国出土文献十讲》，复旦大学出版社 2004 年版，第 22 页。

② 王国维：《王国维考古学文辑》，凤凰出版社 2008 年版，第 25 页。

③ 王国维：《王国维考古学文辑》，第 26—27 页。

④ 李学勤：《论遂公盨及其重要意义》，《中国历史文物》2002 年第 6 期。

⑤ 江林昌：《由新出遂公盨、迷氏铜器论夏商周世系及虞代问题》，《中华文史论丛》2004 年第 77 辑。

⑥ 裴锡圭：《新出土先秦文献与古史传说》，《中国出土文献十讲》，复旦大学出版社 2004 年版，第 22 页。

我说禹由神变人，是顺着传说的次序说的；刘、冯诸先生说禹由人变神，乃是先承认了后起的传说而更把它解释以前的传说的。再有一层，在实际上无论禹是人是神，但在那时人的心目中则他确是一个神性的人物。……可见从神变人和从人变神是同样的通行，我们不能取了人的一方面就丢了神的一方面，我们只能就当时人的心目中的观念断说他的地位而已。禹尽可以是一个历史上的人物，但从春秋上溯到西周，就所见的材料而论，他确是一个神性的人物。更古的材料，我们大家见不到，如何可以断说他的究竟。至于春秋以下的材料，我早已说过，他确是人了。(《自序》)①

其实，关于中国先民对传说中人物的人、神属性没有区分的问题，顾颉刚在《答刘胡两先生书》中曾明确指出过："古人对于神和人原没有界限，所谓历史差不多完全是神话。……自春秋末期以后，诸子奋兴，人性发达，于是把神话中的古神古人都'人化'了。"② 可见，在对禹传说（涉及其他传说人物时也会遇到此类情况）的解读上，如果过分拘泥学术界关于神话与传说区分的解说，把二者的区别过分彰显，恐怕很难全面理解禹的真实身份。对此陈泳超指出："中国的上古史与神话传说是如此纠合缠绕，至今也没人能将二者区分清楚。"③ 故下文的论述，若非十分必要的情况，则对神话与传说不做硬性区分，而将更多的笔墨用在神话、传说两者与史实（或历史）之间关系的考察。笔者认为，这样处理不仅符合中国上古神话传说的实际，也符合罗泌编撰《路史》时体现出的关于神话、传说与历史关系的理解。

第二节　"古史辨派"的古史神话观

前文指出，在探讨中国上古神话传说时，神话与传说间关系不应做硬性区分，神话与史实（或历史）关系的探讨应该用力更多，这是由中国上古神话研究实际决定的。其实，早在 20 世纪 20 年代，当中国神话学刚

---

① 顾颉刚等编：《古史辨》，海南出版社 2005 年版，第 1 册，第 36 页。
② 顾颉刚等编：《古史辨》，第 1 册，第 105—106 页。
③ 陈泳超：《顾颉刚古史神话研究之检讨》，《南京师范大学学报》（社会科学版）2000 年第 1 期。

起步时，以顾颉刚为首的古史辨派就已非常重视区分神话（伪古史）与历史（真古史），并形成了独具特色的古史神话观。

古史辨派的指导思想是顾颉刚提出的"层累地造成的中国古史"观，在该观点的指导下，古史辨派成员对中国上古神话进行了系统的梳理和研究，由于该派在中国神话学发展史上作出了巨大成绩，所以神话学界又将该派称为"古史辨派神话学"：

> 20世纪10至20年代，在"五四"新文化运动的影响下，知识界对传统的批判，尤其是对被汉代以来的史家和儒家们伪造的或理想化了的古史的怀疑情绪日增。在这种思潮中，诞生了一个以顾颉刚为代表，以"疑古"和"辨伪"为思想武器的"古史辨"派，他们力求把与历史融为一体的古代神话与历史史实剥离开来。由于"古史辨"派辨伪讨论中的"古史"即神话，所以清理或"破坏"古史的过程，也就是清理或"还原"神话的过程，于是，神话学界又把"古史辨"派延伸为"古史辨派神话学"。①

可见，古史辨派在处理神话和历史的关系时，侧重于破坏古史，还原神话，即该派对上古史的研究是其神话研究的根基。其实，出现这种研究趋向有其深厚的时代背景及学术渊源，顾颉刚曾在《古史的研究与〈古史辨〉》中将其总结为以下四点：

> 要而言之，古史研究兴起的背景，是：（一）史学上寻源心理的发达；（二）西洋的科学治学方法和新史观的输入；（三）清代中叶以来疑古学的渐次兴起；（四）考古学的抬头。②

顾氏所说影响古史研究兴起的背景，正是推动古史辨派古史神话观形成的重要因素。

一　历史演进法

顾颉刚认为，影响中国人最深的，并且也是每个中国人脑海里根深蒂

---

① 刘锡诚：《顾颉刚与"古史辨"神话学》，《长江大学学报》（社会科学版）2006年第4期。
② 顾颉刚：《当代中国史学》，上海古籍出版社2007年版，第122—123页。

固的观念是"历史退化观",此观念使人认为"愈古的时代愈好,愈到后世便愈不行"。顾氏之所以能对造成"我国民族文化的不易进步"的这个"历史退化观"有如此深刻的认识,与他较早接触到西方进化论思想密切相关。① 王晴佳曾指出,作为一位"五四"学者,顾颉刚所持的文化观,具有五四新文化运动的复杂特点,既信奉历史进化论,又带有强烈的民族主义情绪,而"这两者之间又存在紧密的联系:民族主义的情感既能使人对自己民族的未来充满信心,又可以为其现状的落后而忧心忡忡,而这一复杂心理,则又与历史进化论的理念有关"。② 其实,顾颉刚早在五四运动以前就已对历史进化论思想有认识。如 1919 年 1 月 12 日的日记中曾记道:

> 下午读《新青年》朱有昀通信……论世界语一篇,胡先生评他根本论点,只是一个历史进化观念;并谓语言文字的问题,是不能脱离历史进化的观念可以讨论的。此意非常佩服。吾意无论何学何事,要去论他,总在一个历史进化观念;以事务不能离因果也。③

又在同年 1 月 13 日的日记中说,他晨间偶翻纪念册,见章士钊在演说词中提及的历史进化论观念,受到极大触动,觉得此种观念"若在吾心中发出,甚诧,不知吾无形中受其教育欤,抑吾心自得此理欤?"④ 又在同年 1 月 17 日的日记中记道:"下午读胡适之先生之《周秦诸子进化论》,我佩服极了。我方知我年来研究儒先言命的东西,就是中国的进化学说。"⑤ 又在同年 1 月 20 日的日记中记道:

> 接伯祥来书:末一节与上记章、胡二先生言历史进化相印合。抄录于下:"十七日课毕,与圣陶访柏寒,谈刻印。圣陶谓名家印谱不可不看,而绝不可死摹。……因思近代学术之盛,亦未始非集往古之大成……至云往古旧籍俱当摧烧者。吾谓不然。……然所谓改进,必

---

① 顾颉刚:《当代中国史学》,上海古籍出版社 2007 年版,第 122 页。
② 王晴佳:《导读》,载顾颉刚《当代中国史学》,上海古籍出版社 2007 年版,第 17 页。
③ 顾颉刚:《顾颉刚日记》第 1 卷(1913—1926),台湾联经出版公司 2007 年版,第 60 页。
④ 顾颉刚:《顾颉刚日记》第 1 卷(1913—1926),第 61 页。
⑤ 顾颉刚:《顾颉刚日记》第 1 卷(1913—1926),第 73 页。

就现境出发，决非摆脱现境，另求一界，以再谋良善也。然则以前种种，必有足供改进之参考之助力者在。"①

因此，顾颉刚在 1919 年 1 月底，为《新潮》"思想问题"专号写的《中国近来学术思想界的变迁观》中对进化论就有了极为深刻的认识：

现在世界的新潮流剧激进行，一个社会顺了他的趋向去盲从变易，是很容易的，盲从的变易自然会适应新潮流，但是保不住他必向善的方面走去。要是一种的变易，只管他新，不管他善，到也罢了，无奈人类的进化是有意志的进化，不比虫类的进化是无意志的进化。无意志的进化只管适应，只管新好了，有意志的进化为着从前的关系，以后的情形，是要向善的方面的，时势来了，看著他不善，就要去改变他，不肯贸贸然的适应，并且不愿时势顺着潮流自至，要用意志创造出一个世界来。所以现在顺著潮流的革命，实在不能称他是"人类的进化"，只能称为"劣等人类的盲目适应"。②

可见顾氏受历史进化论思想影响何等深切，同时此思想也为他日后提出著名的"层累地造成的中国古史"观提供了必要的理论支持。如在《景西杂记》中写道："以前学者无发展观点，遂不能有推陈出新之思想，必遵于唯圣是从之地步，是以两千年来无进步。"③ 如此，顾氏能大胆提出"层累地造成的中国古史"观也就不足为奇了。胡适在《古史讨论的读后感》中认为顾氏提出的"层累地造成的中国古史"观是治古史的重要工具，认为"顾先生的这个见解，我想叫他做'剥皮主义'"。并指出：

崔述剥古史的皮，仅剥到"经"为止，还不算澈底。顾先生还要进一步，不但剥的更深，并且还研究那一层一层的皮是怎样堆砌起来的。他说："我们看史迹的整理还轻，而看传说的经历却重。凡是一件史事，应看他最先是怎样，以后逐步逐步的变迁是怎样。"这种

---

① 顾颉刚：《顾颉刚日记》第 1 卷（1913—1926），台湾联经出版公司 2007 年版，第 78 页。
② 王煦华编：《古史辨伪与现代史学——顾颉刚集》，上海文艺出版社 1998 年版，第 22 页。
③ 顾颉刚：《景西杂记》（1921.9—1922.4），《顾颉刚读书笔记》，台湾联经出版公司 1990 年版，第 1 册，第 447 页。

见解重在每一种传说的"经历"与演进。这是用历史演进的见解来观察历史上的传说。①

据此可知，"历史演进法"虽不能说是顾氏提出其著名的"层累地造成的中国古史"观的唯一理论支持，但至少也是其中最重要的几个理论之一。许冠三对此曾评价道：

> 在历史演进法的利用上，顾是既有继承，也有翻新的。根本差异在于：胡以研究历史的眼光和方法去研究故事；顾则反其道而行，以研究故事的眼光和方法去研究历史。其次，便是胡法的根基在版本源流；而顾法的大本在故事演变和角色塑造。这就决定了二人在方法上的形同质异。顾氏既以故事的眼光看古史传说，焉能不对它生"特殊的了解"？因而提出胡氏所不敢提的"大胆的假设"？是以，要了解他治古史的门径，除崔、康、胡三家成法而外，决不能忽视那"故事的眼光"和"角色的眼光"；要明白他的辨伪学说，决不能撇开他与民俗学的因缘。②

许氏的意见无疑道出了顾颉刚学术研究的真谛。而王学典进一步指出："从历史知识论的角度来看，当顾颉刚将历史看做是'故事演变'和'角色塑造'时，事实上他已将历史、特别是人们所熟知的上古史还原为'故事'、'传说'和'神话'等体裁的文学作品了。"③

二　用故事的眼光看待古史神话

"历史演进法"是顾颉刚古史神话观形成的重要理论支柱，此外，"用故事的眼光看待古史神话"也对其古史神话观的形成具有重要影响。顾颉刚在《答李玄伯先生》中曾说他研究古史愿意承担两项任务："（一）用故事的眼光解释古史的构成的原因，（二）把古今的神话与传说为系统的叙

---

① 顾颉刚等编：《古史辨》，海南出版社 2005 年版，第 1 册，第 165 页。
② 许冠三：《新史学九十年》，岳麓书社 2003 年版，第 196 页。
③ 王学典、李扬眉：《"层累地造成的中国古史"——一个带有普遍意义的知识论命题》，《史学月刊》2003 年第 11 期。

述。"① 关于前者，顾氏解释说：

> 十年前，我极喜观剧，从戏剧里得到许多故事转变的方式，使我对于故事的研究甚有兴味。后来读到适之先生的《井田辨》与《水浒传考证》，性质上虽有古史与故事的不同，方法却是一个，使我知道研究古史尽可应用研究故事的方法。……因为我用了这个方法去看古史，能把向来万想不通的地方想通，处处发见出他们的故事性，所以我敢大胆打破旧有的古史系统。②

关于后者，顾氏解释道：

> 我研究古史的愿望还有一个，是把神话与传说从古代的载记中，后世的小说诗歌喜剧以至道经善书中整理出来，使得二者互相衔接，成为一贯的记载。……我们在比较上，了解古代的神话与传说的性质，必须先行了解现代的神话与传说的性质；在系统上，要了解现代的神话与传说所由来，必须先行了解古代的神话与传说所由去。……我希望我能够得到时间，从《左传》、《楚辞》等书研究起，直到东岳庙、义和团、同善社、悟善社的诸神、诸坛、神咒、神占，以及平话家口中的历史，乡下人口中的"山海经"，一切搜集，为打通的研究，为系统的叙述。③

顾氏所发古今的神话与传说"为系统的叙述"的宏愿，在他身前并未能全部完成，但用故事的眼光解释古史的构成的原因，却是他"层累地造成的中国古史"观得以提出的最大诱因。

顾颉刚《我的研究古史的计划》曾明确地说："我所以敢大胆怀疑古史，实因从前看了二年戏，聚了一年歌谣，得到一点民俗学的意味的缘故。"④ 这里所说关于"民俗学的意味"究竟是指什么？在接下来的叙述中他并没有直接告诉我们，但根据他在《古史辨》第 1 册《自序》中的

---

① 顾颉刚等编：《古史辨》，海南出版社 2005 年版，第 1 册，第 223 页。
② 顾颉刚等编：《古史辨》，第 1 册，第 222—223 页。
③ 顾颉刚等编：《古史辨》，第 1 册，第 223 页。
④ 顾颉刚等编：《古史辨》，第 1 册，第 183 页。

阐述，我们大致可以归结为以下三点。

（1）"变迁的格局"。顾氏指出："这时正是心爱着戏剧，不忍把它拒绝，翻要替它深思。深思的结果，忽然认识了故事的格局，知道故事是会得变迁的，从史书到小说已不知改动了多少，从小说到戏剧又不知改动了多少，甲种戏与乙种戏同样写一件故事也不知道有多少点的不同。"①

（2）"无稽的法则"。顾氏说："我看了两年多的戏，惟一的成绩便是认识了这些故事的性质和格局，知道虽是无稽之谈原也有它的无稽的法则。"②

（3）"角色的眼光"。顾氏写道："这些事情，我们用了史实的眼光去看，实是无一处不谬；但若用了故事的眼光看时，便无一处不合了。……戏园中楹联上写的'尧、舜生，汤、武净，五霸、七雄丑末耳'，确是得到了古人言谈中的方式。我们只要用了角色的眼光去看古史中的人物，便可以明白尧、舜们和桀、纣们所以成了两极端的品性，做出两极端的行为的缘故，也就可以领略他们所受的颂誉和诋毁的积累的层次。只因我触了这一个机，所以骤然得到一种新的眼光，对于古史有了特殊的了解。"③

有此思想前提，故顾氏在《我的研究古史的计划》中指出，一般人对付古史神话人物的三种态度："一是信，一是驳，一是用自己的理性去做解释。"都不足据。他说："信他的是愚，驳他的是废话，解释他的也无非是锻炼。我们若用了民俗学的眼光去看，就可见这种故事正和现在上海戏园子里闹翻的《关公出世》、《包公出世》、《薛仁贵出世》一类戏一样。……这种故事，在事实上是必不确的，但在民众的想像里确有这回事的。"于是总结称："古人心中有无史实与神话的区别；到汉以后始分了开来。因为历来学者不注意神话，所以史实至今有系统的记载，而神话在记载上就斩然中绝。我希望做这项工作时，更把汉以后民众心中的古史钩稽出来，直到现在家家悬挂的'神轴'为止，看出他们继续发展的次序。"④

三 层累造成的古史神话观

有上述"历史演进法"和"用故事的眼光看待古史神话"等思想做

---

① 顾颉刚等编：《古史辨》，海南出版社2005年版，第1册，第12页。
② 顾颉刚等编：《古史辨》，第1册，第13页。
③ 顾颉刚等编：《古史辨》，第1册，第23页。
④ 顾颉刚等编：《古史辨》，第1册，第183页。

准备，也由于 1922 年一次颇为"偶然"的编写教科书的机会，促使顾颉刚提出了著名的"层累地造成的古史观"。那年顾氏因祖母病重，乞假归家的他由胡适介绍，准备为商务印书馆编纂《中学本国史教科书》。本来教科书仅是一种普及性的教材，可以将现有的关于历史的研究成绩做一简单梳理概括便可交付出版，但因为顾氏"根性是不能为他人作事的，所以就是编纂教科书也要使得它成为一家著述"，"要把这部教科书做成一部活的历史，使得读书的人确能认识全部历史的整个的活动，得到真实的历史观念和研究兴味"。而关于上古史方面，顾氏认为："三皇、五帝的系统，当然是推翻的了。考古学上的中国上古史，现在刚才动头，还不能得到一个简单的结论。思索了好久，以为只有把《诗》、《书》和《论语》中的上古史传说整理出来，草成一篇《最早的上古史的传说》为宜。"然而就是这次对三部书中的古史观念进行的比较，促使顾氏"忽然发见了一个大疑窦——尧、舜、禹的地位的问题"！并就此"建立了一个假设：古史是层累地造成的，发生的次序和排列的系统恰是一个反背"。①次年，也就是 1923 年顾颉刚在《与钱玄同先生论古史书》中对此问题做了进一步的阐发，并指出他"很想做一篇《层累地造成的中国古史》，把传说中的古史的经历详细一说"。并指出他想表达三个意思：

> 第一，可以说明"时代愈后，传说的古史期愈长"。……第二，可以说明"时代愈后，传说中的中心人物愈放愈大"。……第三，我们在这上，即不能知道某一件事的真确的状况，但可以知道某一件事在传说中的最早的状况。②

胡适在《古史讨论的读后感》中认为，这一理论"是顾先生这一次讨论古史的根本见解，也就是他的根本方法"。并认为："他这个根本观念是颠扑不破的，他这个根本方法是愈用愈见功效的。他的方法可以总括成下列的方式：（1）把每一种史事的种种传说，依先后出现的次序，排列起来；（2）研究这件史事在每一个时代有什么样子的传说；（3）研究这件史事的渐渐演进由简单变为复杂，由陋野变为雅驯，由地方的（局

---

① 顾颉刚等编：《古史辨》，海南出版社 2005 年版，第 1 册，第 28—29 页。
② 顾颉刚等编：《古史辨》，第 1 册，第 75—76 页。

部的）变为全国的，由神变为人，由神话变为史事，由寓言变为事实；
（4）遇可能时，解释每一次演变的原因。"① 杨宽在《顾颉刚先生和〈古
史辨〉》中进一步指出：

> 顾先生考辨古史传说的首要武器，就是他早年提出的"层累地
> 造成的古史"观。他认为，禹以前的古史传说是在不断流传中层累
> 地造成的。……顾先生这种考查古史传说演变的方法，很明显，主要
> 是从神话学和民俗学中学来的。他从小爱好民间故事传说，爱好探讨
> 神话传说的演变。当时，他正同时进行着民间神话传说演变的研究工
> 作，孟姜女故事演变的研究正是其中突出的一点。②

然而，在实际研究中应该如何运用"层累地造成的古史"观呢？顾
颉刚指出，首先要从杂乱的古史中分出信史与非信史（神话），方能进行
更深入的研究。于是，顾氏在《答刘胡两先生书》中提出了四个打破非
信史的观念：（1）打破民族出于一元的观念。（2）打破地域向来一统的
观念。（3）打破古史人化的观念。（4）打破古代为黄金世界的观念。③
王煦华在《古史辨伪与现代史学——顾颉刚集·序》中强调称："顾颉刚
先生破坏不可信的伪古史，并不是否定古代史，而是还伪古史的神话传说
的真面目。"④ 王学典也认为：

> "历史"的"层累构成说"，应该看做是一个带有普遍意义的知
> 识论命题，它不但对分析中国上古史有效，而且适用于分析所有时段
> 的历史。因为不仅中国上古史与"神话"有纠缠不清的关系，近古
> 代和当代史也都有可能被层累地虚构而成。正如胡绳所说："层累地
> 造成古史"的观点……是个卓识。这个观点不仅对古史……我看甚
> 至在当代史中也要注意这个问题。……如果搞得不好，也许会形成越
> 是后来的人对毛泽东、周恩来等描述得越具体、越生动，但越来越多

① 顾颉刚等编：《古史辨》，海南出版社 2005 年版，第 1 册，第 165 页。
② 杨宽：《顾颉刚先生和〈古史辨〉》，载王煦华编《顾颉刚先生学行录》，中华书局 2006
年版，第 69 页。
③ 顾颉刚等编：《古史辨》，海南出版社 2005 年版，第 1 册，第 105—106 页。
④ 王煦华编：《古史辨伪与现代史学——顾颉刚集》，上海文艺出版社 1998 年版，第 13 页。

地掺入附会的、出于想像的、甚至编造的材料。①

如此看来，笔者利用"层累地造成的中国古史"观来解决《路史》中上古神话传说问题具有了更多的合理性。

四 神话历史化或人化

关于神话研究，顾颉刚在所作《虞初小说回目考释》中曾说："我是不能从事于文学创作的，但我很高兴研究神话传说的来源和它的演变。"②又在《东岳庙游记》中称：

> 我近年来为了古史的研究，觉得同时有研究神话的必要。其一，古史的本身本来是神话，至少可以说它是带着神话性的，所以必得先了解了神话的意义，然后可以了解古史的意义。其二，古代的史书与神话本身是一物，后来渐渐的分开来了；分开之后，神话依然发展，它的深入人心始终和古代的古史观念一样，不过因为不见采于史书，仿佛像衰歇似的；我们要了解古代神话的去处，要了解现代神话的由来，应当对于古今的神话为一贯的研究。我们要研究古代的神话，有史书、笔记、图画、铭刻等等供给材料，要研究现代的神话，有庙宇、塑像、神祇、阴阳生、星相家、烧香人等等供给材料。我对于研究神话的兴趣是发生得很早的。……到近来，它（按：指神话）的价值我知道了，颇觉得有重新理会的价值了。③

此处，顾氏明确告诉我们研究神话的目的、意义和必要性，同时还指出研究神话与研究历史间的关系，而在实际中，他对神话与历史的研究，主要的方法可以归结为神话的历史化或人化。

关于"神话人化"的问题，顾颉刚在《与钱玄同先生论古史书》中以禹为例加以说明："我以为禹或是九鼎上铸的一种动物，当时铸鼎象物，奇怪的形状一定很多，禹是鼎上动物的最有力者；或者有敷土的样

---

① 王学典、李扬眉：《"层累地造成的中国古史"——一个带有普遍意义的知识论命题》，《史学月刊》2003年第11期。
② 顾颉刚：《顾颉刚古史论文集》，中华书局1988年版，第2册，第5页。
③ 顾颉刚：《顾颉刚民俗学论集》，上海文艺出版社1998年版，第399—400页。

子，所以就算他是开天辟地的人。流传到后来，就成了真的人王了。"①
又在《答柳翼谋先生》中进一步说："禹本为古代神话所集中的人物……
禹既是神话中的人物，则其形状特异自在意内。例如《山海经》所说
'其神鸟身龙首'，'其神人面牛身'，都是想像神为怪物的表征。这些话
用了我们的理性看固然要觉得很可怪诧，但是顺了神话的性质看原是极平
常的。"②

关于"神话历史化"的问题，顾颉刚在《战国秦汉间人的造伪与辨
伪》中指出："自古以来的朝代只有唐、虞、夏、商、周五个。照这样分
配，虞、夏属于颛顼系，唐、商、周属于帝喾系，似乎组织民族史的任务
已告终乐。但他们还觉得不满意，以为这两枝必须并到一干上才好。黄帝
本是一个最有权力的上帝。于是他们就把他从天上拉下来了。他们说：黄
帝生昌意，昌意生颛顼，这是一支；黄帝生玄嚣，玄嚣生蛴极，蛴极生
帝喾，这是又一支。靠了这一句话，颛顼和帝喾就成了同气连枝的叔侄。
二千余年来，大家要自以为是黄帝的子孙，原因就在这里。……他们岂仅
把上帝拉做了人王，使神的系统变作了人的系统；而且把四方小种族的祖
先排列起来，使横的系统变成了纵的系统。"而"禹在古代的传说中，本
是平地成天的一个神人。到了这时，既由始皇统一的反映，逼得古帝王的
土地必须和他一样广，于是禹的偶像遂重新唤起，而有《禹贡》一篇的
著作，把当时的境域分做九州，硬叫禹担此分州的责任。……即此可见，
战国、秦、汉之间，造成了两个大偶像：种族的偶像是黄帝，疆域的偶像
是禹"。③

法国汉学家马伯乐在《书经中的神话》中指出："中国学者解释传说
从来只用一种方法，就是'爱凡麦'派的方法。为了要在神话里找出历
史的核心，他们排除了奇异的、不像真的分子，而保存了朴素的残滓。神
与英雄于此变为圣王与贤相，妖怪于此变为叛逆的侯王或奸臣。"④ 顾颉
刚在给该书译本作序时，就《尚书》内容详细地谈及了他理解中的"神
话历史化"，该文指出：

---

① 顾颉刚等编：《古史辨》，海南出版社 2005 年版，第 1 册，第 78 页。
② 顾颉刚等编：《古史辨》，第 1 册，第 190 页。
③ 顾颉刚等编：《古史辨》，第 7 册，第 11—13 页。
④ ［法］马伯乐：《书经中的神话》，冯沅君译，商务印书馆 1939 年版，第 1 页。

　　《尚书》中所有的神话，并不止马先生所举的几条（这一点马先生自己也知道），如《尧典》："胤子朱启明"一语，就包含着一个神话。……《尧典》又云："舜……辟四门，明四目，达四聪。"前人把这句话解作"广致众贤"，"广视听于四方"（《尚书·伪孔安国传》），自是合于《尧典》作者的原意。但是这句话里却也是包含着几种神话的质素。……战国时传说"黄帝四面"，这本是说他一个脖子上长着四张脸，但是《太平御览》七十九引《尸子》载："子贡问于孔子曰：古者黄帝四面，信乎？孔子曰：黄帝取合己者四人，使治四方，不谋而亲，不约而成，大有成功，此之谓'四面'也。"经此一解，"四面"的神话就成了"四人治四方"的人事了。这与舜"明四目"的传说的演变何异？这是不是又是一件"爱凡麦"式的历史解释法的例证？

　　综上，以顾颉刚为首的古史辨派的古史神话观非常明晰地围绕神话与历史间关系来探讨，且贯穿始终。王煦华在《古史辨伪与现代史学——顾颉刚集·序》中称：

　　　　顾颉刚先生认为先秦至两汉的古书所记载的古史跟神话本是一物，必须先了解神话的意义，然后可以了解古史的意义，所以他对我国的古代神话、传说及歌谣等也有深入系统的研究，并取得了卓越的成就。①

　　笔者认为，王氏的话虽然仅以顾颉刚的古史神话研究而言，却极具涵括性，特别是其中关于顾颉刚对神话与历史关系的总结，道出了整个古史辨派神话观的核心所在。刘锡诚以为："'古史辨'派神话学学派以疑古、辨伪、释古作为共同的学术理念，在古史和神话的研究上所做的，可以概括为：（1）'古史的破坏'；（2）'神话的还原'。"又说："古史辨神话学派作为我国现代第一个神话研究流派，以'层累'和'演变'的理论与坚实的辨伪和考据的实践，成为中国现代民间文艺学史上'神话研究的

开拓者'，为中国现代神话学的学科建设奠定了坚实的基础。"① 此评价十分中肯，而当笔者对罗泌《路史》所载上古神话传说进行深入研究后，更深深体会到，涉及上古神话传说问题的探讨，将无法越过以顾颉刚为首的古史辨神话学派遗留给我们的巨大财富。

第三节　"神话历史"理论及其价值

古史辨派的古史神话观含有诸多合理性，值得我们借鉴。裘锡圭曾指出：

> 根据上世纪 70 年代以来出土的先秦秦汉文献来看，古史辨派在古籍真伪和时代方面的见解，可以说是失多于得的。而他们在古史传说方面的见解，从我们上面所作的讨论来看，则可以说是得多于失的。至少可以说，他们考辨古史的成绩大大超过了考辨古籍的成绩。②

据现在掌握的资料来看，我们有理由相信裘氏见解的正确性，但这并不是说我们就会毫无保留地接受古史辨派关于古史神话研究的所有理论。钱穆早在 20 世纪 30 年代著《国史大纲》时已指出，古史辨派提出的层累造成说并非万能，亦有值得"稍加修正"之处。③ 对此，李学勤曾针对古史辨派研究方法的某些缺陷，指出应该适时地"走出疑古时代"，并在《中国古代文明的起源》中批评了晚清以来疑古思潮的不足，强调古史传说的价值：

> 上面说考古学重要，不等于认为传世古籍中的古史传说没有意义。晚清以来兴起的疑古思潮，以为古史传说所指的时代越古，后人作伪的成分就越多，也便更不能凭信。（上世纪）50 年代已有学者不赞成这一观点，他们对古史传说做了细心的整理分析，发现了好多有

① 刘锡诚：《顾颉刚与"古史辨"神话学》，《长江大学学报》（社会科学版）2006 年第 4 期。
② 裘锡圭：《新出土先秦文献与古史传说》，《中国出土文献十讲》，复旦大学出版社 2004 年版，第 38 页。
③ 钱穆：《国史大纲》，商务印书馆 2010 年版，第 8—9 页。

价值的线索。随后，有的学者还根据传说进行考古调查，如徐炳昶先生对豫西夏文化的调查工作，有很引人注意的收获。①

同样的观点，李学勤还在与郭志坤的一次访谈中进行了强调，并指出，"近几十年来，越来越多的中国学者注意到神话传说的重要性"。同时认为，"在对待神话传说上，必须取科学的态度，历史唯物主义的态度，切忌简单化。神话传说年代久远，而且总是史事和神话糅合在一起，甚至哪些是人哪些是神也不容易分清。我们应当把反映传说和有据可凭的史实区别开来"。② 上述观点有值得我们认真汲取的地方，也为我们科学地利用古史辨派的理论提出了某些合理的建议。而张京华进一步认为：

> 反思"层累造成说"，与其将其视为史学研究的规律，不如将其保留在民俗学领域，方始具有合理性；与其将其称之为"层累造成"，不如将其称之为"层累阐释"，方始能够成立。顾颉刚关于孟姜女故事的研究，介于民俗学与历史学之间，他以民俗学的模式代替历史学的研究，又以历史学家的立场营建民俗学科，其结果可能是给两者都带来了遗症，这是十分令人遗憾的。③

据此可知，古史辨派的理论并非毫无瑕疵，在利用该理论时应辅以其他的理论方法，如"神话历史"理论，因为该理论在某种程度上，既是古史辨派古史神话观的继承，又在某些方面取得了突破。

一 "神话历史化"与"神话历史"

在国际上，随着后现代神话学研究范式的逐渐深化，国际神话学研究发生了巨大变革，然而国内学者对这种变化的重视程度显然不够，因而导致"一个世纪积累下来的中国神话学研究范式面临大的突破"。④ 在这样的大背景下，叶舒宪对今后的神话学研究提出了较为中肯的建议："从学

---

① 李学勤：《走出疑古时代》，长春出版社 2007 年版，第 13 页。

② 李学勤、郭志坤：《走出疑古与古史溯源》，载《中国古史寻证》，上海科技教育出版社 2002 年版，第 32—33 页。

③ 张京华：《古史辨派与中国现代学术走向》，厦门大学出版社 2009 年版，第 200—201 页。

④ 廖明君、叶舒宪：《迎接神话学的范式革命》，《民族艺术》2009 年第 3 期。

术研究的拓展看，需要及时借鉴的新动向，在于神话学主动打通其他学科的突破性成果，如'神话历史'、'神话考古'、'神话图像学'、'神话生物学研究'等。其认识论意义上的关键改变就是人文学者如何学会'通过神话去思考'的问题。"①"通过神话去思考"这一观点的提出，不仅有助于我们更为合理地认识传统文化中的文化内质，而且有助于我们利用"神话"这个人类文化的"基因"去清除在理解传统文化时造成的遮蔽现象。而"神话历史"理论的出现，正是对"通过神话去思考"这一观点的具体阐释。

伴随中国神话学产生至今的"神话历史化"理论，其自身存在的不可弥补的缺陷，已遭到不少神话研究者的质疑。如有学者认为："宗教在人类历史上即使同一民族也是时盛时衰的，有些民族如中国上古的华夏族，他们重视的是现世的事业，所以夏商周三代基本是有神而无'话'，及至战国秦汉以下产生和传入道教、佛教，宗教才渐次发展起来，神话创作也随之兴起。"②"中国古人既然如此注重现世生活，而把上帝鬼神作'神道设教'，那么就必然缺乏热情去赞美神灵、想象天国，就必然创造不出丰富生动的神话故事，所谓'神话历史化'是子虚乌有的臆测。"③显然，这种针对"神话历史化"的批评有其合理性，但也存在其自身的不足。对此，笔者曾撰文探讨，该文指出：

> 常先生坚持文化相对论，认为中国神话有自己的发展轨迹，这无疑有一定道理，但并不能否认中国神话存在世界性的一面。他认为，中国神话创作在战国秦汉以后才渐次兴起，由于华夏族"重视的是现世的事业，所以夏商周三代基本是有神而无'话'"，这就与实际情况不甚相符了。常先生之所以得出这样的结论，或许因为该结论建立在把"神话"与"历史"截然分开的基础上。然而我们知道，在人类社会早期，神话与历史往往交融在一起，两者之间的关系并非像后人想象的那样具有清晰的界限。把神话与历史进行严格区分，那是

①　廖明君、叶舒宪：《迎接神话学的范式革命》，《民族艺术》2009 年第 3 期。

②　张文安：《中国与两河流域神话比较研究·常金仓序》，中国社会科学出版社 2009 年版，第 3 页。

③　常金仓：《中国神话学的基本问题：神话的历史化还是历史的神话化?》，《陕西师范大学学报》（哲学社会科学版）2000 年第 3 期。

西方严格划分学科体系的产物。①

　　"所谓神话历史化就是把神话还原或解释为历史，把非经验非理性的神话变成以体现某种神圣原则和历史因果关系的往事。"② 这是关于"神话历史化"极具代表性的定义。不过我们应该客观地指出，此定义与其他类似的关于"神话历史化"的定义一样，也犯了将神话和历史之间的界限彰显得"过于清晰"的毛病。

　　在人类社会早期，神话与历史往往交融在一起，可以说神话就是历史，历史就是神话，二者之间的关系并非像后人想象的那样具有清晰的界限。

　　　　当他（指人类）不再被封闭在直接欲望和需要的狭窄圈子内而开始追问事物的起源时，他所能发现的还仅仅是一种神话式的起源，而非历史的起源。为了理解世界——物理的世界和社会的世界——他不得不把它反映在神话时代的往事上。③

　　可见，人类早期的历史是一种神话式的历史。关于此点，顾颉刚早在1923 年 6 月所作的《答刘胡两先生书》中就曾明确指出过。④ 魏爱棠也曾指出："人类（无论是哪个民族）早期的历史都是与神话不可分割地纠结在一起，神话、史诗是历史学的源泉。"⑤ 将两者严格区分，并不符合神话与历史在人类历史早期的实际情况，然而要想解决这种严格区分造成的问题，我们就必须"把神话概念从现代性的学术分科制度的割裂与遮蔽中解放出来"，让神话充分发挥其"跨文化和跨学科""贯通文史哲宗教道德法律诸学科"的"编码作用"⑥。而"神话历史"作为一种理念被提

---

　　① 朱仙林：《中国神话研究的反思——与常金仓先生商榷》，《浙江师范大学学报》（社会科学版）2011 年第 3 期。关于此问题，常金仓先生另有专文与笔者探讨，惜常先生未及将该文刊出就病逝了。幸赖常先生的高足张雁勇学兄将常先生的遗稿转化成电子稿并转交到笔者手中，笔者才得以见到常先生的遗墨，睹"物"思人，心中为之怅然。参见常先生的遗稿《两种神话学思想的碰撞——关于〈山海经〉等问题答朱仙林同志》，《古籍整理研究学刊》2012 年第 2 期。

　　② 赵沛霖：《孔子发现和肯定神话历史化的重大意义》，《贵州社会科学》1995 年第 3 期。

　　③ ［德］恩斯特·卡西尔：《人论》，甘阳译，上海译文出版社 2009 年版，第 238—239 页。

　　④ 顾颉刚等编：《古史辨》，海南出版社 2005 年版，第 1 册，第 105—106 页。

　　⑤ 魏爱棠：《"神话"／"历史"的对立与整合》，《史学理论研究》2006 年第 1 期。

　　⑥ 叶舒宪：《中国的神话历史——从"中国神话"到"神话中国"》，《百色学院学报》2009 年第 1 期。

出来，正好弥补了"神话历史化"概念造成的这种缺陷，因为"真正的'神话历史'作为一个整体，其最基本的核心在于文化阐释，不是历史同神话的简单并置，而是从根本上打破对立，以一种综合性的思维来考察神话与历史在原初的那种混生一体的状态"。① 陈连山也曾强调，对于中国神话研究者来说，应该"走出狭隘的现代西方神话概念，站在中国古代文化的立场上，则会发现中国古代并非只有神话而没有神话概念，只不过中国古代人把'神话'称为远古历史而已。他们直接把神话当做历史，用'历史'的概念包括了'神话'的概念"。② 无疑，陈氏已清晰地认识到神话与历史在上古社会的相互交融关系。

通过分析可知，"神话历史"将比"神话历史化"更深刻地揭示出神话与历史间的原初关系，因为"神话历史"的提出"不是要讲什么'神话的历史'（袁珂先生有《中国神话史》，即指中国神话的历史），而是要讲历史本身的神话性质，亦即历史和神话的不可分割性和一脉相承性"。③因此，只有"神话历史"理论才能"真正从本质上证明中国的神话与历史的综合状态浑然天成"。④

在对中国上古神话进行研究时，必须明确地认识到神话是早期人类文化的综合体，"是文、史、哲、艺术、宗教、心理、政治、教育、法律等的共同根源。今天围绕着以上多种对象分门别类地建构出来各个学科，如文学（文艺学）、历史学、哲学、思想史、宗教学和宗教史学、心理学等，无一不涉及神话。尤其是在上溯其研究对象的初始阶段时，就必然进入到神话叙事的领域"。⑤ 于是，当面对神话和历史关系问题时，不必将二者截然分开，更不必认为中国神话经历了一个"神话历史化"的阶段，因为我们毋宁说中国神话分化出了历史似乎更接近实际情况些。

二　罗泌《路史》体现出的"神话历史"观

在中国神话学成为独立学科之前，学者对罗泌《路史》的研究一直

---

① 金立江：《什么是"神话历史"》，《百色学院学报》2009 年第 3 期。
② 陈连山：《走出西方神话的阴影——论中国神话学界使用西方现代神话概念的成就与局限》，《长江大学学报》2006 年第 6 期。
③ 廖明君、叶舒宪：《迎接神话学的范式革命》，《民族艺术》2009 年第 3 期。
④ 金立江：《什么是"神话历史"》，《百色学院学报》2009 年第 3 期。
⑤ 廖明君、叶舒宪：《迎接神话学的范式革命》，《民族艺术》2009 年第 3 期。

局限在"历史"的框架里,这就导致对《路史》的评价总是以历史学科的取舍为标准,而忽略了《路史》所蕴含的文献学、神话学等学科的价值。因此也导致学者在对《路史》作出评价时,往往得出比较单一的结论,如有学者认为:"《路史》内有不少妄说,未必有所本。"① 这里称为"妄说"的内容,如果仅以历史学科的标准来衡量也许有其道理,但它是不是就不具备除史学价值外的其他价值,值得认真探讨。在神话学研究方法介入后,《路史》研究的领域虽得以拓宽,并取得不俗的成绩,如袁珂在其《中国神话史》中设立专节论述罗泌《路史》在神话学史中的价值。② 但成绩之外也存在不少问题,如袁氏认为罗泌"将许多神话传说材料转化为历史",也就是认为《路史》是"神话历史化"的产物。③ 但笔者认为,罗泌创作《路史》时并不是有意将"神话传说材料转化为历史",在罗泌的思维中,神话即为历史,它们之间不存在严格区分。因此,支配罗泌《路史》创作的与其说是"神话历史化"的理论,不如说是"神话历史"的思维更为恰当些。

罗泌,生当南宋高宗、孝宗、光宗、宁宗四朝,其生活的年代正是从北宋灭亡之后的动荡到南宋政权逐步走向稳定的过渡时期。此时期不仅是中国历史的动荡时期,也是中国思想的巨大变化时期。

从北宋建国到南宋灭亡,整个宋代都存在着严重的北面威胁,不论是北宋与辽、西夏(960—1127)的对峙,还是南宋与金(1127—1279)、元(1271—1368)的对峙,都对两宋的国家安全造成了巨大威胁。特别是南宋,对外政策上的屡屡失误,致使整个南宋王朝始终处于高度戒备的状态。正是在这样的大背景之下,"宋代士大夫的'创造少数'从一开始便要求重建一个理想的人间秩序,当时称之为'三代之治'。无论他们是真心相信尧、舜、三代曾经出现过完美的秩序,还是借远古为乌托邦,总之,由于对现状的极端不满,他们时时表现出彻底改造世界的冲动。这一思想倾向通两宋皆然"。④ 这是"外王"的体现。

南宋前期,在对外政策上,以宋高宗、秦桧为首的投降派镇压了轰轰烈烈的抗金运动,"尽管'中原父老望旌旗',但是以宋高宗、秦桧为代

---

① 徐旭生:《中国古史的传说时代》,广西师范大学出版社 2003 年版,第 56 页。

② 袁珂:《中国神话史》,上海文艺出版社 1988 年版,第 376—382 页。

③ 袁珂:《中国神话史》,第 376 页。

④ 余英时:《朱熹的历史世界》,生活·读书·新知三联书店 2004 年版,第 5—6 页。

表的反动统治阶级却沉浸在罪恶的糜烂生活之中。到处是灯红酒绿，到处是歌舞升平。在这样空虚的时代里，就只有空洞无物的'道德性命'的说教，来装饰这个时代。这是理学得以发展的客观环境"。① 朱熹和陆九渊两人代表了南宋理学的两大宗派，虽然二人对于"'道体'的理解截然不同，但关于'道'已大行于尧、舜、三代的传说则同样深信不疑。……尽人皆知，理想化的古史已为现代考古学与史学所彻底摧破，上古'道统'无论作为信仰或预设显然失去了存在的基础。但是如果我们能暂时将现代历史意识搁置起来，不犯时间错置的谬误，则这一信仰或预设在 19 世纪末叶以前的有效性毕竟是无法否认的"。② 这是"内圣"的体现。

确实，罗泌正是生活在这样一个对"'道'已大行于尧、舜、三代的传说""深信不疑"的时代。此时代内外关系的过于紧张，导致南宋理学家对"内圣"与"外王"关系的进一步探讨。经过探讨，"'外王'必自'内圣'始，终于成为南宋理学家的一个根深蒂固的中心信仰"。③ 从而也更进一步地揭示出"'内圣'之学的宗教性格是很明显的"，因为"'内圣'之学确是他们的精神源泉，至少他们是如此这般深信不疑的。他们不但持此为安身立命之所在，而且也相信这一精神源泉足以涤荡他们的胸襟，不断改善他们做人做事的能力"。④

正是这种对"尧、舜、三代的传说""深信不疑"的思想，成为罗泌在创作《路史》时对神话与历史资料"不加别择"利用的根源。这也正是"神话历史"所要揭示的"神话"与"历史"之间的浑然不可分割的特性。我们只有牢牢地抓住这个根源，才能够更好地理解罗泌在创作《路史》过程中的思想变化和所采用的叙述方式，也才能对诸如认为《路史》"采典籍，则五纬百家、山经道书，一言一事，靡不撷拾，几于驳杂而无伦"⑤ 这样的责难报以"了解之同情"。⑥

德国学者恩斯特·卡西尔指出："在神话想像中，总是暗含有一种相信的活动。没有对它的对象的实在性的相信，神话就会失去它的根基。"⑦

①　漆侠：《宋学的发展和演变》，河北人民出版社 2004 年版，第 37 页。
②　余英时：《朱熹的历史世界》，生活·读书·新知三联书店 2004 年版，第 29 页。
③　余英时：《朱熹的历史世界》，第 423 页。
④　余英时：《朱熹的历史世界》，第 408 页。
⑤　（宋）罗泌：《路史》，《四部备要》，中华书局 1936 年排印本，第 3 页。
⑥　陈寅恪：《金明馆丛稿二编》，生活·读书·新知三联书店 2001 年版，第 279 页。
⑦　［德］恩斯特·卡西尔：《人论》，甘阳译，上海译文出版社 2009 年版，第 105 页。

美国学者威廉·巴斯科姆也认为："神话是散体叙事，在讲述它的社会中，它被认为是发生于久远过去的真实可信的事情。"① 意大利学者拉斐尔·贝塔佐尼则认为："神话是真实的历史，因为它是神圣的历史，这不仅取决于它的内容，而且取决于它具体发出的神圣力量。"神话的"真实性不是源于逻辑，而是某种历史"。② 据此，我们能够明确了解到，神话对于叙述它的社会及个人来说是曾经真实发生过的"神圣的历史"。从这样的叙述中，我们能更加深刻地认识到，在罗泌叙述他的《路史》时，他是处于一种什么样的神圣环境中。《路史》中大量运用神话材料，不仅体现出罗泌对神话中蕴含着历史质素这一事实的不自觉把握，同时也体现出支配罗泌进行《路史》创作的是其对"三代"之前的神话传说的真实性毫不怀疑这一"神话历史"的思维。其实，《路史》是中国神话的集大成者这种说法，早已有前辈学者指出：

> 糅合这群天神地祇于古史系统，殷商王朝创之，宗周王朝继之，秦、楚、陈、齐诸国仿而效之。瞽史、稗史之流从而演绎出来训语、训典以神其说，晚周诸子从而推波助澜，附托其立说根据。于是由三王而五帝，而三皇，而封泰山者七十二代。自天地开辟至于鲁史《春秋》之绝笔，凡二百七十万年，上古史年代愈积说愈长，人物世系愈积说愈繁。孔、孟乐道尧、舜，荀子说"五帝以外无传人"，秦博士填实了三皇的名号，唐司马贞从而补《三皇本纪》，到了宋代，罗泌融会先秦的经、传、诸子以及汉后谶纬家言、搜神志异之书，以成《路史》，可谓集古代神话之大成！③

而《路史》对神话资料的集大成，与《山海经》一类记载的原始神话材料又有所不同，它更多地体现在叙事过程中对"神话"与"历史"的浑然不分上。罗泌对神话与历史一视同仁地看待，在其1170年所作的《〈路史〉序》中有较为明确的表述：

---

① ［美］阿兰·邓迪斯编：《西方神话学读本》，朝戈金等译，广西师范大学出版社2006年版，第10页。

② ［美］阿兰·邓迪斯编：《西方神话学读本》，第125—126页。

③ 丁山：《中国古代宗教与神话考》，上海书店出版社2011年版，第610页。

　　或曰，古今异道，古之不可施于今，犹烛之不可用于旦也。吁！亦庐臧爨获蒙蒙亡志者之屏见尔。道一而已，惟精惟一，允执厥中。自伏羲以来，炎、黄、小颢（少昊）、颛（颛顼）、喾（帝喾）、陶唐、姚虞、伯禹，俱以是传；以今并之，虽前乎千万载，稽符合节，是旦莫之辙也。风（风后）、容（容成）、皋（皋陶）、夔之徒，英灵犹在，后虽殊世风烈，犹合于时，方其所表，见可得而言矣，曷古今之异哉。

　　罗泌列举的一连串人物，在我们今人看来多为人神杂糅的神话传说式的人物，与后来历史中有明确记载的如孔子、孟子、朱熹等自然应该有所区别。然而在罗泌看来，这种加以区别的观点，"不过是看门烧火的奴仆'蒙蒙亡（无）志者之屏见尔'，'曷古今之异哉'。说得明白点，就是在罗泌的眼光里，神话传说人物和历史人物是一视同仁地被对待的"。[1] 可见，在罗泌的思维中，这种对神话与历史浑然不分的思想是多么根深蒂固地存在着。在这种思维的支配下，罗泌"把许多神话传说材料，当作历史材料看待，'五纬百家'之书，'山经道书'之言，被他拿过手来，加以整齐排比，去其和历史过于径庭的神话因素，代以比较雅驯的古典叙写"。[2] 可知，罗泌创作《路史》时采用"驳杂"材料进行叙述也有其必然的根源。因此当我们评价《路史》时，就不能单用今天的学术标准来衡量它，我们应看到在这种驳杂现象后面更深层次的思想历史根源，这样才能得出比较公正客观的结论。

　　罗泌《路史》体现出的"神话历史"观，上文已有接触，并在第四章第二节中分析"女娲神话"时，有较为明晰的说明。此处还可以举《路史·余论十》中提及的"息壤"神话来进一步加以阐释。《余论十·息壤》开篇提及《山海经·海内经》中关于鲧、禹治水的神话：

　　　洪水滔天，鲧窃帝之息壤以堙洪水。不待帝命。帝令祝融杀鲧于羽郊。鲧复生禹，帝乃命禹卒布土以定九州。

---

① 袁珂：《中国神话史》，上海文艺出版社1988年版，第377页。
② 袁珂：《中国神话史》，第377页。

顾颉刚、童书业在《鲧禹的传说》中对这段话有如下解释：

> 凡《山海经》、《楚辞》、《淮南子》等书里单称"帝"的多指上帝。这是说鲧偷了上帝的法宝"息壤"，去埋塞那滔天的洪水，只因不曾得着上帝的同意，上帝就派人把他杀了。鲧死后，在他的肚里忽然生出一个禹来，上帝就派禹去完成鲧的事业——"布土以定九州"。鲧曾偷上帝的东西，死后又曾生儿子；禹曾受上帝的任命去布土；他们自然都是神性的人物了。①

裘锡圭认为，顾、童二氏的解说"确是卓识"②；笔者也认为，顾、童二氏说鲧、禹皆是具有"神性的人物""确是卓识"。因为"潜水捞泥型"神话"广泛流传于北半球从欧洲经亚洲一直到美洲的众多民族中间"，是世界性的神话类型，而鲧禹治水神话乃是"此类型神话的中国生成形式，而且还可能是该类型神话在世界上最早的文字记录本"。③ 吕微的这个结论进一步强化了"鲧窃息壤"作为一则神话的可信度。

其实在罗泌看来，这则神话在历史上实际发生过，因为在后文中，罗泌举出多种例证对此神话的真实性加以阐明：第一，"汉元帝时，临滁地涌六里，崇二丈所"。第二，"（汉）哀帝之世，无盐危山土起覆章，如驰道状，盖息壤也"。第三，"江陵之壤，锁镇水旱"。第四，"王子融修臧丙之事，雷雨骤集"。④ 第五，"柳子所言龙兴寺地"。⑤ 以上五例，罗泌都明确地认为是"天地之间，自多有此"的历史事实，是如"柳子所言龙兴寺地"之类的可作为真实历史看待的材料。

其实，如果单就"息壤"现象而言，其历史真实性在某种程度上是

---

① 顾颉刚等编：《古史辨》，海南出版社 2005 年版，第 7 册，第 576 页。

② 裘锡圭：《新出土先秦文献与古史传说》，《中国出土文献十讲》，复旦大学出版社 2004 年版，第 23 页。

③ 吕微：《神话何为》，社会科学文献出版社 2001 年版，第 63、66 页。

④ 罗苹注曰："庆历甲申（1044），尚书郎王子融莅渚宫，自春不雨，遍走群祀。五月壬申与郡僚及此，以今地无复隆起，而石屋詹且露，请掘取验，虽致水洿，亦足为快。因具畚锸，置土数百担，以备俟，且从事，是夕雷雨大至，远近沾洽，亟以馨俎荐答。"

⑤ 唐柳宗元《柳河东集》卷 28《永州龙兴寺息壤记》："永州龙兴寺东北陬有堂，堂之地隆然负砖甓而起者，广四步，高一尺五寸。始之为堂也，夷之而又高，凡持锸者尽死。永州居楚越间，其人鬼且几。由是寺之人皆神之，人莫敢夷。"

可以得到保证的，如顾颉刚在《息壤考》中就曾举出好几则相关例证：（1）《太平御览》卷八八〇引《古本竹书纪年》载："梁惠成王七年，地忽长十丈有余，高尺半。周隐王二年，齐地暴长，长丈余，高一尺。"（2）《汉书·东平王传》说："哀帝时，无盐危山土自起复草，如驰道状。"（3）宋张世南《游宦记闻》说："江陵城内有法济院，今俗称为地角寺，乃昔息壤祠。《图经》引《滇洪录》云：'江陵南门有息壤焉，隆起如牛角状；平之则一夕如故。……牛马践之，或立死。'"（4）清林春溥《开卷隅得》卷九说："今吾郡城东街孝义巷有土隆起，亦约长丈余，高一尺，夷之复高，行者蹉跌辄不利。盖亦息壤之类。"顾氏曾将这些材料拿给矿学家张幼丞看，张氏说："息壤为自生自长的土，这话从地质学上说来也是正确的。"[①] 可见"息壤"现象是有科学根据的，只是在没有科学知识的古人看来显得格外神秘罢了。但是如果像罗泌那样，简单地用后世出现的"息壤"现象来论证"鲧窃息壤"也是真实发生的历史事件，那就未免有些牵强了。

罗泌在叙述中将"鲧窃息壤"当作历史事实看待，究其原因不仅是罗泌的科学知识不足，更说明在罗泌的思维中，后世关于神话与历史的学科分界并不存在，这也正好说明支配罗泌进行叙述的思维是一种典型的神话思维，是神话与历史浑然不可分的思维，这也正是对"尧、舜、三代的传说""深信不疑"的神话思维的最好诠释。

三　"神话历史"理论对古史辨派古史神话观的推进

古史辨派的古史神话观作为探讨中国上古神话的一种有效方式，其价值毋庸置疑，特别是在探讨神话与历史的关系时，其体现出的学术前瞻性更是诸多其他神话研究理论所无法比拟的。因为古史辨派的古史神话观已经明确地认识到，在中国上古时期神话与历史之间并不存在绝对的界限，两者之间彼此交融无法遽然分开。这一研究理路的存在，不仅奠定了古史辨派神话学在中国现代神话学学科发展史上的卓越地位，同时也给"神话历史"理论的提出铺平了道路。但是，古史辨派在研究中却坚持古史的破坏和神话的还原，并认为中国神话经历了一个"神话历史化"或"人化"的过程，这样的结论恐怕就有值得进一步商榷的必要了。

---

① 顾颉刚：《顾颉刚古史论文集》，中华书局1988年版，第2册，第200—202页。

对于"神话历史化"或"人化"的理论，早已有学者提出了严厉的批评，这样的批评有其合理性，因为它至少告诉我们在利用古史辨派古史神话观进行相关研究时，应该尽量跳出在神话研究中过多依赖"神话历史化"或"人化"的方法来分析问题的固有框架，寻找出一种更为合理的研究理论和方法。而"神话历史"理念的提出，在很大程度上弥补了"神话历史化"或"人化"理论存在的不足，因为它"不是要讲什么'神话的历史'，而是要讲历史本身的神话性质，亦即历史和神话的不可分割性和一脉相承性"。① 也就是说，它更多的是用一种"神话思维"来看待历史，以及关于历史的神话性叙述，而这种"神话思维"在罗泌创作《路史》时得到了较为充分的体现。

总之，"神话历史"作为一种理念的提出，具有学理上的深层价值，它不仅有助于我们用更加科学合理的方式来认识人类历史上存在的各类神话传说故事，而且有助于我们打通横亘在各类神话传说故事间的壁垒，使我们能够透过这种壁垒的遮蔽，窥见神话传说故事背后的深层联系及其价值和意义。对于罗泌《路史》的全新阐释，不仅让我们避免了以今人标准来衡量古人的嫌疑，而且更重要的是让我们从不一样的角度认识到了罗泌《路史》的价值。因为在《路史》叙事的表层下面，还有一个更加深层的"神话思维"的指导，这种思维"在19世纪末叶以前的有效性毕竟是无法否认的"。②

---

① 廖明君、叶舒宪：《迎接神话学的范式革命》，《民族艺术》2009年第3期。
② 余英时：《朱熹的历史世界》，生活·读书·新知三联书店2004年版，第29页。

结　论

　　宋代上承隋唐、下启明清，在社会经济、文化制度等众多方面都达到了前所未有的高度。对此，法国学者贾克·谢和耐教授（Prof. Jacques Gernet）在所著《南宋社会生活史》的序言中曾这样评价道："在蒙人入侵前夕，中国文明在许多方面正达灿烂的巅峰。……在人民日常生活方面，艺术、娱乐、制度、工艺技术各方面，中国是当时世界上首屈一指的国家，其自豪足以认为世界其他各地皆为化外之邦。"① 美籍华裔学者刘子健也说："南宋的财富，世界第一。以科学知识和工艺技术而论，也是第一。至于教育的传布，深入民间，更是好些世纪后其他国家都还不能想像的。论中国文化的精髓，儒学经过朱熹等人的努力，进入一个更高深更广大的阶段。南宋的文化，可以算是人类史上，在工业革命以前，一个华丽的奇迹。"② 王国维在《宋代之金石学》中亦称："天水一朝，人智之活动，与文化之多方面，前之汉唐，后之元明，皆所不逮也。"③ 陈寅恪在《赠蒋秉南序》中，亦给予赵宋王朝之文化以极高评价："虽然，欧阳永叔少学韩昌黎之文，晚撰五代史记，作义儿冯道诸传，贬斥势利，尊崇气节，遂一匡五代之浇漓，返之淳正。故天水一朝之文化，竟为我民族遗留之瑰宝。"④ 又在《陈垣明季滇黔佛教考序》中进一步指出宋代史学的

---

　　① ［法］贾克·谢和耐：《南宋社会生活史》，马德程译，台湾文化大学出版部1982年版，第4—5页。

　　② ［美］刘子健：《背海立国与半壁山河的长期稳定》，《两宋史研究汇编》，台湾联经出版事业公司1987年版，第38—39页。

　　③ 王国维：《宋代之金石学》，载《王国维遗书》第3册《静庵文集续编》，上海书店出版社2011年版，第709页。

　　④ 陈寅恪：《赠蒋秉南序》，《寒柳堂集》，生活·读书·新知三联书店2001年版，第182页。

巨大成就："中国史学莫盛于宋。"① 可见，宋代确是文化高度发达的朝代。而罗泌《路史》正是这个文化发达、史学极盛时代的产物，因此如果我们暂时撇开那些带有主观成见的意见不谈，单就《路史》在保存及整合先秦文献方面所取得的成绩来说，可以肯定地认为，《路史》一书具有重要的价值，值得认真探讨，而这正是笔者撰写本书的重要出发点之一。

首先，从文献学角度来看，宋代凭借活字印刷术的发明和雕版印刷业的推广，在文献的保存和普及方面取得了巨大的突破，很多书籍即因得到雕版印刷方才流传至今。当然，就宋代文化发展本身而言，亦因雕版印刷业的繁荣，得以让众多的好学之士能够很方便地阅读此前乃至当世的文献资料，从而促进了宋代文化的繁荣。因此，罗泌在编撰《路史》时，才能收集到数量如此庞大的资料，其中有一部分资料亦因《路史》的传世而得以保存至今，它们在文献的辑佚、校勘、注释等方面均有重要参考价值，值得格外重视。本书第一至第三章，通过对《路史》书中所载资料的详细考察，不仅对《路史》本身的文献构成进行了全面分析，更将《路史》蕴含的文献学（特别是辑佚学）价值进行了充分挖掘，从中可以看出，《路史》是一部在文献学发展史上具有重要参考价值的著作。

其次，从整合先秦文献（特别是先秦神话传说）的角度来看，罗泌凭借其掌握的丰富文献资料，将之前散存于各书中的神话传说资料，根据其所载内容安排到同一位古史传说人物的名下，使得原本不成统系的资料找到了相应的归属，从而为我们更全面深入地了解先秦神话传说提供了必要的资料基础。虽然在罗泌之前已有邵雍的《皇极经世》、司马光的《稽古录》、刘恕的《通鉴外纪》、苏辙的《古史》等收集整理古史传说资料，但它们多是将相关内容融合到自己的叙述中，并未能像罗泌《路史》那样将所采原始资料的来源一一注出，以便后人之研究利用，而这正是罗泌《路史》较之其他同类书籍的优势所在。

最后，从神话学角度来看，罗泌在编撰《路史》时，不仅将丰富的神话传说资料纳入《路史》文本中，更为重要的是，罗泌在将这些神话传说资料所系的神话传说人物构拟到他的神话谱系中时，如此坚定地认为

①　陈寅恪：《陈垣明季滇黔佛教考序》，《金明馆丛稿二编》，生活·读书·新知三联书店2001年版，第272页。

他们都是曾经存在过的真实的历史人物，并且都曾创造过辉煌的远古文明。正因罗泌对这些远古人物持有绝对的信仰，故他才会在《路史》创作时，在选材方面存在诸多今日看来不够严谨，甚至自相矛盾处。我们若从学术研究的角度来看，这些不够严谨乃至自相矛盾处，自然需要认真地加以梳理和澄清；但与此同时，我们若进一步探究支配罗泌如此行事的内在因素，我们将发现一个存在于罗泌心目中的带有范式意义的信仰，即与罗泌生活在同一思维模式中的人们，他们坚信发生在远古时期的那些神话故事，不仅是真实可信的，而且"具有最重大和最高尚的意义"，因为"那些发生在神话时代、'梦的时代'的事件……构成一部模式化的历史，人们遵循和重复这一历史"，便能"确保世界、生命和社会的延续"。[①] 在这种信仰的支配下，人们不再去区分何为神话、何为历史，在他们看来，神话就是历史，因为大多数神话"因为它们记载了发生在'从前'的事情，其本身就为保留了这些神话的社会以及在这个社会存在的整个世界构成了一种历史典范（exemplar history）。甚至宇宙起源的神话也是历史，因为它叙述了所有从起源开始所发生的一切；但是毋庸赘言，我们必须牢记这并不是我们所理解的'历史'——不是那些只发生一次，以后再也不会发生的事情——而是可以（有规律或者没有规律）重复的典范性的历史，其意义和价值就在于这样一种重复"。[②] 换言之，在我们看来属于神话范畴的东西，在他们看来只不过是一系列不断重复的历史罢了。当然，若要对罗泌《路史》所体现出来的这一带有范式意义的"神话历史"思维有更为全面深入的了解，单就《路史》本身进行的分析，其理由尚显单薄，必须进行更加广泛、多样的个案研究，从中将这一范式意义的内在价值提炼出来，为将它运用到更为广泛的领域提供必要的理论支持，而上文第四至第七章中对罗泌《路史》的神话学研究只不过是此类研究的一个开始而已。

　　总之，无论是从文献学还是神话学角度来看，对罗泌《路史》的研究都具有"范式"意义。即以对《路史》辑佚学价值的探讨为例（见本书第三章），虽然从明代至今，有无数辑佚学家以《路史》为辑录对象，

---

　　① ［美］米西尔·伊利亚德：《宇宙创生神话和"神圣的历史"》，载［美］阿兰·邓迪斯编《西方神话学读本》，朝戈金等译，广西师范大学出版社 2006 年版，第 182 页。

　　② ［美］米尔恰·伊利亚德：《神圣的存在：比较宗教的范式》，晏可佳、姚蓓琴译，广西师范大学出版社 2008 年版，第 401 页。

从中辑得包括经、史、子、集在内的众多材料，但由于辑佚者在据《路史》辑录资料之前，并未能对《路史》本身进行细致周详的考察，所以其辑录结果往往存在大量漏辑的现象。而当对《路史》文本进行详细考察，将《路史》中包含的大量佚文给予全面观照后，不仅能揭示出《路史》对辑佚学有巨大价值，更主要的是以对《路史》辑佚学的考察为例，揭示出一个带有普遍价值的研究方法：任何形式的辑佚工作开始前，对用以辑佚的相关书籍进行细致梳理，是避免出现严重漏辑情况、保障辑佚成绩的重要方法，值得辑佚者重视。

当然，以上的论述，主要是从偏于积极的一面说的。其实据实而言，在从文献学与神话学两方面对罗泌《路史》进行深入探究时，也时时感受到《路史》一书存在诸多缺陷与不足，并试图在写作时将其揭示出来。总括起来，以下两点值得特别注意。

首先，虽然《路史》记载有丰富的文献资料，但罗泌在将这些资料安排到《路史》中时，并没有照原文直接转录，而是根据创作的需要将资料进行了相应的处理，这样虽然有利于罗泌按照自己的理解创作《路史》，但如不对《路史》进行详细的整理、校勘，研究者利用起来将十分困难。其实，不仅研究《路史》时会遇到这样的问题，研究其他类似的古籍文献也将会遇到同样的问题。因为《路史》跟其他同类书籍一样，并非如《太平御览》等类书，创作之初就是为了便于查找资料；此类书籍的创作，有其自身的创作目的和原则，因此若是将大量的原始文献照抄照录，不但容易让文本流于烦冗、拖沓，更主要的是不利于创作主旨的表达。因此，此类问题的存在有其必然性，不能一味地加以贬斥，应客观地加以分析、整理，以便于利用。

其次，受时代限制，再加之罗泌对他叙述的那些远古帝王持有坚定的信仰，所以在编撰《路史》时，罗泌总想搜寻更多的资料来证明那些远古帝王曾创造过辉煌业绩，所以在资料的选择上，有时就较少考虑其产生时代的早晚及真伪等问题。其实，这一问题亦非罗泌私有，而是那个时代的人普遍存在的。顾颉刚在《中国辨伪史要略》中总结道："宋代疑古辨伪的风气虽然盛行，但是宋人在整理古史时，却是'志欲笼络宇宙而无所遗'（司马光《资治通鉴外纪序》），广搜杂家小说之说以见其博，因此宋代所编的古史，不仅没有把伪史剔出去，反而是伪史充斥其中，如章衡的《编年通载》始于帝尧，迄于宋治平；刘恕的《资治通鉴外纪》起自

庖牺，止于周考王；司马光的《稽古录》起自伏羲，终于宋治平；苏辙
的《古史》，自伏羲、神农讫秦始皇；无名氏的《宝历歌》自开辟太古讫
于周世宗；胡宏的《皇王大纪》，始于盘古氏，终于周末；胡卫的《通史
缘起》，则是‘推盘古以来众说之异同’（《郡斋读书志》卷五上）；罗泌
的《路史》，起自初三皇至夏履癸；金履祥的《通鉴纲目前编》，自盘古
至周成王。"① 可见，罗泌《路史》存在的问题，其实是一个带有普遍性
的根本问题。毫不夸张地说，此问题恐怕不仅宋代著作中存在，就是在之
前的隋唐、之后的明清时期的著作中亦存在。因此，可以这么认为，对罗
泌《路史》的研究虽属于个案研究，或可起到窥一斑而知全豹的功效。

　　总之，研究罗泌《路史》绝不能无视它本身存在的问题，一味地将
之拔高，甚至无原则地溢美。当然，如果就此完全否定它的价值，亦同样
不可取。如有人认为"《路史》不足观，仅可糊壁"。究其原因，主要是
因为他们不具备现代的学术理念，不曾认识到《路史》书中所具有的文
献学、史学、神话学等学科价值。

　　其实，在本书撰写过程中也逐渐感受到，虽然已经较为详细地探讨了
罗泌《路史》在文献学与神话学方面的价值与不足，但尚有以下三个问
题，虽然曾不同程度涉及，但并未能全面展开，亟待深入加以研讨。

　　第一，罗泌在《路史》中对上古史进行整理研究的行为，在宋代十
分普遍，换句话说，宋代曾出现过一股上古史研究热潮。关于此问题，本
书绪论及第四章曾有过一些探讨，指出宋人钟情于上古史研究，有三个主
要因素：一是弥补前人修史时对上古史的重视不足；二是弥补前人撰修上
古史时的取材不当，或考证不周；三是宋代士大夫普遍要求回向"三
代"，"重建一个理想的人间秩序"的时代要求，促使宋人重视上古史研
究。并且结合罗泌撰修《路史》的相关情况，对第三方面的原因进行了
详尽的探讨。但就罗泌《路史》及其相关资料对宋代出现的上古史研究
热潮原因的初步分析，并不足以探究整个宋代何以会如此热衷上古史研
究，而要想对此有足够充分了解，还需要根据更多的文献——比如司马光
《稽古录》、刘恕《资治通鉴外纪》、苏辙《古史》等——进行深入的研
讨，方能真正地把握推动宋代上古史研究的内在动力及其背后隐藏的深层
价值，而这一工作的展开，又需要更多的研究者共同努力方能最终完成，

---

① 顾颉刚：《秦汉的方士与儒生》，上海古籍出版社 2007 年版，第 194 页。

对罗泌《路史》的研究仅仅是其中的一部分而已。

第二，罗泌《路史》的成书，不仅使宋以前零散的神话文献得到一次必要的汇集，从而成功地保存至今；而且也将各种原本来源不同的神话系统融合在同一体系中，促成了中国古代神话系统的大汇总，从而对元明清乃至民国时期的神话研究产生了深远的影响。前者，本书从文献学及神话学两个角度进行了充分的挖掘和分析，从而确信《路史》所载神话资料的丰富性。而后者，若能将其充分展开，不仅能让我们清晰地看到罗泌《路史》在中国神话学史上"承前启后"的重要地位，更重要的是能将作为神话传承载体的民间信仰的持续性影响力充分地呈现在我们面前①，从而揭示出"中国文化传统的最大特征"之"完全的和弥漫性的神话特质"。② 然而遗憾的是，由于写作时间及本书篇幅的限制，对于后者，未能展开讨论。

第三，江西文化在唐中叶以后，逐渐摆脱落后的面貌，得以迅速发展，到宋代达到了历史的鼎盛时段。洪迈在《容斋四笔》卷五《饶州风俗》中引《馀干县学记》称："古者江南不能与中土等，宋受天命，然后七闽、二浙与江之西、东，冠带《诗》、《书》，翕然大肆，人才之盛，遂甲于天下。"③ 可见，到宋代，江西地区文化已发展到与福建、浙江鼎足而三的地位。朱熹曾说："江西人大抵秀而能文。"④ 而罗大经在《鹤林玉露》丙编卷之三《江西诗文》中，曾以诗文为例总结道："江西自欧阳子以古文起于庐陵，遂为一代冠冕。后来者，莫能与之抗。其次莫如曾子固、王介甫，皆出欧门，亦皆江西人。……朱文公谓江西文章如欧永叔、王介甫、曾子固，做得如此好，亦知其翩翩不可尚已。至于诗，则山谷倡之，自为一家，并不蹈古人町畦。"⑤ 据刘锡涛统计分析，宋代江西文化的繁荣是整体性的。⑥ 而吉州文化的繁荣程度在整个江西文化中尤其突出，吉州"衣冠所萃，艺文儒术斯之为盛，虽闾阎贱品力役之际，吟咏

---

① 向柏松：《神话与民间信仰研究》，人民出版社 2010 年版，第 13 页。

② 叶舒宪：《神话：中国文化的原型编码》，载叶舒宪、唐启翠编《儒家神话》，南方日报出版社 2011 年版，第 2 页。

③ （宋）洪迈：《容斋随笔》，齐鲁书社 2007 年版，第 525 页。

④ （宋）黎靖德编，王星贤点校：《朱子语类》卷 116《训门人四》，中华书局 1986 年版，第 2799 页。

⑤ （宋）罗大经撰，王瑞来点校：《鹤林玉露》，中华书局 2008 年版，第 284 页。

⑥ 参见刘锡涛《宋代江西文化地理研究》，博士学位论文，陕西师范大学，2001 年。

不辍"。① "吉为大邦，文风盛于江右。"② 正道出了吉州文化的兴盛程度。罗泌是江西吉州人，其家族成员又曾与胡铨、周必大、杨万里、欧阳守道、文天祥等南宋历史上的著名人物有过密切交往，罗泌也曾受到胡铨、周必大等人的深刻影响，而罗泌所编撰的《路史》正是这样一个特定历史时期的产物。既然如此，究竟应该如何定位《路史》的价值，以及如何看待它与整个江西文化，乃至整个宋代文化发展的关系？这都是本书略有涉及，而限于篇幅未能深入探究的话题，这些问题的探讨，对加深对罗泌家族文化渊源的了解，以及深入探究《路史》的成书背景，进而以此为切入点，更好地了解整个宋代江西文化的发展状况确有十分重要的帮助。

---

① （宋）王象之：《舆地纪胜》卷31《风俗形胜》引《通典》，江苏广陵古籍刻印社1991年版，第365页。

② （宋）王象之：《舆地纪胜》卷31《风俗形胜》引《周必大咏归亭记》，第366页。

附　录

《路史》引书目录（一）：存书

【说明】本表分类标准主要依据《四库总目提要》，分为经史子集四部分，每一大类下根据书籍性质分为不同的小类。如"经部"分"易""书""诗"……"小学"共十类。因本表所列各书均有较为完整的本子流传至今，故《路史》据各书所引资料极易在该书中找到对应内容，所以本表仅列出《路史》所引书名及引用条数。

	书名	作者	朝代	引次		书名	作者	朝代	引次
经部（43类1819条）									
易类（4类41条）					春秋类（7类734条）				
1	周易正义			35	1	春秋繁露	董仲舒	汉	11
2	焦氏易林	焦赣	汉	4	2	春秋左传正义			630
3	周易举正	郭京	唐	1	3	春秋释例	杜预	晋	45
4	伊川易传	程颐	北宋	1	4	春秋谷梁传注疏			17
书类（6类181条）					5	春秋公羊传注疏			28
1	尚书正义			158	6	春秋尊王发微	孙复	宋	1
2	东坡书传	苏轼	北宋	15	7	春秋权衡	刘敞	北宋	2
3	尚书全解	林之奇	北宋	5	五经总义类（1类1条）				
4	尚书详解	夏僎	南宋	1	1	经典释文	陆德明	唐	1
5	禹贡论	程大昌	南宋	1	四书类（3类126条）				
6	禹贡山川地理图	程大昌	南宋	1	1	孟子注	赵岐	汉	68
诗类（4类146条）					2	论语正义			57
1	毛诗正义			114	3	癸巳论语解	张栻	南宋	1

	书名	作者	朝代	引次		书名	作者	朝代	引次
2	诗序			10		乐类（1类3条）			
3	韩诗外传	韩婴	汉	20	1	乐书	陈旸	北宋	3
4	毛诗本义	欧阳修	北宋	2		小学类（10类231条）			
	礼类（6类351条）				1	尔雅注疏	邢昺	北宋	24
1	周礼注疏			97	2	释名	刘熙	汉	2
2	仪礼注疏			12	3	说文解字	许慎	汉	69
3	大戴礼记	戴德	汉	51	4	急就章	史游	汉	5
4	礼记正义			176	5	广雅	张揖	魏	11
5	郑礼记			1	6	玉篇	顾野王	梁	27
6	礼书	陈祥道	北宋	14	7	重修广韵	陈彭年等	北宋	27
	孝经类（1类5条）				8	集韵	丁度等	北宋	64
1	孝经正义			5	9	埤雅	陆佃	北宋	1
					10	群经音辨	贾昌朝	北宋	1
	史部（63类2855条）								
	正史类（19类1103条）					杂史类（2类145条）			
1	史记	司马迁	汉	449	1	国语	韦昭注	吴	107
2	史记索隐	司马贞	唐	11	2	战国策	高诱注	汉	38
3	汉书	班固	汉	218		传记类（4类33条）			
4	后汉书	范晔	宋	122	1	晏子春秋	晏婴	齐	11
5	补后汉书年表	熊方	宋	1	2	列女传	刘向	汉	16
6	三国志	陈寿	晋	21	3	高士传	皇甫谧	晋	5
7	南齐书	萧子显	梁	5	4	魏郑公谏录	王方庆	唐	1
8	陈书	姚思廉	唐	2		载记类（4类32条）			
9	魏书	魏收	北齐	23	1	吴越春秋	赵煜	汉	13
10	北齐书	李百药	唐	2	2	越绝书			9
11	晋书	房乔	唐	81	3	华阳国志	常璩	晋	9
12	宋书	沈约	梁	18	4	十六国春秋	崔鸿	魏	1
13	周书	令狐德棻	唐	10		地理类（11类1137条）			
14	隋书	魏徵	唐	33	1	荆楚岁时记	宗懔	晋	3
15	南史	李延寿	唐	10	2	三辅黄图			1
16	北史	李延寿	唐	6	3	庐山纪略	释惠远	宋	1
17	旧唐书	刘昫	晋	28	4	水经注	郦道元	后魏	208
18	新唐书	欧阳修	北宋	61	5	元和郡县志	李吉甫	唐	97
19	新五代史	欧阳修	北宋	2	6	太平寰宇记	乐史	北宋	655
	编年类（8类79条）				7	元丰九域志	王存	北宋	89

	书名	作者	朝代	引次		书名	作者	朝代	引次
1	汉纪	荀悦	汉	3	8	舆地广记	欧阳忞	北宋	69
2	后汉纪	袁宏	晋	1	9	长安志	宋敏求	北宋	12
3	稽古录	司马光	北宋	2	10	方舆胜览	祝穆	南宋	1
4	资治通鉴	司马光	北宋	2	11	新安志	罗愿	南宋	1
5	通鉴外纪	刘恕	北宋	56	职官类（1类2条）				
6	续资治通鉴长编	李焘	南宋	13	1	唐六典	张九龄等	唐	2
7	宋九朝编年备要	陈均	南宋	1	政书类（4类115条）				
8	中兴小纪	熊克	南宋	1	1	大唐开元礼	萧嵩等	唐	1
别史类（6类136条）					2	通典	杜佑	唐	112
1	逸周书			79	3	唐会要	王溥	北宋	1
2	东观汉记	刘珍	汉	1	4	宋朝事实	李攸	南宋	1
3	渚宫旧事	余知古	唐	1	目录类（3类60条）				
4	隆平集	曾巩	北宋	5	1	集古录	欧阳修	北宋	17
5	古史	苏辙	北宋	2	2	金石录	赵明诚	北宋	14
6	通志	郑樵	北宋	48	3	隶释	洪适	南宋	29
史评类（1类13条）									
1	史通	刘知几	唐	13					

子部（113类1445条）

	儒家类（14类187条）					杂学类（23类322条）			
1	荀子	荀况	周	26	1	吕氏春秋	吕不韦	秦	85
2	孔丛子	孔鲋	汉	16	2	淮南子	刘安	汉	97
3	新语	陆贾	汉	2	3	白虎通义	班固	汉	26
4	新书	贾谊	汉	6	4	论衡	王充	汉	56
5	潜夫论	王符	汉	67	5	风俗通义	应劭	汉	5
6	说苑	刘向	汉	25	6	独断	蔡邕	汉	2
7	新序	刘向	汉	14	7	金楼子	孝元皇帝	梁	3
8	法言	扬雄	汉	7	8	颜氏家训	颜之推	北齐	4
9	中论	徐幹	汉	1	9	古今注	崔豹	晋	3
10	孔子家语	王肃	魏	8	10	刘子	刘昼	北齐	3
11	中说	王通	隋	10	11	苏氏演义	苏鹗	唐	5
12	帝学	范祖禹	北宋	1	12	长短经	赵蕤	唐	1
13	童蒙训	吕本中	南宋	1	13	封氏闻见记	封演	唐	1
14	二程遗书	朱熹	南宋	3	14	尚书故实	李绰	唐	1
兵家类（5类18条）					15	中华古今注	马缟	后唐	1
1	六韬	吕望	周	7	16	梦溪笔谈	沈括	北宋	7

	书名	作者	朝代	引次		书名	作者	朝代	引次
2	吴子	吴起	周	1	17	学林	王观国	北宋	6
3	古司马法			2	18	容斋随笔	洪迈	南宋	2
4	太白阴经	李筌	唐	6	19	东观余论	黄伯思	南宋	5
5	李卫公问对	李靖	唐	2	20	能改斋漫录	吴曾	南宋	6
	法家类（4类82条）				21	云谷杂记	张淏	南宋	1
1	管子	管仲	周	42	22	石林燕语	叶梦得	南宋	1
2	商君书	商鞅	周	3	23	事实类苑	江少虞	南宋	1
3	邓析子	邓析	周	2		小说类（24类246条）			
4	韩非子	韩非	周	35	1	山海经	郭璞注	晋	136
	墨家类（1类19条）				2	穆天子传	郭璞注	晋	31
1	墨子	墨翟	周	19	3	汉武帝内传	班固	汉	2
	纵横家（1类2条）				4	海内十洲记	东方朔	汉	2
1	鬼谷子			2	5	博物志	张华	晋	14
	名家类（1类1条）				6	西京杂记	葛洪	晋	3
1	尹文子	尹文	周	1	7	搜神记	干宝	晋	4
	医家类（3类17条）				8	拾遗记	王嘉	晋	20
1	黄帝素问	王冰注	唐	9	9	异苑	刘敬叔	宋	3
2	灵枢经			7	10	述异记	任昉	梁	11
3	证类本草	唐慎微	北宋	1	11	朝野佥载	张鷟	唐	1
	天文算法类（1类2条）				12	酉阳杂俎	段成式	唐	4
1	周髀算经			2	13	酉阳杂俎续集	段成式	唐	1
	术数类（5类5条）				14	独异志	李尤	唐	1
1	太玄经	扬雄	汉	1	15	云溪友议	范摅	唐	1
2	太乙金镜式经	王希明	唐	1	16	明皇杂录	郑处海	唐	1
3	唐开元占经	瞿昙悉达	唐	1	17	太平广记	李昉等	北宋	4
4	灵台秘苑			1	18	北梦琐言	孙光宪	北宋	1
5	珞琭子赋注	释昙莹注	北宋	1	19	龙川别志	苏辙	北宋	1
	艺术类（3类5条）				20	渑水燕谈录	王辟之	北宋	1
1	书断	张怀瓘	唐	3	21	东斋记事	范镇	北宋	1
2	历代名画记	张彦远	唐	1	22	野客丛书	王楙	南宋	1
3	墨薮	韦续	唐	1	23	齐东野语	周密	南宋	1
	谱录类（5类12条）				24	东轩笔录	魏泰	南宋	1
1	古今刀剑录	陶弘景	梁	3		释家类（1类2条）			
2	香谱	沈立	宋	1	1	广弘明集	释道宣	唐	2
3	考古图	吕大临	北宋	1		道家类（13类208条）			

续表

	书名	作者	朝代	引次		书名	作者	朝代	引次
4	续考古图	吕大临	北宋	1	1	鹖子	鹖熊	周	5
5	重修宣和博古图			6	2	子华子	程本		9
类书类（9 类 317 条）					3	鹖冠子			13
1	古今同姓名录	孝元皇帝	梁	1	4	老子	王弼注	魏	6
2	初学记	徐坚	唐	5	5	列子	列御寇	周	18
3	元和姓纂	林宝	唐	105	6	庄子	庄周	周	74
4	白孔六帖	白居易等	唐	3	7	文子			18
5	太平御览	李昉等	北宋	60	8	列仙传	刘向	汉	17
6	文苑英华	李昉等	北宋	3	9	抱朴子内外篇	葛洪	晋	11
7	事物纪原	高承	北宋	8	10	神仙传	葛洪	晋	7
8	海录碎事	叶廷珪	北宋	2	11	真诰	陶弘景	梁	6
9	古今姓氏书辨证	邓名世	北宋	130	12	亢仓子			3
					13	云笈七签	张君房	北宋	21

集部（51 类 183 条）

别集（26 类 61 条）					楚辞类（2 类 43 条）				
1	蔡中郎集	蔡邕	汉	1	1	楚辞章句	王逸	汉	37
2	曹子建集	曹植	魏	1	2	楚辞补注	洪兴祖	南宋	6
3	陶渊明集	陶潜	晋	5	总集（2 类 54 条）				
4	盈川集	杨炯	唐	1	1	文选注	李善注	唐	51
5	王子安集	王勃	唐	1	2	唐文粹	姚铉	北宋	3
6	颜鲁公集	颜真卿	唐	5	诗文评类（4 类 8 条）				
7	李太白文集	李白	唐	3	1	文心雕龙	刘勰	梁	4
8	张燕公集	张说	唐	4	2	本事诗	孟棨	唐	1
9	柳河东集	柳宗元	唐	3	3	唐诗纪事	计有功	北宋	1
10	笠泽丛书	陆龟蒙	唐	1	4	韵语阳秋	葛立方	南宋	2
11	罗隐集	罗隐	唐	1	单篇（17 类 17 条）				
12	谗书	罗隐	唐	1	1	乐论	阮籍	晋	1
13	咏史诗	胡曾	唐	1	2	蒲塘辨	颜真卿	唐	1
14	小畜集	王禹偁	北宋	2	3	朝献太清宫赋	杜甫	唐	1
15	临川文集	王安石	北宋	2	4	前殿中侍御史柳公紫微仙阁画太乙天尊图文	杜甫	唐	1
16	文忠集	欧阳修	北宋	8	5	五盘	杜甫	唐	1
17	居士集	欧阳修	北宋	1	6	朝献太清宫赋	杜甫	唐	1
18	传家集	司马光	北宋	1	7	朝享太庙赋	杜甫	唐	1

续表

	书名	作者	朝代	引次		书名	作者	朝代	引次
19	嘉祐集	苏洵	北宋	1	8	禹庙	杜甫	唐	1
20	东坡全集	苏轼	北宋	10	9	课伐木并序	杜甫	唐	1
21	栾城集	苏辙	北宋	1	10	大历二年九月三十日	杜甫	唐	1
22	山谷集	黄庭坚	北宋	2	11	贺庆云表	韩愈	唐	1
23	文正集	范仲淹	北宋	1	12	论佛骨表	韩愈	唐	1
24	范太史集	范祖禹	北宋	1	13	黄陵庙碑	韩愈	唐	1
25	公是集	刘敞	北宋	1	14	原人	韩愈	唐	1
26	元丰类稿	曾巩	北宋	2	15	原道	韩愈	唐	1
					16	师说	韩愈	唐	1
					17	送郑权尚书序	韩愈	唐	1

《路史》引书目录（二）：佚书

【说明】本表分类标准参照《中国古佚书辑本目录解题》，其中备注栏 Px 即代表在《中国古佚书辑本目录解题》中的页数，而《中国古佚书辑本目录解题》未载者，则依各书性质分别置于各类之下；"《路史》卷次分布"栏下圆括弧内的阿拉伯数字为该卷所引该书条数，如《子夏易传》后之"《前纪》卷五（1）"即指《路史·前纪》卷五引《子夏易传》一条，以此类推。另：经部"谶纬类"已在前文第五章详细列举过，此表从略。此处所谓"佚书"，多指"原有其书而后代毁亡、散失不传的书"①，故并不包括佚文。

	书名	作者	朝代	引次	《路史》卷次分布	备注
			经部（135 类 586 条）			
			易类（5 类 20 条）			
1	子夏易传	卜商	周	1	《前纪》卷五（1）	P1
2	易传			1	《后纪》卷七（1）	P1
3	九家易			1	《前纪》卷五（1）	P8
4	连山			3	《前纪》卷九（2）、《后纪》卷一三上（1）	P17

①　曹书杰：《中国古籍辑佚学论稿》，东北师范大学出版社 1998 年版，第 3 页。

	书名	作者	朝代	引次	《路史》卷次分布	备注
5	归藏			14	《前纪》卷三（2）、《后纪》卷二（2）、《后纪》卷四（5）、《后纪》卷五（1）、《后纪》卷一二（1）、《后纪》卷一三上（3）	P17
				书类	（7类75条）	
1	商书			1	《前纪》卷五（1）	P18
2	尚书逸篇			1	《后纪》卷一〇（1）	P18
3	尚书大传	伏胜	汉	54	《前纪》卷五（2）、《后纪》卷一（1）、《后纪》卷四（1）、《后纪》卷九下（1）、《后纪》卷一〇（10）、《后纪》卷一一（15）、《后纪》卷一二（1）、《后纪》卷一三下（5）、《发挥》卷四（1）、《发挥》卷五（4）、《余论》卷五（2）、《余论》卷七（1）、《国名纪》卷一（1）、《国名纪》卷四（2）、《国名纪》卷六（6）、《国名纪》卷八（1）	P19
4	《今尚书》欧阳说			1	《后纪》卷七（1）	P21
5	洪范传	刘向	汉	3	《发挥》卷二（3）	P25
6	三坟书			14	《前纪》卷四（1）、《前纪》卷六（1）、《后纪》卷一（9）、《后纪》卷三（2）、《后纪》卷五（1）	
7	三坟策皇辟			1	《前纪》卷九（1）	
				诗类	（3类4条）	
1	韩诗内传	韩婴	汉	2	《前纪》卷八（1）、《余论》卷四（1）	P33
2	韩诗	韩婴	汉	1	《发挥》卷六（1）	P35
3	诗·小戎图			1	《发挥》卷四（1）	
				礼类	（12类21条）	
1	周官·典同	郑众释	汉	1	《前纪》卷五（1）	P36
2	逸礼			1	《前纪》卷五（1）	P39
3	昏礼谒文赞	郑玄	汉	1	《后纪》卷九上（1）	P40
4	丧服要记	王肃	魏	1	《后纪》卷一二（1）	P42
5	礼传			1	《国名纪》卷一（1）	P46
6	礼三正记			2	《后纪》卷九上（1）、《后纪》卷一一（1）	P49
7	礼祭集志	谯周	三国	1	《余论》卷八（1）	
8	车服仪制	徐广	晋	1	《余论》卷三（1）	

	书名	作者	朝代	引次	《路史》卷次分布	备注
9	定军礼	刘瓛	齐	1	《余论》卷三（1）	
10	礼记外传	成伯玙	唐	9	《后纪》卷一（1）、《后纪》卷四（1）、《后纪》卷五（3）、《后纪》卷七（1）、《发挥》卷五（2）、《国名纪》卷五（1）	
11	开元礼			1	《余论》卷四（1）	
12	礼记解	陆佃	北宋	1	《前纪》卷八（1）	
通礼类（6类15条）						
1	三礼图	郑玄	汉	2	《后纪》卷五（1）、《后纪》卷九下（1）	P52
2	三礼义宗	崔灵恩	梁	4	《后纪》卷一（1）、《后纪》卷一〇（1）、《余论》卷七（1）、《国名纪》卷五（1）	P51
3	礼宗			1	《后纪》卷五（1）	
4	通礼义纂			5	《后纪》卷五（2）、《后纪》卷七（1）、《后纪》卷一〇（1）、《余论》卷三（1）	
5	陈氏礼论			2	《后纪》卷一二（1）、《国名纪》卷四（1）	
6	太常礼书	陈祥道	北宋	1	《后纪》卷四（1）	
乐类（2类5条）						
1	琴清英	扬雄	汉	3	《后纪》卷三（1）、《后纪》卷一〇（1）、《发挥》卷二（1）	P54
2	乐书	信都芳	后魏	2	《后纪》卷一（1）、《后纪》卷九下（1）	P54
春秋类（5类41条）						
1	春秋地名			2	《国名纪》卷五（1）、《国名纪》卷六（1）	P58
2	春秋释例	颖容	汉	1	《国名纪》卷四（1）	P59
3	解疑论	戴宏	汉	1	《余论》卷五（1）	P61
4	盟会图疏	杜预	晋	29	《后纪》卷九下（1）、《发挥》卷六（1）、《国名纪》卷一（4）、《国名纪》卷二（3）、《国名纪》卷三（5）、《国名纪》卷四（4）、《国名纪》卷五（8）、《国名纪》卷六（2）、《国名纪》卷七（1）	P62
5	世族谱	杜预	晋	8	《后纪》卷一（1）、《后纪》卷九下（1）、《后纪》卷一二（1）、《国名纪》卷一（1）、《国名纪》卷二（1）、《国名纪》卷四（1）、《国名纪》卷六（2）	
论语类（2类2条）						
1	孔子三朝记			1	《余论》卷九（1）	

	书名	作者	朝代	引次	《路史》卷次分布	备注
2	论语兼义			1	《后纪》卷一三上（1）	
	孟子类（2类2条）					
1	五臣解孟子	范祖禹	北宋	1	《余论》卷七（1）	
2	删孟子	冯休	北宋	1	《后纪》卷一一（1）	
	孝经类（1类1条）					
1	孝经说			1	《国名纪》卷六（1）	P77
	群经总义类（7类14条）					
1	五经通义	刘向	汉	1	《后纪》卷一二（1）	P82
2	五经要义	刘向	汉	2	《后纪》卷一一（1）、《后纪》卷一二（1）	P83
3	五经异义	许慎	汉	2	《后纪》卷八（1）、《余论》卷二（1）	P84
4	驳五经异义	郑玄	汉	1	《后纪》卷三（1）	P84
5	六艺论	郑玄	汉	6	《前纪》卷二（1）、《前纪》卷五（1）、《前纪》卷九（1）、《后纪》卷一（1）、《后纪》卷七（1）、《后纪》卷九下（1）	P85
6	郑志	郑小同	魏	1	《后纪》卷一二（1）	P85
7	高禖坛石议	束皙	晋	1	《后纪》卷九下（1）	
	小学类（11类19条）					
1	字林	吕忱	晋	1	《余论》卷二（1）	P90
2	字书			2	《国名纪》卷四（2）	P91
3	坤苍	张揖	魏	1	《后纪》卷八（1）	P98
4	始学篇	项峻	吴	4	《前纪》卷二（3）、《前纪》卷四（1）	P99
5	通俗文	服虔	汉	1	《余论》卷三（1）	P103
6	纂要文	何承天	宋	2	《前纪》卷八（1）、《国名纪》卷六（1）	P105
7	纂文要	何承天	宋	1	《后纪》卷六（1）	P105
8	杂字解诂	周成	魏	1	《国名纪》卷七（1）	P107
9	韦氏字源			1	《后纪》卷一（1）	
10	唐韵	孙愐	唐	4	《后纪》卷四（1）、《后纪》卷八（2）、《国名纪》卷二（1）	
11	韵海	许冠	北宋	1	《前纪》卷六（1）	
	史部（268类1006条）					
	正史类（4类4条）					
1	史记音义	徐广	晋	1	《国名纪》卷四（1）	
2	汉书音义			1	《后纪》卷一（1）	
3	汉书训纂	姚察	南朝	1	《后纪》卷一三上（1）	

	书名	作者	朝代	引次	《路史》卷次分布	备注
4	晋书州郡志			1	《发挥》卷六（1）	
别史类（11类334条）						
1	帝王世纪	皇甫谧	晋	172	《前纪》卷三（4）、《前纪》卷八（1）、《后纪》卷一（9）、《后纪》卷二（2）、《后纪》卷三（10）、《后纪》卷四（5）、《后纪》卷五（12）、《后纪》卷七（8）、《后纪》卷八（7）、《后纪》卷九（12）、《后纪》卷一〇（16）、《后纪》卷一一（14）、《后纪》卷一二（10）、《后纪》卷一三（28）、《发挥》卷一（1）、《发挥》卷二（1）、《发挥》卷三（1）、《发挥》卷四（1）、《发挥》卷五（1）、《发挥》卷六（2）、《余论》卷二（3）、《余论》卷六（1）、《余论》卷七（2）、《余论》卷八（1）、《余论》卷九（4）、《国名纪》卷一（2）、《国名纪》卷三（4）、《国名纪》卷四（5）、《国名纪》卷五（2）、《国名纪》卷六（3）	P140
2	世本			129	《前纪》卷四（1）、《前纪》卷八（1）、《后纪》卷一（4）、《后纪》卷二（3）、《后纪》卷四（5）、《后纪》卷五（7）、《后纪》卷七（7）、《后纪》卷八（9）、《后纪》卷九（19）、《后纪》卷一〇（3）、《后纪》卷一一（13）、《后纪》卷一二（3）、《后纪》卷一三（6）、《发挥》卷一（1）、《发挥》卷三（1）、《发挥》卷四（2）、《发挥》卷五（1）、《余论》卷二（2）、《余论》卷四（1）、《余论》卷七（1）、《余论》卷九（1）、《国名纪》卷一（4）、《国名纪》卷二（5）、《国名纪》卷三（6）、《国名纪》卷四（8）、《国名纪》卷五（6）、《国名纪》卷六（9）	P141
3	后汉书	谢承	吴	3	《发挥》卷一（1）、《发挥》卷三（1）、《余论》卷三（1）	P142
4	续汉书	司马彪	晋	6	《后纪》卷四（1）、《后纪》卷一三（2）、《国名纪》卷二（1）、《国名纪》卷三（1）、《国名纪》卷七（1）	P143
5	吴录	张勃	晋	1	《余论》卷一〇（1）	P145
6	吴录地理志	张勃	晋	2	《前纪》卷三（2）	P145

	书名	作者	朝代	引次	《路史》卷次分布	备注
7	吴志			1	《前纪》卷三（1）	P145
8	晋书·地道记	王隐	晋	15	《后纪》卷一三上（1）、《国名纪》卷一（1）、《国名纪》卷二（1）、《国名纪》卷三（2）、《国名纪》卷五（1）、《国名纪》卷六（1）、《国名纪》卷七（8）	P145
9	晋中兴书	何法盛	宋	2	《后纪》卷一〇（1）、《国名纪》卷三（1）	P146
10	晋中兴征祥说	何法盛	宋	2	《余论》卷五（2）	P146
11	帝王年代纪			1	《后纪》卷七（1）	
编年类（18类119条）						
1	竹书纪年			94	《前纪》卷九（1）、《后纪》卷二（1）、《后纪》卷四（1）、《后纪》卷五（2）、《后纪》卷六（2）、《后纪》卷九下（1）、《后纪》卷一〇（2）、《后纪》卷一二（2）、《后纪》卷一三（31）、《发挥》卷二（2）、《发挥》卷三（2）、《发挥》卷四（1）、《发挥》卷五（3）、《发挥》卷六（2）、《余论》卷五（1）、《余论》卷九（1）、《国名纪》卷一（3）、《国名纪》卷二（1）、《国名纪》卷三（1）、《国名纪》卷四（11）、《国名纪》卷五（10）、《国名纪》卷六（8）、《国名纪》卷七（5）	P148
2	汲郡地中古文册书			1	《发挥》卷六（1）	P148
3	汉纪			1	《发挥》卷三（1）	P149
4	汉魏春秋	孔舒元	晋	1	《国名纪》卷七（1）	
5	魏氏春秋	孙盛	晋	2	《余论》卷七（2）	P149
6	晋阳秋	孙盛	晋	1	《后纪》卷一二（1）	P150
7	晋阳春秋			1	《余论》卷一〇（1）	P150
8	梁典			1	《发挥》卷三（1）	P155
9	蜀谱	孙盛	晋	1	《后纪》卷一三下（1）	
10	金镜述	唐太宗		1	《后纪》卷三（1）	
11	天宝实录			1	《后纪》卷六（1）	
12	真宗实录	晏殊	北宋	1	《前纪》卷二（1）	
13	国朝会要			2	《后纪》卷五（2）	

	书名	作者	朝代	引次	《路史》卷次分布	备注
14	编年			1	《发挥》卷六（1）	
15	三仪实录			2	《后纪》卷二（1）、《后纪》卷九上（1）	
16	绍运图	诸葛深	北宋	5	《后纪》卷三（1）、《后纪》卷一三（3）、《发挥》卷四（1）	
17	绍运纪			1	《后纪》卷三（1）	
18	纪运图			2	《后纪》卷一三上（2）	
杂史类（15类36条）						
1	春秋后语	孔衍	晋	2	《前纪》卷二（1）、《国名纪》卷七（1）	P156
2	春秋后传	乐资	晋	1	《国名纪》卷三（1）	P157
3	典略	鱼豢	魏	3	《前纪》卷五（1）、《发挥》卷一（1）、《国名纪》卷一（1）	P158
4	魏略	鱼豢	魏	3	《前纪》卷六（1）、《后纪》卷九上（1）、《国名纪》卷六（1）	P158
5	晋八王故事	卢綝	晋	1	《国名纪》卷六（1）	P159
6	高氏小史	高峻	汉	5	《前纪》卷五（1）、《后纪》卷一（1）、《后纪》卷三（2）、《发挥》卷二（1）	
7	先圣本纪	刘滔	晋	1	《后纪》卷一〇（1）	
8	帝系谱	张愔	唐	7	《前纪》卷二（2）、《后纪》卷一（2）、《后纪》卷二（1）、《后纪》卷三（1）、《后纪》卷九上（1）	
9	锦带前书	孟诜	唐	3	《前纪》卷二（2）、《后纪》卷三（1）	
10	帝王统录	孟频		1	《前纪》卷九（1）	
11	帝系			2	《后纪》卷九上（1）、《后纪》卷一二（1）	
12	宝训			1	《发挥》卷六（1）	
13	和苑史			2	《前纪》卷三（1）、《前纪》卷四（1）	
14	帝德考			3	《后纪》卷七（1）、《发挥》卷三（1）、《国名纪》卷二（1）	
15	国事			1	《发挥》卷六（1）	
载记类（9类17条）						
1	蜀王本纪	扬雄	汉	6	《前纪》卷四（2）、《后纪》卷一二（3）、《余论》卷一（1）	P160

	书名	作者	朝代	引次	《路史》卷次分布	备注
2	后赵录			1	《后纪》卷七（1）	P162
3	蜀录			1	《后纪》卷七（1）	P162
4	燕书	范通	燕	1	《国名纪》卷五（1）	P162
5	秦书	车频	前秦	1	《后纪》卷八（1）	P164
6	晋载记			1	《后纪》卷一三下（1）	
7	时赵录			1	《前纪》卷三（1）	
8	周志			1	《余论》卷三（1）	
9	晋志			4	《后纪》卷一二（1）、《国名纪》卷一（1）、《国名纪》卷二（2）	
					史评类（2类19条）	
1	古史考	谯周	蜀	18	《前纪》卷三（1）、《前纪》卷五（2）、《前纪》卷九（1）、《后纪》卷一（2）、《后纪》卷二（1）、《后纪》卷三（1）、《后纪》卷五（3）、《后纪》卷七（3）、《后纪》卷八（1）、《后纪》卷九上（1）、《余论》卷二（1）、《余论》卷三（1）	P164
2	史通析微	柳灿	唐	1	《发挥》卷五（1）	
					传记类（26类84条）	
1	圣贤高士传	嵇康	魏	1	《国名纪》卷二（1）	P166
2	孝子传	宋躬	齐	1	《后纪》卷五（1）	P169
3	三辅决录	赵岐	汉	2	《后纪》卷四（1）、《后纪》卷七（1）	P170
4	陈留耆旧传	圈称	汉	1	《后纪》卷九下（1）	P172
5	汝南先贤传	周斐	晋	1	《发挥》卷一（1）	P172
6	益部耆旧传	陈寿	晋	2	《后纪》卷八（1）、《余论》卷三（1）	P174
7	春秋公子谱			2	《后纪》卷一三下（1）、《国名纪》卷五（1）	P175
8	冲波传			1	《后纪》卷一〇（1）	P176
9	姓苑	何承天	宋	26	《前纪》卷四（2）、《前纪》卷六（1）、《前纪》卷八（1）、《后纪》卷六（1）、《后纪》卷七（2）、《后纪》卷八（2）、《后纪》卷九下（6）、《后纪》卷一〇（1）、《后纪》卷一三上（1）、《国名纪》卷二（1）、《国名纪》卷五（1）、《国名纪》卷六（3）、《国名纪》卷七（4）	P177
10	姓氏英贤录	贾执	梁	16	《后纪》卷四（1）、《后纪》卷五（2）、《后纪》卷八（2）、《后纪》卷九下（8）、《国名纪》卷四（1）、《国名纪》卷五（1）、《国名纪》卷六（1）	P177

	书名	作者	朝代	引次	《路史》卷次分布	备注
11	姓解	邵思		9	《前纪》卷九（1）、《后纪》卷九下（4）、《后纪》卷一三下（1）、《国名纪》卷一（1）、《国名纪》卷三（1）、《国名纪》卷五（1）	P177
12	姓书			5	《后纪》卷五（4）、《后纪》卷九下（1）	P177
13	汉别国洞冥记	郭宪	东汉	3	《前纪》卷二（1）、《后纪》卷五（1）、《后纪》卷一三下（1）	
14	郭林宗别传			1	《余论》卷三（1）	
15	曹操家传			1	《后纪》卷九下（1）	
16	晋书张芜别传			1	《发挥》卷六（1）	
17	陈留传			2	《后纪》卷一一（1）、《国名纪》卷一（1）	
18	耆旧传			1	《国名纪》卷五（1）	
19	东莱先贤传			1	《后纪》卷九下（1）	
20	仙传			1	《国名纪》卷六（1）	
21	彭祖传			1	《后纪》卷八（1）	
22	梁四公记	张说	唐	1	《国名纪》卷三（1）	
23	陷北记	胡峤	五代	1	《余论》卷一（1）	
24	阙里祖庭记	孔传	宋	1	《后纪》卷九下（1）	
25	梁析传			1	《国名纪》卷三（1）	
26	沈氏家传			1	《国名纪》卷四（1）	
	政书类（4类6条）					
1	决疑要注	挚虞	晋	1	《余论》卷三（1）	P178
2	独断	蔡邕	汉	1	《后纪》卷一二（1）	P180
3	帝王要略	环济	晋	3	《后纪》卷一（1）、《后纪》卷五（1）、《后纪》卷一二（1）	P181
4	开元录			1	《国名纪》卷四（1）	
	职官类（5类13条）					
1	汉旧仪	卫宏	汉	4	《前纪》卷二（1）、《后纪》卷五（1）、《余论》卷三（1）、《国名纪》卷五（1）	P182
2	职官要录	陶藻	梁	1	《后纪》卷五（1）	
3	宋百官春秋			1	《后纪》卷一一（1）	
4	齐职仪			5	《后纪》卷八（1）、《后纪》卷九上（2）、《后纪》卷一〇（2）	

	书名	作者	朝代	引次	《路史》卷次分布	备注
5	金坡遗事	钱惟演	北宋	2	《国名纪》卷二（1）、　《国名纪》卷七（1）	
	地理类（138类308条）					
1	括地图			2	《余论》卷三（1）、《国名纪》卷五（1）	P185
2	地理志	桑钦	汉	1	《国名纪》卷四（1）	P185
3	土地记	张氏		1	《后纪》卷五（1）	P185
4	晋太康地记			6	《前纪》卷三（1）、《后纪》卷一二（1）、《余论》卷一〇（1）、《国名纪》卷一（1）、《国名纪》卷四（1）、《国名纪》卷六（1）	P186
5	太康地志			1	《国名纪》卷六（1）	P186
6	九州要记			4	《前纪》卷四（1）、《后纪》卷八（1）、《后纪》卷一〇（1）、　《国名纪》卷三（1）	P186
7	九州记			2	《国名纪》卷三（1）、　《国名纪》卷六（1）	P186
8	舆地志	顾野王	梁	6	《前纪》卷六（1）、《后纪》卷八（1）、《后纪》卷一二（1）、《国名纪》卷三（1）、《国名纪》卷四（2）	P187
9	十三州志	阚骃	北魏	6	《后纪》卷四（1）、《后纪》卷七（1）、《后纪》卷九上（1）、《国名纪》卷三（1）、《国名纪》卷五（1）、《国名纪》卷七（1）	P187
10	周地图记			2	《国名纪》卷三（2）	P187
11	三秦记	辛氏		2	《前纪》卷九（1）、《余论》卷三（1）	P187
12	风土记	周处	晋	11	《后纪》卷五（1）、《后纪》卷九上（1）、《发挥》卷五（1）、《余论》卷七（4）、《国名纪》卷三（2）、　《国名纪》卷四（2）	P188
13	风俗记	周处	晋	1	《国名纪》卷四（1）	P188
14	三齐略记	伏琛	晋	3	《发挥》卷五（1）、《余论》卷六（1）、《余论》卷七（1）	P189
15	齐地记	伏琛	晋	1	《国名纪》卷一（1）	P189
16	三齐记	晏谟	晋	2	《余论》卷七（1）、《国名纪》卷四（1）	P189
17	丹阳记	山谦之	宋	1	《余论》卷二（1）	P189
18	寿阳记	王元谟	宋	1	《发挥》卷三（1）	P189

	书名	作者	朝代	引次	《路史》卷次分布	备注
19	吴兴记	山谦之	宋	3	《后纪》卷一二（1）、《国名纪》卷一（1）、《国名纪》卷二（1）	P190
20	会稽山记	孔灵符	宋	1	《后纪》卷一二（1）	P190
21	永嘉记	郑缉之	宋	1	《国名纪》卷四（1）	P191
22	东阳记	郑缉之	宋	2	《发挥》卷六（1）、《余论》卷二（1）	P191
23	陈留风俗传	圈称	汉	8	《前纪》卷六（1）、《后纪》卷四（1）、《后纪》卷九下（1）、《发挥》卷三（1）、《国名纪》卷一（1）、《国名纪》卷二（1）、《国名纪》卷三（1）、《国名纪》卷六（1）	P191
24	邺中记	陆翙	晋	1	《发挥》卷一（1）	P192
25	荆州记	范汪	晋	2	《后纪》卷一〇（1）、《国名纪》卷四（1）	P192
26	荆州记	盛弘之	晋	14	《前纪》卷八（1）、《后纪》卷三（3）、《余论》卷二（2）、《余论》卷九（1）、《国名纪》卷一（1）、《国名纪》卷三（3）、《国名纪》卷四（2）、《国名纪》卷七（1）	P192
27	荆州图记			1	《国名纪》卷四（1）	P193
28	荆州图经			1	《国名纪》卷一（1）	P193
29	荆州图副			1	《国名纪》卷六（1）	P193
30	湘中记	罗含	晋	2	《余论》卷七（1）、《余论》卷九（1）	P194
31	楚地记			1	《国名纪》卷四（1）	P195
32	武陵记	黄闵	齐	2	《发挥》卷二（2）	P196
33	南康记	邓德明	晋	1	《发挥》卷五（1）	P197
34	浔阳记	张僧鉴	晋	1	《余论》卷一〇（1）	P197
35	广州记	顾微	晋	1	《国名纪》卷三（1）	P198
36	益州记	任预	宋	2	《前纪》卷三（1）、《前纪》卷四（1）	P199
37	扶南异物志	朱应	吴	1	《前纪》卷四（1）	P200
38	西域志	释道安	晋	1	《余论》卷一〇（1）	P200
39	古岳渎经			1	《后纪》卷一二（1）	P200
40	南岳记			1	《前纪》卷八（1）	P200
41	永初山川古今记	刘澄之	宋	3	《后纪》卷五（1）、《后纪》卷一〇（1）、《国名纪》卷二（1）	P201
42	丹壶记			3	《前纪》卷一（1）、《前纪》卷二（1）、《后纪》卷三（1）	P201
43	寻江源记	庾仲雍	宋	1	《后纪》卷一〇（1）	P202

	书名	作者	朝代	引次	《路史》卷次分布	备注
44	述征记	郭缘生	晋	4	《后纪》卷九上（1）、《后纪》卷一〇（1）、《国名纪》卷四（2）	P203
45	续述征记	郭缘生	晋	2	《后纪》卷一〇（1）、《国名纪》卷一（1）	P203
46	西征记	戴延之	晋	4	《后纪》卷一（1）、《后纪》卷一一（1）、《余论》卷三（1）、《国名纪》卷五（1）	P203
47	北征记	伏滔	晋	4	《前纪》卷八（1）、《余论》卷二（1）、《国名纪》卷二（1）、《国名纪》卷四（1）	P203
48	地理风俗记	应劭	汉	4	《国名纪》卷三（1）、《国名纪》卷四（1）、《国名纪》卷五（1）、《国名纪》卷七（1）	
49	地理记	应劭	汉	2	《国名纪》卷四（1）、《国名纪》卷五（1）	
50	地理记	张敖	汉	1	《国名纪》卷三（1）	
51	地理志			2	《后纪》卷八（1）、《国名纪》卷七（1）	
52	三巴记	谯周	蜀	1	《国名纪》卷一（1）	
53	中山记	张曜	晋	3	《后纪》卷一一（1）、《国名纪》卷四（1）、《国名纪》卷五（1）	
54	正淮论	伏滔	晋	1	《国名纪》卷三（1）	
55	鲁国记	白褒	晋	2	《国名纪》卷四（1）、《国名纪》卷五（1）	
56	述书	孙畅之	宋	1	《后纪》卷一二（1）	
57	从征记	伍缉之	宋	2	《国名纪》卷三（1）、《国名纪》卷六（1）	
58	驹山记	刘荟	宋	1	《国名纪》卷三（1）	
59	南兖州记	阮胜之		1	《国名纪》卷六（1）	
60	上党记			1	《后纪》卷一〇（1）	
61	徐州记	阳晔		1	《国名纪》卷一（1）	
62	国都城记	徐才宗		3	《余论》卷六（1）、《国名纪》卷四（1）、《国名纪》卷六（1）	
63	庐山记	周景式		1	《国名纪》卷二（1）	
64	三郡记	邢子颙		1	《国名纪》卷七（1）	
65	衡山记	李明之		1	《前纪》卷一（1）	
66	地理坤鉴			1	《前纪》卷一（1）	

	书名	作者	朝代	引次	《路史》卷次分布	备注
67	阳城记			1	《后纪》卷五（1）	
68	沿革			1	《后纪》卷五（1）	
69	周公职录图			1	《后纪》卷五（1）	
70	太乙式占周公城名录			1	《后纪》卷五（1）	
71	国都记			4	《后纪》卷七（1）、《后纪》卷八（1）、《国名纪》卷一（1）、　《国名纪》卷三（1）	
72	都城记			3	《余论》卷六（1）、《国名纪》卷四（1）、《国名纪》卷六（1）	
73	四明山记			2	《后纪》卷一〇（1）、《余论》卷五（1）	
74	宋志			1	《发挥》卷二（1）	
75	河南郡境界簿			1	《余论》卷三（1）	
76	后魏舆地图上谷记			1	《余论》卷七（1）	
77	岭外骦州图经记			1	《国名纪》卷二（1）	
78	河东图			1	《国名纪》卷二（1）	
79	舆地记			1	《国名纪》卷二（1）	
80	城冢记			2	《国名纪》卷三（1）、　《国名纪》卷五（1）	
81	古今地名			2	《国名纪》卷三（1）、　《国名纪》卷五（1）	
82	春秋旧图			1	《国名纪》卷四（1）	
83	地形志			3	《国名纪》卷一（1）、　《国名纪》卷四（2）	
84	隋区宇图志			1	《国名纪》卷四（1）	
85	洛阳地图			1	《国名纪》卷五（1）	
86	隋北蕃风俗记			1	《国名纪》卷五（1）	
87	古今地名记			1	《国名纪》卷六（1）	
88	河北图			1	《国名纪》卷七（1）	
89	青城记			2	《后纪》卷一二（2）	
90	南北八郡志			2	《前纪》卷四（1）、《国名纪》卷六（1）	

	书名	作者	朝代	引次	《路史》卷次分布	备注
91	地记			4	《前纪》卷六（2）、《后纪》卷四（1）、《后纪》卷一二（1）	
92	郡国志			26	《前纪》卷六（1）、《后纪》卷三（2）、《后纪》卷八（2）、《后纪》卷一二（1）、《发挥》卷五（2）、《余论》卷一〇（3）、《国名纪》卷二（1）、《国名纪》卷三（3）、《国名纪》卷四（7）、《国名纪》卷五（3）、《国名纪》卷六（1）	
93	后魏风土记			1	《前纪》卷八（1）	
94	魏土地记			4	《后纪》卷五（1）、《余论》卷七（1）、《国名纪》卷四（1）、《国名纪》卷六（1）	
95	圣贤城冢记			3	《前纪》卷八（1）、《后纪》卷二（1）、《后纪》卷九下（1）	
96	长安冢志			1	《前纪》卷九（1）	
97	衡图经			1	《后纪》卷三（1）	
98	徽州图经			1	《后纪》卷六（1）	
99	明州图经			1	《国名纪》卷四（1）	
100	舒州图经			1	《国名纪》卷六（1）	
101	青州图经			1	《国名纪》卷六（1）	
102	图经			1	《后纪》卷六（1）	
103	外国图			3	《后纪》卷六（2）、《国名纪》卷二（1）	
104	隋图经			8	《后纪》卷七（1）、《后纪》卷九（2）、《余论》卷六（1）、《国名纪》卷四（1）、《国名纪》卷五（1）、《国名纪》卷六（2）	
105	开封图经			1	《后纪》卷八（1）	
106	冀州图经			1	《后纪》卷一〇（1）	
107	相州图经			2	《后纪》卷一〇（1）、《国名纪》卷四（1）	
108	福州图经			1	《后纪》卷一三下（1）	
109	辰州图经			1	《发挥》卷二（1）	
110	江陵图经			1	《余论》卷一〇（1）	
111	固安图经			1	《国名纪》卷三（1）	
112	西域书			1	《前纪》卷三（1）	
113	西域记	裴矩	隋	1	《前纪》卷四（1）	

	书名	作者	朝代	引次	《路史》卷次分布	备注
114	括地志	李泰	唐	5	《国名纪》卷一（1）、《国名纪》卷四（1）、《国名纪》卷五（2）、《国名纪》卷六（1）	
115	魏王泰坤元录	李泰	唐	1	《余论》卷一〇（1）	
116	郡国县道记	贾耽	唐	5	《国名纪》卷一（1）、《国名纪》卷二（1）、《国名纪》卷三（1）、《国名纪》卷五（2）	
117	十道四蕃志	梁载言	唐	2	《余论》卷一〇（2）	
118	十道志	梁载言	唐	14	《后纪》卷五（1）、《后纪》卷七（1）、《后纪》卷九上（1）、《后纪》卷一三下（1）、《发挥》卷五（1）、《国名纪》卷一（1）、《国名纪》卷三（3）、《国名纪》卷四（2）、《国名纪》卷五（1）、《国名纪》卷六（2）	
119	成都记	卢求	唐	1	《前纪》卷三（1）	
120	吴地记	董览		2	《前纪》卷三（1）、《后纪》卷九上（1）	
121	番阳记	王休琏	唐	1	《后纪》卷一三下（1）	
122	青城山记	杜光庭	唐	1	《前纪》卷三（1）	
123	十道记			3	《前纪》卷三（1）、《后纪》卷一一（1）、《国名纪》卷六（1）	
124	十道录			1	《后纪》卷一二（1）	
125	十道要录			1	《前纪》卷六（1）	
126	唐两京道里记			2	《国名纪》卷一（1）、《国名纪》卷五（1）	
127	相台志	韩琦	北宋	2	《后纪》卷一〇（1）、《国名纪》卷七（1）	
128	方舆记	徐锴	北宋	1	《余论》卷一〇（1）	
129	浮休居士使辽录	张舜民	北宋	1	《国名纪》卷五（1）	
130	同安志	钱绅	北宋	1	《国名纪》卷四（1）	
131	岳阳志	马子严	南宋	1	《国名纪》卷三（1）	
132	皇图要览			2	《后纪》卷一（1）、《后纪》卷五（1）	
133	皇图要纪			1	《余论》卷二（1）	
134	寻阳录			1	《余论》卷一〇（1）	
135	江陵志			1	《余论》卷一〇（1）	

	书名	作者	朝代	引次	《路史》卷次分布	备注
136	春秋图			1	《国名纪》卷一（1）	
137	国朝编类地理			1	《前纪》卷六（1）	
138	张掖记			1	《后纪》卷九下（1）	
目录类（5类6条）						
1	别录	刘向	汉	2	《后纪》卷一二（1）、《发挥》卷二（1）	P203
2	七略	刘歆	汉	1	《前纪》卷九（1）	P203
3	晋中经簿	荀勖	晋	1	《后纪》卷一〇（1）	P204
4	七录	阮孝绪	梁	1	《后纪》卷一〇（1）	P204
5	书录			1	《前纪》卷五（1）	
谱牒类（18类46条）						
1	姓源韵谱	曹大宗	宋	6	《前纪》卷三（1）、《后纪》卷四（1）、《后纪》卷五（1）、《后纪》卷七（1）、《后纪》卷八（1）、《后纪》卷一〇（1）	
2	谱历	陶弘景	梁	1	《前纪》卷二（1）	
3	姓氏杂录	孔至	唐	1	《后纪》卷四（1）	
4	编古命氏	李利涉	唐	2	《后纪》卷九下（1）、《国名纪》卷五（1）	
5	盛氏谱	李利涉	唐	1	《后纪》卷九下（1）	
6	通历	马总	唐	3	《前纪》卷二（2）、《后纪》卷一三上（1）	
7	唐姓录			1	《后纪》卷九下（1）	
8	千姓编			2	《后纪》卷九下（1）、《国名纪》卷七（1）	
9	韵谱			2	《后纪》卷九下（1）、《国名纪》卷七（1）	
10	孔子家谱			2	《后纪》卷九下（2）	
11	孔氏家谱			1	《余论》卷六（1）	
12	世系谱			1	《后纪》卷一三上（1）	
13	顾氏谱			1	《后纪》卷一三下（1）	
14	程氏世谱			1	《国名纪》卷一（1）	
15	阳氏谱叙			1	《国名纪》卷五（1）	
16	陆氏谱			1	《后纪》卷九下（1）	
17	姓录			1	《后纪》卷一〇（1）	

续表

	书名	作者	朝代	引次	《路史》卷次分布	备注
18	真源赋			18	《前纪》卷一（1）、《前纪》卷二（4）、《前纪》卷五（1）、《后纪》卷一（3）、《后纪》卷二（1）、《后纪》卷四（1）、《后纪》卷五（1）、《后纪》卷九上（1）、《后纪》卷一〇（1）、《后纪》卷一一（2）、《发挥》卷四（1）、《发挥》卷五（1）	
			霸史类（2类2条）			
1	敦煌实录	刘景		1	《后纪》卷一〇（1）	
2	江南录	徐铉	宋	1	《后纪》卷九下（1）	
			故事类（4类5条）			
1	魏台访议	高堂隆	魏	2	《余论》卷二（1）、《余论》卷四（1）	
2	魏名臣奏事	陈寿	晋	1	《余论》卷二（1）	
3	晋朝杂事			1	《发挥》卷二（1）	
4	晋宋旧事			1	《余论》卷二（1）	
			杂传类（7类7条）			
1	道学传			1	《后纪》卷一二（1）	
2	大业拾遗	杜宝	唐	1	《发挥》卷六（1）	
3	唐贞观志			1	《后纪》卷九下（1）	
4	唐登科记			1	《发挥》卷一（1）	
5	泗州僧伽传			1	《国名纪》卷六（1）	
6	名臣传			1	《国名纪》卷八（1）	
7	国臣记			1	《后纪》卷七（1）	
			子部（197种470条）			
			儒家类（10类14条）			
1	公孙尼子	公孙尼		1	《后纪》卷一一（1）	P207
2	鲁连子	鲁仲连		3	《后纪》卷一一（1）、《发挥》卷二（1）、《国名纪》卷三（1）	P208
3	公孙弘	公孙弘	汉	1	《后纪》卷一一（1）	P219
4	魏子	魏朗	汉	2	《发挥》卷三（1）、《余论》卷三（1）	P221
5	周生列子	周生烈	魏	1	《后纪》卷一一（1）	P222
6	谯子法训	谯周	蜀	1	《余论》卷四（1）	P222
7	袁子正论	袁准	晋	1	《前纪》卷九（1）	P224
8	袁子正书	袁准	晋	2	《后纪》卷一三下（1）、《余论》卷一〇（1）	P225
9	玄为论	杨雄	汉	1	《后纪》卷一（1）	
10	广川家学	董弅	宋	1	《发挥》卷五（1）	

	书名	作者	朝代	引次	《路史》卷次分布	备注
					道家类（51类93条）	
1	庄子注	司马彪	晋	1	《后纪》卷一二（1）	P211
2	壶子			1	《后纪》卷一（1）	
3	登真隐诀	陶弘景	梁	1	《余论》卷三（1）	
4	学道传	马枢	梁	1	《前纪》卷三（1）	
5	墉城集仙录	杜光庭	唐	7	《前纪》卷三（1）、《后纪》卷四（1）、《后纪》卷五（1）、《发挥》卷五（1）、《余论》卷九（2）、《国名纪》卷六（1）	
6	仙传拾遗	杜光庭	唐	9	《前纪》卷七（1）、《后纪》卷五（3）、《后纪》卷九下（1）、《发挥》卷三（2）、《发挥》卷六（1）、《国名纪》卷五（1）	
7	还金丹诀	陶埴	唐	1	《后纪》卷三（1）	
8	授道记	杨谷		1	《前纪》卷三（1）	
9	黄帝内传			12	《后纪》卷一（1）、《后纪》卷三（2）、《后纪》卷五（6）、《后纪》卷一二（1）、《余论》卷三（2）	
10	五符中茅传			1	《后纪》卷一二（1）	
11	升玄经			1	《前纪》卷二（1）	
12	真洞玄经			1	《前纪》卷二（1）	
13	太微黄书经			1	《前纪》卷二（1）	
14	三皇经			4	《前纪》卷二（3）、《前纪》卷三（1）	
15	大洞经			1	《前纪》卷二（1）	
16	太上仓元经			1	《前纪》卷二（1）	
17	洞神经			3	《前纪》卷二（1）、《后纪》卷三（1）、《余论》卷二（1）	
18	太上太真科经			1	《前纪》卷二（1）	
19	太上素虚经			1	《前纪》卷二（1）	
20	三皇三一等经			1	《前纪》卷二（1）	
21	太平经			1	《前纪》卷二（1）	
22	三一经			3	《前纪》卷三（1）、《国名纪》卷六（2）	
23	上清记			1	《前纪》卷三（1）	
24	四极明科			3	《前纪》卷三（1）、《后纪》卷九上（1）、《后纪》卷一二（1）	

	书名	作者	朝代	引次	《路史》卷次分布	备注
25	苞元玉箓			1	《前纪》卷三（1）	
26	玉匮经			1	《前纪》卷三（1）	
27	上清玄格			1	《前纪》卷四（1）	
28	通变经			1	《前纪》卷六（1）	
29	上清列纪			1	《前纪》卷六（1）	
30	轩辕本纪			5	《后纪》卷一（1）、《后纪》卷五（3）、《后纪》卷六（1）	
31	黄囊经			3	《后纪》卷一（1）、《后纪》卷八（1）、《后纪》卷一二（1）	
32	濑乡记	崔氏		1	《后纪》卷三（1）	
33	金简玉字经			2	《后纪》卷五（1）、《国名纪》卷七（1）	
34	灵枢			1	《后纪》卷五（1）	
35	烛神经			1	《后纪》卷五（1）	
36	道基经			1	《后纪》卷五（1）	
37	玄妙内篇			1	《后纪》卷七（1）	
38	朱韬玉札			1	《后纪》卷七（1）	
39	太霄琅书			1	《后纪》卷九上（1）	
40	东乡序			1	《后纪》卷九上（1）	
41	太上太霄琅书			1	《后纪》卷一二（1）	
42	道书福地记			1	《后纪》卷一二（1）	
43	造天地经			1	《发挥》卷三（1）	
44	秘记	孔安国	汉	1	《发挥》卷三（1）	
45	黄录			1	《后纪》卷五（1）	
46	黄帝元辰经			1	《后纪》卷五（1）	
47	黄帝中诘			1	《后纪》卷五（1）	
48	遏世			1	《后纪》卷五（1）	
49	坤监			2	《后纪》卷五（1）、《后纪》卷九下（1）	
50	黄帝录			1	《后纪》卷五（1）	
51	八庙穷经录			1	《后纪》卷一三下（1）	
	法家类（4类8条）					
1	慎子	慎到	周	4	《后纪》卷一〇（1）、《后纪》卷一一（1）、《后纪》卷一二（1）、《国名纪》卷七（1）	P212
2	申子	申不害	周	2	《后纪》卷五（1）、《后纪》卷一〇（1）	P212

续表

	书名	作者	朝代	引次	《路史》卷次分布	备注
3	韩子			1	《国名纪》卷五（1）	P213
4	邓析子	邓析	周	1	《后纪》卷一一（1）	
名家类（1类1条）						
1	尹文子			1	《后纪》卷一一（1）	P213
墨家类（3类14条）						
1	田俅子			6	《后纪》卷七（3）、《余论》卷四（1）、《余论》卷六（1）、《余论》卷七（1）	P214
2	隋巢子			7	《前纪》卷六（1）、《后纪》卷一二（4）、《后纪》卷一三上（1）、《余论》卷九（1）	P214
3	缠子			1	《后纪》卷一三下（1）	P215
兵书类（9类43条）						
1	黄帝玄女兵法			8	《后纪》卷一（1）、《后纪》卷四（1）、《后纪》卷一二（2）、《发挥》卷一（2）、《余论》卷三（1）、《国名纪》卷六（1）	P226
2	黄帝玄女战法			1	《后纪》卷四（1）	P226
3	六韬	太公		22	《前纪》卷一（2）、《前纪》卷六（2）、《前纪》卷八（1）、《前纪》卷九（1）、《后纪》卷二（1）、《后纪》卷三（2）、《后纪》卷七（1）、《后纪》卷九下（1）、《后纪》卷一〇（2）、《后纪》卷一三下（2）、《发挥》卷一（2）、《发挥》卷二（2）、《发挥》卷六（1）、《国名纪》卷六（2）	P226
4	太公金匮			5	《后纪》卷五（1）、《后纪》卷一〇（1）、《后纪》卷一二（2）、《后纪》卷一三下（1）	P227
5	司马法			1	《后纪》卷一二（1）	P228
6	黄帝出军诀			3	《后纪》卷五（2）、《余论》卷三（1）	
7	黄帝李法			1	《后纪》卷五（1）	
8	神武秘略	宋仁宗		1	《后纪》卷五（1）	
9	神武秘略	宋神宗		1	《后纪》卷五（1）	
农家类（6类7条）						
1	神农书			2	《后纪》卷三（1）、《后纪》卷四（1）	P217
2	氾胜书			1	《后纪》卷一（1）	P230
3	蚕经	淮南王		1	《后纪》卷五（1）	P230

	书名	作者	朝代	引次	《路史》卷次分布	备注
4	禽经	师旷		1	《余论》卷三（1）	
5	钱谱	顾烜		1	《前纪》卷八（1）	
6	时镜新书	刘安靖	宋	1	《后纪》卷五（1）	
	医家类（6类8条）					
1	乙经本草			1	《后纪》卷三（1）	
2	黄帝经			1	《后纪》卷六（1）	
3	难经疏	越人	秦	2	《后纪》卷五（2）	
4	典术	王建平		1	《后纪》卷一〇（1）	
5	本草	吴氏		2	《后纪》卷一〇（1）、《后纪》卷一二（1）	
6	内经			1	《前纪》卷三（1）	
	历算类（5类36条）					
1	浑天记	贺道养	宋	2	《前纪》卷六（1）、《后纪》卷五（1）	P234
2	三五历纪	徐整	吴	3	《前纪》卷一（1）、《前纪》卷二（1）、《余论》卷五（1）	P234
3	刘氏历正问			1	《后纪》卷八（1）	
4	年代历			29	《后纪》卷二（1）、《后纪》卷三（2）、《后纪》卷四（2）、《后纪》卷七（2）、《后纪》卷九下（2）、《后纪》卷一三（20）	
5	万岁历			1	《后纪》卷一三下（1）	
	术数类（36类85条）					
1	神农求雨书			2	《后纪》卷三（1）、《余论》卷二（1）	P236
2	京房			1	《发挥》卷二（1）	
3	京房易传	京房	汉	1	《发挥》卷二（1）	P236
4	易飞候	京房	汉	3	《发挥》卷二（3）	P237
5	易逆刻	京房	汉	1	《发挥》卷二（1）	P238
6	遁甲开山图			22	《前纪》卷二（3）、《前纪》卷三（5）、《前纪》卷六（1）、《后纪》卷一（3）、《后纪》卷三（1）、《后纪》卷五（2）、《后纪》卷七（1）、《后纪》卷一〇（1）、《后纪》卷一二（2）、《发挥》卷一（1）、《余论》卷一（1）、《国名纪》卷六（1）	P239
7	梦书			2	《后纪》卷五（1）、《后纪》卷一〇（1）	P239
8	太史公素王妙论			1	《后纪》卷五（1）	P240

	书名	作者	朝代	引次	《路史》卷次分布	备注
9	瑞应图	孙氏		9	《后纪》卷五（1）、《后纪》卷七（1）、《后纪》卷一一（1）、《后纪》卷一二（2）、《余论》卷三（1）、《余论》卷五（1）、《余论》卷六（1）、《余论》卷七（1）	P240
10	瑞书	孙氏		1	《后纪》卷一一（1）	
11	天镜			5	《发挥》卷二（5）	P241
12	杂五行书			1	《后纪》卷七（1）	P241
13	古五行书			1	《前纪》卷六（1）	
14	广古今五行记			4	《余论》卷四（4）	
15	五行书			6	《后纪》卷三（1）、《后纪》卷五（2）、《后纪》卷九上（2）、《余论》卷六（1）	
16	太一金镜式经	王希明		1	《前纪》卷五（1）	
17	堪舆经			1	《后纪》卷五（1）	
18	天佑紫微经			1	《后纪》卷七（1）	
19	梁刻漏经			1	《后纪》卷五（1）	
20	小卷	李淳风	唐	1	《前纪》卷三（1）	
21	历书序	陈鸣		1	《后纪》卷一（1）	
22	唐历			1	《后纪》卷二（1）	
23	古今通系			3	《后纪》卷三（2）、《后纪》卷四（1）	
24	集圣历	杨可		1	《后纪》卷五（1）	
25	五行传			1	《后纪》卷一一（1）	
26	三统历			1	《后纪》卷一三下（1）	
27	甘氏			1	《发挥》卷二（1）	
28	占镜			1	《发挥》卷二（1）	
29	内记			2	《发挥》卷二（2）	
30	天占			1	《发挥》卷二（1）	
31	古今占镜			1	《发挥》卷三（1）	
32	古今通占镜			1	《余论》卷一〇（1）	
33	五行期运			1	《前纪》卷二（1）	
34	古今五行纪			2	《后纪》卷一三下（2）	
35	日月五星图			1	《后纪》卷一三下（1）	
36	阴阳正诀			1	《后纪》卷一（1）	

	书名	作者	朝代	引次	《路史》卷次分布	备注
	艺术类（10 类 19 条）					
1	乐论	阮籍	魏	1	《后纪》卷一三下（1）	P242
2	古今乐录	释智匠	陈	3	《后纪》卷一〇（1）、《余论》卷三（1）、《国名纪》卷三（1）	P242
3	琴操	蔡邕	汉	5	《后纪》卷一（1）、《后纪》卷一一（1）、《发挥》卷二（1）、《余论》卷五（1）、《国名纪》卷三（1）	P243
4	艺经	邯郸淳	魏	1	《后纪》卷一〇（1）	P243
5	书断	张怀瓘	唐	1	《后纪》卷三（1）	
6	大周正乐			2	《后纪》卷一〇（1）、《余论》卷五（1）	
7	乐录			1	《后纪》卷一（1）	
8	琴式			1	《后纪》卷一（1）	
9	琴书			3	《后纪》卷一〇（1）、《后纪》卷一一（1）、《余论》卷八（1）	
10	琴道			1	《后纪》卷一〇（1）	
	杂学类（14 类 49 条）					
1	由余书	由余	周	2	《后纪》卷一〇（1）、《后纪》卷一一（1）	P216
2	尸子	尸佼	周	32	《前纪》卷五（2）、《后纪》卷一（1）、《后纪》卷三（2）、《后纪》卷四（1）、《后纪》卷五（2）、《后纪》卷七（2）、《后纪》卷一〇（2）、《后纪》卷一一（9）、《后纪》卷一二（2）、《后纪》卷一三下（3）、《发挥》卷六（2）、《余论》卷二（1）、《余论》卷九（2）、《国名纪》卷四（1）	P216
3	子华子			1	《前纪》卷九（1）	P216
4	休子			2	《后纪》卷七（1）、《余论》卷四（1）	
5	崔氏政论	崔寔	汉	1	《后纪》卷一（1）	P245
6	万机论	蒋济	魏	1	《后纪》卷五（1）	P245
7	蔡氏化清经	蔡洪	晋	1	《前纪》卷七（1）	P249
8	孙绰子	孙绰	晋	1	《后纪》卷五（1）	P250
9	物理论	杨泉	晋	2	《前纪》卷九（1）、《后纪》卷三（1）	P250
10	析言	张显	晋	1	《后纪》卷九上（1）	P250
11	古今通论	王婴	汉	1	《前纪》卷九（1）	P252
12	杂记议	挚虞	晋	1	《后纪》卷七（1）	
13	符瑞图	顾野王	梁	2	《后纪》卷一〇（1）、《余论》卷六（1）	

	书名	作者	朝代	引次	《路史》卷次分布	备注
14	古今论衡周书异纪			1	《发挥》卷三（1）	
	典故类（1类7条）					
1	皇览	刘劭等	魏	7	《前纪》卷四（1）、《前纪》卷六（1）、《后纪》卷四（1）、《后纪》卷五（1）、《后纪》卷八（1）、《后纪》卷九上（1）、《后纪》卷一一（1）	P253
	小说类（38类79条）					
1	志林	虞喜	晋	1	《余论》卷一〇（1）	P254
2	语林	裴启	晋	1	《后纪》卷七（1）	P254
3	世说			1	《发挥》卷三（1）	P255
4	类林	裴子野	宋	4	《后纪》卷四（1）、《后纪》卷一一（1）、《发挥》卷六（1）、《国名纪》卷四（1）	P255
5	神异经	东方朔	汉	6	《余论》卷四（1）、《国名纪》卷二（5）	P256
6	神异记			1	《国名纪》卷六（1）	P256
7	玄中记			3	《后纪》卷五（1）、《发挥》卷二（1）、《国名纪》卷六（1）	P256
8	异苑	刘敬叔	宋	1	《后纪》卷九下（1）	P257
9	幽明录	刘义庆	宋	1	《发挥》卷五（1）	P257
10	述异记			8	《后纪》卷五（1）、《后纪》卷六（1）、《发挥》卷二（6）	P258
11	洽闻记	郑遂	汉	6	《后纪》卷三（1）、《后纪》卷七（1）、《发挥》卷一（1）、《发挥》卷二（1）、《发挥》卷三（1）、《余论》卷一〇（1）	
12	记闻	徐益寿	宋	1	《余论》卷二（1）	
13	谈薮	杨松玠	隋	1	《前纪》卷二（1）	
14	录异记	杜光庭	唐	1	《前纪》卷一（1）	
15	异闻集	陈翰	唐	1	《后纪》卷五（1）	
16	宣室志	张读	唐	2	《后纪》卷一一（1）、《后纪》卷一三下（1）	
17	广异记	戴孚	唐	2	《发挥》卷六（2）	
18	续玄怪录	李复言	唐	1	《发挥》卷六（1）	
19	逸史	卢肇	唐	2	《发挥》卷六（2）	
20	剧谈录	康骈	唐	1	《余论》卷四（1）	
21	金钥	李商隐	唐	1	《后纪》卷一一（1）	

	书名	作者	朝代	引次	《路史》卷次分布	备注
22	纂异记	李玫	唐	1	《余论》卷八（1）	
23	戎幕闲谈	韦绚	唐	2	《余论》卷九（1）、《国名纪》卷六（1）	
24	玉堂闲话	王仁裕	五代	1	《余论》卷一〇（1）	
25	搢绅脞说	张君房	北宋	1	《后纪》卷五（1）	
26	洛中纪异	秦再思	北宋	1	《后纪》卷九上（1）	
27	小说	钱希白	北宋	1	《余论》卷七（1）	
28	杨文公谈苑	宋庠	北宋	2	《国名纪》卷一（2）	
29	南迁录	张舜民	北宋	1	《国名纪》卷四（1）	
30	倦游录			2	《后纪》卷五（1）、《后纪》卷一二（1）	
31	集真记			1	《后纪》卷七（1）	
32	禹功记			3	《后纪》卷一二（3）	
33	纪闻			2	《后纪》卷一二（1）、《国名纪》卷六（1）	
34	类说			1	《发挥》卷六（1）	
35	宝椟记			10	《前纪》卷二（1）、《后纪》卷一（3）、《后纪》卷五（1）、《后纪》卷七（3）、《后纪》卷八（1）、《国名纪》卷三（1）	
36	琐语			2	《后纪》卷二（1）、《余论》卷九（1）	
37	虞宾录			1	《发挥》卷五（1）	
38	广记			1	《发挥》卷五（1）	
	类书类（2类6条）					
1	兔园策	杜嗣先	唐	5	《后纪》卷一（1）、《后纪》卷五（1）、《后纪》卷九上（1）、《后纪》卷一〇（1）、《发挥》卷三（1）	
2	姓辨书			1	《国名纪》卷六（1）	
	释家类（1类1条）					
1	浮屠经			1	《发挥》卷三（1）	
	集部（1类1条）					
	总集（1类1条）					
1	唐文集			1	《后纪》卷二（1）	

《路史》引书目录（三）：佚文

【说明】本表分类标准亦参照《中国古佚书辑本目录解题》，具体说明详见前。此处所谓"佚文",指"脱佚之文"及"散佚之文",即原书似乎完存的古籍中的脱佚及散佚之文。①

	书名	作者	朝代	引次	《路史》卷次分布	备注
经部（13 类 20 条）						
诗类（1 类 3 条）						
1	韩诗外传	韩婴	汉	3	《后纪》卷四（1）、《后纪》卷九下（1）、《发挥》卷一（1）	P35
礼类（6 类 10 条）						
1	月令章句	蔡邕	汉	2	《后纪》卷一〇（1）、《余论》卷五（1）	P47
2	大戴礼记	戴德	汉	4	《后纪》卷五（2）、《后纪》卷七（1）、《后纪》卷一〇（1）	P49
3	仪礼正义			1	《前纪》卷五（1）	
4	礼记·内则			1	《后纪》卷七（1）	
5	礼记正义			1	《前纪》卷五（1）	
6	曾子问			1	《后纪》卷一一（1）	
春秋类（3 类 3 条）						
1	春秋内传			1	《后纪》卷七（1）	
2	春秋释例	杜预	晋	1	《发挥》卷四（1）	P59
3	公羊传	何休	汉	1	《后纪》卷五（1）	P61
小学类（3 类 4 条）						
1	说文解字	许慎	汉	1	《后纪》卷三（1）	P89
2	啸堂集古录	王俅	北宋	2	《后纪》卷一二（2）	
3	汗简	郭忠恕	北宋	1	《后纪》卷七（1）	
史部（27 类 68 条）						
正史类（7 类 11 条）						
1	后汉书夜郎传			1	《后纪》卷四（1）	P143
2	魏志			2	《余论》卷四（1）、《国名纪》卷二（1）	
3	晋书符洪传			1	《后纪》卷七（1）	
4	宋书			2	《后纪》卷一〇（1）、《国名纪》卷二（1）	
5	魏书	魏收	北齐	1	《后纪》卷七（1）	
6	后魏书			2	《国名纪》卷一（1）、《国名纪》卷四（1）	

① 曹书杰:《中国古籍辑佚学论稿》,东北师范大学出版社 1998 年版,第 4—6 页。

	书名	作者	朝代	引次	《路史》卷次分布	备注
7	后周书			2	《后纪》卷九下（2）	
别史类（2类10条）						
1	周书			7	《后纪》卷三（1）、《后纪》卷六（1）、《后纪》卷一二（1）、《后纪》卷一三下（2）、《余论》卷二（2）	P142
2	东观汉记	刘珍	汉	3	《后纪》卷四（1）、《后纪》卷九下（1）、《余论》卷三（1）	P142
杂史类（2类7条）						
1	战国策			2	《后纪》卷一一（1）、《余论》卷七（1）	P156
2	楚汉春秋	陆贾	汉	5	《发挥》卷五（1）、《国名纪》卷六（1）、《国名纪》卷七（3）	P157
载记类（2类7条）						
1	越绝书			1	《后纪》卷一三下（1）	P160
2	十六国春秋	崔鸿	魏	6	《后纪》卷七（1）、《后纪》卷八（4）、《后纪》卷九下（1）	P161
史评类（1类1条）						
1	史通	刘知几	唐	1	《前纪》卷五（1）	
传记类（7类15条）						
1	高士传	皇甫谧	晋	1	《后纪》卷一〇（1）	P166
2	逸士传	皇甫谧	晋	2	《前纪》卷九（1）、《发挥》卷六（1）	P167
3	列士传	刘向	汉	1	《后纪》卷四（1）	P167
4	烈士传			1	《后纪》卷四（1）	
5	列女传	刘向	汉	2	《后纪》卷九下（1）、《后纪》卷一二（1）	P167
6	列仙传	刘向	汉	5	《后纪》卷五（1）、《后纪》卷七（1）、《余论》卷二（1）、《国名纪》卷三（1）、《国名纪》卷六（1）	P169
7	神仙传	葛洪	晋	3	《后纪》卷七（1）、《后纪》卷八（2）	P170
政书类（1类2条）						
1	通典	杜佑	唐	2	《后纪》卷三（1）、《后纪》卷七（1）	
地理类（4类13条）						
1	华阳国志	常璩	晋	2	《后纪》卷二（1）、《国名纪》卷一（1）	P199
2	水经注	郦道元	后魏	2	《余论》卷二（1）、《国名纪》卷一（1）	P202
3	元和郡县志	李吉甫	唐	2	《国名纪》卷五（2）	

	书名	作者	朝代	引次	《路史》卷次分布	备注
4	元丰九域志	王存	北宋	7	《后纪》卷四（1）、《后纪》卷八（1）、《国名纪》卷一（1）、《国名纪》卷二（1）、《国名纪》卷四（1）、《国名纪》卷五（1）、《国名纪》卷六（1）	
				故事类（1类2条）		
1	西京杂记	葛洪	晋	2	《余论》卷四（2）	
				子部（43种181条）		
				儒家类（11类28条）		
1	晏子春秋	晏婴	齐	1	《后纪》卷一三下（1）	P207
2	子思子	孔汲		4	《前纪》卷四（2）、《前纪》卷五（1）、《后纪》卷一三下（1）	P207
3	荀子	荀卿		1	《后纪》卷一一（1）	P208
4	新序	刘向	汉	1	《后纪》卷一二（1）	P220
5	新论	桓谭	汉	7	《后纪》卷三（2）、《后纪》卷一〇（1）、《后纪》卷一二（1）、《发挥》卷二（1）、《发挥》卷五（1）、《余论》卷二（1）	P220
6	中论	徐干	魏	1	《国名纪》卷六（1）	P221
7	仲长子昌言	仲长统	汉	1	《后纪》卷一〇（1）	P221
8	潜夫论	王符	汉	6	《后纪》卷七（1）、《后纪》卷九下（2）、《发挥》卷五（1）、《国名纪》卷一（1）、《国名纪》卷三（1）	P221
9	傅子	傅玄	晋	3	《后纪》卷七（1）、《后纪》卷一二（1）、《后纪》卷一三下（1）	P224
10	孔丛子	孔鲋	汉	1	《后纪》卷四（1）	
11	孔子家语	王肃注	魏	2	《后纪》卷一〇（1）、《余论》卷五（1）	
				道家类（5类7条）		
1	鹖子	鹖熊	周	1	《后纪》卷一二（1）	P209
2	文子			3	《后纪》卷一（1）《后纪》卷五（1）、《后纪》卷九上（1）	P210
3	庄子	庄周		1	《后纪》卷五（1）	P210
4	亢仓子			1	《发挥》卷四（1）	

	书名	作者	朝代	引次	《路史》卷次分布	备注
5	抱朴子内外篇	葛洪	晋	1	《余论》卷三（1）	
			墨家类（1类5条）			
1	墨子	墨翟	宋	5	《前纪》卷六（1）、《后纪》卷一〇（2）、《余论》卷四（1）、《发挥》卷二（1）	P215
			纵横家（1类1条）			
1	鬼谷子			1	《发挥》卷二（1）	P215
			兵书类（2类3条）			
1	太白阴经	李筌注	唐	2	《后纪》卷三（1）、《后纪》卷五（1）	
2	阴经遁甲	李筌注	唐	1	《后纪》卷四（1）	
			医家类（4类9条）			
1	黄帝素问	王冰注	唐	1	《前纪》卷三（1）	P232
2	素经			1	《后纪》卷三（1）	
3	本草序	陶弘景	梁	1	《后纪》卷三（1）	
4	黄帝经序	王冰	唐	6	《后纪》卷四（1）、《后纪》卷五（4）、《发挥》卷三（1）	
			杂学类（9类92条）			
1	吕氏春秋	吕不韦	秦	9	《前纪》卷五（1）、《后纪》卷二（1）、《后纪》卷九（2）、《后纪》卷一〇（2）、《发挥》卷四（1）、《国名纪》卷六（2）	P217
2	淮南子	刘安	汉	4	《后纪》卷一二（1）、《余论》卷七（1）、《国名纪》卷三（1）、《国名纪》卷四（1）	P244
3	苻子	苻朗	晋	6	《后纪》卷四（1）、《后纪》卷一二（1）、《后纪》卷一三上（1）、《发挥》卷五（1）、《余论》卷三（1）、《国名纪》卷三（1）	P250
4	风俗通义	应劭	汉	63	《前纪》卷四（1）、《前纪》卷六（1）、《前纪》卷七（2）、《前纪》卷八（1）、《前纪》卷九（3）、《后纪》卷一（1）、《后纪》卷二（3）、《后纪》卷四（5）、《后纪》卷五（1）、《后纪》卷六（1）、《后纪》卷七（3）、《后纪》卷八（2）、《后纪》卷九下（8）、《后纪》卷一〇（3）、《后纪》卷一一（3）、《后纪》卷一二（1）、《发挥》卷二（1）、《余论》卷三（1）、《余论》卷四（1）、《国名纪》卷一（4）、《国名纪》卷二（1）、《国名纪》卷三（2）、《国名纪》卷四（1）、《国名纪》卷五（2）、《国名纪》卷六（7）、《国名纪》卷七（3）	P251

续表

	书名	作者	朝代	引次	《路史》卷次分布	备注
5	白虎通义	班固	汉	3	《后纪》卷九上（1）、《后纪》卷一〇（1）、《余论》卷八（1）	
6	古今注	崔豹	晋	3	《后纪》卷五（2）、《发挥》卷二（1）	
7	苏氏演义	苏鹗	唐	2	《余论》卷四（1）、《余论》卷七（1）	
8	意林	马总	唐	1	《后纪》卷三（1）	
9	刘子法语	刘鹗	南唐	1	《后纪》卷一（1）	
	典故类（1类4条）					
1	博物志	张华	晋	4	《前纪》卷五（1）、《后纪》卷一〇（1）、《余论》卷一（1）、《国名纪》卷四（1）	P253
	小说类（8类16条）					
1	山海经			1	《后纪》卷二（1）	P218
2	汉武故事	班固	汉	2	《前纪》卷三（1）、《发挥》卷六（1）	P258
3	汉武内传	班固	汉	1	《后纪》卷二（1）	P258
4	搜神记	干宝	晋	3	《后纪》卷八（2）、《发挥》卷二（1）	
5	拾遗记	王嘉	晋	3	《前纪》卷五（2）、《后纪》卷二（1）	
6	北梦琐言	孙光宪	唐	2	《发挥》卷五（2）	
7	刘宾客嘉话录	韦绚述	唐	3	《发挥》卷一（1）、《发挥》卷五（1）、《国名纪》卷四（1）	
8	太平广记	李昉	北宋	1	《后纪》卷七（1）	
	类书类（5类12条）					
1	古今刀剑录	陶弘景	梁	1	《后纪》卷一二（1）	
2	玉烛宝典	杜台卿	隋	1	《余论》卷二（1）	
3	白氏帖	白居易	唐	1	《后纪》卷一（1）	
4	元和姓纂	林宝	唐	8	《后纪》卷五（2）、《后纪》卷六（1）、《后纪》卷八（2）、《国名纪》卷三（1）、《国名纪》卷六（2）	
5	古今姓氏书辩证	邓名世	北宋	1	《后纪》卷五（1）	
	释家类（1类3条）					
1	法苑珠林	释道世	唐	3	《发挥》卷二（3）	
	集部（55类58条）					
	总集（1类1条）					
1	文选注	李善注	唐	1	《后纪》卷五（1）	
	单篇（54类57条）					
1	表校山海经	刘秀	汉	1	《发挥》卷三（1）	

	书名	作者	朝代	引次	《路史》卷次分布	备注
2	机赋	王逸	汉	1	《后纪》卷一（1）	
3	辨乐论	夏侯渊	汉	2	《后纪》卷一（1）、《后纪》卷五（1）	
4	胡太傅碑	蔡邕	汉	1	《国名纪》卷一（1）	
5	铭论	蔡邕	汉	1	《后纪》卷五（1）	
6	乔仁碑	蔡邕	汉	1	《后纪》卷五（1）	
7	酒箴	崔骃	汉	1	《后纪》卷九下（1）	
8	丰侯铭	李尤	汉	1	《后纪》卷九下（1）	
9	德阳殿赋	李尤	汉	1	《发挥》卷六（1）	
10	大字碑	孙冠	汉	1	《后纪》卷三（1）	
11	玄云篇			1	《余论》卷六（1）	
12	金人铭			1	《后纪》卷五（1）	
13	刑罚令	曹操	魏	1	《发挥》卷一（1）	
14	赞女娲	曹植	魏	1	《后纪》卷二（1）	
15	帝喾赞	曹植	魏	1	《后纪》卷九上（1）	
16	令禽恶鸟论	曹植	魏	2	《后纪》卷九上（1）、《发挥》卷六（1）	
17	少昊赞	曹植	魏	1	《后纪》卷七（1）	
18	帝尧画赞	曹植	魏	1	《后纪》卷一一（1）	
19	姜嫄简狄赞	曹植	魏	1	《发挥》卷四（1）	
20	北郊表	高堂隆	魏	1	《后纪》卷九上（1）	
21	度尚曹娥碑	邯郸淳	魏	1	《余论》卷九（1）	
22	赵都赋	刘邵	魏	1	《后纪》卷三（1）	
23	鼓吹赋	陆机	晋	1	《余论》卷三（1）	
24	角赋	谷俭	晋	1	《余论》卷三（1）	
25	周太伯三让论	孙盛	晋	1	《国名纪》卷三（1）	
26	巫咸山赋序	郭璞	晋	1	《后纪》卷三（1）	
27	黄帝颂	牟秀	晋	1	《后纪》卷五（1）	
28	鸢鸟诗序	范泰	宋	1	《余论》卷三（1）	
29	玄馆碑	孔稚珪	齐	1	《余论》卷二（1）	
30	嵩高山记	卢元明	北魏	1	《余论》卷九（1）	
31	舜庙碑	温子升	北魏	2	《后纪》卷一〇（1）、《后纪》卷一一（1）	
32	黄帝见广成画赞	庾信	北周	1	《后纪》卷五（1）	
33	奉使北徐州参丞御	庾信	北周	1	《后纪》卷三（1）	

续表

	书名	作者	朝代	引次	《路史》卷次分布	备注
34	周使持节大将军广化郡开国公邱乃敦崇传	庚信	北周	1	《余论》卷三（1）	
35	岭表逢寒食诗	沈佺期	唐	1	《发挥》卷一（1）	
36	三月三日赋	王绩	唐	1	《发挥》卷一（1）	
37	祭禹庙文	宋之问	唐	1	《后纪》卷一二（1）	
38	代家奉御贺明堂成表	崔融	唐	1	《后纪》卷五（1）	
39	拔四镇议	崔融	唐	1	《后纪》卷一二（1）	
40	嵩山启母庙碑	崔融	唐	1	《余论》卷九（1）	
41	禹穴碑铭并序	郑鲂	唐	1	《后纪》卷一（1）	
42	风中琴	卢仝	唐	1	《后纪》卷一（1）	
43	女娲陵记	乔潭	唐	1	《后纪》卷二（1）	
44	日五色赋	李程	唐	1	《后纪》卷七（1）	
45	两汉辩亡论	权德舆	唐	1	《发挥》卷六（1）	
46	西戎献白玉环	张惟俭	唐	1	《余论》卷九（1）	
47	祀黄熊评	程晏	唐	1	《余论》卷九（1）	
48	送遂州纪参军序	孙逖	唐	1	《国名纪》卷一（1）	
49	灵津庙记	孙洙	北宋	1	《后纪》卷一二（1）	
50	流红记	张实	北宋	1	《发挥》卷六（1）	
51	息石诗序	高子勉	北宋	1	《余论》卷一〇（1）	
52	庐江四辩	姚铉	北宋	1	《国名纪》卷四（1）	
53	俳谐文	袁淑	北宋	1	《国名纪》卷五（1）	
54	禹庙谥议			1	《后纪》卷一二（1）	

《路史》校释示例

【说明】因到目前为止，《路史》并无现代标点本面世，故对《路史》进行校释，就成为书稿撰写前所必须完成的工作，而此处仅选取

《炎帝纪下》一段文字为例（繁体），以说明笔者所做校释工作的一般情形。校勘中，以明洪楩刻本（简称"洪刻本"）为底本，以国家图书馆所藏宋刻残本（简称"残宋本"）、乔可传刻本（简称"乔刻本"）、吴弘基刻本（简称"吴刻本"）、明抄本、清修《四库全书》本（简称"四库本"）、《四部备要》排印本（简称"备要本"）为参校本，同时参考了《路史》相关征引文献。

《路史·後紀四·炎帝紀下》：

炎帝柱，神農子也。《魯語》：烈山氏之子柱。[一]《内傳》說同。[二]《祭法》云：烈山氏之子曰農。[三]農官也。即①爲柱。七歲有聖德，佐神農氏。曆稬原、詺②百藥，爰忌其人，比椑定，利芟芨，及寒坴土，時雨至，則挾創乂，以從事於疇，殖百疏，區百穀，別其疏邈，深耕圣③作以興歲，天均時而地均財，於是神農之功廣，而天下殷賑矣。《眞源賦》云："神農有子，年七歲，有聖德，同歷名山，辨其百藥，闢田墾土，興於穀帛，化於市鄽，民④無征役。"任公而不物，任法而不數，守其餘以制其嗇，故其人不佻不病，民亡口事，審時而權宜，是以老幼安里，而亡謝生之心，溮西盪河原、東澹海溽，南燿丹垠，北汔幽虛，莫不來享、來咨、來茹。亦曰列山氏，《傳》云：列山氏始爲稷，謂柱。五帝以來禝⑤之。昭公二十九年《左氏》云："柱爲稷，夏氏以上祀之。周弃亦爲稷，自商以來祀之。"所言者皆人神。《孝經援神契》云："社，土地之主；稷，五穀之主⑥。"[四]俱土神，而所主之功異。所主既異，故其配亦異。柱、弃、句龍，第配食爾。

【校勘記】

[一]《國語·魯語上》："昔烈山氏之有天下也，其子曰柱，能殖百穀百蔬。"吳韋昭注："烈山氏，炎帝之號也，起於烈山。《祭法》以'烈

---

① 即，原誤作"郎"，據喬刻本、四庫本改。
② 銘，諸本均同，唯殘宋本作"詺"。
③ 聖，諸本均同，唯殘宋本作"圣"。
④ 民，原誤作"畏"，據殘宋本、喬刻本、四庫本、備要本改。
⑤ 禝，殘宋本、明抄本同，喬刻本、吳刻本、四庫本、備要本作"稷"。
⑥ 王，殘宋本、吳刻本、明抄本同，喬刻本、四庫本、備要本作"主"。

山’爲‘厲山’。”

[二]《左傳·昭公二十九年》：“有烈山氏之子曰柱爲稷。”杜預注：“烈山氏，神農世諸侯。”

[三]《禮記·祭法》：“是故厲山氏之有天下也，其子曰農，能殖百穀。”

[四]《藝文類聚》卷三九《社稷》引《孝經緯》曰：“社，土地之主也，土地濶不可盡敬，故封土爲社，以報功也；稷，五穀之長也，穀衆不可徧祭，故立稷神以祭之。”《北堂書鈔》卷八七《社稷》“封土以報功”注引《孝經緯》云：“社，土地之主也，土地闊不可盡敬，故封土爲社以執功也。”《初學記》卷一三《社稷第五》引《孝經緯》曰：“社，土地之主也，土地闊不可盡敬，故封土爲社以報功也；稷，五穀之長也，穀衆不可徧祭，故立稷神以祭之。”《太平御覽》卷三〇《社》引《孝經緯》曰：“社，土地之主也，土地濶不可盡祭，故封土爲社，以報功也。”又卷五三二《社稷》引《孝經說》曰：“社，土地之主也，地廣不可盡敬，故封土爲社以報公；稷，五穀之長也，穀衆不可遍祀，故主稷神祭之。”

参考文献

一 先秦古籍及考释著作

（一）经部

（汉）何休解诂，（唐）徐彦疏:《春秋公羊传注疏》，北京大学出版社《十
　三经注疏》1999 年标点本。

（汉）孔安国传，（唐）孔颖达疏:《尚书正义》，北京大学出版社《十三经
　注疏》1999 年标点本。

（汉）毛亨传，（唐）孔颖达疏:《毛诗正义》，北京大学出版社《十三经注
　疏》1999 年标点本。

（汉）郑玄注，（唐）贾公彦疏:《周礼注疏》，北京大学出版社《十三经注
　疏》1999 年标点本。

（汉）郑玄注，（唐）孔颖达疏:《礼记正义》，北京大学出版社《十三经注
　疏》1999 年标点本。

（魏）王弼注，（唐）孔颖达疏:《周易正义》，北京大学出版社《十三经注
　疏》1999 年标点本。

（晋）杜预注，（唐）孔颖达正义:《春秋左传正义》，北京大学出版社《十
　三经注疏》1999 年标点本。

（南朝梁）顾野王撰，胡吉宣疏:《玉篇校释》，上海古籍出版社 1989
　年版。

（宋）萧楚:《春秋辨疑》，《文渊阁四库全书》本，商务印书馆影印 1983
　年版。

（元）梁益:《诗传旁通》，《文渊阁四库全书》本，商务印书馆影印 1983
　年版。

（清）段玉裁注:《说文解字注》，上海古籍出版社 1981 年版。

（清）焦循:《孟子正义》，中华书局 1987 年版。

（清）皮锡瑞撰:《尚书大传疏证》，清光绪二十二年师伏堂刊本，1896 年。

（清）王聘珍:《大戴礼记解诂》，中华书局 1983 年版。

（清）阎若璩:《尚书古文疏证》，上海古籍出版社 2010 年版。

（清）朱彝尊:《经义考》，中国文哲研究所筹备处 1999 年版。

程树德:《论语集释》，中华书局 1990 年版。

许维遹撰:《韩诗外传集释》，中华书局 2009 年版。

顾颉刚、刘起釪:《尚书校释译论》，中华书局 2005 年版。

余廼永:《新校互注宋本广韵》，上海辞书出版社 2000 年版。

（二）史部

（汉）刘向集录:《战国策》，上海古籍出版社 1985 年版。

范祥雍:《古本竹书纪年辑校订补》，上海人民出版社 1957 年版。

方诗铭、王修龄:《古本竹书纪年辑证》，上海古籍出版社 2008 年版。

黄怀信:《逸周书校补注译》，三秦出版社 2006 年版。

黄怀信等:《逸周书汇校集注》，上海古籍出版社 1995 年版。

马承源等:《上海博物馆藏战国楚竹书（二）》，上海古籍出版社 2002
年版。

王贻梁、陈建敏:《穆天子传汇校集释》，华东师范大学出版社 1994
年版。

徐元诰:《国语集解》，中华书局 2002 年版。

银雀山汉墓竹简整理小组编:《银雀山汉墓竹简》，文物出版社 1976
年版。

袁珂:《山海经校注》，上海古籍出版社 1980 年版。

郑杰文:《穆天子传通释》，山东文艺出版社 1992 年版。

中华书局编辑:《世本八种》，中华书局 2008 年版。

（三）子部

（清）陈士珂:《孔子家语疏证》，商务印书馆 1948 年版。

（清）郭庆藩:《庄子集释》，中华书局 1985 年版。

（清）孙诒让:《墨子间诂》，中华书局 2009 年版。

（清）王先谦:《荀子集解》，中华书局 1988 年版。

（清）王先慎:《韩非子集解》，中华书局 2003 年版。

黄怀信:《鹖冠子汇校集注》，中华书局 2004 年版。

蒋礼鸿:《商君书锥指》,中华书局 1986 年版。

黎翔凤:《管子校注》,中华书局 2009 年版。

许维遹:《吕氏春秋集释》,中华书局 2009 年版。

杨伯峻:《列子集释》,中华书局 1985 年版。

朱谦之:《老子校释》,中华书局 2000 年版。

（四）集部

（汉）王逸撰,（宋）洪兴祖:《楚辞补注》,中华书局 2006 年版。

闻一多:《天问疏证》,上海古籍出版社 1985 年版。

二 汉清古籍及考释著作

（一）史部

（汉）班固:《汉书》,中华书局 1964 年版。

（汉）司马迁:《史记》,中华书局 1959 年版。

（汉）袁康撰,李步嘉:《越绝书校释》,武汉大学出版社 1992 年版。

（汉）赵晔撰,周生春:《吴越春秋辑校汇考》,上海古籍出版社 1997 年版。

（晋）常璩撰,任乃强:《华阳国志校补图注》,上海古籍出版社 2007 年版。

（晋）陈寿:《三国志》,中华书局 1959 年版。

（晋）皇甫谧撰,徐宗元辑:《帝王世纪辑存》,中华书局 1964 年版。

（南朝宋）范晔:《后汉书》,中华书局 1965 年版。

（北魏）郦道元撰,（清）杨守敬、熊会贞:《水经注疏》,江苏古籍出版社
 1989 年版。

（北魏）郦道元撰,陈桥驿:《水经注校证》,中华书局 2008 年版。

（北齐）魏收撰:《魏书》,中华书局 1971 年版。

（唐）杜佑:《通典》,中华书局 1988 年版。

（唐）房玄龄等:《晋书》,中华书局 1974 年版。

（唐）李吉甫:《元和郡县图志》,中华书局 1983 年版。

（唐）李泰撰,贺次君辑:《括地志辑校》,中华书局 2010 年版。

（唐）魏征等:《隋书》,中华书局 1973 年版。

（后晋）刘昫等:《旧唐书》,中华书局 1975 年版。

（宋）高似孙:《纬略》,《丛书集成初编》本,商务印书馆 1936 年版。

（宋）洪适:《隶释·隶续》,中华书局 1985 年影印本。

（宋）黄伯思:《东观余论》,中华书局 1988 年影印本。

（宋）乐史:《太平寰宇记》，中华书局 2007 年版。

（宋）李焘:《续资治通鉴长编》，中华书局 1992 年版。

（宋）李心传:《建炎以来朝野杂记》，中华书局 2010 年版。

（宋）李心传:《建炎以来系年要录》，中华书局 1956 年版。

（宋）刘时举:《续宋编年资治通鉴》，《丛书集成初编》本，商务印书馆
　　1936 年版。

（宋）刘恕:《资治通鉴外纪》，上海古籍出版社 1987 年影印本。

（宋）刘恕:《资治通鉴外纪》，《四部丛刊初编》本，商务印书馆 1919
　　年版。

（宋）罗大经:《鹤林玉露》，中华书局 2008 年版。

（宋）罗泌:《路史》，明嘉靖间洪楩刻本，明万历三十九年乔可传刻本，
　　明崇祯间吴弘基刻本。

（宋）罗泌:《路史》，影印《中华再造善本》，北京图书馆出版社 2003
　　年版。

（宋）罗泌:《路史》，《四部备要》本，中华书局 1936 年版。

（宋）欧阳修、宋祁等:《新唐书》，中华书局 1975 年版。

（宋）欧阳修:《新五代史》，中华书局 1974 年版。

（宋）司马光:《稽古录》，北京师范大学出版社 1988 年版。

（宋）王存:《元丰九域志》，中华书局 1984 年版。

（宋）王象之:《舆地纪胜》，江苏广陵古籍刻印社 1991 年版。

（宋）魏泰:《东轩笔录》，中华书局 1983 年版。

（宋）吴自牧:《梦粱录》，《丛书集成初编》本，商务印书馆 1936 年版。

（宋）熊克:《中兴小纪》，光绪十七年二月广雅书局校刊本 1891 年版。

（宋）徐梦莘:《三朝北盟会编》，上海古籍出版社 1987 年版。

（宋）佚名:《皇宋中兴圣政》，《丛书集成三编》本，新文丰出版公司
　　1997 年版。

（宋）岳珂:《桯史》，中华书局 2010 年版。

（宋）郑樵:《通志二十略》，中华书局 2000 年版。

（宋）周密:《武林旧事》，中华书局 2007 年版。

（元）马端临:《文献通考》，中华书局 1986 年版。

（元）脱脱等:《宋史》，中华书局 1977 年版。

（元）佚名:《宋史全文》，黑龙江人民出版社 2005 年版。

（明）陈耀文：《天中记》，清光绪四年听雨山房重刻本1878年版。

（明）孙瑴：《古微书》，《丛书集成初编》本，商务印书馆1936年版。

（清）黄宗羲、全祖望：《宋元学案》，中华书局1982年版。

（清）姜忠奎撰，黄曙辉：《纬史论微》，上海书店出版社2005年版。

（清）梁玉绳：《史记志疑》，中华书局1981年版。

（清）陆心源：《宋史翼》，中华书局1991年影印本。

（清）马骕：《绎史》，中华书局2002年版。

（清）皮锡瑞撰，周予同：《经学历史》，中华书局2008年版。

（清）王夫之：《读通鉴论》，中华书局2011年版。

（清）王夫之：《宋论》，中华书局2011年版。

（清）徐松辑：《宋会要辑稿》，大东书局1935年影印本。

王钟翰等点校：《清史列传》，中华书局1987年版。

佚名：《宋大诏令集》，中华书局1962年版。

周天游：《八家后汉书辑注》，上海古籍出版社1986年版。

［日］泷川资言：《史记会注考证》，文学古籍刊行社1955年版。

　　（二）目录

（宋）晁公武撰，孙猛校证：《郡斋读书志校证》（上、下），上海古籍出版社1990年版。

（宋）陈振孙撰，徐小蛮等：《直斋书录解题》，上海古籍出版社1987年版。

（宋）王尧臣撰，（清）钱东垣辑：《崇文总目》，《国学基本丛书》本，台湾商务印书馆1967年版。

（明）焦竑等：《明史艺文志·补·附编》，商务印书馆1959年版。

（清）丁申：《武林藏书录》，古典文学出版社1957年版。

（清）傅增湘：《藏园群书经眼录》，中华书局1983年版。

（清）耿文光：《万卷精华楼藏书记》，黑龙江人民出版社1992年版。

（清）黄丕烈：《百宋一廛书录》，《清人书目题跋丛刊》六，中华书局1993年版。

（清）黄虞稷撰，瞿凤起、潘景郑整理：《千顷堂书目》，上海古籍出版社2001年版。

（清）黄虞稷等：《宋史艺文志·补·附编》，商务印书馆1957年版。

（清）纪昀等：《钦定四库全书总目》，中华书局1997年版。

（清）李慈铭：《越缦堂读书记》，上海书店出版社 2000 年版。

（清）缪荃孙：《艺风藏书记》，中华书局 1993 年版。

（清）钱曾：《读书敏求记》，《丛书集成初编》本，商务印书馆 1936 年版。

（清）孙从添：《藏书纪要》，清嘉庆十六年吴县黄丕烈士礼居刻本，
　　1811 年。

（清）姚振宗：《后汉艺文志》，《师石山房丛书》之六，开明书店 1936
　　年版。

（清）姚振宗：《隋书经籍志考证》，《师石山房丛书》之五，开明书店
　　1936 年版。

（清）叶德辉：《书林清话》，国家图书馆出版社 2009 年版。

（清）张之洞撰，范希曾：《书目答问补正》，上海古籍出版社 2008 年版。

（清）周中孚：《郑堂读书记》，中华书局 1993 年版。

胡玉缙、王欣夫辑：《四库全书总目提要补正》，中华书局 1964 年版。

吴慰祖：《四库采进书目》，商务印书馆 1960 年版。

中华书局编辑：《宋元明清书目题跋丛刊》，中华书局 2006 年版。

（三）子部

（汉）班固撰，（清）陈立：《白虎通疏证》，中华书局 1994 年版。

（汉）蔡邕：《独断》，影印《文渊阁四库全书》本，商务印书馆 1983
　　年版。

（汉）董仲舒撰，苏舆：《春秋繁露义证》，中华书局 1992 年版。

（汉）贾谊撰，阎振益：《新书校注》，中华书局 2007 年版。

（汉）焦延寿：《焦氏易林》，影印《文渊阁四库全书》本，商务印书馆
　　1983 年版。

（汉）刘安撰，刘文典：《淮南鸿烈集解》，安徽大学出版社、云南大学出
　　版社 1998 年版。

（汉）刘向撰，向宗鲁：《说苑校证》，中华书局 2009 年版。

（汉）陆贾撰，王利器：《新语校注》，中华书局 1986 年版。

（汉）王充撰，黄晖：《论衡校释附刘盼遂集解》，中华书局 1990 年版。

（汉）王符撰，（清）汪继培：《潜夫论笺校正》，中华书局 2010 年版。

（汉）扬雄撰，韩敬：《法言注》，中华书局 1992 年版。

（汉）应劭撰，王利器：《风俗通义校注》，中华书局 2010 年版。

（晋）葛洪撰,王明：《抱朴子内篇校释》,中华书局 1986 年版。

（晋）王嘉撰,（梁）萧绮：《拾遗记》,中华书局 1988 年版。

（晋）张华、范宁：《博物志校证》,中华书局 1980 年版。

（南朝梁）任昉：《述异记》,中华书局 1991 年版。

（宋）洪迈：《容斋随笔》,齐鲁书社 2007 年版。

（宋）沈括：《梦溪笔谈》,上海书店出版社 2009 年版。

（宋）王应麟撰,（清）翁元圻：《困学纪闻》,上海古籍出版社 2008 年版。

（宋）张端义：《贵耳集》,中州古籍出版社 2005 年版。

（宋）张君房：《云笈七签》,中华书局 2003 年版。

（宋）朱熹撰,黎靖德：《朱子语类》,中华书局 1986 年版。

（元）盛如梓：《庶斋老学丛谈》,影印《文渊阁四库全书》本,商务印书馆 1983 年版。

（明）胡应麟：《少室山房笔丛》,上海书店出版社 2009 年版。

（清）顾炎武撰,黄汝成：《日知录集释》,上海古籍出版社 2009 年版。

（清）阮元：《定香亭笔谈》,《丛书集成初编》本,商务印书馆 1936 年版。

（清）孙诒让：《札迻》,中华书局 1989 年版。

（清）王鸣盛：《蛾术编》,道光二十一年世楷堂 1841 年版。

（清）俞正燮：《癸巳类稿》,辽宁教育出版社 2001 年版。

［日］吉川忠夫、麦谷邦夫：《真诰校注》,中国社会科学出版社 2006 年版。

（四）丛书及类书

（唐）林宝撰,岑仲勉：《元和姓纂附四校记》,中华书局 1994 年版。

（唐）欧阳询撰,汪绍楹：《艺文类聚》,上海古籍出版社 1985 年版。

（唐）徐坚等：《初学记》,中华书局 2010 年版。

（唐）虞世南等：《北堂书钞》,中国书店影印清刻本 1989 年版。

（宋）邓名世：《古今姓氏书辩证》,江西人民出版社 2006 年版。

（宋）高承撰,（明）李果：《事物纪原》,中华书局 1989 年版。

（宋）李昉等：《太平御览》,中华书局 1960 年影印本。

（宋）陶宗仪：《说郛》,中国书店 1986 年影印本。

（宋）王应麟：《玉海》,江苏古籍出版社、上海书店 1987 年版。

（清）鲍廷博、鲍志祖：《知不足斋丛书》,上海古书流通处据长塘鲍氏刊本影印 1921 年版。

（清）陈春：《湖海楼丛书》，清嘉庆间萧山陈氏刻本。

（清）洪颐煊：《经典集林》，《续修四库全书》本，上海古籍出版社 1995、2002 年版。

（清）洪颐煊：《台州札记》，《续修四库全书》本，上海古籍出版社 1995、2002 年版。

（清）胡薇元：《玉津阁丛书甲集》，清光绪至民国间刊本。

（清）马国翰：《玉函山房辑佚书》，《续修四库全书》本，上海古籍出版社 1995、2002 年版。

（清）王仁俊：《玉函山房辑佚书补编》，《续修四库全书》本，上海古籍出版社 1995、2002 年版。

（清）王仁俊：《玉函山房辑佚书续编三种》，上海古籍出版社 1989 年版。

（清）王仁俊：《玉函山房辑佚书续编》，《续修四库全书》本，上海古籍出版社 1995、2002 年版。

中华书局编辑：《宋元方志丛刊》，中华书局 1990 年影印本。

［日］安居香山、中村璋八：《纬书集成》，河北人民出版社 1994 年版。

（五）集部及其他

（南朝梁）刘勰撰，范文澜：《文心雕龙注》，人民文学出版社 1962 年版。

（南朝梁）萧统编，（唐）李善注：《文选》，中华书局 1977 年版。

（唐）杜甫撰，（清）仇兆鳌注：《杜诗详注》，中华书局 1999 年版。

（宋）陈亮：《龙川集》，清同治七年永康胡氏退补斋刻《金华丛书》本，1868 年。

（宋）胡宏：《胡宏集》，中华书局 1987 年版。

（宋）胡铨：《澹庵文集》，影印《文渊阁四库全书》本，商务印书馆 1983 年版。

（宋）刘才邵：《槠溪居士集》，影印《文渊阁四库全书》本，商务印书馆 1983 年版。

（宋）刘敞：《公是集》，商务印书馆《丛书集成初编》本 1936 年版。

（宋）刘弇：《龙云集》，影印《文渊阁四库全书》本，商务印书馆 1983 年版。

（宋）欧阳守道：《巽斋文集》，影印《文渊阁四库全书》本，商务印书馆 1983 年版。

（宋）欧阳修撰，李逸安：《欧阳修全集》，中华书局 2001 年版。

（宋）王安石：《临川先生文集》，中华书局 1959 年版。

（宋）王安中：《初寮集》，影印《文渊阁四库全书》本，商务印书馆 1983
    年版。

（宋）周必大：《文忠集》，影印《文渊阁四库全书》本，商务印书馆 1983
    年版。

（明）胡应麟：《少室山房集》，影印《文渊阁四库全书》本，商务印书馆
    1983 年版。

（清）张之洞撰，苑书义等：《张之洞全集》，河北人民出版社 1998 年版。

曾枣庄、刘琳等：《全宋文》，上海辞书出版社 2006 年版。

曾枣庄、舒大刚等：《三苏全集》，语文出版社 2001 年版。

三 现当代主要研究著作

（一）文献研究

曹书杰：《中国古籍辑佚学论稿》，东北师范大学出版社 1998 年版。

程千帆、徐有富：《校雠广义·典藏编》，齐鲁书社 1998 年版。

国立北平图书馆编：《梁氏饮冰室藏书目录》，北京图书馆出版社 2005 年
    影印本。

李裕民：《四库提要订误》，中华书局 2005 年版。

梁启超：《古书真伪及其年代》，中华书局 1955 年版。

梁启超：《中国近三百年学术史》，岳麓书社 2010 年版。

刘师培：《刘申叔遗书》，江苏古籍出版社 1997 年影印本。

绿林书房辑校：《梁启超书话》，浙江人民出版社 1998 年版。

阮廷焯：《先秦诸子考佚》，鼎文书局 1980 年版。

孙猛：《日本国见在书目录详考》，上海古籍出版社 2015 年版。

孙启治、陈建华：《中国古佚书辑本目录解题》，上海古籍出版社 2009
    年版。

王绍曾：《订补海源阁书目五种》，齐鲁书社 2002 年版。

王重民：《中国目录学史论丛》，中华书局 1984 年版。

王重民：《中国善本书提要》，上海古籍出版社 1983 年版。

严绍璗：《日藏汉籍善本书录》，中华书局 2007 年版。

周生杰：《〈太平御览〉研究》，巴蜀书社 2008 年版。

朱林宝：《中华文化典籍指要》，山东人民出版社 1994 年版。

（二）历史文化研究

常金仓:《二十世纪古史研究反思录》,中国社会科学出版社 2005 年版。

陈梦家:《殷虚卜辞综述》,中华书局 2008 年版。

陈槃:《古谶纬研讨及其书录解题》,上海古籍出版社 2010 年版。

陈寅恪:《寒柳堂集》,生活·读书·新知三联书店 2001 年版。

陈寅恪:《金明馆丛稿初编》,生活·读书·新知三联书店 2001 年版。

陈寅恪:《金明馆丛稿二编》,生活·读书·新知三联书店 2001 年版。

邓小南:《祖宗之法——北宋前期政治述略》,生活·读书·新知三联书店 2006 年版。

杜维运:《史学方法论》,北京大学出版社 2008 年版。

傅斯年:《傅斯年全集》,湖南教育出版社 2000 年版。

葛兆光:《中国思想史》,复旦大学出版社 2001 年版。

顾颉刚:《当代中国史学》,上海古籍出版社 2007 年版。

顾颉刚等:《古史辨》(1—7 册),海南出版社 2005 年版。

顾颉刚:《顾颉刚读书笔记》,联经出版公司 1990 年版。

顾颉刚:《顾颉刚古史论文集》,中华书局 1988 年版。

顾颉刚:《顾颉刚民俗学论集》,上海文艺出版社 1998 年版。

顾颉刚:《顾颉刚日记》,联经出版公司 2007 年版。

顾颉刚:《浪口村随笔》,辽宁教育出版社 1998 年版。

顾颉刚:《论巴蜀与中原的关系》,四川人民出版社 1981 年版。

顾颉刚:《秦汉的方士与儒生》,上海古籍出版社 2007 年版。

顾颉刚:《中国上古史研究讲义》,中华书局 2002 年版。

郭沫若:《中国古代社会研究》,人民出版社 1954 年版。

郭永秉:《帝系新研》,北京大学出版社 2008 年版。

姜彬:《中国民间文学大辞典》,上海文艺出版社 1992 年版。

李学勤、郭志坤:《中国古史寻证》,上海科技教育出版社 2002 年版。

李学勤:《走出疑古时代》,长春出版社 2007 年版。

李颖科:《俯视与深思:论中国史学传统》,陕西人民出版社 1989 年版。

李裕民:《宋人生卒行年考》,中华书局 2010 年版。

梁启超:《中国历史研究法》,上海古籍出版社 2003 年版。

刘起釪:《古史续辨》,中国社会科学出版社 1997 年版。

吕思勉:《吕思勉说史》,上海古籍出版社 2000 年版。

蒙文通:《蒙文通文集》,巴蜀书社 1995 年版。

漆侠:《宋代经济史》,中华书局 2009 年版。

漆侠:《宋学的发展和演变》,河北人民出版社 2004 年版。

钱穆:《国史大纲》,商务印书馆 2010 年版。

裘锡圭:《中国出土文献十讲》,复旦大学出版社 2004 年版。

施议对:《文学与神明:饶宗颐访谈录》,生活·读书·新知三联书店
    2011 年版。

王国维:《王国维考古学文辑》,凤凰出版社 2008 年版。

王国维:《王国维遗书》,上海书店出版社 2011 年版。

王煦华:《古史辨伪与现代史学——顾颉刚集》,上海文艺出版社 1998
    年版。

王煦华:《顾颉刚先生学行录》,中华书局 2006 年版。

文史哲编辑部编:《疑古与走出疑古》,商务印书馆 2010 年版。

徐旭生:《中国古史的传说时代》,广西师范大学出版社 2003 年版。

许冠三:《新史学九十年》,岳麓书社 2003 年版。

杨宽:《战国史》,上海人民出版社 2008 年版。

余英时:《现代危机与思想人物》,生活·读书·新知三联书店 2005 年版。

余英时:《朱熹的历史世界》,生活·读书·新知三联书店 2004 年版。

张惠民:《宋代词学资料汇编》,汕头大学出版社 1993 年版。

张京华:《古史辨派与中国现代学术走向》,厦门大学出版社 2009 年版。

张岂之:《中国学术思想编年》,陕西师范大学出版社 2006 年版。

张世林:《为学术的一生》,广西师范大学出版社 2005 年版。

钟肇鹏:《谶纬论略》,辽宁教育出版社 1995 年版。

[法] 贾克·谢和耐:《南宋社会生活史》,马德程译,中国文化大学出版
    部 1982 年版。

[美] 刘子健:《两宋史研究汇编》,联经出版事业公司 1987 年版。

(三) 神话传说研究

曹书杰:《后稷传说与稷祀文化》,社会科学文献出版社 2006 年版。

陈泳超:《尧舜传说研究》,南京师范大学出版社 2000 年版。

丁山:《中国古代宗教与神话考》,上海书店出版社 2011 年版。

黑兴沛、金荣权:《中国古代神话通检》,中州古籍出版社 1992 年版。

金荣权等:《中国古代神话稽考》,中国文联出版社 2000 年版。

冷德熙：《超越神话：纬书政治神话研究》，东方出版社 1996 年版。

刘城淮：《中国上古神话》，上海文艺出版社 1988 年版。

吕微：《神话何为》，社会科学文献出版社 2001 年版。

马昌仪：《中国神话学文论选萃》（上、下），中国广播电视出版社 1994 年版。

孙作云：《孙作云文集》，河南大学出版社 2003 年版。

陶阳、牟钟秀：《中国创世神话》，上海人民出版社 2006 年版。

王以欣：《神话与历史》，商务印书馆 2006 年版。

向柏松：《神话与民间信仰研究》，人民出版社 2010 年版。

萧兵：《中国文化的精英》，上海文艺出版社 1989 年版。

杨利慧：《女娲的神话与信仰》，中国社会科学出版社 1997 年版。

杨利慧：《女娲溯源》，北京师范大学出版社 1999 年版。

杨利慧：《神话与神话学》，北京师范大学出版社 2009 年版。

叶舒宪：《老子与神话》，陕西人民出版社 2005 年版。

叶舒宪、唐启翠：《儒家神话》，南方日报出版社 2011 年版。

袁珂：《古神话选释》，人民文学出版社 1979 年版。

袁珂：《中国神话传说词典》，上海辞书出版社 1985 年版。

袁珂：《中国神话史》，上海文艺出版社 1988 年版。

张文安：《中国与两河流域神话比较研究》，中国社会科学出版社 2009 年版。

赵沛霖：《先秦神话思想史论》，学苑出版社 2006 年版。

中国民间文艺研究会：《民间文学理论译丛》（第 1 集），中国民间文艺出版社 1986 年版。

［德］恩斯特·卡西尔：《人论》，甘阳译，上海译文出版社 2009 年版。

［德］恩斯特·卡西尔：《神话思维》，黄龙保等译，中国社会科学出版社 1992 年版。

［法］马伯乐：《书经中的神话》，冯沅君译，国立北平研究院史学研究会出版 1939 年版。

［美］阿兰·邓迪斯：《西方神话学读本》，朝戈金等译，广西师范大学出版社 2006 年版。

［美］马丽加·金芭塔丝：《活着的女神》，叶舒宪等译，广西师范大学出版社 2008 年版。

［美］米尔恰·伊利亚德：《神圣的存在：比较宗教的范式》，晏可佳、姚
　　蓓琴译，广西师范大学出版社 2008 年版。

［英］马林诺夫斯基：《巫术科学宗教与神话》，李安宅译，中国民间文艺
　　出版社 1986 年版。

四　主要参考的研究论文

说明：除个别重要文章外，凡是见于文集而文集已列入参考"书目"
者一般均未载录。其他论文见于正文页下注。

常金仓：《伏羲女娲神话的历史考察》，《陕西师范大学学报》2002 年第
　　6 期。

常金仓：《两种神话学思想的碰撞——关于〈山海经〉等问题答朱仙林同
　　志》，《古籍整理研究学刊》2012 年第 2 期。

常金仓：《由鲧禹故事演变引出的启示》，《齐鲁学刊》1999 年第 6 期。

常金仓：《中国神话学的基本问题：神话的历史化还是历史的神话化?》，
　　《陕西师范大学学报》（哲学社会科学版）2000 年第 3 期。

车宝仁：《黄帝西安行迹考》，《唐都学刊》2006 年第 1 期。

陈丽萍：《关于新疆阿斯塔那：哈拉和卓地区出土的伏羲、女娲画像及一
　　些问题的探讨》，《敦煌学辑刊》2001 年第 1 期。

陈丽琴：《从传播学视角解读盘古神话》，《广西民族研究》2008 年第
　　2 期。

陈连山：《走出西方神话的阴影——论中国神话学界使用西方现代神话概
　　念的成就与局限》，《长江大学学报》2006 年第 6 期。

陈守忠：《王安石变法与熙河之役》，《西北师范大学学报》（社会科学
　　版）1980 年第 3 期。

陈习刚：《黄帝时代的中原科学技术及其特点》，《中州学刊》2008 年第
　　6 期。

陈向春：《"元气"催生：论盘古传说的形成》，《社会科学家》2009 年第
　　5 期。

陈泳超：《顾颉刚古史神话研究之检讨》，《南京师范大学学报》（社会科
　　学版）2000 年第 1 期。

陈泳超：《永州之野觅舜迹》（上），《中国典籍与文化》1999 年第 3 期。

陈泽：《关于伏羲生于仇池考述》，《天水行政学院学报》2008 年第 2 期。

程平山：《夏代纪年考》，《中原文物》2004 年第 3 期。

崔彩云：《蚩尤与蚩尤冢考》，《中州今古》2002 年第 2 期。

邓小南：《关于"泥马渡康王"》，《北京大学学报》（哲学社会科学版）1995 年第 6 期。

丁鼎、薛立芳：《试论"谶"与"纬"的区别——兼与钟肇鹏先生商榷》，《上海师范大学学报》（哲学社会科学版）2004 年第 2 期。

东人达：《蚩尤史迹探评》，《毕节师专学报》1997 年第 4 期。

董楚平：《伏羲：良渚文化的祖宗神》，《杭州师范学院学报》1999 年第 4 期。

董治安：《从上古神话到历史传说：谈羿和后羿故事的演变》，《山东大学学报》1991 年第 3 期。

杜泽逊：《马国翰与〈玉函山房藏书簿录〉》，《文献》2002 年第 2 期。

范三畏：《太昊伏羲氏源流考辨》，《西北民族学院学报》1995 年第 1 期。

方何：《黄帝的历史功绩》，《华夏文化》1996 年第 3 期。

方建新：《宋人生育观念与生育情况析论》，《浙江学刊》2001 年第 4 期。

方新蓉：《从宋人对"熙河之役"的评价看宋与吐蕃之间的关系》，《西藏民族学院学报》（哲学社会科学版）2009 年第 3 期。

冯广宏：《柏灌考》，《文史杂志》2008 年第 2 期。

冯广宏：《大禹三考》，《四川文物》2000 年第 2 期。

冯广宏：《黄龙与大禹神话考源》，《四川文物》1994 年第 3 期。

冯广宏：《夏禹文化研究三题》，《阿坝师范高等专科学校学报》2004 年第 2 期。

冯广宏：《颛顼史迹及其改革作为考》，《阿坝师范高等专科学校学报》2006 年第 1 期。

冯惠民：《陈耀文和他的〈天中记〉》，《文献》1991 年第 1 期。

高国藩：《共工神话略谈》，《学术月刊》1980 年第 12 期。

高有鹏：《论中国神话时代的基本划分：以盘古、女娲、伏羲三个神话时代为例所做的历史文化考察》，《河南大学学报》2002 年第 5 期。

葛兆光：《拆了门槛便无内无外：在政治、思想与社会史之间——读余英时先生〈朱熹的历史世界〉及相关评论》，《书城》2004 年第 1 期。

葛兆光：《〈路史〉撰人罗泌考》，《社会科学研究资料》1983 年第 17 期。

龚维英：《从古神话与原始宗教看帝喾》，《延安大学学报》1985 年第

4 期。

顾希佳：《良渚文化时期的伏羲神话母题》，《思想战线》2004 年第 4 期。

郭德维：《曾侯乙墓五弦琴上伏羲和女娲图象考释》，《江汉考古》2000 年第 1 期。

郭伟川：《古"三苗"新考》，《汕头大学学报》2007 年第 2 期。

韩光兰：《颛顼、后稷死而复苏神话解》，《云南师范大学学报》2001 年第 6 期。

韩晖：《东皇太一与颛顼关系臆考》，《柳州师专学报》1997 年第 1 期。

韩建业：《唐伐西夏与稷放丹朱》，《北京大学学报》2001 年第 4 期。

韩致中：《珍贵的荆楚神话：读〈黑暗传〉、〈善歌锣鼓〉》，《湘潭大学学报》1993 年第 2 期。

郝仰宁：《虞舜之墟在永济：舜帝历史文化遗迹考略》，《山西师范大学学报》1996 年第 2 期。

何根海：《大禹治水与龙蛇神话》，《安徽大学学报》2003 年第 6 期。

何光岳：《伏羲氏的神话与史实》，《民族论坛》1991 年第 3 期。

何光岳：《陶唐氏的来源》，《河北学刊》1985 年第 2 期。

何光岳：《陶唐氏和唐国的迁徙》，《河北学刊》1986 年第 2 期。

何光岳：《炎帝八世考》，《寻根》1997 年第 1 期。

何光岳：《炎帝柱与图腾柱的崇拜》，《学术月刊》1991 年第 4 期。

何忠礼：《略论历史上的禹和大禹崇拜》，《绍兴文理学院学报》2008 年第 3 期。

贺宜：《马国翰与〈玉函山房藏书簿录〉》，《东岳论丛》2002 年第 5 期。

侯红良：《是是非非话盘古：近代以来盘古神话研究述评》，《广西民族研究》2008 年第 1 期。

侯哲安：《伏羲女娲与我国南方诸民族》，《求索》1983 年第 4 期。

胡安莲：《河南女娲神话的演变及其意义》，《殷都学刊》2001 年第 1 期。

胡安莲：《黄帝神话及其在河南的流传》，《信阳师范学院学报》2001 年第 2 期。

胡安莲：《论神话英雄鲧》，《河南社会科学》2001 年第 5 期。

胡仲实：《论伏羲女娲神话》，《广西师范学院学报》1986 年第 2 期。

黄世杰：《盘古化生神话文化的重要发祥地在广西大明山（上）》，《青海民族研究》2009 年第 3 期。

纪晓建：《〈山海经〉〈楚辞〉鲧神话差异的文化成因》，《南通大学学报》
　　2007 年第 4 期。

贾海燕：《从楚先祖看颛顼、帝喾的生活区域》，《殷都学刊》2008 年第
　　4 期。

江林昌：《由新出遂公盨、速氏铜器论夏商周世系及虞代问题》，《中华文
　　史论丛》2004 年第 77 辑。

姜广辉：《上博藏简〈容成氏〉的思想史意义》，《中国社会科学院院报》
　　2003 年 1 月 23 日第 3 版。

金立江：《什么是"神话历史"——评〈神话历史——一种现代史学的生
　　成〉》，《百色学院学报》2009 年第 3 期。

金棹：《伏羲女娲神话的文化意象：关于宗教与科学的起源和二者关系的
　　演变》，《中国社会科学院研究生院学报》1990 年第 6 期。

景以恩：《共工氏考》，《济宁师专学报》2000 年第 5 期。

景以恩：《先齐兵主蚩尤考》，《管子学刊》1994 年第 2 期。

黎胜勇、李尚海：《女娲山与女娲文化》，《汉中师范学院学报》2001 年
　　第 2 期。

李本高：《瑶族〈评皇券牒〉中的盘瓠考》，《广西民族研究》1991 年第
　　4 期。

李传江：《"共工即鲧说"疑》，《连云港师专学报》2008 年第 4 期。

李传江：《"共工与鲧之关系"新释》，《兰台世界》2008 年第 4 期。

李道和：《女娲补天神话的本相及其宇宙论意义》，《文艺研究》1997 年
　　第 5 期。

李桂民：《黄帝族姓考》，《江西大学学报》2000 年第 1 期。

李汉伟：《炎帝生于随州传说考》，《理论月刊》1991 年第 2 期。

李衡眉：《三皇五帝传说及其在中国史前史中的定位》，《中国社会科学》
　　1997 年第 2 期。

李建成：《伏羲文化研究简论》，《天水师范学院学报》2003 年第 3 期。

李梅训：《〈古微书〉版本源流述略》，《文献》2003 年第 4 期。

李梅训：《宋均生平著述考论》，《山东师范大学学报》（人文社会科学
　　版）2004 年第 5 期。

李梅训：《〈重修纬书集成·春秋纬〉勘误（二)》，《中华文史论丛》
　　2009 年第 4 期。

李美清：《舜的神话及舜历史形象的演变》，《贵州文史丛刊》2006 年第 4 期。

李祥林：《女娲神话的女权文化解读》，《民族艺术》1997 年第 4 期。

李小军：《〈后羿射日〉神话源流之考辨》，《哈尔滨学院学报》2009 年第 3 期。

李欣复：《女娲神话之流布及现代解读》，《烟台大学学报》2006 年第 4 期。

李学勤：《论遂公盨及其重要意义》，《中国历史文物》2002 年第 6 期。

李永先：《伏羲新探》，《山东社会科学》1988 年第 5 期。

廖明春：《上博简〈子羔〉篇感生神话试探》，《福建师范大学学报》（哲学社会科学版）2003 年第 6 期。

廖明君、叶舒宪：《迎接神话学的范式革命》，《民族艺术》2009 年第 3 期。

刘宝山：《蚩尤探源》，《青海社会科学》2003 年第 1 期。

刘城淮：《女娲伏羲神话论》，《贵州文史丛刊》1986 年第 2 期。

刘夫德：《盘古考》，《文博》2009 年第 2 期。

刘复生：《"长沙炎陵"说的缘起》，《社会科学研究》2003 年第 4 期。

刘俊男：《伏羲神农炎帝考》，《山东师范大学学报》1999 年第 2 期。

刘俊男：《黄帝生于长沙考：兼论华夏文明源于湖南》，《株洲师范高等专科学报》1999 年第 4 期。

刘俊男：《神农父亲及其后代考：兼论伏羲名号的来历》，《株洲教育学院学报》1999 年第 1 期。

刘俊男、王丰富：《鸣条为古荆州考》，《南华大学学报》2003 年第 3 期。

刘俊男：《炎帝就是蚩尤：兼论太皞神农与炎帝蚩尤之史迹》，《山东师范大学学报》1997 年第 6 期。

刘俊男：《尧禹二帝葬攸县考》，《长沙电力学院学报》2000 年第 2 期。

刘俊男：《虞舜族地望考》，《株洲师专学报》2005 年第 4 期。

刘俊男：《虞舜族属考》，《株洲师专学报》2002 年第 1 期。

刘庞生：《羿、浞僭夏、帝相流亡、少康中兴及其都城探考》，《咸阳师范学院学报》2002 年第 1 期。

刘勤：《女娲降格辨》，《民族文学研究》2008 年第 2 期。

刘瑞明：《"圣人异相"考释》，《中华文史论丛》2004 年第 77 辑。

刘锡诚：《顾颉刚与"古史辨"神话学》，《长江大学学报》（社会科学版）2006 年第 4 期。

刘雁翔：《伏羲传说事迹辨正》，《西北民族学院学报》1993 年第 2 期。

刘尧民：《关于〈天问〉中羿的分化（遗作）》，《思想战线》1984 年第 6 期。

刘宗彬：《罗泌家世述略》，《吉安师专学报》1999 年第 4 期。

刘宗迪：《伏羲、女娲兄妹婚故事的源流》，《民族艺术》2005 年第 4 期。

刘宗迪：《黄帝蚩尤神话探源》，《民族艺术》1997 年第 1 期。

龙海清：《关于给蚩尤以公正历史定位的几个问题》，《怀化学院学报》2009 年第 12 期。

龙永府、龙永城：《〈诗经·生民〉"弃子说"质疑》，《贵州教育学院学报》1998 年第 1 期。

鲁刚：《论羿与后羿》，《求是学刊》2003 年第 6 期。

吕威：《楚地帛书敦煌残卷与佛教伪经中的伏羲女娲故事》，《文学遗产》1996 年第 4 期。

罗新慧：《从上博简〈子羔〉和〈容成氏〉看古史传说中的后稷》，《史学月刊》2005 年第 2 期。

马世之：《濮水流域虞舜史迹探索》，《中州学刊》2001 年第 3 期。

马世之：《虞舜的王都与帝都》，《中原文物》2006 年第 1 期。

马世之：《中原地区的伏羲文化》，《中州学刊》2007 年第 4 期。

马世之：《颛顼活动地域地理新证》，《黄河科技大学学报》2006 年第 3 期。

马新建：《伏羲起源的姓氏考略：陇右天水是中国姓氏地望的源头中心》，《天水行政学院学报》2008 年第 5 期。

宁稼雨：《女娲造人（造物）神话的文学移位》，《东方丛刊》2006 年第 2 期。

宁荫棠、韩玉文：《章丘李氏藏板初探》，《山东图书馆季刊》2002 年第 1 期。

牛贵琥：《蚩尤、炎帝、神农关系考》，《晋城职业技术学院学报》2009 年第 2 期。

牛贵琥：《蚩尤与涿鹿之战》，《民族文学研究》2006 年第 3 期。

漆子扬：《伏羲生地考释》，《甘肃广电大学学报》2001 年第 4 期。

钱宗范、朱文涛:《炎帝和炎帝文化辨析》,《广西右江民族师专学报》
　　2005 年第 1 期。

潜明兹:《神话与原始宗教关系之演变》,《云南社会科学》1983 年第
　　1 期。

裘锡圭、曹峰:《"古史辨"派、"二重证据法"及其相关问题——裘锡圭
　　先生访谈录》,《文史哲》2007 年第 4 期。

曲辰:《蚩尤其人其事》,《张家口职业技术学院学报》2004 年第 1 期。

任俊华:《魁隗氏、大庭氏、连山氏:炎帝、炎族发源新考》,《湖北大学
　　学报》2003 年第 4 期。

任蜜林:《百年来中国谶纬学的研究与反思》,《云梦学刊》2006 年第
　　2 期。

汝企和:《〈论衡·骨相篇〉与〈潜夫论·相列〉解析——兼论东汉相人
　　术之特点》,《北京师范大学学报》(社会科学版)2008 年第 3 期。

尚恒元、荆惠萍:《帝尧其人:兼探〈史记〉帝尧史料源流》,《运城高专
　　学报》2000 年第 4 期。

石朝江:《蚩尤与炎黄逐鹿中原考》,《贵州师范大学学报》2010 年第
　　1 期。

石朝江:《苗族源自伏羲东夷新考》,《贵州社会科学》2009 年第 8 期。

宋魁旭:《黄帝传说论析》,《思想战线》1994 年第 3 期。

孙蓉蓉:《刘勰论谶纬之"有助文章"》,《南京师范大学学报》(社会科
　　学版)2004 年第 3 期。

孙玮、孙海洲:《伏羲考论》,《临沂师范学院学报》2002 年第 1 期。

孙玮、闫茂新:《古帝王尧、舜、禹东夷考》,《临沂师范学院学报》2001
　　年第 3 期。

孙文辉:《蚩尤神话对中国戏剧文化的影响》,《艺海》2009 年第 12 期。

谭达先:《"盘古开天地"型神话流传史》,《文化遗产》2008 年第 1 期。

谭洛非、段渝:《论黄帝与巴蜀》,《社会科学研究》1994 年第 1 期。

汤云航:《女娲神话考源》,《承德民族师专学报》2000 年第 3 期。

唐春芳:《论蚩尤在历史上的功绩与地位》,《民间文化论坛》1996 年第
　　1 期。

唐嘉弘、张建华:《论大禹的有关问题》,《菏泽师专学报》1997 年第
　　3 期。

唐靖、张云辉:《近十年来学术界关于蚩尤问题研究综述》,《昭通师专学报》2009 年第 1 期。

田晓岫:《说"蚩尤"》,《中央民族大学学报》1997 年第 3 期。

田兆元:《黄帝的神话与历史真实》,《河北学刊》1994 年第 3 期。

王晖:《出土文字资料与五帝新证》,《考古学报》2007 年第 1 期。

王晖:《盘古考源》,《历史研究》2002 年第 2 期。

王晖:《试论舜从妻居形态与虞、妫两族财产争夺案》,《民族研究》2005 年第 2 期。

王晖:《周族烈山氏两后稷时代考辨与上古甥舅相承制:兼说周族的来源及迁徙》,《人文杂志》1998 年第 1 期。

王剑:《伏羲画卦的神话学考察》,《周易研究》2004 年第 1 期。

王克林:《姬周戎狄说》,《考古与文物》1994 年第 4 期。

王宁:《太昊、少昊与上古的东夷民族》,《枣庄师专学报》2000 年第 4 期。

王青:《从大汶口到龙山:少昊氏迁移与发展的考古学探索》,《东岳论丛》2006 年第 3 期。

王树明、常兴照、张光明:《蚩尤辨证》,《中原文物》1993 年第 1 期。

王文清:《凌家滩文化应是"三皇"时代的有巢氏文化》,《东南文化》2002 年第 11 期。

王学典、李扬眉:《"层累地造成的中国古史":一个带有普遍意义的知识论命题》,《史学月刊》2003 年第 11 期。

王亚娥:《炎帝传说与黄帝传说之同》,《安康师院学报》2007 年第 6 期。

王瑜:《〈容成氏〉所见舜帝事迹考》,《四川文物》2006 年第 1 期。

王子今:《平利女娲故事的发生背景和传播路径》,《渭南师范学院学报》2004 年第 1 期。

韦禾毅:《黄帝时代的政治文明》,《西安文理学院学报》2006 年第 4 期。

魏爱棠:《"神话"/"历史"的对立与整合》,《史学理论研究》2006 年第 1 期。

温玉春、曲惠敏:《少昊、高阳、高辛、陶唐、有虞诸氏族原居今山东考》,《管子学刊》1997 年第 4 期。

邬国义:《刘恕与古史研究》,《社会科学》2005 年第 7 期。

吴晓东:《苗族〈蚩尤神话〉与涿鹿之战》,《民族文学研究》1998 年第

4 期。

吴泽:《女娲传说史实探源》,《学术月刊》1962 年第 4 期。

伍新福:《论蚩尤》,《中南民族学院学报》1997 年第 2 期。

萧兵:《蚩尤是南中国的英雄祖先》,《淮阴师专学报》1994 年第 3 期。

星舟:《舜与二妃故事的真相:中国神话叙事结构研究之一》,《湖北师范学院学报》1993 年第 5 期。

徐斌:《伏羲与大禹:基于信仰与民俗起源意义上的比较研究》,《杭州师范学院学报》2006 年第 1 期。

徐日辉:《太皞伏羲氏与中原文明》,《河南科技大学学报》2006 年第 6 期。

许钰:《黄帝传说的两种形态及其功能》,《北京师范大学学报》1993 年第 4 期。

闫德亮:《论后羿射日神话的产生与演变》,《中州学刊》2002 年第 3 期。

阎保平:《论蚩尤、共工的原型》,《延安大学学报》1995 年第 1 期。

颜建真:《齐鲁地区"蚩尤"崇拜及其影响》,《管子学刊》2008 年第 1 期。

杨东晨:《从南北民族迁徙与文化交流论炎帝遗迹》,《宝鸡文理学院学报》1994 年第 2 期。

杨东晨:《帝舜家族史迹考辨》,《零陵师专学报》2002 年第 1 期。

杨东晨:《论黄帝族的迁徙和融合》,《贵州文史丛刊》2001 年第 1 期。

杨东晨:《论四川大禹故里及其相关问题》,《阴山学刊》2008 年第 2 期。

杨东晨:《论炎帝部族及其裔支族的迁徙与融合》,《宝鸡文理学院学报》1997 年第 3 期。

杨东晨:《秦地文化与华夏文化的先河:炎帝文化》,《西安财经学院学报》2008 年第 6 期。

杨东晨:《炎帝榆罔与帝舜何以葬在湖南》,《寻根》2000 年第 5 期。

杨东晨、杨建国:《开天辟地与盘古氏的传说和文化:兼论经纬书与野史中远古纪年的史料价值》,《广西右江民族师专学报》2002 年第 1 期。

杨东晨、张明:《帝舜生平事迹考述》,《天水师范学院学报》2009 年第 6 期。

杨东晨:《中华建筑始祖有巢氏考:构木为巢的有巢氏之事迹》,《百色学院学报》2007 年第 5 期。

杨东晨：《中华"遂皇"考：燧人氏的事迹及时代之考察》，《宝鸡文理学院学报》2007 年第 4 期。

杨东晨：《周族兴起地及其相关问题考辨》，《河南大学学报》1997 年第 1 期。

杨栋：《共工非鲧考——兼及与禹之关系》，《古籍整理研究学刊》2009 年第 6 期。

杨福华：《论轩辕黄帝的历史功绩》，《唐都学刊》1996 年第 3 期。

杨建军：《远古帝王及三王感生神话考》，《西北民族研究》2000 年第 2 期。

杨建敏：《黄帝·鬼方与大隗》，《黄河科技大学学报》2007 年第 3 期。

杨利慧：《女娲神话研究史略》，《北京师范大学学报》（社会科学版）1994 年第 1 期。

杨薇：《解读苗族蚩尤神话》，《思茅师范高等专科学校学报》2007 年第 1 期。

杨晓红：《宋代的祥瑞与灾异初探》，《西南民族学院学报》（哲学社会科学版）2002 年第 6 期。

杨作龙：《伊洛黄帝史迹考》，《洛阳师范学院学报》2009 年第 3 期。

叶林生：《共工考》，《江苏社会科学》1997 年第 5 期。

叶舒宪：《女娲补天和玉石为天的神话观》，《民族艺术》2011 年第 1 期。

叶舒宪：《中国的神话历史——从"中国神话"到"神话中国"》，《百色学院学报》2009 年第 1 期。

叶修成：《论湘灵神话的流传与嬗变》，《中国文学研究》2007 年第 1 期。

易谋远：《"伏羲的族别为西戎"说质疑：和刘尧汉先生商讨》，《中央民族学院学报》1990 年第 6 期。

易谋远：《论彝族起源的主源是以黄帝为始祖的早期蜀人》，《民族研究》1998 年第 2 期。

尤慎：《春秋及其以前舜帝传说新考》，《汕头大学学报》2005 年第 6 期。

于盈：《炎帝、黄帝部落与炎黄子孙传说》，《齐鲁学刊》1990 年第 4 期。

余明：《"共工与颛顼争为帝"新释》，《青海师范大学学报》1992 年第 4 期。

余云华：《重庆民间盘古文化及其考古学支持》，《广西师范学院学报》2006 第 4 期。

曾德雄：《谶纬中的帝王世系及受命》，《文史哲》2006 年第 1 期。

张潮：《黄帝·伏羲·后稷同族考》，《人文杂志》1995 年第 1 期。

张崇琛：《女娲神话的文化蕴涵》，《甘肃高师学报》2008 年第 1 期。

张春生：《周先公世系补遗》，《文博》2003 年第 2 期。

张得祖：《鲧禹治水传说与先夏文化东渐新探》，《青海师范大学学报》2007 年第 3 期。

张国光：《开展炎帝文化研究的意义：兼论炎帝神农肇兴于随州厉山说》，《理论月刊》1991 年第 2 期。

张黎玲、章也：《后稷见弃考》，《内蒙古社会科学》1999 年第 6 期。

张启成：《蚩尤新探：汉苗蚩尤神话传说之比较》，《贵州大学学报》1992 年第 1 期。

张晓红：《鲧：一个被诬蔑的治水英雄》，《青海师专学报》2005 年第 5 期。

张新斌：《炎帝朱襄氏与柘城》，《寻根》2002 年第 1 期。

张泽洪：《岷江上游羌族的大禹崇拜》，《黑龙江民族丛刊》2003 年第 4 期。

赵东升：《虞舜南巡狩与太湖东南部平原》，《南方文物》2007 年第 4 期。

赵锋：《对闻一多〈伏羲考〉的阐释》，《阜阳师范学院学报》2009 年第 3 期。

赵沛霖：《孔子发现和肯定神话历史化的重大意义》，《贵州社会科学》1995 年第 3 期。

赵荣蔚：《论〈玉函山房辑佚书〉的体例特色》，《图书馆论坛》2010 年第 6 期。

郑国茂：《舜帝南巡不容置疑》，《湖南科技学院学报》2005 年第 3 期。

郑杰文：《古佚书整理中的谶纬辑佚和研究》，《山东大学学报》（哲学社会科学版）2003 年第 1 期。

郑杰祥：《二里头二期文化与后羿代夏问题》，《中原文物》2001 年第 1 期。

郑莉：《蚩尤和炎帝的关系考》，《湖州师范学院学报》2005 年第 4 期。

钟宗宪：《"图腾"理论的运用与神话诠释——以感生神话与变形神话为例》，《东华汉学》（台湾）2004 年第 2 期。

周长富：《浅谈唐尧氏》，《河北大学学报》1982 年第 1 期。

周书灿:《民族认同与高密境内的鲧、禹传说》,《苏州科技学院学报》2009 年第 4 期。

周书灿:《三苗南迁与湖南境内虞夏传说的发生》,《贵州民族研究》2007 年第 5 期。

朱建军:《炎帝陵祭祀文化意义述考》,《湖湘论坛》2008 年第 5 期。

朱旭强:《颛顼帝喾乐名考辨》,《云南艺术学院学报》2005 年第 1 期。

庄春波:《舜征三苗考》,《中南民族学院学报》1988 年第 1 期。

过文英:《论汉墓绘画中的伏羲女娲神话》,博士学位论文,浙江大学,2007 年。

金霞:《两汉魏晋南北朝祥瑞灾异研究》,博士学位论文,北京师范大学,2005 年。

刘锡涛:《宋代江西文化地理研究》,博士学位论文,陕西师范大学,2001 年。

邹金芳:《汉代相人术的原理与发展》,硕士学位论文,台湾大学,2009 年。

索　引

致　谢

　　在论文撰写之初，我虽曾做好了挑战任何困难的准备，也曾事先将《路史》认真仔细地点校一过，但在着手撰述时，面对纷繁复杂的文献、错误迭出的记载、奇奇怪怪的传说，以及罗泌父子难以自圆其说的观点……我深深地觉察到，我面临的实际困难远比想象的要多得多，而要想将这些困难予以合理解决，仅靠单一的研究方法绝难办到；故我曾对文献学、神话学、历史学、人类学、民俗学等学科的理论与方法，均有过初步涉猎，但终因资质驽钝，实难在短期内将它们融会贯通，并合理利用。正因为如此——

　　若没有恩师——曹书杰先生的谆谆教诲，很难想象论文能够如期完成，这正所谓"夫子循循然善诱人"。论文共七章十八节，凡30多万字，先生曾细心通读一次，精心通改两次，举凡标点、语法、字句之误，以及段落的不合理，资料的不完整，乃至整个论文结构的不理想，先生均悉心加以指正，并另纸写明修改意见；甚至于为了强化论文的某些观点，先生还亲自查抄资料，并指导我如何修改。最让我感动的是，师母还曾亲自去给我买过早餐，并告诫我："你们的先生对于论文要求很严格，容不得你们的论文里有半点差错，所以你们吃了比一般学生更多的苦，我心疼你们。你们论文的质量固然重要，可是你们的身体健康也一样重要。"可以说，论文里的字字句句均浸透了先生和师母的心血。我知治文献学与神话学，启途于师著《中国古籍辑佚学论稿》及《后稷传说与稷祀文化》二书，此文之作，尝窃比于师门拾遗补阙之役，然亦终不自知果有当否。

　　东北师范大学图书馆古籍部主任刘奉文教授，在我查找资料时，曾给予我巨大的帮助，使我获益匪浅。首都师范大学历史学博士后宋燕鹏老师在百忙之中，审阅过本文的初稿，并提出许多宝贵意见。东北师范大学亚洲文明研究院赵轶峰教授的高足曾斌，与我有乡谊之情，他以其历史学的视角审视过我的论文，提出了许多中肯的建议。对于他们的无私帮助，我在此表示衷心的感谢。

尽管如此，但终因我学识浅薄、性情顽劣，故未能将师友的善意指导一一融入笔端，行诸文墨，致使文章仍有诸多不如意之处，愧对恩师的教诲，难酬友朋的期待，更无颜家人的支持。而这一切的愧疚，就只能留待他日的努力，悬梁刺股，方能弥补一二。

当然，论文得以顺利完成，还必须感谢在四川农村老家辛勤耕耘的父亲，以及几近瘫痪却毅然支持我上学的母亲，还有在外打工多年的姐姐和默默陪伴着我的梦唯，如果没有他们的支持，我想我很难走到现在。

特别值得提及的是，在我的学术成长道路上，能够有幸与著名的古史研究专家常金仓先生（1948—2011）切磋，虽然先生已经驾鹤西去，但先生善于反思和批判、从不迷信权威的精神却时时激励着我，借此对常先生表示最深切的怀念。

朱仙林

2012 年 5 月于东北师范大学五舍

出版后记

　　终于又到该写《后记》的时候，坐在靠窗的电脑前，听着秦淮河潺潺的流水声，思绪将我带回到八年前，我去向恩师曹书杰先生辞行时的情形。那次，恩师像往常一样将泡好的茶递到我面前，我也像往常一样静静地坐在恩师对面聆听教诲，但我分明看到恩师头上的白发又较往常多了一些。我心想，此一别又何时才能再坐在恩师面前聆听教诲？想到这些，不免给离别的愁绪中增添了几分感伤。

　　我生性愚钝，资质平庸，文章写得总不能令人满意，但恩师从未因此嫌弃过我，不仅耐心地给我讲文献学及神话学的许多话题，示我以读书治学的门径，而且还手把手教我如何搜集资料、如何整理资料、如何撰写论文，甚至细心地修改我的每一篇文章初稿。每次看到从恩师那里返回来的文稿，几乎每一页上都布满了密密麻麻的批语、意见，我是既惭愧又温暖，惭愧于自己的不长进，温暖于恩师的不放弃。正是因为有了恩师的谆谆教诲，我才能真正走进学术的殿堂，顺利完成本书的撰写。

　　我深知，作为学术研究刚刚起步的人，贸然以南宋罗泌《路史》为切入点，同时进入文献学与神话学两个研究领域，无疑会冒着难以胜任、难出新意的危险，这不仅因为自己学识浅薄、能力不足，更因为经过前辈的努力，宋代文献学与上古神话学已是两个相当成熟的领域，杰作迭出，成就惊人。故稍有不慎，就会跌入旧论的窠臼，重复以往的结论。因此，在正式撰写本书之前，恩师与我经过多次反复论证，拟定了阅读书目，以保障能高质量完成本书的撰写。诚然，王国维曾指出，新学问需要新发现[①]，本书的写作对象——罗泌《路史》——绝非什么稀有文献，而是研

　　① 王国维：《最近二三十年中国新发见之学问》，《王国维考古学文辑》，凤凰出版社2008年版，第87页。

究者手边常用备查的普通文本，故本书在"发现"这个层面上实不指望
有所突破；但黄侃也曾提出，新学问需要新发明①，因此即使是面对罗泌
《路史》这样普通平常的文本，只要能对其进行全面整理和重新分析，也
能力求在资料的占有、论述的角度和阐释的方法上做出新的"发明"。

　　如实说，要想真的做到在研究中有所"发明"又谈何容易？为此，
我花了将近两年时间来整理《路史》，不仅对《路史》的版本做了全面深
入的调查，指出洪梗刻本是最适宜作为校勘底本使用的版本（第一章），
而且将《路史》的引文来源一一进行了核查，《路史》引文总量十分庞
大，因此整个核查过程困难重重，甚至几度产生了放弃的念头。每当此
时，恩师的鼓励和帮助就成了我继续前进的最大动力。回想起来，跟随恩
师求学六年，恩师强调最多的是，做学问要潜心钻研，不能心浮气躁，更
不能投机取巧。柳宗元曾在《种树郭橐驼传》中说，有的种树人"爱之
太恩，忧之太勤，旦视而暮抚，已去而复顾。甚者爪其肤以验其生枯，摇
其本以观其疏密，而木之性日以离矣。虽曰爱之，其实害之；虽曰忧之，
其实仇之"。② 很庆幸，恩师对我的教育始终遵循着学术生成的基本规律，
学生成长的自然规律，给予我充足时间，鼓励我静心写作。正因为有此艰
苦但始终备受关爱的整理历程，方才使我不仅有机会将课堂上学到的文献
学理论和知识付诸实践，更重要的是，有此整理历程方才保证了本书撰写
中能够拥有扎实可靠的文献资料和数据。关于此点，只要翻看本书第二、
三章以及附录部分的内容就会有非常直观的感受。当然，也正因为有此扎
实可靠的文献整理和研究做基础，本书下编的神话学研究才能得以全面深
入地展开。如本书第五章考察《路史》所引神话传说的来源及价值，就
直接得益于对《路史》文本的细致梳理和对《路史》所引谶纬文献的深
入考察（第二章）。第六章讨论《路史》所构拟的上古帝王谱系时，若非
此前对《路史》文本有很好地整理，是很难清楚地梳理出罗泌利用了何
种材料来构拟他心目中的上古帝王谱系，也很难清楚地知道他所构拟的上
古帝王谱系有何特色与不足，更不可能透过罗泌构拟的上古帝王谱系表面
呈现出的纷乱庞杂，去深入地了解罗泌试图整合先秦文献，构拟一幅民族
大一统的美好画面的真实意图。

---

① 黄焯记录：《黄先生语录》，《蕲春黄氏文存》，武汉大学出版社 1993 年版，第 221 页。
② （唐）柳宗元：《柳宗元集》，中华书局 1979 年版，第 474 页。

　　此次在博士论文基础上的修订出版，除充分吸收了论文答辩委员会专家们所提出的修订意见，改正了原稿中存在的诸多细节问题，核对了书稿中全部引文外，主要做了两方面较大的调整：一是就《路史》版本问题进行了全新考察。原稿中的版本分析，主要侧重于从目录学角度的梳理，虽然结论正确，但却未能将《路史》几种重要版本进行详细比勘，故诸如《路史》明刻诸本的关系、明刻诸本与残宋本的关系、清刻本与明刻本的关系、四库本的底本、备要本的价值等问题，均未能得到深入讨论，而此次修订对上述诸问题进行了重新梳理和全新论证（第一章第四节）。二是对罗泌的任职情况及《路史》的成书原因有了新的认识。这主要是因为我在撰写博士论文时，受条件限制，未能掌握《庐陵县志》所载罗泌生平信息的第一手材料，因此错误地认为罗泌毕生仅做过承务郎的小官。毕业后，到南京大学做博士后研究，在南京图书馆看到乾隆《庐陵县志》，据其所载，实则罗泌是"举承务郎不起"[1]，而非任过承务郎一职。[2] 虽然此一误解的存在，并未影响到本书核心观点的展开，但毕竟会对全面理解罗泌及其《路史》造成巨大的障碍。故借本次修订之机，利用《庐陵县志》等资料对上述问题进行了详细地讨论（第一章第一节及第四章第一节）。

　　在本书即将出版之际，首先我要感谢恩师曹书杰先生多年来的关怀和指导。要是没有当初恩师的提携，就不可能有我今日的些许成绩。拙稿修订完成后，恩师又欣然命笔作序，不仅清楚地指出拙稿的价值和特点，而且亲切地回忆了我求学以来的生活点滴，读之令人动容。

　　还要感谢我学术成长道路上的另一位恩师，我的博士后指导老师，南京大学文学院武秀成先生。作为武先生门下第一位博士后，我感到无比幸运。正因为有此博士后研究的经历，不仅开阔了我的学术视野，更让自己得到一次在新的平台上继续锤炼提升的机会，这样的机会对我的学术成长无疑具有重要帮助。

　　还要感谢江苏第二师范学院文学院的冯保善院长，当初我博士后出站

---

　　[1] 乾隆《庐陵县志》卷30《人物志五·儒林》，《中国方志丛书》华中地方第952号，台湾成文出版社1989年影印本，第2031页。

　　[2] 对于此问题，陈嘉琪曾在《南宋罗泌〈路史〉上古神话传说研究》中婉言指出，在此表示衷心地感谢。学贵交流，于此可见一斑。详见陈嘉琪《南宋罗泌〈路史〉上古神话传说研究》，中国社会科学出版社2018年版，第85页。

求职阶段，是冯院长极力引荐，我才能够有机会进入到家一般温暖的江二师文学院的大家庭。能够与文学院同仁一起工作，是我今生的荣幸。在本书英文摘要及目录的翻译过程中，大学同窗杨姗姗及同事刘学军兄曾给予极大帮助，谨致谢意。

当然，还要感谢"中国社会科学博士论文文库"编委会和中国社会科学出版社，同意把拙著列入该文库出版。还应当感谢责任编辑刘志兵老师、责任校对杨林老师及幕后工作者在本书出版过程中的辛苦付出。

最后，还要感谢我的父母和家人。特别是在我忙于教学和科研而无暇顾家时，勇于承担一切家务的内子丁梦唯，以及每当我心力憔悴、疲惫不堪时，总能带给我欢乐和抚慰的犬子朱嘉祐。如果没有他们的无私陪伴，此书的修订完成还不知道要拖延到何时。在修订此书时，我时常拉着嘉祐坐在身边，一字一句的读给他听，看着他似懂非懂却充满好奇和渴望的眼神，我的内心充满了力量和感动。本书是我出版的第一本学术专著，在我心中的分量很重，我想将它作为礼物送给嘉祐，他是会喜欢的吧。

朱仙林

2020 年 6 月书于

南京江宁秦淮河畔寓所